CONGO

EEN GESCHIEDENIS

David Van Reybrouck

Congo

EEN GESCHIEDENIS

2010
DE BEZIGE BIJ
AMSTERDAM

Dit werk is mede mogelijk gemaakt door subsidies van:
Vlaams Fonds voor de Letteren
Nederlands Letterenfonds
Fonds Pascal Decroos voor bijzondere journalistiek
Fonds Bijzondere Journalistieke Projecten
Netherlands Institute for Advanced Study

De kaarten in dit boek zijn gemaakt door Jan de Jong

Eerste tot en met vierde druk mei 2010
Vijfde tot en met zevende druk juni 2010
Achtste druk juli 2010
Negende druk augustus 2010
Tiende en elfde druk oktober 2010
Twaalfde tot en met negentiende druk november 2010
Twintigste tot en met drieëntwintigste druk december 2010
Omslagontwerp Studio Jan de Boer
Omslagfoto (Etienne Nkasi) Stephan Vanfleteren
Foto auteur Stephan Vanfleteren
Vormgeving binnenwerk CeevanWee, Amsterdam
Druk Bariet, Ruinen
ISBN 978 90 234 5866 1
NUR 680

www.debezigebij.nl

'Le Rêve et l'Ombre étaient de très grands camarades.'
Badibanga, *L'éléphant qui marche sur des œufs*
Bruxelles, 1931

A la mémoire d'Etienne Nkasi (1882?-2010), en reconnaissance profonde de son témoignage exceptionnel et de la poignée de bananes, qu'il m'a offerte lors de notre première rencontre.

Et pour le petit David, né en 2008, fils de Ruffin Luliba, enfant-soldat démobilisé, et de son épouse Laura, qui ont bien voulu donner mon nom à leur premier enfant.

Inhoud

Kaart 1 : Geografie

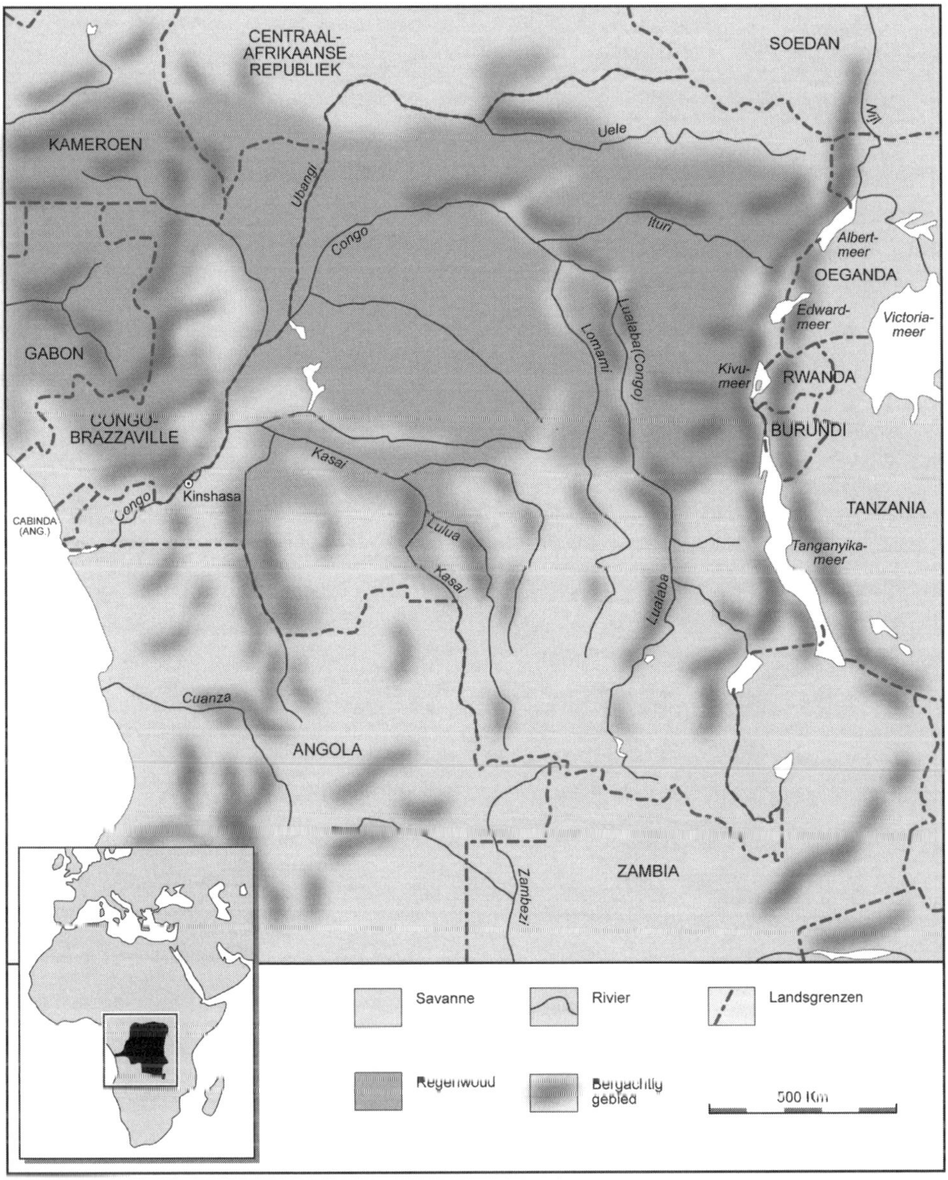

Kaart 2 : Bevolking, bestuur en grondstoffen

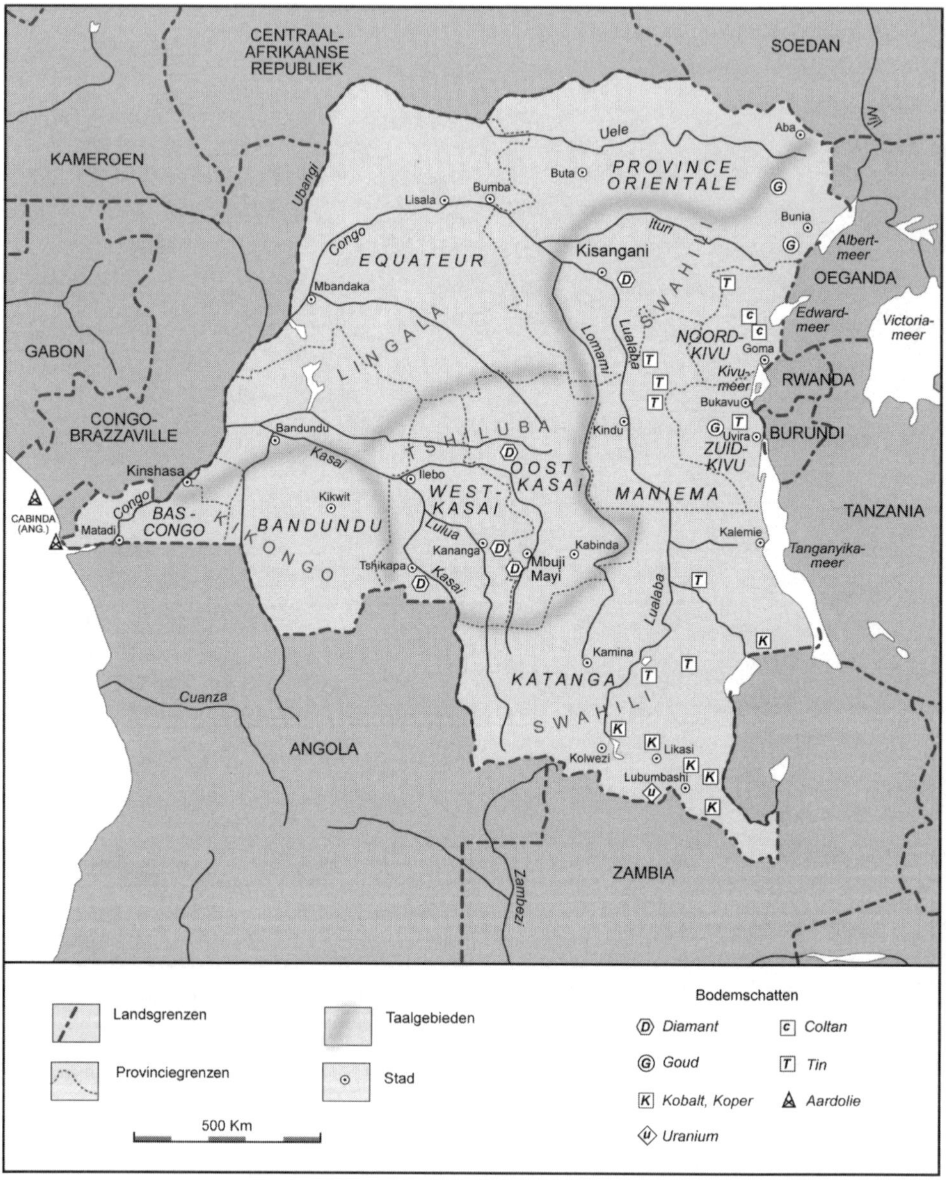

Inleiding

Het is nog steeds de zee, uiteraard, maar je ziet dat er iets is veranderd, iets aan de kleur. De brede, lage golven deinen nog steeds even vriendelijk, er is nog steeds alleen maar oceaan, maar het blauw raakt gaandeweg bezoedeld met geel. En dat levert geen groen op, zoals je van de kleurentheorie nog weet, maar troebelheid. Het schitterende azuur is verdwenen. De turkooizen rimpeling onder de middagzon is weg. Het peilloze kobalt waaruit de zon opsteeg, het ultramarijn van de schemering, het loodgrijs van de nacht: voorbij.

Vanaf hier is alles sop.

Gelig, oker, roestig sop. Je bent nog honderden zeemijlen van de kust verwijderd, maar je weet: dit is het begin van land. De kracht waarmee de Congo-rivier in de Atlantische Oceaan uitmondt, is zo groot dat het zeewater over vele honderden kilometers anders kleurt.

Wie vroeger voor het eerst met de pakketboot naar Congo voer, dacht bij die verkleuring dat hij er bijna was. Maar bemanning en oudgedienden van de kolonie maakten de nieuweling snel duidelijk dat het vanaf hier nog twee etmalen varen was, etmalen waarop de nieuweling kon zien hoe het water steeds bruiner werd, steeds vuiler. Staande aan de reling van de achtersteven zag hij het groeiende contrast met het blauwe oceaanwater dat de schroef uit diepere lagen bleef ophalen. Na verloop van tijd dreven dikke pollen gras voorbij, zoden, eilandjes die de rivier had uitgespuwd en die nu verdwaasd ronddobberden op de oceaan. Door de patrijspoort van zijn kajuit ontwaardde hij naargeestige vormen in het water, 'brokken hout en ontwortelde boomen, die lang geleden uit donkere oerwouden waren afgerukt, want de zwarte stammen waren bladloos en de kale stompen van dikke takken wentelden soms even aan het oppervlak en doken dan weer neer'.[1]

Op satellietbeelden zie je het duidelijk: een bruinige vlek die zich tijdens de piek van het moessonseizoen uitstrekt tot achthonderd kilometer westwaarts. Het lijkt wel een lek van het vasteland. Oceanografen spreken van de 'Congo-waaier' of de 'Congo-rookpluim'. Toen ik er voor het eerst luchtfoto's van zag, moest ik denken aan iemand die zich de polsen had doorgesneden en ze onder water hield – maar dan eeuwig. Het water van de Congo, de op één na langste rivier van Afrika, spuit werkelijk de oceaan in. Door de rotsige ondergrond bleef de monding ervan relatief smal.[2] Anders dan bij de Nijl ontstond er geen vredige delta in zee, maar wordt de enorme watermassa door een sleutelgat naar buiten geperst.

De okeren kleur komt van het slib dat de Congo-rivier op zijn 4700 kilometer lange reis heeft verzameld: van de hooggelegen bron in het uiterste zuiden van het land, door de dorre savanne en de krozige moerassen van Katanga, langs het onmetelijke evenaarswoud dat zowat de hele noordelijke helft van het land beslaat, tot de grillige landschappen van Bas-Congo en de spookachtige mangroves van de monding. Maar de kleur komt tevens van de honderden rivieren en zijrivieren die samen het stroombekken van de Congo vormen, een gebied van zo'n 3,7 miljoen vierkante kilometer, meer dan een tiende deel van heel Afrika, grotendeels samenvallend met het grondgebied van de gelijknamige republiek.

En al die partikeltjes aarde, al die afgeschuurde deeltjes klei en leem en zand drijven mee, stroomafwaarts, naar breder water. Soms hangen ze stil en glijden ze onmerkbaar verder, dan weer tuimelen ze in een dolle razernij die het daglicht vermengt met donkerte en schuim. Soms blijven ze haperen. Aan een rots. Aan een oever. Aan een roestig scheepswrak dat zwijgend naar de wolken brult en waaromheen een zandbank is gegroeid. Soms komen ze niets tegen, helemaal niets, behalve water, steeds maar ander water, eerst zoet, dan brak, ten slotte zout.

Zo begint dus een land: ver voor de kust, aangelengd met heel veel oceaanwater.

Maar waar begint de geschiedenis? Ook veel eerder dan je zou verwachten. Toen ik een zestal jaar geleden overwoog om bij de vijftigste verjaardag van de Congolese onafhankelijkheid een boek over de roerige geschiedenis van het land te schrijven, niet alleen van de postkoloniale periode, maar ook van het koloniale en een deel van het prekoloniale tijdvak, besloot ik dat dit pas zinvol was indien ik zoveel mogelijk Congolese stemmen aan het woord kon laten. In een poging om het eurocentrisme dat me ongetwijfeld parten zou spelen op zijn minst uit te dagen leek het me nodig om systematisch op zoek te gaan naar het lokale perspectief, of beter: naar de diversiteit van lokale perspectieven, want er is natuurlijk niet één Congolese versie van de geschiedenis, net zomin als er één Belgische, Europese of domweg 'blanke' versie bestaat. Congolese stemmen dus, zoveel mogelijk.

Alleen: hoe begin je daaraan in een land waar de gemiddelde levensverwachting het afgelopen decennium lager dan 45 jaar was? Het land werd 50, maar de inwoners werden het niet meer. Uiteraard, er waren stemmen die opborrelden uit al dan niet vergeten koloniale bronnen. Missionarissen en etnografen hadden prachtige verhalen en gezangen opgetekend. Er waren talrijke teksten geschreven door Congolezen zelf – ik zou tot mijn verbazing zelfs een egodocument uit de late negentiende eeuw vinden. Maar ik was ook op zoek naar levende getuigen, naar mensen die hun levensverhaal met me wilden delen, zelfs de trivia ervan. Ik was op zoek naar wat maar zelden in teksten belandt, omdat de geschiedenis zoveel meer is dan wat opgeschreven wordt. Dat geldt altijd en overal, maar zeker in gebieden waar slechts een smalle bovenlaag toegang heeft tot het geschreven woord. Omdat ik opgeleid ben als archeoloog hecht ik veel waarde aan niet-tekstuele informatie, want die geeft vaak een voller, tastbaarder beeld. Ik wilde mensen kunnen interviewen, niet noodzakelijk belangrijke *decision makers*, maar alledaagse individuen wier levensloop getekend is door de grote geschiedenis. Ik wilde mensen kunnen vragen wat ze aten in deze of gene periode. Ik was benieuwd naar welke kleren ze hadden gedragen, hoe hun huis eruitzag toen ze kind waren, of ze naar de kerk gingen.

Uiteraard, het is altijd riskant om te extrapoleren naar het verleden wat mensen vandaag vertellen: niets zo hedendaags als de herinnering. Maar terwijl opvattingen bijzonder kneedbaar zijn – informanten prezen soms de kolonisatie: omdat het in die tijd zo goed was? of omdat ze het nu zo slecht hadden? of omdat ik Belg ben? – hebben de herinneringen aan banale voorwerpen of handelingen vaak een grotere inertie. Je had een fiets of je had geen fiets in 1950. Je sprak Kikongo met je moeder toen je kind was of je sprak geen Kikongo met haar. Je speelde voetbal op de missiepost of je speelde geen voetbal. Het geheugen verkleurt niet overal even snel. De trivia van een mensenleven behouden langer hun kleur.

Ik wilde dus gewone Congolezen interviewen over het gewone leven, al houd ik niet van dat woord 'gewoon', want vaak waren de verhalen die ik te horen kreeg werkelijk buitengewoon. De tijd is een machine die levens vermaalt, zo leerde ik tijdens het schrijven aan dit boek, maar af en toe zijn er ook mensen die de tijd vermalen.

Maar nogmaals: hoe begon ik eraan? Ik had gehoopt hier en daar iemand te kunnen spreken die nog heldere herinneringen had aan de laatste jaren van het koloniale tijdperk. Ik was er voetstoots van uitgegaan dat voor de periode voorafgaand aan de Tweede Wereldoorlog nauwelijks nog getuigen zouden zijn. Ik mocht al heel blij zijn als zo'n oudere informant nog iets over zijn ouders of grootouders in het interbellum zou weten te vertellen. Voor de oudere periodes zou ik op het beverige kompas van de geschreven bronnen moeten varen. Het duurde echter een poos voor ik besefte dat die gemiddelde levensverwachting in Congo vandaag niet zo laag is omdat er weinig ouderen zijn, maar omdat er zoveel kinderen sterven. Het is de verschrikkelijke kindersterfte die het gemiddelde naar beneden haalt. Tijdens mijn tien reizen in Congo ontmoette ik algauw mensen van 70, 80, zelfs 90 jaar oud. Op een keer vertelde een oude, blinde man van bijna 90 veel over het leven dat zijn vader had geleid: indirect kon ik zo afzakken tot de jaren 1890, een duizelingwekkende diepte. Maar dat was nog niks vergeleken met wat Nkasi me vertelde.

Vanuit de lucht lijkt Kinshasa op een termietenkoningin, opgeblazen tot wanstaltigheid en sidderend van de drukte, altijd maar bezig, altijd maar uitdijend. In de zinderende hitte strekt het zich uit langs de linkeroever van de stroom. Aan de overkant ligt zijn tweelingzus Brazzaville, kleiner, frisser, blinkender. De kantoortorens hebben er spiegelglas. Dit is de enige plek ter wereld waar twee hoofdsteden elkaar kunnen aankijken, maar in Brazzaville ziet Kinshasa zijn eigen schamele beeltenis weerspiegeld.

Het kleurenpalet van Kinshasa is gevarieerd, maar het zijn niet de helle pigmenten van andere zonovergoten steden. Nooit zie je de verzadigde kleuren van Casablanca, nooit het warme koloriet van Havanna, nooit de dieprode tinten van Varanasi. In Kinshasa verschiet elk likje verf zo snel dat de mensen geen moeite meer lijken te doen: vale kleuren zijn een esthetica op zich geworden. Pastel overheerst, het koloriet waar de missionarissen ook al zo dol op waren. Van het geringste boetiekje waar wat zeep of belminuten te koop zijn tot en met de uitbundige volumes van een nieuwe pinksterkerk, steevast zijn de muren vaalgeel, vaalgroen of vaalblauw geschilderd. Alsof er ook overdag neonlampen branden. De kratten coca-cola die op de koer van de Bralima-brouwerij in grote forten staan gestapeld, zijn niet scharlakenrood maar dofrood. De hemden van de verkeerspolitie zijn niet knalgeel maar urinekleurig. En in het felste zonlicht wapperen zelfs de kleuren van de nationale vlag nogal flets.

Nee, Kinshasa is geen kleurrijke stad. De aarde is er niet rood, zoals elders in Afrika, maar zwart. Achter het laagje pastelverf priemen altijd grauwe muren. Als metselaars langs de Boulevard Lumumba hun stenen te drogen leggen in de zon, zie je een kleurenwaaier van grijstinten: natte donkergrijze stenen naast muisgrijze, die al leerhard zijn, naast asgrauwe exemplaren. De enige kleur die er werkelijk uit springt is het wit van de gedroogde maniok, ook wel cassave geheten, het knolgewas dat de basisvoeding vormt voor grote delen van Centraal-Afrika. De plastic bekkens met gemalen bloem die vrouwen gehurkt zitten te verkopen, schitteren zo fel dat ze hun ogen moeten dichtknijpen. Naast hen liggen bergen maniokwortels, forse felwitte stronken die doen denken aan verzaagde slagtanden. Als je die rommelige hopen vanuit de lucht ziet, lijkt het alsof de ondergrond zijn tanden ontbloot, kwaad en angstig als een baviaan. Een grimas. Het scheve gebit van een grauwe stad. Maar hagelwit, dat wel. Onberispelijk wit.

Stel dat je over deze stad kon scheren als een ibis. Een schaakbord van roestige daken in golfplaat zou je zien, percelen met donkergroen loof. Het grisaille van de *cité* ook, de volkswijken van Kinshasa waar maar geen einde aan komt. We zouden cirkelen boven buurten met loden namen als Makala, Bumbu en Ngiri Ngiri en afdalen naar Kasavubu, een van de oudste wijken voor 'inlanders', zoals de Congolezen in de koloniale tijd heetten. De Avenue Lubumbashi zouden we zien, een loodrechte as waarop tal van straatjes en steegjes uitkomen, maar die nooit is geasfalteerd. Het is regenseizoen, er staan plassen ter grootte van een zwembad. Zelfs de handigste taximan rijdt zich hier vast. De inktzwarte modder schiet dan weg vanonder zijn gillende banden en besmeurt de flanken van zijn rammelende, maar pas gewassen Nissan of Mazda.

We zouden hem vloekend achterlaten en verder zweven naar de Avenue Faradje. Op de binnenkoer van nummer 66, voorbij de betonnen muur die met glasscherven is bezet, voorbij de zwarte metalen poort, schittert er iets wits. We zoomen in. Het is geen maniok of ivoor. Het is plastic. Hard, wit, gespuitgiet plastic. Het is een potje. Er zit een kind op, een snoezig meisje van één jaar oud. Haar kapsel: een plantage jonge palmboompjes die dicht bij de kruin door gele en rode elastiekjes worden samengebonden. Haar gele jurk met bloemetjesmotief ligt gedrapeerd over haar billen. Rond haar enkels hangt geen broekje: dat heeft ze niet. Maar ze doet wat alle eenjarigen over de hele wereld doen die niet begrijpen waarom dat potje nu per se moet: furieus en hartverscheurend schreien.

Ik zag haar zitten op donderdag 6 november 2008. Ze heette Keitsha. Het was voor haar een traumatische middag. Niet alleen werd haar het genot van de spontane ontlasting ontzegd, ze moest ook nog eens het engste aanschouwen wat ze ooit in haar korte leven had gezien: een blanke, iets wat ze enkel kende van haar versleten, invalide barbiepop, maar dan groot en levend, en met twee benen.

Keitsha zou de hele namiddag op haar hoede blijven. Terwijl haar familieleden met die merkwaardige bezoeker zaten te praten en zelfs bananen en pindanootjes met hem deelden, bleef zij op een veilige afstand, minutenlang starend naar hoe ook *zijn* hand in het knisperende zakje met noten graaide.

Gelukkig was ik niet voor haar gekomen, maar voor haar stamvader, Nkasi. Ik liet de binnenkoer met het schreiende meisje achter me toen ik het dunne laken opzijschoof. Het was half donker. Terwijl mijn ogen eraan probeerden te wennen, hoorde ik het dak kraken van de hitte. Golfplaten, uiteraard. En vaalblauwe muren, zoals overal elders. 'Christ est dieu' stond er in bordkrijt. Daarnaast had iemand met houtskool een lijstje gsm-nummers gekriebeld. Het huis als adressenboekje, want papier is al jaren onbetaalbaar in Kinshasa.

Nkasi zat op de rand van zijn bed. Zijn hoofd hing omlaag. Met zijn oude vingers probeerde hij zijn openhangende hemd nog dicht te knopen. Hij was pas wakker. Ik kwam nader en groette hem. Hij keek op. Zijn bril was met een elastiekje om zijn hoofd vastgemaakt. Achter de dikke en veelvuldig bekraste glazen ontdekte ik waterige oogjes. Hij liet zijn hemd los en nam mijn hand met beide handen vast. Opvallend veel kracht nog in die vingers.

'*Mundele*,' prevelde hij, '*mundele!*' Hij klonk ontroerd, als hadden we elkaar jaren niet gezien. 'Blanke.' Zijn stem leek een traag, roestig tandwiel dat langzaam in beweging kwam. Een Belg in zijn huis... na al die jaren... Dat hij dit nog mocht meemaken.

'Papa Nkasi,' sprak ik tegen het halfduister, 'ik ben zeer vereerd u te ontmoeten.' Hij hield nog steeds mijn hand vast, maar gebaarde mij te gaan zitten. Ik vond een plastic tuinstoel. 'Hoe maakt u het?'

'Aaah,' kreunde hij vanachter zijn brillenglazen die zozeer bekrast waren dat je zijn ogen niet meer zag, 'ik heb last van mijn *demi-vieillesse.*' Naast het bed stond een kommetje met fluimen. Op de groezelige matras lag een klisteerspuit. Het rubber van het peertje zag er verstorven uit. Hier en daar een stukje folie van een geneesmiddel. Toen moest hij lachen om zijn eigen grap.

Hoe oud was dat dan wel, die halve ouderdom? Hij zag er zonder meer uit als de oudste Congolees die ik ooit had ontmoet.

Lang nadenken was niet nodig. '*Je suis né en mille-huit cent quatre-vingt-deux.*'

1882? Data zijn een relatief begrip in Congo. Soms heb ik meegemaakt dat ik aan een informant vroeg wanneer een voorval plaatsvond en als antwoord kreeg: 'Lang geleden, ja, echt lang geleden, zeker zes jaar, of nee, wacht even, laat ons zeggen: anderhalf jaar.' Mijn verlangen om een Congolees perspectief te belichten zou nooit helemaal lukken: ik hecht te veel belang aan data. En sommige informanten hechtten meer belang aan een antwoord dan een juist antwoord. Maar anderzijds viel me vaak de precisie op waarmee velen feiten uit hun leven wisten op te halen. Naast het jaar wisten ze erg vaak de maand en de dag te vermelden. 'Ik verhuisde naar Kinshasa op 12 april 1963.' Of: 'Op 24 maart 1943 vertrok het schip.' Het heeft me alleen maar geleerd om erg voorzichtig te zijn met data.

1882? Tja, dan hebben we het dus over de tijd van Stanley, van de stichting van Congo-Vrijstaat, van de eerste missionering. Dat is nog vóór de Conferentie van Berlijn, de beroemde vergadering in 1885, waar de Europese mogendheden de toekomst van Afrika bepaalden. Zou ik waarlijk oog in oog staan met iemand die zich niet alleen het kolonialisme herinnerde, maar die ook nog eens uit de prekoloniale tijd stamde? Iemand met hetzelfde geboortejaar als James Joyce, Igor Stravinsky en Virginia Woolf? Het viel haast niet te geloven. Dan moest die man 126 jaar oud zijn! Dan moest dit niet alleen de oudste mens ter wereld zijn, maar tevens een van de langst levende mensen ooit. In Congo nog wel. Drie keer de gemiddelde levensverwachting van het land.

En dus deed ik wat ik anders ook doe, checken en dubbelchecken. En in zijn geval betekende dat: met oneindig veel geduld, beetje bij beetje, het verleden opgraven. Soms ging dat vlot, soms voor geen meter. Nooit eerder had ik zo met de verre geschiedenis gesproken, nooit eerder voelde het zo broos aan. Vaak verstond ik hem niet. Vaak begon hij aan een zin en hield hij er halverwege mee op, met de verbaasde blik van iemand die iets uit de kast ging halen maar plots niet meer wist wat hij zocht. Het was vechten tegen de vergetelheid, maar Nkasi vergat niet alleen het verleden, hij vergat ook het vergeten. De gaten die vielen groeiden onmiddellijk weer dicht. Hij was zich van geen verlies bewust. Ik daarentegen probeerde een oceaanstomer te hozen met een conservenblik.

Maar uiteindelijk kwam ik tot de conclusie dat zijn geboortejaar wel eens zou kunnen kloppen. Hij sprak over gebeurtenissen uit de jaren tachtig en negentig van de negentiende eeuw die hij alleen uit eigen ervaring kon kennen. Nkasi had niet gestudeerd, maar hij kende historische feiten waar andere bejaarde Congolezen uit zijn gebied geen weet van hadden. Hij kwam uit Bas-Congo, het gebied tussen Kinshasa en de Atlantische Oceaan, waar de westerse aanwezigheid zich het eerst liet gevoelen. Als de kaart van Congo gelijkt op een ballon, dan is Bas-Congo het tuitje waardoor alles passeert. Daardoor kon ik zijn herinneringen toetsen aan goed gedocumenteerde gebeurtenissen. Hij sprak met grote precisie over de eerste missionarissen, Angelsaksische protestanten die in zijn gewest waren neergestreken. Zij waren inderdaad rond 1880 begonnen met bekeren. Hij gaf namen van zendelingen van wie bleek dat ze in de jaren 1890 in het gebied waren aangekomen en vanaf 1900 op een naburige missiepost zaten. Hij vertelde over Simon Kimbangu, een man uit een naburig dorp van wie we weten dat hij in 1889 geboren is en die in de jaren twintig een eigen godsdienst zou beginnen. En hij vertelde bovenal hoe hij als kind de aanleg van de spoorweg tussen Matadi en Kinshasa had gezien. Dat gebeurde tussen 1890 en 1898. De werken in zijn streek begonnen in 1895. 'Ik was toen 12, 15 jaar oud,' zei hij.

'Papa Nkasi...'

'Oui?' Telkens als ik hem aansprak, keek hij enigszins verstrooid op, als was hij vergeten dat hij bezoek had. Hij deed geen enkele moeite mij te overtuigen van zijn hoge leeftijd. Hij vertelde wat hij nog wist en leek verbaasd over mijn verbazing. Hij was duidelijk minder onder de indruk van zijn leeftijd dan ik, die een schriftje volschreef.

'Hoe komt het eigenlijk dat u uw geboortejaar kent? Er was toch nog geen administratie?'

'Joseph Zinga heeft het me verteld.'

'Wie?'

'Joseph Zinga. De jongste broer van mijn vader.' En toen kwam het verhaal van de oom die met een Engelstalige zendeling was meegegaan naar de missiepost Palabala en zelf catechist werd, waardoor hij de christelijke jaartelling leerde kennen. 'Hij heeft me verteld dat ik van 1882 ben.'

'Maar heeft u Stanley dan nog gekend?' Nooit gedacht dat ik ooit van mijn leven die vraag in alle ernst zou mogen stellen.

'*Stanlei?*' vroeg hij. Hij sprak de naam op zijn Frans uit. 'Nee, die heb ik nooit gezien, maar ik heb wel over hem gehoord. Hij kwam eerst in Lukunga aan en daarna in Kintambo.' Die volgorde stemde in elk geval overeen met de reis die Stanley tussen 1879 en 1884 ondernam. 'Lutunu heb ik wel nog gekend, een van zijn boys. Die kwam uit Gombe-Matadi, niet ver bij ons vandaan. Hij droeg geen broeken.'

Die naam Lutunu zei me wel iets. Ik herinnerde me dat hij een van de eerste Congolezen was die boy werd bij de blanken. Later zou hij door de kolonisator tot inlands hoofd benoemd worden. Maar hij leefde tot in de jaren vijftig: Nkasi kon hem dus ook veel later hebben leren kennen. Dat gold uitdrukkelijk niet voor Simon Kimbangu.

'Kimbangu kende ik al in de jaren 1800,' zei hij nadrukkelijk. Het was de enige keer dat hij, op zijn geboortejaar na, naar de negentiende eeuw verwees. Hun dorpen lagen dicht bij elkaar. En hij voegde eraan toe: 'Wij waren ongeveer even oud. Simon Kimbangu was groter dan ik op het vlak van *pouvoir de Dieu*, maar ik was groter in jaren.' Ook bij latere bezoeken bevestigde hij telkens dat hij enkele jaren ouder was dan Kimbangu, de man uit 1889.

De weken na mijn eerste bezoek ben ik verschillende keren bij Nkasi langsgegaan. Op mijn logeeradres in Kinshasa bekeek ik mijn notities opnieuw, legde de puzzelstukjes bijeen en zocht naar de lacunes in zijn verhaal. Elk bezoek duurde hooguit enkele uren. Nkasi gaf aan wanneer hij moe werd of wanneer zijn geheugen hem in de steek liet. De gesprekken vonden telkens plaats in zijn slaapkamer. Soms zat hij op de rand van zijn bed, soms op het enige andere meubelstuk in de kamer: een versleten autozetel die op de grond stond. Een keer kon ik met hem praten terwijl hij zich zat te scheren. Zonder spiegel, zonder scheerschuim, zonder water, maar wel met een wegwerpmesje, dat hij nooit wegwierp. Hij betastte zijn kin, trok de gekste bekken en schraapte met het witte scheermesje over zijn verweerde huid. Na enkele schuchtere halen tikte hij het dan leeg tegen de rand van zijn bed. De witte stoppels dwarrelden neer op de donkere vloer.

In de hoek van de kamer lag een hoop rommel: de rest van zijn eigendommen. Een kapotte Singer-naaimachine, een stapel lompen, een groot blik melkpoeder van het merk Milgro, een sporttas en een bundeltje linnen. Dat laatste was me al opgevallen bij mijn eerste bezoek. Er leek iets bols in te zitten. 'Wat zit er toch in dat pak?' vroeg ik eens. '*Ah, ça!*' Hij reikte naar de bundel. Traag wikkelde hij de stof los en haalde er een prachtige tropenhelm uit. Een zwarte. Ik wist niet eens dat zoiets bestond. Zonder dat ik erom vroeg zette hij hem op en lachte breed. 'Ah, monsieur David, heel mijn leven heb ik in de handen van de blanken geleefd. Maar binnen twee of drie dagen ga ik sterven.'

Zich verplaatsen ging erg moeizaam. Als wandelstok gebruikte hij de steel van een oude paraplu, maar liever vertrouwde hij op de steun van enkele dochters. Nkasi heeft vijf vrouwen gehad. Of zes. Of zeven. De meningen lopen uiteen. Hijzelf weet het ook niet meer. Op de binnenkoer zaten altijd wel enkele familieleden. De schattingen over de omvang van zijn kroost varieerden. Vierendertig kinderen was het meest gehoorde getal. In ieder geval vier keer een tweeling, daar leek iedereen het wel over eens. Kleinkinderen? Zeker meer dan zeventig.

Ik maakte ook kennis met zijn twee jongere broers, Augustin en Marcel, respectievelijk 90 en 100 jaar oud. Marcel woonde niet in Kinshasa, maar in Nkamba. Ik sprak met de zoon van Augustin, een vlotte, verstandige man die nog niet op middelbare leeftijd was. Dacht ik. Tot hij zei dat hij toch ook al 60 was. Ik kon het bijna niet geloven: hij zag er werkelijk uit als nog niet eens 45. Wat een uitzonderlijk taaie familie, besefte ik, wat een uitzonderlijke speling van de natuur. Drie stokoude broers, alledrie nog in leven. En er waren ook nog twee zussen geweest, maar die waren onlangs gestorven. Ook om en nabij de 90 geworden.

Ze woonden met zijn veertienen in drie kleine, aan elkaar grenzende kamers, maar elke dag was er een komen en gaan van familie. Nkasi deelde de kamer met Nickel en Platini, twee twintigers. Een ervan had een sweater waarop *Miami Champs* stond. Nkasi kreeg als oudste elke nacht het bed, dat sprak vanzelf, de jongelui sliepen op de grond op matjes van gevlochten bananenbladeren. Overdag gingen ze af en toe liggen op de dunne matras van hun grootvader.

Nkasi at maniok, rijst, bonen, soms wat brood. Geld voor vlees was er niet. Na een lang gesprek vermoedde hij dat ik honger had en hij schoof me met zijn paraplusteel een tros banaantjes en een zakje met aardnoten toe. 'Ik zie het wel. Het hoofd is gesloten, maar de buik is open. Neem maar, eet maar.' Weigeren had geen zin. Bij elk bezoek nam ik iets mee en kocht ik frisdrank. De familie had, zoals ontelbare families in de cité, een bescheiden drankdepot van de Bralima-brouwerij, al hadden ze zelf geen geld om de cola's en fanta's te kopen. Eén keer zag ik hoe Nkasi vanuit zijn autozetel een beetje coca-cola overschonk in een plastic mok. IJzingwekkend traag reikte hij die beker aan Keitsha. Het was een aangrijpend beeld: de man die kennelijk geboren was vóór de Conferentie van Berlijn (en vóór de uitvinding van coca-cola) gaf nu wat te drinken aan zijn kleindochter van ná de presidentsverkiezingen van 2006.

Het was 6 november 2008 toen ik Nkasi voor het eerst ontmoette. De dag ervoor was een historische dag geweest in de geschiedenis van de wereld. Op een bepaald moment draaide Nkasi de gesprekssituatie om. Mocht hij ook eens een vraag stellen? Het hoefde niet altijd over het verleden te gaan. Hij had een gerucht opgevangen en kon het maar niet geloven. 'Is het waar dat er in Amerika een zwarte president is gekozen?'

Het leven van Nkasi valt samen met de geschiedenis van Congo. In 1885 kwam het gebied in handen van de Belgische vorst Leopold II. Hij noemde het de Etat Indépendant du Congo, de Onafhankelijke Congo-Staat, in het Nederlands doorgaans aangeduid als 'de Congo-Vrijstaat'. In 1908 moest de vorst na felle binnen- en buitenlandse kritiek zijn gebied overdragen aan de Belgische staat. Tot 1960 zou het Belgisch Congo heten, daarna werd het een onafhankelijk land, de Republiek Congo. In 1965 pleegde Mobutu een staatsgreep die hem tweeëndertig jaar aan de macht zou houden. In die tijd kreeg het land een nieuwe naam: Zaïre. In 1997, toen Laurent-Désiré Kabila hem van de troon stootte, kreeg het als naam de Democratische Republiek Congo mee. Op dat 'democratische' was het nog even wachten, want pas in 2006 vonden de eerste vrije verkiezingen in meer dan veertig jaar plaats. Joseph Kabila, zoon van Laurent-Désiré, werd toen gekozen als president. Nkasi heeft zonder veel te verhuizen in vijf verschillende landen gewoond, of althans in een land met vijf verschillende namen.

Hoewel het land dat Leopold II bedacht op geen enkele manier correspondeerde met een bestaande politieke realiteit, vertoonde het wel een opmerkelijke geografische samenhang: het viel in hoge mate samen met het stroombekken van de Congo-rivier. Elk stroompje, elk waterloopje dat je in Congo ziet (op twee minieme strookjes na), mondt na verloop van tijd uit in die ene, machtige rivier en draagt theoretisch bij tot die bruine vlek in de oceaan. Dat is een puur cartografisch gegeven; op de grond werd dat hydrografisch systeem niet als een eenheid ervaren. Maar Congo, een land van 2,3 miljoen vierkante kilometer, even groot als West-Europa, twee derde van India, het enige land van Afrika met twee tijdzones, is sindsdien altijd het land van die ene rivier geweest. Het werd, alle naamsveranderingen ten spijt, ook altijd vernoemd naar de moeder aller waterlopen (de Congo, de Zaïre). In het Frans spreken de inwoners vandaag doorgaans over *le fleuve*, de stroom, zoals de bewoners van de Lage Landen het over 'de zee' hebben als ze de Noordzee bedoelen.

De Congo is geen rechtlijnige rivier; zijn loop beschrijft driekwart van een cirkel, tegen de wijzers van de klok in, alsof je een analoog uurwerk vijfenveertig minuten terugdraait. Die grote bocht heeft te maken met het gelijkmatige en relatief vlakke reliëf van het Centraal-Afrikaanse binnenland. De Congo maakt eigenlijk één grote meander in een zacht hellend gebied dat doorgaans slechts enkele honderden meters boven de zeespiegel ligt. Op zijn duizenden kilometers lange reis heeft de rivier een verval van nog geen vijftienhonderd meter, minder dan een forse bergbeek. Alleen het uiterste zuiden van het land, waar de rivier ontspringt, loopt op tot vijftienhonderd meter. Gebieden boven de tweeduizend meter vind je enkel helemaal in het oosten van het land. Het hoogste punt ligt pal op de grens met Oeganda: Mount Stanley, 5109 meter, de op twee na hoogste bergtop van Afrika, permanent bedekt met sneeuw en een (steeds kleiner wordende) gletsjer. De bergen in het oosten zijn samen met een sliert langgerekte meren (de vier zogenaamde Grote Meren, waarvan het Tanganyika-meer het grootste is) het gevolg van belangrijke tektonische activiteit, getuige ook de nog steeds actieve vulkanen in het gebied. Die gekreukelde oostrand van Congo vormt onderdeel van de Rift, de grote breuklijn die Afrika van noord naar zuid doorklieft. Klimatologisch kan dat bergachtige gebied fris zijn: een stad als Butembo bijvoorbeeld, dicht bij de grens met Oeganda, heeft een gemiddelde jaartemperatuur van slechts 17 graden Celsius, terwijl Matadi, niet ver van de Atlantische Oceaan, een gemiddelde van ruim 27 graden kent. Elders zorgt de ligging aan de evenaar voor een tropisch klimaat met hoge temperaturen en een hoge luchtvochtigheid, al zijn de regionale verschillen aanzienlijk. In het evenaarswoud schommelt de middagtemperatuur tussen de 30 en 35 graden, in het uiterste zuiden van het land kan er tijdens het droge seizoen af en toe rijp waargenomen worden. Ook de duur van het droge seizoen en het tijdstip waarop het aanvangt variëren.

Twee derde van het land is bedekt met een dichtbegroeid evenaarswoud, met zijn 1,45 miljoen vierkante kilometer het grootste tropische regenwoud ter wereld na het Amazonegebied. Vanuit het vliegtuig lijkt het op een gigantische broccoli waar maar geen einde aan komt, een gebied drie keer zo groot als Spanje. Ten noorden en ten zuiden ervan gaat dat woud (*'la forêt'*, zeggen de Congolezen) geleidelijk over in savanne. Geen eindeloze *National Geographic*-zee van gele, wuivende grassen, maar een bossavanne die geleidelijk overgaat in een struiksavanne naarmate je je verder van de evenaar verwijdert. De biodiversiteit van het land is spectaculair, maar wordt in toenemende mate bedreigd. Drie van de belangrijkste zoölogische ontdekkingen van de twintigste eeuw kwamen uit Congo: de Congo-pauw, de okapi en de bonobo. Dat er sowieso nog in de twintigste eeuw een mensaap ontdekt kon worden was al een mirakel. Congo is het enige land ter wereld waar drie van de vier mensapen voorkomen (alleen de orang-oetan ontbreekt): maar ook de chimpansee en vooral de berggorilla zijn ernstig bedreigde diersoorten.

Etnografen in de twintigste eeuw onderscheidden zo'n vierhonderd etnische groepen in het binnenland, stuk voor stuk samenlevingen met eigen gewoonten, eigen samenlevingsvormen, eigen kunsttradities en vaak ook een eigen taal of dialect. Die groepen worden doorgaans met een meervoudsvorm aangeduid, te herkennen aan het voorvoegsel *ba-* of *wa-*. De Bakongo (ook wel baKongo geschreven) behoren tot het Kongo-volk, de Baluba (of baLuba) tot het Luba-volk, de Watutsi (of waTutsi, zelfs waTuzi) tot het Tutsi-volk. Ik zal in de hiernavolgende hoofdstukken de gangbare uitdrukking in het Nederlands hanteren. Ik zal het dus tegelijkertijd hebben over de Bakongo en de Tutsi's, niet erg consistent, maar wel zo handzaam. De enkelvoudsvorm (Mukongo of muKongo) heb ik zoveel mogelijk vermeden. Kongo met een k verwijst naar de etnische groep die bij de monding van de Congo-rivier woont, Congo met een c naar het land en de rivier. De talen van die groepen beginnen meestal met het voorvoegsel *ki-* of *tshi-*: het Kikongo, het Tshiluba, het Kiswahili, het Kinyarwanda. Ook hier primeert voor mij wat gebruikelijk is. Daarom dus: Swahili in plaats van Kiswahili, Kinyarwanda in plaats van 'Rwandees'. Het Lingala is de uitzondering op de regel, wat niet wegneemt dat talen in het Lingala ook met *ki-* beginnen. Ooit hoorde ik iemand praten over het '*kiChinois*'. En het Kiflama is de taal van de Baflama, de Vlamingen (afgeleid van *les flamands*): het Nederlands dus.

De buitengewone antropologische rijkdom van Congo mag het zicht niet ontnemen op de grote linguïstische en culturele homogeniteit. Nagenoeg alle talen zijn Bantoe-talen en vertonen onderling structurele gelijkenis. (*Bantoe*, of *bantu*, is meervoud van *muntu*; het betekent 'de mensen'.) Dat wil niet zeggen dat Nkasi automatisch iemand van de andere kant van het land zal verstaan, wel dat zijn taal op die van de ander zal lijken zoals Indo-Europese talen dat doen. Enkel in het uiterste noorden van Congo worden fundamenteel andere talen gesproken, talen die tot de Soedanese talengroep behoren. Overal elders kwamen Bantoe-talen in zwang door de verspreiding van de landbouw vanuit het noordwesten. Zelfs de pygmeeën, de oorspronkelijke jagers-verzamelaars van het regenwoud, schakelden over op het gebruik van Bantoe-talen.

Etnisch bewustzijn is een relatief concept in Congo. Bijna alle Congolezen kunnen vrij nauwkeurig aangeven tot welke etnische groep zij en hun ouders behoren, maar de mate waarin ze zich met die groep identificeren, varieert enorm naar leeftijd, woonplaats, opleidingsniveau en, doorslaggevender dan de rest, leefomstandigheden. Groepen worden hechter naarmate ze meer bedreigd worden. Op verschillende momenten in je leven kun je er meer of minder belang aan hechten. Als de woelige geschiedenis van Congo iets duidelijk maakt, dan is het wel de rekbaarheid van wat vroeger 'het stammenbewustzijn' heette. Het is een vloeibare categorie. Ik zal er vaak op terugkomen.

Hoewel de namen van de provincies en hun aantal vaak veranderd zijn, zijn er toch enkele regionale aanduidingen die de bewoners onveranderlijk hanteren om het enorme gebied mee op te splitsen. Bas-Congo is, zoals gezegd, het tuitje van de ballon. Matadi, de administratieve hoofdplaats ervan, is een zeehaven honderd kilometer landinwaarts, waar containerschepen, laverend tegen de sterke stroming van de Congo-rivier, kunnen aanmeren. Verder stroomopwaarts wordt de rivier onbevaarbaar door stroomversnellingen. Kinshasa, een stad van naar schatting acht miljoen inwoners, die zich *Kinois* noemen, ligt precies op de plek waar de ballon zich verbreedt. Vanaf hier is de rivier opnieuw bevaarbaar, tot diep in het binnenland. Ten oosten van Kinshasa tref je Bandundu aan, een gebied tussen woud en savanne met onder meer Kikwit en de historisch belangrijke Kwilu-streek. Daarnaast, in het hart van het land, ligt Kasai, het diamantgebied. De belangrijkste stad is er Mbuji-Mayi, de laatste jaren dankzij de diamantkoorts uitgegroeid tot de derde, misschien zelfs de tweede stad van het land. Nog oostelijker kom je in het gebied dat vroeger de Kivu heette, maar nu onderverdeeld is in drie provincies: Noord-Kivu, Zuid-Kivu en Maniema. De beide Kivu's vormen het broze topje van de ballon, met Goma en Bukavu als belangrijkste centra, pal op de grens met Rwanda. Het gaat om een dichtbevolkt agrarisch gebied. Door de hoge ligging komt de slaapziekte er niet voor en is veeteelt mogelijk, bodem en klimaat lenen zich bovendien voor hoogwaardige landbouw (koffie, thee, kinine).

Ten noorden van die as Bandundu-Kasai-Kivu strekt zich het grootste deel van het regenwoud uit, administratief ondergebracht in twee monsterprovincies die men al lange tijd wil opdelen, de Equateur en de Province Orientale, met Mbandaka en Kisangani als respectieve hoofdplaatsen. Beide liggen aan de rivier en kunnen per schip vanuit Kinshasa bereikt worden. Vooral Kisangani heeft door de hele Congolese geschiedenis heen een sleutelrol gespeeld. Ten zuiden van die centrale oost-westas ligt een andere monsterprovincie, Katanga, met als hoofdstad Lubumbashi. In deze mijnstreek klopt het economische hart van Congo. Katanga heeft een uitstulpsel naar het zuidoosten, alsof een clown nog snel een wrong heeft gegeven aan de ballon die Congo is: het resultaat van een grensgeschil met Engeland op het eind van de negentiende eeuw. Terwijl Katanga erg rijk is aan koper en kobalt en Kasai het moet hebben van zijn diamant, bevat de ondergrond van Kivu tin en coltan en die van de Province Orientale ook goud.

De vier belangrijkste steden van het land zijn dus Kinshasa, Lubumbashi, Kisangani en, sinds kort, Mbuji-Mayi. Momenteel zijn ze niet per spoor of door verharde wegen met elkaar verbonden. Congo telt aan het begin van het derde millennium minder dan duizend kilometer geasfalteerde weg (en dan nog vooral wegen naar het buitenland: van Kinshasa naar de haven van Matadi, van Lubumbashi naar de grens met Zambia, om de import van goederen en de export van ertsen mogelijk te maken). Er rijden zo goed als geen treinen meer. De boten van Kinshasa naar Kisangani zijn weken onderweg. Wie van de ene naar de andere stad wil, neemt het vliegtuig. Of heeft heel veel tijd. Een vuistregel zegt dat een uur verplaatsing in de koloniale tijd overeenkomt met een hele dag reizen nu.

Kinshasa is en blijft de navel van het land, het knoopje van de ballon. Meer dan 13 procent van de negenenzestig miljoen inwoners woont in een van de vierentwintig gemeenten van de hoofdstad, maar het gros van de Congolese bevolking leeft nog steeds op het platteland. Vooral Bas-Congo, Kasai en het gebied aan de Grote Meren zijn dichtbevolkt. Frans is de taal van het bestuur en het hoger onderwijs, maar Lingala is de taal van het leger en de alom aanwezige popmuziek. Vier inlandse talen zijn officieel erkend als landstalen: het Kikongo, het Tshiluba, het Lingala en het Swahili. Terwijl de eerste twee echte etnische talen vormen (Kikongo wordt gesproken door de Bakongo in Bas-Congo en Bandundu, Tshiluba door de Baluba in Kasai), zijn de laatste twee handelstalen met een veel groter bereik. Swahili ontstond aan de oostkust van Afrika en wordt niet alleen in heel oostelijk Congo, Tanzania en Kenia gesproken, Lingala ontstond in de Equateur en zakte langs de Congo-rivier naar Kinshasa af. Vandaag is het de snelst groeiende taal van Congo. Het wordt ook in het naburige Congo-Brazzaville gesproken.

En nu we het toch over de buurlanden hebben: Congo heeft er maar liefst negen. Met de wijzers van de klok mee zijn dat, beginnend bij de oceaan: Congo-Brazzaville, de Centraal-Afrikaanse Republiek, Soedan, Oeganda, Rwanda, Burundi, Tanzania, Zambia en Angola. Op wereldschaal doen alleen Brazilië, Rusland en China het beter, met elk tien tot veertien buurlanden. Dat zorgt voor een ingewikkelde diplomatie en in Congo is het niet anders, zowel tijdens de koloniale tijd als erna. Grensgeschillen en territoriale conflicten zijn al anderhalve eeuw een constante, net zoals sommige delen van de grens tussen Rusland en China al lange tijd betwist gebied zijn.

Waar begint de geschiedenis? Ver in zee, ver voor de kust, zelfs ver voordat Nkasi werd geboren. Er bestaat een kwalijke tendens om de geschiedenis van Congo te laten aanvangen met de komst van Stanley in de jaren 1870, alsof de inwoners van Centraal-Afrika treurig rondwaarden in een eeuwig, onveranderlijk heden en de doorreis van een blanke moesten afwachten alvorens ze bevrijd werden uit de wolfsklem van hun voorhistorische lamlendigheid. Centraal-Afrika kwam weliswaar in een belangrijke stroomversnelling terecht tussen 1870 en 1885, maar dat betekent helemaal niet dat de bewoners daarvoor in een gestolde natuurstaat doolden. Het waren geen levende fossielen.

Centraal-Afrika was een gebied zonder schrift, maar daarom niet zonder geschiedenis. Er gingen honderden, ja, duizenden jaren menselijke geschiedenis vooraf aan de komst van de Europeanen. Als er al een hart der duisternis bestond, dan zat het veeleer in de onwetendheid waarmee blanke ontdekkingsreizigers het gebied bekeken, dan in het gebied zelf. Ook *darkness* is 'in the eye of the beholder'.

Ik wil die verre voorgeschiedenis illustreren aan de hand van vijf virtuele dia's, vijf snapshots. En ik wil me afvragen hoe het leven van, laat ons zeggen, een 12-jarige jongen op elk van die vijf momenten eruitzag. De eerste dia is genomen zo'n negentigduizend jaar geleden. De datum is enigszins willekeurig, maar het is nu eenmaal de enige betrouwbare datering die we hebben van de oudste, archeologische resten in Congo.

Hoe bizar toch om de geschiedenis van Congo van een Europeaan te laten afhangen. Hoe eurocentrisch kun je zijn? Het was in Afrika dat de lijn van de mens zich vijf à zeven miljoen jaar geleden afsplitste van die van de mensapen. Het was in Afrika dat de mens vier miljoen jaar geleden rechtop begon te lopen. Het was in Afrika dat bijna twee miljoen jaar terug de eerste beredeneerde stenen werktuigen werden gehakt. En het was in Afrika dat honderdduizend jaar geleden het complexe, prehistorische gedrag van onze soort ontstond, een gedrag gekenmerkt door uitwisselingsnetwerken over lange afstand, geavanceerde werktuigen in steen en bot, gebruik van oker als kleurstof, vroege telsystemen en andere vormen van symboliek. Congo lag iets te westelijk om die evolutie vanaf het begin mee te maken, maar op vele plekken zijn zeer primitieve en ongetwijfeld zeer oude werktuigen aangetroffen, de meeste helaas slecht gedateerd. Het gebied leverde ook een aantal van de indrukwekkendste vuistbijlen uit de hele prehistorie op, zorgvuldig vormgegeven stenen bijlen tot wel veertig centimeter lang.

Negentigduizend jaar geleden dus. We stellen ons de oever van een van de vier Grote Meren in het oosten voor, het meer dat nu het Edwardmeer heet. Onze jongen van 12 had er kunnen zitten, op de plek waar de Semliki-rivier het meer in stroomt. Misschien maakte hij deel uit van dat groepje prehistorische mensen wier resten meticuleus in de jaren 1990 werden opgegraven. Eens per jaar kwam een groepje jagers-verzamelaars naar deze plek, telkens als de meerval moest paaien. Deze smakelijke, traag zwemmende vis met griezelige baarddraden kan makkelijk tot zeventig centimeter lang worden en meer dan tien kilo wegen. Doorgaans leeft hij echter op de bodem van het meer, buiten het bereik van de mens. Maar bij het begin van het regenseizoen komt hij in zeer ondiepe wateren paaien. Daarvoor heeft hij zelfs een extra ademhalingsorgaan. Handig, maar ook gevaarlijk: negentigduizend jaar geleden al sneden mensen bij dat meer harpoenen uit been, de oudst bekende ter wereld – elders werd dat pas vanaf twintigduizend jaar geleden gedaan. Uit een rib of een bot vervaardigde men een speerpunt met dodelijke inkepingen en weerhaken. Goed mogelijk dat een 12-jarige jongen zo'n forse vis leerde spiesen, of een van de vele kleinere soorten. Goed mogelijk ook dat hij longvissen uitgroef, palingachtige dieren die zich bij het begin van het droge seizoen in een ondiep kuiltje nestelen om daar acht maanden te overzomeren. Het milieu was een stuk droger dan nu, weten we uit paleontologisch onderzoek. Er leefden olifanten, zebra's en wrattenzwijnen, typische soorten voor een open landschap. Maar door de nabijheid van water waren er ook nijlpaarden, krokodillen, moerasantilopen en otters. De wind woei over het meer, de struiken ritselden, een vis sloeg wild en machteloos met zijn staart tegen de natte rotsen, kronkelend van de pijn. En daarboven kon, leunend op zijn harpoen, de stem van een jongen geklonken hebben: opgewonden, verbeten en juichend. Een snapshot, niets meer.

De tweede dia: het is vijfentwintighonderd jaar voor het begin van onze tijdsrekening. Onze jongen van 12 was toen een pygmee in het dicht beboste regenwoud. Van landbouw was nog lang geen sprake, maar de noten van de wilde oliepalm zal hij beslist geproefd hebben. Onder overhangende rotsen in het Ituri-woud zijn restanten van vroege bewoners gevonden. Te midden van wat rommelige stenen werktuigen lagen er pitten van prehistorische palmnoten. Woonden die woudbewoners daar? Kwamen ze er slechts sporadisch? Het is onbekend. De werktuigen waren in ieder geval vervaardigd uit plaatselijk verzamelde quartz en rivierkeien. De jongen van 12 behoorde mogelijk tot een kleine, erg mobiele groep jagers-verzamelaars die een buitengewone kennis van hun leefomgeving moeten hebben gehad. Ze joegen op apen, antilopen en stekelvarkens, ze plukten noten en vruchten, groeven naar knolgewassen en wisten welke planten geneeskrachtig en bewustzijnsverruimend waren.

Toch was ook dit geen gesloten wereld. Ook toen al bestonden er contacten met de buitenwereld. Vuursteen en obsidiaan werden verruild over grote afstanden, soms tot driehonderd kilometer ver. Misschien was onze jongen van 12 wel die eerste Congolees over wie we een geschreven bron hebben. Misschien werd hij slaaf gemaakt en ontvoerd uit het woud, meegenomen via de savanne en de woestijn, maandenlang onderweg, om bij een rivier te komen die hij moest afvaren en waar maar geen einde aan kwam: de Nijl. Zijn begeleider was ongelooflijk opgetogen over zijn vangst: een pygmee, het zeldzaamste en het kostbaarste wat er was. Zijn goddelijke meester in het noorden had hem een buitengewone brief gezonden. Die brief zou hij later in steen laten hakken: 'Kom en ge moet de dwerg meebrengen, de dwerg die gij meegebracht hebt uit het land der geesten, levend, behouden en gezond, om te dansen de heilige dansen tot vermaak en verheugenis van farao Nefer-ka-Re. Pas op dat hij niet in het water valt.'[3] De hiërogliefen waren gebeiteld op het graf van de expeditieleider in de rotsen bij Aswan, vijfentwintighonderd jaar voor onze jaartelling. Het land der geesten: het was de eerste keer dat Congo in een tekst opdook.

Volgende lichtbeeld, de derde dia. We zitten circa vijfhonderd jaar na het begin van onze jaartelling. In Europa is net het West-Romeinse rijk ingestort. Een 12-jarige in Congo leidde toen een totaal ander leven dan zijn voorganger. Het was gedaan met zwerven, voortaan was hij min of meer sedentair: hij verhuisde niet een paar keer per jaar, maar een paar keer in zijn hele leven. Circa tweeduizend jaar voor onze tijdsrekening werd in wat nu Kameroen heet voor het eerst aan landbouw gedaan. Door die nieuwe voedselbron stegen de bevolkingsaantallen. En omdat het om extensieve landbouw ging, moesten er jaarlijks nieuwe veldjes in cultuur worden gebracht. Langzaam maar zeker breidde zich een agrarische levensstijl over Afrika uit. Het was het begin van de Bantoe-migratie. Die moet niet gezien worden als een grote trek van boeren die op een goede dag hun biezen pakten om duizend kilometer verder te zeggen: 'We zijn er!' Het ging om een langzame maar zekere verschuiving in zuidelijke richting (in het noorden lag de Sahara). In de loop van drie millennia veroverde de landbouw heel centraal en zuidelijk Afrika. De honderden talen in dat enorme gebied zijn, zoals gezegd, tot op de dag van vandaag verwant. In Congo deinsden die Bantoe-sprekende boeren allerminst terug voor het woud. Via rivieren en olifantenpaden drongen ze het gebied binnen. Daar kwamen ze in contact met de plaatselijke woudbewoners, de pygmeeën. Tegen het jaar 1000 was de hele regio bewoond.

De grote vernieuwing anno 500 was de bakbanaan, een gewas met onduidelijke oorsprong maar een heerlijke smaak. Onze jongen van 12 had geluk: in de eeuwen daarvoor was er vooral yam gekweekt, een voedzaam knolgewas, rijk aan zetmeel, maar nogal flauw van smaak. Voor zijn moeder, die het veldje bewerkte, had de bakbanaan grote voordelen: anders dan yam trok hij geen malariamuggen aan. De opbrengst was tienmaal hoger, hij vroeg minder zorg en de grond raakte minder snel uitgeput. Zijn vader zal ook toen al in palmbomen geklommen zijn om palmolie te oogsten. Misschien hielden ze wat kippen en geiten, misschien hadden ze een hond. Daarnaast werd er nog steeds veel geplukt, gevist en gejaagd. De zoon zal termieten, rupsen, larven, slakken, paddenstoelen en wilde honing verzameld hebben. Met zijn vader en andere mannen uit het dorp joeg hij op antilopen en penseelzwijnen. Vissen deed hij door fuiken uit te zetten of riviertjes af te dammen. Hij had, kortom, een buitengewoon gevarieerd dieet. De landbouw stond slechts in voor 40 procent van zijn voeding.

De vader van onze jongen uit het jaar 500 had hoogstwaarschijnlijk enkele werktuigen van ijzer. Ook dat was een nieuwigheid toen: de vroegste metallurgie in het gebied was in de eerste eeuwen van onze tijdrekening ontstaan. Daarvoor gebruikte men enkel stenen werktuigen. Zijn moeder beschikte ongetwijfeld over potten van gebakken klei. Aardewerk bestond al eeuwen eerder. Keramiek en metaal waren luxegoederen die zijn ouders verkregen door ruilhandel en uitwisseling, net zoals kostbare dierenvellen en zeldzame verfstoffen.

Het gezin leefde in een bescheiden dorp met enkele families, maar tussen de dorpen onderling bestonden vormen van samenwerking. De steeds verder uitdijende landbouw zorgde voor familiebanden over een groter gebied. Misschien had je toen al in elk dorp een gong of zogenaamde 'spleettrommel' staan, een uitgeholde boomstam waarop je twee tonen kon laten horen, een hoge en een lage; zo kon je berichten over een grote afstand doorseinen. Geen vage noodsignalen, maar zeer nauwkeurige berichten, hele zinnen, nieuwtjes en verhalen. Was er iemand gestorven, men roffelde naam, bijnaam en rouwbeklag in het rond. Was er een hut afgebrand, een dier gejaagd of een familielid op bezoek, dan trommelden dorpelingen het aan elkaar door. 's Ochtends vroeg of 's avonds laat, als de lucht koud was, kon je dat getrommel tot tien kilometer ver horen. Verre dorpen gaven het op hun beurt door aan nog verdere dorpen. De volkeren van Centraal-Afrika ontwikkelden nooit het schrift, maar hun *langage tambouriné* was buitengewoon vernuftig. Informatie werd niet opgeslagen voor de toekomst, maar onmiddellijk verspreid over het landschap en gedeeld met de gemeenschap. Negentiende-eeuwse ontdekkingsreizigers begrepen niet dat de dorpen waar ze aanmeerden al lang op de hoogte waren van hun komst. Toen ze leerden dat een getrommeld bericht in één etmaal wel zeshonderd kilometer kon reizen, spraken ze lachend van de *télégraphe de brousse*. Ze wisten niet dat die vorm van communicatie makkelijk anderhalf millennium ouder was dan de uitvinding van Morse.

Volgende dia, meer dan duizend jaar later. Laat ons zeggen: 1560. Italië in de ban van de Renaissance. Brueghel schildert zijn meesterwerken. De eerste tulp in Nederland. Hoe leefde een 12-jarige in Congo? Als hij in het woud was geboren, had hij ongetwijfeld in een groter dorp gewoond dan voorheen, een dorp met een tiental huizen en een honderdtal bewoners, waar een dorpshoofd zijn gezag uitoefende. Zijn macht berustte op naam, faam, eer, weelde en charisma. Alleen hij mocht zich tooien met het vel en de tanden van een luipaard. Hij moest regeren als een vader die zijn eigen belangen nooit voorrang geeft boven die van de gemeenschap. Een aantal van die dorpen samen vormde toen een soort kring. Dat hielp om twisten over landbouwgrond te vermijden en tegen indringers op te treden.

Was onze knaap in de savanne geboren, dan zou hij gemerkt hebben dat dit systeem daar nog een stap verder was ontwikkeld. Diverse kringen vormden er samen een gewest, in sommige gevallen zelfs een koninkrijk. Het was in de savanne ten zuiden van het evenaarswoud dat vanaf de veertiende eeuw echte staten, zoals die van de Kongo, de Lunda, de Luba en de Kuba, ontstonden. De grotere landbouwopbrengsten lieten zo'n schaalvergroting toe. Sommige van die staten waren zo groot als Ierland. Het waren feodale, getrapte samenlevingen. Aan het hoofd stond een koning, een dorpshoofd in het kwadraat, de vader van zijn volk, beschermer en weldoener van zijn onderdanen. Hij zorgde voor de gemeenschap, consulteerde ouderen en beslechtte geschillen. Het gevolg van die politieke constructie laat zich raden: nogal veel was afhankelijk van de persoonlijkheid van de koning. Men kon het treffen of niet. Als macht zo gepersonaliseerd is, wordt de geschiedenis manisch-depressief. Dat gold zeker voor de koninkrijken van de savanne. Perioden van bloei wisselden snel af met perioden van verval. Troonopvolging leidde bijna altijd tot burgeroorlog.

Indien onze denkbeeldige jongen bij de benedenloop van de Congo opgroeide, dan is hij onderdaan van het Kongo-rijk geweest, het bekendste van die feodale vorstendommen. De hoofdstad ervan heette Mbanza-Kongo, vandaag een plaats in Angola, even ten zuiden van Matadi. In 1482 hadden onderdanen van dat Kongo-rijk aan de kust iets uiterst merkwaardigs gezien: grote hutten die uit de zee leken op te doemen, hutten met wapperende doeken. Toen die zeilschepen voor anker gingen, zag het volk op de oever dat er witte mensen in zaten. Dat moesten voorouders zijn die op de bodem van de zee leefden, een soort watergeesten. Ze droegen kleren, veel meer dan zijzelf, die gemaakt leken uit de huiden van ongekende zeewezens. Hoogst eigenaardig allemaal. De onuitputtelijke hoeveelheden stoffen die ze bij zich hadden, deden vermoeden dat zij ginds onder de zee vooral bezig waren met weven.[4]

Maar het waren Portugezen, die naast linnen ook hosties meebrachten. De koning van de Bakongo, Nzinga Kuwu, stond toe dat ze in zijn rijk vier missionarissen achterlieten en stuurde in ruil vier notabelen met hun schepen mee. Toen ze enkele jaren later terugkeerden met wonderlijke verhalen uit dat verre Portugal, brandde de koning van verlangen om het geheim van de Europeanen te kennen en liet zich in 1491 dopen tot Don João. Enkele jaren later echter keerde hij teleurgesteld terug naar zijn veelwijverij en waarzeggerij. Zijn zoon, prins Nzinga Mvemba, zou echter een diepchristelijke man worden en regeerde vier decennia over het Kongo-rijk (1506-1543) onder zijn doopnaam Affonso I. Het was een periode van grote voorspoed en consolidatie. De handel met de Portugezen vormde de basis van zijn macht. En toen die Portugezen slaven vroegen, liet hij raids uitvoeren in naburige gewesten. Dat gebeurde al van oudsher, slavernij was een inheems fenomeen, wie macht had had mensen, maar zijn bereidwillige medewerking kwam de verstandhouding met de Portugezen zozeer ten goede dat Affonso een van zijn zonen naar Europa mocht sturen voor een priesteropleiding. De zoon in kwestie, ene Henrique, 11 jaar oud, leerde in Lissabon Portugees en Latijn, en trok erna naar Rome, waar hij werd gewijd tot bisschop – de eerste zwarte bisschop uit de geschiedenis – alvorens huiswaarts te keren. Hij was echter zwak van gestel: enkele jaren later stierf hij.

De kerstening van het Kongo-land werd toen maar verder behartigd door Portugese jezuïeten en later ook Italiaanse kapucijnen. In niets geleek het op de missionering uit de negentiende eeuw: hier richtte de kerk zich uitdrukkelijk op de bovenlaag van de bevolking. De kerk stond voor macht en weelde, en daar had de top van het Kongo-rijk wel oren naar. De rijken lieten zich dopen en namen adellijke Portugese titels aan. Sommigen leerden zelfs lezen en schrijven, al kostte een blad papier toen nog een kip, en een missaal een slaaf.[5] Maar er werden kerken gebouwd en fetisjen verbrand. Waar hekserij was, moest het christendom zegevieren. In de hoofdstad Mbanza-Kongo verrees een kathedraal, maar ook daarbuiten lieten provinciegouverneurs kerkjes bouwen. De bredere bevolkingslagen bekeken die nieuwe godsdienst met belangstelling. Terwijl de christelijke priesters hoopten het ware geloof te brengen, zag het volk in hen de beste bescherming tegen hekserij. Veel mensen lieten zich dopen, niet omdat ze die hekserij achter zich gelaten hadden, maar juist omdat ze er zo sterk in geloofden! Het kruisbeeld werd zeer geliefd als de krachtigste van alle fetisjen om kwade geesten te verdrijven.

Anno 1560 beleefde het Kongo-rijk, na de dood van Affonso, een diepe crisis. De kans is groot dat onze 12-jarige jongen om zijn hals een kruisbeeldje, een rozenkrans of een medaille droeg, desnoods een amuletje door zijn moeder gemaakt. Het christendom verdreef geen ouder geloof, maar versmolt ermee. Jaren later, in 1704, toen de kathedraal van Mbanza-Kongo alweer een ruïne was, zou een plaatselijke, zwarte mystica in de bouwval wonen en beweren dat Christus en Madonna tot de Kongo-stam behoorden.[6] Toen in het midden van de negentiende eeuw zendelingen bij de benedenloop van de Congo rondtrokken, ontmoetten ze nog steeds mensen met namen als Ndodioko (van Don Diogo), Ndoluvualu (van Don Alvaro) en Ndonzwau (van Don João). Ze zagen ook dat er rituelen werden uitgevoerd bij kruisbeelden van drie eeuwen oud, die inmiddels bekleed waren met schelpen en steentjes en waarvan iedereen stellig beweerde dat ze inheems waren.

Rond 1560 kreeg onze jongen naast een amuletje ook andere eetgewoonten. De Atlantische handel bracht nieuwe gewassen naar zijn gewesten.[7] Vanaf het moment dat de Portugezen in 1575 een eigen kolonie aan de kust bij Luanda stichtten, ging dat snel. Zoals de aardappel aan zijn opmars in Europa begon, zo veroverden maïs en maniok in een mum van tijd Centraal-Afrika. Maïs groeide van Peru tot Mexico, maniok kwam uit Brazilië. In 1560 zal onze jongen van 12 voornamelijk pap van sorghum gegeten hebben, een inheems graangewas. Vanaf 1580 begint hij maniok en maïs te eten. Sorghum kon je maar één keer per jaar oogsten, maïs daarentegen twee keer en maniok het hele jaar door. Terwijl maïs goed gedijde in de drogere savanne, begon maniok aan zijn opmars in het vochtigere woud. Het was voedzamer en makkelijker te verbouwen dan bakbanaan en yam-planten. De wortelknollen rotten zelden. Het volstond om elk jaar een nieuw veldje vrij te maken en af te branden. De *slash and burn*-landbouw ontstond in die tijd.[8] In de eetkom van de jongen belandden, als hij geluk had, ook zoete aardappelen, pindanoten en bonen – vandaag nog steeds vaste ingrediënten in de Congolese keuken. In enkele decennia tijd werd het dieet van Centraal-Afrika radicaal omgegooid, met dank aan de globalisering door de Portugezen.

Congo hoefde dus niet te wachten op Stanley om tot de geschiedenis toe te treden. Het gebied was niet ongerept en de tijd was er niet stil blijven staan. Vanaf 1500 nam het deel aan de wereldhandel. En al zullen de meeste inwoners van het woud zich nooit bewust zijn geweest van een buitenwereld, ze aten wel dagelijks planten die uit een ander werelddeel afkomstig waren.

Vijfde dia. Laatste snapshot: we zijn in 1780 aanbeland. Indien onze jongen toen werd geboren, was de kans reëel dat hij koopwaar werd van Europese slavendrijvers en op de suikerplantages van Brazilië, de Caraïben of in het zuiden van de latere VS terechtkwam. De Atlantische slavenhandel duurde grofweg van 1500 tot 1850. Heel de westkust van Afrika was erbij betrokken, maar het gebied rond de monding van de Congo-rivier het meest intens. Uit een kuststrook van vierhonderd kilometer vertrokken naar schatting vier miljoen mensen, ongeveer een derde van de totale Atlantische slavenhandel. Maar liefst een op de vier slaven op de katoen- en tabaksplantages in de American South kwam uit equatoriaal Afrika.[9] Portugezen, Britten, Fransen en Nederlanders waren de belangrijkste handelaren, maar dat betekende niet dat zij zelf tot diep in het Afrikaanse binnenland doorstootten.

Vanaf 1780 werd door een grotere vraag naar slaven in de VS de handel veel grootschaliger. Voor de Loango-kust ten noorden van de Congo vertrokken vanaf 1700 jaarlijks tussen de vier- en zesduizend slaven; vanaf 1780 werden dat er vijftienduizend per jaar.[10] Die toename liet zich tot diep in het evenaarswoud voelen. Indien onze jongen tijdens een raid was gekidnapt of door zijn ouders in tijden van hongersnood was verkocht, zou hij terechtkomen bij een belangrijke handelaar op de rivier. Hij had dan plaats moeten nemen in zo'n enorme boomstamkano van misschien wel twintig meter lang, die veertig tot zeventig opvarenden kon vervoeren. Mogelijk werd hij vastgeketend. De kano zou naast tientallen slaven ook ivoor transporteren, dat andere luxeproduct uit het regenwoud. Een pygmee die een olifant had gedood, ging immers niet zelf naar de kust om de twee slagtanden aan een Brit of een Hollander te verkopen. De handel ging via tussenpersonen. Ook in omgekeerde richting: een vaatje buskruit kon er rustig vijf jaar over doen om van de Atlantische kust tot een dorpje in het binnenland te geraken.[11]

Dan kon de reis beginnen, stroomafwaarts. Maandenlang voer men over de brede, bruine rivier door het oerwoud, tot men de plek bereikte waar ze niet langer bevaarbaar is. Daar was de grote en zeer belangrijke markt van Kinshasa ontstaan. Van heinde en ver kwam volk samen. Er klonk gemekker van geiten, er hingen rekken vol gedroogde vis, er lagen stapels maniokbrood naast stoffen uit Europa. Je vond er zelfs zout! Er werd geschreeuwd, geboden, gelachen en geruzied. Van een stad was nog geen sprake, van bedrijvigheid des te meer. Hier zou de handelaar uit het binnenland zijn slaven en ivoor verkopen aan een karavaanleider, die er vervolgens mee naar de kust zou wandelen, driehonderd kilometer verderop. Pas daar zou onze 12-jarige jongen voor het eerst een blanke zien. Dagenlang werd er toen onderhandeld over zijn prijs.

Hoe de overtocht naar de Nieuwe Wereld verliep, weten we niet. Maar een zeldzame getuigenis van een West-Afrikaanse slaaf die in 1840 naar Brazilië werd verscheept, geeft een beeld:

> We werden naakt in het ruim van het schip gegooid, mannen dicht op elkaar aan de ene kant, vrouwen aan de andere kant; het ruim was zo laag dat we niet rechtop konden staan, maar verplicht werden om te hurken of op de vloer te zitten; dag en nacht waren hetzelfde voor ons, slaap zat er door de krappe ruimte niet in, en we werden wanhopig van het lijden en de vermoeidheid. (...) Het enige eten dat we tijdens de reis kregen was graan dat geweekt en gekookt was (...) We leden heel erg door een tekort aan water. Een halve liter per dag was toegestaan, meer niet; en heel veel slaven stierven tijdens de overtocht. (...) Wanneer een van ons opstandig werd, sneed men met een mes in zijn vlees en werd er peper en azijn in gesmeerd.[12]

De internationale slavenhandel had een enorme impact in Centraal Afrika. Regio's werden ontwricht, levens verwoest, horizonten verlegd. Maar hij bracht ook een zeer intense regionale handel op gang langs de rivier. Als je dan toch de Congo-rivier moest afvaren met slaven en slagtanden, kon je net zo goed je prauw volladen met minder luxueuze goederen om ze onderweg te verhandelen. En dus ging er vis, maniok, rietsuiker, palmolie, palmwijn, suikerrietwijn, bier, tabak, raffia, vlechtwerk, aardewerk en ijzer mee. Dagelijks zou er langs de Congo tot veertig ton maniok vervoerd zijn, over afstanden van minder dan tweehonderdvijftig kilometer.[13] Meestal ging het dan om maniokbrood, *chikwangue*: kunstig in bananenblad verpakte en gekookte maniokpap. Een stevige hap, loodzwaar op de maag liggend, maar lang houdbaar en makkelijk te vervoeren.

Het belang van die regionale handel kan nauwelijks worden onderschat. In een wereld van vissers, boeren en nog steeds jagers ontstond er een nieuwe beroepscategorie: handelaren. Mensen die van oudsher hun netten uitgooiden, ontdekten dat er meer gevangen kon worden door te varen. Vissers werden verkopers en vissersdorpen marktplaatsen. Altijd al was er op kleine schaal verhandeld, maar nu werd handeldrijven een beroep op zich. Dat leverde geen windeieren op. Sommigen verwierven prauwen, vrouwen, slaven, musketten en dus macht. Wie buskruit bezat, had iets te zeggen. En dus begon het traditionele gezag van tribale hoofden te wankelen. Eeuwenoude samenlevingsvormen raakten uitgehold. Anarchie dreigde. Politieke verbanden gebaseerd op dorp en familie werden verdrongen door nieuwe economische allianties tussen handelaren. Zelfs het ooit zo machtige rijk van de Kongo verkruimelde volkomen.[14] Er ontstond een gigantisch politiek vacuüm. De wereldhandel floreerde, maar tot diep in het Afrikaanse binnenland zorgde hij voor totale chaos.

Negentigduizend jaar menselijke geschiedenis, negentigduizend jaar samenleven... Wat een dynamiek! Geen tijdloze natuurstaat vol nobele wilden of bloeddorstige barbaren. Het was wat het was: geschiedenis, beweging, pogingen om de ellende in te dammen, wat soms nieuwe ellende met zich meebracht, want de droom en de schaduw zijn dikke vrienden. Van stilstand was nooit sprake, de grote veranderingen volgden elkaar alleen sneller op. Naarmate de geschiedenis sneller ging, werd de horizon groter. Jagers-verzamelaars leefden misschien in groepjes van vijftig personen, maar de vroegste landbouwers hadden samenlevingen van vijfhonderd individuen. Toen die samenlevingen uitgroeiden tot gestructureerde staten, werd het individu opgenomen in contexten van duizenden of zelfs tienduizenden mensen. Het Kongokoninkrijk omvatte op zijn hoogtepunt misschien wel vijfhonderdduizend onderdanen. Maar de slavenhandel verpulverde die grotere verbanden. En in het regenwoud, ver van de rivier, leefden de mensen nog steeds in kleine, gesloten gemeenschappen. Ook in 1870.

Toen ik in maart 2010 de laatste hand legde aan het manuscript voor dit werk, boekte ik een vlucht naar Kinshasa. Ik wilde Nkasi opnieuw gaan opzoeken, dit keer met een cameraman. Ik nam me voor om een mooi zijden hemd voor hem mee te nemen, want armoede bestrijd je niet alleen met melkpoeder. Geregeld had ik tijdens het lange schrijven aan dit boek zijn neef gebeld om te vragen hoe het met Nkasi ging. '*Il se porte toujours bien!*' klonk het telkens opgewekt aan de andere kant van de telefoon. Minder dan een week voor mijn deadline, vijf dagen voor mijn vertrek, belde ik opnieuw. Toen kreeg ik te horen dat hij net gestorven was. Zijn familie was met het lichaam vertrokken uit Kinshasa om hem ter aarde te bestellen in Ntimansi, het dorp in Bas-Congo waar hij een eeuwigheid geleden was geboren.

Ik keek door het raam. Brussel beleefde zijn laatste dagen van een winter die maar niet wilde wijken. En terwijl ik daar zo stond, bleef ik maar denken aan die banaantjes die hij me bij onze eerste ontmoeting had toegeschoven. 'Neem maar, eet maar.' Zo'n warm gebaar, in een land dat zoveel vaker in het nieuws komt met zijn corruptie dan met zijn generositeit.

En ik moest terugdenken aan die middag in december 2008. Na een lang gesprek wilde Nkasi even rusten en raakte ik aan de praat met Marcel, een achterneefje van hem. We zaten op de binnenkoer. Er hingen meters was te drogen en er zaten enkele vrouwen gedroogde bonen te sorteren. Marcel droeg een omgekeerde baseballpet en leunde achterover op een plastic tuinstoel. Hij begon over zijn leven. Hoewel hij op school een goede leerling was, moest hij nu de *marché ambulant* doen, de wandelmarkt. Hij was een van de duizenden en duizenden jongelui die de hele dag de stad aflopen met enkele verkoopsartikelen – een broek, twee paar baskets, vier riemen, een landkaart. Soms verkocht hij maar twee paar baskets op een dag, een omzet van nog geen vier dollar. Marcel zuchtte. 'Ik wil gewoon dat mijn drie kinderen kunnen studeren,' zei hij, 'ik deed dat zelf zo graag, vooral literatuur.' En om dat te bewijzen begon hij met zijn diepe stem 'Le souffle des ancêtres' op te zeggen, het lange gedicht van de Senegalees Birago Diop. Hele lappen ervan kende hij van buiten.

Luister toch vaker
Naar dingen dan mensen.
De stem van het vuur kun je horen,
Hoor ook de stem van het water.
Luister naar de struik
Die snikt in de wind:
Het is van de doden de adem.

Zij die stierven gingen nooit weg:
Ze zijn in de schaduw die oplicht
En ook in de schaduw die dichttrekt.
De doden zijn niet onder de grond:
Ze zijn in het loof dat ruist,
Ze zijn in het hout dat kreunt,
Ze zijn in het water dat loopt,
Ze zijn in het water dat rust,
Ze zijn bij het volk, ze zijn in de hut.
De doden zijn niet dood.

De winter op de daken in Brussel. Het bericht dat ik net kreeg. Zijn stem die ik nog hoor. 'Neem maar, eet maar, toe.'

Kaart 3 : Centraal-Afrika in het midden van de 19de eeuw

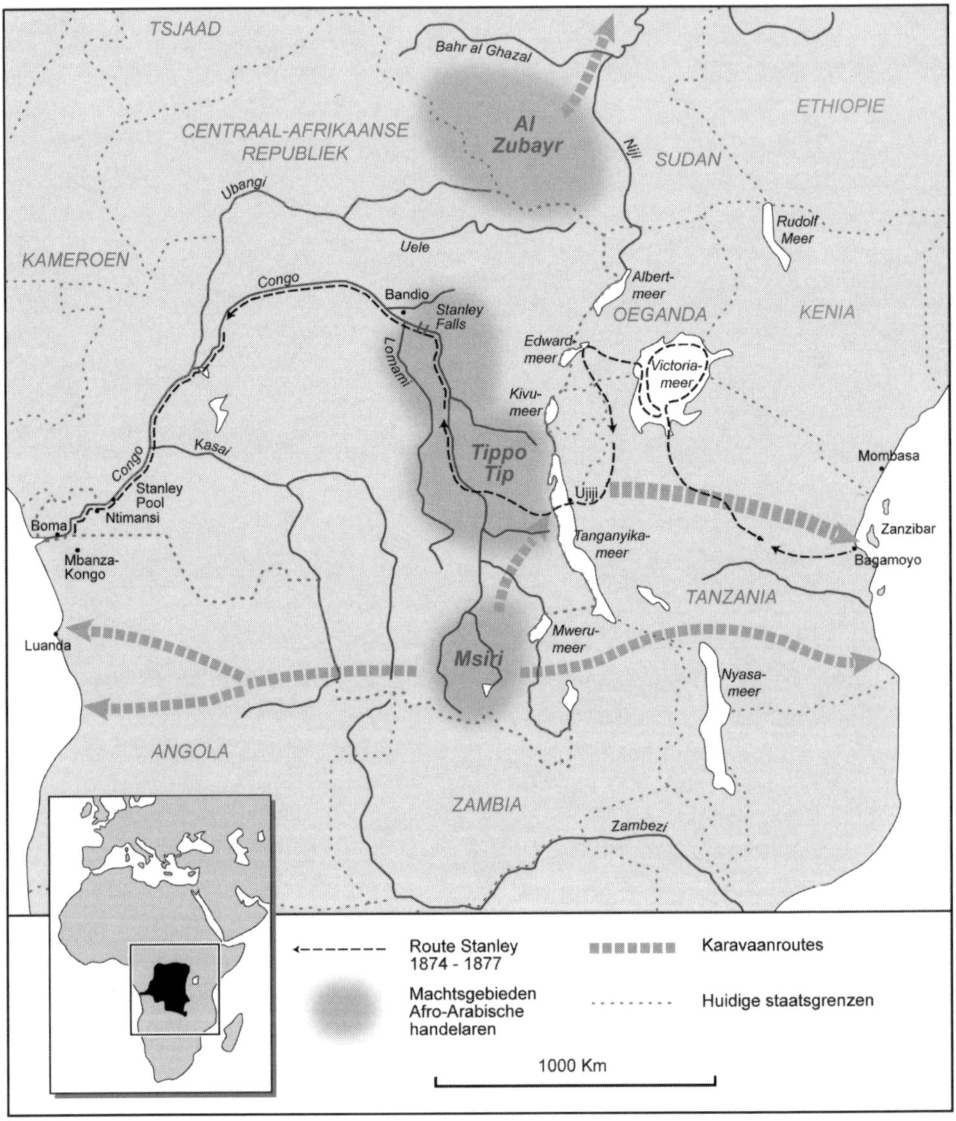

1

Nieuwe geesten

Centraal-Afrika wekt de belangstelling van Oost en West

1870-1885

Niemand weet precies wanneer Disasi Makulo ter wereld is gekomen. Hij evenmin. 'Ik ben geboren in de tijd dat de blanke nog niet in onze streek was gearriveerd,' vertelde hij vele jaren later aan zijn kinderen. 'Toen wisten we niet dat er op de wereld mensen bestonden met een andere huidskleur dan de onze.'[1] Het moet ergens in de jaren 1870-1872 zijn geweest. Hij stierf in 1941. Kort ervoor had hij zijn levensverhaal aan een van zijn zonen gedicteerd. Pas in de jaren tachtig zou het in druk verschijnen, twee keer zelfs, in Kinshasa en in Kisangani, maar Zaïre, zoals Congo in die tijd heette, was zo goed als bankroet. Het bleef bij eenvoudige uitgaven met een beperkte oplage en een geringe verspreiding. En dat is jammer, want het levensverhaal van Disasi Makulo is bepaald rocambolesk. Geen betere gids om het laatste kwart van de negentiende eeuw in Centraal-Afrika te begrijpen dan hij.

Waar Disasi geboren is, wist hij des te beter: in het dorp Bandio. Hij was de zoon van Asalo en Boheheli en behoorde tot de Turumbu-stam. Bandio lag in het gebied van Basoko, in wat nu de Province Orientale is. Hartje evenaarswoud dus. Wie met de boot van Kinshasa naar Kisangani vaart, een tocht van enkele weken stroomopwaarts over de Congo, komt enkele dagen voor aankomst langs het belangrijke dorp Basoko. Het ligt aan bakboord, op de noordelijke oever, bij de samenvloeiing met de Aruwimi, een van de forsere zijrivieren van de Congo. Bandio ligt ten oosten van Basoko, een eindje van de rivier vandaan.

Zijn ouders waren geen vissers, maar leefden in het regenwoud. Zijn moeder kweekte maniok. Met haar hak of graafstok woelde ze in de aarde om de dikke wortelknollen los te wrikken. Ze legde ze te drogen in de zon en vermaalde ze na enkele dagen tot bloem. Zijn vader deed in palmolie. Met zijn machete klom hij hoog in de palmboom om de trossen met vette noten los te hakken. Daarna perste hij die trossen tot het prachtige sap eruit liep, dieporanje, een soort vloeibaar koper dat al sinds mensenheugenis de rijkdom van deze streek uitmaakte. Met die palmolie viel er handel te drijven met de vissers langs de stroom. Al eeuwenlang bestond er commercie tussen oeverbewoners en oerwoudbewoners. De enen hadden vis in overvloed, de anderen palmolie, maniok of bakbananen. Dat zorgde voor een evenwichtige voeding. De proteïnerijke vis werd meegenomen naar het regenwoud, de zetmeelrijke gewassen en het plantaardige vet bleven achter op de oever.

Bandio was een tamelijk besloten wereld. De actieradius van een mensenleven beperkte zich tot enkele tientallen kilometers. Om een bruiloft bij te wonen of een erfeniskwestie te regelen trokken mensen wel eens naar een ander dorp, maar de meeste bewoners verlieten hun streek zelden of nooit. Ze stierven waar ze geboren waren. Toen Disasi Makulo krijsend ter wereld kwam, had geen van de dorpelingen uit Bandio kennis van de ruime buitenwereld. Dat er duizend kilometer westelijker, aan de Atlantische Oceaan, nog steeds Portugezen zaten, was hun volstrekt onbekend. Ze wisten niet eens dat dat bestond, een oceaan. Angola, de kolonie van de Portugezen, had veel van zijn luister verloren, net zoals Portugal zelf overigens, maar het Portugees bleef wel de belangrijkste handelstaal aan de kust ten zuiden van de Congomonding, ook voor Afrikanen. Dat bij de monding en de benedenloop van de rivier de Britten sinds de achttiende eeuw de zaken van de Portugezen hadden overgenomen, wisten ze evenmin. Dat er ook Nederlanders en Fransen waren neergestreken: ze konden het in geen duizend jaar bevroeden, want niemand van die Europeanen trok landinwaarts. Die bleven zitten aan de kust en het directe achterland en wachtten tot de karavanen, geleid door Afrikaanse handelaren, hun koopwaar kwamen aanbieden uit het binnenland: vooral ivoor, maar ook palmolie, aardnoten, koffie, baobabschors en verfstoffen zoals orseille en kopal. Maar ook nog slaven. Al raakte rond die tijd overal in het Westen die handel verboden, clandestien ging hij nog lange tijd door. De westerlingen betaalden met kostbare stoffen, stukjes koper, buskruit, musketten, rode of blauwe parels of zeldzame schelpjes. Dat laatste was geen boerenbedrog. Het ging, net zoals bij formele munten, om stukgoederen met hoge waarde die makkelijk te transporteren en te tellen waren en niet vervalst konden worden. Maar Bandio lag te veraf om er veel van te zien. Als er al eens zo'n wit, glimmend schelpje of een kralensnoer opdook in hun gewest, wist niemand precies waar het vandaan kwam.

De dorpsgenoten van de pas geboren Disasi mochten dan al niets weten van de Europeanen aan de westkust, ze hadden zo mogelijk nog minder benul van de grote omwentelingen die zich meer dan duizend kilometer oostwaarts en noordwaarts aan het voltrekken waren. Vanaf 1850 wekte het regenwoud van Centraal-Afrika eveneens de belangstelling op van handelaren op het eiland Zanzibar, maar ook aan de oostkust van Afrika (in het huidige Tanzania), ja, zelfs tot in het tweeduizend kilometer verder gelegen Egypte. De reden van hun belangstelling betrof een natuurlijke grondstof die al eeuwen over de hele wereld werd gewaardeerd als een luxeproduct voor de vervaardiging van Chinese statustabletten, Indische figurines en middeleeuwse relikwieënkastjes. Dat materiaal was ivoor. In het Afrikaanse binnenland was ivoor van hoge kwaliteit in grote hoeveelheden aanwezig. De slagtanden van de Afrikaanse olifant leverden de grootste en zuiverste stukken ivoor ter wereld, tot zeventig kilo en meer. Anders dan bij de toen al zeldzame Aziatische olifant hadden in Afrika ook de vrouwtjesolifanten slagtanden. Die schijnbaar onuitputtelijke voorraadkamer werd rond het midden van de negentiende eeuw steeds dieper verkend.

In het noordoosten van het latere Congo, waar het regenwoud overgaat in savanne, waren handelaren actief die afkomstig waren uit de vallei van de Nijl: Soedanezen, Nubiërs en zelfs Egyptische kopten. Hun afnemers zaten tot in Caïro. De handelaren reisden via Darfur of Khartoem naar het zuiden. Slaven en ivoor vormden de belangrijkste exportproducten, razzia's en jachtpartijen de voornaamste vorm van acquisitie. Vanaf 1856 raakte die hele commercie langzamerhand in handen van één enkele man: Al-Zubayr, een machtige handelaar wiens imperium zich in 1880 uitstrekte van Noord-Congo tot Darfur. Officieel was zijn handelszone een provincie van Egypte, in de praktijk vormde het een rijk op zichzelf. De Arabische invloed raakte verspreid tot het zuiden van Soedan.

Maar vooral Zanzibar, een onooglijk eiland in de Indische Oceaan voor de kust van wat nu Tanzania heet, speelde een cruciale rol. Toen de sultan van Oman zich er in 1832 vestigde om de handelsstromen op de Indische Oceaan te controleren, had dat verstrekkende gevolgen voor de Oost-Afrikaanse gebieden. Naast ivoor werd Zanzibar, dat zelf slechts rijk was aan kokosnoten en kruidnagel, de mondiale draaischijf voor slaven. Het eiland exporteerde naar het Arabische schiereiland, het

Midden-Oosten, het Indische subcontinent en China.

De dorpelingen van Bandio merkten er anno 1870 nog niets van, maar doordat de handelaren uit Zanzibar over uitstekende vuurwapens beschikten, trokken ze zelf steeds dieper het binnenland in, dieper dan de Europeanen in het westen ooit hadden gedaan. Sommigen van hen waren zuivere Arabieren, anderen hadden gemengd Afrikaans bloed. Vaak ging het om Afrikanen die de islam aanhingen. Men spreekt dan van Afro-Arabische of Swahilo-Arabische handelaren; in de negentiende eeuw heetten ze *les arabisés*. Het Swahili, een Bantoe-taal met veel Arabische leenwoorden, raakte van hieruit over heel Oost-Afrika verspreid. Vanuit Zanzibar en de kustplaats Bagamoyo vertrokken vanaf 1850 imposante karavanen westwaarts, tot ze achthonderd kilometer verder de oevers van het Tanganyika-meer bereikten. Het plaatsje Ujiji, waar Stanley in 1871 Livingstone zou 'vinden', werd een belangrijke handelspost. Aan de overzijde van het meer trok men nog dieper het binnenland in, in het gebied dat vandaag Congo heet. En net zoals met het rijk van Al-Zubayr, zag je ook hier hoe commerciële invloedssferen politieke entiteiten werden. In het zuidoosten van Katanga zou Msiri, een handelaar afkomstig van de Afrikaanse oostkust, een bestaand koninkrijk overnemen: het oude, maar inmiddels vermolmde Lunda-rijk. Van 1856 tot 1891 heerste hij soeverein over het koperrijke gewest en controleerde hij de handelsroutes naar het oosten. De aanvankelijk louter mercantiele belangstelling kreeg dus een politieke invulling.

Iets noordelijker was de beruchte ivoor- en slavenhandelaar Tippo Tip aan het werk. Als telg uit een Afro-Arabische familie uit Zanzibar was hij direct afhankelijk van de sultan, maar al spoedig werd hij de machtigste man in heel oostelijk Congo. Zijn gezag gold het gebied tussen de Grote Meren in het oosten en de bovenloop van de Congo (daar ook Lualaba genoemd), driehonderd kilometer westelijker. Tippo Tips macht was niet alleen gestoeld op zijn buitengewone instinct voor zaken, maar ook op geweld. Aanvankelijk verwierf hij zijn luxegoederen – slaven en ivoor – op vriendschappelijke wijze: net zoals andere Zanzibari's sloot hij bondgenootschappen met plaatselijke leiders om ruilhandel te drijven. Een aantal van die leiders werden vazallen van de Afro-Arabische handelaren. Vanaf 1870 kwam daar echter verandering in. Naarmate de tonnen ivoor oostwaarts stroomden, werden slavendrijvers als Tippo Tip machtiger en rijker. Uiteindelijk bleek het plunderen van hele dorpen toch vele malen goedkoper dan het opkopen van enkele slagtanden en adolescenten. Waarom zou je dagenlang met het plaatselijke dorpshoofd zitten babbelen en lauwe palmwijn blijven afslaan die je van je godsdienst toch niet mocht drinken, wanneer je net zo makkelijk zijn dorp kon platbranden? Dat leverde naast ivoor ook nog eens extra slaven op die het ivoor konden dragen. *Raiding* werd belangrijker dan *trading*, roven won het van kopen, vuurwapens gaven de doorslag. De naam Tippo Tip zond rillingen door een gebied zo groot als half Europa. Het was niet eens zijn echte naam (die was Hamed ben Mohammed el-Murjebi), maar waarschijnlijk een onomatopee van het geluid van zijn geweer.

Maar in Bandio, het dorp van Disasi Makulo, hadden de mensen nog nooit van hem gehoord. Het schouwtoneel was nog leeg, de wereld nog donkergroen. Links en rechts in de coulissen stonden buitenlandse handelaren – Europese christenen en Afro-Arabische moslims – klaar om tot in het hart van Centraal-Afrika door te stoten. Dat kon slechts gebeuren doordat de machtsstructuren in het binnenland verrot waren, onder meer door de Europese slavenhandel in de voorafgaande eeuwen. Van de ooit zo machtige inheemse koninkrijken schoot niet veel meer over en in het oerwoud was de sociale organisatie altijd al eenvoudiger dan in de savanne geweest. Het politieke vacuüm in het binnenland bood dus nieuwe economische kansen aan het buitenland. Dat was de gezellige formulering. In werkelijkheid kondigde zich een periode van bestuurlijke anarchie, roofzucht en geweld aan. Maar nu nog niet. De kleine Disasi lag gebonden op de rug van zijn moeder te slapen, zijn wang tegen haar schouderblad aan. De wind ritselde door de bomen. Na een onweer drupte het regenwoud nog urenlang na.

'Op een dag kwamen enkele oeverbewoners mijn ouders bezoeken.' Zo begint de oudste herinnering van Disasi Makulo. Hij moet toen 5 of 6 zijn geweest. Ze brachten een wel heel vreemd verhaal. 'Ze vertelden dat ze iets bizars hadden gezien op de rivier, een geest misschien. "We hebben een grote, mysterieuze prauw gezien," zeiden ze, "ze voer vanzelf. In die prauw is een man, helemaal wit, zoals een albino, en helemaal in kleren gehuld, je ziet enkel zijn hoofd en zijn armen. Hij had een paar zwarten bij zich."'[7]

Naast vis en palmolie ruilden oeverbewoners en oerwoudbewoners ook inlichtingen uit. Nu brachten de mensen van de rivier wel vaker rare nieuwtjes mee – wat zij al niet vernamen van vissers en handelaren verderop! – maar dit bericht klonk wel heel zonderling. Bovendien hadden ze het niet van horen zeggen. De geklede albino die ze hadden gezien, was niemand minder dan Henry Morton Stanley. De paar zwarten waren zijn dragers en helpers uit Zanzibar. Die grote, mysterieuze prauw was de Lady Alice, zijn acht meter lange stalen boot. Nadat Stanley in 1871 de verloren gewaande arts, zendeling en ontdekkingsreiziger Livingstone had teruggevonden aan de oever van het Tanganyika-meer, was hij in opdracht van zijn kranten, de *New York Herald* en de *Daily Telegraph*, van 1874 tot 1877 bezig aan wat de moeder aller ontdekkingsreizen zou worden: de doorsteek van Centraal-Afrika van oost naar west, een duizelingwekkende tocht door koortsige moerassen, gebieden van vijandige stammen en onverbiddelijke stroomversnellingen.

Rond het midden van de eeuw was de ontdekkingskoorts in Europa uitgebroken. Kranten en geografische genootschappen daagden avonturiers uit om bergmassieven te verkennen, waterlopen te beschrijven en oerwouden in kaart te brengen. Er bestond een soort mythische fascinatie voor 'de bronnen' van stromen en rivieren, in het bijzonder die van de Nijl. De Brit David Livingstone had in 1871, kort voor zijn ontmoeting met Stanley, de Lualaba gevonden, een brede, maar nog onbevaarbare rivier in oostelijk Congo die noordwaarts stroomde en wel eens de bovenloop van de Nijl kon zijn. In 1875 stond zijn landgenoot Lovett Cameron aan de oevers van dezelfde rivier, maar hij bedacht dat ze naar het westen kon afbuigen en in feite de Congo was, waarvan men duizenden kilometers verderop de monding kende bij de Atlantische Oceaan. Maar geen van hen slaagde erin de rivier te volgen. Stanley wel.

In 1874 was hij vanuit Zanzibar met zijn karavaan vertrokken. Voor de zekerheid had hij zijn eigen schip bij zich. De Lady Alice kon gedemonteerd worden als een meccanospeeltje. Zo konden zijn dragers ermee overweg. Het moet een vreemd gezicht zijn geweest, zo'n lange karavaan die door de snikhete savanne van Oost-Afrika trok, honderden kilometers van een bevaarbare waterloop verwijderd, met helemaal achteraan vierentwintig dragers, die de manshoge, glimmende segmenten van een buitenwereldse, stalen scheepsromp torsten.

Stanley onderwierp het Victoria-meer en het Tanganyika-meer aan een zeer intensieve exploratie. Toen hij daarna westwaarts trok en in 1876 in het gebied van de gevreesde, maar bij nadere kennismaking ook galante Tippo Tip aankwam, gooide hij het met hem op een akkoordje. In ruil voor een riante vergoeding zouden Tippo Tip en zijn manschappen hem een heel eind noordwaarts langs de oevers van de Lualaba begeleiden. Dat zou vandaag een win-winsituatie heten: Stanley was beschermd door Tippo Tip, en Tippo Tip kon de nieuwe gebieden in trekken die hij met Stanley had ontdekt.

Het werkte, al zette de aanwezigheid van de beruchtste slavendrijver in Stanleys gevolg heel wat kwaad bloed bij de bevolking. Niemand die wist wat een ontdekkingsreiziger was, men hield Stanley voor de zoveelste handelaar. Meer dan eens regende het speren en gifpijlen, meer dan eens vielen er doden. Hoewel Stanley de aantallen in zijn geschriften vaak overdreef (wat zijn reputatie niet ten goede kwam), wijst de hoge frequentie aan aanvaringen op de totale ontwrichting van het gebied door de Arabische slavenhandel. Na een reeks cataracten werd de rivier bevaarbaar en boog zij af in westelijke richting. Stanley noemde de plek Stanley Falls (het latere Stanleyville, het nog latere Kisangani). Hij nam afscheid van Tippo Tip en trok, vergezeld van enkele traditionele prauwen, alleen verder in het gebied waar nog nooit een Europeaan of een Afro-Arabische handelaar was geweest.

Op 1 februari 1877, om twee uur 's middags, voer hij door de streek waar de vrienden van Disasi Makulo's ouders woonden. De oeverbewoners waren op voorhand via gongberichten ingelicht over zijn komst en hadden zich terdege voorbereid.[3] Een oorlogsvloot van vijfenveertig lange boomstamkano's met elk honderd man aan boord kwam op Stanleys flottielje afgestevend. Hij noteerde: 'In deze woeste gewesten wekt onze aanwezigheid alleen al de meest furieuze passies van haat en moord op, zoals een laag vaartuig in ondiep water modderig sendiment opschroeft.' Het was inderdaad een van de imposantste militaire confrontaties op zijn tocht. Honderden gespierde armen peddelden simultaan. De prauwen kwamen in een kraag van schuim op de Lady Alice af. Op de voorstevens stonden krijgers met kleurrijke veren op het hoofd klaar met hun speren. Achterin zaten de dorpsoudsten. Er was een oorverdovend geluid van trommels en horens. 'Dit is een moordzuchtige wereld,' schreef Stanley, 'en voor het eerst voelen we dat we deze vieze, roofgierige lijkeneters die hier wonen haatten.'[4] Toen de eerste speren neerregenden, volgde onmiddellijk het geknetter van musketten. Stanley schoot zich een weg naar de oever. Eenmaal aan land vond hij stapels slagtanden en zag hij in de dorpen mensenschedels op palen staan. 's Middags om vijf uur was hij alweer weg.

Het leek een eenmalige gebeurtenis, een verschrikkelijke verschijning, een onverklaarbare epifanie. De rust keerde weer, althans dat dachten de dorpelingen. Maar die doortocht zou hun leven veranderen, en dat van Disasi Makulo zeker.

Een week later vroeg Stanley voor de zoveelste maal aan een inlander op de oever hoe de rivier heette. Voor het eerst kreeg hij te horen: *'Ikuti ya Congo'* ('Dit is de Congo').[5] Een simpel antwoord dat hem vervulde van vreugde: nu wist hij zeker dat hij niet bij de piramides van Gizeh zou uitkomen, maar bij de Atlantische Oceaan. Stilaan zag hij ook de eerste Portugese musketten verschijnen. De aanvallen van oeverbewoners namen af, maar honger, hitte, ziekte, koorts en stroomversnellingen eisten nog hun tol op deze historische doorsteek van Centraal-Afrika.

Op 9 augustus 1877, ruim een half jaar na de doortocht in het gebied van Disasi, zeeg in het uiterste westen van dat onmetelijke gebied, dicht bij de Atlantische Oceaan, op enkele kilometers van de ingeslapen handelspost Boma, een afgejakkerde en uitgemergelde blanke neer. Niemand wist dat dat hoopje honger en ellende zojuist als eerste Europeaan de hele Congo had afgevaren. Van de vier blanken die met hem waren vertrokken, was Stanley de enige die de reis had overleefd. Van de 224 expeditieleden haalden er slechts tweeënnegentig de westkust van Afrika. Maar het was een heroïsche tocht met ingrijpende gevolgen: in drie jaar tijd, van 1874 tot 1877, had Stanley twee reusachtige meren, het Victoria-meer en het Tanganyika-meer, rondgevaren en in kaart gebracht, hij had de complexe hydrologie van de Nijl en de Congo ontrafeld en de waterscheiding tussen de twee grootste rivieren van Afrika vastgesteld, hij had de loop van de Congo nauwkeurig in kaart gebracht en zich een weg gebaand door equatoriaal Afrika.[6] De wereld zou nooit meer hetzelfde zijn. Vandaag wordt de naam Stanley sneller geassocieerd met dat ene knullige zinnetje – *'Doctor Livingstone, I presume?'* – waarmee hij de Victoriaanse zin voor decorum in de tropen trachtte te beoefenen, dan met zijn veel indrukwekkender prestatie die voorgoed het leven van honderdduizenden in Centraal-Afrika zou veranderen.

De streekbewoners van Disasi Makulo dachten dat ze een fantoom hadden gezien. Ze konden niet weten dat er vele duizenden kilometers noordelijker een kil en regenachtig continent was waar in de afgelopen eeuw zoiets banaals als kokend water de geschiedenis had veranderd. Zij wisten van geen industriële revolutie die het aanzien van Europa had gewijzigd. Dat een hoofdzakelijk agrarische samenleving als de hunne er plots kolenmijnen, fabrieksschoorstenen, stoomtreinen, voorsteden, gloeilampen en socialisten bij had gekregen, was hun volstrekt onbekend. Het regende uitvindingen en ontdekkingen in Europa, maar in Centraal-Afrika druppelde dat niet door. Het zou een lange middag gevergd hebben om hun uit te leggen wat een trein was.

De bewoners daar konden niet bevroeden dat die door stoomkracht aangezwengelde industrialisering niet alleen Europa, maar de hele wereld zou veranderen. Meer industrie betekende een hogere productie, meer goederen, en dus meer competitie om afzetmarkten en grondstoffen. De cirkels waarin een Europese fabriek kocht en verkocht, werden steeds groter. Regionaal werd nationaal, nationaal werd mondiaal. De wereldhandel groeide als nooit tevoren. Rond 1885 werden op de langeafstandsroutes stoomboten belangrijker dan zeilschepen. Een rijk gezin uit Liverpool dronk thee uit Ceylon. In Worcester werd op industriële schaal een saus gemaakt met ingrediënten uit India. Nederlandse schepen vervoerden drukpersen naar Java. En in Zuid-Afrika kweekte men speciaal struisvogels omdat dames in Parijs, Londen en New York per se met grote, zwiepende pluimen op hun hoofd wilden rondlopen. De wereld werd steeds kleiner, de tijd ging steeds sneller. En de nerveuze hartslag van dit nieuwe tijdperk weerklonk overal op kantoortjes, stationsburelen en douaneposten in het jachtige geratel van de telegraaf.

Die industrialisering werkte het expansionisme van de Europese machten beslist in de hand. In verre streken vond je goedkope grondstoffen en, met een beetje geluk, zelfs nieuwe klanten. Maar het leidde nog niet meteen tot kolonisatie. Wie zo groot mogelijke bedrijfswinsten nastreeft, sticht geen dure kolonie. Wie zweert bij de vrijhandel (en dat deed elke industrieel in die tijd), keert zich niet tot zoiets protectionistisch als een eigen overzees gebied. Industrialisering alleen kan de opkomst van het kolonialisme niet verklaren. Zuiver commercieel gesproken was een kolonie niet eens nodig. Men had in Centraal-Afrika nog wel een tijdje door kunnen gaan met slagtanden te verruilen voor katoenbalen. Nee, er was nog iets anders nodig om de koloniale koorts te doen oplaaien, en dat was nationalisme.

Het was de onderlinge wedijver tussen Europese natiestaten die er vanaf 1850 voor zorgde dat ze zich in allerijl op de rest van de wereld stortten. Vaderlandsliefde leidde tot machtshonger en dat, op zijn beurt, tot territoriale vraatzucht. Italië en Duitsland waren pas eengemaakt en vonden overzeese bezittingen wel passend bij hun nieuw verworven status. Frankrijk was smadelijk verslagen door Pruisen in 1870 en trachtte het blazoen op te poetsen met koloniale avonturen in den vreemde, vooral in Azië en West-Afrika. Engeland ontleende veel trots aan zijn marine, die al decennialang ongeslagen over de wereldzeeën heerste en aan zijn *Empire* dat zich uitstrekte over de hele wereldbol, van de West-Indies tot Nieuw-Zeeland. Het trotse Rusland van de tsaar streefde eveneens naar expansie en zette zijn zinnen op de Balkan, Perzië, Afghanistan, Mantsjoerije en Korea.

In Azië werd die bitse strijd eerder duidelijk dan in Afrika. Europeanen kenden het gebied al veel langer en wisten dat er lucratieve handel viel te drijven (iets wat ze van Afrika nog niet zo zeker wisten). Op het moment dat Disasi voor het eerst een blanke zag in de figuur van Stanley, controleerden de Britten al het hele Indische subcontinent, met uitlopers naar Baluchistan in het westen en Birma in het oosten. Ten zuidoosten daarvan verwierven de Fransen rond die tijd Indochina, het huidige Laos, Vietnam en Cambodja. De Nederlanders heersten nog steeds over de enorme eilandengroep die later Indonesië zou gaan heten, en dat deden ze al meer dan twee eeuwen. De Filippijnen waren in Spaanse handen, maar zouden weldra Amerikaans bezit worden: de Verenigde Staten, een recent samengesmolten cluster voormalige kolonies van Frankrijk en Engeland, werd daarmee zelf een koloniale mogendheid. China en Japan weerstonden aan alle kanten de druk van westerse kolonisatoren, maar moesten met veel tegenzin verdragen afsluiten over handelstarieven, concessies, invloedssferen en protectoraten. De globalisering die in de zestiende eeuw op gang was gekomen, raakte vanaf 1850 in een beslissende stroomversnelling. En het was de mix van industrialisatie met nationalisme die tot het typische kolonialisme van de negentiende eeuw zou leiden.

Dat gold beslist ook voor Centraal-Afrika. Aanvankelijk was de Europese belangstelling voor het gebied in hoofdzaak commercieel. Tot 1880 voelde men zich niet erg geroepen om de economische activiteiten om te zetten in politieke. Kolonies zaten er niet echt in. Zonder de stijgende nationale rivaliteiten in Europa zouden grote delen van Centraal-Afrika naar alle waarschijnlijkheid onder de politieke invloedssfeer van Egypte en Zanzibar zijn gevallen.[7] Dat proces was al aan de gang. In het oosten heersten Tippo Tip en Msiri over rijken die afhankelijk waren van de sultan van Zanzibar. Noordelijker bestierde Al-Zubayr een groot gebied dat officieel een provincie was van de kedive van Egypte. Het stond, kortom, allesbehalve in de sterren geschreven dat Congo zou ontstaan. Het had heel anders kunnen lopen. Het gebied was niet voorbestemd om één enkel land te worden. Het stond niet op voorhand vast dat Disasi ooit landgenoot zou worden van Nkasi, de stokoude man die ik in Kinshasa ontmoette. Die twee jongens scheelden misschien nog geen tien jaar, maar de een woonde in het evenaarswoud en de ander bij de benedenloop van de Congo, zo'n twaalfhonderd kilometer van elkaar verwijderd. Ze spraken verschillende talen, ze hadden andere gebruiken en wisten hoegenaamd niets van elkaars cultuur. Dat ze toch landgenoten werden, was niet hun verdienste noch die van hun ouders, maar het resultaat van jaloezie in dat dolle, noordelijke werelddeel dat ze niet kenden.

Nee, de tijdgenoten van die twee kinderen konden niet weten dat er in Europa wel vaker jaloezie heerste. En dat het juist daardoor kwam dat de belangrijkste staten in 1830 hadden ingestemd met de creatie van een nieuw, minuscuul landje. België, want zo heette dat ministaatje, had zich na een *mariage de raison* van vijftien jaar afgescheurd van het Verenigd Koninkrijk der Nederlanden en kon nog steeds dienen als een buffer tussen het eerzuchtige Pruisen, het machtige Frankrijk en het trotse Engeland. Het kon de onderlinge afgunst tussen die landen misschien wat in toom houden. Zo had men er in 1815, na de Slag bij Waterloo, ook over gedacht. Het gebied had eeuwenlang als slagveld voor Europese strijdkrachten gediend, nu moest het maar eens als neutrale zone de vrede bevorderen. In 1830 riep het zijn onafhankelijkheid uit. Een grote stap voor de Belgen, een onbeduidende voor de mensheid. Niemand die er in Centraal-Afrika wakker van lag.

Niemand die er überhaupt ooit van had gehoord. Niemand die kon vermoeden dat de eerste koning van dat landje een zoon zou krijgen die een wel erg grote ambitie aan de dag zou leggen. De vader, een melancholieke prins die al vroeg weduwnaar was geworden, had met graagte het koningschap aanvaard. Maar zijn tomeloze zoon, de latere Leopold II, leek geen genoegen te nemen met het geringe grondgebied waarover hij mocht heersen. '*Il faut à la Belgique une colonie*,' liet hij, 24 jaar oud, op een presse-papier bestemd voor de minister van Financiën beitelen. Waar precies, dat speelde niet eens zo'n rol. Nog voor zijn troonsbestijging liet hij zijn oog vallen op onder meer Nederlands-Limburg, Constantinopel, Borneo, Sumatra, Formosa (Taiwan), Tonkin (Vietnam), delen van China of Japan, de Filippijnen, enkele eilanden in de Stille Oceaan, of desnoods enkele eilanden in de Middellandse Zee (Rhodos,

Cyprus). Maar vanaf 1875 raakte hij in de ban van Centraal-Afrika. Hij verslond de verslagen van de ontdekkingsreizigers, likkebaardde bij het vooruitzicht van een roemrijk avontuur en dagdroomde over een heroïsche onderneming. Dat deed hij niet alleen uit persoonlijke geldingsdrang of megalomanie, zoals vaak is beweerd. Nee, hij was er vast van overtuigd dat een verkwikkend buitenlands wedervaren, waar ook ter wereld, de prille Belgische natie deugd zou doen, zowel monetair als moreel. Wat men er ook van moge zeggen, hij deed het niet alleen voor zichzelf, maar ook voor volk en vaderland. Geheel in de sfeer van zijn tijd verzoende de jonge vorst warmbloedig patriottisme moeiteloos met beredeneerd mercantilisme.

In 1876 riep die onstuimige, jonge vorst vijfendertig ontdekkingsreizigers, geografen en zakenlui uit heel Europa bijeen om de stand van zaken op te maken met betrekking tot Centraal-Afrika. Officieel was het hem te doen om de Afro-Arabische slavenhandel te stoppen en de wetenschap te bevorderen, maar intimi wisten dat hij zelf een ruime taartpunt wilde uit '*ce magnifique gâteau africain*'.[8] Zijn verbolgenheid over de slavenhandel was overigens selectief: over het feit dat ook westerlingen tot niet lang daarvoor op grote schaal mensen hadden verhandeld en daar in zijn tijd hier en daar zelfs nog mee doorgingen, hoorde je hem nooit. Het zou een roemruchte bijeenkomst worden. Avonturiers uit heel Europa die normaal in bezwete hemden in de tropen rondbanjerden, mochten vier dagen lang in het koninklijke paleis logeren. Ze dineerden met de vorst en zijn gemalin en reden in chique koetsen door de straten van Brussel. Lovett Cameron was erbij, de man die Centraal-Afrika van oost naar west was doorgetrokken via de savanne ten zuiden van het evenaarswoud, Georg Schweinfurth, die belangrijke ontdekkingen had gedaan in de savannes ten noorden van het oerwoud, en Samuel Baker, die het gebied vanuit de bovenloop van de Nijl was genaderd. De afgelopen decennia waren ontzaglijke vorderingen geboekt in de exploratie van Afrika.

Tot rond 1800 was het continent dat het dichtst bij Europa lag het minst van alle continenten bekend bij de Europeanen. Sinds de zestiende eeuw waren Portugese, Nederlandse en Britse koopvaarders op weg naar Indië min of meer vertrouwd geraakt met de kusten, maar het Afrikaanse binnenland bleef nog eeuwenlang terra incognita. Verder dan wat Europese factorijtjes aan de westkust ging het niet. In het begin van de negentiende eeuw vormde Afrika een van de twee lege plekken op de toenmalige wereldkaart; het andere was Antarctica. Het Amazonegebied was toen al grotendeels in kaart gebracht.

Driekwart eeuw later echter wisten Europese cartografen vrij nauwkeurig waar de oases, karavaanroutes en wadi's van de Sahara lagen. Met precisie lokaliseerden ze de vulkanen, bergen en rivieren in de savanne van zuidelijk Afrika. De schetsen op hun tekentafel raakten in snel tempo gevuld met exotische plaatsnamen en aanduidingen van volkeren. Maar op de kaart waarover de congresgangers in Brussel zich in 1876 bogen, was in het midden nog één grote, witte vlek. Ze hadden er allen omheen gecirkeld. Het leek een naamloze vlakte zonder woorden of kleur, een gapende leegte die maar liefst een achtste deel van het continent besloeg. Er stond hooguit een krom, aarzelend stippellijntje op. Die vlek, dat was het evenaarswoud. Die verkeerd getekende stippellijn, dat was de rivier de Congo.

Terwijl men in Brussel zat te praten en op kosten van de koning naar het theater ging, was Stanley bezig met zijn doorsteek van Centraal-Afrika. Op 14 september 1876, de dag dat Leopold de conferentie afsloot, verliet Stanley de westkust van het Tanganyika-meer om door te stoten naar de bovenloop van de Congo. Als er één dag is waarop het politieke lot van de regio zo niet bezegeld dan toch in verregaande mate bepaald werd, dan was het deze wel. Het zal op dat moment de laatste van Stanleys zorgen zijn geweest (hij vreesde eerder het regenwoud, de inboorlingen en de slavendrijvers), maar door die etappe aan te vangen zou hij de mysterieuze rivier vinden die hem door het ondoordringbaar gewaande evenaarswoud van Centraal-Afrika moest leiden. In Brussel werd die dag besloten om een internationale vereniging op te richten, de Association Internationale Africaine (AIA), om het gebied in kwestie wetenschappelijk te ontsluiten door middel van een aantal stations. De vereniging had nationale comités, maar aan het hoofd ervan stond Leopold.

Het nieuws van Stanleys doorsteek sloeg in Europa in als een bom. Koning Leopold besefte meteen dat Stanley de man was die zijn koloniale ambities waar kon maken. Onmiddellijk stuurde hij in januari 1878 twee gezanten naar Marseille om hem op te wachten en naar het koninklijk paleis in Laken te ontbieden. Stanley zelf probeerde, als Brit, eerst Engeland voor zijn avontuur te winnen, maar toen hij in Londen bot ving, aanvaardde hij alsnog de uitnodiging van Leopold. Langdurig bespraken ze de plannen. De koning ging zo op in zijn onderneming dat de koningin zich afvroeg wat er van hem moest worden 'indien hij zich door deze dwaze hersenschim zou ruïneren'. De eerste secretaris van de AIA jammerde bij de koningin: 'Madame, laten we dit stoppen – ik kan niets meer doen, ik maak enkel nog ruzie met Zijne Majesteit, maar hij werkt achter mijn rug met schurken. Ik word er gek van! En de Koning ruïneert zich, maar dan ook helemaal.'[9] Het mocht niet baten. De vorst dreef zijn zin door: in 1879 vertrok Stanley opnieuw naar Centraal-Afrika, ditmaal op Leopolds kosten, voor een periode van vijf jaar. Nu zou de explorateur in omgekeerde richting reizen, van west naar oost, stroomopwaarts. Dat was niet het enige verschil. Stanleys reis van 1879 tot 1884 was fundamenteel anders dan die van 1874 en 1877. De eerste keer reisde hij voor rekening van een krant, nu voor rekening van Leopolds internationale vereniging. De eerste keer moest hij zo snel mogelijk naar de overkant van Afrika zien te geraken, nu moest hij onderweg her en der posten zien te stichten – een tijdrovende activiteit. Hij moest met lokale hoofden onderhandelen en de stations ook nog eens bemannen. De eerste keer was hij een avonturier en journalist, nu een diplomaat en ambtenaar.

Disasi Makulo werd tien, twaalf jaar en hoorde in toenemende mate over een nieuwe stam praten, de 'Batambatamba'. Oudere kinderen en volwassenen spraken over hen vol angst en afschuw. Batambatamba was geen etnische naam, maar een klanknabootsing waarmee de Afro-Arabische handelaren werden aangeduid. Ze waren nu in zijn streek aanbeland, het westelijkste punt dat ze ooit zouden bereiken. In zijn dorp hoorde hij vertellen: 'We hebben mensen gezien die heen en weer lopen; ze dragen een soort holle stok, als ze erop slaan, hoor je een geluid, PAM PAM, en dan komen er korrels uit die mensen verwonden en doden. Vreselijk!'[10]

Toch leek het allemaal veraf, even bizar als dat verhaal over die albino in zijn bootje zonder peddelaars. Van zijn ouders mocht Disasi Makulo op een dag op stap met zijn oom en tante.[11] Het was 1883, maar nog steeds hadden de jaren geen cijfer.

> Het was erg warm die dag. Toen we tussen Makoto en Bandio bij een riviertje kwamen dat Lohulu heet, besloten mijn oom en ik ons te wassen. Mijn tante Inangbelema wachtte ons een eindje verder op. Terwijl we zwommen en vrolijk met water aan het spatten waren, hoorden de

Batambatamba ons en omsingelden ze ons. Mijn tante zong slaapliedjes om haar baby te strelen die huilde. Niemand van ons dacht aan mogelijk gevaar.

Plots was er een schreeuw. 'Help! Help! Broer Akambu, de krijgers overvallen me...'

We verlieten halsoverkop de rivier en zagen dat tante reeds in handen van die vijanden was. Een van de overvallers rukte de baby uit haar handen en legde hem op de rode mieren. Van schrik kon niemand van ons bij hem. Oom Akambu en mijn neefje vluchtten weg en verstopten zich in de struiken. Ik hield me op een afstand om te zien wat ze met mijn tante wilden doen. Jammer genoeg kreeg een van die mannen me in de gaten. Hij rende op me af en kreeg me te pakken. Ook oom Akambu en mijn neefje werden gegrepen.

Tot die gruwelijke dag speelde het leven van Disasi zich af in zijn dorp en enkele omliggende nederzettingen. Nu werd hij brutaal losgerukt uit die vertrouwde omgeving. Stanleys doortocht, en in het bijzonder zijn deal met Tippo Tip, had het evenaarswoud geopend voor Afro-Arabische slavenjagers. Dat zorgde voor een golf van geweld. De Batambatamba plunderden dorpen en staken ze in brand, ze moordden en maakten gevangenen. De plaatselijke bewoners vielen op hun beurt 's nachts met geschilderde gezichten hun kampen binnen en slachtten luid joelend de invallers af met hun speren.

Waarschijnlijk waren de belagers van Disasi zelf ook slaven, die plunderden in opdracht van hun meester. Die meester zou Disasi spoedig ontmoeten, een man die in een smetteloos wit gewaad door het oerwoud trok: Tippo Tip! Vermoedelijk zag hij ook Salum ben Mohammed, diens neef en naaste medewerker.[12] In het dorp Yamokanda bracht men de verse slaven samen.

Hier kon men gevangenen terugkopen. Veel gevangenen werden vrijgelaten omdat hun ouders ivoor meebrachten. Mijn vader bracht ook enkele slagtanden mee, maar Tippo Tip zei hem dat het niet genoeg was voor vier personen. Hij liet mijn oom Akambu, mijn tante Inangbelema en mijn neefje gaan. Over mij zei hij tegen hen: 'Ga naar huis en haal nog twee slagtanden.' Ik bleef achter, te midden van andere gevangenen die ook niet waren teruggekocht.

De slavendrijver in kwestie besloot niet te wachten en vertrok dezelfde dag nog. De volwassen gevangenen werden vastgebonden, de kinderen niet. Bij de oevers van de Aruwimi lagen grote prauwen klaar. 'Het enige wat je kon horen tijdens die lugubere oversteek was huilen en snikken.' Disasi wist dat hij zijn streek verliet en niet meer teruggekocht kon worden. Later vernam hij dat zijn vader nog was teruggekeerd naar het kamp, met het gevraagde ivoor, maar de karavaan was al vertrokken.

De reis naar het oosten verliep weinig voorspoedig. 'Voor ons was die tocht naar de bovenloop slechts een vertrek naar de dood, hoewel zij vertelden dat ze ons wilden beschermen en ons maken zoals zij waren.' Dit laatste was geen cynisme. De slaven van Afro-Arabische handelaren kwamen niet terecht op grote katoen- of suikerrietplantages zoals in Amerika het geval was. Sommigen van hen zouden kruidnagel gaan oogsten in Zanzibar, maar de meesten dienden als huisslaven bij rijke moslims, onder meer in India. Velen van hen werden moslim en beklommen de maatschappelijke ladder. Met hun bekering werd tijdens de reis al een aanvang gemaakt.

> Op een dag overkwam ons iets vreemds. Terwijl onze *mwalimu* [leraar] ons de Koran leerde lezen, zagen wij stroomafwaarts een soort zeer grote prauwen in onze richting varen. Het waren er drie. Iedereen, de inboorlingen en wijzelf, schrokken, omdat we geloofden dat het nieuwe aanvallers waren die ook de rivier op voeren om te moorden en te plunderen. De oeverbewoners vluchtten met hun prauwen om zich te verbergen op de eilandjes in de rivier, anderen verdwenen meteen in het woud. Wijzelf bleven zitten, onze blik gericht op die vreemde prauwen. Weldra meerden ze aan. We zagen blanken en zwarten uitstappen: het was Stanley met enkele blanken, op weg om een post in Kisangani (Stanleyville) te stichten. Stanley was geen onbekende voor de oeverbewoners. De Lokele noemde hem 'Bosongo', wat albino betekent.

Stanley was inderdaad op weg met drie stoomschepen. Hij voerde koning Leopolds opdracht uit om her en der stations op te richten en met plaatselijke stamhoofden te onderhandelen. Het was op die reis dat hij vaststelde dat zijn doorsteek niet alleen het binnenland had opengelegd voor de handel en beschaving uit het westen, maar evenzeer voor de slavendrijvers uit het oosten die steeds verder stroomafwaarts trokken.

Het was op die reis dat hij besefte dat de Arabische handelaren hem wel eens te snel af konden zijn en in geen tijd tot aan de benedenrivier konden geraken. Nu zaten ze nog maar net voorbij Stanley Falls (Kisangani), straks konden ze in Stanley Pool (Kinshasa) staan. In dat geval kon Leopold zijn plannen wel vergeten. Het was op die reis dat hij hun overmacht besefte: zij hadden tientallen prauwen en een paar duizend manschappen. Hij had drie bootjes en een paar dozijn handlangers.[13]

In de streek van Disasi zag Stanley op de oevers alleen maar platgebrande dorpen en verkoolde hutten, 'overblijfsels van eens volkrijke nederzettingen, geschroeide banaanboschjes en nedergevelde palmboomen, (...) allen even zoovele bewijzen van onbarmhartige vernielzucht.' Verderop zag hij de slavenkampen langs de rivier. Eind november 1883 kwam hij aan in het kamp waar Disasi verbleef:

> De eerste en algemeene indruk, die het kamp op ons maakte was dat het veel te sterk bevolkt was om eenig gemak op te leveren. De eene troep naakte zwarten volgt onmiddelijk op de andere, hier en daar slechts afgewisseld door de witte kleederen der slavenvangers. Men ziet de ongelukkige zwarte schepselen in rijen of groepen, stilstaande of zich lusteloos voortbewegende; naakte lichamen liggen in alle mogelijke houdingen onder de loodsen uitgestrekt, in de verte zag men ontelbare naakte beenen van slapende lieden; tallooze naakte kinderen, zelfs vele zuigelingen; jongelingen en jonge meisjes en hier en daar een troepje spiernaakte oude vrouwen gebukt onder een mand brandhout of bos cassava (maniok) of bananen, en voortgedreven door twee of drie gewapenden.[14]

Eerst ging hij nog een post oprichten bij Stanley Falls, maar op 10 december 1883 keerde hij terug naar het slavenkamp. De kleine Disasi zag een merkwaardig tafereel. 'Tippo Tip ging Stanley tegemoet. Na een lang gesprek in een onbegrijpelijke taal riep Tippo Tip onze opzichter. Die verzamelde ons en bracht ons bij de twee heren.' Disasi begreep er niets van. Na afloop van het gesprek haalden Stanleys mannen twee rollen stof en enkele zakken zout uit het scheepsruim. Zijn Koran leraar vertelde hem, met spijt in het hart, dat die blanke man hem en zijn maten wilde kopen. Stanley nam achttien kinderen mee.[15] Militair stond hij te zwak om ook maar iets tegen de Batambatamba aan te vangen. Het enige wat hij vermocht was zich het lot van enkele kinderen aantrekken. Hij kocht hen over.

Voor Disasi begon een nieuwe fase in zijn leven. Aan boord heerste er vreugde. 'We roepen, we lachen, we vertellen verhalen. Niemand heeft een touw om zijn nek en we worden niet op beestachtige wijze behandeld zoals toen we met de Arabieren waren.' Maar het zou al te simpel zijn te stellen dat Stanley hen bevrijdde van de slavernij. Van oudsher werd slavernij in Centraal-Afrika niet in de eerste plaats begrepen als een beroving van je vrijheid, maar als een ontworteling uit je sociale milieu.[16] Gruwelijk was het zeker, maar om andere redenen dan doorgaans wordt gedacht. In een samenleving die zozeer getekend was door gemeenschapszin, betekende 'de autonomie van het individu' helemaal geen vrijheid, zoals in Europa sinds de renaissance wordt geroepen, maar eenzaamheid en ontreddering. Je bent wie je kent; en als niemand je kent, ben je niets. Slavernij, dat was niet geknecht zijn, maar onthecht zijn, van huis zijn. Disasi was weggeplukt uit zijn omgeving en blééf weggeplukt uit zijn omgeving. Hij waardeerde Stanley daarom niet zozeer als zijn bevrijder, maar als een nieuwe en betere meester.

Nergens werd dat duidelijker dan toen ze de volgende dag weer door zijn geboortestreek voeren. Disasi dacht dat Stanley hem naar zijn ouders terug zou brengen, maar tot zijn verbazing vertraagden de boten niet. 'Daar wonen we! Daar wonen we!' riep hij, 'Breng me terug naar mijn vader!' Maar Stanley sprak, zo herinnerde Disasi zich een leven later:

> Mijn kinderen, wees niet bang. Het is niet om jullie kwaad te doen dat ik jullie heb opgekocht, maar opdat jullie het ware geluk en voorspoed zouden kennen. Jullie hebben allen gezien hoe de Arabieren jullie ouders en zelfs kleine kinderen behandelen. Ik kan jullie niet naar huis laten terugkeren omdat ik niet wil dat jullie worden zoals zij, wrede wilden die de Goede God niet kennen. Treur niet om het verlies van jullie ouders. Ik zal andere ouders voor jullie vinden die jullie goed zullen behandelen en jullie veel goede dingen zullen aanleren; later zullen jullie zijn zoals wij.

Meteen daarna sneed Stanley een rol stof in stukken en gaf aan elk kind een lendendoek, opdat ze zich fatsoenlijk zouden kleden. 'Die gift verheugde ons,' vertelde Disasi, 'en zijn goedheid deed ons reeds zijn vaderlijke liefde voelen.'[17]

Het leven van Disasi Makulo nam een dramatische wending door de ontmoeting met Stanley. Voor veel van zijn tijdgenoten zou het zo'n vaart niet lopen. Mannen brandden als vanouds akkertjes af, vrouwen plantten maïs en maniok, vissers herstelden hun netten, ouderen praatten in de schaduw en kinderen vingen sprinkhanen. Er leek niets veranderd.

Toch was dit slechts schijn. Want wie die curieuze Europeanen zelf had gezien, was vaak diep onder de indruk. Haveloze mannen waren het die een paar kippen wilden kopen en een middagje met het dorpshoofd kwamen praten, maar ze deden er alles aan om de plaatselijke bevolking te imponeren. Spiegeltjes, vergrootglazen, sextanten, kompassen, uurwerken en theodolieten werden bewust tevoorschijn gehaald om indruk te maken. Dat leidde niet altijd tot begeestering. In sommige dorpen geloofde men dat de natuurlijke dood van enkele dorpelingen te wijten was aan die rare thermometers en barometers die de blanken demonstreerden.[18] Ontzag wisselde af met argwaan. Toch zou dit pas later tot grootschalig geweld leiden, toen de plaatselijke bevolking *manu militari* onderworpen werd aan het Europese gezag.

Heel vaak twijfelde de bevolking eraan of de blanken wel normale stervelingen waren. Door hun schoeisel leken ze al geen tenen te hebben. En doordat in grote delen van Sub-Saharisch Afrika wit de kleur van de dood was (de kleur van menselijke botten, van termieten, van slagtanden), moesten ze wel uit het land van de doden komen. Men zag hen als bleke geesten met magische krachten over leven en dood, mensen die parasols openvouwden en op honderd meter afstand een dier konden doen doodvallen. Stanley werd door de Bangala *Midjidji* genoemd, geest, en door de Bakongo *Bula matari*, stenenbreker, omdat hij met dynamiet rotsen kon opblazen. De term *Bula matari* zou later zelfs de term worden voor het koloniale bewind. Ook in het dorp van Disasi Makulo sprak men over hem als over een fantoom. E.J. Glave, een handlanger van Stanley, heette eerst *Barimu*, spook, en later *Makula*, pijlen. Herbert Ward, een andere medewerker, kreeg als bijnaam van de Bangala *Nkumbe*, zwarte havik, omdat hij zo'n goede jager was.

Ook de manier waarop blanken zich verplaatsten was zo zonderling. Per stoomboot! De Bangala die in het binnenland langs de stroom woonden, dachten dat die reizigers heersten over het water en dat hun boten werden voortgetrokken door reusachtige vissen of nijlpaarden. Wanneer zij na een onderhandeling de blanke zagen afdalen in het ruim om parels, stoffen of koperstaafjes op te halen, dachten ze dat hij onder in het schip een deurtje had waarmee hij naar de bodem van de rivier kon gaan om die betaalmiddelen te rapen.[19]

In het directe kielzog van de ontdekkingsreizen kwam een eerste evangelisatiegolf op gang. Ze was het werk van Angelsaksische en Scandinavische protestanten die aan de westkust waren begonnen, onmiddellijk na Stanleys doorsteek. De Livingstone Inland Mission begon vanaf 1878 te missioneren vanaf de monding van de Congo, de Baptist Missionary Society vertrok in 1879 vanuit de Portugese kolonie in het zuiden, de Svenska Missions Förbundet stak van wal in 1881, de Amerikaanse baptisten en methodisten volgden in 1884 en 1886. Aan katholieke zijde waren vanaf 1880 twee Franse congegraties actief: de missionarissen van de Heilige Geest in het westen en de witte paters in het oosten. Het waren allesbehalve vrijblijvende engagementen. Wie toen naar Centraal-Afrika trok, wist dat dat de dood kon betekenen. Slaapziekte en malaria eisten een hoge tol. De Britse baptist Thomas Comber verloor zijn vrouw al enkele weken na hun aankomst in Midden-Afrika. Hijzelf zou ook aan een tropische ziekte sterven, net zoals zijn twee broers, zijn zus en zijn schoonzus: samen zes leden van één enkele familie. Een derde van alle uitgezonden baptisten tussen 1879 en 1900 stierf in de tropen.[20] Geldelijk gewin of wereldlijk gezag viel er niet te halen. Die eerste missionarissen waren werkelijk diepgelovige mensen die het als hun plicht zagen om anderen te laten delen in de waarheid die hen zo vervulde.

Als het op imponeren aankwam, hadden ook de vroegste missionarissen hun eigen trukendoos. En dat was nodig, zelfs in streken die al langer contact hadden met de blanken. De handel in ivoor had niet enkel voorspoed gebracht. Toen in 1878 de allereerste blanke missionarissen, de Britse baptisten George Grenfell en Thomas Comber, vanuit de Portugese kolonie noordwaarts trokken, stuitten ze halverwege Mbanza-Kongo in Angola en de Congo-rivier op het stadje Makuta. Het plaatselijke hoofd had er niet veel vertrouwen in: 'Ah, ze kopen geen ivoor! Wat willen ze dan wel? Ons over God onderrichten! Over doodgaan zeker, ja! Daar hebben we meer dan genoeg van nu; het sterven houdt niet op in mijn stad. Ze mogen hier niet komen. Als we de blanken in ons land binnenlaten, zullen ze snel het einde voor ons betekenen. Het is al erg genoeg dat ze aan de kust zitten. De ivoorhandelaren nemen veel te veel geesten mee in de slagtanden en ze verkopen ze; wij sterven te snel. De blanken hadden beter niet kunnen komen om mij te beheksen.'[21]

Hoewel een van die twee missionarissen in Makuta een schotwond zou oplopen, slaagden de protestantse evangelisten er elders in om de harten en geesten van de plaatselijke bevolking voor zich te winnen. Mede dankzij de wonderen der techniek. Aan het hoofd van de Bakongo lieten Britse baptisten enkele automaatjes zien. Naast een opwindbare muis toonden ze hem een *dancing nigger*, zoals ze het noemden, een mechanisch poppetje dat viool speelde en huppelde.[22] Jolijt en ontzag verzekerd. Muziekdozen waren een ander kras staaltje. Maar het knapst van al waren toch de lichtbeelden met Bijbelse taferelen die sommige missionarissen 's avonds met behulp van een toverlantaarn in het donker projecteerden. Voor de inheemse bevolking moet zulks totaal buitenaards zijn geweest.[23]

Het was duizelingwekkend om met Nkasi in zijn snikhete woning in Kinshasa te kunnen praten over die vroegste pioniers. Het gesprek ging met horten en stoten, het waren slechts flarden herinnering die ik kreeg, maar het feit dat hij meer dan een eeuw later nog herinneringen had aan de komst van blanke zendelingen, geeft aan hoe bijzonder dat was. Verwijzend naar de Britse baptisten had hij het zeer nauwkeurig over 'Engelse protestanten die vanuit Mbanza-Kongo in Angola naar Congo waren gekomen'. Hij vermeldde de missieposten van Palabala en Lukunga, beide gesticht door de Livingstone Inland Mission en in 1884 overgegaan naar de American Baptist Missionary Union. Hij herinnerde zich 'Mister Ben', zoals ik het fonetisch neerschreef in mijn schriftje. Later ontdekte ik dat dat Alexander L. Bain moest zijn, de Amerikaanse baptist die vanaf 1893 bijzonder actief was in de streek.[24] Maar het meest van al sprak hij over 'Mister Wells' of 'Welsh', *mister*, niet *monsieur*, want Frans werd er toen nog niet gesproken in Congo. 'Ik zag hem op de protestantse missie van Lukunga. Hij was een Engelse missionaris die ons onderwijs gaf. Hij woonde met zijn vrouw in Palabala bij Matadi.'

Ik heb me lang afgevraagd wie die man was. Ging het om de Amerikaan Welch, volgeling van de energieke, Amerikaanse methodistische bisschop William Taylor, die in 1886 drie missieposten in het gebied had gesticht (hoewel niet in Palabala en Lukunga)?[25] Of was 'Mister Welsh' de bijnaam van William Hughes, een Britse baptist maar bovenal een Welshe nationalist, die van 1882 tot 1885 in diezelfde streek de missiepost van Bayneston bemande?[26] Uiteindelijk kwam ik uit bij Ernest T. Welles, een Amerikaanse baptist die in 1896 naar Congo afreisde en al in 1898 Bijbelteksten in het Kikongo vertaalde. Die moest het zijn. Hij was een rechtstreekse collega van Mister Bain en bleek een tijdlang verbonden aan de missiepost van Lukunga. In zijn brieven naar huis had hij het over inlandse assistenten die hem hielpen bij het drukken van Bijbelvertalingen.[27] Dat was interessant. Nkasi had me immers verteld dat de jongste broer van zijn vader voor die zendeling was gaan werken. Op de jonge Nkasi maakten die eerste evangelisten in elk geval een onuitwisbare indruk. Hun eenvoud en vriendelijkheid herinnerde hij zich nog het meest. 'Mister Welles,' mijmerde hij tijdens een van onze gesprekken, 'hij ging altijd te voet, hij was buitengewoon aardig.'

Januari 1884. Stanley was al weken aan zijn terugtocht bezig. De achttien kinderen die hij bij zich had, deelde hij uit aan de posten die hij op de heenreis had gesticht, zoals Wangata en Lukolela. Disasi Makulo en een kameraadje bleven als laatsten achter en vroegen zich af wat er van hen moest worden. Uiteindelijk arriveerden ze bij de *pool*, de plaats waar de rivier breder werd en Stanley de post Kinshasa had gesticht. De leiding ervan had hij overgelaten aan zijn trouwe vriend Anthony Swinburne, een jongeman van 26 die al tien jaar met hem optrok. Aan die Swinburne was het dat Disasi en zijn vriend werden toevertrouwd. Het afscheid van Stanley viel Disasi zwaar: 'Vanaf de eerste dag van onze bevrijding tot het moment van afscheid was hij voor ons een vader vol goedheid geweest.' Tegenwoordig moet Stanley het vaak ontgelden als de aartsracist bij uitstek, een reputatie die hij aan zijn hyperbolische schrijfstijl en zijn associatie met Leopold II heeft te danken. In werkelijkheid was zijn houding veel ambivalenter.[28] Hij had een hoge dunk van veel Afrikanen, koesterde diepe en oprechte vriendschappen met sommigen van hen en was bij velen bijzonder geliefd. Natuurlijk was zijn combinatie van kidnapping en shopping hoogst eigenaardig, maar hij leek oprecht bekommerd om het welzijn van die vrijgekochte kinderen. Disasi vertelde:

> Meneer Swinburne ontving ons met open armen. De voorspelling van Stanley bleek waar. Hier vonden wij een situatie die in niets verschilde van wat een goede vader en een goede moeder hun kinderen bieden. We werden goed gevoed en goed gekleed. Tijdens zijn vrije tijd leerde hij ons lezen en schrijven.[29]

Dat Swinburne überhaupt nog vrije tijd had, mag een wonder heten. In nauwelijks enkele jaren had hij Kinshasa uitgebouwd tot het beste van alle stations langs de Congo. Het lag dicht bij de rivier tussen de baobabs.

Hij liet er banaan, bakbanaan, ananas en guave's verbouwen, maar ook rijst en Europese groenten. Hij hield er koeien, schapen, geiten en pluimvee. De lucht was er gezond. Het stond bekend als 'the Paradise of the Pool'.[30] Zijn huis was van aarde, het dak bestond uit gras, er waren drie slaapkamers. Rondom was er een veranda waarop men at en las. Achter Swinburnes huis stonden de hutten van zijn Zanzibari's. Zo'n 'station' was vaak niet meer dan een eenvoudig huis bewoond door een blanke. Het moest reizigers helpen, wetenschap bevorderen, beschaving uitdragen en, als het enigszins kon, slavernij uitroeien. In de praktijk ging het eigenlijk om een soort minikolonies die probeerden enig gezag over het omliggende gebied te laten gelden. Eilandjes Europa. De Zanzibari's vormden het legertje van zo'n post. Van een algehele bezetting van het binnenland was nog lang geen sprake.

Achter het station van Swinburne strekte zich een grote vlakte uit, aan de einder begrensd door heuvels. Tegenwoordig ligt er een van de grootste steden van Afrika, in de negentiende eeuw was het een drassig niemandsland vol buffels, antilopen, eenden, patrijzen en kwartels. Op de droge gronden kweekten dorpelingen maniok, aardnoten en zoete aardappelen. Enkele kilometers verderop lagen hun dorpen. Swinburne kon erg goed met de plaatselijke bevolking opschieten. Zijn geduld en tact maakten hem niet alleen gerespecteerd, maar ook geliefd. Hij sprak hun taal en werd 'vader van de rivier' genoemd. Niettemin greep hij in waar hij dat nodig achtte. Zo probeerde hij systematisch te verhinderen dat er bij het overlijden van een dorpshoofd slaven en vrouwen werden vermoord en meebegraven, iets wat de dorpelingen zeer verbaasde: hoe kon een dorpshoofd, die naam waardig, helemaal alleen in het dodenrijk arriveren?

Om een station te mogen oprichten sloten Stanley en zijn handlangers contracten met de plaatselijke hoofden. Zo deden Europese handelaars bij de monding van de Congo dat al eeuwen. In ruil voor een periodieke bijdrage mochten ze zich vestigen op een terrein. Ze huurden een lap grond. Ook Swinburne had een aantal van die verdragen ondertekend. Vaak gingen daar vele dagen van palaveren aan vooraf. Vanaf 1882 echter vond Leopold dat het moest opschieten. Zijn internationale filantropische vereniging was inmiddels een particuliere handelsonderneming geworden met internationaal kapitaal: de Comité d'Etudes du Haut-Congo (CEHC). Zijn agenten moesten grotere concessies zien te verkrijgen, in veel minder tijd en het liefst definitief. In plaats van lang te onderhandelen om een perceeltje te mogen huren, moesten ze voortaan in ijltempo hele gebieden opkopen. En ook dat volstond nog niet: Leopold wilde niet alleen grond aanschaffen, maar ook nog eens alle rechten over die grond verkrijgen. Zijn commercieel initiatief werd een duidelijk politiek project: Leopold droomde van een confederatie van inheemse vorsten die van hem afhankelijk waren. In een brief aan een medewerker liet hij er geen twijfel over bestaan: 'De lectuur van de verdragen die Stanley met de hoofden heeft gesloten, bevalt me niet. Men moet op zijn minst een artikel toevoegen dat stelt dat zij hun soevereine rechten over die territoria afstaan (...) Dat werk is belangrijk en dringend. Die verdragen moeten zo kort mogelijk zijn en ons in één of twee artikelen alles toewijzen.'[31]

Het gevolg was dat de handlangers van Stanley overgingen tot echte *treaty making campaigns*. Ze trokken van dorpshoofd naar dorpshoofd, gewapend met Leopolds nieuwe marsorders en bondige contracten. Sommigen lieten er geen gras over groeien. In de eerste zes weken van 1884 sloot Francis Vetch, een Britse majoor, maar liefst eenendertig verdragen. Belgische agenten als Van Kerckhoven en Delcommune tekenden er op één dag zelfs ieder negen. In minder dan vier jaar tijd werden zo'n vierhonderd verdragen afgesloten. Die waren zonder uitzondering in het Frans of het Engels opgesteld, talen die de hoofden niet begrepen. In een orale traditie waarin men gewichtige afspraken bezegelde met bloedbroederschappen, begrepen de hoofden vaak niet het belang van het kruisje dat zij tekenden onder aan een blad met vreemde tekens. En zelfs als ze de teksten hadden kunnen lezen, waren ze nog niet vertrouwd met noties uit het Europees eigendoms- en staatsrecht als 'soevereiniteit', 'exclusiviteit' en 'perpetuïteit'. Waarschijnlijk dachten ze vriendschapsbanden te bevestigen. Maar die verdragen stipuleerden wel degelijk dat zij als hoofd al hun gronden afstonden en hun daarmee verbonden rechten op de paden, de visvangst, de tolheffing en de handel. In ruil voor dat kruisje ontvingen die hoofden van hun nieuwe blanke vrienden balen stof, kisten gin, militaire mantels, mutsen, messen, het pak van een livrei of een halssnoer van koraal. Voortaan zou de vlag van Leopolds vereniging wapperen in hun dorp: een blauwe achtergrond met daarop een gele ster. Dat blauw verwees naar de duisternis waarin zij doolden, het geel naar het licht der beschaving dat nu op hen afkwam. Het zijn nog steeds de dominante kleuren in de nationale vlag van nu.

De reden waarom Leopold II plots aanstuurde op een snelle verwerving van die territoria was opnieuw die wedijver tussen Europese landen. Hij vreesde dat anderen hem te snel af zouden zijn. Sommigen waren dat ook. In het zuiden lieten de Portugezen nog altijd hun aanspraken gelden op hun oude kolonie. En ten noorden begon Savorgnan de Brazza vanaf 1880 met gelijksoortige verdragen af te sluiten met plaatselijke hoofden. Brazza was een Italiaanse officier in dienst van het Franse leger die officieel belast was met het oprichten van twee wetenschappelijke stations aan de rechteroever van de Congo. Frankrijk deed mee aan de Association Internationale Africaine, de vereniging waarvan koning Leopold voorzitter was, en die twee stations waren de Franse bijdrage aan Leopolds initiatief. Maar die Brazza was ook een fanatieke Franse patriot die, ongevraagd door eender welke overheid, een kolonie aan het stichten was voor zijn geliefde Frankrijk: de latere republiek Congo-Brazzaville.[32] In Europa begon men anno 1882 te beseffen dat iemand op eigen houtje grote delen van Centraal-Afrika aan het opkopen was. Dat leidde tot grote consternatie. Leopold moest wel in actie komen.

Een Italiaan kocht eigenhandig stukken Afrika op voor Frankrijk, een Brit, Stanley, kocht andere stukken op voor de Belgische vorst: het heette diplomatie, maar het was een goldrush. In mei 1884 stak Brazza in vier prauwen de Congo over in een poging om Kinshasa alsnog voor zijn zaak te winnen. Maar daar stootte hij op Swinburne, de agent bij wie Disasi inmiddels vier maanden woonde. Brazza wilde het plaatselijke dorpshoofd een hoger bod voorleggen die de eerdere overeenkomst moest vernietigen, maar daar kwam heibel van. Het leidde tot een bitse discussie met Swinburne, een handgemeen met de twee zonen van het hoofd en uiteindelijk de aftocht van Brazza. Voor Leopolds onderneming zou het verlies van Kinshasa desastreus zijn geweest. Het was niet alleen het beste maar ook het belangrijkste van zijn stations, het bevond zich op een kruispunt van handelswegen, op de plek waar boten aanmeerden en karavanen vertrokken, waar het binnenland communiceerde met de kust. De draagwijdte van het voorval met Brazza ontging Disasi vast en zeker, maar voor het nageslacht was het van cruciaal belang: het gebied ten noorden en ten westen van de stroom zou een Franse kolonie worden, Frans Congo genaamd, het gebied ten zuiden ervan zou in Leopolds handen blijven.

Toch bracht die episode een belangrijke zwakte aan het licht. Militair kon Stanley een figuur als Brazza makkelijk aan – hij had manschappen en Krupp-kanonnen, Brazza niet, die reisde zowat alleen – maar zolang

Stanleys vestigingen niet erkend werden door de Europese mogendheden, kon hij geen kanon afvuren.[33] Dat besefte Leopold ook. Vanaf 1884 zou hij zich wijden aan een diplomatiek initiatief dat in de geschiedenis van de Belgische monarchie zijn gelijke niet kent: de zoektocht naar internationale erkenning voor zijn privé-initiatief in Midden-Afrika.

Leopold zon op een meesterzet. En vond die.

Centraal-Afrika deed velen op dat moment watertanden. Portugal en Engeland bakkeleiden over wie waar mocht zitten aan de kust. In het oosten rukten de Swahilo-Arabische handelaren op. Het pas eengemaakte Duitsland hunkerde naar koloniaal bezit in Afrika (het zou uiteindelijk het latere Kameroen, Namibië en Tanzania verwerven). Maar de grootste rivaal van Leopold was toch Frankrijk, zoveel was duidelijk. Het land was, tegen alle verwachtingen in, zo gek geweest om de persoonlijke annexaties van Brazza te aanvaarden, terwijl het er niet op had zitten wachten. Leopold had Frankrijk woedend de rug toe kunnen keren, Brazza was zijn boekje ver te buiten gegaan, maar de vorst besloot rustig de koe bij de horens te vatten. Zijn suggestie klonk als volgt: zou Frankrijk hem zijn gang laten gaan in het gebied dat Stanley net had ontsloten, indien het bij een mislukking als eerste de kans kreeg om het gebied van hem over te nemen? Daar konden de Fransen geen nee tegen zeggen. De kans dát Leopold zou mislukken, was immers reëel. Het was alsof een jongeman een verlaten kasteel had ontdekt en dat graag eigenhandig wilde verbouwen. Tegen de buren zei hij: Als het voor mij te duur wordt, hebben jullie automatisch een optie! De buren hoorden dat graag. Het was een briljante *coup de poker*, die ook elders in Europa gevolgen had. Door dat akkoord ging Portugal nu een toontje lager zingen, want Leopold bestrijden impliceerde dat het in Afrika plots het machtige Frankrijk als buur kon krijgen. De Britten waren zeer ingenomen met de garantie van vrijhandel die Leopold fluitend gaf.

De groeiende concurrentie tussen Europese staten inzake Afrika vroeg om nieuwe spelregels. Het was daarom dat Bismarck, heerser van de jongste maar machtigste staat in continentaal Europa, de grootmachten van het moment bijeenriep in Berlijn. Van 25 november 1884 tot 26 februari 1885 vond de zogenaamde Conferentie van Berlijn plaats. De traditie wil dat daar en toen de deling van Afrika beklonken werd en Leopold de Congo in zijn schoot geworpen kreeg. Niets is echter minder waar. De Conferentie was niet de plek waar deftige heren met passer en liniaal de taart van Afrika gezellig onder mekaar verdeelden. Sterker nog, ze beoogde juist het omgekeerde: Afrika openen voor vrijhandel en beschaving. Daartoe waren nieuwe internationale afspraken nodig. De slepende ruzie tussen Portugal en Engeland over de monding van de Congo had dat genoegzaam duidelijk gemaakt. Men legde twee belangrijke principes vast: ten eerste, indien een land een territorium claimde, moest er sprake zijn van effectieve bezetting (het ontdekt hebben en vervolgens braak laten liggen, zoals Portugal al eeuwen deed, telde niet langer); ten tweede, elk nieuw verworven gebied moest open blijven staan voor de internationale vrijhandel (geen enkel land mocht handelsbarrières, transitrechten, import- of exportheffingen opleggen). In de praktijk betekende het dat koloniseren erg prijzig werd, zoals Leopold nog zou merken. Je moest heel wat investeren in je effectieve bezetting om kooplui van andere landen gratis onbelemmerde toegang te verlenen. Maar van een definitieve opdeling van het continent was nog geen sprake, al bespoedigde het criterium van de feitelijke bezetting wel de *scramble for Africa*. De Conferentie kwam hooguit een tiental keer bijeen, in een periode van ruim drie maanden, Leopold reisde zelfs nooit naar Berlijn.

Toch werd in de wandelgangen en achterafkamertjes van de bijeenkomst wel het een en ander bedisseld. Tijdens de plenaire vergaderingen beoefende men de multilaterale diplomatie, maar in de koffiepauzes heerste de bilaterale diplomatie. Nog voor de Conferentie van start ging, hadden de Verenigde Staten Leopolds claim in Centraal-Afrika erkend. Ze aanvaardden diens vlag en zeggenschap over de nieuw verworven gebieden. Dat klinkt indrukwekkender dan het in werkelijkheid was. Amerika was toen nog niet de internationale zwaargewicht die het in de twintigste eeuw zou worden, zijn belangen in Afrika waren nihil. Veel belangrijker was de erkenning door Duitsland. Bismarck vond Leopolds plan behoorlijk krankzinnig. De Belgische vorst maakte aanspraak op een gebied zo groot als West-Europa, maar had hooguit een handvol stations langs de rivier. Het was een kralensnoer met slechts enkele kralen en héél veel snoer, om nog te zwijgen van de enorme blanco gebieden links en rechts ervan. Was dit wel een 'effectieve bezetting'? Maar ach, als vorst van een klein land was Leopold ongevaarlijk. Hij was daarnaast niet onbemiddeld en vreselijk bevlogen. Bovendien verzekerde hij de vrijhandel (wat je van de Fransen en de Portugezen nooit zeker wist) en zou Duitse handelaren in het gebied beschermen. Trouwens, dacht Bismarck, misschien was dat gebied wel een ideale buffer tussen Portugese,

Franse en Britse aanspraken op het gebied. Een soort België van 1830 in het groot dus. Het zou misschien voor wat rust zorgen. Hij tekende.

De andere landen op de Conferentie konden vervolgens weinig anders doen dan het voorbeeld van het gastland volgen. Dat gebeurde niet op een formeel moment tijdens een plenaire zitting, maar naarmate de Conferentie vorderde. Op Turkije na stemden alle veertien aanwezige staten in, zelfs Engeland, dat Duitsland niet voor het hoofd wenste te stoten met het oog op een belangrijk akkoord over de Niger. Min of meer per ongeluk stemde het later zelfs in met de enorme grenzen waarvan Leopold had gedroomd. Leopolds nieuwste vereniging, de Association Internationale du Congo (AIC), werd daarmee internationaal erkend als de soevereine machthebber over een reusachtig gebied in Centraal-Afrika. De AIA was strikt wetenschappelijk-filantropisch geweest, de CEHC commercieel, maar de AIC werd ronduit politiek. Ze bezat een klein, maar cruciaal stukje Atlantische kust (namelijk de monding van de Congo-rivier), een smalle strook naar het binnenland toe die ten noorden en ten zuiden werd begrensd door Franse en Portugese kolonies, en vervolgens een gebied dat als een trechter openwaaierde, duizend kilometer in noordelijke en zuidelijke richting, om pas bij het gebied van de Grote Meren, duizendvijfhonderd kilometer oostelijker op te houden. Het leek op een klaroen met een erg korte steel en een heel grote beker. En het resultaat was een reusachtig grondgebied dat in geen verhouding stond tot Leopolds feitelijke aanwezigheid daar. De grote Belgische historicus Jean Stengers zei: 'Met enige fantasie zou men de stichting van de Congo-staat kunnen vergelijken met de geschiedenis van een individu of een vereniging die in Europa enkele stations langs de Rijn zou stichten, van Rotterdam tot Bazel, en daarmee de soevereiniteit over heel West-Europa toegewezen zou krijgen.'[34]

Toen Bismarck op de slotsessie van de Conferentie van Berlijn het werk van Leopold 'met tevredenheid begroette' en de beste wensen uitsprak 'voor zijn voorspoedige ontwikkeling en voor de verwezenlijking van de nobele verzuchtingen van zijn illustere stichter', veerde de zaal overeind om de Belgische vorst te bejubelen. Met dat applaus werd het ontstaan van de Congo-Vrijstaat gevierd.

Kort nadat hij de zeggenschap over Congo had verworven, kreeg hij in zijn paleis bezoek van een Britse zendeling die negen zwarte kinderen bij zich had, jongens en meisjes van twaalf, dertien jaar, leeftijdgenootjes van Disasi. Ze kwamen allen uit zijn kersvers verkregen gewest en droegen Europese kostuums: gesloten schoenen, rode handschoenen en een baret – hun naaktheid moest worden bedekt. Wel mochten ze dansen en zingen, zoals wanneer ze per prauw voeren. De vorst keek met over elkaar geslagen benen toe vanaf zijn troon. Toen ze uitgezongen waren, gaf hij ieder van hen een goudstuk en betaalde hun terugreis naar Londen.[35]

Ondertussen zat, onwetend van dit alles, Disasi Makulo op de veranda bij Swinburne in Kinshasa zijn letters te oefenen. Het was er heerlijk koel. Er woei een briesje van over het water. Hij zag stoomboten en kano's glijden over de Pool. Aan de overkant lag de nederzetting van Brazzaville, inmiddels deel van een andere kolonie die vanaf 1891 Frans-Congo zou heten. Wat was zijn leven veranderd in anderhalf jaar tijd! Eerst kind, dan slaaf, nu boy. Niemand had de grote geschiedenis zo aan den lijve ondervonden als hij. Hij werd meegesleurd door de wereldpolitiek, zoals een jong boompje op een machtige stroom. En het was nog lang niet gedaan.

Kaart 4 : Congo-Vrijstaat 1885-1908

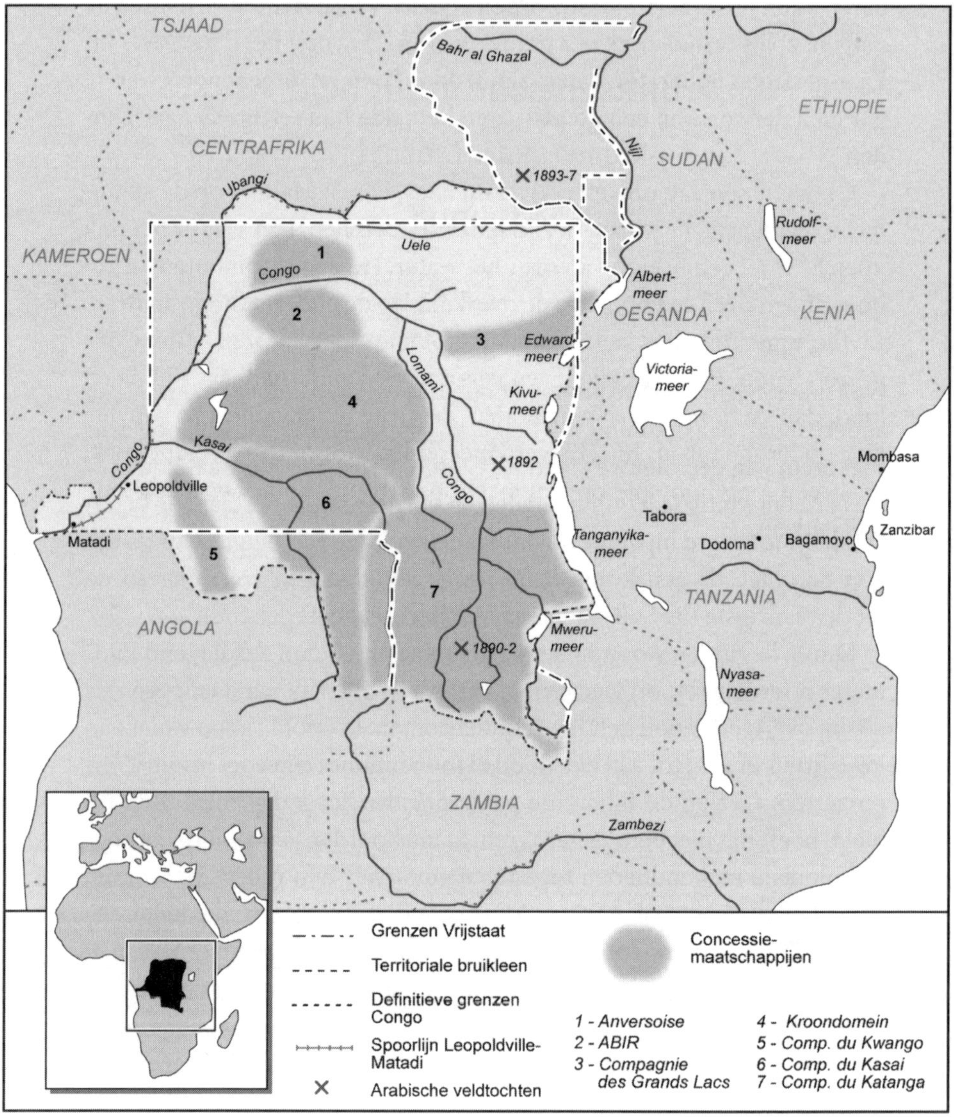

2

Bliksemsche vuiligheid

Congo onder Leopold II

1885-1908

Op 1 juni 1885 ontwaakte koning Leopold II in zijn paleis te Laken als een andere mens: naast koning van België was hij vanaf die dag ook nog eens soeverein van een nieuwe staat, de Congo-Vrijstaat. Die staat zou precies drieëntwintig jaar, vijf maanden en vijftien dagen bestaan: op 15 november 1908 werd hij omgevormd tot een kolonie van België. Congo begon dus niet als een kolonie, maar als een staat, en wel een van de merkwaardigste die Sub-Saharisch Afrika ooit heeft gekend.

Om te beginnen woonde het staatshoofd meer dan zesduizend kilometer noordelijker, op vier weken varen van zijn rijk vandaan, een reis die hij overigens nooit zelf heeft ondernomen. Leopold II zou vanaf zijn investituur in 1885 tot aan zijn dood in 1909 nimmer een voet in zijn Congo zetten. Gezien de inherente gezondheidsrisico's die zulks toen inhield, hoeft dat niet eens te verbazen. Staatshoofden van andere Europese koloniale mogendheden togen evenmin naar hun recent verworven gebieden in Centraal-Afrika. Merkwaardiger was dat de Belgische vorst, in tegenstelling tot zijn collega's, volstrekt alleenheerser was over zijn overzees territorium. Bismarck, Queen Victoria en Jules Grévy, president van de Derde Republiek in Frankrijk, heersten anno 1885 eveneens over uitgestrekte delen van Afrika, maar die bezaten zij niet persoonlijk. Het beleid van hun kolonies was een staatsaangelegenheid die behartigd werd door het parlement en de regering, geen private aangelegenheid van henzelf. Maar de Belgische vorst heerste in eigen naam.

Officieel had het koninkrijk België op dat moment nog niets te maken met Congo; het had alleen toevallig hetzelfde staatshoofd als die verre negorij in de tropen. In België was Leopold een constitutioneel monarch met beperkte bevoegdheden, in Congo was hij een absolute vorst. Door dat extreem gepersonaliseerde bewind leek hij meer op een vijftiendeeeuwse koning van het Kongo-koninkrijk dan op een moderne Europese monarch. En hij deed ook nog eens alsof hij zijn rijk daadwerkelijk *bezat.*

Dat Leopold zoveel macht naar zich toe wist te trekken, gebeurde overigens sluipenderwijs. De Europese grootmachten hadden niet hém, maar zijn Association Internationale du Congo erkend als de soevereine instantie over het Congo-bekken. Maar niemand leek te protesteren toen hij die schijnconstructie na de Conferentie van Berlijn liet voor wat ze was en zich ostentatief als heerser van de Congo-Vrijstaat ging manifesteren. Men zag in hem een groot filantroop, met veel idealen en nog meer middelen.

Ter plekke pakte het echter heel anders uit. Zijn idealen bleken nogal pecuniair, zijn middelen vaak erg precair. De Congo-Vrijstaat bestond aanvankelijk enkel op papier. Zelfs op het eind van de negentiende eeuw beschikte Leopold over hooguit vijftig posten die elk op zich over gebieden heersten zo groot als Nederland. Theoretisch althans. In de praktijk ontsnapten grote delen van het grondgebied aan effectieve controle. Katanga was nog steeds grotendeels in handen van Msiri, Tippo Tip was nog steeds de baas in het oosten, verscheidene inheemse leiders gaven zich niet gewonnen. Het aantal representanten van de staat bleef zelfs tot op het eind van de Vrijstaat gering. In 1906 waren er slechts vijftienhonderd Europese staatsambtenaren op een totaal van drieduizend blanken (de anderen waren missionarissen en handelaren).[1]

Tekenend voor die schetsmatige gang van zaken was dat niemand precies wist waar de grenzen van Leopolds rijk lagen. Leopold evenmin. Over die grenzen veranderde hij nogal eens van gedachte. Vóór de Conferentie van Berlijn was dat begrijpelijk: niets lag nog vast. Een allereerste schets van het toekomstige grondgebied had hij op 7 augustus 1884 opgesteld samen met Stanley in de koninklijke villa in Oostende. Stanley ontvouwde de zeer voorlopige kaart die hij na zijn doorsteek van Afrika had getekend, een grotendeels blanco vel waarop alleen de Congo-rivier met zijn honderden oeverdorpjes in detail was weergegeven. Het was op dat vel papier dat de vorst samen met Stanley enkele vluchtige potloodstrepen zette. Arbitrairder kon haast niet. Er was geen natuurlijke entiteit, geen historische noodzaak, geen metafysische lotsbeschikking die de inwoners van dit gebied voorbestemde om landgenoten te worden. Er waren alleen twee blanke mannen, een met snor, een met baard, die op een zomerse voormiddag ergens aan de Noordzeekust in rood potlood op een groot vel papier wat lijntjes met elkaar verbonden. Niettemin was het deze kaart die Bismarck enkele weken later aanvaardde en die de internationale erkenning in gang zou zetten.

Op 24 december 1884 haalde de vorst nogmaals zijn potlood tevoorschijn. Hij stond op het punt om het gebied ten noorden van de monding van de Congo aan de Fransen te verliezen, een gebied waar hij zeer veel hoop op had gesteld en dat hij met spijt in zijn hart liet gaan. Als compensatie troostte hij zich dan maar op die donkere dag voor Kerstmis met het annexeren van een ander gebied: Katanga. Annexeren betekent hier letterlijk: naar een kaart turen en denken zoals die mythische eerste grondeigenaar bij Jean-Jacques Rousseau: '*Ceci est à moi*'. Er kwam geen soldaat bij kijken. Het was Risk, geen Blitz. Katanga erbij dus. Leopold had er maar weinig schik in. Katanga bestond uit savanne, daar viel minder ivoor te halen dan in het regenwoud. Pas decennia later zou blijken dat de bodem er stikte van de ertsen en de mineralen. Hij droedelde het erbij.

Frankrijk en Engeland aanvaardden in de loop van 1885 de nieuwe grenzen. Toch betekende dat geenszins dat ze voortaan onwrikbaar waren. De daaropvolgende twintig jaar zouden er nog tal van grensgeschillen ontstaan: met Frankrijk over Ubangi, met Engeland over Katanga en met Portugal over Lunda, het gebied dat grensde aan Angola. En alsof dat nog niet volstond, poogde Leopold in de eerste jaren van de Vrijstaat nog door te stoten naar de bovenloop van de Zambezi, Lake Malawi, Lake Victoria en de bovenloop van de Nijl, het hele gebied, kortom, dat in het oosten grensde aan zijn bezit. Zijn grondhonger was onverzadigbaar. Vanwaar die haast? Zijn Afrikaanse staat was nog uiterst zwak. Kon hij niet beter eerst zijn interne keuken op orde brengen voor hij aan uitbreiding dacht? Zijn ruime middelen waren toch niet onuitputtelijk? Allemaal waar, maar Leopold besefte dat er weldra niets meer te verwerven zou vallen in Centraal-Afrika. Een begrijpelijk besogne. Zo makkelijk als hij honderdduizenden vierkante kilometers bijeensprokkelde vóór 1885, zo moeizaam ging het daarna. Tot 1900 bleef hij hopen op verdere expansie, maar geen van zijn plannen slaagde. Hij had zijn zinnen vooral gezet op de Nijl en poogde Soedan in te palmen, waar hij kennelijk hoopte een nieuwerwetse farao te worden. Maar ook Oeganda en Eritrea konden hem bekoren. Daarnaast bleef hij ook buiten Afrika op de loer liggen om de Filippijnen of delen van China binnen te halen...

De definitieve grenzen van Congo zouden pas in 1910 vastgelegd worden. Maar wat is definitief? In 1918 al veranderde de kaart opnieuw, toen België Rwanda en Burundi als mandaatgebieden erbij kreeg. Al tijdens de Eerste Wereldoorlog had men aan de oostgrens gemorreld. In 1927 kwam er nog een stuk Katanga bij. En nog in 2007 was er discussie over de precieze grens tussen Congo en Angola.

Vandaag staat de Congo-Vrijstaat niet zozeer bekend om zijn vage grenzen als wel om zijn bikkelhard bewind. Terecht. De periode geldt – samen met de turbulente jaren voor en na het onafhankelijkheidsjaar 1960 en het decennium 1996-2006 – als de bloedigste uit de hele geschiedenis. Maar tijdens het eerste lustrum was daar nog geen sprake van. Van 1885 tot 1890 verliep de geschiedenis nog relatief rustig. Europeanen hielden zich nog steeds vooral bezig met de ivoorhandel langs de posten die Stanley vanaf 1879 had opgericht. De administratie van de staat bleef vrij minimalistisch.

Dat wil niet zeggen dat alles peis en vree was. Sommige gebieden kenden sterk inheems protest tegen het nieuwe gezag, maar dat protest verschilde niet wezenlijk van eerdere vormen van weerstand. Men viel expedities aan, weigerde de vlag van de nieuwkomers te hijsen en belaagde posten van de staat. Niet toevallig ging het daarbij dikwijls om perifere gebieden, zoals de Kwango in het zuidwesten van Congo, delen van Katanga in het zuiden en de Uélé in het noordoosten. Daar was de traditionele macht minder afgebrokkeld door de woelige gebeurtenissen langs de rivier, daar had je nog relatief solide rijken. Met dwang werden ze, wat dan heet, 'gepacificeerd'.[2]

Leopold II investeerde veel eigen geld in de uitbouw van zijn staat, vooral in nieuwe stations. Zo vergrootte hij zijn greep op het territorium. Toch ging het om een uiterst lichte vorm van beleid. Hij ontplooide geen bureaucratisch staatsapparaat, maar creëerde de minimale voorwaarden om de vrijhandel te laten floreren. De kosten moesten zo laag mogelijk zijn, de winsten zo hoog mogelijk. Zijn imperialisme was sterk economisch gemotiveerd. De eventuele baten waarop hij hoopte, waren niet bedoeld om de Vrijstaat te ontwikkelen, maar om naar Brussel te sluizen. Vaak heeft men dat als hebzucht beschouwd, niet geheel ten onrechte. Toch is dat slechts het halve verhaal. Leopold gebruikte zijn ene staat, Congo, om zijn andere, België, een nieuw elan te verschaffen. Hij droomde van economische voorspoed, sociale stabiliteit, politieke grandeur en nationale trots. In België, welteverstaan – het hemd was nader dan de rok. Zijn onderneming herleiden tot tomeloze zelfverrijking doet geen recht aan de nationale en sociale motieven van zijn imperialisme. België was nog jong en labiel, met Nederlands-Limburg en Luxemburg had het grote delen van zijn territorium verloren, katholieken en liberalen lustten elkander inmiddels rauw, het proletariaat begon zich te roeren: een explosieve cocktail. Het land leek wel 'een stoomketel zonder ventiel,' vond Leopold.[3] Congo werd dat ventiel.

De plek in Congo waar die nieuwe staat het sterkst van al zichtbaar werd, was ongetwijfeld het stadje Boma. In 1886 werd het de eerste echte hoofdstad. Vandaag lijkt het gestold in de tijd. Er zijn weinig plekken in Afrika waar de negentiende-eeuwse kolonisatie zo zichtbaar is gebleven. Als hoofdstad verloor het in 1926 zijn functie aan Léopoldville, als havenstad werd het op den duur overklast door Matadi. Wandelen door Boma is wandelen door de tijd. Dicht bij het water steekt een enorme baobab al eeuwenlang zijn knoestige takken in de lucht. Even verderop zie je het oude postkantoor uit 1887. Het staat op gietijzeren poten, zoals nagenoeg alle gebouwen uit die tijd, om rotting tegen te gaan en insecten te weren. Wat verderop, op een heuveltje, prijkt 'de kathedraal', een pompeuze naam voor een zeer bescheiden kapelletje dat helemaal uit ijzer bestaat. De wanden, de deuren en de ramen bestonden uit losse platen die in 1889 vanuit België waren opgestuurd om ter plaatse geassembleerd te worden, als een soort Ikea-meubel *avant la lettre*. Maar het imposantst is toch de ambtswoning van de gouverneur-generaal uit 1908. Ook die stond op gietijzeren poten en was opgetrokken uit prefab metaalplaten, maar eromheen was een prachtige houten uitbouw opgetrokken met een riante veranda, hoge kamers, gestuukte plafonds en buitengewoon kunstig geslepen glas. Van hieruit werd de Vrijstaat bestierd: de gouverneur-generaal gaf instructies door aan zijn provinciegouverneurs, die communiceerden ze met hun districtscommissarissen in het binnenland, van daaruit gingen ze naar de *chef de secteur* en, nog lager, naar de *chef de poste*. In Boma werden postzegels afgestempeld, statistieken opgesteld en militairen gevormd. Er werd rechtgesproken en een bewind gesticht. Het was werkelijk de scharnier tussen Congo en de buitenwereld. Hier was het dan ook dat enkele decennia later de inwoners, die toch al stoomboten, drukpersen en fanfares gewend waren, het bizarste zagen wat er ooit te zien was: een auto. Een Britse industrieel had een Mercedes met acht cilinders en gespaakte wielen laten overkomen, enkele jaren later gevolgd door een LaSalle uit de VS. 'Voor zijn vrouw,' zeggen de inwoners vandaag, want de wrakken van die oldtimers, de eerste twee auto's in Congo, staan nog steeds te roesten onder een luifel even buiten de stad.

Maar het waren niet alleen de inwoners van Boma die in contact kwamen met de Europese levensstijl. Her en der in het land traden jonge Congolezen in dienst als boy. Daarmee drongen ze letterlijk door tot het huis, de keuken en de slaapkamer van de blanke. Ze zagen dat hij niet op een mat sliep, maar op een matras. Ze vonden zijn lakens en zijn vuile was. Ze schrobden zweetvlekken uit hemden en urineplekken uit ondergoed. Aan de wand zagen ze foto's hangen, waarover ze aan hun vrienden vertelden: 'Toen ik in het huis van de blanke was, zag ik mensen die "rechtop hingen" op de muren, maar ze konden niet praten, ze bleven stom. In werkelijkheid waren het doden. De blanken hadden hen gevangen.'[4] Het was een moeizame kennismaking. Boys vroegen zich af waarom hun baas elke dag pillen slikte en niet met zijn handen at, waarom hij zo boos werd over een vlek op zijn glas en waarom hij de kop van een vis altijd liet liggen op zijn bord (was dat niet het lekkerste misschien? heerlijk om die botjes te voelen kraken tussen je tanden en die ogen te horen knappen in je mond). Ze zagen hem 's avonds schrijven bij de lamp, een pijp roken of een bril opzetten. Zonderling was het, zonderling allemaal. De boy leerde koken op westerse wijze, hij dekte de tafel, deed de afwas en maakte het bed op. Hij zorgde ervoor dat hij bij het strijken – nog zoiets raars! – geen gaten schroeide. Als de baas op pad moest, mocht hij dikwijls mee, zo kwam hij op plekken die hij anders nooit zag. Een goede boy kreeg vaak waardering, soms een pak slaag, maar zelden zelfbeschikking. Leopold had gezworen een einde te maken aan de Swahilo-Arabische slavenhandel, maar in wezen was er geen verschil tussen het leven van een Centraal-Afrikaanse huisslaaf op het Arabische schiereiland en het bestaan van een boy bij een Europese ambtenaar in Congo.

Dit was het leven dat Disasi Makulo leidde sinds Stanley hem aan Anthony Swinburne had toevertrouwd. Hij had het slechter kunnen treffen, want Swinburne was geduldig en vriendelijk en de post Kinshasa gerieflijk en levendig. Geen van beiden had echter kunnen vermoeden dat hun leven brutaal zou worden omgegooid. Maar Leopold II besloot daartoe.

België was dan wel niet rechtstreeks betrokken bij de organisatie van de Vrijstaat, maar de koning zond in toenemende mate zijn onderdanen naar de Congo. Belgische officieren leidden expedities, Belgische diplomaten bemanden op Zanzibar een consulaat voor hem en de stations langs de rivier kwamen onder leiding van Belgische staatsburgers te staan. De Britten die Stanley had aangesteld, verdwenen langzamerhand. Het Engels als taal van de administratie maakte plaats voor het Frans, al bleven plaatsnamen als Beach, Pool en Falls bestaan. Woorden als 'steamer' en 'boy' gingen, onder meer door het werk van de Britse en Amerikaanse missionarissen, nooit meer weg. In het Lingala, de taal die langs de rivier werd gesproken, heette een boek ondertussen *buku* en betekende het werkwoord *beta* 'slaan', een verbastering van *to beat*.

Na de Conferentie van Berlijn had Leopold II de Britten steeds minder nodig. Bovendien had hij aan de Fransen moeten beloven om Stanley, in hun ogen de baarlijke duivel die 'hun' De Brazza had gedwarsboomd, nooit een hoge post in de Vrijstaat te gunnen.[5] In 1886 stelde Leopold Camille Jansen aan als eerste Belgische gouverneur-generaal van de Congostaat. De sierlijk gedoopte Association Internationale du Congo werd stilaan een eenmanszaak met Belgisch personeel. Onder de drieduizend blanken die in 1908 in Congo verbleven, waren ruim zeventienhonderd Belgen.[6] Men wist dat men er zijn leven kon verliezen, maar men hoopte er vooral eer, roem en geld te vergaren. Die prille, Belgische bevlogenheid is nauwelijks bekend. Het was niet omdat de koning alleen aan het roer stond van zijn overzeese onderneming dat er in zijn Europese *heimat* geen imperiale geestdrift kon ontstaan. De brede massa van België wist hij niet aan te vuren, maar in de steden liep een elite van officieren, diplomaten, juristen en journalisten zich wel degelijk warm. En in de provinciestadjes droomden jongemannen uit de lagere middenklasse van een heroïscher en glorieuzer bestaan als soldaat, agent of missionaris.

Voor iemand als Anthony Swinburne was die 'verbelgisching' bijzonder bitter: de man die Kinshasa uit handen van de Fransen had weten te houden en daardoor stilletjes had gehoopt op een benoeming tot provinciegouverneur, werd bedankt voor bewezen diensten.[7] Voor zijn twee boys daarentegen was dat ontslag een buitenkansje. In april 1886 liep het dienstverband van hun meester af. Swinburne toog weer naar Engeland en nam hen mee. En zo belandde Disasi Makulo, die als slaaf van Tippo Tip was voorbestemd om naar Zanzibar en vandaaruit naar het Arabische schiereiland of India verscheept te worden, plots in Europa.

Het was verschrikkelijk om voor de eerste keer de grote boot en de zee te zien. Nadat we de kade hadden verlaten om de zee over te ste-

> ken, voelden we ons ziek en moesten we overgeven. Ondanks alle zorgen waarmee we werden omringd, voelden we ons nauwelijks beter tijdens de hele overtocht. Na vele dagen kwamen we aan in Engeland. Europa zien leek ons een droom, we konden niet geloven dat we in de werkelijkheid waren! De zeer grote gebouwen, de straten die goed geplaveid waren, de netheid die overal heerste, de huizen die van binnen goed versierd waren. In het huis waar wij verbleven, was er een soort kast waarin voedingswaren lang bewaard bleven zonder te bederven. Het leven van de blanken was echt verschillend van het onze. Elke dag waren we vrolijk, het enige wat ons zwaar viel, was de kou. Maar men liet ons warme en zware kleren dragen.[8]

Disasi werd daarmee een van het handjevol Congolezen dat vóór 1900 in Europa belandde. Het ging hooguit om enkele honderden individuen. Missionarissen namen soms een paar kinderen mee. Die konden dienen als didactisch materiaal bij hun lezingen en promotioneel materiaal bij hun collectes. Om de liefde voor nijverheid en ijver aan te scherpen troonde men hen ook mee naar scheepswerven, kolenmijnen en glasblazerijen. Een miniem aantal ging studeren aan het Congo Institute in Wales. Daar had de Britse baptist William Hughes een opleidingsinstituut voor jonge Congolezen met een roeping gestart: twaalf van hen trokken tussen 1889 en 1908 naar Colwyn Bay.[9] Een zestigtal jongens en meisjes gingen in de jaren 1890 naar het Oost-Vlaamse dorpje Gijzegem, waar ze bij eerwaarde heer Van Impe naar school mochten. De jongens zaten op pensionaat, de meisjes werden verspreid over kloosters in Vlaanderen. Ze droegen witte en blauwe matrozenpakjes.[10] Andere Congolezen belandden op etnografische tentoonstellingen, vooral pygmeeën waren een geliefde circus- of kermisattractie. Op de wereldtentoonstelling van Antwerpen in 1885 kon men een ‘negerdorp’ met twaalf Congolezen aantreffen. In 1894 waren er al 144. Maar de grootste groep inlanders, zo’n 267, trok in 1897 naar Tervuren als exotische publiekstrekker tijdens de koloniale tentoonstelling. Ze bouwden hutten langs de parkvijver en speelden overdag zichzelf voor het oog van honderdduizenden Belgen die dat wel eens wilden zien, een neger.

Behalve met de wonderen van de westerse wereld werden ze steevast geconfronteerd met het barre weer van het gematigde klimaat in Europa. Zeven van de delegatieleden in Tervuren stierven tijdens de natte zomer aan griep. Lutunu, een ex-slaaf die net als Disasi boy was geworden bij een blanke agent, trok in de winter van 1884-'85 met de Britse baptist Thomas Comber en nog enkele kinderen naar Engeland. Sommigen van hen kregen oor- en keelpijn, maar ze weigerden westerse geneesmiddelen te gebruiken, want daarvan werd je blind, geloofden ze (wat in elk geval waar was voor de kinine waarmee ze blanken in de tropen malaria hadden zien bestrijden). Zelfs al hadden ze geen waardige *féticheur* bij zich en vonden ze in heel Liverpool geen palmolie die geschikt was voor ritueel gebruik, ze genazen elkaar op traditionele wijze.[11]

In 1895 trok ene Buntungu met John Weeks, een andere baptist, naar Engeland. Buntungu had onderwijs gevolgd bij een missiepost langs de rivier in het evenaarswoud en kon lezen en schrijven. Ook hij kwam thuis met een stapel krasse verhalen over stoomschepen, zeeziekte, zout water en de zee *tout court*. Maar hij schreef ze op in het Boloki, zijn moedertaal. Het is de enige tekst van een Congolees uit de negentiende eeuw die we kennen.[12]

> En ik zag zoveel dingen: schapen, geiten, koeien, noem maar op. Er is van alles in hun land. Als je me niet gelooft, moet je maar naar hun steden kijken, dat is hoe ze zijn. En hun dorpen zijn zo proper. Op een dag gingen we naar een geweershow, met schoten in de lucht die uiteenspatten. (...) En toen de kou kwam, zag ik dingen als vlokken, zoals de vlokken aan de molondo-boom. En ik vroeg: 'Wat is dit?' De mensen zeiden me: 'Dat is sneeuw.' Onder onze voeten waren er hagelstenen, maar hagelstenen zijn hard en dit was zacht. Dit was ook het einde van de cirkel van het jaar. Zes maanden lang is er enkel kou, en de andere zes maanden schijnt de zon. (...) Hun land is dus echt niet als het onze. Ik zag er niet één slang. De kleine dieren die ze fokken en die wij ook hebben in ons land, leven niet op het erf van de mensen, al hebben ze ook kakkerlakken, ratten en katten. Maar voor alle dieren hebben ze omheiningen gebouwd. Als je binnengaat in zo'n omheining, kun je verschillende dieren zien, en zelfs daar hebben de mensen huizen gebouwd voor de dieren. Enkel het paard loopt vrij rond.

Buntungu bleef bijna anderhalf jaar weg. Naast boerderijen, sneeuwvlokken en vuurwerk zag hij ook Londen en 'de vele dingen die de mensen daar gemaakt hebben'. Meer vertelde hij er niet over. De thuiskomst in zijn dorp daarentegen beschreef hij bijzonder ontroerend:

> Ik ging naar het huis van de Eerwaarde en praatte tegen mezelf. Ik keek rond en zag mijn moeder en ik zei: 'Dat is echt mijn moeder.' Ik liep op haar af en riep haar, en zij zei: 'Waar is Buntungu?' En ik antwoordde: 'Ik ben het.' En ze zei: 'Dus je bent teruggekeerd.' Ik zei: 'Ja.' We wandelden door het dorp en velen kwamen me groeten.

Wie naar het mythische Europa was geweest, moest zijn verhaal wel honderd keer vertellen. Ouderen en kinderen hingen aan zijn lippen, familieleden vroegen hem uit. Het aantal Europa-gangers was miniem, maar hele dorpen luisterden mee wanneer iemand als Buntungu vertelde over zijn allereerste treinreis: 'De trein ging zo snel als een vlieg, niet te geloven!' Thuisblijvers zagen ook de vreemdste voorwerpen van nabij. Zij die uit Tervuren terugkeerden, hadden naast pakken en hemden ook bolhoeden, sierspelden, wandelstokken, pijpen, horloges, armbanden en halssnoeren bij zich, en tevens hamers, zagen, schaven, bijlen, vishaken, koffiepotten, trechters en vergrootglazen om vuur mee te maken. Velen van hen hadden in het dorp Tervuren ook een hond gekocht. De jonge Lutunu was na zijn reis in Engeland zelfs naar New York gevaren, waar hij logeerde bij de zus van een missionaris. Die schonk hem bij het afscheid een uiterst vreemd cadeau: een fiets! Lutunu nam hem mee terug naar Congo en werd daarmee de eerste fietser in Centraal-Afrika.

Het was handig om je boys bij de hand te hebben in Europa, zo meenden veel blanken. Je kreeg er veel bekijks mee en voor de jongelui in kwestie was het interessant. Toch moest je op je hoede zijn. Voor je er erg in had, leerde zo'n jongeling te veel op zo'n reis. De Britse baptist George Grenfell reisde met een jongen en een meisje van 9 naar Engeland, maar waarschuwde zijn gastheren: 'Als we hen overladen met aandacht, zullen we moeite hebben om hen weer naar de oude status te krijgen als we terug zijn.'[13] De Belgische socialist Edmond Picard schamperde op kolonialen die in het vaderland liepen te pronken met hun zogenaamde modeldienaar: 'Doorgaans duurt het niet lang voordat dat prachtige personage de wanhoop wordt van zijn onvoorzichtige meester, die hem in al te intiem contact heeft gebracht met onze geraffineerde beschaving en onze kamermeisjes.'[14] Het aantal Congolezen dat naar Europa kon reizen, zou altijd beperkt blijven. Reizen maakte een mens niet noodzakelijk losbandiger, maar kennelijk wel minder dociel. Dat zou ook later blijken. De Congolese oud-strijders die in 1945 terugkeerden uit de Tweede Wereldoorlog, begonnen zich te storen aan het koloniale gezag. De intellectuelen en journalisten die in 1958 terugkeerden van de Wereldtentoonstelling in Brussel begonnen te dromen van de onafhankelijkheid.

Ook Disasi Makulo keerde terug. Swinburne werkte niet langer voor de Vrijstaat, maar was vastbesloten om als handelaar fortuin te maken in de Congo. Samen met Edward Glave, een andere Brit die geroyeerd was door Leopold, ging hij ivoor opkopen. Al in Kinshasa kwamen Congolezen het hem aanbieden. Op een gegeven moment lagen er wel zestig slagtanden rond zijn huis, elk tussen de tien en vijftig kilo zwaar. Maar zodra Swinburne over een eigen stoombootje beschikte, voer hij stroomopwaarts, waar hij het ivoor voor minder dan een derde van de prijs kon inslaan.[15] Hij was lang niet de enige. De rivierhandel die bijna vier eeuwen lang in handen was geweest van plaatselijke reders, werd nu integraal overgenomen door Europeanen. Leopolds internationale vrijhandel vrat het oude handelsnetwerk in een mum van tijd op. Er verrezen Europese factorijen met hun depots. In Matadi meerden oceaanstomers aan die met kranen het ivoor aan boord hesen. In Antwerpen lagen pakhuizen vol slagtanden. In 1897 werd 245 ton ivoor naar Europa geëxporteerd, bijna de helft van de wereldproductie in dat jaar. Antwerpen overklaste al gauw Liverpool en Londen als de mondiale draaischijf voor ivoor.[16] Overal in het Westen kregen piano's en orgels toetsen uit Congolees ivoor, in rokerige salons stootte men tegen biljartballen of legde men dominostenen waarvan de grondstof uit het evenaarswoud kwam, op schouwen van burgermanshuizen prijkten beeldjes in 'elfenbeen' uit Congo, op zondag ging men flaneren met wandelstokken en paraplu's waarvan de handvaten ooit slagtanden waren geweest. Maar voor de plaatselijke commercie betekende die internationale vrijhandel broodroof.

Het waren vooral kinderen en tieners die de Europese levensstijl van nabij leerden kennen. Jongens kwamen ermee in aanraking als boys, meisjes als '*menagères*'. De menagère hield zich, ondanks de naam, minder met het klassieke huishouden dan met de hormoonhuishouding bezig. Omdat Europese vrouwen enerzijds ongeschikt werden geacht voor het leven in de tropen, maar men anderzijds vond dat al te lange seksuele deprivatie de werklust en de levenskracht van de blanke man geen goed deed, bestond er een grote tolerantie tegenover vormen van concubinaat met een inheemse vrouw. In 1900 waren er in heel Congo slechts tweeentachtig blanke vrouwen, van wie er tweeënzestig non waren; de blanke mannen waren met meer dan elfhonderd.[17] Zeer velen van hen bouwden daarom langdurige, intieme relaties op met één of meerdere Afrikaanse vrouwen. Sommigen spraken openlijk over hun menagère als 'mijn vrouw', anderen ontwikkelden een uitbundig libertijnse levensstijl. Vaak verkoos men zeer jonge meisjes van 12, 13 jaar, vaak was de grens tussen affectie en prostitutie onduidelijk, vaak ging pure lust hand in hand met zorgzaamheid. Maar altijd bleven het asymmetrische relaties. De menagère sliep misschien wel onder hetzelfde muskietennet als de blanke man, maar vaak lag ze, al dan niet uit vrije wil, op een mat op de grond.

Dit alles geschiedde uiteraard tot groot verdriet van de missionarissen. Maar in Congo lag het kerkbezoek van Europeanen dan ook vele malen lager dan in de metropool: de minuscule kathedraal van Boma was op zondagochtend ruim genoeg. Alleen bij begrafenissen wendde men zich nog tot de liturgie. Disasi Makulo zag het met eigen ogen. In 1889, nog geen drie jaar na zijn reis naar Europa, kreeg zijn meester Swinburne last van gastrische koorts. Er kwamen afzichtelijke zweren op zijn benen. Zijn toestand ging zienderogen achteruit. Disasi en een vriend maakten een draagstoel met hangmat en wilden hem naar Boma dragen. Onderweg hielden ze halt op de missiepost van Gombe, waar de Britse baptist George Grenfell de zieke twee weken verzorgde. Toen dat niet hielp, zetten ze hun ellenlange tocht voort. Bij de Hollandse factorij van Ndunga, waar Anton Greshoff werkte, de oom van de schrijver Jan Greshoff, bezweek Swinburne. Hij was pas 30. 'De blanken die wij op die post hadden ontmoet, haastten zich om de begrafenis voor te bereiden. Alle blanken in mooie pakken en een massa zwarten woonden de begrafenis bij,' merkte hij op. En hij voegde eraan toe: 'Die dag vonden wij de wereld de bitterste plek van al, en onze gedachten verstijfden toen we niet wisten of we in ons leven nog enige steun zouden krijgen.'[18]

Na de begrafenis besloot Greshoff de twee jongens terug te brengen naar de missiepost van George Grenfell. Die Grenfell was al bij zijn leven een legende. Zijn reputatie had hij te danken aan zijn merkwaardige combinatie van bekeringsijver en ontdekkingskoorts. Hij arriveerde in 1879 als een van de allereerste zendelingen in Congo en stierf er in 1906, ogenschijnlijk immuun voor eender welke tropische ziekte. Met zijn stoombootje Peace voer hij vanaf 1884 talloze bijrivieren van de Congo op die nog geen blanke had verkend. In twee jaar tijd legde hij twintigduizend kilometer af op de Congo, de Ubangi, de Kasai, de Kwango en andere zijrivieren. Hij maakte kaarten en stichtte posten. Na Stanley en Livingstone geldt hij als de feitelijke nummer drie van de *Congo explorers*. Disasi Makulo was slaaf gemaakt voor Tippo Tip, overgekocht door Stanley, boy geweest bij Swinburne. Nu, rond zijn achttiende, werden hij en zijn vriend de knecht van de meest fameuze van alle negentiende-eeuwse missionarissen in Congo.

> Grenfell ontving ons alsof hij ons al heel lang kende. Hij nam ons mee op zijn boot en, kijk, daar waren we opnieuw op de rivier. We maakten veel reizen op de rivier en de zijrivieren. In het begin begrepen wij het nut niet van dat veelvuldige en voortdurende gereis. Pas later legde hij ons uit dat het was om de rivieren te verkennen en de diverse contreien te bestuderen zodat men er missieposten kon vestigen.[19]

De missionarissen gingen onverdroten verder. Terwijl veel Europese dienaren van de staat de teugels lieten vieren, traden zij op tegen wat ze zagen als verderfelijke inlandse gebruiken zoals mensenoffers, gifoordelen, slavernij en polygamie. Maar dat was uiteraard subjectief. Veel inlanders stonden niet te springen om gekerstend te mogen worden. Disasi Makulo kon erover meepraten:

> Toen we met de boot Bolobo naderden, kwamen talrijke dorpelingen op de oever staan. Ze schreeuwden en zwaaiden met messen, speren en wapens omdat ze dachten dat wij oorlog kwamen voeren. Om hen te tonen dat wij niet gekomen waren om met hen te vechten, nam mevrouw Bentley [vrouw van een andere zendeling] haar baby, hield hem in de lucht en toonde hem aan de massa. Het volk zag voor het eerst een blanke vrouw en een blanke baby. Uit nieuwsgierigheid legden ze hun wapens neer en kwamen ze joelend op ons af om die wezens te bewonderen. De boot meerde rustig aan.[20]

Bolobo werd een van de belangrijkste missies. Bij ontstentenis van blanke baby's bedienden de protestanten zich ook van inheemse kinderen. Grenfell nam op zijn reizen steevast enkele van 'zijn' kinderen mee. Ze hakten hout voor de stoomboot, stonden aan het roer en dienden als tolk. Als vrijgekochte slaven spraken ze vaak nog de taal van hun geboortestreek, waar de kerstening nog moest beginnen. In Yakusu verliep de missionering beduidend vlotter dankzij een bekeerd, inheems meisje.

De dorpelingen herkenden haar tribale tatoeages en wisten daardoor dat ze een van hen was.[21] De missionering was dus niet alleen een zaak van blank versus zwart; ook zwarten evangeliseerden mee en hadden een belangrijk aandeel in de religieuze omwenteling die zich voltrok. Disasi Makulo werd eveneens zo'n tussenpersoon. Hij liet zich dopen in 1894 en hielp mee met kerstenen, niet zonder succes. Grenfell schreef in een van zijn brieven: '*Disasi (...) worked well and created quite a favourable impression among the natives.*'[22]

Tijdens de reizen met Grenfell kwam Disasi voor het eerst terug in zijn streek. Het weerzien met zijn ouders was aangrijpend. De gong trommelde het nieuws van de verloren zoon die teruggekeerd was overal in het rond. Verwanten lieten meteen enkele geiten en honden slachten en stelden *en passant* voor om ook twee slaven te offeren. 'Toen ik dat zag, was ik diep verontwaardigd dat er in mijn stam zulke barbaarse gewoontes van slavernij en kannibalisme waren blijven bestaan.' Hij protesteerde heftig en maakte de slaven zelf los, tot verbijstering van zijn vroegere dorpsgenoten: 'Velen van hen vroegen zich verbaasd af waarom ik medelijden had met die slaven. Anderen verweten mij dat ik hen verhinderd had het heerlijke vlees van een mens te eten. De dansen hielden twee dagen aan, zonder ophouden.'[23] Disasi Makulo was een man tussen twee culturen geworden, loyaal aan zijn stam en loyaal aan zijn nieuwe geloof.

Hij was niet de enige die ondergedompeld raakte in een nieuw moreel universum. De eerste bewoners van de missies waren vaak kinderen die de autoriteiten van de Vrijstaat uit conflictgebieden hadden meegenomen. Ze hoefden niet altijd van de slavenhandelaren te komen; sommigen waren slachtoffer van tribaal geweld. Lungeni Dorcas, een meisje uit Kasai, werd gevangengenomen door krijgers van de nabije Basongestam. Ze had gezien hoe haar moeder en broers werden afgetuigd en hoe haar jongste broertje, een baby nog, tegen de grond was doodgemept. Zij is een van de weinige vrouwenstemmen die we kennen uit die tijd:

> Na enkele dagen hoorden we dat een blanke zou komen om tegen onze vijanden te vechten en ons te bevrijden. Onze overweldigers, die dat hoorden, begonnen hun gevangenen te verkopen. Toen kwam de blanke aan, hij was een gezagsdrager van de staat en was vergezeld van een groot aantal soldaten. Hij liet het hoofd van het dorp bij zich komen en zei hem dat hij alle gevangenen wilde bevrijden, ook die

> van zijn onderdanen. Hij liet een koffer met allerlei soorten kralen, halsbanden, *mitako's* [koperen betaalstaafjes] en stoffen openmaken. Wij waren getroffen door de schoonheid van die voorwerpen en werden aan die Europeaan voorgesteld. Nadat hij ons bevrijd had, nam hij ons mee naar Lusambo. Die dag kwam in Lusambo een bootje aan dat door een blanke werd bestuurd. Onze gezagsdrager vertrouwde ons aan hem toe en hij was het die ons meenam naar Kintambo in een protestantse missie. Daar ontmoetten wij veel jongens en meisjes van verschillende stammen, eveneens overgekocht zoals wij.[24]

Het belang van die getuigenis kan moeilijk worden overschat, omdat ze haarfijn aantoont hoe missieposten via de staat aan hun eerste gelovigen geraakten en hoe daardoor voor het eerst interetnische gemeenschappen ontstonden. Jongelui die elkaars taal noch cultuur kenden, leefden ineens intensief samen. De missionarissen gingen zelfs nog een stap verder. Naarmate de kinderen opgroeiden, werden ze multiculturele *matchmakers.* Nogmaals Lungeni Dorcas: 'Om ons allerlei gedoe in de toekomst te besparen, wilden de missionarissen dat wij enkel trouwden met jonge christenen die ook door hen waren opgevoed.' En in haar geval betekende dat een huwelijk met een oude bekende: 'Daarom arrangeerden zij dat ik met Disasi trouwde. Wat dan ook geschiedde.'[25] Een generatie vroeger was het ondenkbaar geweest dat zij zou huwen met een man die achthonderd kilometer verderop was geboren; nu kreeg ze zes kinderen van hem: drie jongens en drie meisjes. De missie relativeerde het stamverband, weekte mensen los uit hun dorp en promootte het kerngezin (ouders met hun kinderen) als alternatief.

Als jonggehuwde bleef Disasi diep ongelukkig over *la terrible barbarie* in zijn dorp.[26] Daarom stelde hij aan Grenfell voor om zelf een missiepost te beginnen. In 1902 stichtte hij de missie van Yalemba, een van de eerste zwarte missieposten in Congo. Grenfell kwam zo nu en dan langs. Na al zijn omzwervingen was Disasi weer thuis:

> Het doel van mijn terugkeer was om de mijnen te helpen, te beschermen en hun het licht van de beschaving te brengen. (...) Ik had besloten dat alle inwoners van mijn dorp zich zouden komen vestigen bij mij op de missie. Ik begon met mijn familieleden: mijn vader, mijn moeder, mijn zussen, mijn broers, mijn neven en nichten. De andere dorpelingen wilden eerst hun dorp niet verlaten. Pas later, na grote inspannin-

> gen slaagde ik erin hen te bewegen te vertrekken en zich bij mij te vestigen.[27]

Zwarte catechisten werden een bruggenhoofd tussen twee werelden. Iets gelijkaardigs had de oude Nkasi mij verteld tijdens onze gesprekken. De jongste broer van zijn vader, Joseph Zinga, was immers met de protestantse missionaris Mister Welles meegegaan naar Palabala om catechist te worden. Zo had hij zich Europese ideeën en kennis eigen gemaakt. Hij raakte op de hoogte van de christelijke jaartelling. 'Door hem weet ik dat ik in 1882 geboren ben,' had Nkasi gezegd.[28]

Inmiddels waren ook de katholieken op dreef gekomen. Na vroege aanzetten door de spiritijnen en de witte paters kwam het katholieke missiewerk na de Conferentie van Berlijn in een stroomversnelling. Nu Leopold II zich losmaakte van zijn internationale associatie, gaf hij de voorkeur aan Belgische missionarissen, en die waren zonder uitzondering katholiek. In 1886 kondigde paus Leo XIII, die het uitstekend kon vinden met Leopold, af dat de Congo-Vrijstaat door Belgen moest worden geëvangeliseerd. De witte paters, van oorsprong een Frans-Algerijnse congregatie, zonden voortaan alleen nog Belgen uit. Uit talloze Belgische dorpen en steden vertrokken jonge scheutisten en jezuïeten, gevolgd door trappisten, franciscanessen, paters van het Heilig Hart en zusters van het Heilig Bloed. Ze verdeelden het binnenland van Congo keurig onder elkaar. Protestantse zendelingen uit Engeland, Amerika en Zweden bleven actief, maar boetten aan invloed in: ze moesten zich schikken naar de nieuwe staat en leren leven met de pesterijen van katholieke missionarissen die hun gelovigen afpakten.

Terwijl protestanten vanuit hun leer van individueel godsbesef trachtten enkelingen te overtuigen, gingen de katholieken van meet af aan op zoek naar groepen. Voor hen kreeg de collectieve geloofsbeleving voorrang. Maar hoe vond je in godsnaam een groep? Ook hier boden kinderen uitkomst. Net zoals bij de protestanten waren hun eerste volgelingen vaak bevrijde of vrijgekochte kindslaven die de staat hun had toevertrouwd. Op de missiepost van Kimuenza bijvoorbeeld begonnen de jezuïeten in 1893 met zeventien bevrijde zwarten, twaalf werkers van de Bangala-stam, twee timmerlui van de kust, twee soldaten met hun vrouw, en vijfentachtig kinderen die de staat had 'geconfisqueerd' bij de gearabiseerde slavenhandelaren. Samen vormden die *une colonie scolaire*. In april 1895, twee jaar later, waren er al vierhonderd jongens en zeventig meisjes, en zelfs veertig kleuters van 2 en 3 jaar oud. In 1899 stond er een kerk met vijftienhonderd zitplaatsen, drie brandramen en twee bronzen klokken, een van tweehonderd en een van zeshonderd kilo. Ze waren in België gegoten. Je kon ze op tweeënhalf uur lopen van de missiepost al horen beieren.[29]

De hulp van de overheid was dus essentieel. Maar de verwevenheid van kerk en staat ging nog veel verder. Bij de stichting van Kimuenza verzamelde een overheidsagent van de Vrijstaat de dorpshoofden om hun duidelijk te maken dat de missionarissen de speciale bescherming van de staat genoten en dat men niet mocht aarzelen om kippen, maniok en andere levensmiddelen aan hen te verkopen.[30] De staat stond zelfs in voor het onderhoud van het schooltje, op voorwaarde dat vier op de vijf afgestudeerde leerlingen naar de Force Publique, het leger van de Vrijstaat, zouden gaan! Zoveel was duidelijk: de jezuïeten streden voor Jezus, maar ook voor Leopold. Vandaar dat het schooltje gerund werd als een militaire kadettenschool in België.

> De zwartjes moeten militair salueren en zelfs marcheren. (...) De dagorde is dienovereenkomstig. Om 5 ½ h, snel opstaan bij het klaroengeschal, haastig wassen, dan gebed: Pater, Ave, Credo in het Fiote [Kikongo]. Na het gebed, ontbijt. Allen verzamelen op het plein voor het gebouw dat als refter dienst doet. Men neemt plaats. De sergeant schreeuwt: 'Geef acht!' Meteen valt de stilte in de rangen. 'Colonne rechts!' De kleine rij zet zich in beweging en stelt zich kaarsrecht en in stilte aan de tafels op. 'Zitten!' en allen gaan zitten. Dan volgt het bevel waarop men vol ongeduld wacht: 'Eten!'[31]

Na verloop van tijd bleek zo'n *colonie scolaire* ook beperkingen te hebben: de slavenkinderen bleven niet komen en de naburige 'heidenen' raakten, ondanks alle klokgelui, niet bekeerd als al die oud-leerlingen naar de kazerne verdwenen. Vandaar dat de jezuïeten uitpakten met het systeem van de *fermes-chapelles* of kapelboerderijen. In de buurt van een bestaand dorp begonnen ze een nieuwe nederzetting waar plaatselijke kinderen in relatief isolement leerden bidden, lezen en tuinieren. De nadruk lag op dat relatieve isolement: men moest hen lang genoeg weghouden van hun gebruikelijke cultuur, anders vielen ze terug in het 'heidendom'. 'Die zwarten beschaven en hen tegelijk in hun eigen milieu laten, is als een drenkeling reanimeren wiens hoofd men onder water houdt,' klonk het fijnzinnig.[32] Maar tegelijkertijd moest hun nieuwe status van weldoorvoede en goedgeklede catechistjes wel zichtbaar blijven voor de andere, quasi-naakte dorpelingen: dat stak de ogen immers uit. De missie werd een middel tot materiële welstand. Per kind dat het dorpshoofd naar de kapelboerderij liet gaan, kreeg hij een geschenk. Het was dus niet vreemd dat een van hen ooit sprak: 'Blanke, kom mijn dorp eren, bouw er je huis, leer ons leven als de blanken. We zullen je onze kinderen geven en jij zult er *mindele ndombe* van maken, zwarte blanken.'[33]

Missieposten werden grootschalige boerderijen en etalages van een ander leven. Het aantal dopen schoot omhoog. De jezuïeten alleen al bekeerden tussen 1893 en 1918 zo'n twaalfduizend mensen. In 1896 hadden ze op hun post Kisantu vijftien koeien, in 1918 meer dan vijftienhonderd. Er was een schrijnwerkerij, een hospitaaltje en zelfs een drukpers.[34] Afgestudeerde leerlingen bleven op de missiepost wonen om te trouwen. Ze werkten er als boer, timmerman of drukker en stichtten er gezinnen. Net als bij de protestanten ontstonden zo dorpen die niet onder het gezag van een inlands hoofd vielen. Het dorp met zijn ontelbare contacten en velerlei vormen van solidariteit raakte ondergeschikt aan het monogame gezin. Andere religieuze ordes namen de formule van de kapelboerderij over, maar het systeem kreeg ook hevige kritiek te verduren. Om hun doopregisters te spekken waren de missionarissen er nogal snel bij om kinderen als 'wezen' te beschouwen, ook wanneer er volgens Afrikaanse traditie nog voldoende verwanten waren om hen op te voeden. Toen de slaapziekte uitbrak, werden kinderen massaal weggeplukt uit hun dorp. 'Het resultaat was desastreus,' besefte een tijdgenoot, 'en dat heeft ons gehaat gemaakt bij de inboorlingen.'[35]

De welwillendheid van de missionarissen had ook zijn duistere kanten. Zo vriendelijk glimlachend ze de bevolking tegemoet traden, zo slinks waren soms hun methoden. De Brugse zendeling Gustaaf Van Acker legde uit hoe hij als witte pater omging met de 'toovermiddelen' van het inlands geloof ('beenderen, haar, beesteknuttels, tanden, honderd vieze dingen en nog meer') die hij langs de weg in 'huizekotjes' aantrof:

> Om het volk niet te misnoegen en ons onderzoek niet te verhinderen, willen we aan al die bliksemsche vuiligheid geen kwaad doen; we moesten onzen haat verkroppen en het was maar nu en dan, toen we alleen waren, dat we in het duikertje met een gildigen en nijdigen

stamp geheel den boel in duigen deden vallen. Mochten we welhaast openlijker te werke gaan en gansch Oeroea door, in al de dorpen, langs al de straten, al deze duivelteekens en duivelkramerijen door het zaligmakend kruis vervangen. Ocharm! Hoeveel werk voor zoo weinig kruisplanters![36]

Sommige missionarissen hebben op die manier duizenden fetisjen vernietigd.

In Boma had ik het voorrecht om enkele oude bewoners te spreken. Victor Masunda was 87 en blind, maar hij kende de verhalen van zijn vader nog verbluffend goed.[37] 'De eerste missionaris die mijn vader zag,' zei hij terwijl we samen in zijn half donkere woonkamer een Fanta dronken, 'was *père* Natalis De Cleene, een reusachtige man uit Gent, een scheutist. Hij had de *colonie scolaire* van Boma gesticht; die verving de missiepost van de spiritijnen. Leopold vroeg aan de paus Belgische missionarissen, en toen kwamen de scheutisten.'

Hij kende zijn geschiedenis. De naam van die missionaris was bovendien geheel correct: ik vond hem later terug in de registers van de scheutisten. De Cleene was een beroemd zendeling.

'Vier, vijf jaar later verliet die pater per paard de stad en stichtte in het Mayombe-oerwoud de missie van Kango. Mijn vader en mijn moeder woonden in het oerwoud. Papa was 15. In december 1901 werd hij gedoopt. Hij behoorde tot de tweede lichting. Zijn nummer was 36B. Mijn moeder werd in 1903 gedoopt. Drie jaar later zijn ze getrouwd. Ze verlieten hun dorp en vestigden zich in het arbeiderskamp van de missie.'

Ik vroeg aan Masunda waarom ze dat deden.

Met een schaterlach die nog steeds schaamte moest verbergen, zei hij: 'In het oerwoud waren geen stoelen zoals op de missie, men zat er nog op boomstammen! Men at er enkel bananen, yamwortels en bonen. Terwijl een priester mijn vader een geweer gaf! Toen mocht hij op antilopen, wilde varkens en bevers jagen!' Meer dan een eeuw later roemde hij nog steeds de voordelen van de missie: 'In het oerwoud droegen ze rafels en lompen, maar op de missie kreeg mijn vader een korte broek en mijn moeder een kleine *boubou*. Hij leerde er zelfs een beetje schrijven. Er zaten kinderen van overal. Naast zijn eigen Kiyombe leerde hij zo Lingala, Swahili en Tshiluba.'

Daags nadien sprak ik in de schaduw van een jonge mangoboom Camille Mananga, 73 jaar oud. Ook hij was blind, ook hij kwam uit de Mayombe. Hij vertelde me niet over zijn vader, maar over zijn grootvader. 'Hij heeft zich nooit willen laten dopen. Hij klom in zijn palmboom en maakte palmwijn. Vier vrouwen had hij, en veel kinderen. De missionaris vond dat hij er maar één mocht houden, maar hij voelde zich verantwoordelijk voor alle vier. Hij had ook geen ruzie met hen.'[38] Missioneren van volwassenen ging duidelijk moeizamer.

Protestantse evangelisten hadden een minder nauwe band met de staat dan de katholieke missionarissen, maar helemaal los stonden ze evenmin. Toen de Vrijstaat in 1890 Grenfells stoombootje vorderde voor de oorlog tegen de Afro-Arabische handelaren in het oosten, protesteerde hij heftig. Er kon geen sprake van zijn dat zijn Peace – de naam alleen al – in een oorlog zou dienen! Maar een jaar later aanvaardde hij met graagte een opdracht die koning Leopold hem persoonlijk had toevertrouwd: het vastleggen ter plekke van de grens tussen de Vrijstaat en de Portugese kolonie Angola. Het gebied werd niet alleen internationaal betwist, lokaal woedde er een van de ergste opstanden tegen het nieuwe bewind. Hij, Grenfell, een Britse religieus, werd dus geëscorteerd door vierhonderd soldaten van de Force Publique om het gebied te karteren en te pacificeren. Hij had een volmacht om verdragen te sluiten en de grens vast te leggen. Disasi Makulo vergezelde hem op die loodzware tocht over land door vijandig gebied, 'de pijnlijkste en gevaarlijkste van alle reizen die we ooit hebben gemaakt'. Ook hij zag de zeer expliciete verweving van missie en staat: 'De overheid leverde ons militaire uitrusting en dragers.' Disasi Makulo droeg de pofbroek en de fez van het uniform van de Force Publique.[39]

Een laatste manier waarop jonge inwoners in contact kwamen met de Vrijstaat was het leger. In 1885 werd de Force Publique in het leven geroepen, een koloniaal leger waarvan de leiding stevig in handen was van blanke officieren. De meesten van hen waren Belgen, maar er zaten ook behoorlijk wat Italianen, Zwitsers en Zweden tussen. Bij het voetvolk waren de eerste en meest gewaardeerde manschappen zonder uitzondering Zanzibari's, mannen die de ontdekkingsreizigers hadden vergezeld op hun tochten, gevolgd door huurlingen uit Nigeria en Liberia. Die West-Afrikanen hadden de reputatie betrouwbare en moedige soldaten te zijn. Eind 1885 traden de eerste Congolezen in dienst. Ze waren met zijn tienen. Men had hen gerekruteerd in het regenwoud bij de Bangala en meegenomen naar Boma. De Bangala stonden bekend om hun krijgshaftigheid; men zou nog zeer vele van hen rekruteren. Daardoor kon hun taal, het Lingala, aan een zeer grote expansie beginnen: het werd de belangrijkste taal in het westen van het land.

Als hoofdstad van de Vrijstaat was Boma ook de eerste garnizoensstad van het land. Daar was het dat jongelui die uur noch klok kenden, leerden leven naar de minuut. Men stond om half zes op en ging om negen uur slapen. Klaroengeschal verdeelde de dag in onderdelen voor drill, appèl, parade en schaft. Tucht moest en zou erin gehamerd worden. Men leerde schieten, het geweer poetsen, marcheren en zelfs marsmuziek spelen. Maar die strakke militaire discipline kon een flinke brok knulligheid toch nauwelijks verhullen. De cavalerie had geen paarden maar ezels – zeventien om precies te zijn. De artillerie had enkele Krupp-kanonnen, maar geen bewegend doelwit om op te oefenen. Men liet de soldaten dan maar richten en vuren op kuddes antilopen...[40] Toch zou de Force Publique een factor van zeer groot belang worden. De eerste jaren spendeerde koning Leopold er de helft van zijn budget aan. Voor vele jongemannen werd het de meest rechtstreekse en indringendste kennismaking met de staat. Voor het jaar 1889 waren er vijftienhonderd rekruten, voor 1904 maar liefst zeventienduizend. Op het eind van de Vrijstaat beschikte het over meer dan vijfentwintigduizend Albinigeweren met bajonet, vier miljoen kogels, honderdvijftig kanonnen en negentien Maxim-mitrailleurs.[41] Daarmee was het de grootste legermacht in Centraal-Afrika. Anders dan in België mochten jongemannen hun vrouw meenemen als ze in dienst gingen. Zij ontving zelfs een kleine vergoeding; ook voor eventuele kinderen was er een toeslag. Daarmee stimuleerde het leger, net als de missies, de monogamie en het kerngezin.[42] Er ontstonden echte families van beroepsmilitairen.

In Kinshasa ontmoette ik in 2008 Eugène Yoka, al decennialang kolonel bij de luchtmacht, in de tijd dat het nationale leger nog vliegtuigen had. Ten tijde van Mobutu behoorde hij tot de selecte kring van piloten die tijdens nationale defilés met Franse Mirage-toestellen boven de hoofdstad vlogen. Zijn vader, vertelde hij mij, was al beroepsmilitair geweest en had de Eerste Wereldoorlog meegemaakt. En zijn grootvader was een van de allereerste rekruten van de Force Publique geweest. Ook hij kwam uit de Equateur en behoorde tot de stam van de Bangala. Een van kolonel Yoka's twee zonen was in het leger getreden en inmiddels opgeklommen tot de graad van majoor.[43] Vier generaties overtuigde militairen, meer dan een eeuw lang in dienst van de staat.

De eerste vijf jaren van de Congo-Vrijstaat waren veruit de lichtste. Het bestuur was nog vrij minimaal, grootschalige terreur bleef nog uit. Maar een groeiende groep inwoners, voornamelijk kinderen en jongeren, kwam in rechtstreekse aanraking met de Europese levensstijl in Congo. Als boy, menagère, christen of rekruut kwamen ze in huizen zoals ze nog nooit hadden gezien, droegen ze kleren die hen tot voor kort onbekend waren en proefden ze voedsel dat hun vreemd was. Ze leerden Frans en maten zich nieuwe denkbeelden aan. Een handjevol van hen had zelfs met eigen ogen gezien hoe het er in Europa aan toe ging. Sommigen van hen droegen de nieuwe levensstijl, of hun interpretatie ervan, uit. Jonge catechisten poogden hun familieleden en dorpelingen te overtuigen dat hun leven heidens was. Jonge militairen pronkten in hun dorp met hun uniform en hun soldij. Hun vrouwen verhuisden mee naar de kazerne, hun kinderen groeiden er op. Er ontstond een leven buiten het dorp, net zoals bij de kapelboerderijen. Men leefde er niet langer onder het gezag van het inheemse hoofd, maar onder een strak Europees regime. De Vrijstaat veranderde vele levens grondig.

Na 1890 werd het veel grimmiger. Contact met de Vrijstaat betekende voortaan niet langer een kennismaking met een andere manier van leven, maar een confrontatie met geweld, gruwel en dood. En bovendien op een exponentieel grotere schaal. Bereikte de Vrijstaat aanvankelijk enkele duizenden of tienduizenden inlanders, nu ondergingen miljoenen mensen de (hardhandige) aanwezigheid van de staat. Om die radicale omslag te begrijpen, moeten we opnieuw kijken naar de *mastermind* van de Vrijstaat, de bedenker, uitvoerder, vruchtgebruiker en eindverantwoordelijke van de hele onderneming: Leopold II.

De Belgische vorst had in 1885 zijn Congo verworven door drie beloftes te doen. Aan de Conferentie van Berlijn had hij beloofd zowel de vrijhandel te garanderen als de slavenhandel te bestrijden. Aan de Belgische staat had hij beloofd nooit geld te zullen vragen voor zijn persoonlijke project. Tot 1890 hield hij zich keurig aan de afspraken: de vrijhandel floreerde, de Belgische staatskas liet hij ongemoeid, de strijd tegen de slavenhandel was weliswaar nog niet beslecht, maar de missieposten kregen toch geregeld 'bevrijde' kinderen cadeau. Het waren letterlijk dure beloftes. Om de vrijhandel te laten draaien moest hij op eigen kosten de noodzakelijke infrastructuur en administratie uitbouwen. Een kostbare zaak, waar vooral anderen van profiteerden. Leopold begon er maar aan omdat hij hoopte zelf serieuze winst te boeken, maar dat viel lelijk tegen.

Van 1876 tot 1885 had hij al tien miljoen Belgische frank geïnvesteerd, maar de opbrengsten in 1886 bedroegen nog geen 75.000 frank.[44] Tegen 1890 had hij al negentien miljoen frank aan Congo gespendeerd. Het grote fortuin dat hij van zijn vader had geërfd, was daarmee helemaal in rook opgegaan. De koning was zo goed als bankroet.

Op dat moment besloot hij twee van zijn beloftes te breken. Hij smeekte België om geld en hij dwarsboomde de vrijhandel dat het niet mooi meer was. Maar ondanks een ontluikende Congo-filie bij een elite van bankiers en industriëlen was het Belgische parlement helemaal niet zo tuk op een koloniaal avontuur. Toch kon het evenmin toekijken hoe het staatshoofd failliet ging. Met lange tanden werd daarom een lening afgesproken: de vorst kreeg vijfentwintig miljoen goudfrank, bij wijze van herkapitalisering, later aangevuld met nog eens zeven miljoen goudfrank.[45] Daarnaast investeerde het land zwaar in de aanleg van een spoorweg. Er werd afgesproken dat bij aanhoudend economisch onheil Congo door België zou worden overgenomen.

Veel ingrijpender voor de situatie ter plekke was Leopolds *rücksichtslose* reeks besluiten om alle grond in Congo die niet verbouwd of bewoond werd als eigendom van de Vrijstaat te beschouwen, inclusief alle eventuele grondstoffen. Voor de Europese ivooropkopers was dat een zware streep door de rekening, en voor de plaatselijke bewoners een ware ramp. In één klap nationaliseerde de vorst zowat 99 procent van het hele grondgebied. Een pygmee die een olifant schoot en de slagtanden verkocht, voorzag niet langer op legitieme wijze in zijn onderhoud, maar beroofde de staat. Een Britse handelaar die de slagtanden kocht, dreef geen handel maar deed aan heling. Op papier bleef de vrijhandel nog wel bestaan – uiteraard, dat moest immers – in de praktijk raakte hij morsdood: er was immers niets meer te koop; de staat hield alles voor zich.

Boekhoudkundig was Leopolds *coup de théâtre* vast listig en sluw, volkenkundig sloeg het nergens op. Hij leek er gemakshalve van uit te gaan dat dorpelingen alleen maar gebruikmaakten van de plek waar hun hutten stonden en hun akkertjes lagen. Maar in werkelijkheid benutten de lokale gemeenschappen gebieden die vele malen groter waren. De extensieve landbouw verplichtte hen om jaarlijks nieuwe akkertjes in gebruik te nemen in het regenwoud of in de savanne. Bovendien gebeurde het vaak dat hele dorpen verhuisden. En omdat men nooit van de landbouw alleen leefde, maakte men gebruik van zeer uitgestrekte jachtterreinen en visgronden. Leopolds besluit beroofde mensen daadwerkelijk van wat hun zo dierbaar was: hun grond. Er bestond bij hem geen enkel besef van de zeer complexe grondrechten ter plekke, laat staan van de inheemse opvattingen over collectief grondbezit. Hij transplanteerde simpelweg het West-Europese concept van particulier eigendom naar de tropen, en daarmee legde hij de kiem voor een diepe onvrede jegens de Vrijstaat.

Hoe stond het dan met zijn derde belofte, de strijd tegen de slavenhandel? Dat was de enige die hij trouw bleef en die hij zelfs opdreef. Die strijd verschafte hem immers een ideale dekmantel voor zijn expansionistische ambities. In 1890 was in Brussel een groot antislavernijcongres gehouden. De vorst stak na afloop nog een tandje bij. Grosso modo concentreerden de krijgsverrichtingen zich op drie grote zones: van zuid naar noord waren dat Katanga, Oost-Congo en Zuid-Soedan. Die regio's stemden overeen met de historische invloedssferen van de drie belangrijkste Afro-Arabische slavenhandelaars, Msiri, Tippo Tip en Al-Zubayr.

In Katanga werd het rijk van Msiri ingelijfd tussen 1890 en 1892. Leopold maakte haast omdat hij wist dat Cecil Rhodes vanuit Zuid-Afrika ook naar het gebied aan het doorstoten was. Cecil Rhodes, een Britse imperialist die qua megalomanie niet hoefde onder te doen voor de Belgische vorst, probeerde de Britse koloniale bezittingen in Afrika te laten aansluiten *from Cape to Cairo*. Maar Katanga werd van Leopold, en nu niet langer alleen op de kaart die hij op kerstavond 1884 bestudeerd had.

De strijd tegen de slavendrijvers in Oost-Congo verliep moeizamer, omdat zij goed bewapend en vermogend waren en veel ervaring hadden met oorlogvoering in het gebied. In 1886 hadden ze de staatspost van Stanley Falls aangevallen. Om de gemoederen te bedaren benoemde Stanley, met instemming van Leopold, Tippo Tip tot de provinciegouverneur van de post, omdat hij nu eenmaal de machtigste man in het gebied was. Voor Tippo Tip leidde dat tot een loyaliteitsconflict. In een brief aan koning Leopold schreef hij: 'Niemand van de Belgen in Congo houdt van mij en ik stel vast dat ze mij allen kwaad toewensen. Ik begin me te beklagen dat ik mij in dienst van het Koninkrijk België heb gesteld. Ik stel vast dat ze mij niet willen. En nu heb ik ook nog eens ruzie met alle Arabieren. Ze zijn kwaad op mij, omdat ik meer ivoor aan België lever dan aan hen.'[46] De economische belangen van Europeanen en Zanzibari's botsten zozeer dat het wel tot een confrontatie moest komen, zeker omdat het aanbod van ivoor gestaag afnam. Vanaf 1891 tot 1894 ondernam de Force Publique de zogenaamde 'Arabische veldtochten'. Aangevoerd door luitenant Dhanis leidden die in 1892 tot de vernietiging van Nyangwe en Kasongo, de twee belangrijkste handelscentra van Swahilisprekende moslims in Oost-Congo. Daarmee werd de macht van Afro-Arabische handelaren uit Zanzibar definitief gebroken. Economisch en militair stonden zij sterker, maar politiek was hun rijk te verdeeld. Tippo Tip had tegen die tijd Congo verlaten om zijn oude dag op Zanzibar door te brengen. Toch is de islam in de Maniema en Kisangani tot op de dag van vandaag als minderheidsgodsdienst aanwezig gebleven.

Ten noorden zou de hardnekkigste strijd geleverd worden. Jarenlang zou Leopold blijven dromen van de annexatie van Zuid-Soedan. Sinds zijn huwelijksreis naar Caïro in 1855 was bij hem de egyptomanie ontketend, de Nijl liet hem niet meer los. Zuid-Soedan inpalmen zou hem in staat stellen om de bovenloop van die mythische rivier in te palmen. Bovendien heette het gebied rijk te zijn aan ivoor. Al in 1886 stuurde hij Stanley erheen om Emin Pasha, een Duitse arts uit Silezië die zich als gouverneur van de Egyptische provincie Equatoria aan de Boven-Nijl getooid had met enige exotische titulatuur, te bevrijden van het vijandige leger van de mahdisten. In werkelijkheid was het een vroege poging om Zuid-Soedan bij Congo in te lijven. Leopold bood Stanley in 1890 het fabelachtige bedrag van 2,5 miljoen goudfrank aan om de klus te klaren en zelfs Khartoem te veroveren, maar daar had de ontdekkingsreiziger geen zin meer in.[47] Daarom financierde de vorst toen maar enkele eigen expedities, geleid door Belgische officieren; ze beten alle in het stof. In 1894 schonken de Britten hem een stukje van Zuidoost-Soedan in bruikleen, maar dat bevredigde hem maar half. Nog eenmaal bracht hij een expeditieleger op de been. In 1896 trok de Force Publique met de grootste legermacht die Centraal-Afrika ooit gezien had naar het noordoosten van Congo om van daaruit door te stoten naar de Nijl. Maar zover zijn ze nooit geraakt. De soldaten sloegen massaal aan het muiten.

Hoe kon dat? Vanaf 1891 was de Vrijstaat begonnen met een systeem van gedwongen rekruteringen voor de Force Publique. Het aantal spontane aanmeldingen bleef te gering om een substantiële legermacht uit te bouwen. Daarom moesten dorpshoofden, net zoals de missieposten, enkele jongelui afstaan aan het leger. Men dacht aan één soldaat per vijfentwintig hutten. De diensttijd duurde zeven jaar. Voor dorpshoofden was dat de ideale manier om van onruststokers, lastposten en gevangenen bevrijd te worden. De Force Publique kon dus groeien dankzij de komst van weerbarstige elementen die er totaal geen zin in hadden. Dat bleek ook tijdens die veldtocht naar Soedan. Zo'n veldtocht was geen strakke mars tot aan het slagveld. Honderden vrouwen, kinderen en ouderen trokken mee met de soldaten door het oerwoud, mannen in uniform met een Albini-geweer vochten zij aan zij met traditionele krijgers die joelden en zwaaiden met hun speren. Hier was geen regulier, nationaal leger op stap, maar een zootje ongeregeld, een half gestructureerde bende die meer deed denken aan een rommelige achttiende-eeuwse brigade van soldaten met huurlingen dan aan een strakke napoleontische carré. En de rommel zat niet alleen in de marge en de aanhang, maar tot in het hart van het militair apparaat. Proviand voor zo'n grote groep kon men onmogelijk meedragen, ravitaillering was een kwestie van improvisatie. Soms kocht men eten van de plaatselijke bevolking, vaker kreeg men nul op het rekest. Dus nam men wat men nodig had. Plunderend baande men zich een weg naar het beloofde Soedan. Tussen de Force Publique en de Batambatamba waar Disasi over sprak, de Afro-Arabische gangs van slavendrijvers van weleer, bestond weinig verschil, al stelde men het in Brussel graag anders voor. Dat moest wel tot onrust leiden.

Al in 1895 was er in Kasai een oproer geweest in de kazerne, er waren doden gevallen, ook aan Europese zijde; enkele honderden muiters onttrokken zich aan het gezag van de staat. Maar wat de manschappen op weg naar Soedan ontketenden was ongekend. Tien Belgische officieren werden vermoord. Meer dan zesduizend soldaten en hulptroepen keerden zich tegen hun bevelhebbers. De muiterij, aangevoerd door Batetela, werd een rebellie die vier jaar duurde. Het was het eerste grote, gewelddadige protest tegen de blanke aanwezigheid. Militaire historici hebben vaak gewezen op de lage moraal van de troepen: de soldaten waren ziek en ondervoed, ze stierven bij bosjes, vele van hen waren nauwelijks getraind, de recentste aanwinsten waren soldaten die nog aan de zijde van de Afro-Arabische slavendrijvers hadden gevochten en nu weinig zin hadden om te strijden voor hun overwinnaars. Maar ook de excessieve strengheid van de officieren, gecombineerd met hun extreme incompetentie op het vlak van logistiek en strategie, voedde een diepe haat. En die haat richtte zich niet alleen tegen de officieren, niet eens tegen de Belgen, maar tegen de blanken *tout court*.

Een Franse pater maakte een bange nacht mee toen hij gegrepen werd door de muiters. 'Alle blanken zweren tegen de zwarten samen. Alle blanken moeten worden gedood en verdreven,' hoorde hij tegen zich aanvoeren. De heftige discussie werd in zijn voordeel beslist. Ook voor de geschiedschrijving was dat een gelukkige zaak. In een brief naar zijn bisschop beschreef hij zijn wedervaren. Daardoor kennen we de motieven achter de muiterij vrij nauwkeurig. Een van de leiders van de rebellie vertelde hem: 'Al drie jaar kropte ik mijn wrok tegen de Belgen op, vooral tegen Fimbo Nyingi, en nu was de kans schoon om ons te wreken.' Fimbo Nyingi was de bijnaam van baron Dhanis, de commandant van de expeditie, dezelfde man die ook in Oost-Congo de troepen had aangevoerd. Zijn bijnaam betekende 'Veel zweepslagen'. De pater nam zich voor naar hun grieven te luisteren: 'Ze werden zelfs vriendelijk en boden me koffie aan – heel lekkere trouwens. Wat ze me over de Belgen wisten te vertellen was inderdaad schokkend: soms moesten ze maandenlang hard werken zonder enige beloning, tenzij op tijd en stond een aframmeling met de *kiboko*. Voor het minste of geringste werden ze opgehangen of gefusilleerd. Ze vertelden me over minstens veertig hoofdmannen die om een futiliteit waren omgebracht, en het aantal doden onder het gewone voetvolk viel gewoon niet te becijferen...' Belgische officieren, vertelden ze hem, lieten inheemse hoofden levend begraven. Ze scholden hun manschappen uit voor beesten en brachten hen om 'alsof ze geiten waren'.[48]

Ik had nooit gedacht dat ik van die verre, duistere periode nog echo's zou opvangen in het Congo van het prille derde millennium. Maar op een dag zat ik in de volkswijk Bandalungwa van Kinshasa bij Martin Kabuya thuis. Hij was 92, oud-militair van de Force Publique, veteraan van de Tweede Wereldoorlog. Hij woonde in de hoofdstad, maar zijn familie kwam uit Aba, het meest noordoostelijke dorpje van Congo, net op de grens met Soedan. Zijn grootvader was er dorpshoofd geweest, ten tijde van de veldtochten van de Force Publique naar Zuid-Soedan. 'Zijn naam was Lukudu en hij was zéér gemeen. Daarom hebben ze hem levend begraven, met zijn hoofd net boven de grond,' wist hij nog. Dat bleek een gangbare praktijk. Om het verzet van weerbarstige dorpshoofden te breken begroef men hen in de grond, liefst in de volle zon, liefst in de buurt van een mierenhoop. Sommigen werden gedwongen om urenlang recht in de zon te kijken. Ook hun gezinnen werden verwoest: onder het mom van 'bevrijding' plukte men hun kroost weg. 'Al zijn kinderen werden door de broeders maristen meegenomen naar het internaat van Buta [zeshonderd kilometer westelijker]. Ook mijn vader. Daar werd hij katholiek. Hij trouwde op de missiepost en kreeg drie kinderen. Ik ben de laatste.'[49]

Terwijl in het oosten de troepen van koning Leopold de slavenhandel bestreden maar daarbij nieuwe vormen van knechting realiseerden, ging het er in het westen niet veel beter aan toe. Regelrechte oorlogen waren er niet, maar wel dagelijkse vormen van dwang en terreur. In Bas-Congo werd tussen 1890 en 1898 de spoorlijn tussen Matadi en Stanley Pool aangelegd. Zo hoopte men het onbevaarbare stuk van de Congo-rivier te omzeilen. Stanley had al gezegd dat Congo geen penny waard was zonder die spoorlijn. Het systeem van dragers was gewoon te duur en te traag, zeker nu de staat de eerste exporteerder werd. Een karavaan deed er achttien dagen over, een stoomtreintje, zelfs al moest het vaak stoppen voor water en hout, slechts twee.[50] Met veel moeite wist Leopold het geld bijeen te harken voor die onderneming (het kwam van privé-investeerders en vooral van de Belgische staat); met nog meer moeite gingen de werken van start. De eerste twee jaar werd er slechts acht kilometer van het totale traject van bijna vierhonderd gerealiseerd: het spoor moest zich slingerend een weg banen door onherbergzaam, bergachtig gebied ten oosten van Matadi. Na drie jaar was men nog niet verder dan kilometerpaal 37. De arbeidsomstandigheden waren bijzonder zwaar. Malaria, dysenterie, beriberi en de pokken decimeerden de aantallen. Alleen al in de eerste achttien maanden stierven negenhonderd Afrikaanse arbeiders en tweeënveertig blanken; nog eens driehonderd moesten gerepatrieerd worden naar Europa. Over de volle negen jaar lieten zo'n tweeduizend betrokkenen het leven.

De organisatie van de werken leek een beetje op die van het leger: aan de top had je een Belgische elite, in dit geval van ingenieurs, mijnbouwkundigen en geologen, die werd geleid door kolonel Albert Thys, zelf een militair en *captain of industry*. Daaronder had je de handarbeiders afkomstig uit Zanzibar en West-Afrika, hun aantal varieerde van tweeduizend tot achtduizend man. Ook waren er een paar dozijn Italiaanse mijnwerkers. Maar toen steeds minder Afrikanen wilden werken in de hel die Congo heette, rekruteerde men op de Antillen en liet men honderden Chinezen uit Macao overschepen – ze stierven nagenoeg alle aan tropische ziekten.

Congolezen zelf deden, net als in het leger, aanvankelijk nauwelijks mee. Het argument was dat zij vooralsnog niet konden worden gemist als dragers. Pas toen men in 1895 bij Tumba bijna de helft van het tracé had bereikt, wierf men arbeiders aan uit de plaatselijke bevolking. Dat gebeurde in de streek van Etienne Nkasi, de stokoude man die ik in

Kinshasa ontmoette. 'Ik was toen 12, 15 jaar oud,' vertelde hij me tijdens een van onze gesprekken, 'ik was nog een kind, ik kon nog niet werken, maar ik ging mee met mijn vader. Hij heeft aan de spoorweg gewerkt. Kinshasa en Mbanza-Ngungu bestonden nog niet.' Inderdaad, herinnerde ik me, Kinshasa was nog geen stad, hooguit een cluster van enkele nederzettingen; Mbanza-Ngungu, het vroegere Thysville, moest nog gebouwd worden. Het had zijn bestaan aan de spoorweg te danken. Op het hoogste punt van het traject, precies halverwege Matadi en Kinshasa, lag een aangenaam koele en vruchtbare heuvel. Hier bouwde men tussen 1895 en 1898 het stadje dat naar de hoofdingenieur werd genoemd. Reizigers brachten er de nacht door tijdens hun tweedaagse treinreis. Het werd een frisse, fleurige plek, waar op grote schaal Europese gewassen werden gekweekt. Vandaag staan er roestige treinstellen op roestige sporen naast roestige koloniale woningen in *art nouveau*-stijl.

'Ik was daar toen Thysville gebouwd werd,' liet Nkasi zich ontvallen, mij voor de zoveelste keer verbazend met zijn ongelooflijk verre herinneringen. 'Mijn vader heeft Albert Thys nog gekend. Hij was de chef van een groepje, mijn vader. Met vier zwarten trokken ze de blanke voort op de rails. De blanke had zo'n witte helm op. Ik heb dat gezien.' Hij glimlachte, alsof hij nu pas besefte dat het inderdaad lang geleden was. 'Papa werkte in Tumba, Mbanza-Ngungu, Kinshasa, Kintambo. Ik ben hem overal gevolgd.' Dat waren inderdaad de posten op het resterende traject. In 1898 was de klus geklaard. Bij de feestelijke opening tuften blanken van Matadi naar Kinshasa, een reis van negentien uur in galakostuum en decolleté. Onderweg was er vuurwerk en stonden her en der zwarten in uniform te salueren. In sommige stations werden de reizigers getrakteerd op hymnes gezongen door het koor van de naburige missiepost; een krakkemikkig harmonium begeleidde hun gezang.[51] De beroemde spoorweg was eigenlijk slechts een smalspoortreintje, een tramway met open wagonnetjes, maar de opening betekende niettemin een mijlpaal in de exploitatie van Congo. Voor Nkasi betekende het echter een terugkeer naar huis. Hij was drie jaar weggeweest. 'Na de werken ging papa terug naar het dorp, terug naar mijn moeder. Om weer kinderen te maken. Ik was nog steeds de enige. Na mij waren er twee gestorven. Toen hij terugkwam van het spoor maakte hij er nog vijf.' Ik vroeg hem naar de treinen van toen. Ook dat wist hij nog. 'De motor, dat was hout,' legde hij me uit. 'En toen ze reden...' Hij zette zich even rechter op bed, balde zijn oude vuisten en begon zachtjes met zijn dunne armen kleine cirkels te draaien naast zijn romp. 'Dat was: tooóét... taka, taka, taka.' Vervolgens schoot hij in een geluidloze lach.[52]

Werken voor het spoor was nog het slechtste niet, zeker niet vanaf 1895. Want op het moment dat er inheemse werkkrachten werden ingeschakeld, voerde men een premiestelsel in. De blanke werfleider sprak met de zwarte *headman* een termijn af voor de realisatie van een bepaald onderdeel. Indien de termijn gehaald werd, ontving diens team een vooraf afgesproken bonus. Een bedrijfscultuur van *incentives* avant la lettre, in feite. Boven op zijn dagloon van vijftig centiem en zijn rantsoen van rijst, biscuits en gedroogde vis kon de arbeider zo een extraatje verdienen, dat hij enkel kon inwisselen in de winkels van de staat, want in de rest van het land bestond er nog geen geldeconomie. Louis Goffin, de ingenieur die het premiestelstel bedacht, sprak van '*une coopération du travail des noirs et du capital européen*'. Volgens hem was het ideaal om de Congolees werklust, koopkracht en fierheid bij te brengen. Men moest 'bij de inboorling nieuwe behoeften creëren die zouden resulteren in liefde voor de arbeid, een snelle ontwikkeling van de handel en, derhalve, de beschaving.'[53] Toen de spoorweg er eenmaal lag, konden enkele Congolezen in dienst blijven in het werktuigatelier, aan de draaibank, in een station, of zelfs als machinist op de locomotief. Ze werkten in loondienst en waren daarmee de eersten die in een geldeconomie werden opgenomen. Nkasi sprak bij elk van mijn bezoeken vol bewondering over ene Lema, een neef van zijn vader. Die was *boy-bateau* geweest op de schepen naar Antwerpen, maar ging na 1900 voor het spoor werken. 'Hij werd stationschef in Lukala.' 'Waar nu de cementfabriek is?' 'Ja, daar. Stationschef! Hij kende de blanken.'[54]

Elders in de Vrijstaat was er nog geen sprake van monetisering. Ruilhandel bleef de norm. Dat maakte het innen van belastingen niet evident. De Vrijstaat had middelen nodig en achtte het opportuun om zijn onderdanen mee te laten betalen aan de uitbouw van hun land, maar geld vragen aan mensen die het nooit hadden gehad, ging niet. En die kraaltjes, koperstaafjes en katoenbalen van weleer, die hoefde men ook niet terug. Dus moest het maar in natura geschieden: in goederen of in arbeid. Zo was het vroeger tenslotte ook gegaan, wanneer een jager een slagtand of een deel van de jachtbuit aan het dorpshoofd schonk. Maar waar het vroeger om een solide systeem ging, zou het nu tot de totale ontwrichting van Congo leiden. De weigering om ook in het binnenland geld in te voeren had zware gevolgen.

Leopold II had de vrijhandel een loer van jewelste gedraaid. Hij was eigenaar van zowat alle grond in Congo geworden, maar omdat hij niet alles zelf kon exploiteren, schonk hij grote lappen grond in bruikleen aan enkele commerciële maatschappijen. Die concessies waren bepaald omvangrijk: de Anversoise, een pas opgerichte onderneming, mocht ten noorden van de Congo-rivier 160.000 vierkante kilometer ontginnen, een gebied meer dan twee keer zo groot als Ierland. Ten zuiden van de rivier kreeg ABIR (Anglo-Belgian Indian Rubber Company) een vergunning voor een vergelijkbare oppervlakte. De vorst zelf trakteerde zich op een zeer riante hap oerwoud: het Kroondomein, een gebied van 250.000 vierkante kilometer, bijna tien maal zo groot als België, grotendeels ten zuiden van de evenaar. Kasai bleef een reservaat waar de vrijhandel nog een tijdje mocht voortsudderen, kwestie van niet iedereen tegen de borst willen stuiten (uiteindelijk werd het toch gemonopoliseerd door de koning). De Compagnie du Katanga en de Compagnie des Grands Lacs kregen eveneens enorme territoria; hun namen geven al aan dat ze speciaal voor de gelegenheid waren gesticht. De belangrijkste economische exploitatie van het Congolese binnenland was dus het werk van de vorst en enkele geprivilegieerde concessiemaatschappijen. Dit waren geen gescheiden werelden, al was het maar omdat Leopold meestal zelf hoofdaandeelhouder was of op zijn minst recht had op een substantieel deel van de winst. In de beheerraad van de concessiemaatschappijen zetelden steevast topfiguren uit de administratie van de Vrijstaat. In België was de financieel adviseur van de vorst, Browne de Tiège, zowel voorzitter van de Anversoise en de Société Générale Africaine als bestuurder van ABIR, de Société Internationale Forestière et Minière, de Société Belge de Crédit Maritime in Antwerpen en nog wat vennootschappen.

Die grote economische belangstelling voor Congo draaide niet langer alleen om ivoor. In 1888 knutselde een Schotse veearts, John Boyd Dunlop, een uitvinding ineen die niet alleen het comfort van duizenden reizigers in Europa en Amerika aanzienlijk zou verbeteren, maar ook het leven van miljoenen Congolezen zou bepalen, of zelfs beëindigen – de opblaasbare rubberband. In een tijd dat nieuwe uitvindingen als de auto en de fiets zich nog steeds moesten behelpen met beslagen houten wielen, kwam die rubberband als geroepen. De mondiale vraag naar rubber nam een enorme vlucht. Voor Leopold betekende het een miraculeuze redding. Olifanten liepen er in zijn Vrijstaat steeds minder rond, maar rubberbomen groeiden er bij de vleet. De timing had niet beter gekund. Zijn Congo balanceerde op de rand van het bankroet. België stond klaar om de zaak, weliswaar met tegenzin, over te nemen. Plots bleek dat niet meer nodig. In 1891 leverde Congo slechts een honderdtal ton rubber op, maar in 1896 was dat opeens dertienhonderd ton en in 1901 zesduizend ton.[55] Van een slabakkend project in Centraal-Afrika was de Vrijstaat eensklaps een verbluffend economisch wonder geworden. Leopold schraapte de miljoenen binnen en kreeg, na zeer lang wachten en roekeloos ondernemen, eindelijk zijn *return on investment*. Eindelijk kon hij laten zien waar een kolonie goed voor was: economische explosie, imperiale roem en nationale trots. Met de inkomsten uit Congo liet hij België grootscheeps verfraaien. In Brussel verrees het Jubelparkmuseum en een nieuw koninklijk paleis, in Tervuren werd een immens koloniaal museum en park, geïnspireerd op Versailles, aangelegd, in Oostende verschenen de Venetiaanse gaanderijen.

De keerzijde van de medaille viel alleen in Congo te aanschouwen. Daar was er, behalve de blikjes foie gras en de flessen champagne die staatsbeambten kregen opgestuurd uit België, maar weinig glitter en praal. Niet alleen weigerde Leopold de opbrengsten van zijn rubberimperium in Congo zelf te investeren, de manier waarop dat rubber werd gewonnen was bovendien uiterst problematisch. Van plantages was nog geen sprake, het ging uitsluitend om wilde rubber. Maar het oogsten daarvan was een lang en lastig werk dat vele manschappen veronderstelde. Het ideale belastingmiddel was dus gevonden: rubber. Inlanders moesten het oerwoud in om rubberlianen in te kerven, het sap op te vangen en rudimentair te bewerken tot kleverige hompen. Vroeger had men belastingen geïnd in de vorm van maniokbroden of ivoor, of had men mensen opgeëist als drager. Nu moest de plaatselijke bevolking op gezette tijden manden met rubber afdragen. Het opgelegde quotum varieerde van streek tot streek, maar het principe bleef gelijk. In het Kroondomein stelde de gewestbeheerder een schatting op, vervolgens zorgden de militairen van de Force Publique voor het ophalen van die rubbertaks. In de gebieden waar de concessiemaatschappijen actief waren, werd dat gedaan door gewapende bewakers, de zogenaamde *sentry's*. In beide gevallen ging het om Afrikanen met een geringe militaire vorming en weinig discipline.

Dat dit tot niet anders dan misstanden kon leiden, stond in de sterren geschreven. De mannen die het rubber moesten innen, werden betaald naar de hoeveelheid opgehaalde rubber. *No rubber, no pay.* Zij deden er dus alles aan om de opbrengst te maximaliseren. In de praktijk betekende dat: overal schrikbewind. Omdat ze gewapend waren, konden ze de lokale bevolking genadeloos terroriseren. In de concessiemaatschappijen ging het er bar aan toe, maar in de gebieden die aan de Vrijstaat toebehoorden was het nauwelijks beter. Disasi Makulo maakte het zelf mee op de missiepost van Yalemba die hij had gesticht. Het onheil zat hem niet alleen in de heidense dorpelingen van zijn streek, moest hij vaststellen, maar ook in de Congolezen van elders die in dienst waren van de Vrijstaat.

> Ze profiteerden dikwijls van de afwezigheid van hun oversten. Ze mishandelden, martelden en moordden soms zelfs. (...) Op de post van Bandu was er een man wiens bijnaam Alio was ('arend'), vanwege zijn wreedheid. Hij was algemeen opzichter voor de levering van rubber. Die man was vreselijk wreedaardig. Hij doodde heel veel mensen! Op een dag stak hij met zijn gevolg de rivier over om naar de Turumbu te gaan, een stam die op de rechteroever van de rivier woont. Zoals gewoonlijk vroeg hij in elk dorp om geiten, kippen, ivoor, enzovoort enzovoort. Dit keer zorgde hij voor zeer ernstige problemen. Een man werd zelfs gedood.
>
> Toen ik vernam dat hij op weg was naar mijn dorp Bandio (...), nam ik enkele jongens van de missie mee en zijn we hem gaan opzoeken. Toen we daar aankwamen, troffen we hem net aan terwijl hij aan het slaan was, aan het martelen en het plunderen! Zonder een ogenblik te verliezen ben ik op hem afgestapt en heb gezegd: 'U bent in dienst van de staat enkel en alleen om u met de levering van rubber bezig te houden, en niet om te mishandelen, te roven en te moorden. Geef onmiddellijk alles terug waarop u beslag hebt gelegd, anders zal ik al deze feiten melden aan het staatsgezag in Basoko.'[56]

Disasi maakte ook nog mee dat de bewaker van het rubberdepot in zijn dorp een meisje doodschoot. Zijn ervaringen zijn typerend voor eenieder die met de rubberpolitiek in aanraking kwam. Mannen werden het woud in gestuurd om rubber te oogsten, vrouwen werden gegijzeld tot er voldoende rubber was geleverd. Een mensenleven stelde niet veel voor, zo leren ons enkele verbijsterende getuigenissen. 'Twee sentry's, Bokombula en Bokusula, arresteerden mijn grootvader Iselunyako, omdat zijn mand rubber niet vol was. Ze stopten hem in een put en vertrappelden hem. Daaraan is hij gestorven. Toen we hem aan de blanke lieten zien, zei hij: "Goed zo. Hij was klaar met rubber en dus klaar met leven."'[57]

Eluo, een man uit Esanga, vertelde: 'Wij moesten vijftig manden rubber leveren. Op een dag tijdens het bestuur van de blanke Intamba (meneer Dîneur) hadden we er maar negenenveertig en werd ons de oorlog verklaard. De sentry Lomboto kwam met enkele anderen naar ons dorp. Toen hij onderweg langs een moeras kwam, zag hij mijn zus die aan het vissen was. Zonder reden doodde Lomboto haar met een geweerschot.'[58]

Seksueel geweld kwam ook toen al voor. Een getrouwde vrouw vertelde: 'Om me te straffen trokken de sentry's Nkusu Lomboto en Itokwa mijn *pagne* uit en propten klei in mijn geslacht, dat was erg pijnlijk.'[59] Wreedheid had een functie. 'Dorpshoofd Isekifusa werd gedood terwijl hij in zijn hut was. Tegelijkertijd werden twee van zijn vrouwen gedood. Een kind werd in tweeën gekliefd. Van één vrouw werden de ingewanden uitgehaald. (...) De mensen van Boeringa die mee waren met de sentry's aten het lijk. Daarop doodden ze tien mannen die naar het bos waren gevlucht. Voor ze Bolima verlieten, lieten ze een deel van het lichaam van Lombutu achter, in stukjes gesneden en gemengd met banaan en maniok, duidelijk zichtbaar om de bewoners schrik aan te jagen. De ingewanden van het kind werden rond de hutten van het dorp opgehangen. De lichaamsdelen ervan werden op stokken gespiest.'[60]

Had men ook hier het premiestelsel ingevoerd zoals bij de aanleg van de spoorweg in Bas-Congo, dan was er een totaal andere dynamiek ontstaan. Mensen zouden dan beloond zijn voor hun inspanningen en waren gemotiveerd blijven produceren. De Congolezen waren trouwens vragende partij, maar het bewind ging daar niet op in: 'Als we mitako's vragen, krijgen we met de *chicotte*,' zei iemand.[61] Het rubber moest gratis naar de staat vloeien. Het ging om belasting, niet om bezoldiging; in wezen echter kwam het neer op plundering.

Het vuile werk van de belastinginning werd overgelaten aan ondergeschikten met een geweer. Omdat hun blanke chefs zeker wilden zijn dat ze hun wapen niet misbruikten om op wild te jagen, moesten ze kunnen bewijzen wat ze met hun kogels hadden gedaan. Zo ontstond op diverse plekken het gebruik om van slachtoffers de rechterhand af te snijden en mee te nemen als bewijsmateriaal voor afgevuurde munitie. De handen werden gerookt boven een houtvuur, zoals men vandaag nog steeds met etenswaren doet, opdat ze niet zouden rotten. De belastinginner zag zijn chef pas eens in de zoveel weken, vandaar. Bij de debriefings moest hij de ledematen tonen als *pièces justificatives*, als 'bonnetjes' voor gemaakte onkosten.

In Europa tekende men vanaf 1900 luid protest aan tegen de Belgische vorst die handen liet afhakken. Enkele foto's van Congolezen met een stompje aan de arm gingen de wereld rond. Daardoor ontstond de wijdverbreide misvatting dat men in Congo op grote schaal de hand van levenden afhakte. Dat gebeurde, maar minder systematisch dan doorgaans wordt aangenomen. De grootste schande van Leopolds rubberpolitiek was niet dat er van doden handen werden afgehakt, maar dat er zo lichtzinnig werd gemoord. Lijkverminking was een secundair effect. Wat niet wegneemt dat in een aantal gevallen de gruwel werkelijk geen grenzen kende. 'Toen ik nog kind was,' vertelde Matuli, een 15-jarig meisje dat naar school ging op de missiepost van Ikoko, 'schoten de sentry's omwille van rubber op de mensen in mijn dorp. Mijn vader werd als volgt vermoord: ze bonden hem aan een boom en schoten hem dood en toen de sentry's hem losmaakten, gaven ze hem aan hun boys die hem hebben opgegeten. Mijn moeder en ik werden gevangengenomen. De sentry's hakten mijn moeders beide handen af terwijl ze nog leefde. Twee dagen later hakten ze haar hoofd af. Er was geen blanke bij.'[62]

Door ledematen levend af te hakken, spaarden de bewakers niet alleen kogels uit, maar konden ze bij vrouwen ook nog eens de brede koperen sieraden afnemen die rond de pols of enkel geklonken zaten. Het verhaal van Boali is wat dat betreft veelzeggend: 'Op een dag dat mijn man in het oerwoud rubber was gaan tappen, kwam sentry Ikelonda naar mijn hut en vroeg mij me aan hem te geven. Ik weigerde. Woedend vuurde hij zijn geweer op mij; u ziet nog steeds de wonde. Ik viel en Ikelonda dacht dat ik dood was. Om de koperen ring te nemen die ik om mijn enkel droeg, hakte hij mijn rechtervoet af.'[63] Indien Boali nog een teken van leven had gegeven, was ze meteen afgemaakt.

Maar er was meer dan geweld van Afrikanen op Afrikanen. Het bloed vloeide niet alleen onder aan de piramide van de macht. Ook vele Belgische functionarissen maakten er zich schuldig aan. Al werd fysiek geweld toen meer getolereerd dan tegenwoordig – in Belgische cafés werd wekelijks gevochten, knokpartijen waren deel van de jongerencultuur, op school hanteerde men lijfstraffen – sommigen gingen zich niettemin te buiten aan zeer ernstige vergrijpen. Zweepslagen met de chicotte, een pees van nijlpaardenleer, waren een officiële tuchtigingsmaatregel. De ambtenaar bepaalde het aantal slagen, zijn zwarte adjudant diende ze bij het ochtend- of avondappèl toe, terwijl de vlag van de Vrijstaat wapperde. De pees moest plat zijn, het aantal slagen mocht niet meer dan vijftig bedragen (toe te dienen in twee reeksen van vijfentwintig), men mocht alleen de billen en lagere rug bewerken en wanneer de gestrafte bloedde moest men onmiddellijk stoppen. Maar sommige blanken namen het niet zo nauw: ze gaven de voorkeur aan een niet-reglementaire pees, die getorst en hoekig was en daardoor veel pijnlijker. Ze lieten ook de buik, de lenden en de geslachtsdelen afrossen. Soms schreven ze straffen tot vierhonderd slagen voor en trokken zich niets aan van eventuele bloedingen of bezwijkingen. Zwangere vrouwen die officieel niet getuchtigd mochten worden, kregen er toch van langs.[64]

Mokolo, een getrouwde vrouw, getuigde: 'Mijn man heette Wisu en bracht om de twee weken samen met Ebobondo en Ebote het rubber van ons dorp naar de factorij van Boyeka. We leverden twintig manden, maar toen vroegen de blanken er vijfentwintig. Onze mensen weigerden en wezen erop dat we niet talrijk waren. Maar toen ze de volgende keer slechts twintig manden brachten, werden de blanken kwaad. Een van hen, Nkoi [bijnaam van Ablay], wierp mijn man op de grond en hield hem bij het hoofd vast. De andere, Ekotolongo [bijnaam van Félicien Molle] sloeg hem met *nkekele*'s [rottingen], waarvan hij er zelfs drie brak. Bijna dood werd Wisu weggedragen door Ebobondo en Ebote naar een prauw waarmee ze naar Bokotola voeren. Voor ze de oever bereikten stierf hij. Ik heb het lijk van Wisu gezien en u ziet nog de sporen van mijn tranen.'[65]

Er zaten onversneden racisten en sadisten in de administratie. Martelingen, machtsmisbruik en massacres kwamen voor. Een figuur als René De Permentier, een officier uit de Force Publique, verlustigde zich in volstrekt gratuite slachtpartijen. Hij liet de *brousse* om zijn huis weghakken zodat hij vanaf zijn veranda op voorbijgangers kon schieten. Huispersoneel dat een foutje maakte, werd zonder pardon afgemaakt. Executies waren dagelijkse kost.[66] Léon Fiévez, districtscommissaris in de Equateur en boerenzoon uit Wallonië, ging zich te buiten aan bloedige strafexpedities. Al na vier maanden dienst had hij 572 mensen vermoord.[67] Tijdens een ervan liet hij binnen enkele dagen 162 dorpen plunderen en platbranden, akkers verwoesten en 1346 mensen ombrengen. Maar hij genereerde wel de hoogste rubberopbrengst van de hele Vrijstaat.[68]

Het gros van de Belgen dat in Congo zijn geluk ging beproeven kwam uit de provinciestadjes en de lagere burgerij. Velen waren in het leger geweest en hadden zin in avontuur, roem en fortuin. Maar eenmaal in Congo belandden ze vaak moederziel alleen op verafgelegen posten in een moordend klimaat. De hitte en de vochtigheid waren onverbiddelijk, de koortsaanvallen frequent. Nog steeds wist men niet dat malaria werd overgedragen door muggen. Zo'n jongeman in de bloei van zijn leven kon 's nachts zonder reden wakker worden, badend in het zweet, ijlend, rillend, denkend aan al die andere blanken die waren gecrepeerd. Hij hoorde een oerwoud vol vreemde geluiden, herinnerde zich flarden van bitse gesprekken met een dorpshoofd overdag, dacht terug aan de schichtige blikken van mensen die rubber moesten verzamelen, aan het venijnig gesis in hun onbegrijpelijke taal. In zijn koortsige visioenen tussen waken en slapen passeerden de blikkerende ogen vol achterdocht, de brede, glimmende ruggen bedekt met tatoeages, en de prille borsten van een jong, inlands meisje dat naar hem had gelachen.

George Grenfell, de Britse baptist die zich over Disasi Makulo had ontfermd, zag het scherp. Lange tijd was hij een fervent aanhanger van koning Leopold geweest, hij had zelfs het voorzitterschap van diens commissie voor inlands welzijn op zich genomen, in wezen een schijnmanoeuvre om de gemoederen te bedaren. Maar Grenfells onvrede groeide zienderogen: 'Gelet op het aantal eenzame posten dat blanke alleenstaande mannen bezetten met slechts een handjevol inheemse soldaten te midden van half onderworpen en vaak wrede en bijgelovige volkeren, hoeft het niet te verbazen dat meer waanzin aan het daglicht zal komen. Maar het is het systeem dat veroordeeld moet worden, meer dan het arme individu dat, overweldigd door koorts en angst, de controle over zichzelf verliest en zich te buiten gaat aan vormen van intimidatie om zijn autoriteit hoog te houden.'[69] De administratie van de Vrijstaat liet zich voorstaan op haar punctualiteit, staatsbeambten wendden een zeker flegma voor, de schijn van controle werd hooggehouden. Maar daarachter krioelden gevoelens van angst, depressie, melancholie, lethargie, wanhoop en complete waanzin. Mensen gingen door het lint.

De Vrijstaat keurde wangedrag in woord af, maar kon in daad geen toezicht houden. Er waren nauwelijks veroordelingen. Boma was sneller op de hoogte van wat er in Brussel gebeurde dan wat er zich in het regenwoud afspeelde. Ook koning Leopold klonk verontwaardigd toen de eerste geruchten over wantoestanden binnensijpelden. Hij zei: 'Die gruwelen moeten stoppen of ik trek me terug uit Congo. Ik zal me niet laten besmeuren met bloed of slijk. Die schandelijke gedragingen moeten ophouden.'[70] Maar dat verhinderde hem niet om notoire smeerlappen als Fiévez te herbenoemen, ook al was de vorst goed op de hoogte van diens schandelijke palmares. Noch hij, noch zijn raadgevers, noch de top van zijn administratie in Boma wilden beseffen dat de gruwelen inherent waren aan het systeem dat ze hanteerden. En toch: omdat winstmaximalisatie het alfa en omega was van de hele onderneming, stonden mensen op alle echelons onder druk om meer belastingen te innen, meer rubber op te halen, meer te exploiteren. Het systeem van de Vrijstaat was een piramide met bovenaan Leopold II, daaronder de gouverneur-generaal in Boma, daaronder de verschillende lagen van de administratie, gevolgd door de zwarte militairen van de Force Publique, en helemaal onderaan de inlander in zijn dorp. Het fysieke geweld beperkte zich misschien wel tot de onderste trappen (door roofzuchtige soldaten en flippende ambtenaren in het binnenland, door brutale bewakers en totaal zieke geesten in het oerwoud), maar het structureel geweld zat tot helemaal bovenaan, tot in het paleis van Laken. Officieel mocht een inlander maximaal veertig uur per maand voor de staat werken, maar naarmate rubber schaarser werd, moest men dieper het oerwoud in trekken om de gewenste hoeveelheid te oogsten. Tijd voor ander werk schoot niet meer over. Mensen werden lijfeigenen van de staat. Leopold II was ten strijde getrokken tegen de Afro-Arabische slavernij, althans in naam, maar stelde er een vreselijker stelsel voor in de plaats. Want terwijl een eigenaar nog voor zijn slaaf zorgde (hij had tenslotte veel voor hem betaald), keek Leopolds rubberpolitiek per definitie niet om naar het welzijn van het individu. Het is vast moeilijk kiezen tussen de pest en de cholera, maar op afstand lijkt het leven van een Congolese huisslaaf in Saoedi-Arabië of India toch aantrekkelijker dan dat van een rubberoogster in de Equateur.

De gevolgen waren dramatisch. De akkers lagen braak. De landbouw viel terug op uiterst basale gewassen. De inheemse handel kwam stil te liggen. Ambachten die men al eeuwenlang had verfijnd, zoals ijzersmeden of houtbewerking, gingen verloren. De bevolking was lusteloos, verzwakt en ondervoed. Daardoor werd ze erg vatbaar voor ziektes. Rond de eeuwwisseling brak de slaapziekte uit. De ziekte, die overgedragen werd door de tseetseevlieg, bestond al lang in het gebied, maar de dodentol was nooit zo hoog geweest als nu. Die nam waarlijk pandemische proporties aan. In 1904 schreef George Grenfell: 'In veel districten is het huidige sterftecijfer niet minder dan onthutsend. Langs de duizend mijl van de rivier (tweeduizend mijlen oever) tussen Leopoldville en Stanleyville, twijfel ik heel erg, nadat ik de huizen heb geteld en een ruime schatting heb gemaakt, of er nog honderdduizend mensen in alle stadjes en dorpjes langs de stroom wonen.'[71] En dat was ooit het dichtstbevolkte gebied in het binnenland. In sommige dorpen verdween 60 tot wel 90 procent van de bevolking. Lukolela, een van de oudste posten langs de stroom, had in 1891 zo'n zesduizend inwoners; in 1903 waren het er minder dan vierhonderd.[72] Het is onmogelijk te zeggen hoeveel mensen direct of indirect gestorven zijn als gevolg van Leopolds rubberpolitiek. Er zijn gewoon geen solide cijfers. Bovendien kende de ontvolking nog een andere zeer belangrijke reden: zeer velen trokken gewoon weg, weg van de rivier, weg van de oevers. Ze gingen diep in het oerwoud wonen of staken de grens over om buiten het bereik van de staat te geraken. Ook zij werden onzichtbaar. Een zeldzame getuige van die eerste grote vluchtelingenstroom in historische tijden werd daar in 1903 over geïnterviewd:

> – Hoe lang is het geleden dat jullie je huizen verlieten? Sinds de grote problemen begonnen waarover jullie spreken?
> – Drie jaar geleden. Het is nu het vierde jaar dat we gevlucht zijn en in dit gebied kwamen wonen.
> – Hoeveel dagen is het lopen naar jullie eigen land?
> – Zes dagen stevig doorstappen. We zijn gevlucht omdat we de dingen die ze ons aandeden niet meer konden verdragen. Onze dorpshoofden werden opgeknoopt, wij werden vermoord en uitgehongerd. En we werkten ons dood om rubber te vinden.[73]

Het is grotesk om in deze context van een 'genocide' of 'holocaust' te gewagen, want een genocide veronderstelt een bewuste, geplande vernietiging van een specifieke bevolkingsgroep en dat was hier nooit de bedoeling, noch het resultaat. En de term holocaust is voorbehouden aan de jodenvervolging in de Tweede Wereldoorlog. Maar het was wel een *hecatombe*, een slachting op een ongelooflijke schaal die niet bedoeld was, maar wel veel sneller begrepen had kunnen worden als *collatoral damage* van een perfide, roofzuchtige exploitatiepolitiek, een offer op het altaar van het ziekelijk winstbejag. Toen de slaapziekte in volle hevigheid woedde, riep Leopold II de hulp in van de Liverpool School of Tropical Medicine, in die tijd het meest befaamde centrum voor tropische geneeskunde. Dit zou hij nooit gedaan hebben indien volkerenmoord zijn intentie was geweest. Maar dat betekende nog niet dat hij meteen een mea culpa beleed. Dat deed hij eigenlijk nooit.

De impact van de bloedige rubberpolitiek, bijgenaamd 'rood rubber', was niet overal gelijk. De Equateur, Bandundu en Kasai werden het hardst getroffen, het westelijke gedeelte van het Congolese regenwoud. Daar kon men het makkelijkste exploiteren vanwege de grote rivieren. Toen ik de oude Nkasi, die uit Bas-Congo kwam, eens polste naar de tijd van de rubberwinning moest hij mij het antwoord schuldig blijven: 'Dat was niet bij ons,' zei hij, 'maar in de Mayombe.' Dat kon wel kloppen. De Mayombe was een stukje evenaarswoud ten noorden van Boma, dicht bij de oceaan, in de buurt van de Portugese enclave Kabinda. Het was een van de weinige plekken in Bas-Congo waar rubber werd gewonnen. Nkasi had het enkel van horen zeggen. 'De Portugezen hakten daar handen af,' voegde hij eraan toe, maar hij wist het niet zeker. Toen ik hem vervolgens vroeg of hij de slaapziekte had meegemaakt, knikte hij stukken zelfverzekerder. 'Ja, dat heb ik gezien. Veel jonge mensen gingen dood. Een slechte ziekte.' Hij herhaalde die laatste zin twee keer in zijn eenvoudige Frans. '*C'est mauvaise maladie.*'

Vanaf 1900 kwamen er steeds duidelijker signalen over de gruwelen van de Vrijstaat, al werden ze niet onmiddellijk geloofd. Protestantse missionarissen lieten uitdrukkelijk hun afkeer blijken, maar in België dacht men dat ze gewoon gefrustreerd waren door de toevloed van katholieke missionarissen en hun afgenomen macht. In Antwerpen begon Edward Morel, een medewerker van een Britse rederij, te beseffen dat het grondig fout ging in Congo: hij zag schepen leeg vertrekken (hooguit hadden ze wapens en munitie aan boord) en volgeladen met rubber terugkeren. Dat leek toch meer op roofzucht dan bilaterale handel? Maar zijn protest werd weggewuifd: typisch gezeur van Britse handelaren uit Liverpool die nog steeds kniesden over de teloorgang van de vrijhandel. Trouwens, had het kleine België misschien lessen te leren van de Britten? Dat wou men wel eens weten. Waren die imperiale bullebakken zelf niet de grootste misdadigers, nu ze in Zuid-Afrika die weerloze Boeren in de pan hadden gehakt? Ook in België was met ontzetting gereageerd op de Boerenoorlog.

De teneur veranderde enigszins nadat Roger Casement, de Britse consul in Boma, in 1904 een genuanceerd, maar vernietigend rapport had geschreven. Casement was een zeer gerespecteerd diplomaat. Hier sprak niet zomaar een toevallige Britse havenemployé uit Antwerpen, maar een officiële gezant van Groot-Brittannië, iemand met groot moreel gezag die al lang met het Congolese binnenland vertrouwd was. Zijn bezwaren vielen niet meer te negeren; ze leidden tot hevige verontwaardiging in het Britse Lagerhuis. Auteurs als Arthur Conan Doyle, Joseph Conrad en Mark Twain lieten hardop hun ongenoegen blijken. Een jaar na de verschijning van het rapport zag koning Leopold zich genoodzaakt om een internationale en onafhankelijke onderzoekscommissie naar Congo te sturen. Drie magistraten, een Belg, een Zwitser en een Italiaan, mochten maandenlang rondreizen en interviews afnemen in zijn Vrijstaat. Die zouden hem wel witwassen. Maar het pakte anders uit. De onderzoekscommissie ging te werk als een soort Waarheidscommissie *avant la lettre*. Ze hoorde honderden getuigen, bundelde klachten en schreef een zakelijk rapport waarin het beleid van de Vrijstaat nauwkeurig werd ontleed. Het was een droge, maar dodelijke tekst die stelde dat 'het gijzelen en gevangennemen van vrouwen, de onderwerping van hoofden aan slavenarbeid, de vernederingen die zij moeten ondergaan, de chicotte die wordt gehanteerd bij oogstarbeiders, het hardhandige optreden van zwarten die verondersteld worden de gevangenen te bewaken' doorgaans regel waren.[74] De Brusselse jurist en hoogleraar Félicien Cattier trok de redenering door tot in haar uiterste consequentie: 'De helderste en meest onweerlegbare waarheid die uit dit werk opdoemt is dat de Congo-staat geen koloniserende staat is, nauwelijks een staat is, maar een financiële onderneming. (...) De kolonie werd niet bestuurd in het belang van de inlanders, niet eens in het economische belang van België: de vorst-soeverein een maximum aan middelen verschaffen, dat was de drijfveer.'[75]

De internationale druk op koning Leopold II nam zwaar toe. Er moest iets gebeuren en de enige optie was dat Leopold afstand zou doen van zijn overzees gebied en dat België Congo zou overnemen. In december 1906 werd de knoop doorgehakt, maar Leopold draalde nog bijna twee jaar over de modaliteiten van de transfer. Hij vroeg zich af of hij toch geen stukje van Congo voor zichzelf mocht houden, het Kroondomein bijvoorbeeld. Het was duidelijk met tegenzin dat hij zijn levensproject uit handen gaf. Kort voor de overname liet hij de archieven van de Vrijstaat zelfs verbranden. Maar op 15 november 1908 was het zover: op het nationale Feest van de Dynastie liet de dynastie de Vrijstaat-Congo los. Die term 'vrijstaat' was inmiddels nogal achterhaald voor een gebied zonder vrijhandel, vrije arbeid of vrije burgers. In de plaats was een regime gekomen dat draaide rond een monopolie-economie, dwangarbeid en horigheid. Voortaan zou het gebied 'Belgisch Congo' heten.

Tijdens de Vrijstaat kwam de plaatselijke bevolking voor het eerst in contact met diverse facetten van de Europese aanwezigheid. Anno 1908 gingen circa zestienduizend kinderen naar school bij de missies, naar schatting dertigduizend mensen waren gealfabetiseerd, zesenzestigduizend mensen waren in het leger geweest en zo'n tweehonderdduizend hadden zich laten dopen.[76] Honderdduizenden hadden, rechtstreeks of indirect, met de rubberpolitiek te maken gehad. Miljoenen waren door de slaapziekte en andere besmettelijke aandoeningen geveld.

En Disasi Makulo had het andermaal van nabij meegemaakt. Hij was betrokken geweest in de ivoorhandel toen die nog vrij was, hij was boy geworden van een beroemde Britse missionaris, hij had talloze verkenningstochten op diens stoombootje meegemaakt, hij had de verweving van missie en staat letterlijk aan den lijve ondervonden toen hij op expeditie met Grenfell een uniform van de Force Publique kreeg aangemeten, hij had zich laten dopen, had een meisje uit een totaal ander gebied gehuwd, zwoer bij monogamie en het kerngezin, kritiseerde het traditionele dorpsleven en was ten slotte catechist geworden om zijn eigen regio te kunnen kerstenen. En juist daar had hij het geweld van de rubberpolitiek met eigen ogen aanschouwd.

Maar op zijn missiepost ondervond hij nog meer verdriet. Medio 1906 kwam zijn grote leermeester George Grenfell op bezoek. Hij zag er als een 80-jarige uit, maar hij was nog geen 57. Zijn tropenjaren waren lang en heftig geweest. Hij was versleten. Grenfell vroeg hem en zijn gelovigen een hymne te zingen in hun taal, het Bobangi. Daarna sprak hij zijn uitdrukkelijke wens uit om begraven te worden in Yalemba, de missiepost die Disasi zelf had gesticht. Disasi noemde hem 'hij die onze vader was geweest tot aan zijn dood'.[77]

Van die vroege jaren valt er vandaag in Kinshasa niet bijster veel meer te zien, maar tijdens mijn allereerste reis naar Congo in december 2003 kreeg ik toegang tot de oude remise voor stadsbussen in de wijk Limete. Stadsbussen reden allang niet meer in de hoofdstad, de paar kapotte exemplaren die er nog stonden, waren huizen geworden waarin verschillende families woonden. Er hing was te drogen aan de ruitenwissers. Bewoners lagen te slapen op de oude bankjes, hun armen gedrapeerd rond de aluminium stangen. Ergens vanuit de schaduw van een wieldop of een motorkap mekkerde een onzichtbaar geitje. Het was een verlaten industrieterrein waar de natuur weer greep op kreeg. Na een eind stappen zag ik in het gras een hoogst merkwaardig postmodern kunstwerk liggen. Een zonderlinger installatie met historische reminiscenties had ik nooit eerder gezien. In een roestige stalen boot lag op zijn buik een bronzen mansfiguur van wel vier meter hoog. Het beeld herkende ik meteen: het was het triomfantelijke standbeeld van Stanley dat decennialang vanaf de heuvel van Ngaliema manhaftig over de rivier had uitgekeken. Ontworpen en gegoten in Molenbeek, bij Brussel, was het tijdens de koloniale periode naar de kolonie verscheept, maar na de onafhankelijkheid was het van zijn sokkel gehaald. En hier lag hij nu, onze Stanley. Het brede armgebaar waarmee hij eertijds de Congo omvademde, wees nergens meer naar. De vingers steunden enkel tegen de roestige stoomketel van het bootje. Macht was een kramp geworden, moed iets potsierlijks. Op de boeg bij de voorsteven van de boot zag ik drie letters staan: AIA, de afkorting van Association Internationale Africaine. Dit was een van de drie schepen waarmee Stanley tussen 1879 en 1884 de stroom had bevaren om her en der posten te stichten. Het was in een van die schepen dat hij Disasi Makulo aan boord had genomen toen hij hem van een slavenhandelaar overkocht. Nu lag Stanley geveld in zijn eigen boot. De vloot waarmee hij Congo onder een nieuw gezag had gebracht, was zijn mausoleum geworden. Geen idee welke ambtenaar die geniale bricolage had bedacht, waarschijnlijk had een takeldienst die schroothoop van de geschiedenis ter plekke geïmproviseerd, maar zelden zag ik een ironischer afrekening met het kolonialisme dan in dat staatsiebeeld van Stanley, dat voluit op zijn buik lag in zijn eigen oude flottielje.

De volgende dag vond ik aan de andere kant van de stad, in de rustige, groene wijk Ngombe, de oude missiepost van de baptisten. Die lag aan de oever van de stroom in wat nu de meest residentiële buurt van Kinshasa is. Hun eerste gebouw stond er nog steeds, een eenvoudige constructie op gietijzeren poten, net zoals in Boma. Elk van de poten had zelfs een soort vaas rondom: daar goot men petroleum in om elke termiet te ontmoedigen. Ik denk dat het het oudste gebouw van Kinshasa moet zijn. Ik liep een paar stappen verder om de rivier eens goed te kunnen bekijken. Kinshasa ligt aan een van de grootste rivieren van de wereld, maar door alle ommuringen en versperringen (het is en blijft een landsgrens) zijn er maar weinig plekken waar je het water echt ziet. Op de aflopende helling lag tussen het hoge gras iets wat leek op een reusachtig insect, of op de ribbenkast van een grote bronzen reus. Het was de koeling van een enorme motor. Tientallen parallelle buisjes in messing vloeiden samen in een forse stalen stang. Een catechist van de baptisten zei me dat dit de motor van de Peace was, het stoombootje waarmee Grenfell al zijn ontdekkingsreizen had volbracht. Toen het bootje helemaal versleten was, had men dit pronkstuk uit de industriële archeologie aan wal gehesen. Het leek te mooi om waar te zijn. Van Disasi Makulo kennen we niet alleen het formidabele levensverhaal in detail, maar de twee boten waarmee hij over de Congo reisde, liggen vandaag ook nog steeds te roesten in het hoge, zwijgende gras van Kinshasa.

3
De Belgen hebben ons bevrijd
De eerste jaren van het koloniaal bewind
1908-1921

Lutunu keek naar zijn vrouw. Ze liep steeds moeizamer. Nog zo jong, dacht hij. In haar hals zag hij de knobbels duidelijk zitten. Een rijtje keien onder de huid. Hij kende de tekenen, zo was het bij zijn kinderen ook begonnen. Eerst koorts, hoofdpijn en stramme gewrichten, dan dodelijke vermoeidheid en landerigheid overdag, afgewisseld door slapeloosheid 's nachts. Hij wist wat haar te wachten stond. Ze zou steeds verwarder worden, steeds lethargischer. Haar ogen zouden wegdraaien, haar lippen schuimen. Dan zou ze in een hoekje liggen, tot het over was. Waar had hij dit aan verdiend? Al die doden. Enkele jaren geleden waren zijn broers en zussen gestorven aan de pokken, als vliegen. Daarna waren zijn twee zoontjes overleden aan de slaapziekte, die eerste kinderen die zij hem geschonken had... En nu zijzelf... Had ze uit een kalebas gedronken waaruit ook iemand met de slaapziekte gedronken had? Had ze een sinaasappel gegeten met donkere plekken? Niemand wist hoe je de ziekte kreeg, geen enkele genezer had er een fetisj of medicijn tegen. Sommigen zeiden dat het een straf van de missionarissen was, dat zij de ziekte rondstrooiden, boos als ze waren omdat niet iedereen hun leer aanvaardde.[1] Lutunu wist het niet.

Rond 1900 ging zelfs Mfumu Makitu dood, het grote hoofd van Mbanza-Gombe, zijn chef. In 1884 had die, als een van de allereerste chefs van het land, een akkoord gesloten met Stanley. Zijn dorp lag toen op de karavaanroute van de kust naar het binnenland, lang voordat de spoorlijn er lag. Chef Makitu moest eerst niets van die blanke nieuwkomers weten, maar ging uiteindelijk toch overstag. Op 26 maart 1884 zette hij, samen met enkele andere chefs, een kruisje onder een blad papier waarop stond: 'Wij, ondergeteekenden, opperhoofden van Nzoengi, beloven het opperbestuur der Internationale Afrikaansche Vereeniging te erkennen en nemen, ten teeken daarvan, hare vlag (blauw met een gouden star) als de onze aan. (...) Wij verklaren, dat wij en al onze opvolgers ons van dit oogenblik af in alle zaken, die de welvaart onzer bezittingen betreffen, zullen gedragen naar hetgeen besloten wordt door de vertegenwoordigers der Vereeniging.'[2] Lutunu herinnerde het zich als de dag van gisteren. Chef Makitu gaf Stanley toen een genereus welkomstgeschenk, een van zijn jongste slaven: Lutunu zelf. Hij was toen 10 jaar oud. Voor zoveel loyaliteit werd Makitu in 1888 beloond met een ereteken; hij was een van de eerste *chefs médaillés* van het land. Zijn weelde bleef aanzwellen. Nu, vele jaren later, liet hij vierenzestig dorpen, veertig vrouwen en honderden slaven na.

Lutunu's leven was al even avontuurlijk als dat van Disasi Makulo, zo avontuurlijk zelfs dat hij vandaag nog wordt herinnerd. In Kinshasa werd een straat naar hem vernoemd, en de oude Nkasi, wiens geboortedorp vlakbij dat van Lutunu lag, had hem in een ver verleden nog ontmoet: 'Lutunu, die heb ik nog gekend!' vertelde hij me eens spontaan. Voor mij was het de eerste keer dat ik die naam hoorde. 'Hij kwam uit mijn streek en was een beetje ouder. Hij was de boy van Stanley. En hij heeft nooit een broek willen dragen. Als de blanke riep "Lutunu!", riep hij gewoon terug "Blanke!" Zomaar! Blanke!' Daar moest hij nog steeds om lachen. Lutunu was een geval apart. Een lefgozer, bevriend met veel blanken. Bij thuiskomst in België ontdekte ik dat zijn levensverhaal in de jaren dertig was opgetekend door een Belgische kunstenares en schrijfster.[3]

Net als Disasi Makulo was Lutunu slaaf geweest en in Europese handen terechtgekomen. Hij werd de boy van luitenant Alphonse Vangele, een van Stanleys medewerkers van het eerste uur. Ook hij kwam in aanraking met de Britse baptisten: ze begonnen een van hun belangrijkste missieposten in zijn streek en hij werd de boy van een van hen, Thomas Comber. En net zoals Disasi belandde hij zo in Europa. Hij was erbij toen Comber in 1885 naar Engeland en België trok, hij was erbij toen Comber ontvangen werd door koning Leopold II. Hij was een van de negen kinderen die een liedje mochten zingen voor de vorst. Hij was degene die later naar Amerika voer en bij thuiskomst van Matadi tot Stanley Pool beroemd werd en achternagehold werd als de eerste fietser in Congo. Die kerel dus. En zijn olijke lotgevallen waren nog lang niet voorbij. Voor het geduldig vertalen van het evangelie naar zijn moedertaal was hij niet in de wieg gelegd, voor de wijde wereld des te meer. Hij voer met Grenfell mee de Congo-rivier op en moet vast en zeker Disasi Makulo hebben gekend. Hij werd gids en tolk voor de Belgische officieren Tobback en Dhanis tijdens hun militaire campagnes. Hij was zelf eventjes soldaat in de Force Publique. Hij kwam overal en kende de blanke kolonisator als geen ander. 'Lutunu!' 'Blanke!' Maar hun broeken droeg hij niet. En in het doopsel had hij geen zin.

Maar toen stierf zijn vrouw en had hij niemand meer. Kinderen dood, familie gedecimeerd. Na al zijn omzwervingen was hij opnieuw in zijn geboortedorp beland. Hij sprak er met de protestantse missionarissen en bekeerde zich. Hij was al rond de 30. De tientallen slaven die hij in de loop van de jaren had gekocht, liet hij vrij. Hij ging op de missiepost wonen. Francis Lutunu-Smith, dat was zijn nieuwe naam.

Toen de grote chef Makitu omtrent de eeuwwisseling stierf, was zijn troonopvolger volgens het plaatselijk afstammingsrecht een jongeman van 16 jaar met weinig ervaring. De missionarissen stelden voor dat Lutunu zijn assistent-regent zou worden: dat was beter voor het dorp en ook voor de missie. Zo konden ze het plaatselijk bewind beïnvloeden: Lutunu was immers een van hen. Net zoals Disasi Makulo zijn eigen missiepost mocht uitbouwen, mocht Lutunu een deel van de bestuurlijke verantwoordelijkheid dragen: de slavenkinderen van weleer verwierven, met dank aan de blanken, heel wat macht.

Lutunu's leven mocht dan wel op dat van Disasi lijken, zijn godsvrucht deed dat stukken minder. Na vijf jaar werd hij plots van de missie geschopt: hij had te vaak aan de Engelse stouts en lagers gezeten. De Congo-Vrijstaat had korte metten gemaakt met het endemisch alcoholisme van de plaatselijke bevolking. De consumptie van palmwijn was radicaal aan banden gelegd, brandy, gin en rum waren al helemaal ten strengste verboden. Maar Lutunu dronk en danste. En al zou hij zijn exemplaar van de Bijbel blijven koesteren, plots bleek hij niettemin getrouwd met drie verschillende vrouwen en kreeg hij vier, vijf, acht, twaalf, zeventien kinderen. Was het nieuwe geloof dan echt niet te verzoenen met de oude gebruiken?

Wat betekende het voor hem dat Congo ineens een Belgische kolonie was? Heeft hij iets gemerkt van de overgang van de Congo Vrijstaat naar Belgisch Congo? Was 1908 ook voor hem en de zijnen een scharnierjaar? Merkte de plaatselijke bevolking iets van die reprise?

Lastige vragen.

De klassieke geschiedschrijving stelt het vaak zo voor: tot 1908 duurden de gruwelen van de Vrijstaat voort, maar vanaf het moment dat België de kolonie overnam, bedaarde het geheel en werd de geschiedenis *un long fleuve tranquille*, die pas vanaf de late jaren vijftig weer enige schuimkoppen vertoonde.[4] Het kolonialisme sensu stricto, de periode 1908-1960, was in die optiek een lang, kabbelend intermezzo tussen twee turbulente episodes. Vandaag ligt men in België dan ook vaker wakker van de gruwelen van Leopold II en de moord op Lumumba – strikt genomen twee momenten die buiten het klassieke koloniale tijdvak vallen – dan van de decennia dat het Belgisch parlement en dus het Belgische volk direct verantwoordelijk waren (of hadden moeten zijn) voor wat er in Congo gebeurde. Die idee van vreedzame stabiliteit wordt ook nog eens versterkt door de lange ambtstermijnen van sleutelfiguren. Tussen 1908 en 1960 kende Congo slechts tien gouverneurs-generaal, sommigen bleven zeven of zelfs twaalf jaar op hun post. De eerste twee ministers van Koloniën, Renkin en Franck, waren respectievelijk tien en zes jaar aan zet. Een trage stroom met enkel solide bakens, zo leek het.

Maar misschien zijn dat slechts indrukken. Er wás immers geen totale breuk na 1908. Op 15 november van dat jaar hees men in de hoofdstad Boma weliswaar voor het eerst de Belgische driekleur en werd de vlag van de Vrijstaat definitief opgevouwen, maar voor de rest veranderde er niet zoveel. Leopolds bewind wierp nog een heel lange schaduw over de koloniale periode. Bovendien was de Belgische halve eeuw allesbehalve statisch. Ze wordt juist gekenmerkt door een buitengewone dynamiek, en dan niet alleen de vaak bezongen unilineaire dynamiek van de 'vooruitgang', maar de veelkantige dynamiek van een complex historisch tijdperk vol spanningen, conflicten, fricties. Een lange, brede stroom die steeds machtiger werd? Nee, veeleer een vlechtende rivier met nevenbeddingen, stroomversnellingen en draaikolken.

Er was wel degelijk veel aan de hand in 1908, maar van die prille dynamiek viel aanvankelijk meer te bespeuren in Brussel dan in Congo. Op papier brak er een nieuwe dageraad aan. Het Koloniaal Charter dat de overdracht van de Vrijstaat regelde, verschafte Congo voor het eerst een soort grondwet. Zich zeer bewust van de ellende van de Vrijstaat, tekenden de Belgische bewindslieden een volstrekt nieuw machtsapparaat uit. Het beleid van de kolonie was niet langer een zaak van een eigengereide vorst die zijn wil kon doordrukken, maar van het parlement, dat de wetten over het bestuur van de kolonie goedkeurde. In de praktijk werd het hoofdzakelijk bedacht en uitgevoerd door de minister van Koloniën, een nieuw ontworpen functie met een wat belachelijke titel. De meervoudsvorm, afgekeken van het buitenland, was nergens voor nodig, België had maar één kolonie. Het parlement zelf bemoeide zich maar af en toe met de overzeese politiek. Op 17 december 1909 stierf Leopold, hooguit dertien maanden nadat zijn levenswerk hem was ontnomen. Zijn opvolger, koning Albert I, hield er inzake Congo een veel discreter en minder voluntaristische zienswijze op na. Daarnaast was er de Koloniale Raad, een nieuw opgericht overheidsorgaan dat de minister op tal van punten technisch adviseerde. Van de veertien leden werden er acht benoemd door de vorst en zes door Kamer en Senaat. Daarnaast was er de Permanente Commissie ter Bescherming der Inboorlingen, een instelling met een nobel streven, maar geringe invloed. Tijdens haar meer dan vijftigjarige bestaan kwam ze slechts tien keer bijeen.[5] Ook de financiering veranderde: Leopolds schimmige constructies waarbij hij naar hartelust geld heen en weer kon schuiven tussen zijn persoonlijke fortuin en de Civiele Lijst, de middelen die de natie hem ter beschikking stelde, waren voorbij. Voortaan werkte men met gesloten portefeuilles. De opbrengsten van de kolonie moesten naar de kolonie gaan, niet meer naar Brusselse bouwwerken, maar het betekende ook dat in tijden van crisis Congo in zijn eigen onderhoud moest voorzien (al is in de praktijk België soms wel bijgesprongen). De kolonie kreeg dus zowel de lusten als de lasten van een eigen begroting.

Dat waren ingrijpende administratieve hervormingen. Maar er veranderde ook iets in de sfeer waarmee de kolonie werd bestuurd. Het avontuurlijke maakte plaats voor bureaucratie, foie gras voor corned beef. Na de capriolen van Leopold gaf men de voorkeur aan een strenge, sobere aanpak. België nam zijn taak als kolonisator meer met ernst dan trots op zich. Het bewind werd zeer ambtelijk en in Belgische termen betekende dat: uiterst hiërarchisch en gecentraliseerd. Het ging uit van Brussel en het werd in hoge mate ingevuld door mensen die zelden of nooit in Congo waren geweest. Dat leidde meer dan eens tot spanningen met de blanken ter plekke. In Congo bleef de gouverneur-generaal oppermachtig, maar zijn inschattingen van de koloniale toestand stonden vaak haaks op de directieven die hem vanuit Brussel bereikten. Belgische kolonialen konden zich bovendien niet uitspreken over het koloniale beleid: zij hadden geen formele politieke macht. Zij ondergingen het, en niet altijd van harte.

Maar als *zij* zich al gepasseerd voelden, hoeveel erger was het dan niet voor de Congolezen zelf? Het Belgische beleid had beslist het beste voor met het lot van de inboorling; dat inzicht was na rood rubber toch wel gedaagd. Maar het was geen verantwoording verschuldigd aan de mensen ter plekke. Het werd niet door hen verkozen en het consulteerde hen evenmin. Men zorgde voor hen, vol goedertierenheid.

Zo slecht als het Belgische bewind naar de stem van de Congolezen luisterde, zo aandachtig legde het zijn oor te luisteren bij de wetenschap. Men streefde naar '*une colonisation scientifique*', zoals Albert Thys het noemde.[6] Geen ad-hocgeïmproviseer meer, maar cartesiaanse planmatigheid. Wetenschappers waren de belichaming van die nieuwerwetse ernst – neutraal, zakelijk, droog en betrouwbaar. Dacht men. Juist door die vermeende neutraliteit kregen zij in de praktijk heel veel te zeggen.

Een eerste groep wetenschappers die op die manier inspraak verwierf, waren de artsen. Bij de eeuwwisseling ontdekte Ronald Ross, een Britse medicus geboren in India, dat malaria niet te wijten was aan het inademen van de 'slechte lucht' van moerasgebieden (*mal aria* in het Italiaans, de ziekte kwam toen nog voor in de Po-vlakte). Het waren de muggen die zich bij dat stilstaand water ophielden die de ziekte overdroegen. Een van de grote mysteries van de tropen die aan zoveel paters en pioniers het leven hadden gekost, was daarmee opgelost. Ross kreeg er de Nobelprijs voor. Maar daar bleef het niet bij. Ook gele koorts en elefantiasis, de ziekte die de ledematen zo gruwelijk misvormde, bleken door muggen te worden verspreid. De enigmatische slaapziekte kreeg je door contact met een tseetseevlieg. Zwarte koorts werd overgedragen door zandvliegen, tyfus door luizen, de pest door rattenvlooien. Van teken kon je hardnekkige koortsaanvallen krijgen. Een nieuw vakgebied was geboren, de tropische geneeskunde, en het zou een machtig instrument worden in dienst van het kolonialisme. Leopold II had zelf al onderzoekers uit Liverpool naar Congo uitgenodigd om de slaapziekte te onderzoeken. In 1906 richtte hij, naar analogie van de Liverpool School of Tropical Medicine, in Brussel de School voor Tropische Geneeskunde op, de voorloper van het Antwerpse Instituut voor Tropische Geneeskunde.

Voor de inwoners van Congo had die medicalisering grote gevolgen. Al tijdens Leopolds bewind verrezen her en der in de Vrijstaat lazaretten waar slachtoffers van de ziekte werden opgevangen door nonnen. Die lazaretten lagen op eilanden in de rivier of afgelegen plekken in het bos en vielen nog het best te vergelijken met leprozenkolonies. Opname gebeurde vaak onder dwang. Patiënten werden er eerder in isolement gehouden dan verzorgd. Bezoek van familie, vrienden en verwanten was verboden. Voor velen voelde een verwijzing naar het lazaret daarom aan als de doodstraf. Men probeerde er wel allerlei nieuwe geneesmiddelen op hen uit, zoals atoxyl, een arsenicumderivaat, maar dat bracht vaker blindheid dan genezing met zich mee. Het was niet altijd duidelijk wat precies beter moest worden, het lichaam van de patiënt of het experimentele geneesmiddel. Omdat men vooral slachtoffers wilde isoleren in een vroeg stadium van de ziekte (wanneer ze nog het meest besmettelijk en het best te genezen waren), ging het vaak om mensen die zich op het moment van opname nog kerngezond voelden. Ze hadden hooguit wat opgezwollen lymfeklieren in de hals. Pas tijdens hun verblijf in het lazaret ontwikkelden ze de typische symptomen. De lazaretten kregen daardoor een slechte reputatie: men geloofde dat het kampen waren waar koloniale ambtenaren je moedwillig besmetten met de ziekte. Rellen braken uit, bewakers grepen in, maar velen liepen weg en gingen weer in hun dorpen wonen.

Toen België Congo overnam, kwam er voor het eerst in de geschiedenis van het kolonialisme een medische dienst... in Brussel. De *chain of command* naar de postchefs in de brousse was bijzonder lang, maar desondanks slaagde men erin het beleid aan te passen. Lazaretten alleen volstonden niet. Voortaan moest de mobiliteit van alle Congolezen in de gaten gehouden worden. In 1910 stipuleerde een decreet dat elke inlander tot een *chefferie* of *sous-chefferie* behoorde.[7] De grenzen van zo'n streek werden nauwkeurig afgebakend, waarbij men rekening hield met bestaande territoriale beperkingen. Wie zich wilde verplaatsen over een afstand van meer dan dertig kilometer of voor een duur van meer dan een maand, zo besloot een ander decreet uit 1910, diende een medisch paspoort op zak te hebben dat zijn geboortestreek, zijn gezondheidstoestand en zijn eventuele ontvangen behandelingen vermeldde. Zo'n paspoort kon je pas verkrijgen met toestemming van de dorpschef of diens onderchef. Wie ziek was, kreeg dorpsarrest. Wie zonder papieren op stap ging, riskeerde een boete.

Het belang van die maatregel valt moeilijk te overschatten. Hij had vijf ingrijpende gevolgen. Ten eerste: Congolezen, zelfs gezonde, konden niet langer gaan of staan waar ze wilden, hun bewegingsvrijheid werd ernstig ingeperkt. Voor een regio met een permanent hoge mobiliteit was dat wennen. Ten tweede: elke inwoner werd voortaan vastgeprikt op de kaart, zoals een kever op een kartonnetje. De *sense of belonging* was in inlandse gemeenschappen altijd al groot, nu werd ze absoluut. Wie je was, lag voortaan onwrikbaar vast. Ten derde: de lokale chefs werden helemaal ingeschakeld in het lokale bestuur. Dat was al begonnen ten tijde van Stanley (zie Makitu), nu werd het formeel bekrachtigd. Ze vertegenwoordigden de laagste sport in de ambtelijke hiërarchie en vervulden een loketfunctie tussen staat en onderdaan. Uiteraard gaf de koloniale overheid liever de voorkeur aan dociele figuren. De officieel aangestelde chef was vaak een zwakke figuur met weinig moreel gezag, terwijl de echte, traditionele chef zich in de schaduw hield om rustig verder te kunnen regeren.[8] Ten vierde: doordat een doorsnee *chefferie* hooguit een duizendtal inwoners omvatte, gingen grotere etnische gehelen verloren.[9] Het dorp viel rechtstreeks onder staatsgezag, de tussenliggende niveaus verdampten. Ook dat deed iets met het tribaal besef: er ontstond nostalgie naar eerdere luister. En ten vijfde: voor velen betekende die wetgeving uit het verre Brussel de eerste, rechtstreekse kennismaking met de koloniale bureaucratie. Tijdens de Vrijstaat werden honderdduizenden onder het juk van de verre overheerser gebracht, maar nu ging in principe *niemand* meer vrijuit. Het aantal Belgen in de kolonie was nog steeds erg gering (enkele duizenden in 1920), maar het koloniale apparaat vergrootte zijn greep op de bevolking en drong steeds dieper door in het leven van het individu.

De staat, dat was in 1885 een eenzame blanke die aan het hoofd van je dorp vroeg om een blauwe vlag te laten wapperen. De staat, dat was in 1895 een beambte die je kwam opvorderen als drager of soldaat. De staat, dat was in 1900 een zwarte soldaat die kwam bulderen en schieten in je dorp naast enkele manden rubber. Maar in 1910 was de staat een zwarte assistent-verpleegkundige die op het dorpsplein de lymfeklieren in je hals betastte en zei dat het goed was.

Het koloniaal bewind wilde al vroeg beginnen met een grootschalig medisch bevolkingsonderzoek, koning Albert maakte er meer dan een miljoen Belgische frank voor vrij, maar de Eerste Wereldoorlog vertraagde het proces. Vanaf 1918 echter trokken gezondheidsteams van Belgische artsen en Congolese verplegers naar de dorpen en werden vele honderdduizenden onderzocht. De staat, dat waren mannen met microscopen die diep fronsten terwijl ze naar je bloed keken. De staat, dat was de blinkende, steriele injectienaald die in je huid schoof en een of ander geheimzinnig gif inspoot. De staat kroop letterlijk onder je huid.

Niet alleen je landschap werd gekoloniseerd, maar ook je lichaam, en je zelfbeeld. De staat, dat was het pasje dat zei wie je was, waar je vandaan kwam en waar je mocht gaan.

Lutunu's leven werd er in elk geval een flink stuk huiselijker op. De man die, naast zijn reizen naar Europa en Amerika, alle hoeken van zijn land had doorkruist, bleef nu jaar in jaar uit in zijn dorp. Als assistent van een adolescente dorpschef moest hij waarschijnlijk de blanke chef de poste adviseren over wie al dan niet in aanmerking kwam voor een reisvergunning. Dat het systeem de deur wagenwijd openzette voor misbruik laat zich raden. De paspoorten waren zeer geliefd en sommige chefs, klerken en verplegers lieten zich omkopen. Dorpelingen die pas behandeld waren tegen slaapziekte en toch wilden reizen, vertelden dat ze hun medisch paspoort verloren hadden, in de hoop zo een nieuw, blanco exemplaar te krijgen. Velen koesterden een diepe argwaan jegens de geneeskunde van de blanke. Van atoxyl kon je blind worden en de lumbale puncties voor de ergste gevallen waren extreem pijnlijk. Dat betekende niet dat men op een irrationele manier bang was voor alles wat een witte schort droeg. Sommige behandelingen, zoals het operationeel verwijderen van gezwellen veroorzaakt door elefantiasis, konden op waardering rekenen, maar vrij algemeen was de gedachte dat injectienaalden dienden om ziektes te verspreiden. De kolonisator onderschatte zonder meer de diepe gehechtheid aan de traditionele geneeskunde en wees die resoluut van de hand als kwakzalverij en tovenarij. Voor veel Afrikanen werd de slaapziekte daardoor de ziekte van de kolonisator; ze lag in het verlengde van de militaire overheersing, de economische exploitatie en de politieke reorganisatie.

En bij dit alles hadden artsen macht, veel macht. Dokters beslisten wie waar mocht gaan. Zij bakenden de zones af waar reizen verboden was. Weerbarstige individuen konden ze dwingen tot een behandeling en mochten ze zelfs straffen. Ze hadden zelfs de bevoegdheid om hele dorpen te verplaatsen, indien daar gegronde gezondheidsredenen voor bestonden. Dorpsgemeenschappen die gelegen waren in zones waar de tseetseevlieg welig tierde, konden ze dwingen tot een collectieve verhuizing. En ze mochten de hulp van koloniale ambtenaren en de Force Publique inroepen, indien een dorp weigerde. Meer dan individuen genezen moest dit soort geneeskunde de kolonie gezond houden.

Maar plaatselijke gemeenschappen raakten vaak ontwricht door die gedwongen verhuizing. Bakongo die hun dorp hadden moeten achterlaten, zongen vol heimwee en blues: 'Eh! Kijk naar het dorp van onze voorouders./ Het schaduwrijke dorp met zijn palmbomen dat we moesten verlaten./ Eh! De ouden./ Eh! Eh!/ Eh! Onze doden zijn verdwenen!/ Eh! Kijk naar ons verlaten dorp!/ Helaas!'[10]

Lutunu's dorp mocht blijven waar het was, maar om het gevaar van ziekte te beperken, deed hij iets wat niemand in zijn dorp hem had voorgedaan: hij bouwde een huis van steen. Voortaan sliep hij niet meer onder een bladerdak en tussen lemen muren, maar in een hut van steen onder golfplaat. In het naburige Thysville waren inmiddels genoeg metselaars en timmerlui voorradig. Zij wisten hoe je van aarde bakstenen kon maken en hoe je golfplaat moest spijkeren. De slaapziekte had Lutunu's gezin verwoest, maar nu leefde hij min of meer zoals de blanken. Hingen er aan zijn bakstenen muur ook, zoals een Belgische minister van Staat bij een dorpschef in het oosten van Congo vaststelde, 'erg middelmatige portretten van onze vorsten, die overal waren verspreid door de koloniale administratie, en enkele plaatjes gescheurd uit de tijdschriften uit Parijs of Londen'? Kreeg hij van occasionele blanke bezoekers ook 'enkele mooie prenten en enkele blikken met karamels' cadeau?[11] We weten het niet. Wat we wel weten is dat het koloniale bewind hem enkele jaren later benoemde tot chef van de streek en dat hij, als voormalige slaaf, gezag mocht uitoefenen over maar liefst tweeënvijftig dorpen.

Een tweede groep wetenschappers die zijn licht mocht laten schijnen over de kolonie betrof de etnografen. Als het schandaal van de Vrijstaat iets had duidelijk gemaakt, dan was het wel het totale gebrek aan kennis van de inlandse cultuur. Félicien Cattier, de eminente Brusselse hoogleraar en virulente criticus van Leopold, was daar zeer expliciet over geweest: 'Hoe is het mogelijk om zinvol werk te verrichten in de kolonies, indien men niet eerst de inheemse instellingen, hun zeden, hun psychologie, de voorwaarden van hun economisch bestaan en de structuur van hun samenlevingen grondig bestudeert?'[12] Sommige ontdekkingsreizigers en missionarissen hadden belangstelling getoond voor plaatselijke gebruiken, maar vele officieren en agenten van de Vrijstaat huldigden op zijn zachtst gezegd nogal rudimentaire opvattingen over, wat dan heette, 'het negerras'. Als er al interesse bestond, dan richtte die zich in eerste instantie op de tastbare kanten van de vreemde cultuur: hun manden en maskers, hun prauwen en trommels, de vorm van hun speren, de afmetingen van hun schedels.

Maar dat kon niet volstaan, vond Cattier. Het ging niet om particuliere objecten of individuele figuren. Men moest oog hebben voor de diepere lagen van de inheemse maatschappij. En dat vergde serieuze studie. 'Het ware dus passend indien er in Congo, net zoals in Nederlands-Indië of Brits-Indië, een departement of bureau voor etnologische studies werd opgericht.'[13]

En zo geschiedde. Met veel bombarie werd het Bureau International d'Ethnographie in het leven geroepen, een instelling met Belgische en buitenlandse onderzoekers die zich ten doel stelde om zoveel mogelijk gegevens over de inlandse bevolking van Congo te verzamelen en te ontsluiten. Wat de Ecole de Médicine Tropicale was voor de geneeskunde, was het Bureau International d'Ethnographie voor de antropologie: een instelling met expertise die werd omgezet in invloed. De leden lazen reisverslagen en missierapporten en staken veel tijd in het opstellen van een uitputtende vragenlijst die naar duizenden respondenten in de kolonie werd verstuurd: ambtenaren, handelaren, militairen en missionarissen. Er waren 202 rubrieken die ze moesten invullen. Thema's varieerden van huwelijksrecht over begrafenispraktijken tot lichaamsverzorging. De informanten zetten zich aan het schrijven en de antwoorden stroomden binnen. Binnen enkele jaren werden meer dan vierhonderdduizend etnografische gegevens verwerkt[14]. En die kwamen terecht in een monumentale reeks boeken, de *Collection des Monographies ethnographiques*. Tussen 1907 en 1914 verschenen er elf delen. Elk deel behandelde een bepaalde bevolkingsgroep die karakteristiek werd geacht voor een bepaalde streek: de Bangala voor de oeverbewoners van de rivier, de Basonge voor de savanne, de Warega voor het oerwoud... Ook de Mayombe, de Mangbetu, de Baluba en de Baholoholo kwamen aan bod. Telkens werden de 202 rubrieken beschreven, samen goed voor ruim zesduizend bladzijden lectuur. Het ging om de eerste poging tot systematische documentatie van de inheemse cultuur. Het resultaat was niets minder dan een *encyclopédie des races noires*.[15]

Maar het resultaat was ook dat die 'rassen' plotseling als iets absoluuts werden gezien. De reeks deelde de bevolking van Congo op in duidelijk onderscheidbare blokken, elk met hun eigen identiteit, volksaard en gebruiken. Daar viel iets voor te zeggen – er waren nu eenmaal onmiskenbare verschillen – maar het was volstrekt artificieel om rond elk van die groepen een culturele muur op te trekken die het zicht ontnam op eventuele uitwisseling. Toch is dit precies wat er gebeurde. Bij de aanvang van het werk, in 1908, nam Edouard De Jonghe, de belangrijkste medewerker, zich voor om *'les peuplades une à une, en elles-mêmes, pour elles-mêmes'* te bestuderen.[16] Methodologisch was die stapsgewijze aanpak begrijpelijk: zo bleef het overzichtelijk. Maar wat eerst een uitgangspunt was, werd algauw een onwrikbare conclusie. De 'stammen' werden eeuwige, eigenstandige en onveranderlijke gehelen. De bedenker van het project, Cyrille Van Overbergh, ook een belangrijk katholiek politicus, stelde na enkele jaren onomwonden: 'Over het algemeen hebben die volkeren onderling weinig relaties. (...) De stammen zijn onafhankelijk van elkaar en behouden hun autonomie.'[17] Dit ging volkomen voorbij aan de eeuwenlange en ook toen reeds bekende uitwisselingen tussen diverse bevolkingsgroepen. Pygmeeën leefden naast Bantoe-sprekende boeren. Bobangi voeren de stroom op en af en kwamen in contact met tientallen andere bevolkingsgroepen. De vroegere savannekoninkrijken van de Bakongo of Baluba waren etnisch vaak zeer gemengd. Veel inlanders waren meertalig. De culturen van de Bantoe-sprekers waren onderling zeer verwant. Maar de antropoloog van de vroege twintigste eeuw rafelde de bevolking uiteen tot particuliere rassen, zoals de taxonomist van de achttiende eeuw het dierenrijk ooit had opgesplitst in diverse soorten. Onveranderlijk in de tijd, niet aangeroerd door elkaar.

Congo werd een letterbak. De kaart van de kolonie bestond voortaan uit vakjes, elk met zijn eigen 'stam'. In Tervuren, bij Brussel, legde men een gigantische verzameling etnografica aan, netjes geordend per stam. Doordat de artsen mensen dwongen ter plekke te blijven, kregen de antropologen nog sterker de indruk dat de volkeren die ze zagen 'vastzaten aan hun desbetreffende territorium,' zoals het hoofd van het Bureau International d'Ethnographie het stelde.[18] De gevolgen van die 'monografische blik' waren enorm. In de kolonie gingen blanken ernaar handelen en begonnen Congolezen zich meer en meer tribaal te identificeren. De geest van het tribalisme was uit de fles.

Die vroegste volkenkunde was bepaald geen *l'art pour l'art*; ze moest wel degelijk dienen om het werk van de kolonisator te bespoedigen. De rekruteerders van de Force Publique konden hun voordeel doen met een beschrijving van de krijgslust onder deze of gene stam. De medische diensten konden leren over de hygiënische omstandigheden bij de volken die het ergst getroffen waren door de slaapziekte. De bestuurders in Brussel konden hun wetgeving afstemmen op wat ze lazen over het traditionele grondrecht in de kolonie. En de missiecongregaties konden hun tactiek bijstellen op grond van de bevinding welk geloof primeerde in welke streek. Men handelde naar de inzichten van de *Collection des Monographies ethnographiques.* De stammen kregen eigenschappen toegedicht zoals de nationaliteiten van Europa. In Congo ontstonden er equivalenten van de vrekkige Schot, de luie Siciliaan, de morsige Spanjaard en de hardwerkende maar humorloze Duitser.

Ook de inwoners van de kolonie begonnen zichzelf en elkaar zo te bekijken. Hoe zat het bijvoorbeeld met Lutunu? Hij had zeventien kinderen, waarvan er dertien in leven bleven. Vanaf 1910 behoorden zij allen tot dezelfde chefferie, hadden ze dezelfde door de staat erkende dorpschef en mochten ze de streek, zonder medisch toezicht, niet uit – ingrediënten die een sterk regionaal en etnisch besef beslist in de hand werkten. Bovendien kregen ze les, van missionarissen, want het onderwijs berustte exclusief in hun handen. In 1908 waren er zo'n vijfhonderd in Congo, in 1920 zo'n vijftienhonderd. Scholing was niet verplicht, maar Lutunu met zijn fiets en bakstenen huis zal hen ongetwijfeld hebben aangespoord om te leren lezen en schrijven zoals hij. Hij was tenslotte een van de eerste gealfabetiseerden in Bas-Congo. Zijn dorp lag in de invloedssfeer van de Britse protestanten, maar daarbuiten werden de Belgische katholieken almaar machtiger.

En wat leerde men, om te beginnen, in die eenvoudige klasjes of in de schaduw van een boom? Lezen en schrijven, uiteraard. Rekenen ook. Gewijde geschiedenis. Stichtelijke verhalen. De provincies van België. Het vorstenhuis. Ja, maar ook een aantal lessen over het eigen land. Over de slavenhandel bijvoorbeeld. '*Tungalikuwa watumwa wa Wangwana / Wabeleji wakatukomboa,*' zongen de kinderen op katholieke missieposten in het binnenland. Letterlijk: 'Wij gingen slaven worden van de gearabiseerden/ De Belgen hebben ons bevrijd.' De melodie was ontleend aan de 'Brabançonne', het nationale volkslied van België. Een van de oudst bekende schoolliedjes in het Swahili bood een summiere versie van de kolonisatie: 'Vroeger waren wij idioten/ Met de zonden van elke dag/ Zandvlooien aan de voeten/ Het hoofd vol schimmel/ Dank, eerwaarde vaders!'[19]

De liedjes en de lessen van de katholieke paters en nonnen waren steevast in de volkstaal. De meeste missionarissen kwamen uit Vlaanderen en naar analogie van de Vlaamse taalstrijd beschouwde men de eigen taal als een hoog goed. Ook dat zwengelde de tribale trots aan. In een schoolboekje van de missionarissen van het Heilig Hart uit de jaren dertig in Mbandaka stond de volgende leesoefening: 'Onze taal is het Lonkundo. (...) Hoewel sommigen graag Lingala praten, houden wij het meest van ons Lonkundo. Die taal is erg mooi en heeft veel zorgvuldige betekenissen. Wij houden er veel van. Die taal hebben wij gekregen van onze voorvaderen.'[20]

Maar etnische identificatie gebeurde nog veel explicieter. Rond die tijd lazen leerlingen in de Equateur ook dat 'de mensen van Congo verdeeld zijn in meerdere groepen. Ze onderscheiden zich door hun dialect, door hun zeden en zelfs door hun wetten. Onze echte familie is de stam van de Nkundo.'[21] Dit klonk als een letterlijke echo van de *Collection des Monographies ethnographiques*. In de vroegste handboeken van de broeders maristen (het oudste dateert van rond 1910) ging men nog een stapje verder. In het Lingala las men:

> De inwoners van Congo zijn zwarten. Men heeft hun aantal nog niet geteld. Het loopt op tot zestien miljoen. Ze vallen uiteen in verschillende stammen: Basorongo, Bakongo, Bateke, Bangala, Bapoto, Basoko, Babua, Bazande, Bakango, Bangbetu, Batikitiki of Baka en vele anderen.
>
> De Basorongo wonen bij de oceaan.
>
> De Bakongo stroomopwaarts, bij Boma, Matadi, Kisantu, aan de linkeroever van de rivier. Het zijn dokwerkers en stevige arbeiders.
>
> De Bateke zitten in Kitambo. Ze zijn gespecialiseerd in kopen en verkopen.
>
> De Bangala zitten in Makanza, Mobeka, Lisala en Bumba. Ze zijn groot. Ze hebben tatoeages op hun gezichten en hun oren. Ze halen de wimpers weg van hun oogleden en slijpen hun tanden. Ze zijn niet bang voor oorlog. Zijn er immers niet veel Bangala in het leger van de staat? Ze zijn intelligent.
>
> De Bapoto en Basoko zijn de broers van de Bangala. Zij misvormen hun gezicht met tatoeages. Ze maken grote vijzels en goede prauwen, smeden speren en machetes. Ze doden veel vis.[22]

En ga zo maar door. Congo bestond uit stammen, leerde men, die elk een eigen territorium en eigen gebruiken hadden. Sommige deugden, andere niet. Zo kregen de leerlingen ook nog ingeprent dat de Azande hun chefs respecteerden en dat dat zeer goed was, dat de Babua dat niet deden en dat het een schande was, en dat de Bakango olifanten doodden en dus zeer moedig waren. Missiescholen werden fabriekjes van tribale vooroordelen. Kinderen die hun dorp niet mochten verlaten, kregen plots te horen dat er aan de andere kant van hun uitgestrekte land Bakango woonden en wat men daarvan moest vinden. Pygmeeën werden in vele handboeken afgeschilderd als bizarre aberraties. Als je er nooit een had ontmoet, wist je toch wat je van hen moest denken. 'Ze blinken uit in het stelen van andermans eigendom,' lazen de leerlingen van Bongandanga in de late jaren twintig, 'ze worden geen vrienden met andere mensen. (...) De meeste volkeren van Centraal-Afrika hebben graag een proper lichaam en omdat er veel water is, wassen ze zich elk dag. Maar de pygmeeën weigeren water en zijn erg vuil. (...) Qua onwetendheid overtreffen ze alle andere volkeren van Afrika. Ze beseffen niet dat in een dorp wonen met mensen van je eigen cultuur beter is dan constant rondtrekken.'[23]

Dat betekent niet dat er nooit stammen geweest waren – uiteraard wel, er waren belangrijke regionale verschillen, men sprak andere talen, had andere gebruiken, andere dansen, andere eetgewoontes, er waren intertribale oorlogen geweest. Maar nu werden de verschillen uitvergroot en voor eeuwig vastgelegd. Het regende stereotypen. De stammen waren geen gemeenschappen die al eeuwen onwrikbaar waren, ze werden pas onwrikbaar in de eerste decennia van de twintigste eeuw. Meer dan ooit identificeerde zich men met deze of gene stam.

Een oude man uit Lubumbashi vertelde in de jaren tachtig over zijn kindertijd. De prille mijnbouw bracht mensen met diverse achtergronden bijeen in *compounds*: 'In de oude dagen keken wij niet naar de mensen en zeiden: dat daar is een Kasaïen, een Lamba, een Bemba, of een Luba, nee. We waren samen.' En hij voegde eraan toe: 'Er was geen onderscheid. Er werd niet gesproken over de verschillen.'[24]

De missies hielden het niet enkel bij lager onderwijs. Ze stichtten ook seminaries voor talentvolle scholieren om er lokale priesters op te leiden. De eerste Congolees die priester werd gewijd, was Stefano Kaoze. Dat gebeurde in 1917. Hij kwam uit het Marungu-massief en was door de witte paters gevormd en gekneed. In 1910 had hij op 25-jarige leeftijd al voor een primeur gezorgd: zijn lange essay 'La psychologie des Bantu' verscheen in *La revue congolaise*. Daarmee was hij de eerste Congolees die een tekst publiceerde. En wat lezen we in de eerste alinea's van die in alle opzichten historische mijlpaal? Wat schrijft een jonge Congolese intellectueel die doordrenkt is van het katholieke missieonderwijs? Dat tribaal besef in Afrika gevoed werd door Europese boeken, jawel: 'Toen ik enkele boeken over enkele stammen had gelezen, zag ik dat het merendeel van de gebruiken uit eenzelfde achtergrond komt als bij de Beni-Marungu [zijn stam]. Nu ik dit besef, ga ik vertellen wie wij zijn, wij Beni-Marungu, en wat we niet zijn.'[25] Boeken deden hem nadenken over zijn eigen tribale identiteit. Is het dan raar dat hij later in zijn leven zou uitgroeien tot een tribaal nationalist, een voorvechter van zijn eigen volk en een verdediger van Congolese belangen? 'Potentieel de gevaarlijkste zwarte,' stelde iemand uit de Franse adel na een rondreis door de kolonie, 'is hij die wat onderricht genoten heeft.'[26]

Ondertussen dobberde het leven van Nkasi rustig verder. Toen ik hem interviewde, viel het me meermaals op dat hij weinig herinneringen had aan de eerste jaren van Belgisch Congo. Bij de spoorwegaanleg in de jaren negentig van de negentiende eeuw gingen zijn ogen twinkelen en kwamen de verhalen vanzelf. Maar de decennia daarna, toen hij terug was in zijn dorp, leken weggespoeld. Ik heb me lang afgevraagd hoe dat kwam, tot ik zag dat ook de biografe van Lutunu tamelijk lapidair was over die periode in diens leven. Ook zij had in de gesprekken met haar informant leemtes opgetekend. Kon dat toeval zijn? Ik denk het niet. Ik vermoed dat de wetgeving die de mensen dwong in hun dorpen te blijven, zorgde voor bedaagde jaren met weinig spectaculaire gebeurtenissen. Zelfs de Eerste Wereldoorlog ging geruisloos aan hen voorbij, zelfs aan Lutunu die toen toch al assistent-regent was. Toen ik Nkasi herhaaldelijk vroeg of hij zich echt niets meer herinnerde over de Grote Oorlog, zei hij: 'Ik heb daar misschien wel iets van gehoord, maar dat was niet hier.'[27] Zijn wereld was weer kleiner geworden. Zijn jongste broer werd toen geboren, ja, dat wist hij nog. En hij zelf had zich uiteindelijk ook maar tot protestant laten dopen. In 1916 was dat, op de missiepost van Lukunga. Zijn doopnaam werd Etienne, maar iedereen bleef hem gewoon Nkasi noemen.

Maar in 1921 kwam de grote omwenteling: hij verliet voor het eerst in tijden opnieuw zijn dorp. Daarvoor moest hij een geldig paspoort en *une feuille de route* aanvragen, anders mocht hij niet weg. Ook vandaag kan een Congolees maar moeilijk door zijn land reizen zonder een *ordre de mission* op zak; Congo is een van de weinige landen ter wereld met ook een migratiedienst voor *binnenlandse* verplaatsingen – met dank aan de slaapziekte van weleer. Maar Nkasi had ook een meevaller. Via de neef van zijn vader die bij de spoorwegen werkte, kon hij gratis met de trein reizen. Hij tufte een dag lang door het weidse land en arriveerde op een avond in Kinshasa.

De plek was onherkenbaar veranderd sinds Swinburne er in 1885 in de wilde natuur zijn post had uitgebouwd. Aan de oevers van Stanley Pool was er inmiddels een tachtigtal bedrijven met hun pakhuizen neergestreken. Acht kilometer verder naar het westen lag het oudere militaire en administratieve centrum, Léopoldville. Hier hadden de Britse baptisten destijds hun moederhuis neergezet. De twee kernen, Kinshasa en Léopoldville, waren in 1910 met elkaar verbonden door een brede weg. Vandaag is dat de Boulevard du 30 Juin, niet langer een verbindingsweg tussen twee Europese nederzettingen, maar de drukke, walmende hoofdas van de stad. Toentertijd echter waren er nog geen tweehonderd auto's en vrachtwagens. In Kinshasa woonden rond die tijd duizend blanken, van wie honderdvijftig vrouwen. Er stonden zo'n vierhonderd huizen van duurzaam materiaal.[28]

Nkasi kwam aan in een stad in aanbouw, een stoffige vlakte vol bouwwerven en avenues die nog nergens heen gingen. Ten zuiden van de blanke wijk had de kolonisator een *cité indigène* laten aanleggen, een dambord van drie bij vier kilometer, keurig verdeeld door rechte lanen. Op de nette, vierkante perceeltjes stonden lemen hutten met strooien daken. Daaromheen kweekten de bewoners maniok en bakbananen. Hier en daar zag hij een stenen huis met een dak van golfplaat. Kinderen liepen naakt door de zanderige steegjes. Vrouwen zaten urenlang in de schaduw elkaars haar te kammen. Sommige gevels waren beschilderd. Daar, zo leerde hij algauw, kon je rijst, droge vis en lucifers kopen. Dit was een nieuwe wereld. Hier waren binnen een paar jaar twintigduizend mensen komen wonen. In het naburige Léopoldville waren er nog eens twaalfduizend neergestreken. Ze kwamen van overal uit het binnenland hierheen. Ze spraken talen die hij niet begreep en kwamen uit regio's waar hij nog nooit van had gehoord. Slechts vierduizend van hen waren vrouwen. Het was een mannenwereld vol rauwe kreten, buldergelach en heimwee. De cité indigène geleek in niets op het traditionele dorp, het was één groot kamp met handarbeiders en ambachtslui, maar ook met boys die elke dag naar de blanke wijk togen, naast vagebonden, slaapzieken, dieven en lichtekooien.[29]

'In 1921 kwam ik naar Kinshasa. Ik werkte voor monsieur Martens,' vertelde hij me, 'hij bezat hangars vol diamant uit Kasai. Diamant kwam uit de mijn. In Kinshasa werden de diamanten gesorteerd. Ik moest zakken vullen en legen.' Om zijn woorden kracht bij te zetten, gebaarde hij dat hij met een schop werkte. 'Vullen en legen. Ik verdiende drie frank per maand.'[30] Om diefstal tegen te gaan werd diamant niet gesorteerd in de mijnen. Het concentraat dat uit de wasserijen kwam, werd overgebracht naar een centraal depot.

Nkasi's verhuizing naar de grote stad die weldra de hoofdstad van de kolonie zou worden, was te danken aan een korrel glas van twintig milligram die jaren daarvoor vele honderden kilometers oostelijker was gevonden. In 1907 ontdekte Narcisse Janot, een Belgische prospector die samen met een geoloog door Kasai trok, een brokje kristal dat er niet oninteressant uitzag. Omdat hij niet over de instrumenten beschikte om ter plaatse een petrologische analyse uit te voeren, stopte hij het in een buisje en nam het mee naar Brussel. Maar bij thuiskomst sloeg hij er geen acht meer op en raakte het minuscule steentje vergeten tussen de vele geologische stalen waarmee de expeditie was thuisgekomen. Pas enkele jaren later dook het op. Nadere analyse leerde toen dat het wel degelijk om diamant ging.[31] Er brak een ware diamantkoorts uit. Kasai bleek hoogwaardige diamant op te leveren geschikt voor juweliers, naast een grovere soort waarnaar in de industrie vraag was.

Ook elders had de ondergrond van de kolonie bijzonder aangename verrassingen in petto. Al in 1892 had de jonge geoloog Jules Cornet in Katanga zeer rijke koperlagen ontdekt; vooral vindplaatsen als Kambove, Likasi en Kipushi leken uitzonderlijk veelbelovend. 's Avonds in zijn tent noteerde hij: 'Ik zou me niet durven wagen aan een cijfer om een idee te geven van de enorme voorraden koper die de terreinen bevatten die ik pas bestudeerd heb: dat zou al te ongehoord en ongelooflijk lijken.'[32] Koning Leopold II bezwoer hem het geheim stil te houden, kwestie van de belangstelling van de Britten niet te wekken. Een niet onterechte voorzorg waarschijnlijk: de kopervoorraden van Katanga bleken naderhand tot de rijkste ter wereld te behoren. Sommige bodemlagen bevatten tot 16 procent zuiver koper. In het heuvelachtige noordoosten van het land, bij de grens met Oeganda, vonden twee Australische prospectors in enkele rivieren onooglijke kruimels die fel glinsterden in het zonlicht: goud. De vindplaatsen van Kilo en Moto zouden uitgroeien tot de belangrijkste goudvoorraad van Centraal-Afrika. En in 1915 vond een andere prospector in Katanga een geel, loodzwaar gesteente dat hem aan de ontdekkingen van Pierre en Marie Curie deed denken. Het erts bleek bij nadere analyse inderdaad zeer rijk aan uranium. De vindplaats ervan werd de mijn van Shinkolobwe, lange tijd de belangrijkste leverancier van uranium ter wereld.

De ondergrond van Congo bleek een waar 'geologisch schandaal' te bevatten, zoals Jules Cornet het omschreef. Het was bijna te mooi om waar te zijn. Tot dan toe had de economische ontginning van het gebied zich uitsluitend op biologische rijkdommen gericht – ivoor en rubber – nu stelde men vast dat enkele meters onder de oppervlakte een nog veel grotere rijkdom stak. Katanga, de weinig beloftevolle regio die Leopold in 1884 bijna toevallig had geannexeerd, bleek plotseling een onwaarschijnlijke schatkamer te herbergen. Naast koper en uranium vond men er belangrijke depots van zink, kobalt, tin, goud, wolfram, mangaan, tantalium en steenkool. De ontdekking dat men boven op die immense bodemrijkdommen zat, kwam overigens niets te vroeg. De inkomsten uit de rubberexploitatie begonnen vanaf 1910 drastisch te dalen. De wereldprijs van rubber verkeerde in een vrije val. In 1901 zorgde rubber voor 87 procent van de Congolese export, in 1928 was dat nog slechts 1 procent.[33] 'Tegenwoordig,' zo stelde een reiziger in 1922 al vast, 'en tot nader order praat men niet meer, of bijna niet meer, over rubber in Congo.'[34]

Het leek wel een herhaling van de geschiedenis: zoals de *rubber boom* net op tijd kwam om de afnemende ivoorhandel te ondervangen, kwam de mijnbouw net op tijd om de noodlijdende rubberwinning af te lossen. Geen land ter wereld dat het met zijn natuurlijke rijkdommen zo heeft getroffen als Congo. Telkens als er de afgelopen anderhalve eeuw op de internationale markt een acute vraag was naar een bepaalde grondstof – ivoor in de Victoriaanse tijd, rubber na de uitvinding van de opblaasbare band, koper in volle industriële en militaire expansie, uranium tijdens de Koude Oorlog, alternatieve stroom tijdens de oliecrisis van de jaren zeventig, coltan in tijden van mobiele telefonie – bleek Congo over reusachtige voorraden van het begeerde goed te beschikken. Moeiteloos kon het aan de vraag voldoen. De economische geschiedenis van Congo is er een van onwaarschijnlijke mazzel. Maar ook een van onwaarschijnlijke misère. Van de fabuleuze winsten die werden geboekt kwam doorgaans geen kruimel terecht bij het gros van de bevolking. Die spanning, dat heet: tragiek. Nkasi die ooit in het zweet des aanschijns de zakken aarde leegschepte waarin de edelstenen zaten, heeft van die hele diamantbusiness zelf maar bijster weinig profijt gehad. Vandaag is hij straatarm.

Voor de kolonisator waren die geologische vondsten evenwel van uitzonderlijk belang. Het betekende de start van de mijnbouw, tot op de dag van vandaag met kop en schouders de belangrijkste tak van de Congolese industrie. Maar ertsen delven en bewerken was toch nog iets anders dan slagtanden opkopen of manden vol rubber eisen. Om hier munt uit te slaan waren zeer grote investeringen nodig. Er moesten breekmachines en spoelinstallaties worden gebouwd, ovens, smelterijen, kranen en walsen. Bovendien kwamen de belangrijkste delfstoffen voor in regio's die zich zeer ver van de oceaan bevonden. Als Afrika op een gigantische peer geleek, dan was Katanga 'misschien niet het hart, maar toch een van zijn beste pitten.'[35] Dat noodzaakte de aanleg van nieuwe spoorwegen, havens, telegrafielijnen en wegen.

De financiering van dat alles werd gedragen door de Belgische staat en privaat kapitaal. De goudmijnen van Kilo-Moto waren aanvankelijk helemaal in handen van de staat, maar die schreef vanaf 1926 toch aandelen uit. Elders viel men terug op het systeem van concessiemaatschappijen, hetzelfde stelsel dat *red rubber* had mogelijk gemaakt. Die maatschappijen draaiden op privékapitaal, maar doorgaans was er ook een scheutige *retombée* voor de koloniale kas. Dat gebeurde niet via belastingen (van een winstbelasting was voor de Eerste Wereldoorlog nog niet echt sprake), maar via het verplicht afstaan van grote pakketten aandelen aan de koloniale staat. Dankzij deze aandelenportefeuille verzekerde de schatkist van Belgisch Congo zich van vaak zeer riante dividenden.

In 1906 waren drie bedrijven opgericht die een doorslaggevende rol zouden spelen in de mijnbouw: Union Minière de Haut-Katanga (UMHK), Société Internationale Forestière et Minière du Congo (Forminière) en Compagnie du Chemin de Fer du Bas-Congo au Katanga (BCK). Het startkapitaal van Union Minière kwam half van Britse investeerders en half van de Generale Maatschappij, de machtige Belgische holding die al vanaf 1822 de touwtjes van de nationale economie stevig in handen had. Zij richtte zich vooral op Katanga. Nadat de vroegste exploitatie was ondernomen door een privé-investeringsmaatschappij, de Compagnie du Katanga van Albert Thys (dezelfde die de spoorlijn in Bas-Congo had aangelegd), ging vervolgens het Comité Spécial du Katanga (CSK) zich ermee bemoeien. Die CSK had een heel apart juridisch statuut: het was geen klassieke onderneming, maar een semioverheidsorganisatie onder beheer van de koloniale staat. Het was een vennootschap sui generis met publiek-privaat geld en uitzonderlijke privileges. Het verwierf alle mijnrechten over de helft van Katanga, en werd ook nog eens belast met de politieke administratie van het gebied. Het CSK, hoewel meer bedrijf dan overheid, had zelfs zijn eigen politiemacht. Het was een staat binnen de staat. Die merkwaardige toestand hield niet op toen Union Minière in 1906 aantrad. Ook toen bleven economische en politieke belangen innig met elkaar verstrengeld. Als absolute industriële reus in Katanga had het bedrijf vaak meer te zeggen over het koloniaal bewind dan het koloniaal bewind over dat bedrijf. Zo stond de koloniale staat ten dienste van het bedrijf voor de werving van mijnwerkers. Katanga kreeg dus altijd al een vorm van beheer die verschilde van de rest van het land. Daar lag onder meer de kiem voor het latere onafhankelijkheidsstreven van de regio.

Forminière was opgericht met Amerikaans kapitaal. Omdat diamant erg verspreid voorkwam, kreeg het bedrijf tijdelijk een prospectiegebied van maar liefst honderd miljoen hectare dat later inkromp tot twee miljoen hectare exploitatiegebied, waar het vijftig mijnen beheerde in de buurt van Tshikapa en Bakwanga. In 1913 dolf de Forminière 15.000 karaat aan diamanten op, in 1922 220.000 karaat.[36]

BCK, ten slotte, de derde maatschappij van 1906, was een private spoorwegmaatschappij met Frans-Belgisch kapitaal die belast was met de aanleg van een spoorverbinding tussen Katanga en Bas-Congo. Het was langs die lijn dat de ertsen de oceaan zouden bereiken zonder het territorium van Belgisch Congo te verlaten. Anders moest men steeds door Portugese, Duitse of Britse kolonies en dat creëerde lastige vormen van afhankelijkheid. De nieuwe spoorlijn was in 1928 klaar. Maar BCK hield zich niet alleen met spoorwegaanleg bezig. De maatschappij bezat tevens enorme mijnrechten en die zouden haar bepaald geen windeieren leggen. Hun concessie bleek een van 's werelds grootste vindplaatsen van industriële diamant te bevatten. Er werden ongelooflijke winsten geboekt. Bijna de helft ervan vloeide naar de Congolese staat.[37]

En Nkasi maar scheppen. Die vroegste mijnbouw vergde immers handenarbeid, zeer veel handenarbeid. Wie moest die leveren? Dat Belgen zelf in aanmerking kwamen, leek uitgesloten: 'Bezuiden de evenaar kan de Belg nauwelijks ander werk uitoefenen dan dat van leidinggeven. Het continue fysieke labeur, elke vorm van handenarbeid, wat op zich al lastig genoeg is, is er hem min of meer verboden.'[38] In het dunbevolkte Katanga overwoog men een tijdlang om Chinese gastarbeiders te importeren, maar daar zag men, de mottige sterftecijfers van de spoorwegaanleg nog indachtig, toch maar van af. Wie vandaag per helikopter Katanga oversteekt, bijvoorbeeld van Kalemie naar Lubumbashi zoals mij in juni 2007 te beurt viel, leert veel over de sociale geschiedenis. Het VN-vliegtuig waarmee ik zou reizen, bleek bij gebrek aan passagiers plots ingeruild voor een versleten *chopper* met Russische bemanning en opschriften. In plaats van een korte vlucht van twee uur werd het een reis van zes lange en luidruchtige uren boven een leeg landschap. Wij vlogen op slechts driehonderd meter hoogte. Bomen, buffels en termietenheuvels waren individueel te onderscheiden, maar dorpen zagen we nauwelijks. Terwijl ik met rode oorbeschermers op door het openstaande raampje naar buiten keek, begreep ik veel van de transformatie die zich hier een eeuw eerder had voltrokken. Als de savanne vandaag, in tijden van een explosieve bevolkingsgroei, nog steeds zo leeg is, bedacht ik me, hoeveel desolater moet het hier een eeuw geleden dan niet geweest zijn na een pandemie van de slaapziekte?

Katanga barstte van de ertsen, maar er was geen mens om ze op te graven. In de geïsoleerde dorpen zocht men vruchteloos naar werkwilligen. Vanaf 1907 deed men een beroep op volk van over de grens: jaarlijks kwamen zes- à zevenhonderd Rhodesiërs in de Katangese kopermijnen werken.[39] In 1920 was hun aantal opgelopen tot vele duizenden, ze vormden de helft van de Afrikaanse werkkrachten. De arbeiders bleven maximaal zes maanden in dienst, ze leefden in *compounds*, zoals in de Zuid-Afrikaanse mijnen, en mochten hun gezinnen niet meenemen.

Getuigenissen van die vroege mijnwerkers zijn zo goed als onvindbaar, op een zeldzame uitzondering na. 'Ik kwam in Katanga aan op 4 mei 1900. Ik was als arbeider aangeworven door meneer Kantshingo,' herinnerde zich een oude man. Hij moest naar het medisch onderzoek en kreeg een arbeidskaart waarop een afdruk van zijn duim moest komen.

> Er waren geen huizen in steen of baksteen. De zwarten sliepen in hutten, de blanken in tenten en in termietenhopen [sic]. Een groot aantal blanken waren Italianen. De ploegbazen kwamen uit Nyasaland [Malawi]. De spreektaal was Kikabanga. Een houweel heette *mutalimbi*. Een schop heette *chibassu*, een kruiwagen *pusi-pusi*, een hamer *hamalu* [let op de invloed van het Engels]. Om vier uur 's morgens vertrokken we naar het werk. We begonnen om zes uur en stopten om vijf, zes, zeven uur 's avonds. De werkers kregen vreselijk veel slaag. (...) We gebruikten Rhodesisch geld. Het bier dat we dronken heette *kataka* en *kibuku*, het was gemaakt op basis van maïs of sorghum.[40]

In 1910 werd Katanga aangesloten op het spoorwegennet dat de Britten in hun zuidelijke kolonies hadden aangelegd. Voortaan was er een ononderbroken spoorverbinding tussen Katanga en Kaapstad. Bij het dorpje Lubumbashi in de buurt van de mijn die door prospectors *Star of the Congo* werd genoemd schoot een stadje uit de grond: Elisabethville. In 1910 woonden er driehonderd Europeanen en duizend Afrikanen; een jaar later: duizend Europeanen en vijfduizend Afrikanen.[41] De stad was van meet af aan meer Zuid-Afrikaans dan Congolees. De rechte lanen, met bomen omzoomd, deden denken aan Pretoria, de knusse, witte gevels leken wel Kaaps. Door de Rhodesische arbeiders en Britse industriëlen werd het Engels de dominante taal en de pound sterling het meest courante betaalmiddel.

We beschikken over een uitzonderlijk document om die vroegste fase van de Katangese mijnbouw vanuit een Afrikaans perspectief te begrijpen. In de jaren zestig van de twintigste eeuw schreef André Yav, een oude man die heel zijn leven boy was geweest in Elisabethville, zijn herinneringen op:

> Toen *bwana* Union Minière van start ging, waren het eerst de mensen van de dichtbij gelegen dorpen die er kwamen werken. Dat waren Balamba, Baseba, Balemba, Basanga, Bayeke en Bene Mitumba. Ze waren niet talrijk en ze wilden hun dorpen niet echt verlaten om lang weg te blijven. Ze werkten voor twee, drie maanden en gingen weer naar huis. Na een tijdje werden de plaatsen waar er werk was groot. Toen riepen ze de mensen uit Luapula en de Rhodesiës [het huidige Zimbabwe en Zambia] op, en ook anderen kwamen: Balunda, Babemba, Barotse en ook boys uit Nyasaland. Zij hadden de kracht om het werk te doen, maar konden hun dorp ook niet lang verlaten. Na zes of tien maanden keerden ze terug naar huis.[42]

Daar bleef het niet bij. Rekruteerders trokken steeds dieper Katanga in om jonge, forse mannen op te trommelen. Er waren officiële instanties actief, maar in de vroege jaren ook heel veel *private contractors*, blanke avonturiers die zoveel mogelijk jongeren naar de mijnen trachtten te lokken. Sommigen gingen zelfs tot in Kasai of Maniema, tochten van achthonderd kilometer. Hun rekruteringsmethodes waren vaak betwistbaar: ze kochten dorpschefs om met Europese luxegoederen zoals dekens en fietsen en schonken een bonus per geleverde arbeider. Over de arbeidsomstandigheden in de mijn zwegen ze wijselijk. Ze kochten arbeiders op om ze door te verkopen. Er kwam vaak geweld aan te pas. In wezen verschilde hun werkwijze weinig van de rekrutering door de Force Publique anno 1890 of van de Afro-Arabische slavenhandelaren in 1850. De gepensioneerde boy liet er in zijn memoires geen misverstanden over bestaan.

> Op die basis konden *bwana* Changa-Changa [de Afrikaanse bijnaam voor Union Minière] en de andere blanken hun mijnbouwmaatschappijen oprichten. (...) De ellende die we ondergingen was onvoorstelbaar; slapen op de grond, gebeten worden door slangen, door muggen, door allerlei soorten insecten. Zo ging het er met de blanken aan toe, en dat allemaal om ertsen te vinden in Katanga, en nog erger was het met de blanken van de Comité spécial [du Katanga, actief tot 1910]. Toen moesten we rondlopen, prospecteren, zoeken in de struiken en op de heuvels naar allerlei soorten stenen. En bovendien moesten wij, de boys, de blanken volgen langs alle rivieren van Katanga, van Congo, van overal.[43]

De huisvesting van die eerste generatie mijnwerkers was vaak abominabel. De mijnwerkers waren ondergebracht in arbeiderskampen, ver van het blanke stadscentrum. Die ruimtelijke segregatie lag sinds 1913 wettelijk vast.[44] Hun wijken leken eerder op militaire kampementen dan op stadswijken: rechthoekig en relatief schaduwloos. Traditionele hutten stonden er streng in het gelid. Per hut mochten er vier arbeiders wonen, elkeen beschikte over vier vierkante meter. Latrines waren voorzien, althans in theorie. In werkelijkheid leefden oververmoeide arbeiders in barre omstandigheden met weinig hygiëne. Bij de mijn van Kambove moesten de kampbewoners soms letterlijk door de drek waden. Drinkwater was er schaars. De mijn met zijn stoommachines en boorinstallaties slokte zelf het meeste water op. Tijdens het droogseizoen dronken arbeiders uit stilstaande plassen of modderige stroompjes.[45] Ziektes bleven niet uit. Dysenterie, enteritis en tyfus eisten hun tol en lokale griepepidemieën braken uit in Elisabethville, bij The Star en in Kambove. In 1916 stierven er op die drie plekken binnen zes maanden 322 arbeiders, op een totaal van vijfduizend. Bovendien kregen veel mijnwerkers door het zware werk in de stoffige mijnen te kampen met longontsteking en tuberculose. Een kwart tot een derde van hen werd ziek, maar de gezondheidszorg bleef minimaal.[46] Anno 1920 waren er circa zeventig artsen en één tandarts voor heel Congo: die stonden vooral ten dienste van de blanke bevolking.[47] De arbeiders maakten lange dagen en werden karig betaald. Velen werden lusteloos en depressief en verlangden terug naar huis. Ze organiseerden zich minimaal, vaak volgens etnische lijnen, om hun zieken te verzorgen, hun doden te begraven, te drinken en te zingen. Sommigen deserteerden, anderen durfden niet. Tot 1922 waren lijfstraffen wettelijk toegestaan.

De balans van dit alles was grimmig. Van de rubberpolitiek had Zuid-Katanga nooit zo veel last ondervonden, maar nu werd de regio meegesleurd in een meedogenloos industrieel kapitalisme. Dat bracht André Yav, de voormalige boy, tot een hoogst merkwaardige maar erg veelzeggende conclusie: hij besloot dat koning Albert I veel slechter was dan Leopold II, die tenminste nog 'de wetten van Afrika en Congo respecteerde'! Dat vergde enige toelichting: 'In de tijd van koning Leopold II aten de boys samen met de blanken aan één tafel. De blanke zag hem als een werknemer. Zij waren niet als de blanken die na Leopold II kwamen. Toen hij stierf, volgde koning Albert I hem op. Die blanken namen strenge besluiten, en hun besluiten waren echt heel slecht. Zij waren het die een slecht soort slavernij brachten voor ons, Congolezen.'[48]

Evenmin fijnzinnig waren de toestanden bij de goudmijnen van Kilo-Moto in de Province Orientale. Slechts een op de acht arbeiders werkte er vrijwillig, de rest was buitgemaakt in de plaatselijke dorpen. Het ging ook hier om mensenhandel en dwangarbeid. Rekruteerders betaalden een plaatselijke dorpschef tien frank per arbeidskracht en voerden de jongemannen geketend af. Hun halzen waren met elkaar verbonden door een houten juk of een touw met stroppen. In 1908 waren er achthonderd werknemers, in 1920 meer dan negenduizend.[49] In de diamantrijke Kasai werkten anno 1923 zo'n twintigduizend Afrikanen in dienst van tweehonderd blanken.[50]

Tussen 1908 en 1921 voltrok zich in Congo dus een eerste industrialiseringsgolf en dat ontketende de proletarisering van de inwoners. Mannen die voorheen visser, smid of jager waren, werden loonarbeider bij een bedrijf. Ook in die vroegste fase ging het om erg grote aantallen. In Katanga, waar 60 procent van de arbeiders voor Union Minière werkte, groeide het aantal mijnwerkers tussen 1914 en 1921 van achtduizend naar tweeënveertigduizend en het aantal spoorwegarbeiders van tienduizend naar 40.700. Kasai en de Province Orientale waren samen goed voor dertigduizend werkers, in Kinshasa en Léopoldville woonden nog eens dertigduizend migranten. De reden voor die massale aanwerving van Afrikaanse arbeidskrachten was simpel: zweet kostte minder dan benzine.[51]

Bovendien beperkte die proletarisering zich niet tot de industrie. Ook de landbouw had behoefte aan handarbeiders, zeker nu blanke boeren begonnen met koffie-, cacao- en tabaksplantages. De grootste agrarische tewerkstelling deed zich echter in de palmoliesector voor. In 1884 was in Liverpool ene William Lever begonnen met zeep op industriële schaal te maken. De blokken rolden over de persen en hij doopte zijn product Sunlight. Dat dit bedrijf zou uitgroeien tot de multinational Unilever was onder meer aan Congo te danken. De zeep werd gemaakt op basis van palmolie die Lever aanvankelijk aankocht in West-Afrika. Toen hij van de Britse koloniale administratie geen gunstige voorwaarden meer kreeg, verleende de Belgische staat hem in 1911 een zeer uitgestrekte concessie in Congo. Hij mocht naar eigen inzicht vijf cirkels met een straal van zestig kilometer afbakenen in gebieden waar wilde palmen overvloedig voorkwamen, samen goed voor 750.000 hectare, tweeëneenhalf keer België. Dit was het begin van de Huileries du Congo Belge (HCB), een bedrijf dat vooral in het zuiden van Bandundu zeer actief was en uitgroeide tot een reusachtig concern. In die streek rond Kikwit verrees het stadje Leverville. Voor het oogsten van de palmnoten deed het bedrijf een beroep op vele duizenden Congolezen, die op traditionele wijze langs de stammen omhoogklommen om de trossen los te kappen. Lever had de naam een groot filantroop te zijn, maar in Congo viel daar niet zo veel van te merken. De werknemers verdienden een schamele vijfentwintig centiem per dag en leefden in primitieve omstandigheden. Er was sprake van gedwongen rekrutering en het omkopen van dorpsoversten. Tientallen dorpen moesten opkrassen in naam van de industrie. Het ging er hardhandig aan toe. Vandaag herinnert men zich in Kikwit die periode met bitterheid: dit was erger dan wat de streek had meegemaakt tijdens de rubberjaren.[52] Koning Albert zal het in 1912 vast niet hebben vermoed, toen hij van William Lever een ivoren doosje ontving met daarin het eerste stuk Sunlightzeep dat vervaardigd was uit Congolese palmolie.

'Ik verdiende 3 frank per maand,' had Nkasi verteld. Hij wist het nog zo goed, omdat het de allereerste keer was in zijn leven dat hij geld verdiende. De prille industrialisering van Congo zorgde niet alleen voor een eerste vorm van urbanisering en proletarisering, maar ook voor een ingrijpend proces van monetarisering. Voor het eerst kreeg de bevolking op grote schaal te maken met zoiets abstracts als geld. Formele betaalmiddelen waren niet helemaal nieuw: in Bas-Congo gebruikte men van oudsher witte schelpjes, in Katanga ambachtelijk gemaakte koperen kruisjes, elders mitako's, de koperen staafjes die de vroegste kolonisatoren hadden geïntroduceerd. Maar die betaalmiddelen haalde men alleen tevoorschijn voor bijzondere transacties. Een wijdverbreide geldeconomie was er nog niet. Dat veranderde echter snel. Anno 1900 waren hoogstens enkele honderden arbeiders in Bas-Congo in loondienst, met name bij de spoorweg, maar in 1920, toen Nkasi naar Kinshasa trok, waren dat er al 123.000 over het hele land verspreid. En toen moest de echte tewerkstellings*boom* nog beginnen: in 1929 ging het inmiddels om 450.000 arbeiders. Congo werd een geldeconomie.[53]

De impact van die monetarisering was aanzienlijk. Opnieuw manifesteerde de staat zich nadrukkelijk in het leven van alledag. Men kon geen kip meer kopen van de buurvrouw zonder dat de overheid er symbolisch bij betrokken was. De eeuwenoude ruilhandel, een transparant stelsel van uitwisseling tussen mensen onderling, moest wijken voor een abstract systeem dat door de staat werd opgelegd. Mensen moesten er maar op vertrouwen dat die gekke briefjes waarop een blanke vrouw in witte tuniek prijkte, een effectieve waarde hadden. 'Banque du Congo-Belge' stond er op dat eerste Congolese bankbiljet in statige letters, 'un franc' – voor wie kon lezen. De vrouw, ze leek nogal van het Helleense type, droeg een diadeem. Haar linkerarm rustte op een groot wiel, haar rechter omvademde een korenschoof.[54] Het moesten vast allegorieën van de landbouw en de nijverheid voorstellen, maar de doorsnee Congolees was niet zo vertrouwd met neoclassicistische grafiek en kitsch. In de vroege jaren twintig speelden de munten meer in op de plaatselijke realiteit: ze hadden als beeltenis een oliepalm, *m'bila* in een aantal inlandse talen.[55] Men begreep het letterlijk als een link tussen staat en industrie: het concern van Lever werd algauw *Compagnie m'bila* genoemd. Geld, dat was ruilhandel met de fabriek. Jij gaf je lijf, zij een loon.

Maar het voordeel was wel dat belastingen voortaan makkelijker geïnd konden worden. Men hoefde niet langer in natura of arbeid zijn verplichte lidmaatschap van de staat te betalen. Het was gedaan met het dragen van lasten, het peddelen op de rivier of het inzamelen van rubber ten behoeve van de blanke, het was gedaan met de regel dat je veertig uur per maand de staat moest dienen. Toen België Congo overnam, introduceerde het eerst nog het stelsel waarbij andere goederen dan rubber als taks konden tellen – de koloniale fiscus was evenzeer blij met maniokbrood, kopal, palmolie of kippen – maar na verloop van tijd gaf het toch de voorkeur aan een belasting in baar geld. Joseph Njoli, een man uit de Equateur, herinnerde het zich nog goed toen hij in 1953 door een missionaris gevraagd werd om zijn lange leven te beschrijven:

> Na het rubber hebben ze ons een belasting opgelegd in vis en maniok. Na de vissen waren het palmolie en hout die we moesten leveren aan de gewestbeheerder in Ikenge. Zijn naam was Molo, de blanke die in Ikenge verbleef bij de oeverbewoners. We hebben veel vormen van corvee gekend. (...) Toen kwam een andere blanke, Lokoka genaamd. Hij liet de eerdere werken stoppen en bracht ons geld. Hij zei: 'Jullie mogen de belasting in geld betalen. Iedereen moet 4,50 frank betalen.' Dit was de invoering van het geld bij de zwarten. En nu leven we nog steeds in die slavernij van de Belgen.[56]

Vier en een halve frank per jaar, dat was niet overdreven veel. Men hield de belastingdruk bewust laag. In 1920 kwam dat overeen met zes kilo rubber, of vijfenveertig kilo palmnoten, vijfenveertig kilo palmolie, vijfenveertig kilo kopalhars, negen kippen, een halve geit of een paar dozijn maniokbroden.[57]

Op papier wilde Belgisch Congo breken met de kwalijke gewoonten van de Vrijstaat, maar in de praktijk pakte het vaak heel anders uit. In de zones waar het internationale grootkapitaal neerstreek, ontstonden nieuwe vormen van uitbuiting en knechting. Er kwamen migratiestromen op gang die het land eerder ontwrichtten dan herstelden. Jongemannen belandden in groezelige arbeiderskampen, terwijl in hun dorpen enkel nog vrouwen en ouderen overbleven. Veel van de ellende in de periode 1908-1921 was te wijten aan de vier lange jaren van de Eerste Wereldoorlog, maar veel ellende ging er al aan vooraf. Het zou fout zijn om alles af te schuiven op dat vermaledijde conflict. De Grote Oorlog was niet de oorzaak, maar verergerde de toestand wel.

Op 11 november 2008 goot het met bakken boven Kinshasa. Zelfs naar equatoriale maatstaven ging het om een uitzonderlijk zware regenbui.

Het waren geen druppels die vielen, maar slierten glas, vloeibare reageerbuisjes. Het verkeer in de stad viel stil, de claxons toeterden onophoudelijk alsof ze de plassen aanmaanden om op te drogen, en de binnenplaats van het Maison des Anciens Combattants was teruggebracht tot een zwembad. Dat gebouw was in de jaren vijftig een openluchtbioscoop, nu diende het als clublokaal voor oud-strijders. Hier kwamen de veteranen van de vele oorlogen die Congo gekend heeft dagelijks samen. 'Het is niet te geloven,' zei een Belgische militair in uniform tegen me, 'niets is waterdicht in dit land, overal regent het binnen, maar hier blijft het water moeiteloos staan.' Hij keek naar de betegelde binnenplaats. Een tiental jongeren was met emmers aan het hozen geslagen, zonder veel zichtbaar resultaat. Het water stond wel dertig centimeter hoog. 'Je kan hier verdomme koikarpers kweken.'

Ondertussen stroomde het volk toe. Vrouwen in prachtige doeken gewikkeld: de hakken van hun muiltjes maakten kuiltjes in de aarde. Mannen met blinkende koperinstrumenten. Heren in driedelig pak. Stokoude militairen in groen uniform. Uiteraard, dit was hun dag. Ze waren niet erg talrijk meer. Onder een afdak stonden ze elkaars medailles te evalueren en af te pakken. 'Saio? Daar was jij niet bij. Geef hier.' Onder nukkig gegrom wisselden medailles van jas. Dat duurde een hele tijd, tot iedereen die wat klatergoud wilde dragen ook daadwerkelijk iets had om op te spelden. André Kitadi zei tegen mij: 'Niemand van hen was erbij. Er zijn nog maar vier oud-strijders van '40-'45 in Kinshasa in leven.' Hij was een van hen, ik had hem al eens eerder geïnterviewd. Hij maalde niet om medailles.

Vandaag werd de negentigste verjaardag van de Wapenstilstand van de Eerste Wereldoorlog herdacht.

De genodigden wachtten onder luifels tot de binnenplaats weer droog was. De plechtigheid moest om elf uur beginnen, maar het was al half een. Uiteindelijk kwam iemand met een waterpomp op de proppen. Een half uur later was er ook diesel gevonden, nog een kwartier later sloeg de motor aan. Na vijf minuten luidruchtig slurpen was de binnenplaats leeg en de achtertuin van het Maison des Anciens Combattants verworden tot een modderpoel. De ceremonie kon beginnen.

In 1914 was Congo net zo neutraal als België. Dat moest wel: beide landen waren ooit als bufferstaat bedacht tussen rivaliserende grootmachten. Voor Congo was die neutraliteit afgeleid uit de slotakte van de Conferentie van Berlijn. Maar op 15 augustus 1914, elf dagen na de Duitse aanval op België, kwam daar een einde aan. Voor het dorp Mokolubu aan de Congolese zijde van het Tanganyika-meer doemde een stoomboot op. Die kwam van de overzijde, de Duitse zijde. Het schip vuurde op een plaatselijke uitspanning en bracht een vijftiental prauwen tot zinken. Een detachement Duitse soldaten ging aan land en sneed op veertien plekken de telefoonkabel door.[58] Een week later werd de haven van Lukuga aangevallen. Zo begon de Eerste Wereldoorlog in Congo. De territoriale integriteit was bedreigd, de imperatief van neutraliteit gold niet langer.

Het kolonialisme maakte dat een Europees gewapend conflict kon uitgroeien tot een wereldoorlog. Grote delen van Afrika werden daardoor betrokken bij de wereldbrand. De Duitse kolonies in Oost-Afrika (het latere Rwanda, Burundi, Tanzania) en West-Afrika (het latere Togo, Kameroen en Namibië) grensden aan alle kanten aan Frans, Brits, Portugees en Belgisch overzees bezit. Belgisch Congo deelde in het noordwesten enkele tientallen kilometers grens met Kameroen, in het oosten meer dan zevenhonderd kilometer met Duits Oost-Afrika. Niet te verwonderen dus dat Berlijn al geruime tijd zijn belangstelling voor Belgisch Congo had laten blijken. Het wilde een brug slaan tussen zijn oostelijke en westelijke koloniën, onder meer ook om de Britse as *from Cape to Cairo* te breken. Bovendien, was koloniseren ten langen leste toch geen taak van grote mogendheden? Mocht men dat wel overlaten aan onbeduidende dwergstaatjes als België?[59] Nog in 1914 werd er onderhandeld met Engeland over een opdeling van Belgisch Congo. Daar hadden de Engelsen echter geen oren naar: zij beseften maar al te goed dat de Fransen, met hun historische *droit de préemption* op Congo, dat nooit zouden slikken.[60] Maar zelfs in België vroegen sommigen zich af of die hongerige oostbuur niet gestild kon worden door hem de helft van Congo cadeau te doen. Een gebied van 680.000 vierkante kilometer oerwoud, zou dat de Teutoonse vraatzucht niet enigszins temperen?[61]

Maar er kwam dus oorlog, ook in Afrika. Geen inlander die wist wie aartshertog Franz Ferdinand von Habsburg was en waarom een welgemikt schot in Sarajevo moest leiden tot slachtingen in de savanne, maar de blanken deden er heel ernstig over. De krijgsverrichtingen in Afrika leken echter in niets op de onwrikbare stellingenoorlog die Europa onderging. Er was geen continu, eenduidig front, zoals de linie die van de Noordzee tot Zwitserland liep. Er waren geen loopgraven, geen aanvallen met mosterdgas, geen stellingen die ondergraven werden met dynamiet, geen kerstbestanden met voetbalmatches in het niemandsland. De schaal van het Afrikaanse continent, het gebrek aan wegen, het tekort aan manschappen en de vaak extreem moeizame topografie zorgden voor een heel ander type gevechten. Men veroverde geen gebieden, maar strategische plekken. Men brak niet door een aaneengesloten frontlinie, maar versloeg een plaatselijk regiment. Men palmde geen zones in, maar controleerde wegen. De intensiteit lag veel lager. In Duits Oost-Afrika hield generaal Von Lettow-Vorbeck vier jaar stand met een leger van drieduizend Duitsers en elfduizend Afrikanen, aantallen die er in Verdun op één voormiddag doorheen gejaagd werden.

Vanuit Brussel kreeg de gouverneur-generaal te horen dat hij de Force Publique mocht inschakelen om de kolonie te verdedigen. Later, toen de Belgische regering in ballingschap bij Le Havre verbleef, was er een intensieve communicatie met het koloniaal bestuur in Boma. Maar het bestuurlijke eenrichtingsverkeer vanuit Europa was gebroken: terwijl België nagenoeg volledig onder de voet werd gelopen door de Duitse troepen, bleef het grondgebied van de kolonie gedurende de hele oorlog quasi intact. De verhoudingen lagen plotseling anders.

De Congolese troepen vochten op drie fronten: Kameroen, Rhodesië en in Duits Oost-Afrika. De eerste twee vergden relatief kleinschalige inspanningen. In 1914 schoten zeshonderd soldaten en een handvol blanke aanvoerders de geallieerde troepen te hulp in de strijd om Kameroen. En een jaar later trokken 283 Congolese en zeven Belgische militairen op met de Brits-koloniale troepen, toen de Duitsers Rhodesië bedreigden. Maar veruit de zwaarste machtsontplooiing vond plaats in het oosten van de kolonie. In de Kivu-streek was de grens tussen Belgisch en Duits grondgebied pas in 1910 vastgelegd. Maar vanaf 1915 probeerden Duitse troepen herhaaldelijk de Kivu binnen te vallen om van daaruit door te stoten naar de goudmijnen van Kilo-Moto in het Ituri-woud. Dat mislukte. Wel slaagden ze erin de controle te verwerven over twee van de Grote Meren: het Tanganyika-meer en het veel kleinere Kivu-meer. Met hun oorlogsbodems de Kingani, de Von Wissmann en vooral de Von Goetzen (duizend ton zwaar) patrouilleerden ze voor de Congolese kusten. In het Kivu-meer hadden ze zich meester gemaakt van het eiland Idjwi, het enige deel van Belgisch Congo dat onder Duitse bezetting kwam.

De strijd om het Tanganyika-meer werd een van de meest epische uit de hele Eerste Wereldoorlog. Vanuit Zuid-Afrika smokkelden Britse troepen de onderdelen van twee snelle, wendbare kanonneerboten naar de

Kaart 5 : Belgisch-Congo tijdens de Eerste Wereldoorlog

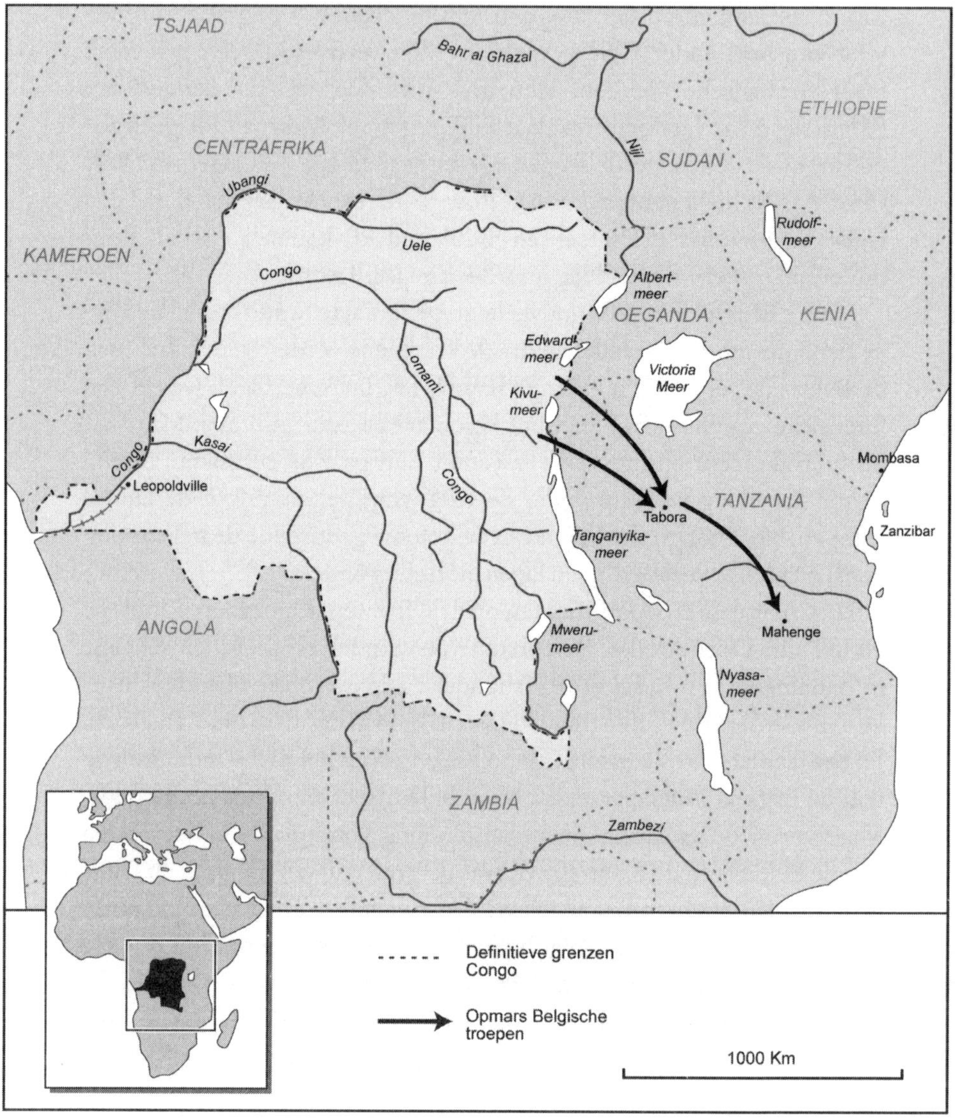

oevers van het meer. Schepen in onderdelen over land dragen: men leek wel terug in de tijd van Stanley. Onder hun deknamen Mimi en Toutou zouden ze een beslissende rol spelen in het verzwakken van de Duitse mariene slagkracht. Zo mogelijk nog onvoorstelbaarder was het initiatief om de Belgische koloniale troepen aan het Tanganyika-meer te versterken met vier watervliegtuigjes. De luchtvaart stond nog in zijn kinderschoenen, de koloniale luchtvaart al helemaal. Niemand wist hoe die lichte toestelletjes zouden reageren in de hete tropenlucht. Niemand had ervaring met luchtvaart in tijden van oorlog, laat staan met broze tweedekkers die zouden opstijgen vanaf het water. De vier toestellen kwamen in onderdelen per schip aan in Matadi. De trein bracht ze vervolgens naar Kinshasa, van daaruit werden ze overgeladen op een vrachtschip naar Kisangani. Een maand later bereikten ze Kalemie. Vijfhonderd ton materieel, 53.000 liter fuel en olie, vier mitrailleurs en dertigduizend cartouches. Omdat het Tanganyika-meer te woelig was als start- en landingsbaan, bracht men de vliegtuigjes naar een gesloten lagune, dertig kilometer verderop. Die lag helemaal aan het zicht van de vijand onttrokken, en het water kende nauwelijks golfslag. In 1916 voerden de vliegtuigjes meerdere vluchten boven het Tanganyika-meer uit, vooral met de bedoeling om de Von Goetzen te bombarderen, wat op 10 juli ook lukte. (Maar ten onder ging de Von Goetzen niet, anno 2010 doet ze nog steeds dienst, als veerboot op het meer waar ze als oorlogsschip een roemloos einde vond.) De verdediging van de Duitse kuststrook, en vooral van het stadje Kigoma, was gebroken.

Ondertussen zat de infanterie niet stil. De aanvoerder van de Force Publique, generaal Tombeur, liet een grote troepenmacht opbouwen aan de oostgrens van Congo. Hij bracht vijftienduizend manschappen bijeen, allen voorzien van geweren en munitie. Logistiek moet het een nachtmerrie geweest zijn om al dat materieel ter plaatse te krijgen. Duizenden en duizenden dragers stonden in voor het transport. Voor elke soldaat die ten strijde trok, waren er grofweg zeven dragers nodig. Alles bij elkaar traden gedurende de vier oorlogsjaren maar liefst 260.000 dragers aan, en dat op een bevolking van nog geen tien miljoen inwoners. Velen van hen raakten ondervoed. Drinkwater was schaars. Men dronk uit poelen, men dronk zijn eigen urine. Er was een schrijnend gebrek aan eten, tenten en dekens, terwijl men door de hooglanden van de Kivu trok met zijn frisse nachten. Naar schatting vijfentwintigduizend dragers kwamen om. Nog eens tweeduizend militairen lieten het leven, op het hoogtepunt van de strijd was de troepenmacht gegroeid tot vijfentwintigduizend manschappen. Maar in tegenstelling tot de veldtocht naar Soedan in 1896 leidde dit alles nauwelijks tot desertie of muiterij, deels omdat de blanke officieren zich milder opstelden ten opzichte van de Afrikaanse hulptroepen, deels omdat het een zegetocht werd die moed schonk.

In maart 1916 achtte Tombeur de tijd rijp voor de aanval. De grens met Duits Oost-Afrika werd overgestoken en de tocht naar Kigali, de latere hoofdstad van Rwanda, kon beginnen. De stad viel op 6 mei. Van daaruit ging het naar Tabora, het administratieve knooppunt van de Duitse kolonie. De stad lag hemelsbreed nog eens zeshonderd kilometer verderop; de tocht erheen ging te voet, opnieuw met tienduizenden dragers. Een andere colonne vertrok vanaf de oevers van het Tanganyika-meer. Tabora was een aanzienlijke stad met enkele grote hotels, handelshuizen en industrieën. Het lag op twaalfhonderd meter boven de zeespiegel in een open, dorre vlakte. De strijd om Tabora vormde het hoogtepunt van de Belgische koloniale gevechten tijdens de Eerste Wereldoorlog. Op 19 september, na tien dagen en nachten van hevige gevechten, viel de stad in Belgisch Congolese handen. De Duitse troepen sloegen op de vlucht; de Belgische driekleur wapperde op hun fort. Een jaar later, in 1917, zou van daaruit nog een succesvolle veldtocht naar Mahenge gevoerd worden, nog eens vijfhonderd kilometer verderop, in de richting van Mozambique. De Force Publique controleerde een derde van Duits Oost-Afrika. Enkele elementen trokken zelfs op naar de Indische Oceaan, maar Tabora werd de naam die iedereen zou leren kennen. Generaal Tombeur werd in de adelstand verheven – zijn nieuwe naam luidde, plots nogal toepasselijk, Tombeur de Tabora – en in Sint-Gillis bij Brussel werd een gestileerd monument voor hem opgericht. In Congo kreeg Tabora de bijklank van een mythische verovering waar nog generaties schoolkinderen over zouden horen. '[Koning] Albert let op de vijand,' zongen de leerlingen van de broeders maristen in Kisangani, 'Met al zijn aandacht/ In Europa, in de stad Tabora/ Hij houdt hen in het oog.'[62]

Martin Kabuya, de 92-jarige militair wiens grootvader tijdens de Soedanese veldtocht levend was begraven, was 2 jaar oud toen de oorlog eindigde. Zijn andere grootvader, die van moederszijde, had de strijd van nabij meegemaakt. Dit vertelde hij toen ik op een snikhete dag bij hem thuis in de tuin zat: 'Mijn grootvader heette Matthias Dinda en was geboren in 1898. Hij was een Zande uit het noorden van Congo. Onze stam komt oorspronkelijk uit Soedan, wij zijn feitelijk allemaal Soedanezen. Hij was zeer sterk, hij joeg op luipaarden. Hij trad toe tot de Force Publique en werd *soldat de première classe*, de hoogste rang voor een zwarte. Vanuit Goma trok hij Rwanda binnen, en Burundi en Tanzanië, al die Duitse gebieden. Hij was erbij toen Tabora viel.' Hij zweeg even. Een hagedis met oranje kop schoot over de muur. 'Mijn grootvader was een vriend van degene die er de vlag plantte. Hij gaf hem zelfs dekking toen. Hij was een zeer groot militair.'[63]

Kabuya zag ik terug bij de herdenking van de wapenstilstand in het Maison des Anciens Combattants. De tientallen genodigden namen plaats op de drooggelegde binnenplaats. Hij zat vooraan bij de oud-strijders. Er stonden plastic tuinstoelen voor hen klaar. Een podium vol chiquere stoelen raakte gevuld met militaire en civiele hoogwaardigheidsbekleders. Toen de blaaskapel de nationale hymnes van België en Congo aanhief, veerde iedereen overeind en salueerden de soldaten en de officieren minutenlang. Het was bepaald aangrijpend: wapenstilstand vieren in Kinshasa, terwijl in het oosten van het land de rebellen van Nkunda aan hun hevigste offensief bezig waren. Een van de oud-strijders van '40-'45 zei tijdens zijn speech: 'Dit maakt ons opstandig en vervult ons met afschuw. Indien we nog onze leeftijd van 1940 hadden, namen we de wapens op om die onruststokers te ontwapenen.'[64]

Na de toespraken was het tijd voor de jaarlijkse *remise des cadeaux*, het uitdelen der geschenken. De voorzitter van een oud-strijdersvereniging kreeg van een viceminister een koelkast cadeau, een andere gedecoreerde ontving van de Belgische militair attaché tien kilo maniokmeel, maar het belangrijkste geschenk – een ghettoblaster geïmporteerd uit China – ging naar een oud, fragiel vrouwtje dat kortweg als '*la veuve*' werd omgeroepen. Haar naam was Hélène Nzimbu Diluzeyi, ze was 94 jaar oud en de laatste weduwe van een oorlogsveteraan uit de Eerste Wereldoorlog.

Na afloop speelde er een bandje wel een half uur lang het nummer 'Ancien combattant' van Zao, een zanger uit Congo-Brazzaville, misschien wel het mooiste nummer uit de Congolese popmuziek. '*La guerre, ce n'est pas bon, ce n'est pas bon,*' klonk het. De bejaarde militairen begonnen op de binnenplaats te dansen, terwijl er bier was en cola en hapjes. Sommigen schuifelden voorzichtig op de maat, anderen speelden oorlogje: iemand hield een paraplu vast en deed alsof hij ermee schoot, een ander liet zich in slow motion op de grond vallen, schokte met zijn ledematen mee op de muziek en deed toen alsof hij dood was. La veuve zat er geamuseerd naar te kijken, klapte in haar handen en moest nu en dan schaterlachen om die briljante pantomime.

Toen het feest op zijn einde liep bracht ik haar naar huis. Ze woonde in de wijk Kasavubu. Door de slijkerige straatjes van de cité laveerden we tussen de uitgestrekte plassen. Ze klampte zich vast aan mijn linkerarm, onder mijn andere stak de wanstaltig grote doos van die ghettoblaster. Het was voor het eerst dat ik arm in arm liep met de weduwe van een oorlogsveteraan. Op haar perceel gingen we zitten onder de lijn met wasgoed. Kinderen en kleinkinderen kropen erbij. Haar zoon kwam tolken. 'De naam van mijn man was Thomas Masamba Lumoso,' begon ze, 'hij was geboren in 1896. Toen hij 10 was, kwam hij naar Kin. De protestantse missionarissen leerden hem Engels, daarna gaven ze hem aan het leger. Daar kreeg hij een battledress. In kaki.'

'Maar nee, ma, dat was veel later. Toen droegen ze nog een blauw uniform met rode fez.'

'Echt waar? *En tout cas*, hij was 18 toen de oorlog begon. Hij werkte aan de TSF, als korporaal.'

TSF, herinnerde ik mij, dat was de *télégraphie sans fil*, de radioverbinding.

'Hij ging naar waar er oorlog was. Overal. Maar hij is nooit gewond geraakt. God heeft hem veel beschermd.'

'Ja,' viel haar zoon haar bij, 'en hij sprak veel talen. Swahili, Kimongo, Mbunza, Tshiluba, Kinzande, maar ook Vlaams, Frans, Engels en door de oorlog zelfs een beetje Duits.'

'Duits?'

'Ja, dingen zoals *Guten tag! Wie geht es? Danke schön!* Ik weet niet wat het wil zeggen, maar hij zei dat altijd.'[65]

Het was de enige keer tijdens mijn tien reizen door Congo dat ik iemand ontmoette die Duitse woordjes kende.

's Avonds zag ik bij zijn andere zoon, kolonel Yoka, nog een foto van die oorlogsveteraan. In uniform, met decoraties en zeer ernstig gezicht. In een rapport uit 1921 werd zijn vader omschreven als 'actief en eerlijk'. Maar het interessantste document dat de kolonel me liet zien was een brief van zijn Belgische overste: 'De genaamde Masamba uit het dorp Lugosi is als planton in dienst geweest van de TSF van 9 augustus 1914 tot 5 oktober 1918.' Getekend, op 7 oktober 1918, door ene Vancleinghem, voor zover het handschrift te ontcijferen was. Die data waren veelzeggend. De termijn van die soldaat viel immers volledig samen met de duur van de Eerste Wereldoorlog. Hij trad in dienst vijf dagen na het begin ervan en zwaaide één maand voor de wapenstilstand af.[66] De laatste oudstrijder was ook de langst dienende soldaat geweest.

De Wereldoorlog had niet alleen gevolgen voor de mannen van de Force Publique. In de mijnen van Katanga zaten de kompels niet stil. De ontginning draaide op volle toeren. Al waren de financiële banden met Brussel verbroken, de vraag naar koper was door de oorlog dramatisch toegenomen. In volle oorlogstijd evolueerde de koloniale export van 52 miljoen Belgische frank in 1914 naar 164 miljoen in 1917.[67] De Britse en Amerikaanse bommen in Passendale, Ieper, Verdun en langs de Somme hadden hulzen van messing die tot 75 procent Katangees koper bevatten. Onderdelen van hun kanonnen bestonden uit zuiver gehard koper. Hun geweerkogels hadden witkoperen hulzen waarin 80 procent koper was verwerkt. Torpedo's en mariene instrumenten werden vervaardigd uit koper, brons en messing.[68]

Maar ook buiten de grote industriegebieden voelden heel wat Congolezen dat het oorlog was. In de Province Orientale werden boeren gedwongen rijst te telen om de troepen te ravitailleren. Elders verplichtte de overheid de bevolking om katoen te kweken; dat kwam de export ten goede, maar ook de plaatselijke textielfabrieken. Er ontstond een heel systeem van *cultures obligatoires*, gewassen die men verplicht was te verbouwen namens de overheid. Dat bracht veel onaangename herinneringen naar boven. Nkasi en Lutunu mogen in hun dorpen in Bas-Congo dan weinig van de oorlog gemerkt hebben, veel Congolezen in het binnenland gingen wel degelijk gebukt onder het juk ervan. En zoals wel vaker in de Congolese geschiedenis nam protest tegen dat lot een religieuze vorm aan.[69]

In 1915 kreeg in het Ekonda-gebied in de Equateur ene Maria Nkoi een mystieke ervaring. Ze raakte overtuigd van haar geneeskrachtige gaven en haar profetische plichten. Voortaan stond ze bekend als *Marie aux Léopards*, Marie met de luipaarden.[70] Ze begon zieken te behandelen en haar geloof te prediken. Daarbij riep ze op tot revolte tegen de kolonisator en voorspelde ze dat Congo weldra bevrijd zou worden door de '*djermani*', de Duitsers.[71] Die opruiende taal bracht haar in aanvaring met het lokale bestuur. Ze werd gevangengenomen. Haar verhaal doet denken aan de vrouw die in 1704 in de ruïnes van de kathedraal van Mbanza-Kongo een alternatief christendom bedacht en daar ook voor werd vervolgd. Ook toen verkeerde het Europees gezag in crisis, ook toen vreesde men voor de gevolgen van zo'n religieus reveil.

Bevrijd worden door de Duitsers? Daar waagden Albert Kudjabo en Paul Panda Farnana toch aan te twijfelen. Zij waren verdorie door hen gevangengenomen! Kudjabo en Panda waren enkele van de zeer weinige Congolezen die meevochten tijdens de Eerste Wereldoorlog in België. Al in 1912 was ene J. Droeven toegetreden tot het Belgisch leger; hij was de zoon van een Belgische wapenmaker, in 1910 vermoord in Congo, en een inlandse vrouw. Deze métis was de eerste kleurling in het Belgische leger, maar nog geen drie maanden nadat de oorlog was begonnen, deserteerde hij om een liederlijk leven te gaan leiden in de cafés van Parijs.[72] Kudjabo daarentegen behoorde tot een Congolees Vrijwilligerskorps dat zich in 1914 had aangeboden aan de belaagde Belgische strijdkrachten.[73] Het gros van dat korps bestond uit oud-kolonialen; het werd aangevoerd door kolonel Chaltin. Zij waren de enige Belgen met oorlogservaring; die hadden ze opgedaan tijdens de Arabische campagnes en Soedanese veldtochten. Maar zelfs dat mocht niet baten. Bij de opmars van het Duitse leger moesten ze de stad Namen mee helpen verdedigen, maar dat haalde weinig uit. *Das Heer* rolde als een pletwals over België, en de 21-jarige Albert Kudjabo werd, samen met Paul Panda, in de kraag gevat. Als krijgsgevangene kwam hij in Berlijn terecht, te midden van soldaten uit alle hoeken van de wereld. Enkele volkskundigen en filologen vonden die plotselinge etnografische samenscholing wel interessant. Ze richtten de Koninklijke Pruisische Fonografische Commissie op en maakten bijna tweeduizend klankopnames van al die exoten. Albert Kudjabo mocht een liedje inzingen. Hij trommelde, floot en praatte in zijn moedertaal.[74] Die opnames zijn bewaard gebleven. Het heeft iets ontroerends: de enige soldaat in dienst van het Belgische leger tijdens de Eerste Wereldoorlog van wie we nog de stem kennen is een Congolees.[75]

De gevolgen van de Eerste Wereldoorlog voor Belgisch Congo waren aanzienlijk. Vooreerst territoriaal. Op de conferentie van Versailles werd in 1919 beslist om de Duitse kolonies te verdelen onder de overwinnaars. Kameroen werd Frans en Brits, Togo werd Frans, Duits Oost-Afrika Brits, en Namibië werd aan de Britse *dominion* van Zuid-Afrika toevertrouwd. België kreeg de voogdij over twee minuscule landjes aan zijn oostgrens, de historische koninkrijkjes Rwanda en Burundi (toen nog Ruanda en Urundi). In 1923 bekrachtigde de Volkenbond deze mandaatgebieden. Op papier was een mandaatgebied geen kolonie, in de praktijk bestond er weinig verschil. Ook hier paste men het rigide en pas ontwikkelde begrippenkader van de antropologie toe. Ook in de mandaatgebieden, zo redeneerde men, had je 'rassen'. Die waren absoluut: je was óf Tutsi óf Hutu óf Twa (pygmee). Zo zou het ook vanaf de jaren dertig op je paspoort vermeld staan. Dat de grenzen tussen die tribale groepen eeuwenlang diffuus waren geweest, werd vergeten. De gevolgen van die nalatigheid zouden in de tweede helft van de twintigste eeuw desastreus blijken.

In Congo betekende de oorlog een soort pauzeknop van de sociale geschiedenis.

De schoorvoetende pogingen om het lot van de inlander te verbeteren door betere huisvesting bij de mijnen of door grootschalige campagnes tegen de slaapziekte, werden op de lange baan geschoven. De volksgezondheid was na die vier afmattende jaren opnieuw uiterst precair. Toen in 1918-1919 de Spaanse griep wereldwijd voor vijftig- tot honderdmiljoen slachtoffers zorgde, vielen er een half miljoen doden in Congo. 'De Spaanse koorts,' zei de 92-jarige Kabuya tegen me, 'daar zijn véél doden bij gevallen.' Het leek alsof we opnieuw in de ontvolking van 1905 waren. De pauzeknop was een *rewind*-toets.

Maar in de visie van de Belgen was er wel degelijk iets veranderd. Voor het eerst ging men het lot van de Congolezen met mededogen bekijken. Men besefte dat het volk zeer geleden had omwille van een oorlog die de hunne niet was. Bovendien had de oorlogservaring onder militairen voor een gevoel van broederschap gezorgd. Een Belgisch officier van de Force Publique werd er lyrisch van: 'Nee, die mannen, die hebben gevochten, geleden, gehoopt, verlangd, doorgebeten en gezegevierd met ons, voor ons, als ons, dat zijn geen... dat zijn niet langer wilden of barbaren. Als ze in het lijden en het hoogste offer onze gelijken wisten te zijn, dan moeten ze, dan zúllen ze dat ook worden op het punt van de beschaving.'[76] De soldaten van de Force Publique hadden blijk gegeven van grote moed en loyaliteit, zelfs onder de zwaarste omstandigheden. Dat noopte tot grotere mildheid en, ja, grotere betrokkenheid bij het lot van de inlander.

Maar voor de Congolezen was het een ambivalente ervaring. Veel soldaten gingen op in de onmiskenbare Belgische militaire successen. De roes van de overwinning smaakte zoet en smeedde nieuwe banden die beslist oprecht en hartelijk waren. De Belgen konden vliegen in de lucht en landen op water! Maar de oorlogsinspanning was voor vele gewone

Congolezen loodzwaar. Bovendien, en dat was nog het meest ontnuchterend, hadden ze gezien hoe de blanken, die hun geleerd hadden niet meer te moorden en geen tribale oorlogen meer te voeren, elkaar vier jaar lang om onduidelijke redenen met een ontzagwekkend wapenarsenaal naar het leven hadden gestaan in een conflict dat meer doden eiste dan al de tribale oorlogen die ze zich konden herinneren bij elkaar. Ja, dat deed toch iets met het ontzag dat je voor hen voelde. Het brokkelde af.

4
Een houdgreep van angst
Groeiende onrust en wederzijds wantrouwen in vredestijd
1921-1940

De grote maatschappelijke omwentelingen die op gang waren gekomen tijdens de eerste decennia van Belgisch Congo, zetten zich onverminderd voort in het interbellum. De industrie draaide steeds sneller. Steeds meer mensen verlieten hun dorp en gingen in loondienst. De eerste steden ontstonden. Stammen raakten er vermengd, nieuwe leefstijlen kwamen in zwang. Op zondagmiddag ging men dansen op de muziek van Tino Rossi, de vorige generatie had nog op het ritme van de tamtam gedanst. Maar ook op het platteland bleef de tijd niet stilstaan. Het systeem van de verplichte landbouwgewassen dat tijdens de Eerste Wereldoorlog was ingevoerd, werd overal toegepast. De missieposten vergrootten hun greep op de ziel van de bevolking. Scholen en hospitalen verrezen ook op afgelegen plekken. De teams ter bestrijding van de slaapziekte trokken naar de kleinste dorpen.

Zo bezien stond alles in het teken van een schaalvergroting, een proces waarbij zowel kolonisator als inlander baat had. Zo stelde men het althans graag voor. 'Sedert den wereldoorlog 1914-1918 werd de rust in Congo nooit gevoelig verstoord,' schreef een katholiek schoolhoofd uit *la Flandre profonde*. 'Enkele mindere opstootjes, niet zelden door geheime sekten en toovenaars bewerkt, konden soms een beperkt gebied onveilig maken (...) De *Boelu-Muluri*, zo heeten de inlanders het Belgisch bestuur in Congo, kan over 't algemeen steun maken op de onderworpenheid en den eerbied van de negers voor het gevestigde gezag, althans zoo de gezagvoerders zelf de *vereischten van een goed koloniaal ambtenaar* in 't oog houden en uitmunten door een *geordend en zedelijk leven*, door *ernstige menschlievendheid* en *forsige wilskracht*.'[1]

Dat nu was schromelijk overdreven. De koloniale ambtenaren mochten nog zoveel ernstige menschlievendheid en forsige wilskracht aan de dag leggen als ze wilden, ze waren niet in staat om het hoofd te bieden aan een groeiende wrevel onder de inlandse bevolking. Het ging niet om 'enkele mindere opstootjes' die 'een beperkt gebied' verstoorden, maar om significante volksbewegingen die zich over grote delen van de kolonie konden uitstrekken, ondanks hardhandige repressie van de koloniale overheid. De plotselinge onafhankelijkheidskoorts die zich vanaf 1955 manifesteerde, was helemaal niet nieuw maar had een zeer lange voorgeschiedenis. Om dat te begrijpen moeten we eerst op bezoek bij de jongere broer van Nkasi. En bij de Heilige Geest.

Gods wegen zijn ondoorgrondelijk en die naar de Heilige Geest erbarmelijk, vooral sinds hij in Nkamba huist. Van Kinshasa tot Mbanza-Ngungu, het vroegere Thysville, is de weg uitstekend. Enkele jaren geleden sloegen Europeanen en Chinezen de handen ineen om Congo van minstens één fatsoenlijke weg te voorzien, de route die Kinshasa met de havenstad Matadi verbindt. Maar zodra we die hoofdweg verlaten, wordt de weg een zandpad, het zandpad een modderpoel en onze vaart een slakkengang. Van Mbanza-Ngungu naar Nkamba bedraagt de afstand tachtig kilometer en die zullen we afleggen in drie uur. Een recordtempo, zo vertelt men ons later. De weg naar Nkamba is bepaald geen *dirt track* die maar heel af en toe een auto ziet passeren. Jaarlijks reizen duizenden en duizenden pelgrims hierlangs op weg naar spirituele herbronning. Zij spreken niet van Nkamba, maar van de Heilige Stad of *la nouvelle Jérusalem*.

In Nkamba werd op 24 september 1889, enkele jaren na Nkasi, ene Simon Kimbangu geboren. Zijn kindertijd en adolescentie verschilden niet heel erg van die van zijn leeftijdgenoten, maar hij zou de geschiedenis ingaan als een belangrijke profeet. Slechts weinigen is het gegeven om een godsdienst naar zich vernoemd te krijgen, maar Simon Kimbangu mocht zich in het rijtje scharen van Christus en Boeddha: vandaag is het kimbangisme nog steeds een levendige religie in Congo, goed voor 10 procent van alle gelovigen in Congo.

Nkasi had het me zelf verteld: 'Kimbangu, dat was geen magie. Hij was gezonden door God. Een meisje van zestien dat al vier dagen dood was, heeft hij weer tot leven gewekt.'

Congolezen en kolonisatoren hoorden pas voor het eerst over die merkwaardige man in 1921, het jaar van de vermeende verrijzenis, maar Nkasi kende hem al veel langer. Zij kwamen uit dezelfde streek. Nkamba en Ntimansi, hun geboortedorpen, lagen op loopafstand van elkaar. 'Och... wanneer ik hem voor het eerst zag? Bon... Simon Kimbangu kende ik al in de jaren 1800. Als hij zei: "We gaan nu naar Brussel", dan wás hij een seconde later in Brussel. Hij heeft toch ook mijn jongere broer genezen!'

De weg is bar slecht, maar aankomen in de Heilige Stad is een verademing. Het gebied is heuvelachtig. In de valleien ruisen eucalyptusbomen en is de schaduw weldadig. Nkamba zelf ligt op een heuveltop met verre uitzichten over Bas-Congo. Er waait een heerlijk briesje. Toch geraak je er niet zomaar binnen. Geloofsbrieven en doorgangsbewijzen uit Kinshasa en een jonge adept uit Mbanza-Ngungu zijn noodzakelijk om de drie wegversperringen te passeren die door kimbangistische ordehandhavers worden bewaakt. Er is iets merkwaardigs aan de hand met hen: ze zijn allen keurig in uniform, met groene baretten en galons, maar ze dragen geen schoenen. Geen laarzen, geen kistjes, geen sandalen, niets. Kimbangisten zijn tegen schoeisel. Eenmaal binnen word je onmiddellijk overvallen door de rust en de sereniteit van de plek. Het kimbangisme is de meest Congolese van alle godsdiensten, en tegelijkertijd waan je je onmiddellijk in een ander land. Iedereen loopt er blootsvoets en sober gekleed, radio's en stereoketens zijn er verboden. Niemand schreeuwt, alcohol is taboe. Wat een contrast met Kinshasa, met zijn extravagante kledingsstijl, zijn eeuwige geroep en gescheld, zijn trekken en sleuren bij de taxibusjes, zijn claxons en zijn gescheurde luidsprekers!

Het opvallendste gebouw is de tempel, een enorm rechthoekig bouwwerk in eclectische stijl dat de gelovigen tussen 1986 en 1991 hebben opgetrokken. In nauwelijks vijf jaar tijd zo'n bouwwerk realiseren mag als een prestatie gelden. Ervoor staat het mausoleum van Simon Kimbangu en zijn drie zonen. Werd de stichter aanvankelijk als profeet aanbeden, tegenwoordig geniet hij een goddelijke status. Die status geldt inmiddels ook voor zijn drie zonen, die niets minder dan de belichaming van de Heilige Drievuldigheid zouden zijn. Een jonge kimbangiste heeft het me ooit in Kinshasa aan de rand van een zwembad uitgelegd. Ik heb het stukje papier dat ze toen volkrabbelde nog steeds. 'Kisolokele, geboren in 1914 = God de Vader; Dialungana, geboren in 1916 = Jezus Christus; Diangienda, geboren in 1918 = Heilige Geest.' Kerstmis vieren de kimbangisten niet meer op 25 december, maar op 25 maart, de geboortedag van de middelste zoon. Toen de stichter in 1951 stierf, nam Diangienda Kintuma, de jongste van de drie, het spirituele leiderschap van de beweging over. Hij was bijzonder lang aan zet: van 1954 tot 1992. Nu wordt de functie door een kleinzoon waargenomen, Papa Simon Kimbangu Kiangani, maar de troonsopvolging verliep niet zonder slag of stoot. Ook zijn neef Armand Diangienda Wabasolele, een andere kleinzoon van de profeet, meende aanspraak te kunnen maken op het spirituele leiderschap van de kimbangistische kerk en dat leidde, naast een schisma, tot veel muzikale wedijver. De kimbangisten hechten veel belang aan muziek: naast prachtige koorgezangen kent hun liturgie het overvloedige gebruik van fanfares. In Kinshasa staat de voormalige troonpretendent aan het hoofd van een tweehonderdkoppig symfonisch orkest, in Nkamba pronkt de neef, de huidige spirituele leider, met zijn filharmonisch orkest. Ooit heb ik een openluchtoptreden van het symfonieorkest in Kinshasa gezien: geen idee hoe ze in die kapotte stad aan hun blinkende instrumenten kwamen, maar hun *Carmina Burana* was een pletwals die de toeterende avondspits moeiteloos overstemde. Wat er ook van zij, vandaag is het Simon Kimbangu Kiangani die aanbeden wordt als de Heilige Geest.

Dat mag men vrij letterlijk nemen. Het is avond als ik op het plein voor de kathedraal plaatsneem voor het avondgebed. Ik zit met mijn rug naar de officiële residentie van de spirituele leider. Rechts van me zie ik de monumentale ingang. De zuilen ervan zijn bekleed met kleurrijke stoffen, op het beton liggen tapijten uitgespreid waarop in het midden een troon staat. Een fanfare blaast montere marsmuziek. De muzikanten dragen wit-met-groene uniformen en marcheren ter plekke. Het kimbangisme is een uiterst vredelievende godsdienst, maar barst van de militaire referenties. Die waren er aanvankelijk niet, maar ze werden in de jaren dertig afgekeken van het Leger des Heils, een christelijke organisatie die destijds, anders dan de hunne, niet verboden was. Gelovigen dachten dat de S op het uniform van de heilssoldaten niet voor Salut stond, maar voor Simon en raakten gecharmeerd van hun militaire liturgie. Vandaag is groen nog steeds de kleur van het kimbangisme en luisteren militaire blaaskapellen meermalen per dag de gebedsmomenten op.

Die zijn overigens bepaald indrukwekkend. Het is een rustige maandagavond wanneer ik er ben. Terwijl de marsmuziek onophoudelijk aanhoudt, eerst op koperblazers, dan op dwarsfluiten, schuiven de gelovigen aan om door de geestelijke leider gezegend te worden. In groepjes van vier of vijf knielen ze voor de troon. De spirituele leider zelf staat rechtop. Hij draagt een grijs pak met korte mouwen en grijze sokken.

Ook hij is ongeschoeid. In zijn hand houdt hij een plastic flesje dat gevuld is met wijwater afkomstig uit de 'Jordaan', een plaatselijk riviertje. De gelovigen knielen en laten zich besprenkelen door de Heilige Geest. Kinderen openen hun mond en krijgen er een slok wijwater in gespoten. Een dove jongeman vraagt water op zijn oren. Een oude vrouw die slecht ziet, laat haar ogen besprenkelen. Kreupelen tonen hun pijnlijke enkels. Vaders komen langs met kledingstukken van hun zieke kind. Moeders tonen foto's van hun gezin opdat de leider ze even aanraakt. De rij blijft aanhouden. Er wonen gemiddeld zo'n twee- à drieduizend mensen in Nkamba, plus een groot aantal pelgrims en gelovigen die op retraite zijn. Mensen komen uit Kinshasa en Brazzaville, maar ook uit Brussel of Londen.

Duizenden en duizenden mensen, elke avond weer. Voor een buitenstaander mag het een bizarre ceremonie lijken, maar in wezen verschilt het niet van de lange processie gelovigen die al meer dan een eeuw lang elke avond langs een grot in de Franse Pyreneeën trekt. Ook daar komt men van heinde en ver naar een plek waar volgens de traditie uitzonderlijke gebeurtenissen zijn voorgevallen, ook daar smacht men naar genezing en mirakels, ook daar stelt men al zijn hoop op een flesje bronwater. Het gaat om volksdevotie en die zegt doorgaans meer over de wanhoop van het volk dan over de genade van het bovenaardse.

Na de ceremonie spreek ik bij een eenvoudige maaltijd een bijzonder waardige vrouw die als vluchtelinge Congo had verlaten en nu al jaren psychiatrisch verpleegster in Zweden is. Ze houdt van Zweden, maar ook van haar geloof. Als het enigszins kan, komt ze jaarlijks op retraite naar Nkamba, vooral nu ze wat problemen heeft met haar puberende zoon. Ze heeft hem meegenomen. 'Ik keer altijd helemaal herbrond terug naar Zweden,' zegt ze.

De volgende dag ontmoet ik eindelijk papa Wanzungasa, de jongere broer van Nkasi, voor wie ik naar Nkamba ben gekomen. Hij is slechts 100 jaar oud, maar nog steeds actief. Wat een familie toch! Zijn neefje van 60 ziet er uit als 45, zijn broer van 126 is een van de oudste mensen ooit en hijzelf is nog steeds lid van de hogere clerus in Nkamba en eerste plaatsvervanger als het gaat om evangelisatie, financiën, bouw en materiële voorzieningen. Hij staat al sinds 1962 ingeschreven als *Pasteur No 1* van de kimbangistische kerk. In 1921, toen het openbaar leven van Simon Kimbangu begon, was hij een jongen van 13. Kimbangu was toen 31.

Geen enkel gebied in Congo had zozeer te maken gehad met de komst van de Europeanen als Bas-Congo. De slavernij was afgeschaft, de vraag om dragers en spoorwegarbeiders had het traditionele leefpatroon doorbroken, boeren moesten maniok en aardnoten kweken voor de kolonisator, geld en belastingen werden ingevoerd. Europeanen herhaalden keer op keer dat ze Congo wilden ontsluiten en beschaven, maar voor Afrikanen was het directe resultaat desastreus. De slaapziekte en de Spaanse griep hadden naar schatting twee op de drie bewoners gedood en de Europese geneeskunde was machteloos gebleken. Dat zorgde voor een diepe argwaan bij de plaatselijke bevolking: die blanken brachten eerder ziekte dan genezing. Simon Kimbangu was gedoopt door Britse baptisten op de missiepost van Gombe-Lutete, op twaalf kilometer van zijn geboortedorp, en ontwikkelde zich tot een lokale catechist. In 1919 ging hij, net als Nkasi, werk zoeken in Kinshasa. Hij probeerde er aan de slag te geraken bij Huileries du Congo Belge van William Lever, maar dat werd geen succes. Wel kwam hij er terecht in een wereld van Afrikanen die gereisd hadden en konden rekenen en schrijven. Er waren duizenden zwarte arbeiders in dienst van een twintigtal ondernemingen. In die tijd hoorde hij al stemmen in zijn hoofd en kreeg hij visioenen die hem opriepen tot grote daden. Voorlopig gaf hij er nog geen gehoor aan. Pas toen hij na een jaar terugkwam in zijn dorp en vaststelde dat de Britse baptisten iemand anders tot officiële catechist hadden benoemd, brak er iets.

Op 6 april hoorde hij praten over Kintondo, een vrouw die zwaar ziek was. Hij ging erheen met een hoed op zijn hoofd en een pijp in zijn mond, men zou bijna zeggen: als missionaris. Bij haar aangekomen legde hij zijn handen op en gebood hij de doodzieke vrouw op te staan, wat ze volgens de overlevering de volgende dag ook deed. Het gerucht van de miraculeuze genezing verspreidde zich als een lopend vuurtje. De verhalen werden steeds sterker. In de daaropvolgende weken zou Kimbangu een lamme, een dove en een blinde genezen hebben. Ja, hij zou zelfs een meisje dat al enkele dagen eerder gestorven was, uit de dood hebben doen opstaan! Hier was eindelijk iemand die veel machtiger was dan die blanken met hun spuiten tegen de slaapziekte waar je juist zieker van werd. Verlossing was nabij. Uit de wijde omtrek lieten mensen hun akkers en velden in de steek en spoedden zich naar Nkamba.

Zo ook de ouders van Nkasi en Wanzungasa. Nkasi stond toen in Kinshasa aarde te scheppen, maar zijn broer zag het van nabij.

We hebben plaatsgenomen in de groene, lederen fauteuils van de staatsiesalon van Nkamba om over dat verre verleden te praten. Zoals het een kimbangist betaamt, spreekt Wanzungasa met zachte, vriendelijke stem. 'Onze ouders waren beiden protestanten, ze waren boeren. Ik had als kind een bochel. Mijn moeder hoorde dat er een genezer was in Nkamba die allerlei zieken genas, blinden en doven, en zelfs doden tot leven bracht. Ze nam me mee en we kwamen hier aan. Nkamba was vol mensen. Men riep hen op volgorde van aankomst naar voren. Toen ik aan de beurt was, werd ik uitgenodigd met mijn moeder. We knielden voor Simon Kimbangu. Hij legde een hand op mijn hoofd en zei: "In de naam van Jezus, sta op, recht uw rug en wandel." Ik deed het en stelde vast dat mijn bochel ogenblikkelijk verdwenen was. Het deed geen pijn.' Hij vertelt het rustig en feitelijk, en doet geen moeite om zijn gehoor te bekeren. De feiten zijn er, voor wie wil geloven. 'Mijn moeder was vervuld van vreugde. Simon Kimbangu zei dat we ons moesten gaan wassen in het wijwater. Wij bleven nog drie dagen ter plekke, om zeker te zijn dat ik voorgoed genezen was. Vandaag zeggen de dokters dat ik tbc heb gehad, maar dat is niet zo. Ik liep totaal gebogen. Ik ben genezen door mijn geloof. Dat zit bij ons in de familie, anders kan mijn broer toch geen 126 jaar oud worden? In ons dorp waren er nog veel zieken. Het nieuws van mijn genezing verspreidde zich vlug. Toen trok iedereen naar Nkamba en werd kimbangist.'[2]

Die plotselinge leegloop van het platteland verontrustte de koloniale overheden. Het district van de Cataractes, in Bas-Congo, was een belangrijke voedselleverancier voor Kinshasa, maar eensklaps bleven de markten leeg. Het gerucht bereikte zelfs de grote stad. Sommigen legden hun werk neer en keerden terug naar hun geboortestreek. De eersten die zich zorgen maakten, waren de protestantse missionarissen; veel vroege aanhangers van Kimbangu kwamen immers van hun missieposten. En al stonden de protestanten een veel individueler godsdienstbeleving voor dan de katholieken, toch vroeg men zich af of het hier niet enigszins uit de hand liep. Kimbangu had een vuur aangestoken dat bliksemsnel navolging kreeg. Overal in Bas-Congo schoten allerlei nieuwbakken profeten als paddestoelen uit de grond, men noemde hen *bangunza*, enkelvoud *ngunza*. Dat leidde tot uitzinnige taferelen. Een Zweedse missionaris die al jaren in Congo woonde noteerde in zijn dagboek:

> Ik heb vandaag de *Ngunza*-bijeenkomsten bijgewoond. Het is buitengewoon. Je moet hen zien sidderen, de armen uitstrekken, ze in de lucht steken, naar de hemel kijken, recht in de zon. Je moet hen horen roepen, bidden, smeken, zachtjes 'Jezus, Jezus' horen fluisteren. Je moet Yambula [een van zijn beste evangelisten] zien springen, rennen, om zijn as zien tollen. Je moet zien hoe de massa bijeenkomt, voortschrijdt, knielt onder de trillenden handen die de *bangunza* boven hun hoofden uitstrekken. – Luister naar wat hier gebeurt! Ga weg, werp die afgodsbeelden weg.[3]

Twee aspecten kunnen niet genoeg benadrukt worden. Ten eerste: de aanhangers van het nieuwe geloof keerden zich niet tegen het protestantisme, maar eigenden het zich juist toe. Het ging niet om een breuk met het christelijke geloof, maar om een eigen inkleuring, ja verheviging, ervan. Van een terugkeer naar prekoloniale religiositeit was allerminst sprake; men nam juist afstand van het voorouderlijke geloof in hekserij. Maar tezelfdertijd – en dat is het fascinerende – bediende men zich van religieuze symbolen en gebaren die teruggrepen op de traditionele geneeskunde (trance, bezwering, incantatie). Men was tegen fetisjbeelden maar gedroeg zich als een féticheur. Men vond, kortom, een Afrikaanse vorm voor een geïmporteerd geloof. Ten tweede: al stond dit plotse religieuze reveil niet los van maatschappelijke omstandigheden, in eerste instantie ging het om een exclusief spiritueel fenomeen. Kimbangu was geen politieke rebel, hij hield geen antikoloniale toespraken, zijn leerstellingen waren niet gericht tegen de Europeanen. Maar dat konden de koloniale autoriteiten maar moeilijk geloven.

Nog geen drie weken na Kimbangu's eerste optreden sloeg de districtscommissaris Léon Morel alarm. Dat was niet onbegrijpelijk: voor een koloniaal bestuur dat in Congo een reguliere geldeconomie met een klassiek arbeidsethos wilde invoeren, waren die dagenlange samenscholingen van werkonwilligen bepaald onrustwekkend. Men had de bevolking sinds 1910 onderverdeeld in kleine, veilige chefferieën; nu stroomden ze plotseling met vele duizenden samen om zich over te geven aan bizarre rituelen. Er werd een vergadering belegd in Thysville waarop katholieke en protestantse missionarissen werden uitgenodigd. De katholieken, in hoofdzaak Belgen, sloten zich aan bij de koloniale machthebbers en verweten de protestanten laksheid in hun omgang met de inboorlingen. Ze pleitten voor een gespierd en drastisch optreden van de overheid. De protestanten daarentegen beoogden een zachte aanpak. Het ging uiteindelijk om een vorm van christelijke volksdevotie, vonden ze, daar zat ook iets positiefs in, toch? Een aantal van hun dierbaarste gelovigen was erbij betrokken, mensen die ze al jaren kenden en voor wie ze vriendschap voelden. Hardhandig optreden zou hen compleet vervreemden van de missiepost. En bovendien, zou zo'n repressie het vuur niet juist aanwakkeren?

Zoals wel vaker waren de redeneringen en praktijken van de protestantse missionarissen een stuk subtieler en menselijker dan die van de katholieke, maar opboksen tegen het monsterverbond van katholieke Belgische missionarissen met Belgische koloniale ambtenaren was onbegonnen werk. Op 6 juni trok een colonne van de Force Publique samen met Léon Morel naar Nkamba om Kimbangu te arresteren. Dat leidde tot schermutselingen en plunderingen. De soldaten stalen de matten, de kleren, de kippen, de bijbels, de hymneboeken en het beetje geld dat de gelovigen hadden. Ze vuurden met scherp. Er vielen gewonden en één dode. Na afloop voerde het leger de aanvoerders van de beweging in lange rijen naar Thysville af, maar Simon Kimbangu zelf wist te ontkomen. Voor zijn volgelingen een zoveelste bewijs van zijn bovennatuurlijke gaven.

Drie maanden lang zat hij ondergedoken. Hij bleef zijn geloof verspreiden in de dorpen waar koloniale bestuurders zelden kwamen en waar niemand hem zou verklikken. Dat zegt iets over zijn populariteit en de algemeen groeiende wrevel over de blanke overheersers. In september 1921 gaf hij zich vrijwillig aan – zoals Jezus in de Hof van Olijven, vonden zijn volgelingen. Het daaropvolgende proces vergeleken ze met de veroordeling van Christus door Pontius Pilatus. Niet ten onrechte. Het ging immers om een schertsvertoning. Reeds bij voorbaat lag vast dat Kimbangu veroordeeld moest worden. Men had speciaal een lichte variant van de staat van beleg afgekondigd, zodat hij voor een krijgsraad moest verschijnen en niet voor een reguliere (en mildere) burgerlijke rechtbank. Een advocaat had hij daardoor niet, gelegenheid tot beroep was er evenmin. In drie dagen werd over zijn lot beslist. Wie er vandaag de processtukken op naleest, raakt verbijsterd over het feit dat de vragen van de rechter zo tenditieus waren. Men moest en zou bewijzen dat Kimbangu zich schuldig had gemaakt aan ondermijning van de staatsveiligheid en de openbare rust, dat was het enige misdrijf waarvoor hij in aanmerking kwam en waarop de doodstraf stond.

Commandant De Rossi zat de krijgsraad als rechter voor: 'Kimbangu, erkent u dat u een opstand tegen het koloniale bewind georganiseerd heeft en dat u de blanken, uw weldoeners, gekwalificeerd hebt als vreselijk vijanden?'

Kimbangu antwoordde: 'Ik heb geen enkele opstand gecreëerd, noch tegen de Belgen, noch tegen het Belgische koloniale bewind. Ik heb alleen het evangelie van Jezus Christus willen verkondigen.'

Maar de rechter liet niet af: 'Waarom heeft u het volk opgeroepen om het werk neer te leggen en geen belasting meer te betalen?'

Kimbangu: 'Dat is onjuist. De mensen die naar Nkamba kwamen, kwamen uit vrije wil om naar het woord Gods te luisteren, om genezing te zoeken of om een zegening te verkrijgen. Niet eenmaal heb ik aan de bevolking gevraagd om geen belasting meer te betalen.'

De rechter gooide het over een andere boeg en begon hem plots te tutoyeren. De toon werd sarcastischer: 'Ben je de *mvuluzi*?' De verlosser.

'Nee, het is Jezus Christus, die de verlosser is. Ik heb van hem de missie ontvangen om het nieuws van het eeuwige heil te verkondigen onder de mijnen.'

'Heb je doden doen opstaan?'

'Ja.'

'Hoe heb je dat gedaan?'

'Door de goddelijke kracht die Jezus mij heeft gegeven.'[4]

Dat waren antwoorden die men graag hoorde. Ze bevestigden het vermoeden dat hij een staatsgevaarlijke *farfelu* was. Men wilde hem in de schoenen schuiven dat hij opriep tot geweld omdat er in de gezangen van Nkamba over wapens werd gesproken. Kimbangu antwoordde dat de protestantse missionarissen toch ook niet waren aangehouden omdat er in hun hymnes sprake was van 'soldaten van Christus'. Men wilde hem pakken op zijn uitspraak: 'De blanken zullen zwarten zijn en de zwarten blanken.' Kimbangu zei dat dat niet letterlijk betekende dat de Belgen moesten opkrassen. En inderdaad, sinds wanneer was een egalitair discours een racistisch verhaal? Men dacht dat hij tijdens zijn verblijf in Kinshasa in contact was gekomen met zwarte Amerikanen die volgelingen waren van Marcus Garvey, de radicale Jamaïcaanse activist die vond dat Afrika voor de Afrikanen was. Kimbangu ontkende de aantijging: '*Cela est faux*.'

Maar het mocht allemaal niet baten. Ook hielp het niet dat hij halverwege het proces in een trance schoot, ijlde en begon te sidderen over zijn hele lijf. Epilepsie, denken we vandaag, maar de gerechtsarts gelastte een koude douche en twaalf zweepslagen. Het verdict was navenant: op 3 oktober 1921 werd Kimbangu ter dood veroordeeld, zijn naaste getrouwen hoorden levenslange opsluiting met dwangarbeid tegen zich uitspreken. Het vonnis deed niet moeilijk over de ware motieven: 'Het is waar dat de vijandigheid tegen de gevestigde macht zich tot op heden enkel manifesteerde in opruiende gezangen, beledigingen, vormen van smaad en enkele los van elkaar staande gevallen van oproer, maar het is ook waar dat de loop der gebeurtenissen op fatale wijze zou kunnen leiden tot de grote opstand.'[5]

Hier moest een voorbeeld gesteld worden, zoveel was duidelijk. Het liefst had men Kimbangu zo snel mogelijk laten executeren, maar tot ieders verbazing kreeg hij gratie van koning Albert in Brussel. Dus werd het levenslang. Kimbangu werd overgebracht naar de andere kant van het land, naar de gevangenis van Elisabethville in Katanga. Meer dan dertig jaar bleef hij opgesloten, tot aan zijn dood in 1951. Een zware straf voor iemand die minder dan zes maanden lang in enkele door ziekte en dood getroffen dorpen wat hoop en troost had gebracht. Zijn internering was een van de langste van koloniaal Afrika; ze duurde langer dan die van Nelson Mandela. Het grootste deel ervan bracht hij door in eenzame opsluiting. Hij had nooit geweld gepleegd.

Een rustige tijd, dat interbellum? Enkele kleine opstootjes? De excessieve bestraffing van Simon Kimbangu gaf aan dat er achter de viriele, ogenschijnlijk onverstoorbare façade van het koloniaal bewind buitengewoon veel nervositeit schuilging. Men was als de dood voor onlusten. Dat blijkt ook uit de zware repressie van zijn volgelingen.

Vanaf 1921 begon de overheid sleutelfiguren uit het kimbangisme te verbannen naar andere provincies, met de bedoeling om zo de beweging te breken. De oude Wanzungasa kon ervan meepraten. Zijn oom werd opgepakt en mocht zeven jaar gaan dienen in de Force Publique. Zijn jongste broer, een kind nog, werd gedwongen katholiek missieonderwijs te volgen en werd tegen zijn zin gedoopt, waardoor hij de enige katholiek werd in een voor de rest protestants nest. Maar zijn toekomstige schoonouders was het zwaarste lot beschoren. 'Zij werden verbannen naar Lisala, helemaal in het oosten van de Evenaarsprovincie. Waarom? Omdat de moeder van mijn toekomstige vrouw familie van Marie Mwilu was, de vrouw van Simon Kimbangu. Haar vader stierf tijdens die ballingschap. Mijn toekomstige vrouw was toen nog een meisje; zij bleef hier achter.'

Aanvankelijk ging het om enkele honderden gezinnen, maar in de loop van de koloniale tijd liep dat aantal toch op tot 3200. Vandaag beweren de kimbangisten dat er 37.000 gezinshoofden moesten vertrekken, samen goed voor 150.000 personen, maar de administratieve bronnen gewagen slechts van een tiende daarvan. Interne ballingschap was trouwens een beproefde methode van het bewind: gedurende de hele kolonisatie werden zo'n 14.000 mensen overgeplaatst, de meeste vanwege politiek-religieuze motieven. Officieel ging het om wederopvoeding, in de praktijk was het vaak een definitieve deportatie. De details doen soms denken aan het Europa van de jaren veertig. De kimbangisten werden afgevoerd in goederenwagons met gesloten deuren. Honger, hitte en ziekte onderweg eisten hun tol. Velen kwamen al tijdens de reis om door ontbering. Een man verloor zijn drie kinderen nog voor ze de eindbestemming bereikten; ze kregen een graf naast de rivier.[6] De kimbangisten werden verbannen naar het regenwoud van de Equateur, naar Kasai, naar Katanga, ja zelfs naar de Province Oriental. Daar leefden ze afgezonderd in dorpen, waar hun religie verboden was. De gevaarlijkste ballingen kwamen vanaf 1940 terecht in landbouwkolonies. Dat waren met prikkeldraad omheinde arbeiderskampen, waar mannen met hun gezin dwangarbeid moesten verrichten, terwijl militairen toezicht hielden met honden. De mortaliteit liep op tot 20 procent.

Maar het beoogde effect bleef uit. Het kimbangisme werd niet verpulverd door die drastische aanpak, integendeel zelfs. De ballingschap sterkte mensen in hun geloof. Elke blijk van weerstand overtuigde hen er nog meer van dat Simon Kimbangu de ware verlosser was. In de moeilijke leefomstandigheden bood hun geloof houvast en troost, zozeer zelfs dat het aanstekelijk werkte op hun omgeving. Streekbewoners raakten onder de indruk van dat nieuwe geloof. Daardoor kon het kimbangisme zich verspreiden in het binnenland. Ballingschap verzwakte de beweging niet, maar deed haar vertakken. De aanhang liep in de tienduizenden.

Ondertussen was in de buurt van Nkamba het geloof ondergronds gegaan. Men hield nachtelijke bijeenkomsten in het bos, waar Marie Mwilu, de vrouw van Kimbangu, vertelde over papa Simon en nieuwe gelovigen leerde zingen en bidden. Zelfs uit de Equateur kwamen mensen de rivier afgezakt. Men correspondeerde in geheimschrift met de ballingen elders in het land. De clandestiniteit was misschien een obstakel, maar het was ook een geweldige leerschool die de beweging stimuleerde en consolideerde. De energie en de vurigheid van die ondergrondse jaren doen soms denken aan de ervaringen van de eerste christenen in het Romeinse keizerrijk. Wanzungasa maakte het als tiener van nabij mee: 'We konden enkel 's nachts bidden in het oerwoud, tussen de "spinnen". Dat waren Congolezen die spioneerden voor de blanken. Overdag namen we verschillende wegen, maar we wisselden geheime tekens uit. 's Nachts kwamen we bijeen om te zingen. Soms omsingelden de Belgen ons tijdens het gebed. Zij hadden onze gezangen gehoord, maar zij konden ons niet zien. Wij hen wel, wij waren onzichtbaar voor hen.' Ook de eerste christenen in Rome die werden vervolgd hielden de moed erin met magische verhalen. Als het gezag je niet erkent, zoek je het hogerop.

De harde aanpak van het kimbangisme is een van de grootste fouten van het koloniale bestuur geweest; de bestuurders hebben het volkomen verkeerd ingeschat. Ze bestreden symptomen, geen oorzaken. Aan de reële problemen die aanleiding gaven tot zo'n massaal religieus reveil gingen ze voorbij. Harde repressie van de vorm was belangrijker dan empathische bekommernis om de inhoud. En dat pakte averechts uit. In 1934 ontstond in Bas-Congo het *ngunzisme*, een radicale variant van het kimbangisme die wel openlijk antikoloniaal was. De aanhangers pleitten tegen belastingen en voor het vertrek van de Belgen. Kort daarna zag het *mpadisme* of het *khakisme* het licht, een initiatief van ene Simon-Pierre Mpadi, die het kimbangisme verrijkte met kaki legeruniformen en een veel radicaler gedachtegoed. Hij keerde zich tegen de kolonisator, pleitte voor polygamie en hield bijeenkomsten waar de massa zich overgaf aan extatische dansen. Aan het begin van de Tweede Wereldoorlog hoopte hij dat Congo bevrijd zou worden door de Duitsers. Vanuit Congo-Brazzaville kwam het *matswanisme* overgewaaid. André Matswa (of Matsoua) was een veteraan uit de Eerste Wereldoorlog die in Frankrijk deel had uitgemaakt van de befaamde *tirailleurs sénégalais*, de Franse koloniale troepen. Nog in Frankrijk had hij een vriendenvereniging en een noodfonds voor Afrikanen gesticht, bij thuiskomst in Brazzaville werd hij vereerd als een messias en dat sloeg over naar de overkant van de rivier. Hij werd gedeporteerd naar Tsjaad, waar hij in 1942 stierf. Alle vervolging ten spijt bleven messianistische godsdiensten de kop opsteken. Die hardnekkigheid is veelzeggend. Het ging immers om een eerste gestructureerde vorm van volks protest die aantoonde hoe velen zuchtten naar verlossing.

En het beperkte zich niet tot Bas-Congo. Overal in het land groeiden nieuwe religieuze bewegingen. In de mijnen van Katanga ontstond de *kitawala*, een verbastering van de naam The Watch Tower, de oorspronkelijke benaming van de getuigen van Jehovah. Dat geloof, begonnen in 1872 in de Verenigde Staten, was naar Zuid-Afrika getrokken en bereikte van daaruit vanaf 1920 de Katangese *copperbelt*.[7] In Congo kreeg het een uitgesproken politieke lading. Het verspreidde zich druppelsgewijs over de kolonie en leidde een grotendeels ondergronds bestaan. Niettemin werd het de grootste religieuze beweging naast het kimbangisme. Elders ontstonden kleinere geheime, sektarische genootschappen. In de Kwango had je de *lukusu*-beweging, bijgenaamd 'de sekte van de slang'. In de Equateur groeide de *likili*-cultus waarbij mensen afstand deden van westerse bedden, matrassen, lakens en muskietengaas – spullen die men verantwoordelijk hield voor het dalende geboortecijfer.[8] Bij de bovenloop van de Aruwimi in de Province Orientale ontstond het lugubere *anioto*-gezelschap, waarvan de leden bekendstonden als 'luipaard-mannen'. De beweging verspreidde zich over het noordoosten van het land. Zij zaaiden blinde terreur en pleegden tientallen moorden op inlanders. Het motief was niet altijd duidelijk, maar hun teneur was duidelijk anti-Europees.[9] In de jaren twintig en dertig ontstond zo een vijftigtal religieuze bewegingen. Hun methodes varieerden van pacifistisch tot terroristisch, maar de onderliggende wrevel was vergelijkbaar.[10] In Congo was religie pilipili voor het volk.

'Wij zijn mensen van God,' zei Wanzungasa op het einde van ons gesprek in de groene, leren fauteuils van de staatsiesalon van de Heilige Stad, 'wij mogen geen kwaad doen, ook niet jegens mensen die ons kwaad hebben gedaan. Wij doen niet aan oog om oog. Wij hebben fanfares, geen machetes.' Hij pauzeerde even. Ik keek op van mijn notitieboekje en zag zijn serene, gegroefde gezicht. Hij was geboren in 1908, het jaar waarin Belgisch Congo ontstond. Zijn godsdienst werd pas op 24 december 1959 door België erkend, een half jaar voor de onafhankelijkheid. Wellicht dacht hij terug aan de eerste helft van zijn leven, zijn eerste halve eeuw. Met zachte stem zei hij ter afsluiting: 'Er was geen vrijheid toen. De mensen waren opgekocht in de koloniale tijd. Wij waren als slaven. Werkelijk, het kolonialisme had geen andere kleur dan de slavernij.'

In Kinshasa kon ik uitvoerig met Nkasi praten over de jaren twintig en dertig en over het opkomende verzet. Hij die later in zijn leven zo vaak opkeek naar de blanken, moest erkennen dat het er toen heftig aan toe was gegaan. 'De ouden waren heel hard. De blanke, dat was niet je kameraad toen!' Na zijn tijd als handarbeider in Kinshasa keerde hij terug naar zijn streek. Slechts weinigen bleven in die dagen permanent in de stad wonen, loonarbeid was seizoensarbeid. Omdat Kimbangu zijn broer miraculeus had genezen, lag het voor de hand dat hij kimbangist werd, ondanks de gevaren die dat inhield. 'In Nkamba was monsieur d'Alphonse chef de poste geworden,' zei hij met weinig enthousiasme. Die koloniale bestuurder moest de streek weer zien te pacificeren na de kimbangistische *upheaval*. Daartoe had hij Lutunu, de bevrijde slaaf-boy-fietser-dronkaard-en-assistent-regent van weleer aangesteld tot inlandse chef. Die stond immers op goede voet met de blanken.[11] Monsieur d'Alphonse reisde heen en weer tussen het bestuurscentrum van Thysville en zijn post in Nkamba. Nkasi wist het maar al te goed: 'Ik heb hem toen nog moeten dragen. Op mijn schouders, ja! We waren met twee dragers en hij schudde vreselijk.' Nkasi kon er nu hartelijk om lachen. Terwijl hij op de rand van zijn bed zat, deed hij na hoe de blanke koloniaal in de *tipoy* schudde. Hij liet zijn armen naast zijn lichaam wapperen, slungelig en ongecontroleerd, alsof hij zelf in de draagstoel zat. Humor moet ook toen een hulp geweest zijn. De tocht ging over een afstand van meer dan tachtig kilometer en Monsieur d'Alphonse bleek bikkelhard. 'Mijn oom was een notabele, maar hij kreeg tweehonderd zweepslagen van Monsieur d'Alphonse. Dat was in 1924, denk ik. Hij had gezegd: *Mundele kekituka ndonbe, ndonbe kekituka mundele*. De blanken zullen zwarten zijn en de zwarten blanken.' Zweepslagen, hoogstwaarschijnlijk minder dan tweehonderd, voor een zinnetje dat toevallig de slogan van de kimbangisten was. 'De soldaten van de Force Publique sloegen op zijn blote billen. Mijn oom had twee vrouwen, maar direct na die tweehonderd slagen werd hij een goed christen, een kimbangist. Daardoor kreeg hij niets van striemen, wonden of zwellingen op zijn billen, helemaal niets.'

In die tijd werd het spoor van Matadi naar Kinshasa verbreed en klaargemaakt voor elektrificatie. Het boemeltreintje dat over het smalspoor tufte, volstond niet langer nu Congo in hoog tempo industrialiseerde. En de luchtvaart stond natuurlijk nog in zijn kinderschoenen: in 1925 landde in Léopoldville het eerst vliegtuigje dat vanuit Brussel was vertrokken, een tweedekker, het had er eenenvijftig dagen over gedaan, meer dan twee keer zo lang als de boot.[12] De werken aan het spoor duurden van 1922 tot 1931, er werd tot elf uur per dag gewerkt. Het tracé werd hier en daar verlegd, drie tunnels werden gegraven, oude bruggen werden vervangen. De hele reisduur moest worden teruggebracht van negentien naar twaalf uur.[13] Nkasi, die als jongetje zijn vader had zien werken bij de aanleg van de eerste spoorlijn, was er ook nu weer bij. Had hij niet in Kinshasa al aarde staan scheppen? 'Nu moest ik met het houweel werken.' Met de *piccone*, zei hij – in het Italiaans, want er waren veel Italianen betrokken bij die heraanleg. Zijn opzichter was een van hen, Monsieur Pasquale. 'Ik kreeg tien frank per maand plus een zak rijst. Maar op een dag zei Monsieur Pasquale: "*Tu dormi, toi?*"' Nog steeds kon hij het steenkolenfrans van de Italiaan imiteren. 'Ik antwoordde: "*Je travaille!*" Hij nam me mee naar zijn huis en ik werd zijn boy. Hij toonde hoe ik het bed moest opmaken en de tafel dekken. En voor dat werk kreeg ik twintig frank per maand!' Hij glunderde nog steeds als hij het vertelde. Groter mazzel had hij in zijn werkend bestaan nog niet gekend! 'Die Italianen waren gewend aan onze zon. Ze waren allemaal vrij, ze hadden geen vrouw bij zich. En ze namen ook geen zwarte vrouw, o nee!'

Nkasi daarentegen raakte door die klus voldoende bemiddeld om aan trouwen te denken. Sinds de invoering van het geld was de prijs van een bruidsschat enorm gestegen. Trouwen was alleen nog voor de rijken weggelegd. Die konden zich vaak zelfs meerdere vrouwen permitteren, terwijl jongemannen niet meer aan trouwen toekwamen.[14] Nkasi was inmiddels bijna 40. In zijn geboortedorp Ntimansi leerde hij Suzanne Mbila kennen, een kimbangiste net als hij. In 1924 werd hun eerste zoon geboren, in 1926 trouwden ze. Hun gezin groeide gestaag, hij woonde opnieuw te midden van de zijnen en in die situatie leek niet gauw verandering te zullen komen.

Maar dat was buiten de Amerikaanse beurs gerekend.

De crash van Wall Street in oktober 1929 was te voelen tot in de bossen van Bas-Congo. De wereldeconomie was zo geïntegreerd dat de twijfel en paniek van beleggers in New York bepalend waren voor het verdere leven van een man en zijn gezin in een onooglijk dorpje in Congo. Die invloed was natuurlijk niet rechtstreeks. De causale keten zag er als volgt uit: door de beurscrisis vertraagde de economie en daalde wereldwijd de belangstelling voor grondstoffen; de Congolese mijnbouw, de motor van de koloniale economie, stokte; de koloniale export daalde met meer dan 60 procent[15]; dat zorgde in 1929 voor een gigantisch begrotingstekort; de Belgische overheid besefte dat de koloniale begroting te zeer afhankelijk was van inkomsten uit de mijnbouw en dat men moest diversifiëren; de landbouw bood een alternatief, zeker een landbouw die gericht was op de export; de grootschalige kweek van tabak, katoen en koffie echter vergde tijd en investeringen; een makkelijker manier om snel aan inkomsten te geraken bestond uit het verhogen van belastingen, van de inlanders welteverstaan, de vennootschappen wilde men in deze crisis juist ontzien; een hogere personenbelasting had nog een ander voordeel: het zou de behoefte aan geld doen toenemen, de Congolezen zouden wel in loondienst móeten gaan en dat kon alleen maar een civiliserend effect hebben. Meer inkomsten voor de staat binnenhalen en tezelfdertijd meer greep krijgen op een bevolking die zich begon te roeren – heette dat niet: twee vliegen in één klap slaan?

En zo geschiedde. In 1920 bracht de kolonie slechts 15,5 miljoen Belgische frank aan belastingen op. In 1926 was dat al 45 miljoen. En in 1930, in volle crisis, was dat opgelopen tot 269 miljoen. Binnen vier jaar waren de belastinginkomsten maar liefst verzesvoudigd. In 1930 waren de directe belastingen opgelopen tot 39 procent van het koloniaal budget, terwijl de winstbelasting van de grote bedrijven, die de jaren daarvoor niettemin reusachtige winsten hadden geboekt, slechts voor 4 procent van de begroting zorgde.[16] Sterker nog, veel van de noodlijdende privébedrijven *ontvingen* nu zelfs geld van de koloniale overheid, omdat ze destijds naar Congo waren gelokt met financiële garanties: in geval van tegenslag zouden ze uit de koloniale kas een forfaitair dividend krijgen uitgekeerd van 4 procent.[17] De put van de crisis moest dus gedempt worden met het geld van de gewone Congolees, naast een kapitaalinjectie uit de Belgische schatkist en opbrengsten uit de Koloniale Loterij. Dat betekende niet dat iedere loonarbeider plots zes keer zoveel moest betalen (in de steden had men de belastingdruk al langzaam maar zeer gevoelig opgevoerd), wel dat de fiscus nu ook verder doordrong in de dorpen landinwaarts. De knuppel van de personenbelasting joeg zo duizenden naar de mijnen, de plantages of de administratie. In 1920 waren 123.000 Congolezen in loondienst, in 1939 was dat aantal gestegen tot 493.000.[18] Wie niet in loondienst wilde en zelfstandig boer bleef, was verplicht bepaalde gewassen te telen en te verkopen aan koloniale privébedrijven. Anno 1935 waren naar schatting 900.000 mensen betrokken in de kweek van katoen.[19]

Ook Nkasi voelde zich genoodzaakt iets te ondernemen. 'Ja, toen kwam de crisis... En het geldgebrek... Ik solliciteerde bij het gouvernement, bij de gewestbeheerder van Mbanza-Ngungu, Musepenje. Hij kwam langs in Ntimansi.'

Het belang van die stap valt onmogelijk te overschatten. De kimbangisten hadden langzamerhand een bloedhekel gekregen aan alles wat koloniale overheid was. Ze verstopten zich in de bossen en warmden zich stiekem aan hun geloof. Met de blanken wilden ze niets te maken hebben. Maar nu moesten ze voor de blanken gaan werken. Operatie belastingverhoging volkomen geslaagd.

Maar Nkasi zou in een mum van tijd gecharmeerd raken van de Europese cultuur.

Nu had hij het ook wel getroffen met die Musepenje. Zo had ik de naam fonetisch in mijn schriftje gekribbeld. Musepenje. Muzepenjet? Als ik tijdens een interview een woord niet begreep, probeerde ik telkens de klanken zo getrouw mogelijk neer te pennen. En Nkasi was vaak moeilijk te verstaan. 'Monsieur Peignet?' schreef ik ernaast. Het kostte me bij thuiskomst dagen eer ik zijn identiteit had achterhaald. In de koloniale jaarboeken van de jaren dertig vond ik Firmin Peigneux terug, gewestbeheerder in de streek van Nkasi. De gewestbeheerder was de koloniale ambtenaar die het meeste contact had met de bevolking. Hij reisde van chefferie naar chefferie, overlegde met de dorpschefs, besliste geschillen over grondrechten. Monsieur Peigneux dus. De meeste Bantoe-sprekers spreken de eu-klank uit als een è-klank. Ik had het kunnen weten. Op het Afrika-archief van Buitenlandse Zaken in Brussel kon ik zijn personeelsaffiche inzien.[20] Meteen bleek dat die man toch uit een ander hout was gesneden dan een wreedaard als Monsieur d'Alphonse.

Peigneux, een man uit de provincie Luik, was in 1925 op zijn eenentwintigste naar Congo afgereisd. Hij viel al snel op door zijn vermogen tot empathie. Na zijn eerste jaar evalueerde zijn overste hem als volgt: 'Deze ambtenaar beschikt werkelijk over de vereiste kwaliteiten om op korte termijn een elite-bestuurder te worden (...) Monsieur Peigneux oefent in zijn omgang met de inboorlingen een bezonnen politiek uit die hem het vertrouwen van de chefs en notabelen heeft doen winnen. Hij interesseert zich voor de studie van sociale vraagstukken en bezit reeds in zeer hoge mate de kunst om met de primitieven die ons omringen om te gaan, op een voorzichtige en bedachtzame wijze zonder hun seculiere opvattingen en gebruiken te bruuskeren. (...) Het gouvernement mag de grootste verwachtingen koesteren voor het toekomstige rendement van deze ambtenaar.' Dat bleek niet overdreven. Peigneux zou een glansrijke koloniale loopbaan uitbouwen en schopte het in 1948 tot provinciegouverneur, de op een na hoogste functie in de ambtelijke hiërarchie, na die van gouverneur-generaal. Het zegt iets over zijn niet-aflatende sociale betrokkenheid dat hij in de jaren vijftig, nadat hij om gezondheidsredenen teruggeroepen was naar België, bestuurslid werd van het Fonds voor Inlands Welzijn.

Nkasi sprak nog steeds met bijzonder veel affectie over Monsieur Peigneux. '*Musepenje, c'était mon oncle.* Hij dronk zelfs palmwijn met ons! Hij en Monsieur Ryckmans, dat waren de enige vriendelijke blanken.' André Ryckmans was de zoon van Pierre Ryckmans, de beste gouverneur-generaal die Belgisch Congo ooit heeft gekend. Hij regeerde van 1934 tot 1946 en onderscheidde zich door zijn zeer grote intelligentie en morele integriteit. Qua uiterlijk leek hij sterk op Albert Camus, qua menselijkheid in sommige opzichten ook. Zijn zoon André was een gewestbeheerder die bijzonder goed met de plaatselijke bevolking kon opschieten. Hij leerde hun spreuken en dansen en sprak vloeiend Kikongo en Kiyaka. Vlak na de onafhankelijkheid werd hij onder tragische omstandigheden vermoord.

En dus kreeg Nkasi werk bij Monsieur Peigneux. Hij leerde timmeren en werd schrijnwerker. Toen Peigneux enkele jaren later als assistent-districtcommissaris werd overgeplaatst naar het Kwango-district, ging Nkasi met hem mee. Hij en zijn gezin verhuisden naar Kikwit waar ze meer dan twintig jaar zouden wonen. Zijn oudste zoon, Pierre Diakanua, inmiddels ook 84, kon het beamen. Ik vond hem in een verre volkswijk van Kinshasa: 'Ik ben geboren in Ntimansi, maar was nog jong toen we naar Kikwit verhuisden. De benedenstad daar, die is door mijn vader gebouwd. Wij woonden in de wijk voor de zwarten, in de *Rue du Kasai, numéro 10*. We hadden een groot huis in ongebakken steen. Papa werd er een *évolué* toen. Ik had Belgische vrienden.'[91]

Nkasi zelf haalt met veel plezier herinneringen op aan die periode. 'Ik werkte in dienst van de staat. Ik was hoofdtimmerman. Ik moest er *le nouveau pays des mindele* bouwen, het nieuwe land van de blanken.' Dat klopte. Kikwit was nog maar pas gepromoveerd tot de hoofdplaats van het Kwango-district. Voorheen was het Banningville (nu Bandundu), helemaal in het noorden van de Kwango. Sociale onlusten noopten echter tot een verhuizing van het bestuur naar het centrum. Ook op het persoonlijke vlak ging het voor Nkasi om een opmerkelijke tijd. 'In Kikwit kreeg ik vier kinderen, een ervan stierf. In 1938 overleed mijn vader, op de dag van Gelukkig Nieuwjaar. Hij was zeer, zeer oud. Een jaar later stierf mijn moeder, zij was ook heel erg oud.' Tijdens zijn lange jaren in Kikwit leerde hij de Europese cultuur van nabij kennen. 'Ik was *tout à fait mundele* toen, helemaal blank. Ik had één vrouw. Ik had een kostuum met stropdas en witte schoenen, ik at bij Monsieur Peigneux thuis. Ik tolkte voor hem, van het Kikongo naar het Frans. Monsieur Peigneux haalde zelfs mijn vrouw af aan het station. Ik was aangesteld als een agent van de staat, als een kaderlid, net zoals een Europees kader. Daarom kreeg ik de *carte civique*.' Vanaf 1948 werd de *carte de mérite civique*, een bewijs van burgerlijke verdienste, uitgereikt aan die Congolezen wier levensstijl als voldoende geavanceerd werd beschouwd. De aanhanger van een subversieve godsdienst uit de jaren twintig had zich, met dank aan de belastingdruk van de jaren dertig, in de jaren veertig en vijftig ontpopt tot iemand die vol trots over zijn quasi-Europese status sprak. En vandaag nog steeds, al schiet van die welvaart niets meer over.

Maar Nkasi's herinneringen aan Kikwit zijn ook op een ander vlak uitzonderlijk interessant. 'In Kikwit heb ik ook de gevangenis gebouwd,' vertelde hij me, 'de gevangenisdirecteur toen was Monsieur Framand, een dikke.' Ik heb de gevangenis van Kikwit de afgelopen jaren meermalen bezocht. Vandaag is zij nog steeds in gebruik, een nogal erbarmelijk oord. De gevangenen lopen in lompen, slapen op de grond en kunnen alleen eten doordat hun aalmoezenier, een oude Vlaamse missionaris, een systeem van voedselbedeling met de omliggende parochies heeft georganiseerd. Toiletten zijn er niet: men hurkt er in een leegstaande cel boven een stukje vrij beton. Links en rechts liggen menselijke uitwerpselen. De gevangenen bestaan uitsluitend uit jonge mannen, op één jonge vrouw na, één prachtige, zwijgzame vrouw met een 2-jarig kind. Geen idee of dat vóór of tijdens haar internering werd verwekt. Op een blauwe steen boven de toegangspoort staat het bouwjaar gebeiteld: 1930. Bijna alle gevangenissen van Belgisch Congo werden gebouwd tussen 1930 en 1935. Om het hoofd te bieden aan het groeiende aantal onlusten, werd het gerechtelijk apparaat versterkt. Er kwamen meer tribunalen, meer magistraten, meer vervolgingen en meer gevangenissen.

'In die gevangenis heb ik nog een galg gebouwd,' zei Nkasi. 'Die moest dienen voor de ophanging van twee jongeren. Ze hadden in een winkel kleren gestolen en de eigenaar vermoord, die lag te slapen. Dat was in 1935, geloof ik.'[22] De doodstraf werd in Belgisch Congo herhaaldelijk uitgesproken en tijdens het interbellum ook dikwijls uitgevoerd. In 1921, hetzelfde jaar waarin Kimbangu de doodstraf kreeg, werd in Bomili, in de Province Orientale een tiental 'luipaardmannen' van de aniotosekte opgehangen. In 1922 werd in Elisabethville François Musafiri opgeknoopt, omdat hij een blanke, de vermeende minnaar van zijn vrouw, had doodgestoken. De terechtstelling vond plaats onder grote publieke belangstelling. Er waren maar liefst vierduizend toeschouwers aanwezig, ongeveer de helft van de bevolking van de stad: drieduizend Afrikanen onder wie ook kinderen, en duizend blanken, zowat een tiende van de hele Europese bevolking van Congo.[23] Publieke terechtstellingen, zo geloofde men, hadden een stichtelijke functie. Ze zouden de zwarte in de pas doen lopen en hem respect voor de koloniale staat bijbrengen. De vraag is of dat ook altijd gebeurde. In 1939 liep het in eerste instantie mis bij de ophanging van Ambroise Kitenge. Toen het valluik openklapte, brak het touw dat afkomstig was uit de brandweerkazerne. Zulk gestuntel strookte niet echt met het ferme beeld dat de kolonisator van zichzelf wilde uitdragen. Hoe vaak werd de doodstraf uitgevoerd? Volledige cijfers ontbreken, maar we weten wel dat in de periode 1931-1953 zo'n 261 personen tot de doodstraf werden veroordeeld en dat die ook 127 keer werd uitgevoerd.[24] Dat betekent gemiddeld eens in de twee maanden, maar in het interbellum lag de frequentie ongetwijfeld veel hoger. Niet onbelangrijk: nooit is een Belg tot de strop veroordeeld.

Nkasi heeft er met mij geen enkele keer over gesproken, maar de reden waarom Kikwit plots de hoofdplaats van het district werd, had alles te maken met een zeer ernstige volksopstand in de buurt, zo ernstig dat de overheid die angstvallig in de doofpot hield. In 1931 ontbrandde de revolte van de Pende en dat leidde tot de zwaarste onlusten van de koloniale periode vóór de onafhankelijkheidsstrijd. De Pende waren een bevolkingsgroep waarvan een groot deel in dienst was van Huileries du Congo Belge, het dochterbedrijf van Unilever. Die onderneming exploiteerde een regio die zeer rijk was aan palmbomen maar zeer arm aan werkkrachten. In het gebied van de Pende was het precies omgekeerd. De Pende werden gedwongen in dienst te treden als drager of oogster, vaak onder dwang van een vuurwapen. Ze werden daarvoor overgeplaatst. Het werk was erg zwaar. De mannen werden geacht wekelijks zesendertig trossen palmnoten te verzamelen, dan kregen ze boven op hun karige loon van 20 centiem per kilo een bonus van 2,10 frank en drie kilo rijst. Elke dag moesten ze vijf tot acht rijpe trossen zien te vinden. Daarvoor moesten ze langs de takloze stammen van de palmboom omhoog klimmen, vaak meer dan dertig meter hoog, om bovenaan met de machete een tros los te hakken. De exploitanten van Unilever gingen ervan uit dat elke zwarte die acrobatie moeiteloos kon uithalen, terwijl het een heel specifieke vaardigheid veronderstelde die lang niet iedereen bezat. Er vielen doden. Bovendien, wie eenmaal zijn trossen op de grond had liggen, was nog lang niet klaar. Ze moesten nog naar het inzamelpunt gebracht worden. In de praktijk kwam het erop neer dat de Pendevrouwen afstanden tot dertig kilometer te voet moesten afleggen langs een bospad, beladen met een tros palmnoten van twintig of dertig kilo op hun hoofd.

Toen de economische crisis uitbrak, deelde Unilever eveneens in de klappen. In 1929 was een kilo palmolie 5,9 frank waard, in 1934 nog 1,3 frank.[25] De onderneming zag zich verplicht om een deel van de verliezen te verhalen op haar arbeiders. Voor een kilo palmnoten betaalde ze halverwege de jaren dertig nog maar 3 centiem in plaats van twintig.[26] Dat zorgde voor zeer veel wrevel. De staat joeg de belastingen omhoog en het bedrijf kelderde de vergoedingen. Zoiets kon niet blijven duren.

Ook hier kwam de sociaaleconomische onrust tot uiting in de vorm van een volksreligie. Nadat een vrouw genaamd Kavundji visoenen had gehad, ontstond de sekte van de *Tupelepele* (letterlijk: de zwevers). De feitelijke leider van de beweging was Matemu a Kelenge, een man wiens bijnaam Mundele Funji was (Blanke Storm). De aanhangers hoopten op de terugkeer van de voorouders, die de verstoorde orde zouden herstellen en een nieuw tijdperk van welvaart zouden inluiden. In afwachting daarvan moest men alvast afrekenen met alles wat Europees was. Identiteitspapieren, belastingkwitanties, bankbiljetten en arbeidscontracten werden in de rivier gegooid. Bij de oever moest men een schuur oprichten waar de voorouders goederen voor hen zouden neerleggen, wonderlijke goederen, zoals aardnoten die zo vruchtbaar waren dat het volstond om er eentje van te planten om een heel veld te zien bloeien. Veel aandoenlijker kon de hoop op verlossing niet worden verwoord. Een streekbewoner uit die tijd vatte de situatie op lucide wijze samen:

> De blanken hebben slaven van ons gemaakt; om palmnoten van ons te verkrijgen aarzelden ze niet om ons te geselen of te slaan. Ze amuseerden zich met de vrouwen en de meisjes in de dorpen. Ons leven

> was niet langer dat van mensen, maar dat van dieren. Heel ons bestaan stond in dienst van het werk voor de blanken: we sliepen voor de blanken, we aten voor de blanken, we stonden op voor de blanken en voor het werk van de blanken. We waren het beu om altijd maar voor die blanken te moeten werken, die ons aan onmenselijke toestanden onderwierpen. Daarom hebben we de verkondigingen van Matemu a Kelenge, de latere Mundele Funji, aangehoord en aanvaard, toen die ons vroeg om geen belastingen meer te betalen, om niet langer voor de blanken te werken en om hen bij ons weg te jagen.[27]

Net zoals bij Simon Kimbangu stuurde het koloniale bewind troepen. De situatie leek onder controle, tot op 6 juni 1931 Maximilien Balot, een jonge Belgische ambtenaar, per auto met enkele Afrikaanse medewerkers naar het gebied trok om belastingen te innen. In het dorp Kilamba kwam hij op de weg die leidde naar de schuur waar de terugkeer van de voorouders werd verwacht. Hij stootte er op Matemu a Kelenge, de leider van de sekte. Die riep dat er geen geld meer was en dat hij de blanke met zijn handlangers zou vermoorden. Daarop schoot Balot in de lucht. Velen stoven weg, ook de meesten van zijn eigen mensen. Een tweede schot verwondde een dorpeling. 'Zie je wel dat de blanke ons wil doden,' riep Matemu, 'dood mij dan!' Balots schot miste, Matemu krabbelde overeind en haalde het gezicht van de blanke open met een groot mes. Die sloeg hem murw met de kolf van zijn geweer en liep weg. Maar een pijl van een van de dorpelingen raakte hem in zijn hals. Matemu achtervolgde hem en sloeg met zijn machete op de schouder van de blanke. Diens rechterarm bungelde nu los aan zijn lijf. Drie dorpelingen, onder wie een chef, vuurden pijlen op hem af. Toen Balot neerzeeg, merkte de dorpschef dat hij nog leefde. Daarop sneed hij zijn hoofd af en nam het mee als trofee. De volgende dag werd het lichaam van Balot in moten gehakt en onder de notabelen van acht verschillende dorpen verdeeld. Zijn koffers werden geplunderd.

Zo'n gruwelijke slachting van een ambtenaar in functie had het bestuur van Belgisch Congo nog nooit meegemaakt. De reactie was onverbiddelijk. De opstand moest met wortel en tak worden uitgeroeid. Er trok een strafexpeditie naar de Kwango zoals de kolonie sinds de ergste jaren van de Vrijstaat niet meer had gezien. Drie officieren, vijf onderofficieren, 260 soldaten en zevenhonderd dragers bezetten maandenlang het gebied. Er volgden zware gevechten. Opstandelingen werden gevangengenomen en brutaal gefolterd, zelfs vrouwen werden gegijzeld en verkracht. Een latere onderzoekscommissie van de Belgische overheid bevestigt de bijzonder grimmige eindbalans. Minstens vierhonderd Pende werden vermoord, mogelijk ging het om een veelvoud. De revolte van de Pende was gebroken, maar de frustratie van de bevolking werd er niet minder om.

Toen ze terugkwam in Brussel, zei de weduwe van Balot met een mildheid en grootmoedigheid die haast niet van deze wereld lijkt: 'De agenten van de particuliere bedrijven behandelen de zwarten slecht en buiten hen uit. De mensen moeten dit weten. Wat daar gebeurt, moet ophouden, anders zullen er overal opstanden komen. Particuliere bedrijven hebben zich rechten toegeëigend die enkel aan de overheid toebehoren. Bovendien hebben veel gewestelijke beambten zich niet gedragen zoals het hoort. Mijn man heeft voor de anderen geboet.'[28]

Het mag enigszins verbazen dat de eerste vormen van volksprotest zich op het platteland voordeden, bij de boeren van Bas-Congo en de notenplukkers van Kwango. Een aandachtige waarnemer die in 1920 een rondreis zou hebben gemaakt, had allicht voorspeld dat het vuur der onvrede in de opkomende steden zou ontbranden, met hun rudimentaire arbeiderskampen en hun zware, ongezonde werk. Dat was echter niet het geval. Hoe valt dat te verklaren?

Grosso modo zijn er twee antwoorden: in de steden ging de levenskwaliteit erop vooruit waardoor steeds meer Afrikanen zich er thuis begonnen te voelen én de Europese bevolking deed er alles aan om de massa kalm te houden. Voor zolang het duurde...

De proto-urbane agglomeraties groeiden in het interbellum uit tot ware steden. De bevolkingsaantallen stegen spectaculair. Tussen 1920 en 1940 verdubbelde de bevolking van Kinshasa tot vijftigduizend bewoners.[29] In Elisabethville steeg de bevolking van zestienduizend in 1923 tot drieëndertigduizend in 1929, een verdubbeling in zes jaar tijd.[30] Steeds meer Congolezen trokken naar de stad. Het geforceerd rekruteren van arbeidskrachten nam een einde, maar velen migreerden uit vrije wil. In Kasai, Maniema, de Kivu en, ja zelfs, Rwanda en Burundi lieten duizenden dorpelingen zich overtuigen om naar de mijnen van Union Minière in Katanga te trekken. Dat bedrijf telde in 1919 zo'n 8500 plaatselijke arbeiders, in 1928 zeventienduizend.[31] Uit Bas-Congo en de Equateur trok men naar Léopoldville; Stanleyville groeide door de komst van arbeiders uit de Province Orientale.

Het waren vooral jongeren die hun biezen pakten om in loondienst te gaan. Wat maakte het werk in een mijn, plantage of fabriek voor hen dan zo aantrekkelijk? Vaak wilden ze weg uit het dorp met zijn armoede, zijn corrupte chef en zijn machtige ouderen die alle jonge vrouwen trouwden. Weg van de miserabele landbouw en het kweken van verplichte gewassen. Weg van de verplichte wegenaanleg en het primitieve dorpsleven. Weg van die kansarme wereld waar hun geen toekomst wachtte.[32]

Bovendien was de stad of de mijn niet langer de gruwel die ze tot voor kort was. Bij Union Minière in Katanga zakte het sterftecijfer dramatisch. In 1918 stierf 20,2 procent van de arbeiders door de Spaanse griep, een jaar later lag de mortaliteit op 5,1 procent en in 1930 was die nog maar 1,6 procent.[33] Mijnwerkers werden ook minder snel ziek.[34] Ze kregen inentingen tegen pokken, tyfus en meningitis. Er kwamen ziekenhuizen en medische centra. De huisvesting, kledij en voeding verbeterden aanzienlijk. Hetzelfde gold voor de diamantgroeven in Kasai. Een arbeider in de goudmijnen van Kilo-Moto kreeg in die tijd dagelijks 179 gram vers vlees of verse vis, 357 gram rijst, 286 gram bonen en anderhalve kilo bananen, naast zout en palmolie.[35] Van zo'n rijk en gevarieerd dieet kon hij in zijn dorp alleen maar dromen.

Naast de gezondheid ging ook de gezelligheid erop vooruit. Het leven in de arbeiderskampen van Katanga nam een belangrijke wending toen Union Minière vanaf 1923 de mijnwerkers toestond om vrouw en kinderen mee te nemen. In 1925 was 18 procent van de arbeiders getrouwd, in 1932 60 procent.[36] Het gevoel van ontheemding dat een vorige generatie had gekend nam zienderogen af. Velen kozen er vrijwillig voor om langer in dienst te blijven. Vanaf 1927 was het mijnwerkers toegestaan om arbeidscontracten tot drie jaar af te sluiten, vroeger mocht men maximaal zes maanden blijven. Veel arbeiders maakten van die mogelijkheid gebruik: in 1928 had al 45 procent een langetermijnaanstelling, in 1931 was dat 98 procent.[37] Werken in de mijn was niet langer een straf. Toen de economische malaise van 1929-1933 het bedrijf dwong om driekwart van zijn personeel te ontslaan, protesteerde men niet zozeer tegen die plotselinge werkloosheid, maar tegen het vooruitzicht terug te moeten naar het dorp. De ontslagen werknemers moesten de arbeidershuisjes van het bedrijf verlaten, maar nog liever dan naar huis terug te keren vestigden ze zich in de directe omgeving van Elisabethville, waar ze akkertjes aanlegden en gingen boeren tot de economie weer aantrok.[38]

De Katangese mijnbouw was niet langer een kwestie van afgebeulde jonge mannen die enkele maanden in sinistere arbeiderskampen bivakkeerden, maar van jonge gezinnen die het best naar hun zin hadden in hun nieuwe leefomgeving. De lonen stegen, in de kampen werden kinderen geboren die het dorp van hun ouders en voorouders alleen van horen zeggen kenden. Elders in Elisabethville groeide de cité indigène uit tot een bruisend, multi-etnisch universum met zijn eigen dynamiek en ambiance. In tegenstelling tot de strakke, steeds comfortabeler arbeiderskampen waar de werknemers van de grote mijnbouwbedrijven woonden, was de rommelige cité bevolkt met een ratatouille aan mensen: timmerlui, metselaars, hout- en metaalbewerkers, ambachtslui, maar ook verplegers, klerken en magazijnmeesters. Lui in dienst van het klein- en middenbedrijf leefden er naast overheidspersoneel.[39] De bevolkingsdichtheid lag er vijfmaal hoger dan in het blanke stadscentrum.[40] Er ontstond, kortom, een omvangrijke en permanente stedelijke bevolking van Afrikaanse origine. Het koloniale bestuur was er eerst niet zo happig op. Leidde zo'n langere samenscholing van proletariërs niet tot een subversief, of erger nog, bolsjewistisch klimaat? De angst voor het rode gevaar zat er diep in bij de koloniale overheid. Of beter gezegd: 'De angst voor de zwarte vermomde zich als angst voor het rode.'[41] Maar in 1931 zag men onder ogen dat er gemeenschappen waren gegroeid die niet langer traditionele dorpen waren en dat ook niet opnieuw zouden worden. Men erkende hun bestaan met een gedrocht van een ambtelijke term, iets waar het koloniaal bestuur trouwens een patent op had: het *centre extra-coutumier*. Het 'buitengewoon-gerechtelijke centrum', als het ware. Die centra kregen een structuur vergelijkbaar met die van de klassieke chefferie. Er werd een chef aangewezen die als *go-between* fungeerde tussen de massa en de macht.

In de steden ontstond een nieuwe levensstijl die verschilde van de dorpscultuur, maar ook meer was dan een kopie van de Europese stadscultuur, al was het maar omdat die nieuwe Afrikaanse agglomeraties in niets geleken op hun Europese tegenhangers. Zelfs voor Belgen was de koloniale stad een geheel nieuwe ervaring! Er was meer ruimte en vrijheid, de afstanden waren groter, de lanen breder, de percelen rianter. De steden waren van meet af aan bedacht op het gebruik van de auto. Het had wel iets Amerikaans, vonden vele blanken. Léopoldville met zijn verschillende stadskernen zonder duidelijk centrum leek meer op Los Angeles dan op de middeleeuwse stadjes van België of de negentiende-eeuwse burgermanswijken van Brussel of Antwerpen. De koloniale stad hinkte niet achter het Europese model aan, maar liep erop vooruit. Toen een Belgische journalist zag hoe blanke vrouwen in Congo het vliegtuig namen om in Léopoldville te gaan bevallen, zei hij verrukt dat in de kolonie 'een nieuwe samenleving, een nieuw België met nieuwe ideeën geboren werd'.[42] Het leek alsof in Congo de jaren vijftig al in de jaren twintig begonnen.

Ook voor Congolezen betekende de koloniale stad een nieuw universum met een heel eigen materiële cultuur. Een imaginair jong gezin uit Kasai dat naar Elisabethville trok waar de vader mijnwerker werd, kwam er te wonen in een stenen huis. De vrouw begon het eten te bereiden in potten van email in plaats van terracotta, al zal ze liever in de buitenlucht zijn blijven koken dan in die donkere keuken aan de achterkant van het huis. Ze kregen tafels, stoelen en bestek. Er ontstonden nieuwe opvattingen over lichaamsverzorging en hygiëne: men droeg Europese kleren, soms zelfs schoenen, men waste zich met zeep en ontlastte zich in latrines. De ouders sliepen in een woning onder dekens uit Engeland en hun kinderen kregen in geval van ziekte medicijnen uit België. Als de vrouw zwanger werd, ging ze bevallen in de kraamkliniek bij zwarte zusters of blanke nonnen. Wanneer het gezin af en toe terug moest naar het dorp, nam het voor familie en verwanten nieuwigheden mee zoals naalden, naaigaren, scharen, veiligheidsspelden, lucifers, spiegeltjes en geld. Maar tijdens zulke bezoeken bleek ook hoezeer de afstand was gegroeid. De jonge vader had als arbeider een nieuw gevoel van autonomie verworven. Hij was minder onder de indruk van wat de dorpschef en de ouden hem vertelden. Nu luisterden zij naar hem! Hij vertelde over de ijzeren discipline in de mijn, over de sirene die 's ochtends vroeg de arbeiders bijeenloeide, over het werken zes dagen per week. Daar maakten zijn toehoorders natuurlijk grapjes over. Zes dagen per week? Hij had in het dorp moeten blijven, lachten ze, dan zou zijn vrouw wel de velden bewerkt hebben! Afgunst, wist hij. Ze keken allemaal bewonderend naar zijn kleren, dat had hij wel gezien. Op de terugreis voelde hij zich werklustiger en gemotiveerder dan ooit. Als hij nu eens kon opklimmen in de hiërarchie van Union Minière, dacht hij misschien, als mecanicien bijvoorbeeld, of als machinebediende, zou hij dan na lang sparen voor zijn gezin misschien een fiets, een naaimachine of zelfs, stel je voor, een grammofoon kunnen kopen? Op zondagochtend zouden ze naar de kerk rijden, samen op de fiets. Hij op het zadel, zijn vrouw achterop, de kinderen op de stang en op het stuur. Dat heette welvaart en het voelde goed.[43]

Hét moment van de week waarop die nieuwe levensstijl werd gevierd, was de zondagmiddag. In Elisabethville gingen mijnwerkers kijken naar de wedstrijden van de blanke voetbalteams.[44] In Boma flaneerden havenarbeiders met hoge kraag, strooien hoed en wandelstok. Hun vrouwen droegen fleurige stoffen van katoen en hoofddeksels die in Europa allang uit de mode waren.[45] In het vredige Tshikapa, bij de diamantmijnen van Kasai, klonk uit sommige hutten de tenorstem van Enrico Caruso.[46] Iemand draaide jazzplaatjes en Cubaanse deuntjes op zijn grammofoon. In Léopoldville stroomde om vier uur het Apollo-Palace vol met dansers.[47] Mannen met lange broek, met korte broek, met fietsbroek, rijbroek of voetbalshort, maar in ieder geval: met broek, kwamen er samen. En ook vrouwen met jurken, lange rokken en ingewikkeld gedrapeerde pagnes, allen op hakken, soms tot twaalf centimeter hoog. Een enkele man droeg een smoking met gelakte schoenen, de meeste anderen waren blootsvoets. Behoedzaam en met grote ernst werd er gedanst, beducht als men was voor die naaldhakken. Een orkest speelde maringa en rumbamuziek. Op flessen en trommels sloeg men complexe, gesyncopeerde Afrikaanse ritmes. Maar je ving ook flarden fandango, chacha-cha, polka en scottish op, naast echo's van marsmuziek en kerkhymnes.[48] De belangrijkste invloed was echter Cubaans: 78-toerenplaatjes brachten muziek terug die voor Congolezen op een vage manier vertrouwd aanvoelde. Het was de muziek die de slaven in de eeuwen daarvoor naar de andere kant van de oceaan hadden gebracht en die nu, verrijkt met diverse Spaanse invloeden, terugkeerde. De zangers in Léopoldville zongen graag in het Spaans of iets wat erop moest lijken. De heldere klinkers geleken op het klankpatroon van het Lingala, je hoefde er enkel zo nu en dan *corazón* en *mi amor* door te gooien. De gitaar werd het populairste instrument, naast de banjo, de mandoline en de accordeon. Camille Feruzi, de grootste accordeonvirtuoos uit de Congolese muziek, componeerde weergaloos weemoedige melodieën. En op de boten die vanuit het binnenland naar Léopoldville voerden, tokkelde de jonge Wendo Kolosoyi onvermoeibaar op zijn gitaar: hij zou uitgroeien tot de grondlegger van de Congolese rumba, de invloedrijkste muziekstijl in Sub-Saharisch Afrika in de twintigste eeuw. Léopoldville was in die jaren een soort New Orleans, waar Afrikaanse, Zuid-Amerikaanse en Europese volksmuziek versmolten tot een nieuw genre: de Congolese rumba, onweerstaanbare dansmuziek die de rest van het continent zou overspoelen, maar voorlopig nog alleen in de bars van de nieuwe hoofdstad weerklonk. Het was muziek die deed lachen en vergeten, die deed dansen en verleiden, die je blij maakte en geil. Het was Saturday Night Fever, maar dan op zondagmiddag. Waarom zou je tegen dat schitterende, schaterende leven protesteren?

Maar de bestuurders bleven alert. In Elisabethville kon je in de jaren dertig geregeld drie mannen samen zien praten in de Cercle Albert.[49] Drie blanke mannen. Ze spraken zacht en met ernstige gezichten. Hun stemmen: basso continuo. Hun gesprek: niet te horen. Boven hun hoofden kronkelde de sigarenrook, die af en toe uiteengestoven werd door een goedmoedig lachen dat uit hun midden opsteeg. Officieel was het Afrikanen niet verboden om in Europese restaurants te eten, maar de zeer chique Cercle Albert vormde daarop een uitzondering. En toch werd hier over het lot van de zwarte bevolking beslist. Die drie mannen waren Amour Maron, provinciecommissaris van Katanga, Aimé Mar-thoz, directeur van Union Minière, of een van zijn opvolgers, en Félix de Hemptinne, bisschop van Katanga. De imposante witte baard van die laatste overtuigde de Afrikaanse bevolking ervan dat hij de zoon van Leopold II was... Drie Belgen. Elk van hen stond aan het hoofd van een van de drie pijlers van de koloniale macht: het bewind, het kapitaal en de kerk. De 'koloniale drievuldigheid' werd het wel eens voor de grap genoemd. Geen idee of de aartsbisschop daarom kon lachen.

Die drie mannen sloegen de handen ineen om ervoor te zorgen dat het leven in de mijnstad Elisabethville ordentelijk verliep. Hun respectieve agenda's convergeerden in vele opzichten: de industrie wilde gedweeë, loyale medewerkers; het bewind wilde geen herhaling van de Kimbangu-affaire of de Pende-revolte; de kerk wilde schone zielen in het hiernamaals afleveren – en dat betekende: brave burgers in het heden kweken. Ook elders in de kolonie raakten de drie innig met elkaar vervlochten. Al waren er vaak spanningen tussen de pijlers van de koloniale trinitas, over één zaak waren ze het roerend eens: wilde de overstap van tribale naar industriële levensstijl niet faliekant mislukken, dan moesten ze de zwarte medemens nauwlettend in de gaten houden en begeleiden. Langzaam en vooral behoedzaam zou de nieuwe, stedelijke Congolees gekneed worden tot een werklustige arbeider, een dociele onderdaan, een vrome katholiek.

Als grootschalige opstanden in de steden uitbleven, had dat niet alleen te maken met de plezierige welvaart die de arbeiders te beurt viel, maar ook en vooral met het uitgekiende arsenaal aan strategieën die de koloniale drievuldigheid aanwendde om de bevolking te controleren, te disciplineren en eventueel te sanctioneren. Van een overkoepelend masterplan was nooit sprake, maar in de praktijk trokken kerk, staat en grootkapitaal zeer vaak één lijn. Die filosofie – hoe houden we ze in bedwang? hoe renderen ze het best? hoe voeden we hen op?– werd op zeer verschillende manieren zichtbaar. In Léopoldville was men beducht voor al dat dansen en pleitte men er vurig voor om de cité 's nachts te verlichten, anders kon men 'een agglomeratie van twintigduizend inwoners niet efficiënt superviseren met een handjevol politieagenten verloren in de nacht'.[50] In Elisabethville slaagde men erin om een omgangstaal op te leggen, het Swahili, een taal die niet inheems was en die bijna niemand als moedertaal had, maar die de controle over de etnische smeltkroes vergemakkelijkte.[51]

Onderwijs was nog steeds een exclusief voorrecht van de missionarissen en werd een machtig instrument om de massa in de gewenste richting te boetseren: de leerlingen leerden alles over het Belgische vorstenhuis en niets over de Amerikaanse burgerrechtenbeweging. Zelfs de Franse Revolutie moest met de nodige omzichtigheid behandeld worden. Europese schoolboeken waren te explosief: 'Dikwijls wordt de revolutie er niet behandeld met de nodige kritische zin. Men bejubelt te gemakkelijk sommige hervormingen, vrijheden etc. die de kerk heeft veroordeeld,' schreef de invloedrijke missionaris en onderwijsinspecteur Gustaaf Hulstaert. De leerlingen dreigden 'liberaal, en vervolgens onverschillig en atheïstisch' te worden.[52]

Inmiddels begonnen Afrikaanse klerken ook Franstalige kranten te lezen. Communistische bladen als *Le Drapeau Rouge* uit België werden vanaf 1925 verboden, net als magazines met veelzeggende titels als *Paris Plaisirs*, *Séduction* en *Paris Sex-Appeal*.[53] Eenzelfde verlangen naar controle dook op toen vanaf de Grote Oorlog de eerste bioscopen het licht zagen. Film was een gevaarlijk medium, vond men, het kon de lagere, ongeletterde massa opruien. In 1936 kwam er daarom een aparte filmkeuring voor het Afrikaanse publiek, wat leidde tot gescheiden voorstellingen voor Europeanen en Congolezen. Dikwijls kwam het erop neer dat films die niet geschikt werden bevonden voor blanke kinderen ook verboden waren voor zwarte volwassenen.[54] '*Tous les coloniaux seront unanimes à déclarer que les noirs sont encore des enfants, intellectuellement et politiquement,*' stond er in officiële beleidsstukken over het te voeren persbeleid.[55] De

Afrikaan, zo was de steevast terugkerende metafoor, was in beschavingsopzicht nog een kind: men mocht hem niet aan zijn lot overlaten, maar moest zijn ontwikkeling nauwlettend in de gaten houden. Uiteindelijk streefde de koloniale drievuldigheid wel een vorm van emancipatie na, maar op lange termijn, op zeer lange termijn desnoods. Het moest niet te wild worden. *Dominer pour servir* was het devies van toenmalig gouverneur-generaal Pierre Ryckmans: heersen om te dienen. Paternalistisch? Verre van: dat 'dienen' klonk velen nog gevaarlijk progressief in de oren. 'Tuchtigen' ware beter geweest, 'opvoeden' desnoods.

In het Léopoldville van de jaren twintig groeide een intelligente en sensitieve jongen op die na de Tweede Wereldoorlog zou uitgroeien tot een van de eerste literaire kolossen van de Congolese literatuur, Paul Lomami Tshibamba. Kort voor zijn dood in 1985 blikte hij terug op de sfeer in het interbellum:

> De kolonaal deed er alles aan om ons ervan te overtuigen dat we grote kinderen waren, dat we zo bleven, dat we onder zijn voogdij stonden en dat we alle instructies moesten volgen die hij gaf voor onze opvoeding met het oog op onze gestage integratie in de westerse beschaving, hét ideaal van de beschaving. En wij, wat konden wij anders verwachten? In mijn generatie kenden we niet langer de tradities van onze ouders: wij waren geboren in deze stad die door kolonialen was gesticht, in deze stad waar het leven van een mens ondergeschikt was aan de macht van het geld... Zonder geld belandde je in de gevangenis. Geld diende om belasting te betalen, om je te kleden en zelfs om te eten, iets wat onbekend was in de dorpen. Het was de blanke koloniaal die geld verschafte, dus moest je je onderwerpen aan al wat hij zei. In die wereld werd ik geboren en heb ik geleefd: je moest buigen voor wat anderen van je vroegen.[56]

Toch was supervisie van het stedelijke arbeidersmilieu op zich niet genoeg, men diende ook actief in te grijpen. Naast het onderwijs waren het verenigingsleven en de gezinspolitiek de uitgelezen instrumenten. Het besluit om vrouwen en kinderen toe te laten in de arbeiderskampen was utilitair gemotiveerd: het moest de werklust verhogen, de prostitutie en het drankgebruik afremmen, de monogamie stimuleren en de algehele rust van het kampleven bevorderen. Bovendien zouden de kinderen in de arbeiderskampen van jongsaf opgroeien in de bedrijfscultuur. Zo werden ze, met dank aan de missiescholen, klaargestoomd tot nieuwe lichtingen gedisciplineerde werknemers.[57]

De kerk beschikte over bijzonder veel politieke macht. Rond 1930 waren er in Belgisch Congo evenveel katholieke missionarissen als koloniale ambtenaren.[58] Kerkelijk gezag en wereldlijk gezag sloten naadloos op elkaar aan, zo wist ook de schrijver Lomami Tshibamba:

> In het praktische leven waarin wij opgroeiden wilde de priester onze onderwerping; de vertegenwoordigers van Bula Matari, anders gezegd van het gouvernement of het territoriale bestuur, hadden allen gezag en dat gezag kwam van God. Bijgevolg werd van ons totale gehoorzaamheid verwacht. Dat is wat de priester ons aanraadde! Goed zijn, zowel voor God als voor die lui van de nieuwe samenleving, die was gecreëerd door de Bula Matari, vergde gehoorzaamheid, onderwerping en respect. Wij waren gereduceerd tot gedienstigheid – die term gebruikte men niet, maar daar kwam het wel op neer.[59]

Gedienstigheid kweken was eveneens de drijfveer achter de sociale politiek van de grote bedrijven. Union Minière ging daarin het verst. Ja, het bedrijf bouwde schooltjes, hospitalen en ontspanningsclubs voor de arbeidersgezinnen. Ja, er kwam het begin van een pensioenstelsel op het eind van de jaren dertig. En ja, de mijnwerker was van de wieg tot het graf omgeven door de zorgen van het bedrijf, meer dan bij welk mijnbouwbedrijf in Centraal-Afrika ook. Maar het lijdt geen twijfel dat de paternalistische welwillendheid van de onderneming meer voortkwam uit overwegingen van efficiency dan van filantropie. Men kweekte er volmaakte arbeiders: gelukkig en gezeggelijk.

Meer dan een werkgever was Union Minière een staat in de staat, af en toe zelfs met totalitaire trekken. Elk facet van het leven in het arbeiderskamp stond onder toezicht van de blanke kampchef. Hij hield van elke werker en zijn familie een fiche bij; hij stond in voor de huisvesting, de bevoorrading, de salarissen en de scholen; hij regelde geschillen en kondigde tuchtmaatregelen af. De vrouw van een Union Minière-arbeider die naar haar dorp van oorsprong terug moest, diende aan de kampchef toestemming te vragen, terwijl ze zelf niet in dienst van dat bedrijf was! Haar kinderen moesten al vanaf hun tiende jaar lessen handenarbeid krijgen, kwestie van hen voor te bereiden op het latere werk. Als het jongens waren, hielp het bedrijf hen met het sparen voor een bruidsschat. Union Minière was een totaal bedrijf, met de steun van missie en staat.[60]

Voor binnenlandse organisaties was men zeer beducht, want daar konden vormen van sociaal protest ontkiemen: 'Het verenigingsgevoel wordt zoveel mogelijk de kop in gedrukt. De kampleiding houdt nauw toezicht op alle activiteiten die de autochtonen organiseren.'[61] Naaiclubs, zangkoren en huishoudcursussen vond Union Minière wenselijker dan eigen initiatieven van het personeel. De missies hadden kerken in de arbeiderswijken en waren daarvoor uitstekend geschikt. In Léopoldville waren dat voornamelijk scheutisten, in Elisabethville benedictijnen. In de kathedraal van Elisabethville zong op zondag een uitstekend gregoriaans knapenkoor bestaande uit louter Afrikaanse kinderen.

In de steden stampten Belgische priesters vanaf 1922 de eerste padvindersgroepen van Afrika uit de grond. Scouting, een in oorsprong seculiere beweging die met haar paramilitaire karakter eerder bij de staat dan bij de kerk aansloot, was in de kolonie een exclusief katholiek gebeuren. Het stond de missionaris toe om ook na schooltijd controle over zijn beste leerlingen te behouden. Met activiteiten als spoorzoeken, boomklimmen, knopen leggen, kamperen en in morse seinen bracht men jongeren zowel fierheid als zin voor discipline bij. De jonge scout verzamelde insignes, deed zijn belofte en koesterde zijn uniform. De ledenaantallen waren nooit zeer hoog (rond de duizend leden voor heel Congo), maar er ontstond een inheemse elite die wist wat tucht en trouw was.[62]

Een veel grotere massa werd bereikt met wat waarschijnlijk het meest succesvolle onderdeel van de Belgische missionering was: voetbal. Ook hier namen Léopoldville en Elisabethville het voortouw. Het begon rond 1920. Missionarissen in soutane legden de regels van het spel uit en zagen in geen tijd in de stoffige straten van de cité kinderen en jongeren oefenen met zelfgemaakte ballen en pompelmoezen. De eerste ploegen ontstonden: Etoile en League in Léopoldville, Prince Charles en Prince Léopold in Elisabethville. In 1939 waren er in Léopoldville alleen al drieënvijftig ploegen en zes divisies. Er waren geschoeide en ongeschoeide teams – blootsvoets spelen betekende lichtere passes, maar grotere souplesse. De wedstrijden vonden op zondagmiddag plaats. Naast honderden spelers bracht dat duizenden supporters op de been. Vrienden, collega's, vrouwen en kinderen schreeuwden zich hees aan de rand van het veld. Voetbal was meer dan ontspanning. Het had een vormend aspect. Een Vlaamse benedictijn stelde met genoegen vast: 'In plaats van hun zondagmiddag hurkend in een hut door te brengen en er hun *pombo* te drinken, of te gaan drinken in de bars te midden van vrouwen met twijfelachtige zeden, geven ze zich vrij en in de openlucht over aan de sporten die hen boeien.'[63] Een scheutist was evenzeer enthousiast: 'Dat houdt ze, tenminste voor de paar uren, af van 't dansen en 't wallebakken, en wordt, na 't lof, de zondag er aangenaam mee gepasseerd.'[64] Net zoals in de Vlaamse colleges en internaten voetbal werd gepropageerd om de overtollige seksuele energie van jongens te draineren, werd het in de kolonie ingevoerd om eventuele sociale onrust de kop in te drukken. Voetbal was naast een uitgelaten spel ook een vorm van disciplinering. Je moest naar de trainingen gaan, behendigheid ontwikkelen, reflexen de baas worden, je aan de regels houden, de scheidsrechter gehoorzamen. Jolig en toch beheerst: een ideale koloniale leerschool. 'Sport leert de inboorling (...) zich te schikken naar een discipline waarmee hij vrijwillig instemt,'[65] heette het.

In de straten van Kikwit zag ik in 2007 eens een versleten, gele brommer voorbijsnorren met daarop een oude blanke. Dat was op zich al vrij uitzonderlijk: de weinige Europeanen verplaatsen zich steevast per auto, zeker de bejaarden onder hen. De bromfietser in kwestie bleek Henri de la Kéthulle de Ryhove te zijn, jezuïet van adellijke origine, ver voorbij de tachtig en nog steeds onvermoeibaar in de weer, de laatste jaren vooral in de strijd tegen sikkelcelanemie, een erfelijke ziekte. Père Henri was ook het neefje van Raphaël de la Kéthulle, misschien wel de beroemdste missionaris van heel Belgisch Congo. En die beroemdheid had zijn oom niet te danken aan een heroïsche bekeringsijver diep in het oerwoud, noch aan het evangelisch opmonteren van een naargeestige leprozenkolonie, nee, père Raphaël werkte heel zijn leven in Kinshasa en leerde zijn volk voetballen. Hij was een scheutist die in het onderwijs zat en behoorde tot de eerste lichting stedelijke missionarissen. Als telg uit een Franstalige, aristocratische familie uit Brugge was hij zelf naar school gegaan op het Sint-Lodewijkscollege. (Het is een detail dat me doet glimlachen: ikzelf heb les gevolgd op een vroegere dependance van dat college. Ook op mijn college was, driekwart eeuw later en een vernederlandsing verder, voetbal nog steeds de belangrijkste religie naast het christendom. Op onze stenen speelplaats stonden vijf of zes voetbalvelden geschilderd, hingen er vijf volleybalnetten en twee basketbalpanelen. In plaats van twee uur verplichte sport kregen we er vier, ook verplicht. Het West-Vlaamse katholicisme had, Gezelle ten spijt, meer affiniteit met balsport dan met lyriek.)

'Mijn oom was de oprichter van de Association Sportive Congolaise, de eerste sportvereniging van Congo,' zei père Henri toen we eenmaal zaten. Zijn witte haar lag achterovergeföhnd door zijn ritje met de brommer. Kapsalon Kikwit. 'Hij was de grote promotor van het voetbal in Kinshasa.' Maar daar bleef het niet bij. 'Zijn sportvereniging ruimde ook plaats in voor gymnastiek, atletiek, zwemmen en zelfs waterpolo.' Raphaël de la Kéthulle moet al even onvermoeibaar geweest zijn als zijn neefje. Behalve dat hij allerlei sportinitiatieven nam, stichtte hij verschillende scholen. Hij stond mede aan de wieg van de koloniale padvinderij, het schooltoneel, een fanfare en een oud-leerlingenvereniging. Maar bovenal was hij de drijvende kracht achter de uitbouw van een deugdelijke sportinfrastructuur in Léopoldville. Père Henri wist het. 'Hij bouwde drie voetbalstadions, een uitgestrekt sportpark, tennisbanen en een zwembad van olympische afmetingen, dat zelfs een vijfmeterduikplank had. In dat zwembad organiseerde hij ook prauwwedstrijden!' Het absolute hoogtepunt van zijn bouwlust was het Stade Roi Baudouin, het latere Stade du 20 Mai, een voetbalstadion dat plaats bood aan tachtigduizend toeschouwers en in 1952, bij de opening ervan, het grootste van heel Afrika was. Hier was het dat in 1959 de rellen losbarstten die tot de onafhankelijkheid zouden leiden. Hier was het dat Mobutu na zijn staatsgreep in 1965 het volk toesprak. Hier was het dat in 1974 de boksmatch tussen Mohammed Ali en George Foreman werd gehouden. Vandaag kent iedere Kinois nog steeds *tata* Raphaël, vadertje Raphaël, al was het maar omdat het grote stadion inmiddels naar hem is vernoemd en zijn beeltenis, die opvallende gelijkenis vertoont met het logo van Kentucky Fried Chicken, reuzegroot geschilderd op de muren van het Collège Saint Raphaël prijkt. 'Ja, hij was zeer energiek,' concludeerde père Henri, 'al had hij wel *la bottine légère*.' De lichte laars? 'Ja, hij kon wel eens een trap verkopen, als het moest.'

Het verenigingsleven dat door de katholieke missionering werd aangezwengeld, bood de stedelijke arbeider niet alleen gezonde ontspanning, maar veranderde ook doelbewust de sociale kaart. Uit vrees voor etnisch gekleurde opstanden zoals met de Pende brak men door de tribale grenzen heen – dezelfde grenzen die het missieonderwijs had aangescherpt! Henri de la Kéthulle vertelde me: 'Mijn oom mixte bij de sport de volken. In zijn voetbalcompetities werden de ploegen gemengd. Hij organiseerde intercongolese wedstrijden, ja zelfs de eerste internationale voetbalmatch. Een Congolees team speelde toen tegen een Belgisch team. Beerschot, geloof ik.'[66]

Maar het bloed kroop waar het niet gaan kon. Alle welwillende sportinitiatieven en betuttelende gezinspolitiek ten spijt bleef er bij delen van de Congolese stedelingen een zekere honger bestaan. Het koloniale bewind betoonde zich weliswaar vriendelijk, maar dat duurde slechts zolang men in het gareel liep. De massa werd gekanaliseerd onder het glimlachende oog van de koloniale drievuldigheid, maar wie uit de pas liep, werd meedogenloos bestraft.

Vandaar dat inheemse organisaties bleven bestaan.[67] De kitawala-religie verspreidde zich onder de mijnwerkers en infiltreerde grote delen van het platteland. Vanuit Katanga bereikte ze de Kivu, de Province Orientale en de Equateur. Ze leidde een clandestien bestaan en vermengde mystiek met revolte. Toen in 1936 in Jadotville aanhangers ervan gearresteerd werden, zeiden ze over de Bijbel: 'Het staat heel duidelijk in dit boek dat alle mensen gelijk zijn. God heeft de blanke niet geschapen om over de zwarte te heersen. (...) Het is niet rechtvaardig dat de zwarte die het werk verricht, in armoede en misère moet blijven leven, terwijl de lonen van de blanken zoveel hoger zijn.'[68] Veel aanhangers werden verbannen, maar net zoals bij de kimbangisten gaf dat veeleer een impuls aan de beweging.

Etnische organisaties in Katanga, bijvoorbeeld van de Lulua of de Baluba, boden een gezelligheid en een herkenbaarheid die geen enkele padvinderspatrouille had. Ze vingen nieuwkomers op en hielpen jongelui hun bruidsschatten te betalen. Er ontstonden zelfs vormen van solidariteit tussen mensen met dezelfde voornaam. Een oude man uit Lubumbashi lichtte dat toe: 'Als ik Albert heet en jij heet Albert, dan word je mijn broer. (...) We zorgen voor elkaar. We helpen elkaar om aan eten te komen, we spelen samen, we steunen elkaar op elk vlak.'[69] Vanaf 1929 zorgde de crisis voor intense vormen van inheemse solidariteit. André Yav, de oude boy uit Lubumbashi, vertelde daarover: 'Iedereen had veel honger toen. De werkloosheid steeg ongelooflijk. Maar dit is wat we deden: indien een man werk had, dan was hij de vader en de moeder van al zijn vrienden. Ze kwamen eten in zijn huis en ze kwamen zich er kleden.'[70] Zulke vormen van spontane zelforganisatie waren onuitroeibaar.

In de jaren twintig waren er groepen die zich *Les Belges* noemden. De leden tooiden zich niet zonder humor met de titels van het koloniaal bestuur ('districtscommissaris', 'gouverneur-generaal', 'koning') en imiteerden in hun dansen blanke ambtenaren en missionarissen. Behalve met satire hielden ze zich ook bezig met het huisvesten van nieuwkomers, het verdelen van eten en het organiseren van begrafenissen.[71]

Na de crisis ontstonden de eerste verenigingen van Afrikanen die zich omhoog hadden weten te werken. Organisaties met namen als de Cercle de l'Amitié des Noirs Civilisés en de Association Franco-Belge brachten Congolezen samen die naar school waren geweest, een goed inkomen genoten en met elkaar Frans praatten. Zij vertegenwoordigden het begin van een Congolese middenklasse, met alle hoop en snobisme van dien. De leden keken vaak neer op de straat, waaraan ze zich net ontworsteld hadden en hunkerden naar een meer Europese levensstijl, naar manchetknopen en achting. Maar dat verlangen zou, indien het gefrustreerd werd, kunnen omslaan in wrevel en protest – wat in de jaren vijftig ook gebeurde. In het interbellum echter waren hun activiteiten nog niet openlijk politiek, al wilden sommigen zich het liefst los van de kerk organiseren.

Vanaf de jaren dertig deed zich meermalen per week een fascinerend fenomeen voor bij de grenspost met Rhodesië.[72] Telkens als er een trein uit de Britse *dominions* arriveerde, stopte hij onder luid gesis om de blanke machinist van boord te laten gaan. Zijn collega uit Belgisch Congo klom vervolgens op de locomotief om de reis naar Elisabethville voort te zetten. Wie het tafereel voor het eerst zag, wreef zich even de ogen uit: was de nieuwe machinist waarlijk een Afrikaan? Ja, dat was hij. In Belgisch Congo ging men er prat op dat er, anders dan in Zuid-Afrika en Rhodesië, geen *colour bar* was. In de mijnen en de fabrieken mochten Afrikanen dure en gevaarlijke machines bedienen, zij het onder toezicht van blanke opzichters. Toegewijde werknemers van Union Minière konden tot op zeker niveau opklimmen in het bedrijf. Hotels, restaurants en cafés waren in theorie toegankelijk voor iedereen. Alleen in de bioscopen gold er een duidelijke rassenscheiding. Er was geen formeel verbod op seksuele betrekkingen tussen blanken en zwarten.

Maar de afwezigheid van een wettelijke *colour bar* betekent niet dat er geen *invisible colour bar* bestond.[73] Die laatste was misschien nog wel het hardnekkigst van al. Afrikanen konden niet doorgroeien tot de top van een bedrijf. In de administratie was klerk of typist het hoogst haalbare niveau. De steden bestonden uit strikt gescheiden blanke centra en zwarte buitenwijken, zogenaamd om de verspreiding van malaria tegen te gaan. Maar dat was een drogreden. Ook de kerkhoven waren raciaal gesplitst en daar had men doorgaans nog maar weinig te vrezen van malaria. Gemengde scoutingploegen bestonden evenmin. En Congolese voetbalteams mochten niet tegen Europese spelen, uit vrees voor rellen bij verlies, of vernedering bij winst. Een van de scherpste waarnemers van de koloniale periode schreef daarover: 'Het feit dat er geen officiële *colour bar* was, verergerde merkwaardig genoeg de raciale reflexen van de blanken. Ontkend door het recht, bevestigde het racisme zich met volle kracht in de feiten.'[74] En dat was waar. Wie vandaag de koloniale kranten uit het interbellum erop naleest, merkt hoezeer een wij/zij-logica het denken bepaalt en hoeveel angst er schuilging achter het stoere taalgebruik. Na de moord door een Congolees op een blanke schreef *L'Avenir Colonial Belge*, een van de populairste kranten van de kolonie:

> Is de persoonlijke veiligheid van ons, Blanken, nog wel gegarandeerd in Léopoldville?
>
> Men kan in alle oprechtheid antwoorden: Nee! De daden van insubordinatie van de zwarten vermenigvuldigen zich; hun brutaliteit is groot en jaagt zelfs de dappersten angst aan. Diefstal neemt toe in aantal en omvang; de laatdunkendheid van de inboorling voor de Blanken is soms verpletterend; de vrees die wij hem inboezemen is nihil; het respect voor de mundele is weg.
>
> Zo staat het ervoor in het jaar Onzes Heren 1930.
>
> – Maar, zult u zeggen, is Stanley Pool dan een regio die opnieuw moet gepacificeerd worden?
>
> – Welja, waarom niet?

Wat dat herpacificeren inhield, was volgens de krant duidelijk: elke Afrikaan die een blanke naar het leven stond, om wat voor reden dan ook, moest in aanmerking komen voor de doodstraf.[75] Wettige zelfverdediging, verzachtende omstandigheden, onvrijwillige doodslag, onweerstaanbare drang, het was allemaal niet meer van belang. Het parket dacht gelukkig een stuk subtieler, maar dat een krant die zulke prietpraat verkocht een van de invloedrijkste werd van de kolonie, geeft aan hoe het gros van de blanken dacht over het rassenvraagstuk. *Les noirs*, dat schreef je met een kleine letter, *les Blancs*, met een hoofdletter.

In wezen werd de koloniale samenleving van het interbellum beheerst door wederzijdse angst: de blanke overheersers waren als de dood om hun respectabiliteit te verliezen in de ogen van de Congolezen, terwijl zeer veel van die Congolezen bang waren voor het blanke gezag en er alles aan deden om zijn respect te verdienen. Het was een houdgreep van angst. Hoe lang kon men die volhouden?

Vier lange jaren hadden Albert Kudjabo en Paul Panda Farnana in krijgsgevangenschap in Duitsland doorgebracht, jaren die meer inhielden dan liedjes inzingen voor Berlijnse etnografen. Jaren van ziekte en dwangarbeid. Jaren van spot en vernedering. Kudjabo had op een boerderij moeten werken in de buurt van Stuttgart, waar de boer hem had opgelicht. Panda was in Hannover beland om daarna overgebracht te worden naar Roemenië.

Maar nu waren ze terug in België, het land waarvoor zij en enkele andere Congolezen hun leven hadden geriskeerd. En wat schreef het oudstrijdersblad *Le Journal des Combattants* over hen? 'Laten we ze repatriëren en terugsturen naar de schaduw van hun bananenbomen, waar ze zeker meer op hun plek zullen zijn. Ze zullen er hun negerdansen leren en kunnen vertellen over hun oorlogservaringen aan hun families die rondom op een chimpanseehuid zitten.'[76]

Hadden ze daarom gevochten en geleden? Dit konden ze niet over hun kant laten gaan. Er kwam een antwoord: 'In de loopgraven hield men niet op te herhalen dat wij broeders waren en werden we op dezelfde voet behandeld als de blanken. Niettemin, nu de oorlog voorbij is en men onze diensten niet langer nodig heeft, ziet men ons liever verdwijnen. Wat dat laatste betreft zijn wij helemaal akkoord, maar wel op één voorwaarde: als u zo streng hamert op de repatriëring van de zwarten, zouden wij logischerwijze kunnen vragen dat alle blanken die zich in Afrika bevinden eveneens gerepatrieerd worden.'[77]

Wat een *culot*! Zo'n zelfverzekerde toon durfde niemand in Congo aan te slaan. Het stuk was in een eloquenter Frans geschreven dan het artikel waarop de Congolezen reageerden. Hier sprak werkelijk een nieuwe stem. Enkele weken voor dit bewuste artikel, op 30 augustus 1919, was in Brussel de Union Congolaise opgericht, een 'vereniging voor hulp en morele en intellectuele ontwikkeling van het Congolese ras'. Het geleek op de organisatie die André Matswa in Frankrijk had opgericht. De vereniging telde aanvankelijk drieëndertig leden, bijna allen oud-strijders. De belangrijkste figuur was de ex-krijgsgevangene Paul Panda Farnana, zijn lotgenoot Albert Kudjabo werd secretaris. Zij spanden zich in om arme en zieke leden te helpen, begrafeniskosten te dekken en gratis avondonderwijs te verschaffen. Maar hun agenda was ook uitgesproken politiek. Reeds in 1920 eiste de Union Congolaise dat dwangarbeid werd verlicht, loonarbeid beter bezoldigd en het onderwijs uitgebreid. Bovenal vroegen ze dat Congolezen meer inspraak kregen in het bestuur. Nogmaals: in 1920! In die tijd overlegde het bewind hooguit met individuele dorpschefs die het zelf had aangesteld. Veel beter ware het, zo opperde Paul Panda, om de Congolezen zelf een raad te laten kiezen die de koloniale overheid in Boma zou adviseren.

Panda's Union Congolaise groeide gestaag. Er kwamen afdelingen in Luik, Charleroi en Marchienne-au-Pont. De nieuwe leden waren vaak Congolese matrozen die in de haven van Antwerpen waren gedeserteerd. Deze jonge, ongehuwde mannen die zich wekenlang in de oorverdovende machinekamer als oliesmeerder, stoker of kolentremmer hadden afgebeuld, pikten het niet dat bij aankomst hun blanke collega's voor hetzelfde werk meer dan tweemaal zoveel verdienden. In Congo waren geen blanke handarbeiders, alleen oversten, maar op de oceaanstomers zag men voor het eerst het grote contrast. En terwijl aan land wrevel leidde tot religieuze extase, leidde onvrede aan boord tot prozaïscher verzet: stakingen. Zowel in de haven van Antwerpen als Matadi legde men het werk neer, zeker nadat het Afrikaanse scheepslui verboden werd om hun geringe loon aan te vullen met een privéhandeltje in fietsen en naaimachines. Bovendien mochten ze aan land niet in de bars blijven hangen. De Belgische regering was als de dood dat ze in de rosse buurt of, erger nog, de rode cafés zouden belanden. Er waren al communisten genoeg in Antwerpen!

Aanvankelijk kon de Union Congolaise nog op enige sympathie rekenen. Paul Panda Farnana was een bijzonder welbespraakte intellectueel die de zeldzame kunst verstond om radicale ideeën als billijke maatregelen voor te stellen. Hij mocht in december 1920 spreken op het eerste Nationaal Koloniaal Congres in Brussel, waar zijn bijdrage over de noodzaak tot politieke participatie van de inlander ook onder de Belgische aanwezigen veel bijval oogstte. Geef ons macht, was zijn *bottomline*. Hij kreeg er applaus voor! Als uitmuntend redenaar had hij zijn toespraak dan ook doorspekt met verwijzingen naar historische pausen.

Een jaar later nam Paul Panda echter deel aan het tweede Pan-Afrikaanse Congres, een Afro-Amerikaans initiatief onder leiding van de radicale, Amerikaanse burgerrechtenactivist W.E.B. Du Bois. Die deelname zou Panda een slechte reputatie bezorgen: de koloniale pers verweet hem nationalisme, bolsjewisme en garveyisme. Ten onrechte. Het panafrikanisme van die tijd wilde over de hele wereld het zwarte ras bevrijden en ontvoogden. Op het congres, dat een week duurde en werd gehouden in Londen, Brussel en Parijs, logenstrafte men de aantijging van bolsjewisme. Men wilde enkel de gelijkheid van blanken en zwarten bevorderen, zowel in oorlogs- als in vredestijd. De delegatie trok eveneens naar het koloniaal museum in Tervuren, waar de Amerikaanse deelnemers zich opwonden over de toen al reusachtige collectie die hun bijeengeroofd leek. Zo had Paul Panda er nog niet over nagedacht. De Brusselse en Parijse zittingen werden voorgezeten door Blaise Diagne, een Senegalees die al sinds 1914 zetelde in het Franse parlement, de eerste Afrikaan ooit. Op Panda moet dat enorme indruk hebben gemaakt. Terwijl de Franse koloniën al volksvertegenwoordigers mochten sturen naar Parijs, kon men in Belgisch Congo niet meer worden dan machinist, koorknaap, padvinder of doelman. *Chef médaillé* zijn telde niet mee als het om politieke participatie ging: dat was geen inspraak, maar recuperatie. Enkele jaren later verkondigde hij zijn ongezouten eindoordeel: 'Tot nog toe is de kolonisatie van Congo slechts "beschavings"-vandalisme geweest ten voordele van het Europese element.'[78]

In mei 1929 keerde Paul Panda Farnana naar de kolonie terug. Hij vestigde zich in zijn geboortedorp Nzemba, dicht bij de oceaan. Daar stichtte hij een schooltje en een kapel. Met zijn zeldzame combinatie van levenservaring, scherpzinnigheid en tact had hij een sleutelfiguur kunnen worden in de onderhandelingen voor een rechtvaardiger koloniaal regime. Maar minder dan een jaar na zijn terugkeer stierf hij in zijn dorp, ongetrouwd en kinderloos. Belgisch Congo was zijn meest briljante tegenstem kwijt. Hij was slechts 42 jaar.

5

Het rode uur van de aftrap

De oorlog en de bedrieglijke stilte erna

1940-1955

Ze stonden in een kring te wiegen. Afwisselend verplaatsten ze hun gewicht van de ene naar de andere voet; het was iets tussen bedachtzaam dansen en op de plaats marcheren in. Het groepje veteranen had het erg naar zijn zin. Ik zag hen bezig in de Maison des Anciens Combattants van Kinshasa. Hun nagelnieuwe uniformen waren een geschenk van het Belgisch leger aan de huidige strijdkrachten. De oud-strijders droegen ze met trots, klapten in hun handen en zongen met diepe stemmen: '*Saluti, saluti, pesa saluti, tokopesa saluti na bakonzi nyonso.*' Een marsliedje. 'Gegroet, gegroet, geef acht, wij salueren al onze leiders.' Die leiders, zo verduidelijkten ze me achteraf, dat waren Belgen. Al hun officieren waren Belgen toen. '*Biso baCongolais, biso baCongolais,*' zo ging het verder, 'wij Congolezen, wij Congolezen, wij hebben onze kracht getoond. Vandaag hebben we Saio veroverd.' Een eenvoudig, maar aanstekelijk soldatenliedje was het. Als je het eenmaal hebt gehoord, raak je de melodie niet meer kwijt. Een Congolese militair bedacht het in 1941, kort na de inname van de versterkte garnizoenstad Saio in Abyssinië, het tegenwoordige Ethiopië. Het werd gezongen in de laadbakken van de vrachtwagens waarmee de Congolese soldaten door de droge, open landschappen van Soedan terugreden naar Kisangani. Bijna zeventig jaar later kenden de veteranen het nog steeds. Het ademde een nieuw soort broederschap uit. Ja, de blanken waren in die dagen nog steeds hun oversten, maar er was toch iets veranderd tijdens de oorlog. De Congolese soldaat was bijzonder fier dat hij zijn blanke officiers de inname van Saio kon aanbieden.

Maar die trots zou niet blijven duren. Nog veel meer dan de Eerste Wereldoorlog zorgde de Tweede Wereldoorlog voor toenadering gevolgd door teleurstelling. Ik sprak erover met de 87-jarige André Kitadi, een van de mannen die het liedje mee had staan zingen. Hij was ondervoorzitter van de oud-strijdersvereniging van '40-'45, een opmerkelijke man met een zachte stem en een scherp oordeel. Zijn kantoor was leeg, op een metalen bureau, een Congolese vlag en een enorme plas na. De regen van de vorige avond was blijven staan op de betonnen vloer. 'Wij vochten voor België, zoveel was duidelijk. De Belgen hebben ons gebruikt om hun belangen te verdedigen. Wij deden mee omdat wij discipline hadden. Wij hadden *la conscience de la guerre*.'[1]

Toen het Duitse leger in het voorjaar van 1940 België in achttien dagen overrompelde, was de rechtspositie van Belgisch Congo enkele maanden onduidelijk. Dat kwam door de algehele deconfiture in het vaderland zelf. Terwijl de Belgische regering naar Frankrijk en later Engeland vluchtte en zich aan de zijde van de geallieerden schaarde, aanvaardde koning Leopold III, achterneef van Leopold II, de Duitse overwinning. Hij werd krijgsgevangen gemaakt en zat op het eind van de oorlog in nazi-Duitsland. Naar wie moest het koloniaal bewind nu luisteren? Naar de koning van een land dat niet meer als soevereine staat bestond maar nog wel een kolonie had, of naar diens minister van Koloniën in ballingschap die gold als administrateur-generaal van Belgisch Congo? In de kolonie zelf waren de meningen verdeeld. Conservatieve krachten als monseigneur de Hemptinne, de machtige bisschop van Katanga, waren koningsgezind en legden zich neer bij de Duitse zege en de nieuwe fascistische wereldorde. Bovendien koesterden veel industriëlen ultrarechtse sympathieën. Zij wilden grondstoffen kunnen blijven leveren aan Duitsland, wat sommigen in de loop van de oorlog, via de omweg van Portugal, ook deden. Antisemitisme stak her en der de kop op. In het eldorado van Elisabethville was in de loop van de tijd een kleine joodse gemeenschap ontstaan. De plaatselijke rabbijn, de enige in Congo, vernam tot zijn ontsteltenis hoe de vitrines van joodse handelaars werden beklad met hakenkruizen en leuzen als *sale juif*.[2] Maar uiteindelijk liet de gouverneur-generaal Pierre Ryckmans er geen enkele twijfel over bestaan: Belgisch Congo zou onverdeeld de kant van de geallieerden kiezen en de strijd tegen het fascisme blijven voeren. Officieel resorteerde zijn beleid onder het bewind van de uitgeweken minister van Koloniën, maar in de praktijk genoot hij een grote autonomie. Zijn persoonlijke moed was doorslaggevender dan elk directief uit Londen.

Ook de Franse koloniën aarzelden over de te kiezen kant: de meeste kozen de zijde van het collaborerende Vichy-regime van Pétain, enkele sloten zich aan bij het vrije Frankrijk van De Gaulle. Zo werd het conflict tussen geallieerden en de as-mogendheden doorgetrokken naar het Afrikaanse continent. Duitsland had sinds 1918 weliswaar geen overzeese bezittingen meer, maar grote delen van Afrika raakten alsnog in de nationaal-socialistische invloedssfeer. Bovendien had Duitslands nieuwe bondgenoot Italië wél koloniën. Al sinds de late negentiende eeuw heerste het in de Hoorn van Afrika over Eritrea en Italiaans Somaliland, gebieden langs de Rode Zee-kust waarvan het strategisch belang was toegenomen met de opening van het Suez-kanaal. In 1911 kon Italië Libië inlijven en in 1935 viel Mussolini het Ethiopië van Haile Selassie binnen, de enige staat van omvang in Afrika die nooit gekoloniseerd was geweest. Ook nu zou die vreemde heerschappij slechts een kortstondig intermezzo vormen. Die kortstondigheid was onder meer te danken aan de soldaten uit Belgisch Congo.

Toen de Belgische regering in ballingschap zich aan de zijde van de geallieerden schaarde, vroeg Churchill om materiële en militaire steun uit Belgisch Congo. In Noord-Afrika bedreigde Libië immers Egypte (dat weliswaar in 1922 zelfstandig was geworden, maar in veel opzichten nog afhankelijk was van Engeland), terwijl de Hoorn van Afrika een gevaar vormde voor het Engelse Kenia en Soedan. Vanuit die Britse koloniën zond Churchill eigen troepen naar Abyssinië, maar vanaf februari 1941 versterkte het elfde bataljon van de Force Publique hun gelederen. Het ging om zo'n drieduizend soldaten en tweeduizend dragers. Er was één Belgische officier per vijftig Afrikanen. Per vrachtwagen en per boot verplaatsten ze zich door Soedan, waar de middagtemperaturen opliepen tot 45 graden in de schaduw. Van daaruit vielen ze het bergachtige westen van Abyssinië binnen. De vrachtwagens werden overgeschilderd: in de nog natte groene verf strooide men bruin zand om beter gecamoufleerd te zijn. Maar in het onherbergzame gebied moesten de soldaten meestal te voet. Overdag vergingen de manschappen bijna van de hitte, 's nachts, op grote hoogte, klappertandden ze van de kou. Toen enkele weken later het regenseizoen losbarstte, moest er soms in het slijk worden gebivakkeerd. Stadjes als Asosa en Gambela konden vrij makkelijk worden ingenomen. Na korte maar hevige vuurgevechten bliezen de Italiaanse troepen de aftocht. Hun officieren namen zelfs niet de moeite hun sabels of tennisrackets mee te nemen. Veel zwaarder ging het eraan toe in Saio, een belangrijke Italiaanse garnizoenstad bij de grens met Soedan. Na hevige beschietingen op 8 juni 1941 vroegen de

Kaart 6 : Belgisch-Congo tijdens de Tweede Wereldoorlog

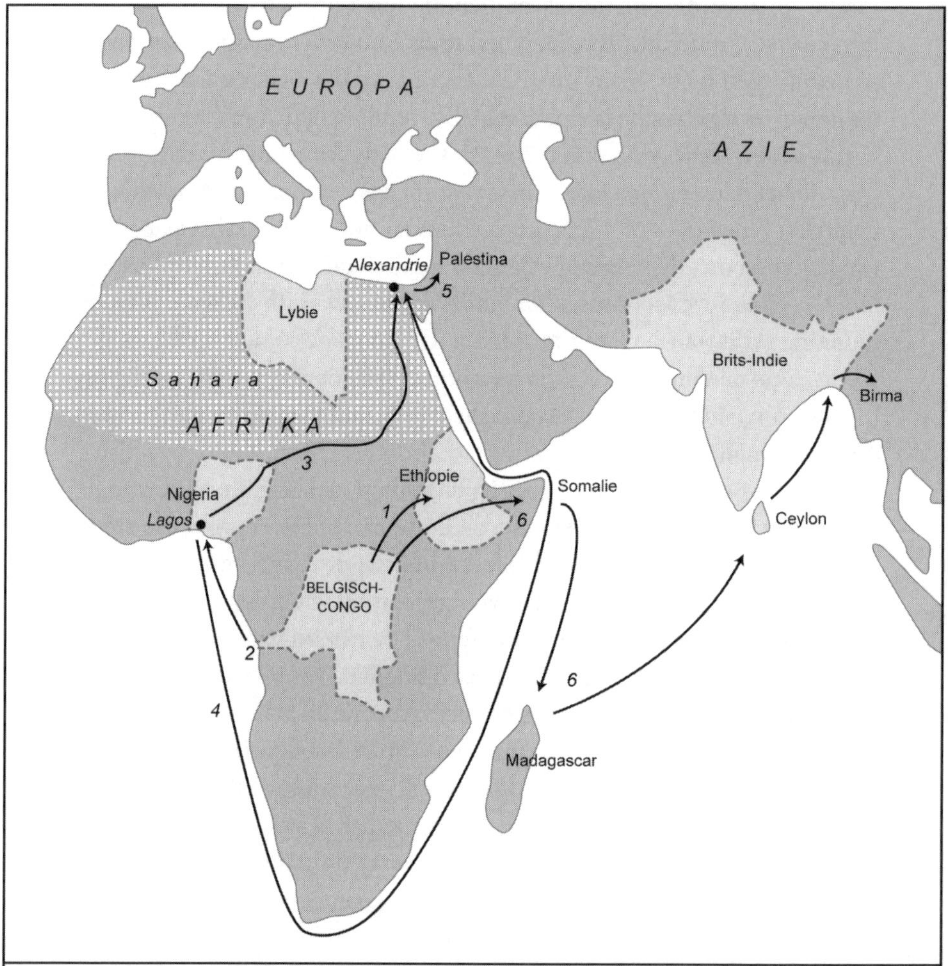

1- Force Publique bevrijdt Ethiopie van de Italiaanse bezetting (1941)
2- Belgisch-koloniale troepen verscheept naar Nigeria (1942)
3- Belgisch-koloniale troepen steken de Sahara door op weg naar Egypte (1943)
4- Andere soldaten van de Force Publique bereiken Egypte over zee (1943)
5- Force Publique trekt door tot in Palestina (1945)
6- Veldhospitaal van de Force Publique opereert in Somalie, Madagascar en Birma

gedemoraliseerde Italianen om een wapenstilstand, al waren ze numeriek en militair beduidend sterker. De Belgische bevelhebbers stemden in op voorwaarde van een totale overgave. Maar liefst negen Italiaanse generaals werden krijgsgevangen genomen, onder wie Pietro Gazzera, de opperbevelhebber van de Italiaanse troepen in Oost-Afrika, en graaf Arnocovaldo Bonaccorsi, de inspecteur-generaal van de fascistische milities die tijdens de Spaanse Burgeroorlog Majorca had geterroriseerd. Daarnaast werden 370 Italiaanse officieren (van wie 45 met een hoge rang) krijgsgevangen gemaakt, naast 2574 onderofficieren en 1533 inlandse soldaten. Nog eens 2000 ongeregelde inlandse troepen werden huiswaarts gestuurd.

Maar de inname van Saio was vooral materieel en strategisch van groot belang. De Force Publique maakte achttien kanonnen met vijfduizend bommen buit, vier mortieren, tweehonderd mitrailleurs, 330 pistolen, 7600 geweren, vijftienduizend granaten en twee miljoen patronen. Daarnaast legden Belgen en Congolezen beslag op twintig ton radiomateriaal, inclusief drie volwaardige zendposten, twintig motorfietsen, twintig auto's, twee pantserwagens, tweehonderdvijftig vrachtwagens en – niet onbelangrijk in de hooglanden – vijfhonderd muilezels. Hier werd een leger opgedoekt, zoveel was duidelijk. Het ging om de belangrijkste Belgische overwinning tegen het fascisme en zelfs om de grootste militaire triomf die Belgische troepen ooit hebben geboekt, maar de zwaarste tol werd betaald door de Congolezen. Aan Belgische zijde vielen vier slachtoffers en zes zwaargewonden, aan Afrikaanse zijde lieten tweeënveertig mensen het leven, raakten er vijf vermist en bezweken er 193 aan ziekte of letsel. Onder de dragers vielen 274 doden; zij stierven voornamelijk door uitputting en dysenterie.

De Abyssinische veldtocht van de Force Publique zorgde mede voor de terugkeer van Haile Selassie. Slechts vijf jaar was Ethiopië een kolonie geweest, van 1936 tot 1941, nu werd het eeuwenoude keizerrijk hersteld. Niet veel later zouden om die reden de rasta's op Jamaica keizer Haile Selassie beginnen te aanbidden als een godheid. Die goddelijke status had hij echter meer te danken aan militaria dan aan metafysica. Het waren Congolese soldaten die in Ethiopië plekken hadden bevrijd als Asosa, Gambela en vooral Saio. Het Belgische kolonialisme heeft dus onrechtstreeks bijgedragen tot de spirituele dimensie van de reggae. Wat Tabora was voor de Eerste Wereldoorlog, werd Saio voor de Tweede Wereldoorlog: een klinkende overwinning die het moreel van de troepen sterkte. Het was ook niet gering. Hier werd voor het eerst in de geschiedenis een Afrikaans land gedekoloniseerd door Afrikaanse soldaten zelf. 'We zagen alleen blanken,' zei Louis Ngumbi, een oud-strijder uit Oost-Congo, 'we schoten alleen op blanken.'[3] Dat was enigszins overdreven, maar dat de Force Publique enkele duizenden blanke militairen, onder wie negen generaals, krijgsgevangen maakte, imponeerde enorm. Saio werd in de herinnering geëtst van een hele generatie militairen. André Kitadi, de ondervoorzitter van de oud-strijdersvereniging, kon de cijfers zo opsommen: 'In Abyssinië namen we negen Italiaanse generaals gevangen, naast 370 Italiaanse officiers, vijfentwintighonderd Italiaanse soldaten en vijftienduizend inlanders.'[4]

Kitadi had zich in 1940 aangemeld bij het leger. De oorlog was toen al begonnen, maar dat kon hem niet deren. In het leger kreeg je een goede vorming. Hij werd telegrafist. Tijdens de campagne in Abyssinië stond hij stand-by in de Province Orientale, op de grens met Soedan, klaar om te vertrekken. Maar dat bleek niet nodig. Toen de troepen zingend terugkeerden en door jubelende volksmassa's werden onthaald, kreeg hij zijn overplaatsing naar Boma. Daar zou hij niet lang blijven. Nu de Hoorn van Afrika gevallen was, richtten de geallieerden zich op West- en vooral Noord-Afrika. In het najaar van 1942, toen Marokko en Algerije werden heroverd op Pétain, ging hij aan boord van een pakketboot die hem en zijn kameraden naar Lagos in Nigeria bracht. Vanuit die Britse kolonie moest de strijd tegen Dahomey (nu: Benin) beginnen, een Franse kolonie die nog gehoorzaamde aan het Vichy-regime. 'Het was vier dagen varen. We kwamen aan in Lagos en werden overgebracht naar een kazerne, driehonderd kilometer verder. Daar kregen we een training. Zes maanden lang.' De mannen van de Force Publique kwamen in contact met de Brits-koloniale troepen. Kitadi kreeg zelfs een Brits uniform aangemeten, al bleef het commando Belgisch. In maart 1943 kreeg hij zijn marsorders. Dahomey had zich, na de successen van de geallieerden in Frans Noord-Afrika, aan de zijde van De Gaulle geschaard. Het laatste Duits-Italiaanse bolwerk in Afrika was Libië. Van daaruit bestookte generaal Rommel Egypte om door te kunnen stoten naar het Suez-kanaal. De geallieerden wilden dat koste wat kost verhinderen en verhoogden hun troepensterkte in Egypte. Kitadi moest vanuit Nigeria in Egypte zien te geraken. Maar dat was lang niet simpel, zolang de Middellandse Zee gecontroleerd werd door Italië. Over land dan maar? Dwars door Afrika? Het buurland Tsjaad, een Franse kolonie, werd in die dagen geleid door een zwarte gouverneur, Félix Eboué. Hij steunde De Gaulle en stelde zijn territorium open voor een doortocht van geallieerde troepen. Alleen betekende dat een zeer lange tocht door de woestijn...

'Er vertrokken tien, misschien wel vijftien colonnes. Een colonne bestond uit honderdvijftig vrachtwagens en telde één Belgische officier en één marconist. Ik was zo'n marconist. Als *opérateur* stond ik in voor de communicatie met de andere colonnes. We gingen van Nigeria naar Soedan en trokken door de grote Nubische woestijn. Op kompas. De doortocht van die woestijn zal ik nooit vergeten. Er waren zandstormen waardoor je soms een uur lang niets kon zien. Als het zand opwarmde, zag je dingen die er niet waren. Meer dan een maand hebben we erover gedaan. Soms vorderden we maar twintig kilometer per dag. Er waren ravijnen. Daar gebeurden ongelukken... We leefden op biscuits en blikjes corned beef. We kregen slechts een halve liter water per dag. Velen werden ziek... Van de tweeduizend militairen zijn er tweehonderd onderweg gestorven... We leefden als dieren, we konden ons niet wassen... De hele tocht van Lagos naar Caïro heeft ons drie maanden gekost. Duizenden en duizenden kilometers hebben we toen gereden.'[5]

Hij stokte. Stopte. Nooit eerder had ik over die heroïsche doorsteek van de Sahara gehoord. Ik vroeg hem of hij zijn verhaal ooit had laten optekenen. 'Nee,' zei hij, 'het is de eerste keer dat een blanke ernaar vraagt.'

Er was natuurlijk nog een andere manier om Egypte te bereiken. Martin Kabuya, de 92-jarige man wiens grootvader erbij was toen Tabora in 1916 werd ingenomen, nam die andere weg. Ook hij was gekazerneerd in Nigeria, ook hij was marconist. Zijn verschijning was nog steeds monumentaal, maar zijn stem was broos geworden als een eierschaal. Hij fluisterde mij zijn verhaal toe. 'Ik was heel, heel erg sterk in morse. *Tititiii-ti.* Ik maakte nooit fouten, zelfs puur op het gehoor. Als je dat kunt, is de rest makkelijk. Op 24 maart 1943 moest ik me inschepen op een Hollands koopvaardijschip, de Duchesse de Ritmond. We voeren op de Atlantische Oceaan naar Zuid-Afrika. Daar moesten we rond Kaap de Goede Hoop , en dan naar de Golf van Aden en de Rode Zee tot bij het Suez-kanaal. Er waren wel honderd boten. Bij Zuid-Afrika werden sommige aangevallen door Japanse vliegtuigjes. Op een ander schip waren er zeventwintig doden. De soldaten sliepen opeengepakt in het ruim. Slechte omstandigheden.'[6]

In Egypte namen Kitadi en Kabuya deel aan de krijgsverrichtingen.

André Kitadi lag een jaar lang in de woestijn bij Alexandrië van waaruit vijandelijke stellingen en vliegtuigen werden beschoten. Het gevaar kwam uit Libië en Sicilië. 'Overdag was het snikheet, 's nachts moesten we handschoenen dragen tegen de kou. Op zondag mochten we even naar de stad, naar Alexandrië, maar die was gebombardeerd door de Duitsers. Er waren enorm veel vliegen.' Martin Kabuya zat in Camp Geneva, een groot depot nabij het Suez-kanaal, waar hij morseberichten van de vijand moest opvangen en decoderen. 'Ik was in de *Section d'écoute*, we luisterden berichten over hun troepenverplaatsingen af.'

De oorlog bracht hen in contact met andere volkeren: Britse officieren, Nigeriaanse militairen, Arabieren, Duitse en Italiaanse krijgsgevangenen. De besloten wereld van de kazerne in Belgisch Congo lag ver achter hen. Kitadi zei: 'Er zaten heel wat Italiaanse krijgsgevangenen in Alexandrië. We hielden hen in de woestijn achter prikkeldraad, maar ze groeven tunnels. Verderop lag ons munitiedepot. De Arabieren wilden onze munitie stelen. Het zijn grote dieven,' sprak hij geamuseerd. Ook Kabuya zag krijgsgevangenen. 'Een keer kwam een Duitse krijgsgevangene op me af, een grote SS'er, hij was wel twee meter lang. Hij was aan een revolver gekomen. Ik heb hem met mijn bajonet in zijn buik gestoken. Onze bajonetten waren vergiftigd. Het waren zeer goede wapens. Die SS'er is mijn enige dode geweest.'

Op het einde van de oorlog werden beiden nog per vrachtwagen overgebracht naar Palestina, maar daar ging het er kalmer aan toe. Hooguit moesten er wat grenzen worden bewaakt in de buurt van Haifa. Het grootste gevaar dat Kitadi er liep was een voedselvergiftiging die hem in het ziekenhuis van Gaza deed belanden: iets met geroosterd vlees dat al bedorven was.

De medewerking van de Force Publique aan de geallieerde acties is nagenoeg onbekend. Numeriek ging het om beduidend minder effectieve bijdragen dan tijdens de campagnes van de Eerste Wereldoorlog. De vrachtwagens vervingen grotendeels de vele tienduizenden dragers van weleer. Daardoor is zelfs in Congo de herinnering nu snel aan het verschrompelen. In Kinshasa, een stad van acht miljoen inwoners, is nog slechts een handvol veteranen in leven. Een van hen is Libert Otenga, een man die nog steeds 'We're going to hang out the washing on the Siegfried Line' uit volle borst kan zingen. Ik wilde hem per se spreken omdat hij een van de zeer weinigen was die deel uitmaakten van het Belgische veldhospitaal. Die mobiele medische eenheid van Belgische artsen en

Congolese verplegers maakte in de loop van de oorlog een onwaarschijnlijke omzwerving langs verre slagvelden van de wereldoorlog. Ze eindigde ergens in het oerwoud van Birma, het tegenwoordige Myanmar. Belgisch Congo hielp de Britten niet alleen militair en materieel, maar ook medisch. Het Belgisch veldhospitaal stond bekend als 'the 10th BCCCS', *the tenth Belgian Congo Casualty Clearing Station.* Het had twee operatietenten en een tent voor radiografie. In de andere tenten konden dertig patiënten in bedden verzorgd worden en tweehonderd op brancards. In de loop van de oorlog verzorgde de dienst zevenduizend gewonden en dertigduizend zieken. Op zijn hoogtepunt bestond het nog steeds maar uit drieëntwintig Belgen, waaronder zeven artsen, en driehonderd Congolezen.[7] Libert Otenga was een van hen. Toen ik hem eindelijk had gevonden, kon hij zijn odyssee nog moeiteloos verhalen. Hij galmde als een stormklok en sprak in afgemeten zinnen.

'Ik was medisch assistent. In 1942 ging ik bij het leger. Eerst trokken we naar Somalië. Daar werkte ik met een Belgische chirurg. Thorax, abdomen, botten. We opereerden van alles. Daarna vertrokken we met Brits-Belgische troepen naar Madagascar. Daar zaten Duitse krijgsgevangenen. De Duitser is een speciaal geval. Echt waar! Een van hen moest dringend een bloedtransfusie krijgen en dr. Valcke, een van de Belgische artsen, wilde zijn bloed wel geven. Maar dat weigerde hij! Bloed van een geallieerde, daar wilde hij niets van weten. Van een zwarte was al helemaal uitgesloten. Hij wilde zijn eer redden, wij zijn leven. *Bon,* toen hij sliep, hebben we hem dat bloed toch maar gewoon gegeven.'

Hij moest er nog steeds hartelijk om lachen. Ik wist niet dat krijgsgevangenen zelfs tegen hun zin de bescherming genoten van de Derde Conventie van Genève inzake humane behandeling. Maar hij marcheerde ongestoord verder door zijn geheugen. 'Van Madagascar gingen we per schip naar Ceylon. Naar Colombo. Het hospitaal en het leger werden er gereorganiseerd. Een schip bracht ons daarna naar India.' Dat moet naar de rivierdelta van de Ganges geweest zijn, tegenwoordig Bangladesh. 'Daar namen we een andere boot, een binnenschip. Daarmee voeren we de Brahmaputra-rivier op. Toen we uitstapten, moesten we nog een heel eind te voet naar de grens met Birma.' Dat was toen het toneel van hevige gevechten tussen Japanse en antifascistische strijdkrachten, waaronder de Britten. Japan had het in 1942 veroverd. 'De grenspost heette Tamu. We trokken Birma binnen en bereikten de Chindwin-vallei. Die volgden we tot in Kalewa. Daar zetten we ons hospitaal op.'

Otenga kende alle plaatsnamen nog van buiten. Hij spelde ze zelfs voor me, in een militair staccato. 'Ka-le-wa, heb je dat? Daar verzorgden we mensen. Militairen en burgers. Veel mensen met kogelwonden. Ik herinner me een Engelse soldaat die schrapnel in zijn ingewanden had gekregen. Dat soort dingen.' Dat Congolese verplegers in het Aziatische woud Birmezen en *tommies* verzorgden is een volkomen onbekend hoofdstuk in de koloniale geschiedenis, een hoofdstuk dat binnenkort helemaal verdampt zal zijn. 'De tijd in Birma was ons langste verblijf. We verrichtten er complexe operaties. We beschikten zelfs over een ambulancevliegtuig. Uiteindelijk zijn we gered door de atoombom! Toen moest Japan Birma wel loslaten.'[8] En om die overwinning te onderstrepen zong hij nogmaals dat liedje over de *Siegfried Line*.

Kolonel Paul Tibbets zal er niet aan gedacht hebben toen hij de knop indrukte. Het was 6 augustus 1945. Zijn vliegtuig heette de Enola Gay. De stad onder hem zou luttele seconden later geen stad meer zijn, maar een naam: Hiroshima. Hij zal er niet aan gedacht hebben dat wat hij als Amerikaan boven Japan losliet feitelijk uit Congo kwam. De eerste Amerikaanse atoombommen waren vervaardigd met Katangees uranium. Toen het nieuws van de verschrikkelijke verwoesting ook de binnenlanden van Birma bereikte, wist Libert Otenga niet dat hij 'gered' werd dankzij een erts uit de ondergrond van zijn land. Ook in Congo hadden de mijnwerkers in de mijn van Shinkolobwe nooit kunnen bevroeden dat het loodzware, gele gesteente dat zij opgroeven, de zogenaamde *yellow cake*, aan de andere kant van de planeet tot zoveel vernieling kon leiden. Niemand wist van iets. In het grootste geheim had Edgar Sengier, toenmalig directeur van Union Minière, ervoor gezorgd dat de uraniumvoorraden van Congo niet in verkeerde handen konden vallen. Shinkolobwe was de belangrijkste vindplaats ter wereld. Toen de nazi-dreiging ernstiger werd, had hij vlak voor de oorlog 1250 ton uranium, de opbrengst van drie jaar, vanuit Katanga naar New York laten verschepen en de mijn laten onderlopen. Slechts een kleine voorraad die in België aanwezig was, viel in handen van de Duitsers. Wat de precieze militaire toepassing van uranium kon zijn, was nog onbekend (men gebruikte het spul toen nog voornamelijk als verfstof in de keramische industrie), maar kernfysica aan het eind van de jaren dertig gaf aan dat er een ongebreidelde kettingreactie mee kon worden ontketend. Einstein overwoog om de Belgische koningin Elisabeth in te lichten – hij kende haar en deelde haar liefde voor muziek – maar hij besloot de Belgische ambassadeur in New York en uiteindelijk president Roosevelt zelf op de hoogte te stellen. Toen het Manhattan Project in 1942 startte, gingen de Amerikaanse onderzoekers die aan de atoombom zaten te sleutelen op zoek naar hoogwaardig uranium. Het Canadese erts dat zij gebruikten was namelijk erg zwak. Tot hun verbazing bleek in de Archer Daniels Midland Warehouses, een magazijn in de haven van New York, een reusachtige voorraad van de allerhoogste kwaliteit te liggen. Het leidde tot pittige onderhandelingen met België, dat aan de deal 2,5 miljard harde dollars overhield waarmee de wederopbouw moest worden gefinancierd. Daarnaast kreeg België toegang tot nucleaire technologie. Er kwam een onderzoekscentrum in het Vlaamse Mol en een kleine kernreactor in Kinshasa, de eerste van Afrika.[9] De Amerikanen ondersteunden eveneens de bouw van twee grote luchtmachtbasissen in Congo, een bij de kust in Kitona, en een in Kamina in Katanga. Nogmaals: tijdens de Tweede Wereldoorlog was nagenoeg niemand in de Congo van dit alles op de hoogte. Maar het strategische belang van uranium bepaalde wel de uitzonderlijke Amerikaanse belangstelling voor Congo, een belangstelling die tijdens de oorlogsjaren begon, bepalend was tijdens de jaren rond de onafhankelijkheid en tot het eind van de Koude Oorlog in 1990 zou duren.

Toch ging het niet alleen om uranium. Voor de geallieerden was Congo een van de belangrijkste voorraadkamers in hun strijd tegen Duitsland, Italië en Japan. Na de vernietiging van Pearl Harbor veroverden de Japanners begin 1942 grote delen van Zuidoost-Azië: Indonesië, Singapore, Maleisië en Birma. Daardoor viel de import uit die gebieden naar de geallieerde zijde helemaal stil. Congo moest soelaas bieden. De ertsen en grondstoffen waren andermaal zeer begeerd. Koper was nodig voor de hulzen van kogels en bommen. Wolfram werd verwerkt in antitankwapens. Tin en zink dienden om brons en messing te maken. Zelfs plantaardige producten zoals rubber, kopal, katoen en kinine hadden strategische waarde. Palmolie werd verwerkt tot Sunlightzeep, maar ook aangewend in de staalindustrie.

Het waren dus niet alleen Congolese militairen die hun steentje bijdroegen aan de geallieerde acties. Ook mijnwerkers, fabrieksarbeiders en dagloners op de plantages moesten zich tot het uiterste inspannen. Net als tijdens de Eerste Wereldoorlog draaide de Congolese economie op volle toeren. Het half miljoen werknemers van 1939 klom op tot achthonderdduizend in 1945, misschien wel tot één miljoen.[10] Congo werd na

Zuid-Afrika het meest geïndustrialiseerde land van Sub-Saharisch Afrika. Er waren sinds het interbellum ook textielfabrieken, zeepziederijen, suikerraffinaderijen, cementfabrieken, brouwerijen en tabaksfabrieken bij gekomen. Maar die op volle toeren draaiende nijverheid bracht niet meteen voorspoed. Door de oorlog bereikten steeds minder stukgoederen de kolonie. Er waren geen stoffen, geen werktuigen, geen medicijnen. De artsen waren vertrokken, de hospitaaltjes hadden geen voorraden, op de rivieren voeren veel minder schepen. Hoe kleiner het aanbod, hoe hoger de prijzen uiteraard. En omdat de lonen vastlagen, daalde de koopkracht van de doorsneewerknemer desastreus.[11] In het verafgelegen Elisabethville, dat erg op de import was aangewezen, steeg de prijs van een lap stof uit Léopoldville met meer dan 400 procent. Importstoffen uit Engeland of Brazilië stegen zelfs tot 700 procent.[12] Een deken werd in het mijnstadje Jadotville vier keer zo duur.[13] Lastig, als je weet dat de Katangese nachten fris kunnen zijn.

Die dramatische inflatie moest wel tot sociaal protest leiden. Zowel aan het begin als op het eind van de oorlog braken stakingen en opstanden uit. In november 1941 probeerden mijnwerkers te Manono, in Noord-Katanga, tijdens een staking de Belgische vlag naar beneden te halen en te vervangen door een zwarte. De mannen droegen een kroon van palmtakken. De meesten waren aanhangers van het kitawala-geloof. Ze hadden al hun geiten en honden afgeslacht, overtuigd als ze waren dat er een nieuwe wereld daagde.[14]

Een maand later stak grootschalig protest de kop op in de Katangese hoofdstad Elisabethville. Blanke werknemers van Union Minière die zich verenigd hadden in een vakbond protesteerden tegen de historisch lage koopkracht, en hun onvrede sloeg over op de zwarte arbeiderskampen. Ook daar vroeg men om een substantiële loonsverhoging. Sociaal protest nam hier niet de vorm aan van een religieuze opleving (zoals bij Simon Kimbangu in 1921) of etnische revolte (zoals bij de Pende in 1931), maar vertaalde zich anno 1941 in een transparante en zeer begrijpelijke looneis. Toch reageerden de koloniale en industriële machten op ouderwetse wijze. Vakbonden voor inlanders waren nog steeds verboden. Op de belangrijkste dag van de staking stroomden de arbeiders samen op het voetbalveld van de stad. Symbolischer kon haast niet: het voetbalveld, de plek die bedoeld was om de massa te disciplineren, werd nu de plaats van volksprotest en bloedige repressie. Amour Maron, de provinciegouverneur van Katanga, probeerde samen met de personeelschef van Union Minière de stakers te sussen, maar die gaven zich niet gewonnen. Hun voorman was Léonard Mpoyi, een klerk die gestudeerd had. Een van de stakers die erbij was vertelde: 'Maron zei: "Ga weer aan het werk! We hebben al jullie salarissen verhoogd." Wij zeiden nee. De mensen begonnen te roepen en te tieren. Maron vroeg opnieuw aan Léonard Mpoyi: "Jij wilt niet vertrekken?" Léonard Mpoyi antwoordde: "Ik weiger. Wij willen dat jij ons een bewijs geeft, een geschreven document dat stelt dat het bedrijf onze lonen heeft verhoogd."' Dat document kwam er niet. Wel brak er paniek uit. De soldaten van de Force Publique kwamen in actie. 'Maron gaf de militairen het bevel om op de arbeiders te schieten. De militairen voerden dat uit en schoten zonder genade.'[15] Er vielen minstens zestig doden en honderd gewonden. Het eerste slachtoffer was Léonard Mpoyi zelf.[16]

Het bloedige neerslaan van de staking maakte diepe indruk in Elisabethville. André Yav, de voormalige boy die we al eerder aan het woord lieten, schreef hierover in zijn eigenzinnige geschiedenis: 'Het was een jaar diep in de oorlog van 1940 tot 1945. Vele, vele mensen stierven. Ze stierven voor hogere maandlonen. Die dag was er veel verdriet bij het volk van Elisabethville vanwege die bwana gouverneur.'[17]

De grote staking van Elisabethville was een mijlpaal in de sociale geschiedenis van Congo omdat het de eerste, openlijke uiting van stedelijk protest was. Elisabethville was de tweede stad van het land en de economische motor van heel Congo. Union Minière was het vlaggenschip van de koloniale industrie, alom geroemd om zijn riante sociale voorzieningen. Maar de paternalistische politiek van pappen en nathouden kende dan toch zijn grenzen. Men pikte niet alles.

Tijdens de oorlog circuleerden in de volkswijken van Léopoldville enkele legendes die in al hun vindingrijkheid bijzonder veelzeggend waren over de houding tot het blanke gezag. Er was de legende van Mundele-Mwinda, de blanke met de stormlamp, een imaginaire Europeaan die 's nachts met een magische zaklamp rondliep in de straten van Kinshasa, op zoek naar zwarten. Wie in de lichtbundel kwam, raakte onmiddellijk verlamd. Mundele-Mwinda nam hem daarop mee naar Mundele-Ngulu, een andere afgrijselijke creatuur. Deze blanke varkenshoeder (*ngulu* betekent 'varken' in het Lingala) mestte het slachtoffer vet totdat hij of zij een varken werd. 'En van dat varken werd het vlees gebruikt om worsten en hammen te maken, om de blanken te voeden tijdens de oorlog.'[18] Dat ouders zulke verhalen aan hun kinderen vertelden om ze 's nachts van straat te houden, illustreert hoe sympathiek het beeld van de blanke nog was. Het was een perfecte omkering van de figuur van zwartepiet in het katholieke België van die tijd.

Maar ook volwassenen hechtten geloof aan zulke legendes. Onder invloed van volksverhalen over boosaardige blanken zochten mensen hun heil bij messianistische godsdiensten; die verhalen getuigden van veel argwaan jegens de kolonisator. In de kazerne van Luluabourg sloegen in februari 1944 de soldaten aan het muiten. De aanleiding was bizar: een vaccin. Toen militaire verplegers de soldaten wilden inenten, verspreidde zich het gerucht dat het een list was van de blanken om hen uit te roeien. Heel wat militairen keerden zich tegen hun oversten, verlieten de kazerne en verspreidden zich over een zeer groot gebied. Muiters en burgers sloegen aan het plunderen. Belastingkantoren, opslagplaatsen en enkele huizen van blanken moesten eraan geloven. De repressie was onverbiddelijk. Dat een ongegrond gerucht aanleiding kon zijn tot zulke grootschalige protesten, geeft aan hoe diep het wantrouwen zat.[19]

Ook elders keerde op het eind van de oorlog de sociale onrust in alle hevigheid terug. In het voorjaar van 1944 kende de Kivu-provincie in de streek rond Masisi een sociaal-religieuze opstand van kitawala-aanhangers. Veel van de rebellen werkten in de goudwinning. Drie blanken verloren het leven, honderden zwarten werden gedood en de leider van de revolte werd opgehangen. In november 1945 legden in Léopoldville vijfà zesduizend arbeiders en boys het werk neer. Het spoorwegpersoneel verspreidde het nieuws naar de havenstad Matadi. De dokwerkers sloten zich aan. Ze schroefden de bouten van de spoorwegrails los en sneden de telefoonlijnen door. Vijftienhonderd stakers trokken door de stad gewapend met ijzerstaven, hamers en knuppels met spijkers. Een onbekend aantal van hen, onder wie ook vrouwen en kinderen, werd gedood door ordetroepen. Er kwam een militaire bezetting, er werd een avondklok ingesteld. De dagen daarop zat de gevangenis van Matadi zo vol dat sommige opstandelingen stierven door verstikking.[20] De nadagen van de wereldoorlog voelden in Congo niet aan als een bevrijding. Toen Brussel was bevrijd, dansten de Congolezen in de straten van Léopoldville. Ze hoopten dat alles anders zou worden. Maar die euforie bleef niet aanhouden.

In de steden smeekten de arbeiders om een beter salaris, maar ook diep in het kalme binnenland deed de oorlog zich gevoelen. Naast de militaire mobilisatie, die jongeren wegplukte uit hun dorpen, was er de zeer ingrijpende civiele mobilisatie. Alle dorpen moesten hun bijdrage leveren aan de zogenaamde 'oorlogsinspanning'. Het aantal dagen dat men verplicht diende te werken voor de staat verdubbelde van 60 tot 120. Daardoor kwam de kleinschalige landbouw vaak in het gedrang. Vooral in het evenaarswoud viel die *effort de guerre* zeer zwaar. Mensen moesten wegen aanleggen door grote moerassen en bruggen bouwen over brede rivieren. De dorpelingen waren verplicht om palmnoten en kopalhars te verzamelen en zelfs weer rubberlianen af te tappen. In 1939 produceerde Congo nog slechts 1142 ton rubber, een fractie van wat er tijdens de *rubber boom* was gepresteerd, maar in 1944 ging het om maar liefst 11.337 ton.[21] Dat was een vertienvoudiging binnen vijf jaar, midden in de wereldoorlog.

Een uitzonderlijk levendig beeld over hoe de oorlog het platteland tekende, bieden de schitterende oorlogsdagboeken van Vladi Souchard, pseudoniem van Vladimir Drachoussoff, een jonge Belgische landbouwingenieur met Russische wortels. Zijn ouders waren tijdens de Oktoberrevolutie naar België gevlucht; hijzelf was toen pas enkele maanden oud. Eind mei 1940 vertrok hij als 22-jarige naar de kolonie, enkele weken na het uitbreken van de oorlog. Eerst was hij in dienst van een suikerrietplantage in Bas-Congo, later trad hij toe tot de koloniale ambtenarij. Als jonge agronoom trok hij van dorp tot dorp om de *effort de guerre* op te vorderen. Zijn werkgebied lag in de Equateur, in de omgeving van het Leopold-meer. Plots was hij als emigrantenzoon uit Brussel verantwoordelijk voor de landbouw in een gebied van tienduizend vierkante kilometer, een gebied zonder wegen of industrie, waarvan sommige delen slechts 'een vage mengeling van water, modder en bomen' boden.[22] Hij verplaatste zich te voet, met de fiets of per prauw en bezocht dorpjes waar al jaren geen koloniaal meer was geweest. Zijn kaarten waren gedateerd, de dorpen waren verplaatst en de overnachtingsplekken van de staat waren veelal verwaarloosd. Tijdens de oorlog liet een nieuwe lichting koloniale ambtenaren op zich wachten; van aflossing was geen sprake. Vladimir Drachoussoff moest gemeenschappen gelasten om rijst en aardnoten te verbouwen en opnieuw rubber te gaan oogsten. Dat laatste deed de bevolking huiveren. Dit was immers het gebied waar *red rubber* zijn diepste wonden had geslagen. Jongelingen kenden de verhalen van hun ouders of grootouders. Sommige getuigen hoefden niet eens te spreken. Drachoussoff zag het met eigen ogen: 'In de Lopori en bij de Lac [het Leopold-meer] heb ik persoonlijk twee oude zwarten gezien die geen rechterhand meer hadden en die die tijd niet vergeten waren.'[23] Veel dorpelingen beweerden daarom dat er in hun gebied geen rubberlianen voorkwamen, dat ze er geen kenden, of dat de lianen uitgeput waren. Zo begon *la dure bataille du caoutchouc*,[24] een strijd waarbij Drachoussoff toch enige kanttekeningen durfde te plaatsen: 'Met welk recht sleuren wij de Congolezen mee in onze oorlog? Met geen enkel. Maar nood breekt wet... en de overwinning van Hitler zou hier een racistische tirannie installeren waartegen de misbruiken van het kolonialisme positief zouden afsteken.'[25]

Het waren ambivalente tijden en Drachoussoff wist het. Hij balanceerde tussen noodzaak en onvermogen, tussen wereldpolitiek en oerwoud, tussen antifascistisch engagement en koloniale werkelijkheid. Als agronoom in een tijd van administratieve schaarste combineerde hij vele taken. 's Avonds schreef hij zijn ervaringen op. Het loont de moeite om hem uitgebreid aan het woord te laten.

> *Woensdag 10 november 1943. Mekiri.*
> Om vier uur vertrek ik naar Kundu op een geleende fiets. Twee soldaten volgen te voet. Mijn compagnons gaan naar Mekiri met de bagage.
>
> Ik kom in Kundu even voor het ochtendgloren aan en ik wacht tot het licht wordt terwijl ik een homp brood naar binnen werk. Even voor zes uur klop ik op de deur van de capita [een Congolese tussenpersoon] en vraag ik hem alle mannen bijeen te roepen om mij de oogst van de vorige dag te tonen. De dorpelingen zijn zo verrast dat ze allen komen, zowel zij die latex hebben als de anderen. Ik deel enkele bemoedigende woorden en drie boetes uit en laat om de hals van de vier ergste gevallen het koord leggen (die uitdrukking is symbolisch: in feite knoop je om de hals een stukje 'kekele' van twintig centimeter, een zeer stevig snoer gemaakt van schors, dat niet stoort maar de aanhouding materialiseert). Vervolgens vertrek ik triomfantelijk met mijn 'bajesklanten' om de karavaan in te halen.

Er was geen gevangenis in de buurt. Internering betekende dat je een aantal dagen mee op stap moest met de koloniale ambtenaar. Een trektocht als tuchtiging, de vrije natuur als vrijheidsberoving.

Op de weg naar Ngongo kom ik de soldaten tegen en draag ik de gevangenen aan hen over. Gerechtigheid is geschied, Kundu zal zijn oorlogsinspanning leveren.

Een eindje voorbij Ngongo haal ik de staart van onze karavaan in. De etappe is twintig kilometer lang, dwars door grote zandige vlaktes waarin enkele Borassus-palmen groeien en die doorsneden worden door magere galerijwouden [bos langs de oevers van een rivier]. We controleren de rubberproductie in de gehuchten die we passeren: het is niet echt schitterend en ik stel meerdere processen-verbaal op.

In het dorp Mekiri wachten de mannen die gisteravond al zijn verwittigd, ons op met latex voor mijn demonstratie over hoe ze het moeten laten stollen. Ik stuur Faigne en Pionso eropuit om de velden te controleren en op te meten terwijl ik mijn voordrachtje geef. ’s Avonds, terwijl een stortregen onze overnachtingsplek teistert, ons dak tot een zeef maakt en bedden, kleren en eten overspoelt, spreek ik recht en deel in hoog tempo veroordelingen en vrijspraken uit.

De strafprocedure vereist een oceaan aan paperassen. Ik ben aangesteld als politierechter met beperkte bevoegdheden (dat wil zeggen, ik kan enkel economische misdrijven berechten) en als ambulante gevangenisbewaker (dit wil zeggen, ik mag me laten begeleiden door mijn veroordeelden). De maximale strafmaat bedraagt zeven dagen voor het niet uitvoeren van werken met een educatief karakter, het omhakken van beschermde bomen en voor jachtmisdrijven, en dertig dagen voor het niet uitvoeren van de oorlogsinspanning. Ik ben uiteraard ook nog eens officier van de gerechtelijke politie met beperkte bevoegdheid uit hoofde van mijn functie als districtsagronoom.

De procedure vereist dat ik eerst een proces-verbaal opstel als officier van de gerechtelijke politie en dat ik dat aan mezelf richt als politierechter. Terwijl ik van pet wissel, vel ik het vonnis na een verhoor dat vaak ronduit surrealistisch is.

Een man verschijnt omdat hij geen tien aren met pindanoten geplant heeft. Ofwel heeft hij een controleerbaar en geldig excuus en stuur ik hem naar huis (sommige substituten eisen zelfs dat we dan nog een vonnis met de vrijspraak daarin opstellen...), ofwel zegt hij eender wat. Dat leidt tot de volgende dialoog die scrupuleus wordt vastgelegd in het juridisch verslag.

– Waarom heb je geen pindanoten geplant?

– Omdat ik ziek was.

– Hoeveel dagen?

– Twee.

– Je hebt drie maanden gehad om je veld klaar te maken. Het zijn niet die twee dagen die je verhinderd hebben te doen wat je moest doen.

– Dat is waar, blanke. Maar er is iets anders...

– Wat?

– De tweede vrouw van mijn vader is bevallen.

Goeie genade, het is onmogelijk om de gebruiken te kennen van de dertig of veertig volken van het Meer, maar de geboortefeesten duren beslist geen weken. Welaan dan:

– *Bon*, dat zal dan vijf dagen bak zijn voor jou.

– Ja, blanke.

Sommigen redekavelen. Anderen zijn recht voor de raap:

– Mpua na nini asalaki bilanga te? (Waarom heb je je velden niet bewerkt?)

– Mpua na koï-koï (Uit luiheid)...

Die zou ik graag zo vrijspreken, maar dan zullen ze mij morgen allemaal hetzelfde antwoorden.[26]

Drachoussoff was onderdeel van het koloniale bestuur, maar voelde, anders dan de meeste van zijn tijdgenoten, ook empathie met het lokale perspectief. Die mensen hebben genoeg aan het woud en de rivieren, stelde hij vast, geld interesseerde hen maar matig. 'Omdat er in de regio weinig gecontroleerd wordt, geven de meeste boeren de voorkeur aan acht dagen lichte gevangenisstraf in ruil voor driehonderdzevenenvijftig dagen vredig leven. Kan ik hun ongelijk geven?'[27]

Net zoals in de negentiende eeuw dwong de vraag naar rubber mensen om dieper het regenwoud in te trekken, ondanks de aanwezigheid van roofdieren en tseetseevliegen. De slaapziekte die als epidemie bedwongen was, eiste opnieuw vele slachtoffers. Mogelijk een vijfde van de bevolking van het evenaarswoud raakte besmet. Velen hadden ook last van ingewandparasieten, doordat ze zich ver van huis enkel hadden kunnen laven aan moeraswater.[28]

Het dagboek van Drachoussoff is uitermate boeiend omdat hier een koloniaal aan het woord is wiens wereldbeeld wankelt. Terwijl de meeste blanken gewoon het einde van de oorlog afwachtten om daarna de draad weer op te pakken, besefte hij dat 'de verzwakking van Europa niet anders kan doen dan centrifugale krachten uitlokken'.[29] Het zou nooit meer worden zoals voorheen. De vertwijfeling sloop bij hem binnen. Als kind van Russische émigrés was hij veel meer dan de doorsnee-Belg gevoelig voor plotse historische omwentelingen. De briljantste passage in zijn dagboek was ronduit profetisch:

> Wat zijn we hier feitelijk komen doen?
>
> 'Beschaven' in naam van een beschaving die uit elkaar valt en niet meer in zichzelf gelooft? Christianiseren? (...) Maar waarom zijn we dan hier?
>
> Wij brengen vrede en bewaren die, we vullen het land met wegen, plantages, fabrieken, we bouwen scholen, we verzorgen de mensen. In ruil daarvoor gebruiken we de rijkdommen van hun bodem en ondergrond en laten we hen werken tegen betaling... bescheiden weliswaar. Dienst en wederdienst, maar eenzijdig opgelegd: dat is het hele koloniale pact.
>
> En morgen? Wat zal de zwarte baby dan zijn die stevig zit vastgesnoerd aan zijn moeder die mijn *barza* passeert, die jonge loot van het gekoloniseerde Afrika? Zal hij de macht uit onze handen willen overnemen of losrukken? Wat lijkt dat veraf vandaag, diep in dit oerwoud... en toch, er zijn van die momenten waarop de geschiedenis versnelt: toen mijn vader kind was geloofde hij evenzeer in de eeuwigheid van de patriarchale wereld die hem omringde – en dat was vijfentwintig jaar voor 1917! Vroeg of laat – en ik hoop voor Congo dat het niet te vroeg zal zijn – zal er een man opstaan. Zal het een *chef coutumier* zijn die de moderne technieken van de machtsbekleding beheerst zonder te vervallen in de traditionele? Zal het een van die jongetjes zijn die 'Vers l'avenir' zingen bij de prijsuitreiking [op het einde van het schooljaar]? Veel kolonialen denken er vandaag niet eens aan, hoewel onze kolonisatie minder beoordeeld zal worden op wat ze zal gecreëerd hebben dan op wat er zal van overblijven nadat ze verdwenen is.

En hij vervolgde zijn lucide mijmering:

> Laat ons veronderstellen – een veronderstelling die bewust absurd is – dat Congo onafhankelijk is in 1970. Maar wat een problemen! Wij hebben in Europa nooit een onoverkomelijk conflict gekend tussen

onze sociale organisatie en onze technische omgeving: beide ontwikkelden zich min of meer hand in hand. Maar in Afrika botst een archaïsche sociale organisatie met de almacht van een technische beschaving die haar uiteen doet vallen zonder haar te vervangen.

Natuurlijk, Congo treedt beetje bij beetje het moderne tijdperk binnen. (...) Maar gebeurt dat niet ten koste van een traditionele wereld die achterhaald is maar nog steeds noodzakelijk en – nog voor even – onvervangbaar? Uit naam waarvan? Uit die van de fraaie beschaving waarvan wij op dit ogenblik de vruchten plukken in Europa? (...) Daarom is het zo moeilijk om een goed geweten te houden. Doordat we louter onszelf zijn, vernielen we tradities die soms hard maar eerbiedwaardig waren en bieden we ter vervanging enkel witte broeken en zwarte brillen aan, naast wat kennis en een immens wachten.

Was onderwijs dan geen vorm van emancipatie? Leidde de kolonisatie dan niet tot een langzame volwassenwording, zoals de koloniale drievuldigheid graag beweerde?

Hebben wij het recht, zelfs de meest onbevooroordeelden onder ons, om te straffen en op te voeden, terwijl opvoeden al te vaak synoniem is aan corrumperen?[30]

Drachoussoffs dagboek is een onbekend meesterwerk uit de koloniale letterkunde. Prachtig van stijl, subtiel van toon, literair tegen wil en dank. Voor hem zelf waren zijn oorlogsjaren in Congo een les in bescheidenheid. ‘Afrika is een leerschool voor het karakter, maar ook een kerkhof voor illusies,’ noteerde hij op het einde van de oorlog.[31]

Na de val van het Derde Rijk zat André Kitadi, de marconist die door de Sahel was gereden, nog steeds in Palestina. Wat te doen, zo ver van huis? Een aalmoezenier nam hem en zijn maten mee naar alle heilige plaatsen. ‘Naar Jeruzalem, Bethlehem en Nazareth zijn we geweest... Sommigen lieten zich zelfs herdopen in de Jordaan.’ Ook Libert Otenga, de verpleger in het militaire veldhospitaal in Birma, nam de gelegenheid te baat om iets van de wereld te zien, al hield hij het bij een wereldlijker variant van sightseeing. ‘Na Birma keerden we terug naar India. Om te eten, te drinken en te dansen. En om meisjes te *stekken*.’ Hij bulderde. ‘Ze waren goed.’

Veteranen zijn na elke oorlog een lastige categorie. Wie zijn leven heeft geriskeerd voor een land, verlangt na afloop wel iets terug. Erkenning, eer, geld. Vaak lijkt het alsof de prijs van de strijd pas na afloop wordt gevoeld. Terug in het burgerleven beseffen veteranen wat ze hebben doorstaan. Letsel, ook geestelijk, is nog lang niet geheeld – áls het al ooit zal helen. Jongens hebben ledematen verloren en dromen. Herinneringen komen terug, trauma's smeulen in stilte. Ze zien hoe onverstoord de thuisblijvers zijn blijven leven. Het is voor hen dat ze hebben geleden, de mensen die nooit kunnen navoelen wat zij hebben meegemaakt. Veteranen zijn altijd een nukkige categorie, maar in een koloniaal leger zijn ze ronduit explosief. Daar vechten ze minder voor hun eigen mensen dan voor een vreemde overheerser. In Congo was het niet anders. 'Wij hebben de oorlog gevoerd als Belgische kolonie,' schalde Libert Otenga me toe. En dat verdiende een royale compensatie: 'Ze hadden ons na afloop Belg moeten maken! Dat ware billijk geweest.'[32] Een ander vond dat ze na de eclatante zeges huiswaarts waren gestuurd 'zoals een gemene hond zonder buit na de jacht met zijn meester'.[33]

De veteranen kwamen terug met massa's nieuwe indrukken. Ze waren wereldwijzer geworden en lieten zich minder snel imponeren door het koloniale regime van Belgisch Congo. In Abyssinië hadden ze blanke generaals gevangengenomen! In Nigeria hadden ze een ander kolonialisme gezien! André Kitadi verwoordde het zoals gebruikelijk heel scherp: 'De Engelsen behandelden ons erg goed. We werden goed gekleed en goed gevoed. In Lagos werd voor ons, militairen, gekookt. Thee, brood, melk, jam... Terwijl we in Congo in de brousse op zoek moesten naar eten! We zagen ook dat de Engelsen al Afrikaanse officieren hadden, zelfs met de rang van majoor of kolonel. Goede pupillen stuurden ze naar de middelbare school in Engeland. In Belgisch Congo was er niets van dat alles. Wat een discriminatie! Ze hielden ons klein! Dat gaf veel irritatie en wantrouwen, ja zelfs een zekere opstandigheid. Na de oorlog zeiden we: "Wij willen dat ook!" Wij wilden een transformatie, maar we mochten niet eens binnen in hun winkels. Dat zinde ons niet. Wij hadden Engels geleerd. We trokken Engelse pakken aan. Wij deden ons voor als Amerikanen en stapten de restaurants van de Portugezen binnen, luid pratend. "So, what do you drink?" zeiden we tegen elkaar. "You want to eat?"'[34]

Het blanke gezag werd op subtiele wijze uitgedaagd. Iets was veranderd in de machtsverhouding. Veel Congolezen wisten maar al te goed dat de kolonie sterker was gebleken dan de metropool. België was onder de voet gelopen, Congo had standgehouden en militaire triomfen geboekt. De Force Publique was, net als in '14-'18, succesvoller dan het Belgische nationale leger. Het bezette België bleef via zijn regering in Londen slechts overeind dankzij de kolonie. Ook voor de wederopbouw zou het kapotte moederland zwaar op de kolonie leunen. Kortom, de Belgen hadden Congo meer nodig dan de Congolezen België.

De nieuwe, naoorlogse wereldorde gaf de Congolezen overigens geen ongelijk. In Jalta tekenden de overwinnaars van de oorlog de krijtlijnen van een nieuwe wereld. Amerika had als ex-kolonie niet veel sympathie voor de koloniale avonturen van Europa. En de Sovjet-Unie was vanuit een proletarisch ideaal tegen elke vorm van onderwerping. Koloniën, ooit een onuitputtelijke bron van nobele rêverieën en hooggestemde idealen, leken plotseling iets uit een andere tijd, iets gedateerds. Om niet te zeggen: iets verdachts. Toen in 1946 in San Francisco vijftig landen van over de hele wereld samenkwamen om het handvest van de Verenigde Naties op te stellen, verdween de term 'kolonie' naar de coulissen van de geschiedenis. Men had het over 'niet-autonome territoria'. Die term had iets verwijtends – voor de koloniserende landen – maar ook iets hoopvols – voor de koloniën. Hun onderwerping zou niet blijven voortduren. Artikel 73 liet er geen twijfel over bestaan:

> Leden van de Verenigde Naties die verantwoordelijkheid dragen of aanvaarden voor het bestuur van gebieden waarvan de bevolking nog geen volledig zelfbestuur heeft verworven, erkennen het beginsel dat de belangen van de inwoners van deze gebieden op de eerste plaats komen, en aanvaarden, als een heilige opdracht, de verplichting binnen het in dit Handvest vastgelegde stelsel van internationale vrede en veiligheid, het welzijn van de inwoners van deze gebieden naar beste krachten te bevorderen en, te dien einde (...), zelfbestuur te ontwikkelen, terdege rekening te houden met de politieke aspiraties van de volken en hen bij te staan bij de progressieve ontwikkeling van hun vrije politieke instellingen, overeenkomstig de bijzondere omstandigheden van elk gebied en zijn bevolking en hun verschillende stadia van ontwikkeling.

En toen?

Was dat de grote ommekeer? In zo'n klimaat zou je verwachten dat het plotseling zeer snel zou gaan. Dat de veteranen aan de boom zouden schudden van de macht, dat klerken zich gesterkt zouden voelen door die internationale *backing*, dat arbeiders van zich zouden laten horen en boeren met hun riek, of liever met hun machete, zouden staan zwaaien.

Maar niets van dat al gebeurde.

Na de tumultueuze staking in Matadi werd het ineens stil. Er heerste een merkwaardige rust. Tien jaar lang, van 1946 tot 1956, zou het kalm blijven in Congo. Er was geen religieus reveil zoals in de jaren twintig, geen boerenopstand zoals in de jaren dertig, geen muiterij zoals in de jaren veertig. Er waren geen stakingen.

Hoe kon dat nu? Was het Belgisch kolonialisme dan *overnight* van aanzien veranderd? Ergens wel, althans in gedachte. In 1946 zei gouverneur-generaal Ryckmans in zijn laatste speech: 'De dagen van het kolonialisme zijn voorbij,' waarmee hij vooral het oude, puur exploiterende stelsel bedoelde. 'Zoals rechtschapenheid in de diplomatie is belangeloosheid in de kolonisatie de beste politiek.'[35] De kolonie moest eindelijk maar eens de vruchten van haar eigen rijkdommen plukken. Het ging nog niet om toewerken naar de onafhankelijkheid, maar om 'ontwikkelingskolonisatie'.[36]

Dat nieuw elan blijkt tevens uit de ronkende slagzinnen die in zwang raakten. Na de oorlog had de kolonisator de mond vol over Congo als 'de tiende provincie van België'. Het was een poging om de neerbuigende houding van weleer te vervangen door een gelijkwaardiger omgang. De kolonie lag niet langer veraf, maar was een integraal onderdeel van het moederland geworden. Maar het was ook een belachelijke notie: hoe kon een reusachtig land dat door een speling van het lot de kolonie was geworden van een dwergstaat er een *provincie* van zijn? Congo was duizend keer zo groot als Limburg, Brabant of Henegouwen!

Een andere poging tot toenadering was het concept van een 'Belgisch-Congolese gemeenschap'. Het idee kwam van Léon Pétillon, gouverneur-generaal vanaf 1952, en moest het *dominer pour servir* van weleer doen vergeten dat inmiddels al te bevoogdend klonk. Belgen en Congolezen zouden hand in hand aan een nieuwe moderne wereld bouwen. Zoals de Britten hun *Empire* omvormden tot het Gemenebest en de Fransen hun overzees gebied herdefinieerden als *Union française*, zo zou België voortaan de gelijkwaardigheid nastreven met die Belgisch-Congolese gemeenschap.

Sommige bewindslieden bewezen uitdrukkelijk lippendienst aan het nieuwerwetse discours over 'inlands welzijn'. De Permanente Commissie ter Bescherming der Inboorlingen ging daarin het verst: 'De toekomst van het ras en het geluk van onze Congolese bevolkingsgroepen hebben meer belang dan welke andere doelstelling ook,' zei ze.[37] Belgische opiniemakers van de meest diverse politieke kleur stemden daarmee in. 'De kolonisatie brengt in de eerste plaats een beschavingswerk op gang ten dienste van de volkeren,' stelde een katholiek.[38] 'Of we het nu willen of niet, ons lot in Congo hangt af van dat van de zwarten,' had een socialist al beseft.[39] 'Alles voor, alles door de inboorling,' resumeerde een liberaal.[40] Die eensgezindheid mag verbazen, gezien de verregaande verzuiling in het naoorlogse België. Maar velen gaven er zich rekenschap van dat de Congolese bevolking zwaar geleden had.

Strijdbaar zetten de Belgen zich aan een nieuw hoofdstuk van hun kolonisering, optimistisch en met meer fierheid dan voorheen. Ze zouden de kolonie de moderne tijd binnenloodsen, de bevolking verheffen en *en passant* zichzelf overtreffen. Een ambitieus tienjarenplan moest vanaf 1949 de kolonie op alle vlakken een moderne infrastructuur bieden.

Het was de tijd van de snelwegen, de nylonkousen en de sanseveria's. De nieuwe wereldorde noopte tot enig vooruitgangsgeloof, ja zelfs tot enige blijmoedigheid. In groten getale trokken Walen en Vlamingen naar 'de Congo'. Dat was de *relève*, de aflossing, vers bloed waar mannen als Drachoussoff tijdens de lange oorlogsjaren zo op hadden gewacht. Op het eind van de oorlog waren er nog slechts 36.080 blanken in Congo, in 1952 woonden er 69.204, meer dan ooit tevoren.[41] Koloniale ambtenaren en hooggeschoolde werknemers in de industrie, allen mannen, namen in veel groteren getale hun vrouwen mee. Het tijdperk van de menagère liep op zijn eind, tot grote opluchting van de kerk, al bleven er enkele duizenden métissen achter, kinderen van gemengde koppels die vaak tussen twee werelden vielen. De moeder was bijna altijd Congolees, de Europese vader was doorgaans een Belg in dienst van een bedrijf of de overheid, maar ook Griekse en Portugese mannen kregen er kinderen. Die Grieken en Portugezen waren veelal kleine zelfstandigen die hun geld verdienden als winkeluitbater of restauranthouder. Erkende de vader die kinderen, dan kregen ze een Europese opvoeding en nationaliteit. Gebeurde dat niet (en dat was negen op de tien keer het geval), dan bleven ze bij de moeder in de wijk of het dorp, waar ze dikwijls als buitenbeentjes golden: te blank om zwart te zijn, te zwart om blank te zijn.[42] Het aantal Eurafrikaanse geboortes verminderde sterk na de oorlog. De nieuwkomers uit België brachten hun gezin mee of kregen kinderen in de kolonie, blonde blozende kinderen met sproeten, die op het gazon voor hun villa in korte broek met een hagedis dolden en eerder wisten wat mango's waren dan appels.

Maar voor de Congolese bevolking veranderde er niet zo heel erg veel. Essentiële hervormingen die meer rechten (inzake medezeggenschap en sociale rechtspositie) moesten verlenen, lieten heel lang op zich wachten.[43] Van een nieuw verbond tussen blank en zwart was in de praktijk niets te bemerken. Nog steeds zwoer de koloniale drievuldigheid bij een langzame opvoeding van de brede massa. Technisch was het heel goed mogelijk om in korte tijd een elite te kweken, maar de machthebbers vreesden dat die elite zich zou vervreemden van de basis. Het hele volk, zo vond de kolonisator, moest eerst opklimmen tot een eerste niveau van 'beschaving', vooraleer men aan de volgende etappe kon beginnen. Alfabetisering van de massa leek verstandiger dan het kweken van een dunne toplaag die politieke rechten zou krijgen.[44] Het gros van de Congolezen zelf vroeg toch helemaal niet om deelname aan de macht? Nou dan!

Maar dat ze niet om politieke macht vroegen, betekende niet dat ze onverminderd gelukkig waren. De politieke apathie van de inlander wees eerder op een gebrek aan vorming dan op een overschot aan tevredenheid.

Bovendien kwam er in het dagelijkse leven helemaal geen toenadering tussen de Belg en de Congolees. De kloof werd juist groter. De verse lichting kolonialen nestelde zich in nieuwe, comfortabele villa's en woonde rianter dan ooit tevoren. Hun residentiële wijken deden eerder aan Knokke of Spa denken dan aan Centraal-Afrika. Na de werkdag brachten ze hun tijd door met hun gezin, in het weekend kwamen hun vrienden langs om te barbecuen of te bridgen. Bier werd uit de koelkast gehaald. (Elektrische koelkasten, zowaar: de tijd van de pioniers was echt wel voorbij!) Steeds meer van hen hadden een auto. Die wasten ze op zondagochtend met de tuinslang. Het Congo van de Europeaan leek stilaan op het *middle-class, suburban* California van de jaren vijftig. Gezellig was het ongetwijfeld, maar het werd een *expatriate community* die vaker sprak *over* Afrikanen, dan *met* Afrikanen. De belangstelling voor de lokale cultuur liep terug en de kennis van een of meerdere inlandse talen verdween. Vladimir Drachoussoff zag het met lede ogen aan:

> De beambten die zich buiten hun professionele verplichtingen om voor de inlander interesseren zijn niet talrijk. Het familieleven, een comfortabeler interieur, de mogelijkheid (en bijgevolg het verlangen) om bijna zoals in Europa te leven, hebben het oude type van de *broussard* doen verdwijnen die, met al zijn zwaktes en fouten, van post naar post ging, praatte met de dorpsoudsten en hen uiteindelijk begreep en zich liet begrijpen.[45]

De Belgisch-Congolese gemeenschap werd een hersenschim die in de praktijk werd ingehaald door een allengs geslotener Belgisch koloniale gemeenschap. De tropenhelm ging af, de sterke verhalen bij een glas whisky en een Coleman-lamp verdwenen. De Congo werd kleinburgerlijk. Veel vrouwen kwamen nooit in de cité, de enige Congolezen die ze kenden waren de boy en de chauffeur. Blanke kinderen groeiden dikwijls op in een sfeer van latent racisme. In 1951 kwam het zover dat de Permanente Commissie ter Bescherming der Inboorlingen een desideratum liet optekenen, opdat 'men in het onderwijs en in de spelletjes de blanke kinderen het respect voor de menselijke persoon bijbrengt aangaande de inlandse familie en de zwarte kinderen'[46]. Dat een venerabele instelling als de Commissie ter Bescherming der Inboorlingen zich moest buigen over tikkertje en verstoppertje was veelzeggend.

Zeldzaam waren de Europeanen die erin slaagden een diepe empathie op te brengen voor het Congolese perspectief. Niemand ging daarin zover als de Vlaamse franciscaan Placide Tempels. Hij was actief in Katanga en poogde onder meer de diepe misnoegdheid van de mijnwerkers daar te doorgronden. Reeds in 1944 boog hij zich over de opstanden in de kolonie en schreef daarover een moedig, maar geruchtmakend essay, 'La philosophie de la rébellion':

> Dit is het toppunt van inlandse ontgoocheling. Hij [de inlander] heeft zich aan ons verbonden om een van ons te worden; maar in plaats van dat hij als zoon van de familie wordt beschouwd, wordt hij slechts een loontrekker. Nu weet hij zich definitief verworpen, afgewezen als zoon, geklasseerd als niet-inlijfbaar.[47]

Zo had niemand het nog bekeken. In 1945 verscheen zijn standaardwerk *Bantoe-filosofie*. De Engelse en Franse vertalingen maakten hem wereldberoemd, Sartre las het boek met belangstelling. Zijn poging om Afrikaanse culturen van binnenuit te begrijpen introduceerde het begrip 'levenskracht' als centraal principe. Zijn inzichten noopten tot een volstrekt ander kolonialisme: 'We meenden groote kinderen te moeten opvoeden, wat tamelijk gemakkelijk zou geweest zijn. Maar opeens wordt het ons klaar, dat we met een volwassen menschheid te doen hebben, met zelfbewuste wijzen doordeesemd met een eigen allesomvattende filosofie.'[48] Door zijn vlijmscherpe uitvallen kreeg Tempels het aan de stok met zijn kerkelijke overheden. Van 1946 tot 1949 werd hij teruggeroepen naar Vlaanderen. Het was een soort *relégation*, een gedwongen ballingschap, dit keer niet van een kimbangist naar een dorp in het oerwoud, maar van een visionaire katholiek naar een klooster in Sint-Truiden.

Welja, het bleef kalm in Congo tussen 1946 en 1956, maar het was een akelige kalmte, een relatieve rust die eerder oude vrees dan nieuwe hoop verried. Boven de tuinen van de koloniale villa's waar op zondagmiddag het gerinkel van glazen opklonk, pakten de donkere wolken zich al samen. Maar er was niemand die het zag, zelfs niet het sproeterige zoontje in het gras dat onder een kaasstolp een hagedis gevangenhield. Het was de stilte voor de storm.

Waar had het noodweer van de wrok als eerste moeten losbarsten? Op het platteland was er beslist genoeg reden tot klagen. Nog steeds leefden de mensen er in povere omstandigheden. De akkers lagen er verwaarloosd bij. Door de loodzware oorlogsinspanning was de eigen voedselvoorziening in het gedrang gekomen. Mensen waren ondervoed. De jacht viel stil. Koloniale ambtenaren moesten hen aanmoedigen om opnieuw rupsen, termieten en larven te gaan inzamelen, een traditionele bron van proteïnes.[49] Want op de plekken waar wel aan veeteelt werd gedaan, waren de koeien stelselmatig bedoeld voor de mijnen. Het tienjarenplan voorzag een uitgebreid programma om de inheemse landbouw weer op de rails te krijgen. Men wilde lokale gemeenschappen helpen met moderne landbouwtechnieken en productiemiddelen (de zogenaamde *paysannats indigènes*), maar een groot succes werd dat niet. Het platteland was en bleef straatarm. De verpaupering van het platteland ontstond in Congo niet na de onafhankelijkheid, maar al midden in de koloniale periode. Het geboortecijfer was erg laag. Terwijl tegenwoordig in Afrika overbevolking een bron van zorg is, was in de eerste helft van de twintigste eeuw denataliteit een permanente bekommernis in Belgisch Congo.

Zoveel ellende had tot sociaal protest kunnen leiden, maar dat bleef uit. Of beter gezegd: het nam een andere vorm aan. Mensen kwamen niet in opstand, maar liepen weg. De naoorlogse jaren in Congo worden gekenmerkt door een gigantische plattelandsvlucht. Op een nooit eerder geziene schaal trokken mensen naar de stedelijke agglomeraties. Kinshasa met zijn vijftigduizend inwoners in 1940 ontplofte tot een stad met driehonderdduizend inwoners in 1955.[50] Al in het interbellum waren jongelingen vrijwillig naar de stad getogen, nu vertrokken ze *en masse*. Na de oorlog had 70 procent van het platteland minder dan vier inwoners per vierkante kilometer.[51]

Wie had dan het initiatief tot verzet moeten nemen? Zij die dromen hadden, gingen ze elders najagen. Zij die achterbleven, waren vaak afgemat en uitgeblust. Het platteland raakte sterk verouderd. In 1947 was naar schatting 40 procent van de rurale bevolking boven de vijftig.[52] Immens, gezien de relatief lage levensverwachting. Die ouderen waren niet geschoold en ondergingen lijdzaam het koloniale gezag. Er waren geen landbouwcoöperaties of vakbonden, er waren geen sociale structuren die de noden van de mensen op het platteland konden behartigen. De enige vorm van maatschappelijke organisatie die ze kenden was tribaal, maar die was bijna overal vermolmd. De chef had geen moreel gezag meer, maar was een arrivist die zich voor de kar van de kolonisator liet spannen.

En de steden dan? Ging het er daar wel opruiend aan toe? Leidde die samenscholing van dromen tot een gebalde vuist? Niet meteen. Voor velen bood de trek naar de stad daadwerkelijk nieuwe kansen. Niet dat het manna er uit de hemel viel, maar het was in elk geval beter dan wat ze waren ontvlucht. En sommigen hadden ronduit mazzel.

Longin was 80 toen ik hem in Kikwit vond. Ik had maanden naar hem gezocht, hopend dat hij nog in leven zou zijn. Toen ik hem eindelijk ontmoette, stond hij zich te wassen in het bruine water van de Kwilu-rivier. Zijn tors was mager en ingevallen, zijn washandje een totaal uitgerafeld lapje groene stof. Het was niet tot op de draad versleten, het *was* enkel nog draad. Was dit hem nu? Zijn gezicht leek langwerpiger dan ik me van de historische foto herinnerde. Alleen als hij rondliep, zag je nog dat hij ooit een fanatieke voetballer was geweest. Hij had de typische O-benen en de typische waggelpas van voetballers.

Hij woonde in een lemen huisje. Er groeide een grote eucalyptusboom langs het pad naar zijn erf. Kippen scharrelden in de rode aarde, een piepjong geitje liep wat doelloos te mekkeren. De was hing te drogen in de zon. De kleurrijke stoffen bolden steeds driester op in de wind. Broekspijpen klapperden. Mouwen wapperden. Het geleek een menigte die uitzinnig stond te joelen aan de rand van een voetbalveld of langs een boulevard waar een vorst of vedette voorbijreed. Ik keek naar de lucht. Het kon gaan regenen. Longin gebood me binnen in zijn huis op een plastic stoel plaats te nemen. Het was er erg donker. Ik positioneerde me dicht bij de deur, zodat ik genoeg licht had om te schrijven. Sommige van zijn kleinkinderen stonden met grote ogen in de deuropening naar mij te staren. Toen hij ze wegjoeg, stoven ze luid proestend alle kanten uit. De eerste druppels vielen.

‘Regen! Voor het eerst in twee weken!’ Hij straalde. ‘Dit is een zegening. De goede God zegent dit gesprek.’

Longin vertelde dat hij in 1928 geboren was in Luzuna, een dorpje langs de Kwilu, en gedoopt was op de katholieke missiepost van Djuma, bij de jezuïeten. Zijn vader was er timmerman. ‘Zoals Jozef!’ Hij maakte stoelen, deuren en schoolbanken voor de Belgische paters. Zijn moeder bewerkte het land en kweekte maniok. In die tijd aten ze nog goed. Rijst, maniok en vis, maar ook rivierkreeftjes, rupsen, champignons en courgettes. Wat een verschil met vandaag. ‘Nu eten we maar één keer per dag. Het is altijd rijst met bonen. Of maniok met bonen. Vlees is er heel zelden. Vis eten we nooit meer.’

De lucht betrok. In de verte hoorden we het onweer rommelen. Het werd zo donker dat ik mijn eigen notities nauwelijks nog kon lezen.

Longin praatte rustig verder. Zijn ouders waren al katholiek, zei hij. Hij was de middelste van drie kinderen. In Djuma zag hij zijn eerste auto, een pick-up van de nonnen. ‘De blanke is intelligent, zei ik bij mezelf. Ik heb de priester gefeliciteerd.’ Daar was het ook dat hij naar school ging. De missionarissen verzorgden het lager onderwijs in de hele kolonie, daarbij veelvuldig geholpen door plaatselijke leerkrachten. Middelbaar onderwijs beperkte zich ofwel tot een beroepsopleiding, ofwel – voor een oneindig veel kleinere groep – tot een priesteropleiding. Klassiek middelbaar onderwijs dat algemene vorming bood, bestond eenvoudigweg nog niet. Pas vanaf 1938 kwamen de eerste middelbare scholen. Maar in grote delen van Congo werd je nog lange tijd schrijnwerker of seminarist. Longin zat in de technische richting. ‘Ik zou mecanicien worden om op de Lever-exploitaties te werken, maar ik had geen zin in altijd vuil zijn.' Op zijn zesde trok hij naar Kikwit. Hij wilde erg graag priester worden. 'Maar de priesters zeiden: Jij bent al te oud. Toen ben ik maar van school gegaan en naar mijn dorp teruggekeerd.'

Het is moeilijk te bevatten hoe frustrerend die afwijzing moet zijn geweest. Naar het seminarie gaan was niet alleen de enige mogelijkheid om verder te studeren, het priesterschap was bovendien de hoogste maatschappelijke functie die een Congolees kon bekleden. Dan werd je *monsieur l'Abbé.*

Longin toonde me een oude kleurenfoto van zichzelf. Hij stond erop in een purperen bisschoppelijk gewaad. Hij zat op een troon en keek doodernstig naar de camera. 'Die soutane is versleten, maar vroeger trok ik er elke zondag mee door de stad. Als ik een visioen had gehad, verkondigde ik dat. Iedereen in Kikwit noemde me toen *Monseigneur.*' Hij heeft altijd iets met religie gehad. Het christendom, uiteraard, zíjn christendom.

Zoals Simon Kimbangu zelf was beginnen te prediken nadat de protestanten hem niet langer als catechist wilden, zo trok Longin Ngwadi een soutane aan nadat de katholieken in hem geen toekomstige priester zagen.

De eerste druppels vielen, dikke, forse druppels die kuiltjes zo groot als knikkers in de aarde maakten. Daarna brak het noodweer los. De regen gutste over Kikwit en geselde de dunne daken van de hutten en de huizen. Bliksem en donder vielen samen. De hemel kraakte. Bij elk tropisch onweer komt er een moment waarop de donder niet meer gromt maar krijst. Dit moment was nu aangebroken.

Longin gooide zijn handen in de lucht en bad tot de Allerhoogste, terwijl een sliertje speeksel langs zijn kin gleed: 'Seigneur, Gij hebt *papa* David gezonden. Wij vragen U: kunt Gij wat minder lawaai maken, opdat we kunnen blijven praten. *Merci et amen!*'

En alsof er niets gebeurd was, ging hij verder: 'In 1945 ben ik naar Kinshasa gegaan. Ik was toen 17. Mijn vader gaf geld voor de boot, mijn moeder gaf eten mee. Van Luzuna wandelde ik naar Djuma. Daar nam ik de postboot. Het was drie, vier dagen varen. Eerst op de Kwilu, dan op de Kasai en ten slotte op de fleuve zelf.'

Longin was een van de vele tienduizenden jongeren die naar de hoofdstad trokken. De meesten kwamen terecht bij familie of vrienden die er al woonden, maar hij had geen contacten. 'Ik kende niemand toen ik aankwam in Kinshasa, helemaal niemand. Maar een nachtwaker riep me binnen in het perceel dat hij moest bewaken. Het was iemand van mijn streek. Ik mocht op de grond slapen, in de openlucht.'

Het leek geen glorieus begin van zijn stedelijke leven.

'Kort daarna kreeg ik mijn eerste job, bij Papa Dimitrios. Dat was een Griekse jood. Hij had een warenhuis. Hij gaf me rekensommen als test en besloot dat ik mocht blijven. Ik moest broeken en hemden verkopen, stoffen voor vrouwen, zeep, suiker, van alles. Hij vond een kamertje voor mij, bij de Jardin Botanique. Na drie maanden had ik al een matras, lakens, dekens, twee stoelen, potten en bestek. Dimitrios schonk me veel. Drie jaar heb ik bij hem gewerkt. Daarna begon ik bij de Economat du Peuple, een grote winkel met zeven verkopers. Daar ben ik maar een jaar gebleven. Ik werd eruit gegooid omdat ik worst had verkocht die al bedorven was.'

Het was dan wel geen priesterambt, maar het nieuwe leven in Léopoldville beviel hem wel. Zijn matige succes als worstenverkoper werd ruimschoots gecompenseerd door een ander talent. 'Ik heb vier jaar bij Daring gespeeld. Bij tata Raphaël.' Daring was een van de meest succesvolle voetbalclubs van de stad. Pater Raphaël de la Kéthulle – hij weer – had die opgericht in 1936. De club bestaat nog steeds, onder de naam Daring Club Motema Pembe, en staat aan de top van het Congolese voetbal. 'Ik heb lang met Bonga Bonga gespeeld, de eerste Congolees in de Belgische voetbalcompetitie. Hij speelde bij Charleroi, bij Standard. Hij was Pele! In Kinshasa speelden wij altijd bij de velodroom van Kintambo. Ik was nummer 9. Ik was een aanvaller. Tata Raphaël stond met zijn pijp aan de rand van het veld naar mij te kijken en schudde zijn hoofd. Hij kon niet geloven wat hij zag. Ik was als een slang!'

En om die uitspraak kracht bij te zetten, sprong hij overeind en begon met zijn 80-jarige lijf te dribbelen in zijn donkere woonkamer. Onder het lage plafond haalde hij een reeks schijnbewegingen uit. Hij kon het nog steeds. Links, rechts, hakje, keren. In slow motion deed hij het voor, terwijl buiten het onweer van geen ophouden wist. Langs de binnenmuren van zijn woonkamer zag ik inmiddels het regenwater lopen. Het was niet sijpelen, maar stromen. Longin sloeg er geen acht op. 'Mijn bijnaam was *Elastique*. Zo noemde iedereen me toen. *Elastique*, nummer 9, de spits van Daring.'

Maar nog was zijn wonderlijke levenswandel niet voorbij. Begin jaren vijftig had de stad nog een andere wending voor hem in petto. 'Gouverneur-generaal Pétillon trad aan.' Dat was in 1952. 'Hij vroeg vijf mensen om naar la Maison des Blancs te komen. Dat was de plek waar alle geheimen van Congo werden bewaard. Daar kwamen de blanken bijeen om Congo te leiden. Het lag net naast het Memling-hotel. Er kwamen enkel kalme, intelligente en serieuze mensen. Het was de *cercle des européens*. Ik moest er opdienen. "*S'il vous plaît.*" "*Merci.*" "*S'il y a quelque chose, vous me le dites.*" Lange uren, maar na afloop kreeg ik vijftig Congolese frank. Dat was héél veel geld. Van de vijf was ik de *numero uno*. Ik was de beleefdste, de meest ordentelijke. Pétillon zei daarom dat ik zijn *boy maison* mocht worden. En dus ging ik mee naar het huis van de gouverneur.'

De timmermanszoon die geen priester mocht worden, de verkoper van huishoudtextiel en beschimmelde leverworst, de vliegensvlugge spits van voetbalclub Daring, werd nu de huisknecht van de voorlaatste gouverneur-generaal van Belgisch Congo. 'Vier jaar heb ik voor hem gewerkt. Hij noemde me *mon fils*.' Léopoldville was werkelijk een stad vol mogelijkheden.[53]

Uiteraard, het verhaal van Longin Ngwadi was uitzonderlijk, maar veel nieuwkomers proefden een nieuwe vrijheid in de stad. Dat gold zeker voor vrouwen. Thérèse uit Kasai trok na het overlijden van haar man naar Léopoldville. Een oom ving haar op en hielp haar een handeltje op te starten. Op de markt van Kinshasa begon ze maniokbier te verkopen, en later ook vruchtensap dat ze zelf maakte van rijpe bananen. Na een jaar liet ze haar kinderen overkomen, enkele jaren later hertrouwde ze met een arbeider die ze had leren kennen, iemand van haar stam die ook in de stad was beland.[54] Een 'vrije vrouw' in de cité was niet langer een prostituee, de categorie die in ambtelijke termen 'de volwassen, gezonde, inheemse vrouwen die theoretisch alleen wonen' heette, maar gewoon iemand die op eigen houtje probeerde rond te komen.

Of zuster Apolline. Zij was even oud als Longin. Ik ontmoette haar in het franciscanerklooster van Kinshasa. Ze kwam uit een gemengd gezin uit het binnenland – haar vader was Congolees, haar moeder Tanzaniaans, ze hadden elkaar leren kennen tijdens de Eerste Wereldoorlog, toen haar vader met de Force Publique in Duits Oost-Afrika vocht. Toen ze twaalf was, hadden haar ouders een geschikte huwelijkskandidaat voor haar gevonden. Zelf had ze andere plannen. Ze wilde in het klooster, daar voelde ze zich vrijer. Het kloosterleven bracht haar naar de grote stad. 'Negenentwintig jaar heb ik in Lubumbashi gewerkt. Ik was er directrice van een lagere school. En vele jaren later werd ik er het eerste zwarte raadslid van de religieuze provincieraad. Ik heb altijd in de stad gewoond.'[55]

Of Victorine Ndjoli. Zij werd de eerste Congolese vrouw met een rijbewijs. 'Ik had huishoudschool gedaan bij de zusters franciscanessen. Knopen aannaaien, snit en draad. Later leerde ik bij de *foyer social* babykleertjes en hoeden maken. De blanken zochten toen mooie meisjes voor hun reclames. Ik was fotomodel voor een fietsenmerk, voor sherry, voor melk. Dat beviel me wel, maar ik wilde meer. Ik vluchtte om naar de rijschool te gaan. Mijn vader wilde eerst niet, maar uiteindelijk was hij trots op me. Binnen een week had ik mijn rijbewijs. Het was 1955, ik was 20. Ik mocht rijden in een Dodge, maar ik heb zelf nooit een auto gehad. De mannen waren tegen.'[56]

Victorine deed ook mee aan de eerste schoonheidswedstrijden in Léopoldville. Die werden georganiseerd door de eigenaar van een dansschool, Maître Taureau. Meester Stier. Nogal macho, niet? Ik vroeg het hem terwijl we voor zijn huis zaten in de wijk Yolo, een volksbuurt waar elke voorbijganger hem kende. 'Nee, mijn echte naam is François Ngombe. *Ngombe* is Lingala voor rund. En *maître*, omdat ik de meester ben van Het Leven Zonder Meester!' Hij schuddebuikte van het lachen. 'In mijn dansschool gaf ik chachacha, bolero, rumba en charanga, maar ook swing en rock-'n-roll. Daarnaast organiseerde ik de verkiezing van *Miss Charme* in de wijken. De Griekse en Portugese handelaren gaven gratis stoffen weg. De meisjes droegen ze en maakten zo reclame voor hen. Eentje werd dan verkozen.'[57]

Kinshasa werd een stad van mode, elegantie en koketterie. Jonge vrouwen droegen lange, kleurrijke pagnes, een gebruik dat door de missiezusters was ingevoerd. Via de omweg van Europa kwamen gebatikte stoffen uit Indonesië in Centraal-Afrika terecht. Meisjes hadden kort haar, maar vanaf een jaar of tien lieten ze het groeien. Er bestonden een twaalftal Afrikaanse kapsels in die tijd, sommige kostten drie uur tijd om aan te brengen.[58] Vrouwen speelden een wezenlijke rol in de creatie van een nieuwe stedelijke cultuur. Ze beheersten de kleinhandel, ze bepaalden welke kledij, muziek en dansen succesvol waren en ze gaven vorm aan een nieuwe, modern-Afrikaanse levensstijl.[59]

Een aantal vrouwen kon doorstoten naar prestigieuze functies. In 1949 werd Pauline Lisanga aangesteld als omroepster voor Radio Congo Belge. Die zender was begonnen met uitzendingen voor de Afrikaanse bevolking. Pauline werd daarmee de eerste zwarte radio-omroepster van Afrika.[60] Weinig Congolezen beschikten over een radiotoestel, maar op tal van plekken in de stad hingen luidsprekers, waaromheen groepen voorbijgangers en buurtbewoners zich schaarden. Ze hoorden er de stem van Pauline. Ze luisterden naar nieuwsuitzendingen, stichtelijke sketches en religieuze programma's, maar ook naar traditionele Congolese muziek en lichte westerse muziek. Er was zelfs plek voor hedendaagse liedjes uit Congo.

Léopoldville krioelde in de tijd van de bandjes die bruiloften, begrafenissen en feesten opvrolijkten. Hun opzwepende ritmes, virtuoze gitaarpartijen, hoge falsetstemmen, rijke zanglijnen en lichtvoetige teksten zorgden voor onweerstaanbare dansmuziek. Dit was de rock-'n-roll van Centraal-Afrika. In Congo waren de grote danstenten in handen van Griekse migranten. In Kinshasa had je (en heb je nog steeds) de Akropolis, in Kisangani was er de Bar Olympia. Een aantal Griekse ondernemers was ook begonnen met opnamestudio's. Daar werd de wonderlijke dansmuziek van enkele Congolese orkesten vereeuwigd. De radio zorgde voor een nieuw soort heldendom. African Jazz van Kabasele en OK Jazz van Franco groeiden uit tot de populairste bands van de jaren vijftig.

Het stedelijke leven hield echter meer in dan schoonheidswedstrijden, maniokbier en dansplaatjes. Op de scheepswerven van Léopoldville, in de scheikundige en metallurgische fabrieken van Katanga en in de handelszaken in de stedelijke centra ging een nieuwe generatie Congolezen zoals Longin voor het eerst in loondienst. Ze maakten kennis met de veeleisende moderne economie. Stakingen bleven uit, maar ook hier was het de verraderlijke stilte voor de storm. Toen nauwelijks enkele jaren later de onafhankelijkheidskoorts in alle hevigheid uitbrak, hoopten zeer velen dat ze na de machtsoverdracht nooit meer zouden hoeven werken. Maar vooralsnog bleef het kalm, onheilspellend kalm. Hoe had eventuele wrok immers aan de oppervlakte kunnen komen? Vakbonden boden geen uitweg. Tot 1946 waren ze verboden voor zwarten. Blanke ambtenaren hadden vanaf 1920 een eerste belangenvereniging, maar hielden de deur dicht voor Congolese leden. Na de oorlog ontstond de STICS, de Syndicats des Travailleurs Indigènes Spécialisés, een vakbond louter voor gespecialiseerd personeel, waardoor 90 procent van de arbeiders erbuiten viel. Later was er de APIC, de Association du Personnel Indigène de la Colonie, een veel militantere organisatie. Maar nagenoeg elke syndicale beweging werd gemuilkorfd doordat de kolonisator eiste dat er blanke raadgevers bij betrokken waren.[61] Daardoor keek er altijd wel een staatsbeambte of aalmoezenier over je rebelse schouder mee. Dat was de dood in de pot. Het vakbondswerk moest constructief en kalm gebeuren. De kolonisator zag het hooguit als een nuttige *éducation sociale* voor de arbeider.[62] Een soort voetbal dus, maar dan binnenskamers: je leerde er vergaderen, een agenda en notulen opstellen, een begroting bespreken... De vakbond moest een leerschool zijn, geen legitieme vorm van oppositie en verzet. Toen Belgische vakbonden, christelijke en socialistische, voet aan de grond probeerden te krijgen in de kolonie, was dat gedoemd te mislukken. De Congolese arbeider had er geen voeling mee. Het leek iets van bovenaf, iets blanks. Van de bijna 1,2 miljoen loontrekkenden in 1955 waren er 6160 lid van een vakbond, nog geen half procent.[63]

De overheid stimuleerde wel dat de grote bedrijven ondernemingsraden oprichtten waarin Congolezen hun zegje konden doen. Die waren beter controleerbaar dan zelfstandige vakbonden. Ook de provincieraden kregen de eerste Congolese leden, en vanaf 1951 telde de koloniale bestuursraad, een vrijblijvend adviserend orgaan zonder reële macht, acht Afrikanen, hoewel de meesten van het platteland kwamen en niet tot de nieuwe stedelijke middenklasse behoorden. Het waren schuchtere pogingen om de grieven en de verzuchtingen van koloniale onderdanen aan te horen, maar ze getuigden tevens van de opvatting dat men nog zeeën van tijd had vooraleer men iets grondigers moest ondernemen.[64] Er was nog geen vuiltje aan de lucht. Dacht men.

Hoe had men een nakende omwenteling kunnen vermoeden? Op het platteland bleef men gedwee en in de steden leek men best tevreden. Ja, zo kon men constateren, er ontstond zelfs een heuse kaste van évolués die zo Europees mogelijk wilden leven, die verliefd waren op *anything Belgian* en die hoog opgaven van de weldaden van de kolonisatie. Vandaag klinkt die term erg problematisch, maar het was wel degelijk een zelfgekozen titel.[65] Van die évolués, wist de Belgische koloniaal, viel geen enkel gevaar te duchten, toch? Goed, het had soms iets potsierlijks, al dat gedoe met nette pakken en maniëristisch Frans. Maar dit waren wel de echte sociale klimmers, zij plukten de grootste vruchten van het nobele beschavingswerk. Loyalere onderdanen waren er niet.

Maar het was juist in het milieu van die évolués dat de bom zou barsten. De meesten van hen waren tijdens het interbellum in de stad geboren. Het dorp kenden ze enkel van horen zeggen. Ze bezochten de missieschool, ze gingen werken bij Europese bedrijven, ze hadden ontzag voor de koloniale staat en ze keken bijgevolg op tegen hun blanke overheersers. Een ander maatschappelijk rolmodel hadden ze nooit gekend. Velen van hen leverden grote inspanningen om voor vol aangezien te worden. Ze studeerden in bibliotheken, lazen de krant, luisterden naar de radio, bezochten bioscopen en theaters en lazen boeken, want het was de intelligentie, meer nog dan de welstand, die ze bij de blanken benijdden. Het tweede was niet meer dan een uitdrukking van het eerste.

Er ontstond een levendige verenigingscultuur. Nog stond die onder koloniaal gezag, maar historisch was ze van zeer groot belang: in de oudleerlingenverenigingen, studiekringen en tribale organisaties lag immers de kiem van de latere politieke bewustwording.[66] De oud-leerlingen van de school van tata Raphaël verzamelden zich in de Adapes (Association des Anciens Elèves des Pères de Scheut), het werd een belangrijke kweekvijver voor de eerste generatie Congolese politici. In de *cercles des évolués* kwamen ze bijeen om boeken te bespreken en debatten te voeren; het waren een soort volkshogescholen die als paddenstoelen uit de grond schoten. In 1950 waren er over heel Congo circa driehonderd. In de steden werden tribale verenigingen meer dan hulpkassen, zoals vroeger, het werden culturele instellingen die later ook politieke aspiraties begonnen te koesteren. In Elisabethville groeide de spanning tussen de Baluba uit Katanga en de Baluba uit Kasai: die laatsten waren in groten getale naar de mijnen afgezakt en wekten nu de ergernis van de *locals* op. Nieuwe verenigingen waren het resultaat. In Léopoldville voelden de Bakongo zich bedreigd door de groeiende aanwas van de Bangala, mensen uit de Equateur die actief waren in het leger en de handel. Het Kikongo, de oorspronkelijke taal van het gebied rond Kinshasa, raakte verdrongen door het Lingala. De Abako, de Alliance des Bakongo, werd opgericht, een puur culturele vereniging die ijverde voor de taal van het Kongo-volk. De oprichter was, andermaal, een gesjeesde seminarist.

Evolué was hij (een zij was het nooit, tenzij als partner) die een zeker niveau van scholing had genoten, een vast inkomen had, een grote beroepsernst aan de dag legde, monogaam was en Europees leefde. De évolué, zo legden twee kinderen van évolués me eens uit, had een Raleigh-fiets, liefst met versnellingen. 'Dat was de Mercedes van de zwarten toen.' In zijn huis had hij een Coleman-lamp. Hij had een platenspeler waarop hij naar Edith Piaf luisterde. Wendo Kolosoyi mocht ook, dat was rustige muziek. 'Maar zeker geen muziek die aanleiding gaf tot obscene dansen. Op zondag gingen mijn ouders dansen, mijn vader droeg dan een bolhoed.' De évolué zond zijn echtgenote naar de kraamzorg van het consultatiebureau. Hun baby werd er gewogen. Thuis volgde men de voedingsadviezen van de blanke nonnen op. De traditionele geneeskunde en het vooroudergeloof zwoeren ze af, maar de kloof tussen man en vrouw was erg groot. De een was geschoold en werkte in loondienst, de ander was ongeletterd en verdiende geen geld. In heel Stanleyville konden rond die tijd slechts twee of drie vrouwen een gesprek in rudimentair Frans voeren.[67] Een van de évolué-kinderen vertelde me: 'Och, ik heb mijn vader heel vaak horen zeggen tegen mijn moeder: "Jij, jij bent echt een negerin, zeg! Zo leven de blanken toch niet!"'[68]

Het aantal évolués was niet erg hoog (een kleine zesduizend in 1946, een kleine twaalfduizend in 1954), maar hun mondigheid was bepalend. Tragisch genoeg verlangden zij naar een toenadering met de Europeanen, net op het moment dat die Europeanen zich steeds meer terugtrokken in hun villa's, zwembaden en tennistoernooien. Ja, er waren in Belgisch Congo zwarte vrachtwagenchauffeurs en telegrafisten, maar in cafés en restaurants was de colour bar scherper dan ooit tevoren. Indien een blanke journalist in Léopoldville het waagde om een zwarte collega mee te nemen naar een Europese bar, vielen de gesprekken stil. Treinen en rivierboten mochten dan wel bediend worden door zwarte machinisten en kapiteins, voor de passagiers waren de compartimenten strikt gescheiden volgens huidskleur. Als een zwarte in het zwembad sprong, gingen de blanken eruit. Lijfstraffen met de chicotte golden nog steeds voor alle Afrikanen, zelfs voor hen die Latijnse naamvallen kenden en de speeches van De Gaulle lazen. De schrijver Paul Lomami Tshibamba was medewerker van *La Voix du Congolais*, een door de overheid gecontroleerd tijdschrift voor évolués. In 1945 publiceerde hij in het tweede nummer een geruchtmakend maar alles tezamen gematigd stuk met als titel 'Quel sera notre place dans le monde de demain?' Dat leverde hem naar eigen zeggen 'ontelbare juridische zittingen op, vergezeld van oneindige zweepslagen'.[69] De chicotte zwiepte, terwijl elders in de stad, synchroon maar veel slomer, de tennisballen plokten. Ondertussen gingen blanke kolonialen naar paardenkoersen kijken en hielden ze wielerwedstrijden. Feestelijke kermiskoersen waren het, waarbij amateurcoureurs vrolijk reden onder spandoeken van Martini-Vermouth.

Het pijnlijke smachten van de évolué zag ik nergens duidelijker dan in die enkele seconden historisch filmmateriaal uit *Heimweh nach den Tropen*, een prangende documentaire van Luc Leysen. Het ging om beelden van een schoonheidswedstrijd in Léopoldville in 1951. Er werden geen poedels of pluimvee gekeurd, maar gezinnen. Voor een exclusief blank publiek paradeerden Congolese gezinnen langs de jury. De vader in korte broek, daarnaast zijn vrouw, dan de kinderen, netjes gerangschikt van groot naar klein. Het jongste kind droeg een bordje met het deelnemerscijfer. Het publiek applaudisseerde beleefd. Daarna liepen ze verder, met ernstige gezichten... Zoveel wanhoop in zo weinig seconden.[70]

De évolués verlangden naar een speciale rechtspositie die hun bijzondere plek erkende. Dat was niet onbegrijpelijk. Ze waren namelijk 'sociale mulatten' geworden, mensen die bungelden tussen twee culturen.[71] De évolués van een kleine stad als Luluabourg verwoordden het op pakkende wijze:

> Wij vragen dat het Gouvernement gelieve te erkennen dat de inlandse samenleving de afgelopen vijftien jaar sterk geëvolueerd is. Naast de inheemse massa die achtergesteld of weinig ontwikkeld is, is er een nieuwe sociale klasse gevormd die een soort inlandse burgerij is.
>
> De leden van die inlandse intellectuele elite doen al het mogelijke om zich te ontwikkelen en om fatsoenlijk te leven, zoals respectabele Europeanen dat doen. Die évolués hebben begrepen dat ze taken en plichten hebben. Maar ze zijn ervan overtuigd dat ze, indien geen speciale rechtspositie, dan toch een bijzondere bescherming van het Gouvernement verdienen die hen beschermt tegen maatregelen of behandelingen die toegepast worden op een onwetende en achterlijke massa. (...) Het is pijnlijk om ontvangen te worden als een wilde, wanneer je vol goede wil bent.[72]

Het is ook pijnlijk dat wie zo eloquent schrijft nog met een nijlpaardpees wordt bewerkt. Uit de onderdanige, bijna kruiperige toon sprak een zeer groot hunkeren. De évolué wilde de muur tussen blank en zwart niet slechten, maar vroeg om er overheen getild te worden. Hij streed niet tegen de colour bar. Hij vroeg geen rechten voor 'het Congolese volk', noch voor zijn stam, maar louter voor de kring waartoe hij, na grote inspanningen, was doorgedrongen. Was dat egoïstisch? Vast. Had dat iets denigrerends? Ja. Maar uiteindelijk namen ze, in hun verlangen naar assimilatie, zelfs de blik over waarmee het gros van de Europeanen naar de inboorlingen keek.

Het Belgisch koloniaal bewind aarzelde zeer lang. Het had toch nimmer een ontwortelde elite willen kweken? Alles op zijn tijd, was het devies. Pas vanaf 1938 kwam er wat middelbaar onderwijs, pas in 1954 (slechts zes jaar voor de onafhankelijkheid, maar dat kon men toen niet weten) was er de eerste universiteit, Lovanium, een dependance van de katholieke universiteit in Leuven. Het eerste jaar telde drieëndertig studenten en zeven professoren. Je kon er natuurwetenschappen, sociale en bestuurswetenschappen, pedagogie en landbouwkunde studeren. Een opleiding rechten was pas vanaf 1958 mogelijk.[73] Niets overhaast dus. Moest men nu toch een kaste van geprivilegieerden erkennen?

In 1948 besloot het Belgische bewind tot een voorlopige oplossing: de évolué kon in aanmerking komen voor de 'kaart van burgerlijke verdienste'. Wie een blanco strafblad had en nooit verbannen was geweest, wie polygamie en hekserij had afgezworen en wie kon lezen, schrijven en rekenen, kwam ervoor in aanmerking. De houders van die kaart konden geen lijfstraffen meer krijgen en zouden in een voorkomend geval berecht worden door een Europese rechter. Ze kregen aparte paviljoenen in de ziekenhuizen en mochten voortaan na zes uur 's avonds door de blanke wijk lopen.[74] Op doorsnee-Congolezen maakte dat grote indruk. In Boma vertelde Camille Mananga, een man die 13 jaar was toen die kaart werd ingevoerd: 'Dat was alleen voor grote persoonlijkheden. Zij mochten bij de blanken gaan winkelen en drinken. Het was een zeer hoge onderscheiding. Ik was nog veel te jong. De hemel was minder hoog dan dat statuut!'[75] Maar voor mensen die zich al jaren aan het opwerken waren, ging het om vrij minimale voorrechten die lang niet in verhouding stonden tot hun inspanning. De structurele salarisongelijkheid bleef bestaan. Victor Masunda, een andere inwoner van Boma, kon zich daar als oude évolué nog steeds over opwinden: 'Natuurlijk heb ik die kaart niet aangevraagd. Het betekende echt geen hoger salaris. Velen waren kruiperig, maar ik weigerde mij te verlagen. Die kaart aanvragen was vernederend. Moest ik hun kleine broertje worden? Nee. Ik kocht zo wel mijn rode wijn en mijn whisky.'[76]

In 1952 werd daarom de 'kaart van immatriculatie' gelanceerd, een document dat de évolué in het openbaar leven en voor de wet gelijk moest schakelen met de Europese bevolking. Het belangrijkste voordeel was dat de évolué zijn kinderen naar de Europese scholen mocht sturen, wat een uitzonderlijke sociale promotie was en een garantie op degelijk onderwijs bood. Maar de scepsis bij grote delen van de koloniale elite was zo groot dat de voorwaarden waaraan de aanvrager moest voldoen bijzonder hoog waren. En vaak ook vernederend. Zolang de aanvraag liep, kon een inspecteur ongevraagd binnenvallen in het huis van de kandidaat-geïmmatriculeerde om te zien of hij en zijn familie wel geciviliseerd genoeg leefden. De inspecteur keek of er voor elk kind afzonderlijk een bed was, of er met bestek werd gegeten, of de borden gelijk waren, of de badkamer proper was. At het gezin gezamenlijk aan tafel of zat de moeder, zoals vroeger, met haar kroost in de keuken te wachten terwijl de vader met zijn bezoek dineerde? Slechts weinigen voldeden aan de criteria. Het gevolg was dus dat men jaren had gepalaverd over een rechtspositie waarvan bijna niemand kon profiteren. In 1958 waren slechts 1557 'burgerlijke verdiensten' uitgereikt en slechts 217 'immatriculaties', op een bevolking van veertien miljoen inwoners.[77] En dat zorgde voor frustratie. Want vroeg of laat slaat hunkering om in weerzin, ja zelfs vijandigheid.

Voer 'Jamais Kolonga' in bij YouTube en luttele seconden later hoor je een van de grote klassiekers uit de Congolese rumba. Het had uit de koker van de Buena Vista Social Club kunnen komen, maar het was een compositie van African Jazz, de populairste band van de jaren vijftig in Congo. Het legendarische orkest werd aangevoerd door Joseph Kabasele, bijgenaamd 'le Grand Kalle'. Het liedje werd geschreven door zijn begenadigde gitarist Tino Baroza. Het groeide uit tot een van de grootste successen van African Jazz. 'Oyé, oyé, oyé,' ging het refrein, 'grijp me vast. Jamais Kolonga, grijp me vast. Als je me loslaat, ga ik vallen.' Dat vastgrijpen mocht je dubbelzinnig interpreteren.

Ik stap in een smalle, stoffige steeg van Lingwala uit de auto. Zou het hier zijn? Lingwala was in de koloniale tijd de buurt van de évolués. Alle ouderen die ik had aangesproken, kenden Jamais Kolonga. Uiteraard! Maar was die niet overleden? In de lokale pers had toch een alarmerend bericht gestaan? '*Le vieux Jamais Kolonga laminé par la maladie!*' stond er. Ze hadden gelezen dat de man 'die als *bon vivant* met zijn grappen en grollen de vitaliteit van het Kinshasa van de jaren zestig had weten te belichamen' momenteel zwaar ziek was.

Maar na veel omwegen en een fortuin aan belminuten had ik toch een adres en een nummer weten te krijgen. Ik stapte een perceel binnen waarvan de muur was afgebrokkeld. Er groeide wat maïs, vergeeld en kurkdroog. Uit een huis van cementsteen kwam een oude man in korte broek op krukken.

'Bent u Jamais Kolonga?'

'De enige echte!'

Je hebt informanten die veel hebben meegemaakt maar weinig te vertellen hebben en je hebt informanten die weinig te vertellen hebben maar veel praten. Jamais Kolonga behoorde tot geen van beide categorieën. Hij had alles meegemaakt en was een schitterende verteller. Zelf vond hij van niet: 'Ik ben pas aan mijn heup geopereerd. Het gaat niet goed. Ik heb veel pijn, ondanks alle medicijnen die ik moet slikken.' Hij schoof zijn broek opzij en liet me in zijn lies een indrukwekkend litteken zien.

'Kan ik iets voor u doen? Heeft u iets nodig?'

'Wijn! Als u wat geld heeft, dan kan een van mijn kleinkinderen wijn halen.'

'Wijn? In uw staat? Weet u het zeker?'

Ik heb drie volle middagen met die kleine, vinnige man zitten praten, nu eens in zijn woonkamer, dan weer in de schaduw van zijn huis. Hij was uitstekend gezelschap met veel zin voor humor, een onverwoestbare *joie de vivre* en een uitzonderlijk geheugen. Eén keer heb ik hem opgezocht in een klein ziekenhuis waar hij enkele dagen moest revalideren en waar hij flirtte met de verpleegsters dat het een aard had. Zijn heup herstelde zienderogen. Maar hoe zat het nu met die blanke vrouw?

'Dat was in 1954. Ik was toen achttien en was net in dienst bij de Otraco.'

'Het Office des Transports au Congo?'

'Precies. Ook mijn vader werkte daar. Ik zat eerst bij de scheepswerf hier in Kinshasa, maar zolang ik geen 21 was, werd mijn loon uitbetaald op de rekening van mijn vader. Dat was niet ideaal. Zo kon ik niet eens drank kopen. Daarom vroeg ik overplaatsing naar het binnenland.' Terwijl iedereen naar de stad trok, liep hij ervan weg. 'Ik moest naar Port Francqui, dat is nu Ilebo. Het ligt vlak bij de Kasai. Als je van Kinshasa naar Lubumbashi reist, moet je daar overstappen van de boot op de trein. In die tijd heb ik zelfs nog de kinderen van Simon Kimbangu moeten herbergen, die onderweg waren naar hun vader in de gevangenis! Bon, ik was er dus klerk. En omwille van mijn vader mocht ik als enige zwarte in de winkels van de blanken komen. Ik dronk Portugese wijn en whisky. Ja, toen al.'

Een kleindochter was inmiddels naar het buurtwinkeltje gelopen en had bij terugkomst een kartonnen pak goedkope wijn voor ons neergezet. Don Pedro. Ik hield het bij een cola.

'Op een dag was Kabasele op doorreis met zijn orkest. Maar zijn trein ontspoorde, waardoor ze hun boot misten. Vijftien dagen zaten ze vast in Port Francqui! Ik wist dat de dochter van mijn Vlaamse chef binnenkort zou trouwen en regelde dat Kabasele op die bruiloft mocht spelen. Zo gezegd, zo gedaan. Het feest kwam eraan. Die avond droeg ik een marineblauw pak met een rode das. Er waren maar drie évolués. Voor de muzikanten had ik speciale vergunningen moeten regelen, anders konden ze 's avonds niet in de blanke wijk komen. Ik stond aan de bar en keek naar een Portugese dame. Ze danste goed. U moet beseffen dat in 1954 een zwarte geen blanke vrouw mocht aanraken. We konden niet eens met haar spreken! De enige blanke vrouwen die we zagen waren katholieke zusters. Enkel de boys kwamen in contact met Europese, getrouwde vrouwen. Maar bon, ik had haar dus goed zien dansen en vroeg aan haar man of ik ook eens mocht. Zomaar! Dat was een bevlieging van me, een bezetenheid. Maar haar man knikte. Dus ik stapte op haar af en vroeg haar ten dans. Toen heb ik met haar gedanst, een heel nummer lang. Na afloop applaudisseerden de blanken, zelfs de provinciegouverneur! Kabasele schreef er later dat liedje over: "Jamais Kolonga".'

Hij schonk wijn bij. Eens évolué, altijd évolué.

'Vertel mij eens over uw vader.'

'Hij werd geboren op 1 januari 1900, in Bas-Congo.'

'Ah bon? Was dat een arbitraire datum, door de missionarissen gegeven?'

'Nee, het was echt zijn geboortedag. Die dag was er iemand door een leeuw verscheurd, een zwarte. Toen mijn vader gedoopt werd, wisten de blanken dat nog. Toen waren er nog veel leeuwen en buffels, zelfs olifanten.'

Nu zijn er geen meer. Qua groot wild is Bas-Congo leeg. Maar wat een snelle evolutie! Slechts een halve eeuw voor Jamais Kolonga stond te dansen op een Europese bruiloft, waren er in Bas-Congo nog leeuwen om mensen te verscheuren. En missionarissen met hun eigen vorm van roofzucht.

'Toen hij twaalf, dertien was kwam eerwaarde vader Cuvelier langs in het dorp. Hij zei tegen mijn vader: "Gij zult mijn schoenen poetsen. Waar is uw vader?" En tegen mijn grootvader: "Kunt gij mij uw zoon schenken?" "Akkoord," zei mijn grootvader, "ik geef hem mee, als hij mij maar komt opzoeken." Mijn grootvader was zelf katholiek, ziet u. Toen hij trouwde voor de kerk, had hij twee van zijn drie vrouwen weggezonden. De kinderen nam hij wel over, natuurlijk. Hoe dan ook, mijn vader ging mee naar de missiepost en werd gedoopt op 13 december 1913. Daarna werd hij ingeschreven in de school van de redemptoristen in Matadi, zes jaar later trok hij naar de nieuwe middelbare school van Boma. Ipso facto was hij dus een van de eersten die daar afstudeerden.'

Het was de eerste keer op al mijn reizen dat ik een Congolees de uitdrukking 'ipso facto' had horen bezigen.

'Rond 1927 of 1928 werd hij opgepikt door een beambte van Otraco. Ze hadden intelligente mensen nodig. Tot aan zijn pensioen in 1958 heeft mijn vader voor Otraco gewerkt, altijd als kantoorbediende. Toen het bedrijf zijn hoofdzetel van Thysville naar Léopoldville overbracht, verhuisde hij hier naartoe. Mijn vader werd een évolué. Hij stond aan het hoofd van *la cité Otraco*, de woonwijk voor het inlandse personeel. Hij commandeerde metselaars, timmerlui, betonvlechters. Hij bezocht de huizen van de Otraco-werknemers en loofde elke zaterdag een premie uit voor wie het mooiste en netste huis had. Mijn vader dronk wijn, hij was een van de allereersten die dat mochten. Op feestdagen gaf hij speeches voor de gouverneur-generaal, voor Ryckmans, Pétillon of Cornelis, hij heeft ze allemaal gekend. In 1928 heeft hij zelfs een toespraak gehouden voor koning Albert, die hier op rondreis was! Dus uiteraard kreeg hij de kaart van burgerlijke verdienste en later de kaart van immatriculatie. In heel Congo waren er toen nog maar 47 *immatriculés*!'

Dat imponeerde zeer. Zelfs de oude Nkasi herinnerde zich hem. 'Joseph Lema, die was compleet mundele.' De vader trad ook toe tot de ondernemingsraad van Otraco en later zelfs tot de provinciale raad. Hij hoorde bij de allereerste lichting die enige bestuurlijke inbreng had. Jamais Kolonga rommelde in een morsige bruine envelop en haalde er een zwart-witfoto uit die was aangevreten door vocht en termieten. Ze verkruimelde in zijn handen.

'Kijk, dat was hem. En dat hier is mijn peetoom. Papa Antoine.' Een man in uniform, zwaar gedecoreerd. 'Hij was een oud-strijder van '14-'18 en een goede vriend van mijn vader.' Op de achterkant van de foto zag ik het handschrift van zijn vader. Buitengewoon sierlijk en regelmatig was het, blakend van zelfvertrouwen.

'Ikzelf ben van 1935. Ik werd geboren in Kinshasa. Met mijn vader sprak ik Frans, met mijn moeder Kikongo, overal elders was het Lingala. Mijn ouders kwamen uit hetzelfde dorp. Mijn moeder was dan wel met een évolué getrouwd, maar elk jaar ging zij voor anderhalve maand terug naar het dorp. Daar moet ze zijn gebeten. In 1948 is ze aan de slaapziekte gestorven. Ondertussen ging ik naar school bij Saint-Pierre, de school van eerwaarde vader Raphaël de la Kéthulle. Tijdens de speeltijd mocht ik zijn bibliotheek ordenen. En als er een grote voetbalwedstrijd was, mocht ik de bal uit zijn bureau halen en op de middenstip leggen. Er speelde militaire muziek en ik marcheerde als kleinste naar het midden. De la Kéthulle leerde me moedig te zijn.'

Hij wilde het graag nog eens voordoen, maar zijn zere heup stond het hem niet toe.

'Wat deed u na de lagere school?'

'Ik wilde priester worden. Twee jaar heb ik Latijn en Grieks gedaan op het kleinseminarie van Kibula, buiten Kinshasa. Dat was bij de redemptoristen. Maar toen werd ik eruit gegooid.'

'Waarom?'

'Omdat ik geen maniokbrood lustte. Ik at dat echt niet. Ze vonden dat ik me aanstelde. Jacques Ceulemans heette de man die me eruit heeft gegooid. Ik ken zijn naam nog steeds. Hij had geen mededogen. Ik lustte dat echt niet. Het was de grootste teleurstelling van mijn jonge leven, maar na de onafhankelijkheid, toen ik al woordvoerder was, heb ik uit hoofde van mijn functie hém eruit gegooid. Dat was tijdens de muiterij van de militairen.'

Verlangen, frustratie, afrekening: het is een bekend psychologisch proces. Ook voor Jamais Kolonga was het priesterschap een vurige wensdroom geweest, een wensdroom waaruit hij brutaal was gewekt.

'Uiteindelijk heb ik mijn school in Kinshasa afgemaakt, op het collège Sainte-Anne, de middelbare school van De la Kéthulle. Daar zaten we allemaal bij elkaar. Thomas Kanza, Cardoso, Boboliko, Adoula, Ileo. Bolikango ook, die was wat ouder.' Stuk voor stuk figuren die sleutelfuncties zouden bekleden na de onafhankelijkheid. Bolikango onderhandelde in Brussel over de onafhankelijkheid, Adoula, Ileo en Boboliko waren allen op een gegeven moment premier, Kanza was de eerste ambassadeur van Congo bij de Verenigde Naties, Cardoso was minister van Onderwijs... 'Wij zaten bij de scheutisten. Het andere college was van de jezuïeten. Daar had je onder meer Bomboko, Kamitatu, Albert Ndele.' Nog meer klinkende namen uit de Congolese geschiedenis. De eerste twee werden minister van Buitenlandse Zaken, de laatste directeur van de nationale bank.

Wat een omgeving, wat een tijdsbeeld... Dit was de *jeunesse dorée* van

Congo. Daar werd een jonge, stedelijke elite klaargestoomd die barstte van de ambitie. Geen enkele generatie voor of na hen heeft zulk goed onderwijs genoten. Een zeker minderwaardigheidscomplex tegenover de blanken bleef bestaan, maar de angst van een eerdere generatie sloeg bij hen om in momenten van branie, zeker bij een figuur als Jamais Kolonga. Nog steeds kirde hij van de pret als hij aan meneer Maurice dacht.

'In '52 begon ik te werken bij Otraco. Monsieur Moritz was een van de bazen. Er was een lift voor de blanken en een trap voor de zwarten, zelfs voor de bedienden. Ik nam toch de lift, want ik moest naar de derde verdieping. Op een dag stond ik in de lift met die fameuze Monsieur Moritz. Ik stonk ook nog eens naar de wijn. Doordat mijn vader évolué was... Bon. Moritz gaf me een mep en toen zijn we gaan knokken. Uiteindelijk is het geëindigd op de gendarmerie van Otraco. Ik was echt wel het ettertje van het bedrijf, zeg.'[78]

Het naoorlogse Congo was in volle omwenteling en de évolués waren daar het duidelijkste bewijs van. Er hing een sfeer van verwachting. Het hoogtepunt daarvan vormde ongetwijfeld de beroemde rondreis die koning Boudewijn in mei en juni 1955 ondernam. Voor de eerste maal bezocht een Belgische vorst niet alleen de machtscenakels en de jachtreservaten van de kolonie, maar nam hij ook uitgebreid de tijd om het volk toe te wuiven. Het werd een eclatant succes, een euforie zonder weerga. Jongelingen klommen in de bomen om naar de vorst te zwaaien, vrouwen droegen pagnes waarop de beeltenis van Boudewijn stond, kinderen zongen luidkeels de Brabançonne.[79] De koning en zijn gevolg reisden kriskras door het land, als een *travelling circus* dat overal op zang en dans werd onthaald. In Stanleyville werd hij gedragen door mannen van de Bakumu-stam. In Elisabethville liepen de vrouwen achter hem aan: 'Onze koning is zo jong en zo mooi! Dat God hem beware!' (*Onze* koning, noemden ze hem; dat was voor het eerst.) In Kinshasa bestond het plan Victorine Ndjoli, het fotomodel met het rijbewijs, hem te laten rondrijden, maar dat ging niet door. *Mwana kitoko* werd hij genoemd, mooie jongen, want nog steeds was hij piepjong en ongetrouwd. Iedereen probeerde een glimp van hem op te vangen. Hem in de ogen kijken of hem aanraken werd geacht geluk te brengen. Kinderen in de provincie die nooit schoenen hadden gedragen, kregen hun eerste paar, speciaal voor die ene dag. 'Het liep moeilijk,' zei een van hen, 'maar we hebben toch veel gelachen.'[80] Tegenwoordig zie je thuis bij bejaarde évolués nog hun trouwfoto staan naast een staatsieportret van Boudewijn.

Een van de plekken die de vorst aandeed op zijn reis was Lingwala, de wijk van de évolués. 'Hij wilde met eigen ogen de huizen zien die waren gebouwd met koninklijke middelen,' zei Jamais Kolonga. 'En dus kwam hij kijken naar het huis van mijn vader dat hier op dit perceel stond.' Hij wees met zijn kruk door het raam naar waar nu de maïs stond te verpieteren. 'Het huis is verdwenen, maar toen kwam madame Detiège langs, de sociaal assistente van Otraco. Ze kwam de fauteuils controleren en het huis inrichten. De muren werden overgeschilderd en ze zette bloemen op tafel. Koning Boudewijn kwam hier met de gouverneur-generaal. Ze spraken wel tien, vijftien minuten met mijn vader.'

Het is nauwelijks te geloven dat slechts enkele jaren later diezelfde vader in datzelfde huis dagelijks bezoek zou krijgen van een man die het verlangen naar onafhankelijkheid wist op te stoken als geen ander. Die man was Kasavubu. Hij zou enkele jaren later de eerste president van het onafhankelijke Congo worden.

Er was veel veranderd. Na de Eerste Wereldoorlog verlangden sommigen terug naar de tijd vóór de komst van de blanken. Maar na de Tweede Wereldoorlog hoopten steeds meer mensen op een blanke levensstijl. Van een onafhankelijkheidskoorts was nog geen sprake, maar de wereldoorlog was wel een katalysator van formaat. Hij had de kwetsbaarheid van het moederland getoond en was uitgemond in een nieuwe wereldorde waarin kolonialisme allesbehalve evident was. De latente spanning die dat gaf werd in 1955 door niemand scherper verwoord dan door Antoine-Roger Bolamba, journalist, dichter en évolué. Hij was de grootste Congolese dichter in het Frans tijdens het koloniale tijdvak.

Vóór het vlees van de strijd
zal ik wachten
zal ik wachten op het rode uur van de aftrap

Boven mij fluit al de pijl die verder, veel verder zal brengen
het duizelingwekkende vuur van de zege[81]

6

Weldra van ons

Een late dekolonisatie, een plotse onafhankelijkheid

1955-1960

En toen ging het plotseling bliksemsnel. In 1955 droomde nog geen enkele inheemse organisatie van een onafhankelijk Congo. Vijf jaar later was die politieke autonomie een feit. Die snelheid verbluftte zowat iedereen, niet in het minst de Congolezen zelf. Het Belgische kolonialisme waaraan ze waren onderworpen, was immers doordrongen van de idee van geleidelijkheid. Stap voor stap zou Congo onttrokken worden aan zijn archaïsche oorsprong om de moderniteit te betreden. Wat de Belgen betrof was het einddoel nog lang niet in zicht. Ja, het land was sinds de Tweede Wereldoorlog op de goede weg, maar het 'beschavingswerk' was nog niet eens halverwege. 'Onafhankelijkheid?' snoof missionaris van het Heilig Hart en toekomstig aartsbisschop Petrus Wijnants in 1959 tegen zijn gelovigen. 'Misschien binnen vijfenzeventig of in elk geval niet binnen vijftig jaar!'[1]

Het zou anders lopen. Geleidelijkheid maakte plaats voor een stormloop, bedaagdheid voor chaos. De verantwoordelijken? Niemand in het bijzonder. Of beter gezegd: iedereen. De razendsnelle dekolonisatie was niet het werk van één bepaalde figuur of beweging, maar van een buitengewoon complexe wisselwerking tussen de verschillende actoren. Het was als een spelletje pingpong dat rustig begint, een traag heen en weer tikken van het balletje, en dan plots versnelt tot een zenuwachtige rally vol gerichte meppen, lepe lobballetjes, vervaarlijke smashes en sluwe schijnbewegingen. Steeds harder vliegt het balletje, zo hard dat het voor spelers en toeschouwers onduidelijk is wat precies waar en wanneer gebeurt. Niemand kan het nog volgen, niemand heeft nog overzicht, maar iedereen weet: dit kan niet lang meer duren. En zo gebeurde het ook in Congo. Met dit verschil dat er meer dan twee spelers waren, en eigenlijk ook meer dan één balletje. Bij de dekolonisatie stonden niet alleen Congolezen tegenover Belgen; zo monolithisch waren die blokken niet. Aan Congolese zijde had je évolués, religieuzen, militairen, arbeiders, boeren. Mensen uit Bas-Congo hadden andere ambities dan de inwoners van de Kivu of Kasai. Dertigers hadden andere dromen dan zestigers. Maar ze kwamen, vroeg of laat, allemaal rond die pingpongtafel te staan. Aan Belgische zijde had je naast de Belgen in de kolonie de Belgen in het moederland. Er waren liberalen, katholieken en socialisten. De kerk en het hof hadden agenda's die verschilden van die van industriëlen of vakbondslui. Ter plekke hadden koloniale ambtenaren andere verlangens dan de plantagehouders in het binnenland, of de missionarissen in het oerwoud. Al die belangengroepen stonden naast, tegenover en door elkaar. En dan waren er de supporters: Rusland, Amerika en de Verenigde Naties stonden luid te schreeuwen vanaf de tribunes, geflankeerd door jonge staten als Ghana, India en Egypte. De spelers wisten niet naar wie eerst te luisteren, maar de Congolese spelers kregen als underdog duidelijk meer aanmoedigingen.

En er waren ook nog eens meerdere ballen in het spel: minstens drie. Wilde men de onafhankelijkheid? Wanneer wilde men die? En hoe moest dat onafhankelijke Congo eruitzien? Die laatste vraag betrof zowel de interne organisatie van het land (unitair of federaal?) als de externe betrekkingen met België (helemaal los of toch nog enige staatsrechtelijke band?). Het beantwoorden van die drie vragen leidde tot zeer verschillende posities. Zo kon er aan één kant van de pingpongtafel geijverd worden voor onvoorwaardelijke en onmiddellijke onafhankelijkheid, waarbij alle banden met België werden doorgeknipt en Congo unitair zou blijven, terwijl aan de andere zijde mensen voorstander waren van een langzame dekolonisatie, met een blijvende band met het moederland en een grote autonomie voor de diverse provincies. En daartussen lag een baaierd aan posities.

Het leek alsof er een heel wereldkampioenschap tafeltennis op hetzelfde moment op één enkele pingpongtafel werd gespeeld. Het gevolg was geharrewar, irritatie, nervositeit, vechtlust, euforie, wanhoop en waanzin. En vaart, natuurlijk. De regels veranderden constant. De enige manier om het hoofd koel te houden was focussen, het bewust inperken van je blikveld, het je vastbijten in je eigen tactiek, het louter oog hebben voor je eigen spel. Alle betrokkenen deden het. Maar een ander woord voor focus is tunnelvisie en juist die zorgde voor verdwaasdheid, bij elk van de partijen. De tragische dekolonisatie van Congo was een verhaal met veel blinde vlekken en weinig occasionele lucideit. Maar achteraf is het makkelijk praten.

We zijn in 1955, en we zijn nog steeds in het huis van Jamais Kolonga. Na het bezoek van koning Boudewijn krijgt zijn vader steeds vaker een onberispelijk geklede évolué over de vloer. 'Kasavubu kwam alle dagen langs, hier, in dit perceel.' Hij wees met zijn vinger naar de vloer waar het beton verbrokkeld was. ''s Ochtends en 's avonds kwam hij om te discussiëren met mijn vader. Ik schonk wijn voor hen in. Kasavubu was een echte gentleman.' Op foto's uit die tijd zie je inderdaad zijn gesofisticeerde allure. Strak in het pak, modieuze bril, ogen die eerder glimlachten dan schaterden. Er werd gefluisterd dat een van zijn voorouders een Chinees was die in de jaren 1890 aan de spoorlijn tussen Matadi en Kinshasa had gewerkt. Vandaar die ogen, vond men.

Kasavubu werd veertig jaar eerder geboren in Bas-Congo, in een dorp honderd kilometer ten noorden van Boma. Het lag aan de rand van het Mayombe-woud. Rekenen en lezen leerde hij op de missiepost van de scheutisten en omdat hem dat niet slecht afging mocht hij naar het kleinseminarie, met het oog op een eventuele priesteropleiding. Hij studeerde er Latijn en Frans en trok op zijn achttiende naar het grootseminarie van Kabwe in Kasai. Het was de eerste keer dat hij Bas-Congo verliet. Na drie jaar filosofie kwam hij echter tot de vaststelling dat zijn priesterroeping gering was. Hij verliet het seminarie, werd onderwijzer, vervolgens bediende en ten slotte ambtenaar, maar een zweem van sacerdotale zalverigheid zou hem nooit meer verlaten. Een bevlogen orator zoals Lumumba zou hij nooit worden. Zijn stem was zwak en hoog, zijn toon eerder effen en saai. Het publiek kreeg hij maar moeilijk stil. Hij was onmiskenbaar intelligent, maar zijn intelligentie was eerder het resultaat van hard werken en stapvoets denken dan van aangeboren brio. Door veelvuldige discussies met geestverwanten boetseerde hij zijn voorkeuren tot duidelijke standpunten. Als die eenmaal vastlagen, verstond hij de kunst om ze met grote stelligheid uit te dragen.

Tijdens de oorlog was hij, zoals zoveel jongelingen, naar Léopoldville getrokken. Als 25-jarige was hij begonnen als commies bij de dienst financiën van het koloniaal bestuur. Daarmee werd hij deel van de nieuwe, zwarte, stedelijke elite. Na zijn werk discussieerde hij met mensen zoals de vader van Jamais Kolonga over het statuut van de Bakongo in Léopoldville. Ze waren het roerend met elkaar eens dat zíj de oorspronkelijke bewoners van het gebied rond de hoofdstad waren en wonden zich op over het feit dat niet hun taal maar het Lingala, de taal van de Bangala die stroomopwaarts in het oerwoud woonden, de lingua franca van de stad aan het worden was. De Bakongo waren hier toch het eerst? Zij waren toch het talrijkst? Waarom was het onderwijs dan in het Lingala? Was er dan niet zoiets als 'het recht van de eerste bezetter'? Die slogan was een geweldige vondst: het was een term uit de negentiende-eeuwse koloniale retoriek, rechtstreeks gedownload van de Conferentie van Berlijn, maar Kasavubu paste hem toe op de stedelijke situatie van de jaren veertig en vijftig.

Ze dachten ook na over sociale en raciale vraagstukken. Hoe kon het toch dat de blanken zoveel meer verdienden dan de évolués, zelfs meer dan de évolués die een kaart van immatriculatie op zak hadden? Ook hier kneedde Kasavubu zijn verontwaardiging tot een boude slogan: '*à travail égal, salaire égal*', voor hetzelfde werk hetzelfde loon. Bepaald scherpe uitspraken voor iemand die zo temerig sprak.

In de hoofdstad werd Kasavubu lid van Adapes, de oud-leerlingenvereniging van de scheutisten. Na de oorlog werd hij er algemeen secretaris van, een functie die hij tot 1956 zou uitoefenen en waaraan hij bijzonder veel contacten met de jonge, hoofdstedelijke bovenlaag overhield. De alumniclub telde toen maar liefst vijftien- tot achttienduizend leden.[2] In 1955 kwam Kasavubu ook nog eens aan het hoofd te staan van de Abako, de tribale associatie die al enkele jaren de taal en de cultuur van de Bakongo in Kinshasa behartigde. Zijn voorzitterschap zorgde voor een radicale ommezwaai. Kasavubu zou de Abako omvormen tot een expliciet politieke vereniging. Daarmee was de eerste steen gelegd voor de politisering van de évolués, en feitelijk ook voor het begin van de dekolonisatie.

Het jaar 1955 werd ook door een ander voorval een kanteljaar, al kon geen enkele évolué in Belgisch Congo dat bevroeden. Het geschiedde immers in België en in het Nederlands. In december van dat jaar verscheen in het tijdschrift van de Vlaamse katholieke arbeidersbeweging een bijdrage met als titel 'Een dertigjarenplan voor de politieke ontvoogding van Belgisch Afrika'. De auteur was ene Jef Van Bilsen, een correspondent van het persagentschap Belga die lang in Congo had gewerkt en aan de koloniale hogeschool doceerde. Het artikel suggereerde dat de kolonie eindelijk werk moest maken van het kweken van een intellectuele bovenlaag. Er moest een generatie van ingenieurs, officieren, artsen, politici en ambtenaren worden klaargestoomd opdat Congo tegen 1985 min of meer op eigen benen kon staan.[3]

Anders dan doorgaans wordt beweerd, kreeg Van Bilsen met zijn plan in eerste instantie niet de wind van voren. Het kon op welwillende belangstelling rekenen zowel in België als in Congo, ook buiten de progressieve kringen. Zijn opvattingen van een langzame emancipatie sloten immers aan bij de idee van geleidelijkheid die de koloniale drievuldigheid al decennia voorstond. Zijn dertigjarenplan deed voor de politiek wat het tienjarenplan van 1949 voor de infrastructuur en de economie had gedaan: langzaam maar zeker het land moderniseren. Hij brak niet met het bestaande paradigma, maar dacht het door tot zijn uiterste consequentie. Dat hij 1985 als termijn vooropstelde maakte het plotseling wel heel concreet, maar zelfs daarbij dacht hij niet in termen van een totale onafhankelijkheid: na die datum zouden België en Congo nog met elkaar verbonden zijn door de kroon en samen een soort statenbond vormen, een gemenebest *à deux*, zeg maar.

Begin 1956 verscheen het stuk in Franse vertaling, en dat bracht de bal aan het rollen. Kopieën van die publicatie begonnen te circuleren in de wijken van de inlanders in Léopoldville, de wijken waar elke ochtend duizenden mensen uit vertrokken, vaak blootsvoets, om te gaan werken in de warenhuizen, zeepfabrieken of brouwerijen van de Europeanen, de wijken waar elke avond évolués thuiskwamen na hun dagtaak als typist of klerk bij een blanke *patron*, de wijken waar enkelingen bij een glas Portugese wijn tot laat in de nacht zaten te discussiëren over de stand van de wereld. Waarom sprak de baas je altijd aan met Victor of Antoine, en nooit eens met *monsieur* Victor of *monsieur* Antoine? Waarom zei elke blanke *tu* tegen je en nooit eens *vous*, zelfs wanneer je manchetknopen en een wit boordje droeg? In die beperkte kringen vond het essay van Van Bilsen gretig aftrek. Een blanke die hardop nadacht over politieke ontvoogding van de zwarten: kon dat echt? Een plan dat sprak over hoger onderwijs en nieuwe kansen: was dit geen droom? Het leek alsof een straal zonlicht door het massieve wolkendek van hun bestaan brak. Dus deze toestand was niet eeuwig?

Het ging hooguit om een vlugschrift, maar Kasavubu baalde verschrikkelijk toen hij het in handen kreeg. *Conscience africaine* stond erop, juli-augustus 1956. Het onregelmatig verschijnende blaadje van katholieke origine dat nog maar enkele jaren bestond en een geringe oplage had, werd geleid door Joseph Ileo, een man uit de Equateur. Onder de zes redacteuren zaten veel alumni van tata Raphaël, een van hen was houder van een kaart van burgerlijke verdienste, een ander had zelfs een kaart van immatriculatie op zak. Het bewuste nummer bestond in hoofdzaak uit een lang en anoniem artikel onder de manhaftige titel 'Manifeste'. De auteurs van het stuk hadden het plan van Van Bilsen duidelijk gelezen, Kasavubu zag het meteen. 'De komende dertig jaar zullen beslissend zijn voor onze toekomst,' las hij. 'De Belgen moeten voortaan beseffen dat hun heerschappij over Congo niet eeuwig zal zijn.'[4] De tekst sprak, geheel in de lijn van Van Bilsen, over politieke ontvoogding en geleidelijke verandering; er werd gepleit voor een gezamenlijk Belgisch-Congolees initiatief en er was sprake van een sfeer van broederlijkheid die een einde maakte aan elke vorm van rassenonderscheid. Had koning Boudewijn tijdens zijn reis immers niet zelf het goede voorbeeld gegeven? De tekst vervolgde: 'Wij vragen aan de Europeanen om hun houding van misprijzen en raciale segregatie te laten varen, om het voortdurende kwetsen dat wij moeten ondergaan te vermijden. Wij vragen hun ook om hun neerbuigende houding op te geven die onze eigenwaarde grieft. Wij houden er niet van om altijd als kinderen behandeld te worden. Begrijpt u toch dat wij anders zijn dan u en dat wij, terwijl we de waarden van uw beschaving assimileren, tegelijkertijd wensen onszelf te blijven.'[5] De évolué wenste niet langer enkel te reikhalzen, zoals hij al jaren deed, want dat bleef vruchteloos, maar wilde ook op eigen kracht kunnen vertrouwen. In blokletters stond er verder: 'Wij willen beschaafde Congolezen zijn, geen "Europeanen met een zwarte huid".'[6]

Kasavubu baalde. Niet dat hij het niet eens was met die stellingen, verre van. Alleen: dat hij elders moest lezen wat hij ook al jaren dacht, dat stak. Bovendien kwam zowat de hele redactie van *Conscience africaine* uit de Equateur, terwijl hij, Kasavubu, net de voorzitter van de grootste Bakongo-vereniging was geworden. Zouden die Lingala-sprekers, die Bangala, in de hoofdstad nu ook nog eens het voortouw nemen in de politieke strijd? Het is weinig bekend, maar etnische rivaliteit in de grote steden speelde bij de dekolonisatie net zo'n grote rol als afkeer van de vreemde overheersing, hoe artificieel veel van die 'stammen' ook waren. De 'Bangala' waaraan Kasavubu zich zo ergerde waren als homogene stam een constructie van het Bureau International d'Ethnographie (het ging om een lappendeken van culturen in het evenaarswoud, er was nooit een overkoepelend stammenverband geweest), maar dat verzinsel van etnografen uit de jaren 1910 werd, dankzij de missiescholen, zeer reëel in het Kinshasa van de jaren vijftig.[7] De Bakongo wilden niet onderdoen voor de Bangala.

Nauwelijks enkele weken later riep Kasavubu de Abako-leden samen om het manifest van *Conscience africaine* te bestuderen en te becommentariëren. In augustus 1956 verscheen hun 'tegenmanifest'. Het moest die eerste tekst overtreffen en liefst ook verpulveren. De toon was veel radicaler en de inhoud ronduit revolutionair. Het dertigjarenplan van Van Bilsen en *Conscience africaine*? 'Wij, van onze kant, wij wensen niet mee te werken aan de uitvoering van dit plan, maar enkel en alleen aan de afschaffing ervan, want de toepassing ervan zou voor Congo alleen maar tot meer vertraging leiden. In essentie gaat het louter weer om dat eeuwige wiegenliedje. Ons geduld is meer dan op. Omdat de tijd rijp is, moeten ze ons vandaag nog die ontvoogding toekennen in plaats van haar nog eens dertig jaar uit te stellen. Late emancipaties heeft de geschiedenis nooit gekend, want als het uur is gekomen, wachten de volkeren niet meer.'[8]

Dat van die volkeren was natuurlijk overdreven. Kasavubu had het Congolese volk niet achter zich, zelfs grote delen van 'zijn' Bas-Congo kenden niet eens zijn naam. Hij sprak hooguit namens de Kikongo-talige évolués van de hoofdstad. Maar in koloniale milieus sloeg die tekst in als een bom. Het was de allereerste keer dat een aantal Congolezen zo openlijk om hun versnelde ontvoogding vroeg. In een statenbond met het moederland hadden ze weinig zin. En de eenheid van de kolonie leek voor hen ook al niet heilig, ze leken alleen voor Bas-Congo op te komen. Veel kolonialen wisten niet hoe ze het hadden. Ze spraken over 'waanzin', een 'wedren naar de zelfmoord', een 'racisme dat erger is dan dat waartegen men beweert op te treden'.[9] Jef Van Bilsen werd kop van Jut. Hij had de doos van Pandora geopend, vonden ze.

Voor de kolonialen kwam de roep om onafhankelijkheid als een donderslag bij heldere hemel, maar dat zegt veel over de gesloten wereld waarin zij vertoefden. Immers, na de Tweede Wereldoorlog was in Azië een eerste dekolonisatiegolf op gang gekomen. In slechts drie jaar tijd, tussen 1946 en 1949, waren de Filippijnen, India, Pakistan, Birma, Ceylon en Indonesië onafhankelijk geworden. Die dynamiek sloeg over naar Noord-Afrika, waar Egypte het Britse juk afwierp en Marokko, Tunesië en Algerije warmliepen voor meer politieke autonomie. Tussen figuren als Nehru, Soekarno en Nasser bestonden er goede contacten. Dat culmineerde in 1955 tot de uiterst belangrijke conferentie van Bandung op

Java, een Afro-Aziatische top waar nieuwe landen en naar onafhankelijkheid hunkerende landen het kolonialisme unaniem naar de vuilnisbelt van de geschiedenis verwezen. 'Het kolonialisme in al zijn gedaanten is een plaag die zo snel mogelijk moet eindigen,' stond er in de slotverklaring.[10] Een Congolese delegatie was er niet in Bandung, maar wel een uit het buurland Soedan, dat enkele maanden later onafhankelijk zou worden. Bovendien begonnen na die conferentie radiozenders vanaf Egyptische en Indiase bodem het anti-imperialisme te verspreiden. Via de korte golf kon men in Congo luisteren naar La Voix de l'Afrique Libre uit Egypte en All India Radio, dat zelfs uitzendingen in het Swahili aanbood.[11] Hun boodschap raakte verspreid door een technische innovatie: de transistorradio. Een minuscuul, betaalbaar toestelletje had daardoor grote gevolgen. Men hoefde niet langer op marktpleinen en straathoeken te staan luisteren naar de officiële bulletins van *Radio Congo Belge*, maar kon in de huiskamer stiekem genieten van verboden, buitenlandse zenders die herhaalden dat Afrika voor de Afrikanen was.

Om de groeiende sfeer van onrust het hoofd te bieden, besloot Brussel eindelijk werk te maken van een prille vorm van machtsdeelname. Al tien jaar lang bakkeleide de politiek over vormen van inheemse inspraak in de steden, maar in 1957 werd eindelijk een desbetreffende wet goedgekeurd. De inheemse wijken van enkele grote steden zouden eigen burgemeesters en gemeenteraden krijgen. Op het allerlaagste echelon van het bestuur verwierven Congolezen daardoor voor het eerst reële macht. In de praktijk hadden de bestuurders al bemerkt dat informele wijkraden goed werkten om lokale problemen op te lossen, zeker wanneer de leden door de gemeenschap waren aangewezen.[12] Voortaan zouden die leden gekozen worden door formele verkiezingen, al vielen de burgemeesters nog steeds onder het gezag van een Belgische 'eerste burgemeester'. Eind 1957 werden voor het eerst in de geschiedenis van Belgisch Congo verkiezingen gehouden, maar die beperkten zich tot Léopoldville, Elisabethville en Jadotville. Alleen alle volwassen mannen mochten stemmen.

Congo was op dat moment een van de meest geürbaniseerde, geproletariseerde en geschoolde kolonies van Afrika. Maar liefst 22 procent van de bevolking woonde in de stad, 40 procent van de actieve mannelijke bevolking werkte in loondienst en 60 procent van de kinderen ging naar de lagere school.[13] Deze toestand was even jong als precair. In de eerste helft van de jaren vijftig waren de lonen spectaculair gestegen, maar vanaf 1956 stagneerde die groei en was er zelfs sprake van een belangrijke terugval. Door dalende grondstofprijzen op de internationale markt vertraagde de economie (onder meer door het einde van de Korea-oorlog). In de steden stak werkloosheid de kop op.[14] In Kinshasa waren er algauw circa twintigduizend werklozen.[15] Mensen die hun job verloren, trokken in bij familieleden die nog een inkomen hadden. De huizen en de percelen van de cité raakten overbevolkt.[16] Overal schoten kleine bars als paddenstoelen uit de grond. Alcoholisme en prostitutie groeiden navenant, want als het leven zwaar is, worden de zeden licht. In die sfeer van onrust zouden de eerste verkiezingen plaatsvinden.

Dat enkel volwassen mannen mochten stemmen, betekende niet dat vrouwen en jongeren politiek apathisch waren. Juist bij hen zien we rond die tijd alternatieve blijken van maatschappelijke betrokkenheid ontstaan: de *moziki* en de *bills*. De eerste waren vrouwenverenigingen waarin succesvolle dames samenkwamen om te sparen en modetrends te bespreken. Dat leek nogal banaal. Bij specifieke feesten hulden de leden van zo'n vereniging zich allen in dezelfde nieuwe, luxueuze stoffen waarmee ze liepen te pronken. Maar dat hield ook een commentaar in. De moziki hadden namen als *La Beauté*, *La Rose* en *La Jeunesse Toilette*, in het Frans, want dat had standing. Het was hun manier om te reageren op de kloof tussen man en vrouw. Ze namen de taal van de mannelijke évolués over en affirmeerden hun eigen sociale vooruitgang. De leden waren maatschappelijk werkster, onderwijzeres of handelaarster. Victorine Ndjoli, de vrouw met het eerste rijbewijs, richtte met enkele vriendinnen *La Mode* op: 'Wij waren beïnvloed door de Europese mode die we volgden via de verkoopscatalogi. Die Franse namen bewezen dat wij naar school waren geweest, dat we beschaafd waren. Vrouwen kregen pas zeer laat het recht om Frans te leren, en dus was Frans spreken een manier om ons op hetzelfde niveau als de mannen te plaatsen.'[17] Ook radio-omroepster Pauline Lisanga was er lid van.

Veel van die moziki associeerden zich met een van de populaire orkesten van de stad. Het woord 'moziki' komt trouwens van muziek. *La Mode* van Victorine Ndjoli was onvoorwaardelijk fan van OK Jazz, het Orchestre Kinois van François Luambo Makiadi, bijgenaamd Franco, de man die tot op de dag van vandaag als de grootste gitarist en componist van de Congolese rumba geldt en die, in een minder anglocentrische geschiedenis van de zwarte muziek, zijn plaats zou verdienen naast B.B.

King, Chuck Berry en Little Richard. Franco de Mi Amor noemden ze hem, *le sorcier de la guitare*, Franco-le-Diable. Victorine ging met haar vriendinnen naar zijn optredens (met een van hen zou hij zelfs trouwen), ze dronken *mazout*, bier gemengd met frisdrank. Het bier moest van het merk Polar zijn, want dat kwam van Bracongo, de brouwerij waar rond die tijd ene Patrice Lumumba begon te werken. 'Ik was voor Lumumba, wij steunden zijn MNC,' zei Victorine. Die keuze was lang niet evident in een stad waar Abako de scepter zwaaide. 'Toen hij stierf, waren we allen in de rouw.'[18] Vrouwen mochten niet stemmen, maar mode, muziek, uitgaan, drinken en dansen kregen een politieke lading. Ze stemden met het glas. Primus, het bier van de concurrent, werd immers gedronken door de aanhangers van Kasavubu.[19]

En dan waren er de jongeren. Na een halve eeuw geboortetekort stegen de bevolkingscijfers vanaf de jaren vijftig aanzienlijk. Tussen 1950 en 1960 kwamen er 2,5 miljoen Congolezen bij. Op de dag van de onafhankelijkheid telde het land zo'n 14 miljoen inwoners. Congo verjongde: in het midden van de jaren vijftig was 40 procent van de bevolking jonger dan 15 jaar.[20] De jeugd werd een zeer belangrijke categorie, niet alleen demografisch, maar ook sociaal en politiek. De bills waren de eerste jongerencultuur in de kolonie.[21] Wat de nozems voor Amsterdam waren, de *zazous* voor Parijs en de vetkuiven voor Londen, waren de bills voor Léopoldville. Hun inspiratie haalden ze uit de cowboyfilms die in de cité werden vertoond. Zoals de naam al doet vermoeden, was Buffalo Bill hun held. Ze spraken een eigen jongerentaal, het *hindubill*, en hadden een eigen kledingstijl: sjaaltjes, spijkerbroeken en rechtopstaande hemdskragen die refereerden aan de Far West en spotten met de keurige évolués. Die laatsten maakten zich vervolgens behoorlijk zorgen over de verloedering van de jeugd. Allemaal de schuld van verderfelijke films:

> De cinema moet aan banden worden gelegd. Politiefilms en cowboyfilms zijn erg geliefd. Al die scenario's tonen de bezoekers, die dikwijls jongeren en vaak zelfs kinderen zijn, hoe men kan stelen, doden en, in één woord, slecht doen.
>
> Als men de affiches en de plakkaten ziet, waant men zich soms in het rijk van de brutaliteit en de sensualiteit.
>
> Hoe moeten we onze zonen en dochters schroom, goedheid, naastenliefde, zelfrespect en respect voor elkaar bijbrengen? Het grote kwaad schuilt in de bioscoopzalen.

> Wat ziet men anders in die alkoof dan de meest erotische films die bestaan uit de wellustigste scènes, waarop dan ook nog eens een uiterst sensuele muziek wordt geplakt.
>
> Op een avond heb ik eens een filmvoorstelling bijgewoond. In de zaal waren er alles bij elkaar tien volwassenen. De rest?... Kinderen van 6 tot 15 jaar. De zaal zat vol met die 'jochies'. Een hels kabaal... De knullen trappelden van ongeduld... Het filmdoek lichtte op... Een cowboyfilm... Applaus... Vreugdekreten... Een liefdesavontuurtje... Overal kussen en 'ha!' in alle hoeken... Daarna kwamen de vechtpartijen en de pistoolschoten die een onbeschrijflijke vreugde bij de jeugd opwekken... Twee slechte films... Na de voorstelling begon de herhaling van wat we de afgelopen twee uur op het scherm hadden gezien. Men viel jonge meisjes lastig die uit de voorstelling kwamen door hen op de wangen te kussen... Men liep achter elkaar met een stok en deed het geluid van een pistool na, om de cowboys na te apen... Ziedaar de morele lessen van de voorstelling van die avond...
>
> Erbarmelijk!
>
> Laten we ons geen illusies maken. De bioscoop wordt een school voor gangsters in Belgisch Congo indien de vertoning van bepaalde films in de cité of in de centres extra-coutumiers niet wordt verboden.[22]

De bills golden als onruststokers die zich overgaven aan diefstal, losbandigheid en marihuana. De jeugdcriminaliteit in de steden nam in die tijd inderdaad toe, maar het ging toch eerder om het stelen van een mand papaja's of hooguit een fiets dan om zware misdaad.[23] Toch was het iets nieuws. Het ouderlijke gezag brokkelde af, het prestige van de évolué werd bespot, de invloed van de traditionele chef was allang verdampt. De bills stichtten hun eigen wereld. Ze organiseerden zich in gangs met elk hun eigen territorium in de stad en die territoria herdoopten ze met namen als Texas of Santa Fe. Expliciet politieke belangstelling was bij de bills ver te zoeken, maar ze zorgden wel voor een sfeer van rebellie en verzet die ontvlambaar was.

Op zondag 16 juni 1957 stroomden zestigduizend toeschouwers samen in het Stade Roi Baudouin van Raphaël de la Kéthulle om een historische voetbalmatch bij te wonen: F.C. Léopoldville, de voorloper van het eerste nationale elftal, nam het op tegen Union Saint-Gilloise uit Brussel, een van de succesvolste clubs uit de geschiedenis van het Belgische voetbal.[24] Een primeur. Voor het eerst speelde een Congolees team tegen een Belgische ploeg in de kolonie. Het werd een heftig treffen met een bitse afloop. De arbitrage was in handen van een Belgische legerofficier, en zijn beslissingen zorgden voor wrevel. Toen hij tot twee keer toe Congolese doelpunten afkeurde wegens buitenspel, reageerde de massa woedend. De eindstand was 4-2 voor de Belgen. Doorgestoken kaart, riepen de supporters. Bij het verlaten van het stadion reageerden bills, arbeiders, werklozen, drommels, kwaaie *mamans* en scholieren hun razernij af op de omgeving. Er werd gekrijst, er vielen vuistslagen. Jeugdbendes en omstanders snelden toe en namen deel aan de schermutselingen. Auto's van blanke kolonialen die het stadion wilden verlaten, werden bekogeld met stenen. Zoiets hadden die nog nooit meegemaakt. Voetbal moest het volk toch gedeisd houden? De politie diende tussenbeide te komen. Na afloop waren er veertig gewonden en vijftig gebluts-te auto's.

Die groeiende spanningen galmden mee bij de verkiezingen van 8 december 1957. Van de kiesgerechtigden kwam 80 tot 85 procent opdagen, een enorm succes. In Léopoldville had Abako uitstekend werk geleverd en slaagde het er zelfs in om mensen die geen Bakongo waren voor zich te winnen. Ze wonnen 139 van de 170 gemeenteraadszetels. Van de acht inlandse burgemeestersposten kregen ze er zes in handen. In Elisabethville behaalden de migranten uit Kasai, de grootste bevolkingsgroep in de stad, een flink deel van de stemmen. Verder boekte de Union Congolaise, een katholieke, pro-Belgische vereniging van évolués, een mooi resultaat. Er werden ook negen blanken gekozen.[25]

Voor Brussel waren de succesvolle en ordentelijke verkiezingen het begin van een gecontroleerde democratisering van de kolonie. Ook elders moesten nu lokale verkiezingen worden gehouden, gevolgd door provinciale, en nog later nationale. Maar voor die geleidelijkheid was het te laat, vond Kasavubu. Toen hij zijn ambt als burgemeester van de gemeente Dendale in Léopoldville aanvaardde, deed hij precies wat Lumumba in 1960 zou doen bij zijn installatie als eerste minister: een vlammende speech afsteken.

> De democratie wordt niet geïnstalleerd als men, om de democratische actie in te dijken, nog ambtenaren benoemt in plaats van gekozenen van het volk. De democratie wordt niet gevestigd wanneer we aan de zijde van de politie geen Congolese commissarissen zien. Hetzelfde

> geldt voor het leger: wij kennen geen Congolese officieren, noch Congolese leidinggevenden in de medische dienst. En wat te zeggen van de top van het onderwijs en de inspectie? Er is geen democratie zolang het stemrecht niet algemeen is. De eerste stap is dus nog niet voltooid. Wij vragen algemene verkiezingen en interne autonomie.[26]

Die woorden leverden Kasavubu een berisping van de overheid op, maar dat deerde hem nauwelijks. Het burgemeestersambt bood hem naast een hoog salaris oneindig veel aanzien bij de lokale bevolking. En dus ging hij door met campagne voeren. De verkiezingen brachten geen rust in de tent, maar wakkerden de onrust nog aan.

En de tijdbom tikte verder. 1955: de Abako wordt politiek. 1956: de manifesten van *Conscience africaine* en Abako. 1957: de gemeenteraadsverkiezingen en de malaise. Maar hét jaar van de grote ommekeer zou 1958 worden. De directe aanleiding was echter goedlachs en voltrok zich in een sfeer van hartelijke verbroedering: Expo 58. Niets wees erop dat het gemoedelijke struinen tussen de paviljoenen van de Brusselse wereldtentoonstelling een revolutionair effect kon hebben. Maar het bleek waar. België hield aan die wereldkermis een Atomium over, Congo een acute honger naar autonomie.

Jamais Kolonga kon het beamen. Kleine groepen évolués mochten al enkele jaren op studiereis naar België, maar voor de Expo werden honderden Congolezen, onder wie een grote groep militairen, voor een verblijf van enkele maanden uitgenodigd. Het leek een soort *Wiedergutmachung* voor de driehonderd Congolezen die in 1897 waren tentoongesteld in Tervuren. Ook nu was er in de schaduw van het Atomium een Congolees dorp, maar de meeste Belgiëgangers waren er als bezoeker. 'Mijn vader mocht in 1958 naar België,' vertelde Jamais Kolonga, 'hij was zeer onder de indruk van wat hij daar zag. Europeanen die de afwas deden en de straat veegden, hij wist niet dat dat bestond. Blanke bedelaars zelfs! Dat heeft hem echt de ogen geopend.'[27] Wat een contrast met het beeld van België dat hij enkel kende uit de verhalen van de missionarissen en de houding van zijn oversten! De blanke was géén ongenaakbare halfgod. Een teleurstelling was dat niet, integendeel, het was juist hoopgevend. Dat liet ruimte voor sociale groei, ook in Afrika. Bovendien stelden de Congolezen vast dat ze welkom waren in de Brusselse restaurants, de cafés en de bioscopen, ja zelfs in de bordelen, werd er gefluisterd.[28] Ook dat verschilde met de segregatie die ze dagelijks in de kolonie ervoeren.

De Expo-gangers ontdekten niet alleen een ander België, ze ontdekten ook elkaar. Mensen uit Léopoldville spraken voor het eerst met figuren uit Elisabethville, Stanleyville, Coquilhatville en Costermansville. Door de uitgestrektheid van hun land en de restricties op het reizen waren er maar weinig contacten tussen de diverse regio's van de kolonie. Boeren migreerden naar de stad, stedelingen trokken zelden of nooit naar andere steden. Maar tijdens de maanden in België wisselde men ervaringen uit, sprak men over de toestand thuis en droomde men van een andere toekomst. Tijdens de Expo werden verschillende évolués ook benaderd door Belgische politici en vakbondsleiders, zowel ter linker- als ter rechterzijde. Ook dat voedde de politieke bewustwording.

Longin Ngwadi, bijgenaamd 'Elastique', de stervoetballer van Daring, die boy was geworden van gouverneur-generaal Pétillon, had echter minder geluk. Toen ik hem in Kikwit interviewde, vertelde hij dat hij in 1958 mee mocht naar België, maar van de Expo kreeg hij niets te zien. 'We gingen met het vliegtuig. Ik was mee als boy maison van Pétillon. Ik verbleef in Namen en moest koken en wassen. Pétillon ging op de wereldtentoonstelling naar alle *marchandise* kijken. Koper, diamant, alles uit Congo, alles uit alle landen.' Maar terwijl de gouverneur-generaal in Brussel dineerde met de hertog van Edinburgh en de Nederlandse minister van Buitenlandse Zaken, bleef Longin achter in een Naamse keuken. 'Ik at er goed. Ik at met bestek. Ik had goed gekeken hoe dat moest. Madame de gouverneur schudde van het lachen als ik slecht at. Het was zeer goed in België. Ik kreeg er veel cadeaus. Ik hoorde van treinen die onder de grond verdwenen en van de zeehaven. Namen was een intelligent dorp, net zoals Kikwit.'[29]

Pétillon vond heel die Expo maar een onzalig idee. Driehonderd Congolezen naar Brussel halen en hen maandenlang blootstellen aan de indoctrinatie door sommige Belgische figuren? 'In de wirwar van mensen en de dolle sfeer van de Expo kregen die helemaal vrij spel. Ze slaagden erin, zelfs bij de soldaten van de Force Publique, een vreselijk werk van ondermijning en vergiftiging te voltooien. Het is afschuwelijk te bedenken dat dit gebeurde onder het oog van een Belgische regering die niet leek te beseffen dat Congo meer en meer verviel in een prerevolutionaire sfeer.'[30] Als man van de praktijk had hij daar toch ernstige bezwaren tegen. Juist daarom werd hem tijdens die dienstreis gevraagd om in België te blijven en minister van Koloniën te worden. Zijn voorganger, Auguste Buisseret, een zeldzame liberaal op die post, had een al te ideologische koers gevaren, onder meer door de invoering van het lekenonderwijs in de kolonie. Dat verzwakte de gesloten rangorde van het blanke gezag, vonden al wie baat hadden bij een onderdanig Congo. Er moest een technische minister komen: liever een veldwerker dan een scherpslijper. Koning Boudewijn stuurde daar op aan, Pétillon aanvaardde de functie, maar gooide al na vier maanden de handdoek in de ring. Longin zou nooit het Atomium zien.

Wie zich wel mocht vergapen aan de constructies van staal en spanbeton op de Expo was een jongeman van 28 uit de Equateur. Hij was de zoon van een kok op de missiepost bij de paters kapucijnen en had in Léopoldville lager onderwijs genoten bij de scheutisten. Na een jaartje middelbaar onderwijs begon zijn loopbaan bij de Force Publique. Hij werd er secretaris-boekhouder-typist en verwierf in 1954 de graad van sergeant. Dat typen beviel hem wel. Onder pseudoniem begon hij op zijn schrijfmachine teksten op te stellen voor koloniale bladen als *Actualités africaines*. In 1956 verliet hij het leger om fulltimejournalist te worden. Twee jaar later mocht hij mee naar Brussel. Op de Expo was hij een onopvallende verschijning, een slungelige en verlegen man die in gesprekken met Europeanen om de haverklap de stoplap *'n'est-ce pas'* liet vallen. Voorkomend was hij in ieder geval wel, voor de rest nogal onbeholpen. Zijn naam: Joseph Désiré Mobutu.

De laatste maanden van 1958 waren bijzonder woelig. De Expo-gangers kwamen terug in Congo, de onafhankelijkheidsoorlog in Algerije bereikte een hoogtepunt, Marokko en Tunesië hadden zich van het koloniale juk ontdaan. Dichter bij huis werd buurland Soedan van een Britse kolonie een autonome staat en sprak in Brazzaville de Franse president Charles de Gaulle de historische woorden: 'Wie de onafhankelijkheid wil, moet ze maar nemen!' Het was als provocatie bedoeld (want wie op die uitnodiging inging, verloor meteen alle steun van Frankrijk), maar aan de overkant van de stroom verslikten de Belgen zich toch in hun koffie toen ze het op de radio hoorden.[31] In de volkswijken daarentegen ging er gejubel op.

Op 10 oktober 1958 ontving het persagentschap Belga in Léopoldville een perscommuniqué dat de oprichting van een nieuwe politieke partij aankondigde. Dat was niet zo uitzonderlijk. Diezelfde maand ontstonden er nog andere partijen in Congo: Cerea in de Kivu (Centre de Regroupement Africain), Conakat in Katanga (Confédération des Associations Tribales du Katanga). Elke streek leek plots zijn eigen regionale partij te willen; de electorale successen van de Abako waren niemand ontgaan. Nieuw was echter de radicaal nationale insteek van het communiqué. Dat bleek al uit de partijnaam: Mouvement National Congolais (MNC). Bij de programmapunten stond dat men 'met kracht [ging] strijden tegen alle vormen van regionaal separatisme' omdat die 'onverenigbaar waren met de hogere belangen van Congo'. Abako had zich enkel om Bas-Congo bekreund, maar MNC trok resoluut de nationale kaart. Congo moest bevrijd worden 'uit de greep van het imperialistisch kolonialisme, en dit met het oog op de onafhankelijkheid van het land, binnen een redelijke termijn en door middel van vreedzame onderhandelingen'.[32] Voor het eerst was er een inheemse politieke beweging die Congo als één geheel bekeek. De lijst met namen waarmee het communiqué besloot bevatte mensen uit diverse hoeken en volken van het land. Er zaten Bakongo, Bangala en Baluba bij, mensen van katholieke, liberale en socialistische signatuur, vakbondsleden en journalisten. De zelfverklaarde voorzitter heette Patrice Lumumba.

Lumumba was in 1925 geboren in Onalua, een dorp in Kasai. Etnisch gesproken behoorde hij tot de Batetela, de stam die op het eind van de negentiende eeuw de grote muiterij had geleid tijdens de Arabische veldtochten. Lumumba's vader was een laaggeschoolde katholiek die bekendstond om zijn opvliegend temperament en bokkige karakter. Onverstoorbaar dronk hij zijn palmwijn van eigen makelij. Lumumba ging naar school op protestantse en katholieke missieposten en trok tijdens de oorlog, na enige omzwervingen door het binnenland, naar de grote stad: Stanleyville. Daar werd hij een lagere bestuursambtenaar, alvorens in dienst te treden als klerk bij de post. De posterijen stuurden hem voor een opleiding naar Léopoldville, waar hij zijn gebrekkige Frans verbeterde en een onverzadigbare honger naar kennis opdeed. Terug in Stanleyville werd hij een fanatieke lezer die als vrijwilliger bij de bibliotheek werkte en geen enkele lezing of vormingsavond miste. In 1954 verwierf hij de zeer zeldzame kaart van immatriculatie. Zijn zelfvertrouwen groeide zienderogen. Hij werd extreem actief in het verenigingsleven van de stad en oefende moeiteloos verschillende bestuursmandaten uit. Hij was voorzitter van de vereniging van postbeambten, leidde de regionale afdeling van de APIC-vakbond, onderhield contacten met de Belgische liberale partij en werd voorzitter van de Association des Evolués de Stanleyville.[33] Hij stond erom bekend genoeg te hebben aan twee, drie uur slaap per nacht.[34] Naast het veelvuldige vergaderen schreef hij politieke analyses. Hij begon stukken op te sturen naar kranten zoals *Le Croix du Congo* en *La Voix du Congolais* en richtte zelfs even een eigen periodiek op: *L'Echo postal*. Wie in die dagen in Stanleyville met hem kennismaakte, was onder de indruk. Lumumba was snel en scherp, vol geestdrift en werklust. Hij had de gave van het woord en de kracht van een overtuiging. Met zijn bril, strikje en – zeldzaamheid bij de Afrikaanse man – baardje had hij een intelligent en aantrekkelijk voorkomen, vonden velen. Dat hij barstte van de ambitie werd gemaskeerd door zijn charme en vlotheid, al had hij soms de neiging zijn toehoorder te makkelijk naar de mond te praten. Dat gaf hem op sommige momenten iets kameleontisch.

In 1955, het jaar waarin Kasavubu voorzitter werd van de Abako, stuurde Lumumba de Association des Evolués de Stanleyville in een meer politieke richting. Daarmee werd hij de invloedrijkste Congolees van de stad. Tijdens het bezoek van koning Boudewijn slaagde hij erin op een receptie in de tuin van de provinciegouverneur wel tien minuten met de vorst te praten. Aan de rand van de stroom tussen de bougainvilles legde hij de jonge koning, een leeftijdgenoot van hem, enkele problemen van de inlandse bevolking voor. Boudewijn luisterde aandachtig en stelde vragen. Er ontspon zich waarlijk een gesprek. Het gerucht van dat onderhoud ging bliksemsnel door de straten van Stanleyville. Bij het volk kon de status van Lumumba niet meer stuk. Even later mocht hij een maand lang met een groepje veelbelovende jonge Congolezen mee op studiereis naar België, een reis waar hij de weldaden van Leopold II en het Belgisch kolonialisme zonder een zweem van ironie prees.[35] Maar bij terugkeer werd hij, na elf jaar trouwe dienst bij de posterijen, veroordeeld voor valsheid in geschrifte en het verduisteren van geld. Later zou hij zeggen: 'Heb ik iets anders gedaan dan een beetje van het geld terugnemen dat de Belgen van Congo gestolen hadden?'[36] Na een gevangenisstraf van twaalf maanden trok hij naar Léopoldville. Hij trad in dienst bij Bracongo, de brouwerij van het Polar-bier, en werd er commercieel directeur, een functie die hem een hoger salaris opleverde dan vele blanken kregen. Met Polar ging hij de strijd aan met concurrent Primus. In de volkswijken deelde Patrice flessen bier uit. Ook nu deed zijn flux de bouche wonderen. Hij bracht bier en beloofde de vrijheid. Hij laafde de massa en maakte hen dorstig naar meer. Ontvoogding begon met een gratis pint. Polar ging vooruit en Patrice werd bekend. Gaandeweg raakte hij bevriend met een heel stel jonge intellectuelen. Anders dan zijn gesprekspartners kende hij grote delen van de kolonie. Voor zijn komst naar de hoofdstad had hij in drie van de zes toenmalige provincies gewoond. Voor hem was het etnische referentiekader dan ook minder relevant. Veel Batetela woonden er trouwens niet in Léopoldville. Liever wilde hij 'strijden ten gunste van het Congolese volk', zo stond er in dat beruchte perscommuniqué.[37]

In Kisangani, het toenmalige Stanleyville, had ik het voorrecht om te spreken met enkele Lumumba-aanhangers van het eerste uur. De 80-jarige Albert Tukeke kwam uit dezelfde streek als Patrice Lumumba; hun moeders waren zelfs aan elkaar verwant. Net als Lumumba werkte hij bij de post en had hij zijn opleiding in Léopoldville gekregen. Hij werd loketbediende in Elisabethville, een harde koloniale leerschool. 'Als een Europeaan het postkantoor binnenkwam, ging die nooit in de rij staan. Hij zei simpelweg "Maak het loket vrij!" Ze hadden altijd van die choquerende woorden. Wij waren jong en konden niets zeggen. Als ze iets nodig hadden, zeiden ze "Is er niet iemand?" Iemand, daarmee bedoelden ze een blanke. Dat deed pijn.' Het kolonialisme was niet alleen een groot mondiaal systeem, het bestond tevens uit duizend kleine vernederingen, uit veelzeggende zinswendingen en subtiele gelaatsuitdrukkingen. Lumumba stelde dat resoluut aan de kaak, herinnerde Albert Tukeke zich: 'Lumumba was een man als iedereen die alleen maar rechten vroeg voor de zwarte. Maar zijn persoonlijkheid, zijn inzicht en zijn visie waren heel anders. Hij legde honderd kilometer af, als de rest nog maar één kilometer ver was. En ik zeg dit niet omdat ik zelf tot het Batetelavolk behoor.'[38]

Jean Mayani was een fervente supporter die in 2008 nog even vurig over Lumumba sprak als in 1958. Ik luisterde een voormiddag lang naar hem in zijn huis in Kabondo, een deelgemeente van Kisangani. Al in 1959 was hij partijsecretaris van de MNC voor zijn gemeente, een jaar later was hij Lumumba's eerste plaatsvervanger bij de gemeenteraadsverkiezingen. Mayani sprak helder en analytisch: 'Kijk, er was geen extreem racisme toen, maar wel een duidelijke scheiding. In de winkels, in de wijken, in de scholen en zelfs op de kerkhoven heerste er *quasi-apartheid.* Wij keken erg op naar de évolués die een kaart van burgerlijke verdienste hadden of geïmmatriculeerd waren. Zij genoten sociale voordelen, zij gingen naar Europese scholen. Maar wat een verschil was het toch nog steeds met de koloniale politiek van de Fransen! De zwarten in de

Franse kolonies konden gaan studeren in Frankrijk. Senghor [de latere president van Senegal] was volksvertegenwoordiger in Parijs en werd er staatssecretaris. Het discours van de MNC interesseerde me dus zeer. In 1958 was ik een van de eerste aanhangers hier in Kisangani. Ik herinner me nog de eerste meetings in de cité. We kwamen bijeen in bars en op sportterreinen. Lumumba sprak over de geschiedenis en de wandaden van de kolonisatie. Hij had echt een ongelooflijke moed. Hij noemde de dingen bij hun naam: het lijden, het verbannen van de kimbangisten, de rassenhaat, het gebrek aan menselijkheid, de dwangarbeid in de mijnbouw, de wegenaanleg en de spoorwegbouw. De massa raakte helemaal begeesterd door zo'n leider.'[39]

De oude Raphaël Maindo stemde daar volmondig mee in. Hij dacht er met weemoed aan terug. 'Als Lumumba sprak, wilde niemand meer weg. Zelfs als het regende, zelfs 's nachts bleven de mensen luisteren.' Anders dan Jean Mayani was hij geen kaderlid, maar een partijmilitant aan de basis: hij verkocht lidmaatschapskaarten. 'Dat was zeer simpel. Iedereen wilde er een. Zelfs vrouwen werden lid. Ik had lidmaatschapskaart nummer 4. Zo'n kaart kostte toen twintig frank, de prijs was in het hele land gelijk. We gingen overal heen, tot zevenhonderd kilometer ver. We hadden auto's.'[40] Voor veel Congolezen was de aanschaf van zo'n lidmaatschapskaart meer dan een politieke daad, het was een gloedvolle vorm van zelfbevestiging en trots.

In december 1958 trok Lumumba naar Ndjili, de luchthaven van Léopoldville. Hij was op weg naar de Ghanese hoofdstad Accra. Ghana was een jaar eerder als eerste land van Sub-Saharisch Afrika onafhankelijk geworden. President Kwame Nkrumah genoot een heldenstatus die zich uitstrekte van Senegal tot Mozambique. Hij was de belichaming van het panafrikanisme, de droom van een vrij, vreedzaam en solidair Afrika, en juist daarom riep hij in Accra leiders en denkers uit het hele continent bijeen. Kasavubu begaf zich ook naar het vliegveld, maar de douanediensten deden moeilijk over zijn vaccinatiekaart, wellicht moedwillig: de koloniale overheid was zijn opruiende speech als kersverse burgemeester niet vergeten. Lumumba en twee getrouwen waren in Ghana de enige vertegenwoordigers van Congo. Het congres in Accra zou een diepe indruk op hem maken, meer dan welk boek ook dat hij had gelezen. Hij sprak er met intellectuelen en activisten en merkte dat die benieuwd waren naar zijn verhaal. Hij zag er Julius Nyerere en Kenneth Kaunda, de latere presidenten van Tanzania en Zambia, en Sékou Touré, de eerste president van Guinee-Conakry. De naar aanzien smachtende évolué van weleer werd een fiere Afrikaan die trots was op zijn wortels, zijn land en zijn huidskleur. Belgisch Congo leek hem hoe langer hoe meer een archaïsme dat mensen nodeloos klein hield. Hij zou zijn land uit de angst en de schaamte bevrijden.

Het is 4 januari 1959 en in Brussel is het steenkoud. Een stille, dichtgevroren zondagmorgen. De straten liggen er spiegelglad bij. Er is nauwelijks verkeer. Door de chique lanen van Elsene, nabij de Ter Kamerenabdij, schuift een auto behoedzaam tussen de statige woningen door. Aan het stuur zit Jef Van Bilsen, de man die met zijn dertigjarenplan de hellehonden heeft ontketend, volgens velen. Maar hij is ook de Belg met de beste contacten onder de Congolese elite. Weinigen zijn beter op de hoogte van wat er onder de évolués speelt dan hij. In alle vroegte is hij opgebeld door Arthur Gilson, de minister van Defensie, met het dringende verzoek naar hem toe te komen. De minister heeft het hele nieuwjaarsweekend al zitten tobben over de tekst van een regeringsverklaring. In de laatste maanden van 1958 was een werkgroep op last van de Belgische overheid door Congo getrokken om de verlangens van de bevolking te inventariseren. Een lovenswaardig initiatief, ware het niet dat er geen enkele Congolees in het onderzoeksteam zat. Hun verslag moest evenwel leiden tot een krachtige regeringsverklaring die de basis zou vormen van een nieuwe koloniale politiek. Verschillende ministers hadden tijdens de kerstvakantie al naar de tekst gekeken, maar ze kwamen er niet uit, de minister van Defensie evenmin. Misschien kon Van Bilsen er zijn licht eens over laten schijnen? In de werkkamer van de minister probeert Van Bilsen op die vredige zondagmorgen duidelijk te maken dat zo'n cruciale verklaring zinloos is zolang ze geen melding maakt van de onafhankelijkheid en geen concrete einddatum voorstelt. De minister hoort het in Keulen donderen. 'Tussen ons ontspon zich een discussie, die meer weg had van een dovemansgesprek, over wat vanuit Kongolees standpunt wenselijk en vanuit Belgisch standpunt bereikbaar was,' aldus Van Bilsen.[41] Er komt geen dooi. Onverrichter zake schuifelt hij terug naar zijn wagen.

Het is 4 januari 1959 en in Léopoldville is het snikheet. Het regenseizoen is nog lang niet voorbij, de lucht voelt plakkerig en benauwd. In de residentie van de gouverneur-generaal wordt alles in gereedheid gebracht voor de jaarlijkse nieuwjaarsreceptie in de tuin.[42] Glazen worden opgepoetst, taken verdeeld. De nieuwe gouverneur-generaal heet Rik Cornelis, hij weet nog niet dat hij de laatste zal zijn. Sommige Belgen liggen nog uit te slapen na een avondje dansen in de Palace of de Galiema. Anderen ontbijten met broodjes en aardbeienconfituur. De dappersten onder hen zijn al gaan zwemmen of tennissen in de *cercle sportif*. Het zal een stijlvolle receptie worden. Er zijn ook enkele Congolezen uitgenodigd, dat past binnen de filosofie van de Belgisch-Congolese gemeenschap. Enkele van de inlandse burgemeesters zullen er zijn. In zijn praatje zal de gouverneur-generaal het ongetwijfeld hebben over de grote uitdagingen van het nieuwe jaar. De champagne zal schuimen, het kristal zal fonkelen. Men zal 'hoop uitdrukken', 'vertrouwen bevestigen' en veel praten over 'wederzijds begrip', dat alles uiteraard 'in een sfeer van vriendschap'.

Het is 4 januari 1959 en enkele kilometers verderop in de stad, in Bandalungwa, een nieuwbouwwijk voor évolués, is Patrice Lumumba te eten gevraagd in het huis van een nieuwe vriend. Tijdens zijn gevangenisstraf las hij in de krant *Actualités africaines* geregeld stukken van ene Joseph Mobutu, de militair die journalist is geworden en op de Expo is geweest. Na zijn vrijlating raakt Lumumba goed met hem bevriend. Regelmatig loopt hij bij hem binnen en mag hij genieten van het heerlijke eten dat diens vrouw hun bereidt. Die zondag maken ze tijdens de maaltijd plannen voor de namiddag. Om twee uur staat er in het centrum van de cité, in een lokaal van de YMCA, de christelijke jeugdherberg, een meeting gepland van Abako, weten ze. Een week eerder heeft Lumumba een massa van zevenduizend toehoorders toegesproken over zijn reis naar Accra. Het was zijn beste optreden ooit. De massa reageerde laaiend enthousiast. '*Dipenda, dipenda!*' scandeerde de menigte na afloop, de verbastering in het Lingala van het Franse *indépendance*. Wellicht is het daardoor dat de eerste burgemeester van de stad, de Belg Jean Tordeur, te elfder ure heeft besloten dat de meeting van vandaag maar beter niet kan doorgaan. Een veiligheidsmaatregel, hij heeft geen zin in oproerkraaiers. Lumumba en Mobutu besluiten toch een kijkje te nemen. Een auto hebben ze niet, maar Mobutu heeft een scooter. Dat beeld houden we even vast: Mobutu en Lumumba, samen op de brommer, twee nieuwe vrienden, de journalist en de bierverkoper, de een is 28, de ander 33. Lumumba zit achterop. Ze rijden door de warme lucht en praten luid om het geknetter van de uitlaat te overstemmen.[43] Twee jaar later zal de een de ander mee helpen vermoorden.

Het is 4 januari 1959 en het Stade Roi Baudouin stroomt vol voor een belangrijke topper in de Congolese voetbalcompetitie. Het grote sportstadion ligt slechts enkele honderden meters van de YMCA verwijderd. Twintigduizend supporters komen van heinde en ver.[44] Ze dragen kleurrijke hemden en pagnes. Sommigen hebben veren op hun hoofd en strepen op hun gezicht, zoals vroeger, brede, witte kleistrepen die fel glimmen op hun voorhoofd en wangen. Ze dansen met bezwerende gebaren en opengesperde ogen. Het is een angstaanjagend gezicht. De steile, betonnen tribune rondom het veld vult zich met mensen en geroffel. Er zijn tamtams en trommels, er wordt gejoeld en gekrijst. Het lijkt wel oorlog. Het lijkt wel de oever van de Congo-rivier in de jaren 1870, toen Stanley voor het eerst met zijn bootje voorbijdreef. Het bonken van de oorlogstrom, de duizend woedende kelen, het dansen dat steeds woester wordt, de ogen van de krijger. In de catacomben van het stadion spannen de spelers hun veters aan en schuiven ze scheenbeschermers in hun kousen. Elders in de stad, in de residentie van de gouverneur, zijn de flessen champagne uit de koelkast gehaald en staan ze te parelen in de zon.

Nog steeds is het 4 januari 1959 en op de Avenue Prince Baudouin, bij de YMCA, vertelt Kasavubu de opgetrommelde massa dat de meeting helaas niet door mag gaan. Luidruchtig gemor en protest zijn het gevolg, trekken en sleuren. Als pacifist en bewonderaar van Gandhi draagt hij zijn aanhangers op om kalm te blijven. Dat lijkt te lukken, zelfs al heeft hij geen microfoon. Hij is de leider, hij is de chef, hij is de burgemeester. Opgelucht en gerustgesteld keert hij terug naar huis.

Maar het is 4 januari 1959, de dag waarop alles anders wordt, al zou je het nog steeds niet zeggen. Congo gaat met zijn tijd mee, lijkt het. Léopoldville is de tweede stad ter wereld met een gyrobus, een elektrische bus die zich via antennes op het dak oplaadt bij de diverse haltes. De eerste stad ter wereld met zulk een futuristisch openbaar vervoer lag in Zwitserland, nu zoeven die bussen ook door de cité.[45] Enkele duizenden Abako-aanhangers blijven mokkend hangen rond de plek waar hun meeting had moeten plaatsvinden. Een blanke chauffeur van de gyrobus krijgt het aan de stok met een van hen en heft zijn arm. Futurisme *meets* racisme. Meteen daarop krijgt hij klappen. De geest is uit de fles. Er wordt geknokt, er wordt getrokken. De politie komt erbij, zwarte agenten, blanke commissarissen. Het komt door Nieuwjaar, denkt men, ze zijn nog dronken of alweer blut, een van de twee. Twee commissarissen delen vuistslagen uit. Dat is geen goed idee. 'Dipenda!' klinkt het. '*Atta-*

quons les blancs!' Er breekt paniek uit. De politie vuurt in de lucht. Verderop wordt een van hun jeeps omvergeduwd en in brand gestoken. Op dat moment loopt het voetbalstadion leeg – drukte, extase, frustratie, zweet – en vervoegen de supporters zich bij de aanhangers die naar de Abakomeeting hadden willen luisteren. Voetbal is buskruit. België werd in 1830 onafhankelijk na afloop van een opera, Congo eist in 1959 de onafhankelijkheid na afloop van een voetbalmatch. Op een brommer komen twee jongemannen aangestoven. Ze kunnen hun ogen niet geloven. De afgelopen jaren hebben zij zich beiden naar boven gewerkt door zelfstudie, maar nu zien ze de woede van de massa waaraan ze zich onttrokken hebben. Ze kijken er niet meer op neer, zoals het évolués betaamt, maar voelen zich solidair. Elite en massa hebben elkaar eindelijk gevonden.

Léopoldville telt op dat moment vierhonderdduizend inwoners, onder wie vijfentwintigduizend Europeanen. Er is een miniem politiekorps van slechts 1380 agenten.[46] Een gendarmerie is er niet. Het volgende niveau van ordehandhaving is meteen het leger. In de kazerne van de stad zijn ongeveer vijfentwintighonderd manschappen gelegerd, maar die zijn opgeleid om oorlog in het buitenland te gaan voeren, niet om onlusten van de eigen burgerbevolking in te tomen. De politie probeert de klus te klaren, maar binnen enkele uren staat de hele cité op zijn kop. Auto's van blanken komen in een regen van stenen terecht. Ramen sneuvelen. Overal laait vuur op. De politie schiet met scherp op de manifestanten. Op het asfalt groeien plassen donker bloed waarin het schijnsel van de vlammen reflecteert. Duizenden en duizenden jongeren slaan aan het plunderen. Alles wat Belgisch is, moet eraan geloven. Katholieke kerken en missiescholen worden kort en klein geslagen, buurtcentra waar naaicursussen worden gegeven, worden leeggehaald. Omstreeks vijf uur trekken enkele gangs naar de winkels van de Grieken en de Portugezen, de zaken waar men anders zijn inkopen doet. De plunderaars slaan genadeloos toe en gaan aan de haal met meters fleurige stoffen, fietsen, radio's, zout en gedroogde vis.

Op de nieuwjaarsreceptie van de gouverneur-generaal komt er telefoon. '*Ça tourne mal dans la cité.*' Over een zone van tien, twaalf kilometer zijn er hevige rellen. Het Europese gedeelte van de stad wordt afgegrendeld. Het leger komt toch in actie, eerst met traangas, dan met grof geschut. De manifestanten vallen bij bosjes. 'Dat was eigenlijk een vlieg doden met een voorhamer,' besefte men achteraf.[47] Sommige kolonialen zijn echter zo razend dat ze zelf hun jachtgeweer van de muur halen om mee te ‘helpen’. Jaren van opgestapelde minachting en angst, vooral dat laatste, komen los. Als om zes uur de duisternis valt, wordt het tamelijk rustig in de stad. De vuren smeulen na. In het Europese hospitaal laten tientallen blanken zich verzorgen. Buiten voor de deur staan hun sierlijke auto's in het donker, geblutst, geschramd en gesloopt. In de villa's moeten vrouwen voor het eerst in jaren weer zelf koken: de boy is in geen velden of wegen te bekennen.

De volgende dag voelen veel Belgen zich eerder gelaten dan verbolgen. ‘We hebben totaal gezichtsverlies geleden,’ zeggen ze op maandagmorgen tegen elkaar.[48] Sommigen beginnen sardienen in te slaan en bakolie te hamsteren, anderen boeken bij Sabena one-way tickets naar Brussel. Het leger zal drie, vier dagen nodig hebben om de stad weer onder controle te krijgen. De balans achteraf is ondraaglijk: 47 doden en 241 gewonden aan Congolese zijde, althans volgens de officiële cijfers. Ooggetuigen hebben het over twee-, misschien wel driehonderd doden.

Het was 4 januari 1959 en het zou nooit meer goed komen.

‘Enkele dagen later vloog ik met een DC-6 naar Brussel,’ vertelde Jean Cordy me in het najaar van 2009 in zijn serviceflat in Louvain-la-Neuve. In 1959 was hij de kabinetschef van gouverneur-generaal Cornelis. ‘Mijn directieven waren duidelijk: ik moest er de Belgische regering van overtuigen om het woord “indépendance” in hun langverwachte verklaring te laten opnemen. De gouverneur-generaal had gezegd dat we deze gelegenheid beslist niet voorbij mochten laten gaan. Ik ging eveneens op bezoek bij de koning en vertelde hem dat België van de onafhankelijkheid gewag moest maken.’[49]

Op 13 januari 1959, een goede week na de rellen, volgde zowel de regeringsverklaring als de koninklijke boodschap. De ministeriële tekst was wazig, technisch en onbegrijpelijk, maar de speech van Boudewijn was glashelder en gevat. Een bandopname met zijn boodschap ging naar Congo en werd onmiddellijk op de radio uitgezonden. Vissers op het strand van Moanda, boeren tussen het suikerriet, arbeiders onder het stof van de cementfabriek, seminaristen over hun boeken gebogen, verpleegsters die hun handen stonden te wassen, dorpschefs in het binnenland, stuurlui op de binnenschepen, nonnen die de moestuin wiedden, ouderen en adolescenten hoorden op de transistorradio hun geliefde vorst de historische woorden uitspreken: ‘Ons besluit vandaag is om zonder schadelijk dralen, maar zonder onbezonnen haast, de volkeren van Congo naar de onafhankelijkheid in voorspoed en vrede te leiden.'[50]

Men kon het nauwelijks geloven. Dit was te mooi om waar te zijn! De vrachtwagenchauffeurs toeterden als ze door de dorpen van Bas-Congo reden en zongen uit hun raam:

De onafhankelijkheid is er weldra.
De onafhankelijkheid is weldra van ons.
Mwana Kitoko [Boudewijn] heeft het zelf gezegd.
De blanke chefs hebben het ook gezegd.
De onafhankelijkheid is er weldra.
De onafhankelijkheid is weldra van ons.[51]

Maar die uitbundigheid betekende niet dat Congo helemaal opnieuw in de plooi viel. Onrust bleef bestaan en strekte zich uit tot diep op het platteland. In streken met een lange traditie van verzet, zoals Kwilu en de Kivu, rommelde het opnieuw. In Kasai ontspon zich een conflict tussen de Lulua en Baluba, en in Bas-Congo was er massaal protest. Na de rellen van 4 januari was Abako van hogerhand ontbonden en zat Kasavubu met twee andere kopstukken een tijdlang in de gevangenis (ze zouden vrijgelaten worden door Maurits Van Hemelrijck, de nieuwe minister die belast was met overzeese aangelegenheden). Het kwam Kasavubu's bekendheid in het binnenland alleen maar ten goede, terwijl de houding ten opzichte van de kolonisator steeds grimmiger werd. Kasavubu riep op tot burgerlijke ongehoorzaamheid en pacifistisch verzet. Kabinetschef Jean Cordy, die als een van de weinige blanken een lidmaatschapskaart van de Abako had, trok in juli 1959 met de interim-gouverneur-generaal André Schöller door de provincie. 'De steun van het volk voor Kasavubu was plotseling totaal. Niemand sprak nog met de autoriteiten. "Onze leider is Kasavubu, overleg maar met hem," kregen we te horen. Er kwam geen reactie, ook niet wanneer ik hen in het Kikongo aansprak. Dit had ik nog nooit meegemaakt en ik was al vanaf 1946 in Congo. De bruggen waren opgeblazen, ondanks de onafhankelijkheidsverklaring van de koning en de regering, ondanks het bezoek van Van Hemelrijck. De dialoog was voorbij. Hun stilte voelde zeer, zeer vreemd aan.'[52]

Het vooruitzicht op een politieke omwenteling maakte bij velen bestuurlijke ambities wakker. Nieuwe partijen schoten als paddenstoelen uit de grond. Eind 1958 waren er nog maar zes, anderhalf jaar later honderd. Elke week kende de geboorte van een nieuwe beweging, met namen als Union Nationale Congolaise, Mouvement Unitaire Basonge en Alliance Progressiste Paysanne. Het hagelde afkortingen (Puna voor Parti de l'Unité Nationale, Coaka voor de Coalition Kasaïenne, Balubakat voor de Baluba van Katanga), soms telden die acroniemen meer letters dan leden.

Wie waren die politieke leiders? Keer op keer ging het om relatief jonge mannen die middelbaar onderwijs hadden genoten. Ze vormden de intellectuele bovenlaag van het land en leefden in de steden, waar ze in hun jeugd heen getrokken waren. Vaak waren ze actief in alumniverenigingen of culturele kringen en voedden ze hun politieke belangstelling met lezingen en debatten. Het moet gezegd dat hun toon vaak scherper was dan hun inzicht en dat hun dossierkennis meestal onderdeed voor hun drive. Op enkele uitzonderingen na waren hun programma's pover.[53]

Eén kenmerk kan niet genoeg benadrukt worden. Ondanks hun urbane omgeving, jonge leeftijd en moderne levensstijl koesterde die prille politieke generatie een band met iets dat van vroeger en van elders leek te komen: het tribale gevoel. Dat lijkt contradictoir, maar is het niet. Het gevoel van etnische identiteit was bij uitstek een stedelijk besef. Pas in contrast met anderen ging men nadenken over de eigen herkomst. De jonge honden van de politiek sloten zich aan bij bestaande etnische organisaties en moderniseerden ze. Het uitspelen van de tribale kaart bleek ook politiek-strategisch een slimme keus: zo konden ze de massa bereiken. Het loonde om te hameren op het feit dat je een fiere Tshokwe, Yaka of Sakata was. Naast een grotere achterban garandeerde dat meer kans om gehoord te worden door de koloniale overheden. Kasavubu sprak voor de Bakongo, Bolikango nam het op voor de Bangala, Jason Sendwe voor de Baluba uit Katanga, Justin Bomboko voor de Mongo-bevolking, enzovoort. Tribale retoriek stond een jonge elite toe om zich te profileren als woordvoerders van hun gemeenschap.[54]

Om begrijpelijke redenen was dat *jeunisme* niet naar de zin van de chefs in het binnenland, van wie sommigen nog invloed hadden op hun migrantengemeenschappen in de steden. Het was dan ook behoorlijk revolutionair wat zich hier voltrok. Van oudsher berustte het gezag in grote delen van Centraal-Afrika op leeftijd. Ouderdom betekende aanzien. Nu stond er plotseling een generatie op van twintigers en dertigers die wedijverden om de macht en daarvoor dongen naar de gunsten van het volk. Dat moest wel, want de Belgische regering had besloten om het algemeen stemrecht in te voeren. ‘Door de invoering van het algemeen stemrecht in de rurale gebieden,’ zei de chef van de Bayeke in Oost-Congo, ‘wordt het traditionele gezag totaal ondermijnd en is het gedoemd om te verdwijnen.’ En daarin had hij gelijk: na 1960 kreeg een relatief jonge generatie het voor het zeggen in Congo. Alleen zij bleek in staat om het spel van de democratie te doorgronden en succesvol te spelen. De grote chef van de Lunda, een voormalig koninkrijk op de grens van Katanga met Angola, noemde het algemeen stemrecht een ‘onvergeeflijke aberratie’.[55]

De bekendste Lunda van die periode, en eigenlijk van de hele Congolese geschiedenis, was echter iemand anders: Moïse Tshombe. In 1959 – hij was net 40 geworden, woonde in de stad en had boekhouden gestudeerd – had hij het leiderschap aanvaard van een jonge, politieke partij, de Conakat (Confédération des Associations du Katanga). Tshombe was een door familiefortuin gegoede, maar zelf weinig succesvolle zakenman met een blik die men ten onrechte vaak voor peinzend aanzag. Hij kwam uit een prestigieuze Lunda-familie, zijn vader was een rijke handelaar, hijzelf huwde een van de dochters van de grote Lunda-chef. Tribale trots was Tshombe niet vreemd (een tijdlang leidde hij de belangrijkste Lunda-vereniging van Elisabethville), maar hij verzette zich niet tegen de invoering van het algemeen stemrecht. Conakat was een politieke partij die door middel van de democratie streefde naar meer rechten voor de oorspronkelijke bewoners van Katanga, zoals de Lunda, de Basonge, de Batabwa, de Tshokwe en de Baluba (die laatsten niet uit Kasai, want dat waren ‘nieuwkomers’). Door de decennialange import en immigratie van arbeiders, voornamelijk uit Kasai, voelde de oorspronkelijke bevolking zich bedreigd. In Elisabethville hadden de Baluba uit Kasai de verkiezingen van 1957 zelfs gewonnen. Tshombe wilde meer macht voor de ‘ware’ Katangese stammen. In die zin geleek zijn Conakat erg op de Abako van Kasavubu: beide bewegingen namen het op voor de vroegste bewoners van de stad (al was de Abako mono-etnisch), beide verlangden naar een verregaande regionale autonomie, en beide droomden, in tegenstelling tot Lumumba, van een federaal, sterk gedecentraliseerd Congo. Desnoods moesten Bas-Congo en Katanga maar zelfstandige staten worden. Maar over de toekomstige rol van België verschilden ze fundamenteel van mening: Abako was radicaal antikoloniaal, zeker na de rellen van januari; Conakat daarentegen blies de bruggen niet op. Tshombe, die omgeven was door Belgische raadgevers, droomde van een kalme en ordentelijke onafhankelijkheid, maar bleef geloven in de idee van een Belgisch-Congolese gemeenschap. 'Als we de onafhankelijkheid vragen is dat niet om de Europeanen te verjagen, maar juist het tegendeel. Wij willen verder samenwerken met hen en hand in hand bouwen aan de toekomst van het land.'[56]

Door de wildgroei van partijen liepen slechts twee belangrijke breuklijnen: Was men radicaal of gematigd? Met radicaal werd bedoeld: vóór een snelle dekolonisatie en een totale breuk met België. En dacht men in federale of unitaire termen? Abako (Kasavubu) was radicaal en federalistisch; MNC (Lumumba) was radicaal en unitaristisch; Conakat (Tshombe) was gematigd en federalistisch. Ook alle andere partijen konden volgens dat stramien gekarakteriseerd worden.

Lumumba bedacht dat versnippering geen goede zaak was. In april 1959 riep hij acht politieke partijen en partijtjes in Luluabourg (in Kasai) bijeen om de krachten te bundelen. Het werd het eerste politieke congres van Congo, een soort Accra in het klein. Jean Mayani, de lumumbist van het eerste uur uit Kisangani, was erbij. In zijn woonkamer in Kisangani vertelde hij me: 'Ik ging erheen als partijsecretaris van mijn gemeente. Alle nationalistische partijen waren aanwezig. Cerea uit de Kivu, Balubakat van Sendwe uit Katanga, de PSA uit Kwilu, de Abako van Kasavubu. Werkelijk iedereen was er. Lumumba had zowat driekwart van de bevolking achter zich.'[57] Cerea vocht tegen de blanke suprematie in de oostelijke Kivu-provincie. Balubakat kwam op voor de rechten van de Baluba in Katanga en stond lijnrecht tegenover Tshombe's Conakat. De PSA (Parti Solidaire Africain) was actief in Kwilu, maar zou met grote figuren als Cléophas Kamitatu en Antoine Gizenga een nationale reputatie verwerven.

Lumumba wilde een datum voor de onafhankelijkheid lanceren. Koning Boudewijn had in zijn toespraak beloofd dat die er zou komen 'zonder schadelijk dralen, maar zonder onbezonnen haast', maar wanneer dralen schadelijk en wanneer haast onbezonnen werd, was onduidelijk. Het zou een geweldige stap voorwaarts betekenen, besefte Lumumba, indien het congres van Luluabourg het eens kon worden over een datum. Bovendien zou hij ook persoonlijk een grote slag slaan: hij zou de bonus van de initiatiefnemer opstrijken en erkend worden als de belangrijkste politieke figuur van het land. Zijn voorstel was: 1 januari 1961. Had iemand daar iets op tegen? Een van de aanwezigen merkte op: 'Waarom zijn we gehaast? Het einde van de wereld is toch niet voorzien voor 1 januari 1961?' Waarop Lumumba meteen riposteerde: 'U spreekt de taal van een koloniaal.'[58] Twee jaar leek hem ruim voldoende om de overgang naar het nieuwe stelsel voor te bereiden. Zo was het ook in Ghana gegaan. In een tijd van zwakke politieke programma's en debuterende leidersfiguren was er weinig ruimte voor nuance en reflectie. Wie nog beschroomd voor enige geleidelijkheid pleitte, werd weggehoond als slippendrager van het imperialisme. De partijen raakten verstrengeld in een symbolisch opbieden zonder weerga. Retorische bravoure stond hoger aangeschreven dan zin voor pragmatiek. Een snelle en onvoorwaardelijke onafhankelijkheid werd een doel op zich, een obsessie zelfs, desnoods stortte men zich maar in een blind avontuur. 'Liever arm en vrij dan rijk en gekoloniseerd.'[59] Dat soort slogans deed het goed. Hoe kon het ook anders? Niemand van de aanwezigen, op die paar burgemeesters van een favella na, had ooit enig politiek mandaat bekleed. Bestuurservaring, realiteitszin en oog voor planning ontbraken. Iedereen zwom droog. En niemand wilde achterlopen op de rest. Maar het ging wel om een land zo groot als West-Europa.

Het was niet alleen om te slijmen dat de grote Lunda-chef de gouverneur-generaal en de Belgische minister in zijn streek ontving met de woorden: 'Wij willen niet dat u beslissingen neemt onder druk van luidruchtige minderheden. Wij begrijpen de haast van velen niet om de onafhankelijkheid te verwerven. Wij bevestigen plechtig dat wij de onafhankelijkheid willen, maar nu nog niet. Wij hebben nog veel hulp en steun nodig om tot een normale ontwikkeling te komen. Elke overdreven snelheid kan onze contreien opnieuw in de armoede en de ellende van weleer storten.'[60]

Wat toen een reactionair standpunt leek, is anno 2010 een alom gehoorde verzuchting in Congo, een verzuchting aangewakkerd door alle recente misère. Veel jongeren verwijten hun ouders dat ze destijds per se die onafhankelijkheid wilden. Op straat in Kinshasa vroeg iemand me eens: 'Hoe lang gaat die onafhankelijkheid van ons nu nog duren?' Als Belg heb ik het talloze keren moeten aanhoren: 'Wanneer komen de Belgen terug? Jullie zijn toch onze nonkels?' Vaak was dat bedoeld als vleierij, soms stak er meer achter. Zelfs Albert Tukeke, de man uit Kisangani die een verre verwant was van Lumumba, zei op het eind van ons gesprek: 'We hadden niet zo snel onafhankelijk moeten worden. Maar na de oorlog, weet u... er was die drang. Als het niet zo overhaast was gegaan, hadden we al die tekortkomingen niet gekend.'[61]

De stormachtige dekolonisatie was het resultaat van een symmetrische escalatie met de koloniale overheid en een symbolisch opbieden tussen diverse politieke partijen onderling. Dat bij rellen in Stanleyville enkele tientallen aanhangers van Lumumba werden vermoord, temperde het klimaat bepaald niet. De vurige lumumbist Jean Mayani zei daarover: 'Na het congres had de koloniale macht de eisen van de MNC geïnterpreteerd als een vorm van rassenhaat en xenofobie die tegen de Belgen was gericht.' Het duurde even voor ik begreep dat xenofobie in de koloniale woordenschat hier een eigenschap was die de Congolezen betrof. 'De Force Publique trad repressief op tegen de partizanen van Lumumba. Er vielen twintig doden in Mangobo, een wijk in Kisangani. Lumumba werd aangehouden en in de gevangenis gegooid. Het was net als met de rellen van 4 januari in Kinshasa.'[62]

Eind 1959 vonden er algemene gemeenteraadsverkiezingen plaats, maar ze werden geboycot door Abako, MNC en PSA. Zij waren niet meer geïnteresseerd in overgangsmaatregelen en langzame processen. Het ging nu om de onmiddellijke onafhankelijkheid en niets anders. België had gehoopt dat een geleidelijke democratisering in goede aarde zou vallen, maar dat pakte anders uit. De spanningen waren te hoog opgelopen. In 1957 had men de eerste verkiezingen georganiseerd, in de hoop dat dat de mannen van *Conscience africaine* en Abako zou sussen. Maar het omgekeerde bleek waar. In 1959 had België na de rellen van januari de onafhankelijkheid beloofd, maar ook dat kalmeerde de gemoederen niet, integendeel. De kolonisator dacht goed te doen, maar sloeg de bal telkens mis. Daardoor ging in 1959 veel kostbare tijd en goodwill verloren, troeven waarmee men nochtans de onafhankelijkheid had kunnen voorbereiden. In plaats van een welwillend beleid bijeen te improviseren moest men misschien eindelijk maar eens de Congolezen zelf vragen wat ze wilden.

Op 20 januari 1960 verzamelden zo'n honderdvijftig heren in winterjassen zich in het Brusselse Congrespaleis, een zestigtal Belgen en een negentigtal Congolezen. De bedoeling was om een maand lang openhartig en op voet van gelijkheid met elkaar te discussiëren over een aantal heikele thema's. Vandaar ook de naam van de bijeenkomst: het moest een 'rondetafelconferentie' worden (al stonden de tafels in het echt in een vierkant). De Belgische socialistische partij, toen in de oppositie, was zeer gecharmeerd van het initiatief. Aan Belgische zijde waren er zes ministers, vijf parlementariërs en vijf senatoren, vergezeld van enkele tientallen raadgevers en waarnemers. Grote terreinkennis van de kolonie hadden die volksvertegenwoordigers niet. De 'pelgrims van het droogseizoen' noemden de Belgen in Congo hen spottend. Maar velen van hen waren nogal geporteerd voor de nieuwerwetse dekolonisatie-ideologie van de Verenigde Naties. Aan Congolese zijde waren er delegaties van de belangrijkste politieke partijen (Kasavubu, Tshombe, Kamitatu...), naast een tiental ouderen die het traditionele gezag vertegenwoordigden. De Congolese deelnemers hadden zich net voor de conferentie verenigd in een *front commun*, een gemeenschappelijk front, over de partijpolitieke rivaliteiten, etnische spanningen en ideologische breuklijnen heen. De conferentie mocht voor hen geen rommelig partijtje pingpong worden, zij stelden zich op als één speler. Eendracht maakt macht, zoveel had België hun wel geleerd. Die plotselinge coalitie verbaasde de Belgische politici zeer, verdeeld als ze waren tussen een katholieke, een liberale en een socialistische zuil, tussen regering en parlement. Velen waren slecht voorbereid. Er was geen agenda, er was geen regeringsstandpunt. Het ging toch niet om een beslissende vergadering?

In de eerste vijf dagen van de rondetafelconferentie boekte het gemeenschappelijke front echter drie uiterst belangrijke overwinningen. Vooreerst konden ze er de Belgen van overtuigen dat Patrice Lumumba, die in de gevangenis was gezet na de rellen in Stanleyville, niet afwezig mocht zijn. Zonder hem, betoogden ze, was de bijeenkomst niet representatief en kon de onvrede in Congo aanwakkeren. De Belgen namen het zekere voor het onzekere. Ze haalden Lumumba uit de gevangenis en lieten hem overvliegen naar Brussel. Tweede belangrijke overwinning: de Belgische gedelegeerden moesten aangeven dat ze na afloop de resoluties van de rondetafelconferentie in wetsvoorstellen zouden gieten die dan naar de Kamer en de Senaat zouden gaan. De Congolezen beseften maar al te goed dat zij geen legislatieve macht hadden, maar zo kregen ze de garantie dat de besluiten van de conferentie geen dode letter bleven. Het belang van die overwinning valt moeilijk te overschatten: wat begon als een vrijblijvend colloquium werd hierdoor een topontmoeting met verregaande macht. De derde overwinning was nog belangwekkender: de datum! De Belgen wilden vooral een boom opzetten over de politieke structuren van een toekomstig onafhankelijk Congo, maar voor de Congolese delegatie was er één vraag die aan alle andere vragen voorafging: wanneer?

Op de vijfde dag van de rondetafelconferentie, nog voor Lumumba was gearriveerd, speelde er tussen Jean Bolikango, leider van het front commun, en August De Schryver, minister bevoegd voor Congo, een gesprek af dat nog het best te vergelijken viel met het marchanderen en afpingelen op een marktje in Kinshasa. De datum van 1 januari 1961, waar men in april 1958 nog van droomde, was inmiddels allang achterhaald. Het kon niet snel genoeg gaan. Bolikango gaf een boude voorzet en stelde 1 juni 1960 voor, volgens het oeroude, Vlaamse devies: 'Nee heb je al, ja kun je krijgen'. De Belgen reageerden verrast: dat was over nauwelijks vier maanden! Wat konden ze daar nog op antwoorden? Hun tegenvoorstel was 31 juli. Twee maanden respijt. Nog steeds geen vetpot, maar vooruit. Dertig juni dan maar? Lag dat niet netjes in het midden? Eenmaal, andermaal, verkocht! Op 30 juni 1960 zou Congo onafhankelijk worden. De kogel was door de kerk. Congolezen én Belgen applaudisseerden in het Congrespaleis. Niemand in de Congolese delegatie had gedacht dat het zo makkelijk zou gaan, iedereen was stomverbaasd.[63]

Wat was er gebeurd? Had de kolonisator in een vlaag van verstrooidheid de onafhankelijkheid geschonken? Nee. Hoewel de rondetafelconferentie meer momentum kreeg dan eerst was bedoeld (zoals nagenoeg elk initiatief in de koloniale politiek na 1955) en hoewel de Belgische delegatie onvoldoende voorbereid was, ging het niet om een onbezonnen beslissing. In de context van het ogenblik had België slechts twee opties: de eis van het front commun verwerpen, wat geheid tot zware rellen zou hebben geleid, of instemmen met het verzoek en hopen dat het niet uit de hand liep.[64] Voor rustige onderhandelingen was er geen tijd meer, vond men. De keuze was dus snel gemaakt. Hoewel de militaire basissen in Kitona en Kamina voldoende Belgische soldaten hadden, voelde men bitter weinig voor een conflictmodel. In Algerije woedde al zes jaar een bloedige onafhankelijkheidsstrijd. Bij het parlement was er geen enkele animo voor een militaire inzet. Het handvest van de Verenigde Naties en de antikoloniale posities van Rusland en Amerika zorgden ervoor dat België ook internationaal over weinig manoeuvreerruimte beschikte. De onafhankelijkheid afhouden? Dat kon, maar dan wel op straffe van een onzeker avontuur in de kolonie en een moreel isolement in de wereld. In 1960 verwierven maar liefst zeventien Afrikaanse landen hun onafhankelijkheid; België kon niet achterblijven. De enige Europese landen die er nog lang niet aan dachten hun grote Afrikaanse koloniën los te laten, waren de dictaturen van Zuid-Europa: het Portugal van Salazar, dat weigerde Angola, Mozambique, Guinee-Bissau en de Kaapverdische Eilanden op te geven, en het Spanje van Franco, dat zich nog aan Equatoriaal-Guinea vastklampte. Apartheid Zuid-Afrika was evenmin van plan om Namibië te lossen. België kon instemmen met de datum van 30 juni, omdat het wist dat het ook daarna nog betrokken zou blijven bij het beleid, het leger en de economie. Topambtenaren zouden optreden als ministerieel raadgever, blanke officieren bleven in dienst, de grote bedrijven zouden Belgisch blijven en missionarissen gaven onverminderd les.

In het Plaza Hotel in hartje Brussel kon de vreugde niet op. Ja, er moest nog van alles besproken worden (dat Congo een republiek zou worden, dat de band met het Belgische hof zou verdwijnen, dat het een unitaire staat werd, dat de provincies eigen bevoegdheden kregen: het lag nog lang niet vast), maar de buit was binnen, de hoofdvogel was afgeschoten! African Jazz van Kabasele, het orkest dat zoveel succes had gekend met dat liedje over Jamais Kolonga, was meegereisd naar Brussel. Ook onderhandelaars in driedelig pak moesten na de plenaire zittingen kunnen dansen.

Charly Henault wist het nog goed. Hij is jarenlang de drummer van African Jazz geweest, maar was niettemin een Belg. 'Ik was blank, maar wat kon mij dat schelen? Ik was drummer in een land vol drummers,' vertelde hij me toen ik hem op een druilerige dag vond in zijn huisje in Waals-Brabant. Hij was doodziek en lag in bed, de herinneringen raakten verregend. 'In het Plaza Hotel was er het bal van de rondetafel, ja... Die vreugde, die euforie... Kabasele tutoyeerde de politici. Hij was zeer geliefd... Een man met klasse, met zijn lichtblauwe smoking en zijn zwarte galons. Heel chic... Hij hield van vrouwen en van humor... Op een keer heb ik zijn pyjama verstopt!'[65] Naast dollen begonnen ze in het Plaza Hotel te sleutelen aan een liedje dat weldra zou uitgroeien tot de grootste hit uit de Congolese muziek: 'Indépendance cha cha'. De tekst, in het Lingala en het Kikongo, jubelde om de pas verworven autonomie, roemde het samenwerken van de verschillende partijen en bezong de grote namen van de onafhankelijkheidsstrijd: 'De onafhankelijkheid, cha cha, hebben we genomen,/ Oh! Autonomie, cha cha, die hebben we vast./ Oh! Rondetafel, cha cha, we hebben gewonnen!' Na 1960 zou Congo verschillende nationale hymnes krijgen, ten tijde van Kasavubu, ten tijde van Mobutu, ten tijde van Kabila, pompeuze composities met pathetische teksten, maar aldoor was er in de afgelopen halve eeuw maar één echt Congolees volkslied, één enkel deuntje dat tot op de dag van vandaag heel Centraal-Afrika spontaan doet heupwiegen: het speelse, lichtvoetige en ontroerende 'Indépendance cha cha'.

Dertig juni dus. De rondetafelconferentie eindigde op 20 februari 1960. Er waren nog vier maanden tijd om een land ineen te knutselen. Het 'nog te doen'-lijstje oogde indrukwekkend. Men moest een overgangsregering creëren, een grondwet schrijven, een parlement en een senaat oprichten, ministeries uitbouwen, een diplomatiek corps vormen, provinciale en nationale verkiezingen uitschrijven, een regering samenstellen, een staatshoofd benoemen... en dat betrof dan nog enkel de politieke instellingen van het land. Er moest een nationale munt komen en een centrale bank, naast eigen postzegels, rijbewijzen, nummerplaten en een kadaster.

Heel wat Belgen in de kolonie stelden zich vragen bij die krankzinnige spoed. Ze vreesden dat de kolonie waaraan vijfenzeventig jaar zorgvuldig was gewerkt, in enkele maanden tijd naar de filistijnen ging. Velen zonden hun geld, spullen en familie huiswaarts. Anderen trokken naar Rhodesië en Zuid-Afrika. In de eerste twee weken van juni vertrokken van de luchthaven van Ndjili viermaal zoveel passagiers als het jaar ervoor. Sabena moest zeventig extra vluchten regelen, de boten naar Antwerpen zaten tjokvol.[66]

De gewone Congolees daarentegen had er schik in. Hij geloofde dat er een gouden tijdperk zou aanbreken, dat Congo van de ene op de andere dag welvarend zou worden. Zo werd het hem ook beloofd in de tientallen pamfletten die circuleerden in het land. Nagenoeg alle partijen deden volstrekt onhoudbare beloften, soms grotesk, soms gevaarlijk.[67] 'Als de onafhankelijkheid er zal zijn,' stond er in een vlugschrift van Abako, 'zullen de blanken het land moeten verlaten.' Dat was niet bepaald een conclusie van de rondetafelconferentie. 'De achtergelaten goederen zullen eigendom van de zwarten worden. Dat wil zeggen dat de huizen, de winkels, de vrachtwagens, de koopwaar, de fabrieken en de akkers teruggegeven zullen worden aan de Bakongo.' Met zulke opruiende geschriften hoeft het niet te verwonderen dat boeren in Bas-Congo hoopten op niets minder dan een totale bevrijding: 'Alle wetten zullen worden afgeschaft, we zullen niet meer hoeven te gehoorzamen aan de traditionele chef, noch aan de oudsten, noch aan de beambten, noch aan de missionarissen, noch aan de bazen...' In dat verlangen naar een plotselinge, radicale ommekeer klonken echo's door uit de tijd van

Simon Kimbangu. De onafhankelijkheid werd zélf een soort messianistisch moment dat 'leven, gezondheid, vreugde, geluk en eer' zou brengen. Kasavubu en Lumumba, die in de gevangenis hadden gezeten, groeiden uit tot profeten en martelaren. In Kasavubu zag men de koning van het oude Kongo-rijk herrijzen, terwijl de dynamische Lumumba werd vergeleken met de spoetnik! Eenvoudige lui keken uit naar niets minder dan een kosmische wending. Loondienst en belastingen zouden verdwijnen. Sommigen gingen er zelfs van uit dat voortaan 'de zwarten blanke boys zullen hebben' en 'dat iedereen een blanke vrouw zal mogen kiezen, want ze zullen achtergelaten en verdeeld worden, net als de auto's en de andere dingen.'[68] Enkele sluwe vossen maakten van die naïviteit gebruik en begonnen alvast blanke huizen te verkopen voor de luttele prijs van veertig dollar... Lichtgelovigen die niet doorhadden dat ze bedot waren, belden aan bij blanke villa's om te vragen of ze hun nieuwe eigendom al even mochten bezichtigen. Sommigen vroegen of ze ook de vrouw des huizes konden aanschouwen, want ook die hadden ze net voor twintig dollar gekocht.[69]

Ook op macro-economische schaal moesten er enige overdrachten geregeld worden. De koloniale nijverheid was immers op allerlei manieren vervlochten met de koloniale staat en die zou binnenkort ophouden te bestaan. Om dat te regelen werd er in Brussel een tweede rondetafelconferentie gehouden. De politieke partijen in Congo hechtten er dit keer veel minder belang aan. Het belangrijkste, de onafhankelijkheid, was toch al binnen, dachten ze. Bovendien was het inmiddels eind april, iedereen was volop campagne aan het voeren voor de nakende verkiezingen in mei. Geen van de kopstukken kon voor lange tijd weg uit Congo. In hun plaats trokken jonge partijleden naar Brussel, waar ze de assistentie kregen van de paar Congolezen die in België studeerden.

Een van de deelnemers was Mario Cardoso. Tegenwoordig is hij tweede vicepresident van de senaat. In Kinshasa nodigde hij me uit voor een lunch in het restaurant van het deftige Memling-hotel. 'Ik was de derde student uit Congo die in België mocht studeren. Elk jaar zond Raphaël de la Kéthulle één leerling van de scheutisten naar Leuven. De jezuïeten vonden dat ze ter plekke mensen moesten vormen, maar de scheutisten wilden tonen dat zij leerlingen hadden die zich konden meten met Belgische studenten. De eerste die vertrok was Thomas Kanza in 1951. Hij studeerde psychologie en pedagogie. Eigenlijk had hij rechten willen doen, maar de gouverneur-generaal had dat verboden, uit vrees voor subversie. Het jaar daarop vertrok Paul Mushiete. Ook hij deed psychologie en pedagogie, en daarnaast nog sociologie. Ik was in 1954 aan de beurt. Eigenlijk wilde ik naar de militaire school, maar dat mocht niet, dus werd het ook maar psychologie en pedagogie. In 1959 keerde ik terug naar Kinshasa en werd assistent aan de universiteit van Lovanium. Ik wilde hoogleraar worden, maar Lumumba vroeg me om naar de economische rondetafelconferentie te gaan. Ik stond aan het hoofd van de MNC-delegatie, fractie Lumumba.' Er was inmiddels een schisma opgetreden in de partij: je had de MNC-L van Lumumba, unitaristisch, en MNC-Kalonji, die opkwam voor de Baluba in Kasai. 'Er heerste erg veel wantrouwen op die conferentie. In de Belgische delegatie zaten heren die onze professoren waren geweest. Met hen moesten wij onderhandelen. Niet evident. Het ging over het toekomstige statuut van de koloniale bedrijven, maar alles leek op voorhand beslist.'[70]

De economische rondetafel was vooral een poging van Brussel om de meubelen te redden. België wilde zijn zakelijke belangen in Congo veiligstellen en vond dat Belgische bedrijven de vrijheid moesten krijgen om te bepalen waar hun maatschappelijke zetel kwam na 1960.[71] Cardoso was daar nog steeds bitter over: 'De bedrijven mochten kiezen of ze volgens Congolees dan wel Belgisch recht verder wilden gaan. Die maatregel werd ons als een voldongen feit opgelegd.' De meeste ondernemingen kozen voor België, want ze vreesden voor fiscale instabiliteit in Congo of, erger nog, nationalisering. Vanaf Leopold II was Congo een proeftuin van de vrijemarkteconomie geweest. Bedrijven genoten er een gunstig fiscaal regime met nauwelijks enige overheidsbemoeienis. Grote groepen, de Generale aan kop, beleefden er tijden van ongebreideld kapitalisme. Zelfs waar de koloniale staat hoofdaandeelhouder was, bijvoorbeeld het machtige Comité Spécial du Katanga, liet hij in de praktijk het bewind over aan zakenlui. Met de onafhankelijkheid in het verschiet vreesden vele bedrijfsleiders dat de dagen van hun autonomie en hun prima verstandhouding met de overheid geteld waren. Ze bleven actief ter plaatse, maar kozen voor een maatschappelijke zetel in België, waardoor hun bedrijf onder Belgisch in plaats van Congolees recht kwam te vallen. Door die transfer zag de Congolese schatkist heel wat belastinginkomsten verloren gaan.

Ook het statuut van de 'koloniale portefeuille' kwam tijdens de gesprekken aan bod. Met die portefeuille werden de zeer omvangrijke aandelenpakketten bedoeld die Belgisch Congo in tal van koloniale bedrijven had (mijnen, plantages, spoorwegen, fabrieken). Wat moest ermee gebeuren? Zodra Belgisch Congo Congo werd, zouden die aandelen immers eigendom worden van de nieuwe staat. Dat leek de Belgische politici en bedrijfsleiders geen goed idee. Ze overtuigden de Congolese afgevaardigden ervan dat het een goede zaak was indien die overheidsparticipaties werden weggehaald bij de staat en ondergebracht in een nieuw op te richten Belgisch-Congolese ontwikkelingsmaatschappij. Het was een slinkse manier om de hand op de knip te houden.[72] Ook hier wreekte zich het gebrek aan economische expertise aan Congolese zijde. Mensen die hooguit psychologie hadden mogen studeren, dienden cruciale macro-economische knopen door te hakken. 'Tweederangsfiguren,' oordeelde toenmalig premier Eyskens.[73] Een van hen was de journalist Joseph Mobutu. Hij was uitgestuurd door zijn vriend Lumumba om te onderhandelen en de ervaring zou de rest van zijn leven tekenen. Later zei hij daarover:

> En daar zat ik als onnozel en ongemanierd journalistje aan dezelfde tafel met de grootste haaien van de Belgische finance! Ik had geen enkele financiële opleiding en mijn delegatiegenoten die de andere Congolese strekkingen vertegenwoordigden evenmin. Het is niet een van de beste herinneringen van mijn leven. Van 26 april tot 16 mei hebben we voetje voor voetje gediscussieerd, maar ik werd zo'n cowboy uit westerns die zich elke keer liet plukken door professionele oplichters. We discussieerden tot laat in de nacht en de volgende dag vernamen we dat het Belgische parlement in de tussentijd besluiten had genomen die de onderhandeling achterhaald maakten. We moesten voor alles vechten. (...) Uiteraard hebben we ons laten rollen. Door een hele reeks juridische en technische spitsvondigheden slaagden onze gesprekspartners erin om de greep van de multinationals en de Belgische kapitalisten op de Congolese portefeuille helemaal veilig te stellen.[74]

Het ergste moest nog komen, maar dat gebeurde pas enkele weken later. Op 27 juni 1960, drie dagen voor de onafhankelijkheid, ontbond het Belgische parlement – met instemming van de Congolese regering nog wel – het Comité Spécial du Katanga.[75] Een blunder van jewelste voor Congo! De nieuwe staat verloor daardoor zijn controle over de mijngigant Union Minière, de motor van de nationale economie. Hoe kon dat? CSK was een in wezen publieke maatschappij die in Katanga concessies toekende aan privébedrijven, in ruil voor aandelen. Zo had het een meerderheidsbelang in Union Minière, en dus beslissingsmacht. In de praktijk maakte het van dat recht op inspraak weinig gebruik: de koloniale staat vertrouwde doorgaans op de competentie van de zakenwereld. Nu Congo onafhankelijk dreigde te worden, bestond het gevaar dat de nieuwe staat zich wél zou bemoeien met de werkzaamheden van Union Minière en al haar dochters. Door het opheffen van CSK werd dat verhinderd. De Congolese afgevaardigden op de economische rondetafelconferentie zagen daar, in al hun afkeer van die moloch van het westerse kapitalisme, geen probleem in en de toekomstige regering van Lumumba nam die redenering over... Congo bleef nog steeds voor een deel eigenaar, maar kreeg als minderheidsaandeelhouder veel minder macht en winst dan de grote Belgische trusts, zoals de Generale. Daardoor liep het niet alleen ettelijke miljoenen dollars mis, maar ook het vermogen om de industrie in dienst te stellen van het land.

Dansend van onwetendheid begaf het land zich naar de afgrond van de onafhankelijkheid. De politieke sleutels had men op zak, maar de economische werden veilig opgeborgen in België. Een dag na die onwaarschijnlijk lepe zet tekenden beide landen niettemin een 'vriendschapsverdrag' dat over bijstand en hulp sprak.

Eind mei vonden dan eindelijk de langverwachte, nationale verkiezingen plaats. De opkomst was hoog, de uitslag voorspelbaar. Op de MNC van Patrice Lumumba na waren de grootste winnaars van de verkiezingen de regionale partijen met al dan niet separatistische neigingen. Abako won in Bas-Congo, Conakat in het zuiden van Katanga, Balubakat in het noorden, de MNC van Kalonji in Kasai, Cerea in de Kivu en PSA in Kwilu. Die laatste twee waren niet echt tribale partijen, maar in de etnisch zeer versplinterde gebieden van de Kivu en Kwilu boden ze wel een soort supratribaal elan. De electorale kaart van Congo in 1960 viel dus grotendeels samen met de etnografische kaarten die wetenschappers een halve eeuw eerder hadden opgesteld. Die tribale reflex moet niet als iets atavistisch beschouwd worden. Indien er vandaag in Europa pan-Europese verkiezingen zouden worden gehouden, is de kans groot dat de meeste Fransen op een Fransman zouden stemmen en de meeste Bulgaren op een Bulgaar. In een onmetelijk land als Congo waar het gros van de bevolking hooguit lager onderwijs had genoten, verbaast het niet dat velen stemden voor figuren uit de streek. De drie sterkste figuren die uit de stembusgang naar voren kwamen waren Kasavubu, Lumumba en Tshombe. Kasavubu controleerde het westen van het land, Lumumba het noordoosten en het midden, Tshombe het uiterste zuiden. Dat kwam overeen met de grootste steden: Léopoldville, Stanleyville, Elisabethville. De kleinere partijen verdeelden het platteland daartussenin.

Die verkruimeling maakte het vormen van een regering er niet makkelijker op. Geen enkele partij had een absolute meerderheid (Lumumba's monsterscore leverde toch nog maar een derde van de gekozenen in vijf van de zes provincies, in Katanga kreeg hij geen voet aan de grond) en ook een eenvoudige coalitie met enkele partners zat er niet in. Het zouden lange gesprekken worden. Bovendien was het Belgisch bewind zeer teleurgesteld dat Lumumba, die men als een staatsgevaarlijke demagoog beschouwde, zoveel kiezers aan zich had weten te binden. Het ging zelfs zo ver dat Brussel speciaal een nieuwe minister benoemde, W.J. Ganshof van der Meersch, en hem naar Congo stuurde om zich te gaan bemoeien met de vorming van de regering. Ook werden er in zijn kielzog alvast Belgische troepen naar de kolonie gestuurd. Die demarches kon Lumumba maar matig appreciëren en dat liet hij ook duidelijk blijken. Tussen beide mannen groeide er een geweldige wrevel. Eerst mocht Kasavubu proberen een regering op de been te brengen, maar toen dat mislukte, kreeg Lumumba de formatieopdracht. Aan hem de schier onmogelijke taak om zeer uiteenlopende figuren in één beleidsploeg onder te brengen. Tot een week voor de onafhankelijkheid hoopte de minister-resident dat Lumumba geen eerste minister zou worden.

Maar op 23 juni was de eerste regering van Congo een feit. Ze telde drieëntwintig ministers, negen staatssecretarissen en vier ministers van Staat, posten die verdeeld waren over maar liefst twaalf partijen. Zoals dat gaat met moeizame compromissen, bracht ook deze uitkomst meer ongelukkigen dan gelukkigen voort. Bolikango, de ouderdomsdeken uit de Equateur die in Brussel het front commun had aangevoerd, zag op het laatste ogenblik het ambt van president aan zijn neus voorbijgaan. Lumumba had immers de steun van Abako broodnodig en die verkreeg hij met een compromis: indien Kasavubu zijn separatistisch verlangen zou onderdrukken, mocht hij in ruil daarvoor staatshoofd worden. Lumumba, de grote winnaar van de verkiezingen, werd daardoor zelf geen president, maar slechts premier, hoewel zijn partij drieëndertig van de 137 parlementszetels had verworven en die van Kasavubu slechts twaalf.

Tshombe, ten slotte, besefte dat hij achter het net viste en moest zich tevredenstellen met één ministerspost en één staatssecretariaat voor zijn partij. Zijn Katanga zorgde voor het gros van de nationale inkomsten, maar kreeg er weinig voor terug: dat stak. Vroeg of laat moest dit zich wreken. Ook het parlement aarzelde: de verse regering kreeg ternauwernood de goedkeuring van de volksvertegenwoordiging.[76] Toen Lumumba's regering van start ging was er dan ook geen collectieve dynamiek van een bewindsploeg die zich eensgezind achter een politiek project schaarde.

Het was niet alleen een heteroclytisch en kribbig team, het was ook nog eens een bijzonder jonge ploeg die aantrad. Driekwart van hen was jonger dan 35. De jongste was slechts 26 jaar oud. Het ging om Thomas Kanza, de eerste Congolees met een universitair diploma op zak. Hij werd ambassadeur bij de Verenigde Naties, een post die de eerste maanden na de onafhankelijkheid bepaald geen sinecure was. De oudste minister was Pascal Nkayi, toch ook nog maar 59. Hij werd belast met financiën, na een leven als klerk bij het bestuur der posterijen. Ook in het parlement primeerde een nieuwe elite: slechts drie van de 137 zetels waren in handen van de traditionele chefs.[77]

De eerste regering van Congo erfde van België een land met een goed uitgebouwde infrastructuur: er waren ruim veertienduizend kilometer spoorwegen en meer dan honderdveertigduizend kilometer autowegen en straten aangelegd, er waren ruim veertig luchthavens of vliegvelden en meer dan honderd waterkracht- en stroomcentrales, er was een moderne industrie gekomen (wereldleider in industriële diamant, de op drie na grootste koperproducent op aarde), naast een begin van algemene gezondheidszorg (driehonderd ziekenhuizen voor inlanders, plus medische centra en kraamklinieken) en een zeer hoge graad van alfabetisering (1,7 miljoen leerlingen op de lagere school in 1959) – verwezenlijkingen die vergeleken bij andere Afrikaanse kolonies zonder meer indrukwekkend waren.[78] Het leger had bovendien tijdens twee wereldoorlogen belangrijke successen geboekt. Maar infrastructuur is niet alles. Thomas Kanza, de kersverse minister die psychologie had gestudeerd, wist dat die successen voor veel Afrikanen relatief waren: 'Zij hebben, anders dan wat Europeanen doorgaans toegeven, meer geleden onder het gebrek aan oprechte sympathie, achting en liefde van de kant van de kolonisatoren dan onder een tekort aan scholen, wegen en fabrieken.'[79] Bovendien, wat moest je met een volledig uitgerust land als niemand wist hoe je het moest hanteren? Op de dag van de onafhankelijkheid telde het land zestien (16) universitair gediplomeerden. En er waren dan wel honderden goed opgeleide verplegers en beleidsmedewerkers, de Force Publique had geen enkele zwarte officier. Er was niet één inlandse arts, niet één ingenieur, niet één jurist, agronoom of econoom.

'België had geen ervaring met koloniseren,' zei Mario Cardoso tijdens onze verfijnde lunch in de Memling, 'maar het had nog minder ervaring met dekoloniseren. Waarom moest het allemaal zo snel gaan? Hadden ze vijf jaar gewacht, dan was de eerste lichting Congolese officieren afgestudeerd. Dan zou het leger geen muiterij gekend hebben.' In de periode tussen 1955 en 1960 was het koloniaal bewind koortsachtig op zoek naar hervormingen die het hoofd konden bieden aan de grote maatschappelijke onrust, maar het was *too little too late*. De dekolonisatie werd daardoor een *runaway train* waar niemand nog vat op had. Door pas laat toe te geven aan de begrijpelijke eisen van een gefrustreerde elite, ontketende Brussel een krachtenspel dat zijn vermogen om de dingen in de hand te houden ver te boven ging. Maar dat geldt ook voor diezelfde jonge elite, die de maatschappelijke onvrede van de lagere klassen niet alleen benoemde en kanaliseerde, maar ook opklopte en uitvergrootte tot die proporties aannam waar ze zelf geen raad meer mee wist. De chronologie van de gebeurtenissen bracht een paradox aan het licht die men hooguit kon vaststellen maar niet oplossen: de dekolonisatie begon veel te laat, de onafhankelijkheid kwam veel te vroeg. De versnelde ontvoogding van Congo was een tragedie vermomd als blijspel die niet anders dan noodlottig kon aflopen.

7
Een donderdag in juni

Jamais Kolonga stond die donderdag al om vier uur 's ochtends op. Hij was speciaal bij zijn kleermaker blijven slapen om niets aan het toeval over te laten.[1] De ceremonie was pas om elf uur, maar dit was niet zomaar een dag. De stad van bijna een half miljoen inwoners was nog donker en stil. Een lome hitte hing tussen de huizen en de hutten. Niets bewoog. De was: roerloos aan de lijn. Het vuur: broze sintels as. Onzichtbaar sliepen de kinderen in hoekige houdingen. Onzichtbaar lagen mannen en vrouwen tegen elkaar aan – troost voor één nacht, of een heel leven. Op de lege boulevard sprongen de verkeerslichten lusteloos van groen op oranje op rood. In de Europese wijken was het water van de zwembaden rimpelloos.

De vogels zwegen nog. En verderop, voorbij de tuinen en de villa's, de gazons en bougainvilles, gleed het zwarte water van de machtige rivier stil voorbij. Nog steeds dreven eilandjes van vegetatie mee, graszoden en planten, honderden kilometers hogerop losgerukt uit het oerwoud, boomstronken die wentelden in het donker en straks bij de eerste stroomversnellingen zouden oprijzen en stuiteren in het schuim van de rivier. Zo ging het al duizenden jaren lang. De natuur trok zich niets aan van deze bijzondere dag.

Jamais Kolonga stak het licht aan. Hij bad en hij waste zich. Aan een kleerhanger hing zijn fonkelnieuwe pak. Voorzichtig haalde hij de broek onder het jasje vandaan. Zijn kleermaker had een prachtige smoking op maat gemaakt. De gladde stof van de broek voelde koel aan, het hemd was heerlijk stijf en stug, het jasje zat als gegoten om zijn kleine gestalte. Hij bekeek zichzelf in de spiegel. Wie had ooit gedacht dat hij, Jean Lema voor de burgerlijke stand, Jamais Kolonga voor de rest, vandaag zo'n gewichtige rol zou spelen? Tot een paar jaren geleden werkte hij enkel als bediende in het binnenland, in de Equateur. Als klerk van de Otraco was hij belast met de administratie van de rivierschepen. Maar toen al hing er verandering in de lucht. Bij een promotie verving hij een blanke en kreeg hij de post die voorheen was bekleed door monsieur Eugène, een Belg uit Verviers. In 1958 was hij even terug in Léopoldville en rook hij naar eigen zeggen 'de geur, het parfum van de onafhankelijkheid'. Kasavubu kwam nog steeds bij hen thuis, hij hoorde de opwindende gesprekken en proefde de ongelooflijke mogelijkheden. Naar het binnenland wilde hij niet meer, ondanks herhaalde aansporingen van zijn werkgever. Op de boulevard in het centrum van de stad kwam hij de grote Bolikango tegen. Bolikango had ook bij tata Raphaël gestudeerd, hij was een van de weinige Congolezen die met het oog op een versnelde ontvoogding een hoge post in het bestuur hadden gekregen, adjunct-commissaris van het departement van Informatie. Bolikango wist uiteraard hoe eloquent Jamais Kolonga kon spreken en herinnerde zich wat voor een über-évolué zijn vader was. Koning Boudewijn was tenslotte bij hem op bezoek geweest! Door het raampje van zijn auto stelde Bolikango hem voor om redacteur-omroeper-vertaler te worden bij de informatiedienst van het gouvernement-generaal. Jamais Kolonga stemde in. Van bureauklerk in de binnenvaart werd hij radiojournalist voor de openbare omroep. Het parfum van de onafhankelijkheid zou hij voortaan dagelijks kunnen opsnuiven. Als reporter trok hij niet alleen van modedefilé naar voetbalwedstrijd, maar maakte hij de grote politieke omwenteling van zijn land van nabij mee. Toen de rondetafelconferentie in Brussel werd gehouden, mocht hij er dag in dag uit over berichten vanuit de studio. En toen Kasavubu op 26 juni 1960 de eed aflegde als eerste president van het binnenkort onafhankelijke Congo, was hij de verslaggever geweest. Met zijn TEAC om zijn schouder, de loodzware bandrecorder van dat moment, had hij de interviews afgenomen.

Zijn nieuwe zwarte schoenen glommen volmaakt en hadden zolen die nog volkomen blank waren. De eedaflegging van Kasavubu, dat was pas vier dagen geleden. Jamais Kolonga had dat goed gedaan. Twee dagen geleden hadden ze hem gevraagd of hij ook bij de plechtige onafhankelijkheidsverklaring de live verslaggeving op zich kon nemen. Dat wilde hij wel. Alleen moest zijn kleermaker dan maar even dag en nacht doorwerken.

Dertig juni 1960. Officieel was Congo al om middernacht onafhankelijk geworden, maar de plechtigheid in het Paleis der Natie zou de overgang daadwerkelijk bekrachtigen. Koning Boudewijn was er speciaal voor uit België gekomen; hij zou de macht overdragen aan president Kasavubu, na tweeënvijftig jaar Belgisch koloniaal bestuur, vijfenzeventig jaar nadat zijn voorganger Leopold II de Vrijstaat had gesticht. En bij die historische gebeurtenis mocht Jamais Kolonga de verslaggever ter plaatse zijn.

De geschiedenis van de Belgische aanwezigheid in Centraal-Afrika had de geschiedenis van zijn familie diepgaand beïnvloed. Zijn vader had door zijn studies een van de belangrijkste évolués van de kolonie kunnen worden, terwijl zijn grootvader nog een jager in zijn dorp was geweest. Jamais Kolonga kende de verhalen over hem. 'Toen de blanken in Bas-Congo arriveerden, droeg hij hun koffers op zijn hoofd. Hij was niet bang voor de blanken, maar deed wat ze zeiden. Hij was polygaam, maar toen hij zich liet dopen zond hij twee van zijn drie vrouwen weg.' Geen enkel individueel bestaan, zelfs niet in het diepste binnenland, was onaangedaan gebleven door de grote geschiedenis. Het was allemaal erg snel gegaan.

Om kwart over zes was er een briefing met de commissaris-generaal voor de informatie. De persmappen werden klaargemaakt. Er was zojuist nog een tekst van premier Lumumba binnengekomen die onder de journalisten verdeeld mocht worden. Jamais Kolonga kreeg zijn plaats toegewezen vooraan in de zaal. Alles moest waardig en ordentelijk verlopen, zo werd benadrukt. Gisteren al was er een pijnlijk incident geweest toen de koning en Kasavubu in een open Amerikaanse slee door de stad waren gereden.

Net als in 1955 had Boudewijn gewuifd naar het volk, dat in groten getale was komen opdagen om langs de kant van de weg te zwaaien, maar ergens vanuit de massa had zich een man naar voren gewurmd om de degen van de koning los te rukken. Het tafereel was gefilmd en gefotografeerd. Boudewijn stond rechtop in de auto en droeg zijn witte, militaire gala-uniform. Links van hem stond Kasavubu, in een zwart maatpak. Boudewijn salueerde naar de troepen van de Force Publique die links van de weg een standaard met de Belgische driekleur ophielden. De vorst had, toen hij iets aan zijn rechterflank voelde, eerst niet goed door wat er gebeurde. Een man met hoog voorhoofd en langwerpig gezicht stoof weg, wild zwaaiend met de koninklijke degen, een van de regalia van de Belgische monarchie. Meer dan zomaar een wapen was het een voorwerp dat de macht van het vorstenhuis symboliseerde.

Het voorval werd heftig becommentarieerd. 'Die man was niet goed wijs,' zei Jamais Kolonga, 'hij was een *feu-follet*, een dwaallicht, een onrustige ziel met een zachte waanzin. Men vond hem al wat gek.' Dat moest wel. Veel Europeanen vonden het een mallotige daad, een domme studentengrap die de overdracht van de macht in de verf moest zetten, maar voor veel Congolezen in de volkswijken was het geen grap. Voor hen ging het om pure waaghalzerij. Zomaar een sacraal voorwerp dat aan de chef toebehoort aanraken en wegnemen? Die man gaat deze nacht sterven, zeiden ze. Wanneer een masker, een voorouderbeeld, een luipaardvel of een apenstaart al magische krachten had, dan gold dat zeker voor de degen van een Europese vorst. Ook onder évolués kon de rebelse geste enkel op minachting rekenen. Victorine Ndjoli, het fotomodel met rijbewijs, zei erover: 'Wij waren echt beschaamd toen een onnozelaar het zwaard van koning Boudewijn afpakte. Pas later vernamen we dat hij geschift was.'[2]

Als vandaag alles maar rustig verloopt, dacht Jamais Kolonga. De ceremonie moest smetteloos zijn. Maar de mensen hadden zulke vreemde verwachtingen van de onafhankelijkheid. Velen hadden kistjes met stenen begraven, in de hoop dat ze na de onafhankelijkheid in klompen goud zouden veranderen. Velen geloofden dat de doden weer op zouden staan.[3] Op de graven van sommige voorouders had men al kleren klaargelegd, bij wijze van verwelkoming. Graven van minder geliefden had men afgedekt met golfplaten om te verhinderen dat de overledenen uit de grond zouden kruipen. In de dorpen van het binnenland sloten sommigen zich vier dagen op in hun hut, uit angst voor de teruggekeerde doden. Zwangere vrouwen kwamen niet buiten.[4]

In de steden kreeg de onafhankelijkheidskoorts een socialere lading. In Stanleyville bouwden enkele bewoners zonder toestemming hutten op grond die toebehoorde aan de Europeanen. Aanhangers van de *kitawala*-godsdienst die jarenlang ondergronds hadden geleefd, namen hun intrek in de leegstaande villa's van weggetrokken Belgen, waar ze 's nachts met toortsen en gezangen hun rituelen uitvoerden. In Léopoldville waren er in de aanloop naar de grote feestdag beduidend meer gevallen van diefstal en vandalisme. Boys lachten hun bazen uit en gingen op de motorkap van hun auto's zitten, halsstarrig weigerend om eraf te komen.[5]

Rond negen uur zag Jamais Kolonga hoe de grote rotonde van het Paleis der Natie begon vol te stromen met allerlei prominenten. Er waren parlementariërs en senatoren uit België, naast diplomaten, hoge officieren en civiele hoogwaardigheidsbekleders. Er waren delegaties uit bevriende Afrikaanse staten. Prins Hassan van Marokko was er, naast president Youlou van Congo-Brazzaville en koning Kigeri van Rwanda. Maar bovenal traden de pas verkozen volksvertegenwoordigers en senatoren van het nieuwe Congo aan. Het Paleis der Natie, een nieuw gebouw dat slechts enkele jaren eerder ontworpen was als ambtswoning van de gouverneur-generaal (men dacht dat de functie nog decennia zou bestaan), deed dienst als hun nieuwe parlement. Onder de grote koepel van de rotonde droegen de meesten donkere westerse pakken, maar anderen waren getooid met traditionele hoofddeksels vol schelpen, veren en dierenhuiden, hoofddeksels die al even indrukwekkend waren als de witte helm met gierenveren die de gouverneur-generaal droeg.

Toen iedereen gezeten was, kwam premier Lumumba binnen. Even later veerde de zaal overeind om koning Boudewijn en president Kasavubu te begroeten. Boudewijn nam als eerste het woord. De aanminnige vorst hield een speech die eerder in 1900 dan in 1960 geschreven leek. Hij roemde het werk van Leopold II alsof nooit een onderzoekscommissie diens bewind had gelaakt: 'De onafhankelijkheid van Congo betekent de voltooiing van het werk ontsproten aan het genie van koning Leopold II, dat door hem ondernomen werd met een onverzettelijke moed en dat werd voortgezet door de vastberadenheid van België.' En hij schuwde het paternalisme niet: 'Het is nu aan u, heren, om te tonen dat we gelijk hadden u te vertrouwen. (...) Uw taak is immens en u bent de eersten om dat te beseffen. (...) Vreest niet om u tot ons te richten. We zijn bereid om aan uw zijde te blijven en u te helpen met onze raad.'[6]

Toen hij klaar was, applaudisseerde de zaal beleefd. Op dat moment hoorden in de dorpen en de volkswijken duizenden mensen die aan hun transistor gekluisterd zaten de heldere stem van Jamais Kolonga, die in het Frans, het Lingala en het Kikongo meedeelde: 'Dames en heren, u hebt zojuist de redevoering van Zijne Majesteit de Koning der Belgen gehoord. Op dit eigenste moment wordt Congo onafhankelijk.'[7] Hij, de kleine Jamais Kolonga met de twinkelende ogen, was de eerste Congolees die zijn land onafhankelijk mocht noemen.

Daarna kreeg president Kasavubu het woord, de man die Jamais Kolonga zo vaak in de woonkamer vurig had zien praten met zijn vader, de man die bij zijn aanstelling als burgemeester een striemende aanklacht tegen de kolonisator had verwoord. Nu echter was zijn rede ingetogen en verzoenend. Niet verwonderlijk: de tekst ervan was geschreven door

Jean Cordy, de Belg die nog kabinetschef van gouverneur-generaal Cornelis was geweest. 'Ik heb de tekst van Kasavubu geschreven, althans de eerste versie. Ik had ook al de tekst geschreven toen hij president werd.'[8] Volgens het protocol van de dag was daarmee het onderdeel dat voorzien was voor de speeches afgelopen.

Maar dat was buiten de waard gerekend.

Tijdens de toespraak van de president zat Lumumba driftig iets te corrigeren. Hij hield een stapeltje papieren op zijn knieën en kriebelde hier en daar een aantekening. Lumumba had daags voordien de brave speech van Kasavubu kunnen inkijken en vond dat hij het daar niet bij kon laten. Hij moest en zou de kolonisator voor een laatste maal van repliek dienen. Daarmee zou hij bovendien zichzelf in de schijnwerpers zetten, want het stoorde hem zeer dat niet hij, maar Kasavubu de honneurs mocht waarnemen. Als grote winnaar van de verkiezingen moest hij met lede ogen aanzien hoe aartsrivaal Kasavubu, de regionalist die niet eens van Congo hield, grote sier mocht maken naast koning Boudewijn.[9] Lumumba schreef zijn speech in de nacht van woensdag op donderdag; nog steeds kon hij toe met enkele uren slaap. Naar verluidt schreef zijn Belgische raadgever en onvoorwaardelijk supporter Jean Van Lierde mee aan de tekst. Vandaag geldt die als een van de grote redes uit de twintigste eeuw en als een sleuteltekst uit de dekolonisatie van Afrika:

> Want als vandaag de onafhankelijkheid van Congo wordt uitgeroepen in overeenstemming met België, een bevriend land waarmee we op voet van gelijkheid staan, dan kan geen enkele Congolees, die naam waardig, ooit vergeten dat zij verkregen werd door de strijd, een strijd van elke dag, een vurige en idealistische strijd, een strijd waarin we niet zuinig zijn geweest met onze inspanningen noch onze ontberingen, ons lijden noch ons bloed.
>
> Die strijd, die er een was van tranen, vuur en bloed, vervult ons tot in elke vezel met trots, want het was een nobele en een rechtvaardige strijd, een onvermijdelijke strijd om de vernederende slavernij te beëindigen die ons met dwang was opgelegd.
>
> Het lot dat ons beschoren is geweest door tachtig jaar koloniaal bewind kunnen wij nog niet uit ons geheugen verjagen, onze wonden zijn nog te vers en te pijnlijk. Wij hebben afmattende arbeid gekend, die van ons geëist werd in ruil voor salarissen die ons niet toestonden

fatsoenlijk te eten, noch ons te kleden of ons te huisvesten, noch onze kinderen op te voeden als dierbare wezens.

Wij hebben spot gekend en beledigingen, slagen die we 's ochtends, 's middags en 's avonds moesten ondergaan, omdat we negers waren. Wie kan ooit vergeten dat een zwarte werd aangesproken met *tu*, niet uit vriendschap, maar omdat het eervolle *vous* enkel voorbehouden was aan de blanken?

Wij hebben meegemaakt dat onze gronden geroofd werden in naam van teksten die zogenaamd legaal waren, maar enkel het recht van de sterkste erkenden.

Wij hebben meegemaakt dat de wet nooit gelijk was als het ging om een blanke of een zwarte: inschikkelijk voor de een, wreed en onmenselijk voor de ander.

Wij hebben het vreselijke lijden van ballingen omwille van hun politieke overtuiging of hun religieus geloof meegemaakt, verbannen in hun eigen land; hun lot was erger dan de dood zelf.

Wij hebben meegemaakt dat er in de steden magnifieke huizen voor de blanken waren en bouwvallige hutten voor de zwarten, dat een zwarte niet toegelaten werd in de zogenaamd Europese bioscopen, restaurants en winkels, dat een zwarte reisde in het ruim van de rivierboten, aan de voeten van de blanke in zijn luxecabine.[10]

Het was inderdaad een beklijvende tekst. Zoals alle grote redes maakte hij de abstracte geschiedenis duidelijk aan de hand van concrete details en illustreerde hij het grote onrecht met talloze tastbare voorbeelden. Maar zijn timing was bepaald ongelukkig. Dit was de dag waarop Congo zijn onafhankelijkheid verwierf, maar Lumumba sprak alsof de verkiezingscampagne nog volop bezig was. Te zeer behept met het verwerven van onsterfelijkheid, te zeer verblind door de romantiek van het panafrikanisme, vergat hij, die toch de grote unitarist van Congo was, dat hij zijn land op die eerste, autonome dag eerder moest verzoenen dan verdelen. Hij pretendeerde de stem van het volk te verwoorden – dat paste binnen de geëxalteerde retoriek van die tijd (het Volk, het Juk, de Strijd, en uiteraard: de Vrijheid) – maar het volk stond niet als één man achter hem. Tenslotte had hij minder dan een derde van de stemmen gehaald. Lumumba's rede was daardoor groots in zijn portee, maar problematisch in zijn effect. En in vergelijking met de waarlijk grandioze speeches uit de geschiedenis – de Gettysburg Address van Abraham Lincoln uit 1863 (*'a government of the people, by the people, for the people, shall not perish from the earth'*), de eerste toespraak van Winston Churchill als Engelse premier op 13 mei 1940 (*'I have nothing to offer but blood, toil, tears and sweat'*), de rede van Martin Luther King in 1963 (*'I have a dream'*), de woorden waarmee Mandela in 1964 zijn rechters toesprak over democratie (*'It is an ideal which I hope to live for and to achieve. But if needs be, it is an ideal for which I am prepared to die'*), of de *acceptance speech* waarmee Barack Obama in 2008 de wereld in vervoering bracht (*'Change has come to America'*) – bevatte die van Lumumba meer terugblik dan vooruitblik, meer woede dan hoop, meer rancune dan grootmoedigheid en dus meer rebellie dan staatsmanschap.

Jamais Kolonga zag het vanaf de eerste rij. Hij hoorde hoe de Lumumba-supporters in de zaal tot acht maal toe zijn rede onderbraken met applaus, maar hij zag ook 'de kilte van de invités en de bleekheid van de koning'. Hij zag hoe Boudewijn zich naar Kasavubu boog om uitleg te vragen, maar die verroerde geen vin: geen van beiden was op de hoogte van Lumumba's initiatief. Zijn tekst was onder embargo aan de journalisten gegeven, maar vorst noch president had hem onder ogen gehad. Na afloop was Boudewijn ziedend en tot in het diepst van zijn ziel gegriefd. Voor hem moet het een pijnlijke herhaling van zijn eigen troonsbestijging zijn geweest. Toentertijd, tien jaar eerder, had de communistische senator Julien Lahaut op het hoogtepunt van de ceremonie 'Vive la république' geroepen. Ook toen had het een hartelijke dag moeten worden, een feestelijk evenement waar zijn waardigheid werd bevestigd, maar ook toen was de plechtigheid verknoeid door een linkse stokebrand die ongevraagd alle aandacht naar zich toe trok. Een week later werd Lahaut door enkele onbekende heren in zijn deuropening doorzeefd, in omstandigheden die al even vaag en gewelddadig waren als het lot dat Lumumba een half jaar later te wachten stond.

Boudewijn was het liefst onmiddellijk naar België teruggekeerd. Hij had geen zin meer om het Kerkhof van de Pioniers en het ruiterstandbeeld van Leopold II te bezoeken. Maar premier Eyskens interpelleerde Lumumba en droeg hem op tijdens de lunch een tweede, vriendelijker speech ten beste te geven. Zo geschiedde: Eyskens schreef de tekst, Lumumba las hem droogjes voor, Boudewijn bleef toch nog tot 's avonds.

Het is een misvatting te menen dat heel Congo juichte om de gedurfde woorden van zijn premier. Veertien miljoen mensen denken zelden hetzelfde. Jamais Kolonga vond het in elk geval problematisch: 'Lumumbá was geen diplomaat, hij was veel te categorisch. Kasavubu, dat was een gentleman. Hij wilde sommige blanken houden als adjunct-directeur in de provincies, in de landbouw, bij financiën. Maar onze grondwet verleende te veel macht aan de eerste minister. Onze president was erin gevormd naar het beeld van de Belgische koning: hij heerste, maar regeerde niet.' Als afstammeling uit Bas-Congo ging zijn sympathie eerder uit naar Kasavubu. Voor veel Bakongo was Lumumba geen held. 'Kasavubu was kalm, ontwikkeld en respectvol,' zeggen oude mensen in Bas-Congo nog steeds, 'Lumumba had niets in zijn hoofd, hij was geforceerd en brutaal. Hij is de oorzaak van onze ellende. Zoals hij tegen de koning sprak, dat was onverantwoord! Hij had moeten zeggen: "Jullie hebben de onafhankelijkheid, vooruit, aan de slag!", in plaats van te verwijzen naar de kleine problemen uit het verleden.'[11] Bijna alle oudere inwoners van Boma, Matadi en Mbanza-Ngungu (het vroegere Thysville) kunnen zich er vandaag nog druk om maken. 'Alles is toen begonnen. Die rede van Lumumba heeft de woede van de Belgen opgewekt. De koning wilde niet eens meer blijven eten. Kasavubu wilde de Belgen niet verjagen, maar Lumumba verlangde naar tabula rasa. Het was een zeer slechte start. En dat zeg ik in eer en geweten, niet eens om etnische redenen.'[12]

Zelfs felle medestanders van Lumumba zetten er hun vraagtekens bij. Mario Cardoso, die uit Stanleyville kwam, de stad van Lumumba, en hem persoonlijk vertegenwoordigd had tijdens de economische rondetafelconferentie in Brussel, vertelde me: 'Ik zat in de zaal en was stomverbaasd. Lumumba gedroeg zich als een demagoog. Ik was lid van de MNC, maar onze campagne ging niet over wat hij zei. Sommige *députés* applaudisseerden, ik niet. Hij pleegt politieke zelfmoord, dacht ik.'[13]

Elders in Congo besteedde men er niet zoveel aandacht aan. In Elisabethville verliep alles rustig en hartelijk. Tshombe, die zich tevreden had moeten stellen met een post als provinciegouverneur, benadrukte nog maar eens het belang van de warme vriendschapsbanden tussen België en Congo. Tijdens de onafhankelijkheidsviering in de mijnstad zong het kinderkoor De Zangertjes van het Koperen Kruis enige zoetgevooisde hymnes. Kolonialen, die moesten wennen aan het feit dat ze nu plotseling ex-kolonialen waren, gingen zelfs feesten in de inheemse wijken en waren er welkom.[14] Ook elders in het land waren er missen, cantates en huldeblijken. Het nieuws van Lumumba's speech drong pas later door. Inhoudelijk spraken weinigen hem tegen, maar velen vroegen zich af of dat nu wel nodig was geweest. Een inwoner van de hoofdstad zei: 'De bevalling gebeurt in weeën. Zo is het nu eenmaal. Maar wanneer het kind geboren is, lacht men het toe.'[15]

Zo verliep die eerste dag van het vrije Congo. Er waren optochten en spelen, volksdansen en vuurwerk. Vier dagen lang zou het feest duren, van donderdag tot zondag. Congo begon met een lang weekend vrijaf. Er waren sportwedstrijden in het Stade Baudouin (Kasavubu moest de beker uitreiken aan de overwinnaars, maar Lumumba trok die uit zijn handen en deed het zelf).[16] Er was een wielerwedstrijd in de straten van de stad (de meest Belgische van alle sporten, maar de eerste drie plaatsen waren voor Congolezen). En er was vooral bier, veel bier, zéér veel bier. Het was het eind van de maand, iedereen was net uitbetaald. De bars hadden muren van kratten. Na enkele dagen gelastte het nieuwe bewind dat alle verkooppunten voor drank tussen zes uur 's avonds en zeven uur 's ochtends moesten sluiten. Het liep wat uit de hand, maar het was onschuldig. Op wat onlusten in Kasai na waren er geen aanvallen tegen de Belgen, geen lynchpartijen, geen verkrachtingen, geen plunderingen van Europese huizen.

Eén man lag echter op die eerste, onafhankelijke dag op de grond van een gevangeniscel te kreunen van de pijn: Longin Ngwadi! De man uit Kikwit, de gelovige die priester had willen worden maar dat niet mocht, *Elastique*, de stervoetballer van Daring Club, de voormalige boy van gouverneur-generaal Pétillon, de man die naar België was gereisd om de Expo niét te zien, hij, uitgerekend hij, was de eerste dissident van de nieuwe staat. 'Mijn maag was gezwollen als een ballon. Ik bloedde uit mijn neus en anus. Ik plaste bloed, liet slechte winden. Ik had handboeien om, alsof ik iets gestolen had.' Toen Jamais Kolonga zich om vier uur 's ochtends piekfijn stond uit te dossen voor de grote dag en Lumumba nog aan zijn speech zat te schrijven, lag Longin al uren te kermen om zijn lot. Daags voordien was hij gearresteerd door de provinciegouverneur Bomans. 'Met twee jeeps vol militairen waren ze me komen halen. "U bent gek," zei Bomans tegen me. "Ik ben niet gek," zei ik, "ik ben normaal. Koning Boudewijn is mijn broer. Doe wat u wil, ik ben een profeet, zoals Elia of Jeremiah."'

Toen ik Longin Ngwadi na maanden zoeken in 2008 eindelijk in Kikwit ontmoette, was hij zich aan het wassen in de rivier. Om mij te ontvangen trok hij zijn dierbaarste kleren aan: een hemd met pantermotief waarop hij een foto van Lumumba met Gizenga had gespeld. Gizenga was zijn grote politieke held, een man uit zijn streek die vicepremier was in de regering van Lumumba en op het moment van onze ontmoeting zijn laatste dagen als eerste minister onder Joseph Kabila sleet. Papa Longin was een van de kleurrijkste Congolezen die ik ooit heb ontmoet, en niet alleen vanwege zijn wonderlijke levenswandel. Alleen zijn opsmuk was al adembenemend. Om zijn nek droeg hij bij die eerste kennismaking een groot kruisbeeld, naast een medaillon van de Heilige Theresa met het kindje Jezus, een medaillon van de aartsengel Michael, een blauw kruisje van Lourdes, een oude sleutel van het merk ICSA, *made in Italy*, die hij omschreef als 'de sleutel van de hemel', een hamer die voor hem verwees naar 'Jean Marteau, de bijnaam voor Kamitatu', de andere grote politicus uit de streek, en tot slot een fluitje, 'want als ik een visioen heb, fluit ik iedereen bijeen om de boodschap door te geven'.

Hij had nog steeds hetzelfde hoge, bolle voorhoofd als op die beroemde foto. Zijn wangen waren ingevallen, maar zijn eivormige oogkassen waren onveranderd. Toen in de loop van het gesprek zijn adolescente zoon erbij kwam zitten, was er geen twijfel meer mogelijk: hij leek als twee druppels water op de man die met die degen wegrende.

'Ja, ik ben het die de degen van Boudewijn heeft afgepakt. Boudewijn was een icoon, een *chouchou*, hij was eenvoudig, heel jong, heel mooi.'

Nadat Longin was teruggekeerd van zijn Belgisch avontuur en Pétillon niet langer gouverneur-generaal was, raakte ook hij in de ban van de onafhankelijkheidskoorts. Hij had in het bijzonder oog voor de mystieke dimensies ervan. Hij doolde door de straten van Léopoldville en ging elke dag in de gemeente Limete naar de Eglise Saint-Pierre. Daar droeg Monseigneur Malula de mis op. Malula was in 1959 tot bisschop gewijd, een bijzonder intelligente man die de onafhankelijkheidsstrijd van nabij meemaakte en zelfs betrokken was geweest bij het manifest van de *Conscience africaine*. Later zou hij de eerste kardinaal uit Congo worden en lijnrecht tegenover Mobutu komen te staan.

'Elke dag ging ik naar zijn kerk. Als ik bad, werd alles licht. Ik had de kracht van de geest en de visie van de geschiedenis. Alle gebeden kwamen alsof ik ze op voorhand al kende, ik zong allerlei nieuwe gezangen, ik brak alle geheimen, ik zag bloemen, veel bloemen. *Tiens*, zei ik, de goede God schenkt me vrede. Ik ging dat vertellen aan Malula. Hij gaf me een bic en een schriftje en vroeg me mijn visioenen op te schrijven.'

Ook vandaag is Longin nog steeds een uiterst gelovig man. Zijn hele bestaan is doordesemd van spiritualiteit. Hij bidt voortdurend, begint geen gesprek zonder eerst zijn bezoekers te zegenen met haarlak of parfum en slaat zijn handen ten hemel om bescherming te vragen. Religie en politiek lopen bij hem naadloos in elkaar over. Beneveld door goedkoop vrouwenparfum wandelde ik eens met hem over de markt van Kikwit, een langgerekte markt langs de hoofdstraat van de benedenstad, die zich uitstrekt tot aan de brug over de Kwilu. Om de vijf minuten bleef hij staan, blies op zijn schelle fluitje en riep tegen al wie het horen wilde in het Kikongo: 'Kinderen van Kikwit, als jullie nu nog niet geloven in mijn kracht, zie dan deze bezoeker. Ik heb Gizenga gevraagd om een blanke te sturen en nu is hij er!' Zijn zoon moest hem na een half uur manen dat visioen bij te stellen, omdat niet iedereen een adept van Gizenga was en mijn veiligheid in het gedrang kon komen. Op de markt, net voor de brug, stond een luguber kraampje met fetisjen, kruiden, maskers en apenschedels. Niemand hield er halt. 'Niet kijken,' zei de zoon tegen me, 'dat brengt ongeluk.' Maar Longin tuurde aandachtig naar alle spullen en voelde zich machtiger dan al die hekserij. Thuis had hij een magische degen gemaakt. De oude steel van een paraplu had hij aangekleed met kunstbloemen, restjes koperdraad, een christusbeeld met bloemen en een vlagje van de Palu, de Parti Lumumbiste Unifié, de huidige partij van Gizenga. De referentie naar de magische degen van vijftig jaar geleden was overduidelijk. In zijn bricolage liepen memorie en mystiek moeiteloos door elkaar heen.

'Ik had goed post gevat en wachtte Boudewijn op bij het station, bij het monument voor de spoorwegarbeiders. Iedereen wilde hem zien, hij was een mooie jongen, maar overal stonden militairen klaar met hun geweer. Het was onmogelijk, maar ik glipte erdoor dankzij mijn kracht. Ik wilde de koning bloemen geven om hem mijn liefde te tonen, maar ik zag die lange, blinkende degen en nam hem *pour la folie*. En ik liep er vijf meter mee weg, maar toen hoorde ik de soldaten hun wapens laden. Koning Boudewijn zei: "Geen wapens." Ik liep naar hem terug en zei: "Ik wens u een goede reis in Congo. De goede God heeft me net ingegeven om uw degen te pakken. We gaan naar het parlement als goede bekenden. Het is tijd dat wij onafhankelijkheid krijgen. De Europese vrouwen zijn zoals de Maagd Maria, maar later zal de goede God ons de vrede geven om met blanke vrouwen te trouwen. België is ver, zo ver als de hemel, een gemeengoed waar men ook zwarten zal hebben. Een gemeenschappelijke markt. De zwarten zullen naar België gaan. Ik ben niet gek, ik ben normaal. Ik geef u uw degen terug." Boudewijn antwoordde: "Niemand mag u slaan! Ik zal u een geschenk geven. Vergeet mij niet. Het is waar, later zult gij trouwen met een blanke vrouw, op voorwaarde dat gij Frans kent." Maar hij vertrok nog diezelfde dag, zonder mij een cadeau te geven. Het bleef bij die belofte.'

Of dit merkwaardige gesprek echt heeft plaatsgevonden is nog maar de vraag. Mystiek en erotiek botsten er op geniale wijze met de Europese actualiteit (de gemeenschappelijke markt!) en de Belgische taalstrijd (Frans leren!). Maar dat een lichtelijk andersdenkende man een halve eeuw na de feesten zich de onafhankelijkheid herinnert als een belofte die nooit werd ingewilligd, is op zich al veelzeggend. Door de kieren van zijn maffe verdichting priemt vandaag het licht van een diepe waarheid: de onafhankelijkheid had een geschenk moeten zijn, maar het bleef bij een holle belofte.

Kaart 7 : De Eerste Republiek: secessies en opstanden

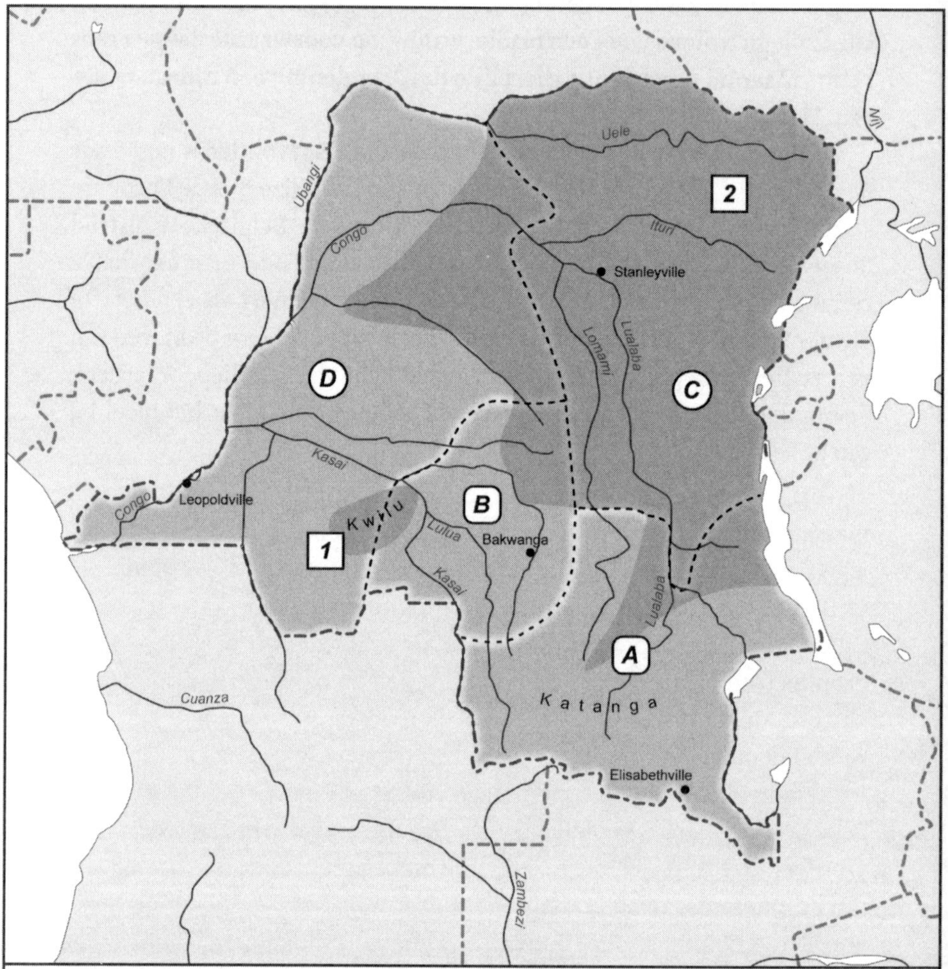

Verbrokkeling van het centraal gezag in 1960

A - Afscheuring van Katanga (juli 1960)
B - Afscheuring van Kasai (augustus 1960)
C - Regering-Gizenga trekt naar Stanleyville (november 1960)
D - Regering-Kasavubu/Mobutu controleert enkel de westelijke helft

Opstanden in 1964 :

1 - Opstand Mulele in Kwilu
2 - Opstand van de Simba's

500 Km

8

De strijd om de troon

De woelige jaren van de Eerste Republiek

1960-1965

Dat het een beetje improviseren zou worden die eerste tijd na de onafhankelijkheid, dat wist iedereen. Dat niet alles van een leien dakje zou lopen, was tot daaraantoe. Maar dat Congo in de eerste zes maanden van zijn bestaan zou moeten afrekenen met ernstige muiterij in het leger, een massale vlucht van achtergebleven Belgen, een invasie van het Belgische leger, militaire inmenging van de Verenigde Naties, logistieke steun van de Sovjet-Unie, een zeer verhitte fase van de Koude Oorlog, een constitutionele crisis zonder weerga, twee secessies die een derde van het grondgebied besloegen en op de koop toe een gevangengenomen, gevluchte, opgepakte, gemartelde en vermoorde premier, nee, dat had werkelijk niemand voorzien.

En het werd er niet beter op. De periode tussen 1960 en 1965 staat nu bekend als de Eerste Republiek, maar had toen meer weg van het Laatste Oordeel. Het land viel uiteen, kreeg te maken met een burgeroorlog, etnische pogroms, twee staatsgrepen, drie rebellieën en zes regeringshoofden (Lumumba, Ileo, Bomboko, Adoula, Tshombe en Kimba), van wie er zeker twee, en misschien wel drie vermoord werden: Lumumba, doodgeschoten in 1961; Kimba, opgehangen in 1966; Tshombe, dood aangetroffen in een gevangeniscel in Algerije in 1969. Zelfs de secretaris-generaal van de Verenigde Naties, Dag Hammarskjöld, de man die aan het hoofd stond van een schoorvoetende wereldregering, liet er in nooit opgehelderde omstandigheden het leven: een unicum in het naoorlogse multilateralisme. De dodentol onder de Congolese bevolking was zelfs niet bij te houden.

Congo's Eerste Republiek was een apocalyptisch tijdperk waarin alles wat mis kon lopen ook inderdaad misliep. Op politiek en militair vlak raakte het land ondergedompeld in een totale, onontwarbare chaos, op economisch vlak was het plaatje eenduidiger: het ging van kwaad tot erger. Toch viel Congo niet ten prooi aan wilde irrationaliteit. De ellende van de eerste vijf jaar was niet het gevolg van een barbaarse renaissance, van de wederopstanding van een of ander primitivisme dat tijdens de koloniale jaren onderdrukt was, laat staan van een onvatbare 'Bantoeziel'. Nee, ook hier was de chaos eerder het resultaat van logica dan van onredelijkheid, juister gezegd: van de confrontatie van uiteenlopende logica's. De president, de premier, het leger, de rebellen, de Belgen, de VN, de Russen, de Amerikanen: ieder op zich hanteerden ze logica's die binnenskamers consistent en begrijpelijk waren, maar onderling vaak onverzoenbaar bleken. Net als in het theater was ook hier de tragedie van de geschiedenis geen zaak van redelijken versus redelozen, van goeden versus slechten, maar van mensen die samenkwamen en zichzelf stuk voor stuk als goed en redelijk beschouwden. Idealisten stonden tegenover idealisten, maar elk idealisme dat te fanatiek beleden wordt leidt tot verblinding, de verblinding der goeden. De geschiedenis is een afschuwelijk gerecht bereid met de beste ingrediënten.

De woelige eerste vijf jaar van Congo valt in drie fasen uiteen. Een eerste fase liep van 30 juni 1960 tot 17 januari 1961, de dag waarop Lumumba werd vermoord. Tijdens die eerste zes maanden stortte het kaartenhuisje van de koloniale staat in en beheerste *the Congo crisis* week na week het wereldnieuws. Een tweede fase had betrekking op de periode 1961-1963 en stond voornamelijk in het teken van de Katangese secessie. Ze eindigde toen de opstandige provincie zich, na zwaar militair optreden van de VN, weer aansloot bij de rest van het land. Een derde fase begon met het jaar 1964, waarin in het oosten een rebellie uitbrak die de helft van het land in haar greep kreeg. Moeizaam heroverde het centrale gezag de controle over het grondgebied. Het jaar 1965 moest een terugkeer van de normaliteit inluiden, maar eindigde onverwachts met de staatsgreep van Mobutu op 24 november. Die staatsgreep werd bepalend voor de geschiedenis. Mobutu bleef de daaropvolgende tweeëndertig jaar aan de macht, tot 1997. Dit werd de zogenaamde Tweede Republiek, een aanvankelijk strak gecentraliseerd bewind dat uitgroeide tot een dictatuur.

De Eerste Republiek werd gekenmerkt door een wirwar van namen van Congolese politici en militairen, Europese raadgevers, VN-personeel, blanke huurlingen en inheemse rebellen. Vier namen echter beheersten het spel: Kasavubu, Lumumba, Tshombe en Mobutu. Tussen hen ontspon zich een machtsstrijd die qua complexiteit en intensiteit niet hoefde onder te doen voor de koningsdrama's van Shakespeare. De geschiedenis van de Eerste Republiek is de geschiedenis van een bikkelharde afvalrace tussen vier mannen die voor het eerst het spel van de democratie moesten spelen. Een onmogelijke opdracht. Geen van hen had in eigen land ooit één dag onder een democratie geleefd. Belgisch Congo had geen parlement gekend, er was geen cultuur geweest van geïnstitutionaliseerde oppositie, van overleg, het zoeken naar consensus, het leren leven met compromissen. Alles werd beslist vanuit Brussel. Het koloniaal bewind ter plekke was een uitvoerende administratie. Meningsverschillen werden voor de inlandse bevolking verdoezeld, want die konden alleen maar het prestige van de kolonisator aantasten. De hoogste gezagsdrager, de gouverneur-generaal met zijn witte helm vol gierenpluimen, leek in zijn schijnbaar onaantastbare almacht meer op een traditionele chef van een feodaal Afrikaans koninkrijk dan op een topambtenaar van een democratisch regime. Is het dan vreemd dat die eerste generatie Congolese politici worstelde met de democratische beginselen? Is het dan vreemd dat zij eerder leken op troonpretendenten die elkaar naar het leven stonden dan op verkozen bewindslieden? Bij de historische koninkrijken in de savanne leidde troonswisseling altijd tot een hevige machtsstrijd. In 1960 was het niet anders.

Ging het er tenslotte niet om wie koning Boudewijn mocht opvolgen? Kasavubu was de eerste en enige president van de Eerste Republiek. Het gala-uniform dat hij voor zichzelf liet ontwerpen, was een exacte kopie van dat van Boudewijn. Léopoldville en Bas-Congo steunden hem massaal. Zijn positie als staatshoofd is zelden openlijk bedreigd geweest, maar in 1965 werd hij aan de kant geschoven door Mobutu. Ook diens galatenue bleek even later afgekeken van dat van Boudewijn.

Lumumba's machtsbasis lag in het oosten, met Stanleyville als centrum. Hij was de populairste politicus van Congo, maar baalde dat hij Kasavubu als president boven zich had moeten dulden. Van de Eerste Republiek zou hij enkel de eerste zes maanden meemaken, maar ook na zijn dood bleef zijn gedachtegoed de politiek in sterke mate kleuren.

Tshombe baalde nog meer. Bij de regeringsvorming was zijn partij er bekaaid van afgekomen. Hijzelf had zich tevreden moeten stellen met de functie van provinciegouverneur van Katanga in Elisabethville. En ook al was dat qua oppervlakte en industrie nog altijd alsof hij binnen een verenigd Europa bondskanselier van Duitsland werd, hij moest aanvaarden dat het centrum van de macht elders lag, in Léopoldville.

Mobutu ten slotte was op de dag van de onafhankelijkheid de onbeduidendste van de vier: hij was de privésecretaris van Lumumba. Hij had geen grote stad achter zich zoals de andere drie, laat staan een machtig volk zoals Kasavubu (met de Bakongo) of Tshombe (met de Lunda). Hij kwam uit een kleine stam helemaal uit het noorden van de Equateur, de Ngbandi, een perifere bevolkingsgroep die niet eens een Bantoe-taal sprak, zoals de rest van Congo. Met zijn 29 jaar was hij ook de jongste van het groepje (Kasavubu was 45, Tshombe 40, Lumumba 35). Maar vijf jaar later was hij oppermachtig. Hij zou uitgroeien tot een van de invloedrijkste persoonlijkheden van Centraal-Afrika en tot een van de rijkste mensen ter wereld. Het klassieke verhaal van de loopjongen die maffiabaas werd.

Tijdens het eerste bedrijf van Congo's onafhankelijkheid was Patrice Lumumba de onbetwiste spilfiguur. Na zijn opruiende speech bij de overdrachtsceremonie waren alle ogen op hem gericht. Toen het doek van het Congolese drama opging, was hij een dynamische volkstribuun die aanbeden werd door tienduizenden kleine luiden. Slechts enkele scènes later werd hij al veracht, bespuwd en gedwongen om een kopie van zijn speech op te eten.

Juli 1960. Droog seizoen. Staalblauwe hemel. Vier dagen lang duurden de onafhankelijkheidsfeesten. Het leger, de Force Publique, handhaafde als vanouds de openbare orde. Het was de rots in de branding. Het pas onafhankelijke Congo had de wind niet meteen in de zeilen – de politieke instellingen waren pril, de bestuurlijke ervaring nihil, de uitdagingen gigantisch – maar de strijdkrachten stonden als een huis. Het officierskorps was nog integraal Belgisch: duizend Europeanen hadden de leiding over vijfentwintigduizend Congolezen. De opperbevelhebber was nog steeds generaal Janssens, de man die de rellen van januari 1959 met harde hand had neergeslagen. Hij was ongetwijfeld de meest Pruisische van alle Belgische officieren, een groot militair met een rigide geest: tucht was heilig voor hem, protest een vergissing, wanorde een teken van karakterzwakte. Als minister moest hij Lumumba boven zich dulden, want die had naast het premierschap ook de portefeuille van Landsverdediging gekregen. Over Lumumba zou hij later schrijven: 'Morele persoonlijkheid: geen; intellectuele persoonlijkheid: geheel oppervlakkig; fysieke persoonlijkheid: door zijn zenuwstelsel leek hij meer op een katachtige dan een mens.'[1] Dat gaf aan hoe de kaarten lagen. Congo was dan wel onafhankelijk, maar de Belgen controleerden naast de economische macht nog volop het militaire apparaat.

Op donderdag 30 juni knalde het vuurwerk, op maandag 4 juli ging het al mis. Als stabiel land heeft Congo slechts enkele dagen bestaan. Tijdens de middagparade in de Leopold II-kazerne weigerden enkele militairen te gehoorzamen. Generaal Janssens kwam erbij en deed wat hij in zulke gevallen altijd deed: de recalcitrante elementen degraderen. Het effect was dit keer averechts. 's Anderendaags kwamen zo'n vijfhonderd soldaten in de kantine bijeen om uiting te geven aan hun onvrede. De soldaten waren moe. Al anderhalf jaar hadden ze links en rechts in het land brandjes moeten blussen. Ze zuchtten naar doorgroeimogelijkheden binnen de militaire hiërarchie, naar meer soldij en minder racisme. Kort voor de onafhankelijkheid al schreven ze:

> Niemand vergeet dat in de Force Publique wij, militairen, behandeld worden als slaven. Men straft ons arbitrair omdat we negers zijn. We hebben geen recht op dezelfde voordelen en voorzieningen als onze officieren. Onze tweepersoonskamers zijn erg krap (7,50 m^2 oppervlak) en hebben geen meubels of elektriciteit. Wij eten weinig en onze voeding voldoet bij lange na niet aan de hygiënische voorwaarden. Het salaris dat men ons toekent is niet voldoende om aan de huidige kosten van levensonderhoud het hoofd te bieden. Wij mogen geen kranten lezen die geleid worden door zwarten. Het volstaat betrapt te worden met *Présence congolaise, Indépendance, Emancipation, Notre Congo*... om meteen twee weken gevangenis te krijgen. Na die onrechtvaardige straf word je overgeplaatst naar de tuchtcompagnie van Lokandu, waar je geleerd wordt militair te leven. (...) In de Force Publique leven onze officieren op zijn Amerikaans; zij zijn beter gehuisvest, ze wonen in grote, moderne huizen, allemaal ingericht door de Force Publique, hun levensstandaard is erg hoog, ze zijn hovaardig en leven als heren; dat alles voor het prestige, omdat ze blank zijn. Vandaag is het de unanieme wens van alle Congolese militairen om de commandoposten te bekleden, een fatsoenlijk salaris te ontvangen en een halt toe te roepen aan elke vorm van discriminatie binnen de Force Publique.[2]

Om zoveel frustratie te counteren was een ingrijpende legerhervorming nodig, maar voor generaal Janssens was het uitgesloten dat die er zou komen tijdens de bewogen maanden voor en na de onafhankelijkheid. De eerste lichting Congolese officieren was in opleiding aan de Koninklijke Militaire School in Brussel, in Luluabourg was een school voor onderofficieren in het leven geroepen. Binnen enkele jaren zouden zij aan de slag kunnen, maar vooralsnog bleef alles bij het oude. Op dinsdagochtend 5 juli trok Janssens naar de Leopold II-kazerne en gaf hij zijn manschappen een niet mis te verstane les in militaire discipline: de Force Publique stond ten dienste van het land, dat was zo ten tijde van Belgisch Congo, dat moest ook nu zo zijn. En om zijn redenering kracht bij te zetten schreef hij in grote letters op een schoolbord: '*Avant l'indépendance = après l'indépendance.*' Dat was geen goed idee. Bij de militairen schoot die slogan helemaal in het verkeerde keelgat. Zij hadden moeten vaststellen hoe Congolese ambtenaren van de ene dag op de andere hoge posten in de administratie kregen, hoe politici zéér wel voeren bij die grote overgang. Het nieuwe parlement had als een van zijn eerste beleidsdaden beslist dat de volksvertegenwoordigers recht hadden op een vergoeding van 500.000 frank, bijna tweemaal zoveel als hun Belgische collega's.[3] Met een schok begrepen de militairen dat het feest van de onafhankelijkheid voor hen niets in petto had.

Vaak wordt de muiterij van het leger verklaard door te verwijzen naar de opruiende speech van Lumumba. Het is maar de vraag of dat juist is, want de soldaten waren net zo boos op hun kersverse bestuurders als op hun blanke oversten. Ze wilden hun woede niet alleen koelen op generaal Janssens maar ook op de figuur van Lumumba zelf! Voor hen was hij minder een held dan een minister van Defensie die zelf nooit militair was geweest, een intellectueel in rokkostuum met een strikje, die mooie sier maakte terwijl hun lot onveranderd bleef, ondanks al zijn mooie beloftes.[4]

Nog dezelfde dag, 5 juli, sloeg de muiterij over naar de garnizoenstad Thysville, op nauwelijks twee uur rijden van de hoofdstad. Daar ging het er heel wat gewelddadiger aan toe. Honderden militairen kwamen in opstand. Ze rosten hun officieren af en dwongen hen, met vrouw en kroost, dekking te zoeken in de mess. Ondertussen bezetten zij het munitiedepot. Buiten de kazerne, langs de weg naar de hoofdstad, kwam het tot zeer ernstige rellen in de streek van Madimba-Inkisi. Militairen belaagden ditmaal geen blanke officieren, maar blanke burgers. Verscheidene Europese vrouwen waren het slachtoffer van seksueel geweld. Een van hen werd in een tijdsbestek van vijf uur zestien keer verkracht, in het bijzijn van haar man, moeder en kinderen.[5] De geruchten hierover zouden pas enkele dagen later de hoofdstad bereiken.

Ondertussen probeerde Lumumba met alle mogelijke middelen het hoofd te bieden aan de muiterij in zijn leger. Hij nam drie opeenvolgende maatregelen, die stuk voor stuk goedbedoeld waren, maar waarvan hij de verstrekkende gevolgen niet kon overzien. Op 6 juli inspecteerde hij, samen met generaal Janssens, de troepen in de Leopold II-kazerne in de hoofdstad. Bij die gelegenheid beloofde hij de rang van elke soldaat te verhogen. 'De soldaat tweede klasse wordt een soldaat eerste klasse, de soldaat eerste klasse wordt korporaal, de korporaal wordt sergeant, de sergeant wordt eerste sergeant, de eerste sergeant wordt sergeant-majoor, de sergeant-majoor wordt eerste sergeant-majoor en de eerste sergeant-majoor wordt adjudant.'[6] Het gewenste effect bleef uit. '*Lokuta!*' riepen de militairen, 'leugens'.[7] Zo makkelijk lieten ze zich niet afpoeieren. Het ging hen om de hogere rangen.

Twee dagen later deed Lumumba er een schepje bovenop. Hij zette generaal Janssens aan de kant en benoemde in zijn plaats Victor Lundula tot opperbevelhebber van de strijdkrachten, met Joseph-Désiré Mobutu als diens stafchef. Een afrikanisering van de top van het legerkader moest het moreel van de troepen toch wel kunnen opkrikken? In één beweging ging hij over tot zijn derde maatregel: een versnelde en radicale afrikanisering van het officierskorps. De militairen mochten zelf namen voordragen van hun kandidaat-officieren. Zo werden sergeanten en adjudanten in één ruk majoor of kolonel. Om die breuk te beklemtonen moest de Force Publique ook een andere naam krijgen: voortaan heetten de strijdkrachten het Armée Nationale Congolaise (ANC).

Die beslissingen susten de boel enigszins, maar het resultaat was desastreus: de pas geboren Republiek Congo had na één week geen functioneel leger meer. De meest solide pijler van de nieuwe staat was onderuitgehaald. In het gedemilitariseerde Europa van vandaag, waar de NAVO onzichtbaar de veiligheid verzorgt, valt het moeilijk te beseffen hoe cruciaal de rol van een leger is in een prille staat. De staat wordt pas staat naarmate hij het geweld (sociaal, tribaal, territoriaal) kan monopoliseren. In het onrustige Congo van de jaren zestig was het leger van levensbelang. Maar de Force Publique, het koloniale leger dat kon bogen op uiterst belangrijke overwinningen in de Eerste en Tweede Wereldoorlog, was in één week tijd teruggebracht tot een ongezeglijke bende. Het opperbevel was nu in handen van twee reservisten: Lundula, de burgemeester van Jadotville, die vijftien jaar eerder sergeant-verpleger was geweest, en Mobutu, een journalist die een blauwe maandag als sergeant-boekhouder had gewerkt en sinds kort de vertrouweling van Lumumba was. Ooit reden ze samen op de brommer door de straten van Léopoldville, nu waren ze respectievelijk premier en stafchef van een onmetelijk land met een haveloos leger. Dat Mobutu ook de vertrouweling was van de Belgische en Amerikaanse inlichtingendiensten, daar wilde Lumumba niet van weten. Die weigering zou hem zijn leven kosten.

Lumumba's pogingen om de muiterij te bestrijden doen denken aan de Belgische pacificatiepogingen van de sociale onlusten in de jaren vijftig: geconfronteerd met een opstandig deel van de samenleving nam ook hij overhaaste besluiten die bestonden uit gewichtige toegevingen waarmee hij hoopte sociale rust af te kopen. Maar het resultaat was ook nu precies het tegendeel. Het ressentiment raakte niet ingedijkt, maar zwol juist verder aan.

'Onze vrouwen worden verkracht!' Het gerucht verspreidde zich als een lopend vuur in de Europese gemeenschap. Op 7 juli was een trein vol gevluchte Belgen uit Thysville in de hoofdstad aangekomen. Hun verhalen overtroffen voor velen de somberste scenario's. Sommigen waren bespuwd, vernederd en uitgejouwd, velen voelden zich bedreigd. Maar het rumoer over seksueel geweld zorgde voor de grootste paniek. In de koloniale samenleving was er geen grotere kloof dan die tussen de Afrikaanse man en de Europese vrouw (het omgekeerde, contact tussen een Europese man en een Afrikaanse vrouw, was schering en inslag). Jamais Kolonga was een nationale beroemdheid geworden door met een blanke te dansen. Longin Ngwadi vertelde aan koning Boudewijn dat hij met een Europese wilde trouwen. Naïeve zielen hadden voor *30 juin* gemeend dat ze een Belgische woning en een Belgische vrouw konden overkopen. De blanke vrouw was onbereikbaar en wekte juist daarom zo'n intense nieuwsgierigheid. In de late jaren vijftig maakte een Belgische koloniaal een grappig, maar veelzeggend voorval mee:

> Op de post Katana was er een postkantoor met inlandse postmeester. Op zekere dag komt de postmeester bij mij en zegt: 'Mijnheer, ze

> hebben mij bedrogen.' En ik antwoord: 'Vertel eens op.' 'Wel, mijnheer (alles verliep in het Swahili), kijk hier, ik heb een cataloog van de Au Bon Marché in Brussel en kijk naar deze foto hier. (Er stond een mooie meid op met een prachtige bh.) Ik heb dat besteld en weet je wat ze me sturen? Een lege bh.' Onze postmeester zei me achteraf dat hij meende het meisje erbij te krijgen, hij vond de prijs goedkoop in vergelijking met een bruidsschat voor een inlandse vrouw.[8]

Blanke vrouwen in koloniaal Congo waren nagenoeg altijd getrouwde vrouwen of nonnen. Hun seksuele beschikbaarheid was miniem. Seksueel geweld na de onafhankelijkheid was een brutale manier om zich het onbereikbaarste element van de koloniale samenleving alsnog toe te eigenen en tegelijkertijd de voormalige machthebber diep te vernederen. Aan beide zijden leefden clichés: als voor veel Congolese mannen de blanke vrouw een half mythisch wezen was, dan hadden veel Europeanen altijd al half mythische voorstellingen over Afrikaanse seksualiteit. Die clichés beïnvloedden de gebeurtenissen. De verkrachtingen waren gruwelijk, maar hun aantal stond niet in verhouding tot de paniek die ze bij de Europeanen veroorzaakten. Iedereen jutte elkaar op met gruwelverhalen.

Een grootschalige exodus was het gevolg, nog voor er één dode was gevallen. Binnen enkele weken verlieten naar schatting dertigduizend Belgen het land.[9] In Léopoldville stonden de auto's in kilometerslange files om bij de Beach ingescheept te worden op de veerboot naar Brazzaville. Veel Volkswagen-kevers, veel pick-ups, veel Mercedessen met nog steeds de CB-sticker van *Congo belge* op de bumper... Elders bleven de auto's gewoon achter. Vóór de onafhankelijkheid had Brussel zoveel mogelijk Belgen verzocht om op hun post te blijven in de kolonie – het jonge Congo zou hun expertise broodnodig hebben – maar twee weken later ried België zijn landgenoten aan naar huis terug te keren of alvast vrouwen en kinderen in veiligheid te brengen. Sabena organiseerde een luchtbrug die binnen drie weken tienduizenden Europeanen weghaalde uit Congo. Het was een hallucinante aftocht. Zo'n tienduizend ambtenaren, dertienduizend bedienden uit de privésector en achtduizend kolonisten (plantagehouders) vertrokken.

Vandaag weten we dat die plotse massapsychose niet in verhouding stond tot het reële gevaar. Het leek op een bioscoop die leegstormde nadat iemand hysterisch 'Brand! Brand!' had geroepen, terwijl in werkelijkheid enkel een asbak vlam had gevat. 'Zie je wel dat het vreselijk brandt!' schreeuwden de bioscoopbezoekers op weg naar de uitgang, maar ze leken niet te beseffen dat het vuur juist werd aangewakkerd doordat ze zelf de zaaldeuren openden. De situatie was ernstig, zonder meer, maar er was geen reden tot een algemene evacuatie. Het mocht niet baten. Elke golf van paniek bereikt op een bepaald moment een dynamiek die niet meer te temperen valt. Net zoals de kazerne van Luluabourg in 1944 leegliep door een irrationele vrees voor een vaccinatiecampagne, liepen de Europese bewoners uit Congo weg door een slecht ingeschat veiligheidsrisico.

Toch waren er ook toen mensen die het hoofd koel wisten te houden. In Bas-Congo, in het dorpje Nsioni, verbleef ik in 2008 enkele dagen bij de oude dokter Jacques Courtejoie, een man uit Stavelot (in de provincie Luik) die als kind het Ardennenoffensief op driehonderd meter van zijn ouderlijk huis had meegemaakt. Een les in koelbloedigheid. Hij woonde al sinds 1958 in Congo, altijd alleen, altijd ongehuwd, als een missionaris van de wetenschap, een eenmanszaak van humanisme, toewijding en optimisme. Hij had een half dozijn mensen uit de streek opgeleid en gevormd; hij gaf ze verantwoordelijkheid en zelfvertrouwen. Samen maakten ze boeken en affiches met medische voorlichting die over heel Congo werden verspreid, boeken over lintwormen, oogziektes en zelf konijnen kweken, affiches over handen wassen, tbc en borstvoeding. Zelden zag ik een man in moeizame omstandigheden de menselijke waardigheid zo eenvoudig dienen. Een onbekende dokter Schweitzer. Vanaf de eerste dag van zijn verblijf in Congo had Jacques Courtejoie een hekel aan het kolonialisme. 'In juli 1960 hoorde ik de berichten op de radio. Overal brak paniek uit, iedereen vluchtte weg. Ik probeerde het hoofd koel te houden en rationeel te zijn. Ik zag echt niet in waarom ik weg zou moeten.' Hij was een van de weinigen die bleven. Na drie maanden onafhankelijkheid telde Congo nog amper honderdtwintig artsen.[10] 'Er heerste toen zoveel irrationele angst. Om maar een voorbeeld te geven: twee maanden voor de onafhankelijkheid was ik nog gaan eten bij een blanke gewestbeheerder. Hij kwam laat thuis, omdat hij naar een politieke meeting van de Abako had gemoeten. Toen hij thuiskwam, zei zijn vrouw: "Ik mag toch hopen dat je niet de hand van die Kasavubu hebt geschud!" Ik hoor het haar nog zeggen. Zelfs toen nog was men vies van een Afrikaan! En twee maanden later was die man president van Congo! Dat was echt de sfeer toen. Een zwarte mocht nooit mee in de auto, hooguit achter in de laadbak van de pick-up, zelfs wanneer de persoon in kwestie ziek was of zwanger. Ik heb nog meegemaakt dat de oude moeder van een zwarte priester in de laadbak moest, terwijl ze ernstig ziek was. Hier in de streek tafelden blanken nooit samen met zwarten.'[11] Courtejoie verzet zich er nog elke dag tegen. Als hij vandaag met zijn medewerkers op stap gaat, mag iedereen mee tot de jeep tjokvol zit. Tijdens lunchpauzes onderweg deelt hij het maniokbrood met hen en eet hij uit hetzelfde blikje sardines.

Veel Europeanen sloegen op de vlucht met het idee om enkele maanden later, als het weer rustig was, terug te keren. Dat zou niet gebeuren. Onder Belgische ex-kolonialen zorgde dat voor veel bitterheid, vervuld met trots als ze waren over de geleverde prestatie. Velen vonden oprecht dat ze, als rijksingezetenen van een klein land, zichzelf overtroffen hadden en dat ze blijk hadden gegeven van toewijding en tomeloze inzet. Vladimir Drachoussoff, de agronoom die in de Tweede Wereldoorlog zijn boeiende dagboek had bijgehouden, herinnerde zich in de jaren tachtig 'de vreugde om mee te werken aan de uitbouw van een groot land dat vandaag buitenland is maar dat we intens als het onze ervoeren'.[12] De kolonie had velen kansen geboden die ze in Europa nooit hadden gehad, het was hun dierbaarste vaderland. Nu werd het een buitenland. Thomas Kanza, de eerste houder van een universitair diploma in Congo en de piepjonge minister in de regering-Lumumba, gaf blijk van een verbluffend inzicht in hun geestesgesteldheid toen hij schreef: 'Bijna allen bereikten meer in Afrika dan ze in Europa hadden gekund, want de mogelijkheid om initiatief te nemen, hun competenties te tonen, hun dynamiek, kortom, om hun persoonlijkheid te bevestigen, waren groter in de overzeese gebieden dan in Europa.'[13] Congo verlaten betekende dus ook: een droom opgeven, een droom van zelfontplooiing die voor velen hand in hand ging met een paternalistisch ideaal. Drachoussoff was daar andermaal heel eerlijk over: 'Ons paternalisme was solide en sereen: wij waren er diep en oprecht van overtuigd dat we niet alleen de dragers waren van een modernere beschaving maar van de beschaving *tout court*, die de maatstaf en de standaard van alle volkeren op aarde was. (...) Bijna allen waren we er trots op om Europeaan te zijn en benaderden we de wereld rondom ons als bouwers en vormgevers, met de wil om die te kneden en te transformeren en met de overtuiging dat we daar het recht toe hadden.' Dat kalme zelfvertrouwen had natuurlijk ook een duistere kant, realiseerde hij zich. De plotse vijandigheid tussen blank en zwart was niet uit de lucht komen vallen: 'Een begrijpelijk maar gevaarlijk gevoel van superioriteit beïnvloedde de dagelijkse praktijk van de kolonisatie. (...) De "beschavers" wilden graag beschermen en opvoeden, zolang het van hoog naar laag ging en de pupillen respectvol en onderdanig bleven. Niemand van ons ontsnapte helemaal aan die door God gegeven hiërarchie die bij de middelmatigen op primair racisme uitdraaide en de meer edelmoedigen een goed geweten verschafte.'[14]

Als die uittocht voor blanken frustrerend was, dan betekende hij voor het jonge land in kwestie een tweede zware klap. Simpel gesteld: na een week zat Congo zonder leger, na twee weken zonder bestuur. Juister gesteld: zonder de top van het bestuur. Van de 4878 hogere jobs werden er in 1959 slechts drie bemand door Congolezen.[15] Plotseling moesten laaggeschoolden belangrijke functies op zich nemen in de bureaucratie, vaak ver boven hun niveau. Het leger was essentieel voor de ordehandhaving, het bestuur voor de werking van de staat. In Kisangani sprak ik daarover met de zeer kleurrijke figuur papa Rovinscky, bijnaam van Désiré VanDuel, wat op zijn beurt ook weer een Belgisch aandoende bijnaam was voor zijn Afrikaanse naam: Bonyololo Lokombe. Als tijdens je leven je land al vier keer van naam verandert, waarom zou je dan niet mogen tornen aan je eigen naam? Papa Rovinscky verwelkomde zijn bezoek met muziek. Hij speelde spleettrommel en gong en was nog in staat berichten in de taal van zijn stam, de Lokele, over grote afstanden door te seinen. 'De blanke is hier en zit in de fauteuil,' trommelde hij rond op zijn brousse-telegraaf, toen ik mijn balpen en schriftje tevoorschijn haalde. Aan de muur van zijn woonkamer had hij zijn handgeschreven levensverhaal annex curriculum vitae opgehangen. Hij vermeldde zijn vijfendertig kinderen bij negen verschillende vrouwen, '*dont 8 cartouches perdues*', van wie acht verdwaalde kogels. Hij omschreef zichzelf als 'onafhankelijk journalist en diaken, aangeboren nationaal en internationaal historicus, extern medewerker van communicationele klasse [geen idee wat hij daarmee bedoelde, maar het klonk wel goed], vredeskunstenaar, multidimensioneel griot.' Maar vandaag, op 73-jarige leeftijd, kwam hij vooral rond door het timmeren van lijkkisten, voor kinderen met name, daar was veel vraag naar. In Congo sterft één op de vijf kinderen vóór de leeftijd van 5 jaar. Voorafgaand aan de onafhankelijkheid was hij stenograaf en typist bij het koloniale bestuur. Hij kon blind typen ('Mijn vingers hadden ogen'), maar na de onafhankelijkheid werd hij plots gebombardeerd tot eerste gemeentesecretaris van Tshopo. 'Er waren nog maar een paar blanken, de andere kaders waren allemaal zwart. Niemand was voorbereid. De burgemeester zocht een team bij elkaar. Omdat ik het steno beheerste en kon typen, werd ik gemeentesecretaris. Ik moest de notulen maken van de gemeenteraad. Dat was echt niet gemakkelijk voor mij! Ik had geen enkele vorming!'[16]

De exodus van de Belgen had ook belangrijke economische gevolgen. In de tweede helft van 1960 kende de landbouw die op de export gericht was een scherpe terugval. Katoen, koffie en rubber, klaar om geoogst te worden, werden niet meer uitgevoerd. De gewassen stonden te rotten op de plantages. De export van cacao en palmnoten viel met meer dan de helft terug.[17] Ook andere sectoren die sterk afhankelijk waren van Europese knowhow kregen klappen: bosbouw, wegenbouw, de transportsector, de dienstensector. Alleen de mijnbouw bleef min of meer stabiel. De werkloosheid steeg sterk. Wie jaren boy, kok of schoonmaakster was geweest voor een blank gezin, stond ineens op straat. Tienduizenden mensen op de plantages, suikerraffinaderijen, zeepziederijen en bierbrouwerijen verloren hun baan. Op termijn maakte de industriële landbouw plaats voor de traditionele landbouw. Men ging weer maniok kweken, maïs pellen en sprinkhanen verzamelen, men ging weer langs bij familie wanneer men honger had. Het huisgezin, hét ideaal van de évolué, onverdroten gepromoot door de missies, zou na verloop van tijd weer ingeruild worden voor de *extended family*, het ruime netwerk van ooms, neven en nichten waarop men in tijden van schaarste terug kon vallen.

De onlusten van juli 1960 verwoestten niet alleen het leger, het bestuur en de economie, ze leidden ook nog eens tot een gewapend conflict. In Elisabethville vielen op 9 juli de eerste doden: vijf Europeanen, onder wie de Italiaanse consul, werden afgeslacht. Zo kon het niet verder, besloot diezelfde nacht nog de Belgische minister van Defensie Arthur Gilson. Tegen het advies van minister van Buitenlandse Zaken Wigny in en zonder de Belgische ambassadeur in Léopoldville in te lichten, zette hij het licht op groen voor militair ingrijpen.[18] Het leven van landgenoten was in gevaar, luidde zijn redenering. 's Ochtends vroeg, op 10 juli, stegen vanaf de luchtmachtbasis Kamina toestellen van de Belgische luchtmacht op met troepen voor Elisabethville. In Luluabourg werd die dag een groep paracommando's gedropt om Belgen te bevrijden.

Het was in alle opzichten een onzalige beslissing.

De Belgische militairen waren al enkele weken voor de onafhankelijkheid gestationeerd op de militaire bases van Kitona en Kamina. Volgens het 'vriendschapsverdrag' dat beide landen ondertekend hadden, zou België het onafhankelijke Congo militair bijstaan, maar enkel en alleen op uitdrukkelijk verzoek van Léopoldville, dat wil zeggen op verzoek van minister van Defensie Lumumba. Dit was hier absoluut niet het geval. Brussel verschool zich achter het argument dat het louter ging om de bescherming van Belgische staatsburgers, maar algauw maakte het ontzetten van Belgen plaats voor het bezetten van grote delen van de oudkolonie. Nu het Congolese leger op apegapen lag, wilde België zelf de orde (en de economie) bewaren, want wat in driekwart eeuw was opgebouwd, mocht niet in één maand tijd kapotgaan. Dat was begrijpelijk maar dom. België had zich moeten beperken tot het beschermen van zijn burgers. Voor het andere werk had het zich moeten richten tot de VN. Nu kwam zijn eigengereide ingrijpen neer op de militaire invasie van een soeverein, onafhankelijk land. In Katanga ontwapenden Belgische soldaten onder dwang Congolese militairen, die niet eens aan het muiten waren! Voor de eerste maal sinds 1830 voerde het koninkrijk België eigenhandig een offensief uit op vreemde bodem, al leek het er zich nauwelijks van bewust.

Kasavubu en Lumumba waren aanvankelijk geneigd om het Belgische optreden toe te staan – er wáren inderdaad Belgen in gevaar – maar een dag later kwamen ze terug op hun welwillende houding. En dat was volkomen terecht. Op 11 juli kwam de ware toedracht aan het licht, twee keer zelfs. Ten eerste beschoten die dag twee schepen van de Belgische zeemacht de havenstad Matadi. Dat had niets meer met het beschermen van Belgische burgers te maken, want die waren al grotendeels geëvacueerd, maar enkel met de inname van een strategische haven. Ten tweede, en dat was vele malen belangrijker, riep Tshombe diezelfde dag de onafhankelijkheid van Katanga uit en kreeg hij onmiddellijk Belgische steun. Kasavubu en Lumumba reisden die dagen het land rond om overal onlusten te bedaren. Zij waren net zo bezorgd om de desintegratie van hun land als België. In Bas-Congo leverden figuren als Gaston Diomi, een van de burgemeesters van de hoofdstad, en Charles Kisolokele, een van de zonen van Simon Kimbangu, schitterend en moedig werk om de muiterij in te dammen. Er waren dus inlandse, vaak succesvolle initiatieven aan de gang. Toen de president en de premier hoorden van de Katangese afscheuring vlogen ze erheen, maar daar kregen ze van de Belgische commandant Weber geen toestemming om op het vliegveld van Elisabethville te landen. Uiteraard zette dat zeer veel kwaad bloed: de nummers 1 en 2 van het democratisch verkozen regime werd de toegang ontzegd tot de op een na grootste stad van hun land! En nog wel door een buitenlands officier die daags voordien de stad in was getrokken![19]

Kasavubu en Lumumba concludeerden onmiddellijk dat België achter de Katangese secessie zat. Begrijpelijk, maar niet helemaal terecht. De contacten tussen Belgen en Katangezen waren al lang uitstekend, maar dat de autoriteiten in Brussel de Katangese secessie meeberaamden is onjuist.[20] In werkelijkheid was de Belgische regering onaangenaam verrast door Tshombes roekeloze daad. Maar ter plekke groeide er ogenblikkelijk een grote liefde tussen de Katangese leiders, de Belgische militairen en de top van Union Minière. Belgische militairen ontwapenden de troepen van Lumumba en stonden mede aan de wieg van een nieuw, Katangees leger, de zogenaamde Gendarmerie Katangaise. Brussel heeft de Katangese staat nooit formeel erkend, maar in de praktijk mocht Tshombe op zeer veel Belgische steun rekenen. De Belgische nationale bank hielp zelfs om de centrale bank van Katanga uit te bouwen.[21] Ook het hof koesterde warme gevoelens. Koning Boudewijn waardeerde Tshombe vele malen meer dan Lumumba. Hij schreef hem: 'Een verbond van tachtig jaar zoals dat wat onze beide volkeren verenigt, schept veel te innige affectieve banden om ontbonden te worden door de hatelijke politiek van één enkele man.' Dat 'hatelijke' werd in de definitieve versie geschrapt. Dat het om Lumumba ging, was zo ook wel duidelijk.[22]

Met zijn militair ingrijpen wilde België de orde herstellen, maar deze demarche zorgde voor een totale escalatie van het conflict. De geschiedenis van Congo tussen 1955 en 1965 is niets anders dan een reeks pogingen van diverse overheden om de onrust in te dammen, pogingen die keer op keer uitmondden in nóg meer onrust. Maar dit keer gooiden de Belgische autoriteiten bijzonder veel olie op het vuur.

Boven het woelige Bas Congo patrouilleerden in juli 1960 vier Harvard-gevechtsvliegtuigen van de Belgische luchtmacht. Ze voerden gerichte beschietingen en raketaanvallen uit. Na zes dagen was er een gecrasht en een neergehaald. De andere twee hadden kogelinslagen in hun vleugels en hun romp.[23] Van het neergehaalde toestel werd de zwaargewonde piloot door Congolese soldaten vermoord en in de Inkisi geworpen.

Zelfs adjunct-gewestbeheerder André Ryckmans werd doodgeschoten, de zoon van de voormalige gouverneur-generaal. Hij was een van de intelligentste geesten in het toenmalige bestuur, een man die zich zeer op zijn gemak voelde in de dorpen.[24] Wie hem Kikongo hoorde praten, zou gezworen hebben dat er een Afrikaan aan het woord was. Niemand had zoveel begrip voor het Congolese perspectief als hij. De oude Nkasi herinnerde zich hem als een van de weinige blanken die echt aardig waren. Maar toen Ryckmans met de muiters ging onderhandelen over de vrijlating van een aantal blanke gijzelaars, werd hij voor het oog van een opgehitste menigte vermoord. Hoezeer had het Belgische militaire optreden de sfeer niet verziekt, als zelfs een van de briljantste en meest empathische geesten uit de administratie door een woedende volksmassa kon worden gelyncht?

'Monsieur André, ja, die heb ik nog gekend,' glimlachte de blinde Camille Mananga toen ik hem in Boma ontmoette. 'Dat was echt een Congolees. Hij beschouwde zichzelf ook als Congolees. Maar bij de brug over de Inkisi hebben ze hem toen vermoord.' Ik vroeg hem wat hij nog wist van het Belgische militaire optreden. Hij hoefde er niet over na te denken: 'Ik was in Boma. De Belgische militairen van de basis van Kitona waren gekomen om het leger te ontwapenen. Het vliegveld stond vol tanks. Het was 's morgens vroeg en ik ging naar mijn werk. Ik was toen staatscommies, ik zat in de lagere ambtenarij. De stad was vol militairen. Een Belg sprak me aan. "Waar ga je heen?" "Ik werk bij de gewestadministratie," zei ik. "Ga maar weer naar huis," zei hij, "de stad is bezet door de Belgen." Maar ik bleef lopen, ik was te nieuwsgierig. Het was de eerste keer van mijn leven dat ik een tank zag. Ik ging een kijkje nemen. De Belgen zijn niet lang gebleven, maar het was een bezetting, niets meer en niets minder.'[25]

De vrede kwam dus niet terug. Overal in het land nam het geweld tegen de Belgen toe. Ambtenaren en plantagehouders werden bewerkt met knuppels, zwepen en broeksriemen. Sommigen moesten urine drinken of bedorven voedsel eten. Katholieke zusters moesten zich in het openbaar uitkleden en werden vastgebonden. Militairen vroegen hun waarom ze geen lid waren van de partij van Lumumba en of ze het met de paters deden. Anderen stelden voor om bij een blanke vrouw een granaat in de vagina te stoppen. Vernedering was een doel op zich. In de periode tussen 5 en 14 juli werden ongeveer honderd Europese mannen mishandeld, evenveel vrouwen verkracht en vijf blanken vermoord.[26] België had Congo de onafhankelijkheid gegund om een koloniale oorlog te vermijden, maar nu kreeg het er toch een. Door zijn eigen domme schuld nog wel.

> 'de regering van de republiek congo verzoekt uno organisatie dringend militaire hulp te sturen stop ons verzoek is gerechtvaardigd door de zending van belgische troepen uit het moederland naar congo in overtreding van het vriendschapsverdrag getekend tussen belgië en republiek congo 29 juni jongstleden stop volgens bepalingen van dit verdrag kunnen belgische troepen enkel tussenbeide komen op uitdrukkelijk verzoek congolese regering stop dat verzoek werd nooit geformuleerd door regering van de republiek congo stop beschouwen ongevraagde belgische actie als daad van agressie tegen ons land stop werkelijke oorzaak van meeste onlusten zijn kolonialistische provocaties stop beschuldigen belgische regering ervan secessie katanga minutieus voorbereid te hebben om greep te behouden op ons land stop regering gesteund door het congolese volk weigert voor voldongen feit te staan dat voortkomt uit samenzwering beraamd door belgische imperialisten en groepjes katangese leiders stop (...) insisteren met klem op extreme urgentie van zending uno troepen naar congo fullstop'[27]

Was getekend: Joseph Kasavubu en Patrice Lumumba. Met dit telegram verzochten de president en de premier van Congo op 12 juli, daags na de Katangese secessie, om de steun van de VN. De VN was op dat ogenblik nog een relatief jonge organisatie die in zijn vijftienjarig bestaan slechts een viertal kortstondige observatiemissies op zijn palmares had. De secretaris-generaal was Dag Hammarskjöld, de zoon van een Zweedse oud-premier, een man doordrongen van protestants plichtsbesef. Kasavubu en Lumumba vestigden al hun hoop op de Verenigde Naties. Hun land was er nog geen week lid van.

Hammarskjöld riep diezelfde avond nog de VN-Veiligheidsraad in spoedzitting bijeen. In de strakke vergaderzaal in New York werd een hele nacht gediscussieerd over de recente ontwikkelingen in Congo. De Sovjet-Unie ging volledig akkoord met het verzoek van Kasavubu en Lumumba. De andere leden stemden in met de noodzaak van een ingrijpen, maar aarzelden om België op de vingers te tikken. De secretaris-generaal vond dat een internationale troepenmacht in eerste instantie de vrede moest bewaken en niet zozeer de bevelen van de Congolese regering moest uitvoeren. Hij sprak zich evenmin uit over de Belgische invasie in Congo. Polen en Rusland vonden dat de Belgen, als agressors, onmiddellijk moesten vertrekken. Even voor vier uur 's morgens werd VN-resolutie 143 goedgekeurd. De Veiligheidsraad riep 'de Regering van België [op] om haar troepen terug te trekken van het grondgebied van de Republiek Congo' en besloot blauwhelmen te sturen.[28] De operatie werd bekend onder de naam ONUC (Opération des Nations Unies au Congo), het was de grootste VN-missie uit de geschiedenis tot dan toe.

Lumumba was niet gelukkig met de VN-resolutie. België werd nergens veroordeeld en de tekst repte met geen woord over de Katangese secessie. Hij had een veel assertievere houding van de Veiligheidsraad verwacht. Hij had gehoopt dat de VN-blauwhelmen het werk zouden overnemen van zijn slecht functionerende leger, dat zij de Belgische militairen zouden verdrijven en Katanga weer zouden aanhechten. De resolutie stond dat niet toe. Het was alsof iemand bij ernstige rellen de politie belde, maar hooguit de brandweer kreeg. Nuttig, maar onvoldoende. Vandaar dat hij, samen met Kasavubu, de steun vroeg van het land dat in de Veiligheidsraad het meest begrip had getoond voor zijn zaak: de Sovjet-Unie. Op 14 juli verbrak Congo de diplomatieke banden met België en nam contact op met Moskou: 'zouden ertoe kunnen gebracht worden om interventie van de sovjet-unie te vragen indien westers kamp daad van agressie tegen souvereiniteit republiek congo niet beëindigt stop nationaal congolees grondgebied momenteel bezet door belgische troepen en leven president van de republiek en eerste minister in gevaar fullstop'.[29]

Het belang van die stap kan niet genoeg beklemtoond worden. In één klap opende dat telegram een nieuw front in de Koude Oorlog: Afrika. Tot dan toe was de spanning tussen Oost en West vooral tot uiting gekomen in Oost-Europa en Azië (Korea, Vietnam). Nu stond Afrika plotseling in het middelpunt van de belangstelling. Het bericht was nog niet verzonden naar Rusland of het werd al gelekt naar de CIA. De inhoud ervan zorgde voor grote zenuwachtigheid in Washington: vroeg Congo nu werkelijk de steun van de aartsvijand?

In 1960 verwierven zeventien Afrikaanse landen hun onafhankelijkheid. Het gevolg was een nieuwe *scramble for Africa.* Anders dan in de negentiende eeuw ging het niet om West-Europese mogendheden die op zoek waren naar overzeese kolonies, maar om de overwinnaars van de Tweede Wereldoorlog, die hun invloedssfeer wilden uitbreiden over de rest van de wereldbol. Economische belangen speelden nog steeds een voorname rol, maar ideologische, geopolitieke en militaire factoren waren veel doorslaggevender. Congo was het eerste land in Afrika dat te maken kreeg met het getouwtrek van de twee nieuwe wereldmachten. Niet alleen ging het om een groot en strategisch gelegen land van waaruit heel Centraal-Afrika kon worden gecontroleerd, het had ook cruciale grondstoffen voor de productie van wapens. De Amerikanen wisten maar al te goed dat zij de Tweede Wereldoorlog hadden gewonnen met het uranium uit Congo en dat er van kobalt, een erts gebruikt bij de vervaardiging van raketten en andere wapens, slechts twee vindplaatsen ter wereld waren: Congo en Rusland zelf.[30] Congo overlaten aan de Russen zou Amerika militair ernstig verzwakken.

Beseften Kasavubu en Lumumba de impact van hun telegram? Hoogstwaarschijnlijk niet. Onervaren als ze waren probeerden ze enkel buitenlandse steun te krijgen voor het oplossen van een nationaal dekolonisatieconflict, maar daarmee openden ze de doos van Pandora van een mondiaal conflict. Erg veel inkt is er gevloeid over Lumumba's vermeende communisme. De contacten met Rusland dienen dan doorgaans als bewijsmateriaal voor zijn bolsjewistische geaardheid. Toch is dit onjuist. In economisch opzicht leunde Lumumba dichter tegen het liberalisme aan dan tegen het communisme. Van collectivisering van de landbouw en de industrie was bij hem geen sprake; hij rekende eerder op privé-investeringen uit het buitenland. Bovendien was Lumumba een nationalist, geen internationalist, zoals het een communist zou hebben betaamd. Zijn referentiekader was door en door Congolees, alle panafrikanisme ten spijt. Ook de notie van een proletarische revolutie was bij hem afwezig. Als évolué behoorde hij tot de prille, Congolese bourgeoisie; hij streefde niet naar het omverwerpen van zijn eigen maatschappelijke groep. Daarenboven zocht hij net zo goed steun van Amerikaanse zijde om het probleem van zijn land op te lossen. Ten slotte wordt vaak vergeten dat hij zijn verzoek aan Chroesjtsjov samen met Kasavubu schreef, en die was allesbehalve een communist. Zelfs Chroesjtsjov besefte dit: 'Ik zou kunnen zeggen dat meneer Lumumba evenveel communist is als ik katholiek ben. Maar als de woorden en daden van Lumumba communistische ideeën overlappen, dan kan me dat alleen maar aangenaam zijn.'[31]

Het verzoek aan Moskou was evenmin ingegeven door Lumumba's grillige aard, zijn labiele persoonlijkheid, zijn wantrouwende instelling, zijn onredelijk gedrag of wat voor karaktertrek men ook in hem meende te ontwaren. Lumumba heette inderdaad prikkelbaar en wispelturig te zijn, maar wie vandaag de telegrammen naar de Verenigde Naties en Rusland leest, proeft een heel ander psychologisch register: paniek. Paniek gekoppeld aan complete verbolgenheid, grote vrees om de controle te verliezen en angst om vermoord te worden. We mogen niet vergeten dat Kasavubu en Lumumba geen politieke functies van belang hadden uitgeoefend vooraleer ze aan het hoofd van hun land kwamen te staan. Kasavubu was burgemeester van een wijk in Léopoldville geweest, Lumumba's allereerste politieke ambt was dat van premier. Na twee weken onafhankelijkheid verloren ze hun greep op de gebeurtenissen. Het leek alsof ze net een rijbewijs voor een auto op zak hadden en ineens vaststelden dat ze achter de stuurknuppel van een straalvliegtuig zaten dat ging crashen. Geconfronteerd met een ongevraagde militaire interventie van België deden zij op dat bange ogenblik wat hun goeddunkte: in allerijl steun vragen aan wie klaarstond om te helpen. En Rusland was meer dan bereid. Een dag later liet Chroesjtsjov in een uitzonderlijk bevlogen brief weten dat indien de 'imperialistische agressie' van België en zijn bondgenoten standhield, de Sovjet-Unie 'niet zal aarzelen resolute maatregelen te treffen om de agressie te beëindigen'. Zijn land kon immers alleen maar begrip opbrengen voor 'de heroïsche strijd van het Congolese volk voor de onafhankelijkheid en de integriteit van de Republiek Congo'. En hij voegde eraan toe: 'De eis van de Sovjet-Unie is simpel: poten af van de Republiek Congo!' Daarbij vergat hij voor het gemak dat het Russische leger vier jaar eerder Hongarije had vermorzeld.[32]

Dag Hammarskjöld realiseerde zich de dreiging van een mondiaal conflict en slaagde erin om binnen 48 uur blauwhelmen naar Congo te krijgen: op 15 juli landden de eerste Marokkaanse en Ghanese contingenten, gevolgd door andere Afrikaanse troepen uit Tunesië, Marokko, Ethiopië en Mali. Ondertussen stuurde Rusland tien Iljoesjin-vliegtuigen naar Congo met trucks, voedsel en wapens. Amerika overwoog om de NAVO in te schakelen, maar dat had een tweede Korea kunnen ontketenen, of zelfs een nieuwe wereldoorlog. Washington liet zijn invloed daarom bij voorkeur gelden via twee discretere kanalen: de VN en de CIA, de weg van de diplomatieke lobby in New York en de geheime beïnvloeding in Léopoldville. Larry Devlin, hoofd van de Amerikaanse inlichtingendienst in Congo, beschikte over enorme budgetten om de Congolese politiek te masseren in de richting van een voor Amerika voordelige koers. Kasavubu en vooral Mobutu zouden zijn gunstelingen worden.[33]

Een beeld van die tumultueuze dagen kreeg ik in de gesprekken met Jamais Kolonga. Het was maar een anekdote, maar die was veelzeggend. Eind juli wilde Lumumba naar Amerika om zelf te onderhandelen met de VS en de VN. De gebruikelijke procedure, waarbij zo'n officieel staatsbezoek zorgvuldig geregeld wordt tussen topambtenaren van het ene land en diplomaten van het andere, werd genegeerd. Een van Lumumba's medewerkers trok naar de Amerikaanse ambassade in Léopoldville en eiste onverwijld vierentwintig visa voor de premier en zijn gevolg. Dat deed meer dan één wenkbrauw fronsen. Er was geen programma, geen protocol, de afspraken lagen niet vast.[34] 'Ik stond hen uit te zwaaien op de luchthaven van Ndjili,' vertelde Jamais Kolonga. Sinds 30 juni zat hij bij de persdienst van de premier. Hij leerde er onder anderen Mobutu kennen, de secretaris van Lumumba. 'Een muziekkapel speelde, de deur ging dicht, de trap werd weggerold. Maar binnen in het vliegtuig vroeg Lumumba zich af waar zijn persattaché was. De deur ging weer open en Lumumba wees naar ons groepje. Naar wie wees hij? Naar mij? Naar de persoon naast mij? We vroegen het ons allemaal af. "*C'est vous!*" zei hij en hij gebaarde in mijn richting. Ik liep naar het vliegtuig. Ik moest mee. Ik had alleen een Parker-pen bij me en een schriftje. Ik had geen kleren bij me, behalve het groene pak dat ik aanhad! Zonder paspoort, zonder visum, zonder bagage ben ik aan boord gegaan. Maar na afloop keerde ik met twee volle valiezen en een schoudertas terug. Ondertussen had ik Dag Hammarskjöld bezig gezien bij de Verenigde Naties.'[35]

Die nonchalance was tekenend voor het geïmproviseer van de jonge Congolese bewindsploeg. Mede daardoor maakte Lumumba geen goede indruk tijdens zijn reis. Bij ontstentenis van een afspraak weigerde president Eisenhower hem audiëntie te verlenen. Bij de VN stoorde men zich aan de manier waarop Lumumba 'onmogelijke eisen stelde en onmiddellijke resultaten wilde'.[36] Douglas Dillon, de Amerikaanse viceminister van Buitenlandse Zaken, beklaagde zich over zijn 'irrationele, bijna "psychotische" persoonlijkheid': 'Hij keek je nooit in de ogen, hij keek naar de lucht. En dan volgde een enorme woordenstroom (...) Zijn woorden hielden nooit enig verband met wat we wilden bespreken. Je kreeg het gevoel dat hij als persoon bezeten was van een vurigheid die ik enkel kan omschrijven als messianistisch. Hij was gewoon niet rationeel. (...) De indruk die hij naliet was erg negatief, dit was een persoon met wie überhaupt niet te werken viel.' Dat hij ook nog een topambtenaar van Buitenlandse Zaken verzocht een blonde escortdame voor hem te regelen, viel evenmin in goede aarde.[37]

Na één maand was de toestand in Congo als volgt: het leger was compleet dooreengeschud, het bestuur was onthoofd, de economie was van slag, Katanga was afgescheurd, België was binnengevallen en de wereldvrede was bedreigd. En dat omdat in het begin enkele militairen in de hoofdstad een hogere soldij en een hogere positie hadden gevraagd.

Inmiddels had Lumumba veel van zijn schepen verbrand. Na de speech tegen Boudewijn en het ontslag van generaal Janssens had hij voor België afgedaan. Na het telegram naar Chroesjtsjov en zijn trip naar Amerika had hij voor de VS afgedaan. Ook bij de VN raakte het geduld stilaan op, terwijl in eigen land zijn eigengereide optreden hem van Kasavubu had vervreemd. Westerse diplomaten, raadgevers en veiligheidspersoneel dreven een wig tussen hen beiden. Ze kozen stuk voor stuk de zijde van Kasavubu en suggereerden hem Lumumba te laten vallen. In augustus 1960 was Lumumba een eenzaam man, die alleen nog de steun had van de Sovjets.

Bovendien werd zijn gramschap er niet kleiner op. Tot tweemaal toe had de VN-Veiligheidsraad België gesommeerd zijn troepen terug te trekken (op 22 juli moest dat 'snel' gebeuren, op 8 augustus zelfs 'onmiddellijk'), maar België wilde van geen wijken weten zolang de blauwhelmen de veiligheid niet konden waarborgen.[38] Pas tegen eind augustus, rijkelijk laat, waren alle tienduizend Belgische militairen weg uit Congo. In Lumumba's ogen was de VN in het beste geval tandeloos en in het slechtste geval prowesters.

Op 8 augustus riep het zuiden van Kasai de onafhankelijkheid uit. Dat ontbrak er nog aan. De diamantprovincie was na Katanga het belangrijkste mijnbouwgebied van Congo. Albert Kalonji liet er zich tot koning kronen. Hij was een voormalig medestander van Lumumba, die al voor de verkiezingen met hem gebrouilleerd was geraakt, waardoor hij geen ministerspost in de nationale regering kreeg. Zijn secessie was echter ook etnisch gemotiveerd. Kalonji kwam op voor de Baluba, de bewoners van Kasai van wie velen in de mijnen van Katanga waren gaan werken en daar gehaat werden als migranten en gelukszoekers. In Kasai zelf waren de Baluba in conflict met de Lulua; regelmatig kwam het tot gewelddadige uitbarstingen. Door het uitroepen van een eigen staat hoopte Kalonji een thuisland voor de Baluba te creëren. Tshombe steunde de onderneming. Hij en Kalonji besloten zelfs tot een confederatie.

Samen met Katanga besloeg het afgescheurde Zuid-Kasai een kwart van het grondgebied van Congo, het rijkste kwart nog wel. Voor een unitarist als Lumumba was zoiets onverteerbaar. Bovendien overwoog ook Bolikango om de Equateur af te scheiden. Dat was geen toeval: Tshombe, Kalonji en Bolikango beschouwden zichzelf als de grootste gedupeerden van de regeringsvorming, omdat ze geen ministerspost hadden gekregen. Lumumba wilde ingrijpen, maar hoefde niet op de blauwhelmen te rekenen, want die hadden ook niets ondernomen tegen de Katangese onafhankelijkheid. Als minister van Defensie stuurde hij dan maar zelf het nieuwe Congolese leger naar de opstandige diamantprovincie. Maar dat regeringsleger zat op zwart zaad en werd aangevoerd door officieren die twee maanden eerder zonder voorbereiding waren benoemd.

Het gevolg was verschrikkelijk. Eind augustus was Kasai het toneel van zinloze confrontaties die in plaats van zeges enkel tot slachtingen leidden die aan duizenden burgers het leven kostten. Bij een aanval op een katholieke missiepost waar gewone Baluba bescherming hadden gezocht, werden meer dan vijftig mensen afgemaakt, onder wie ook vrouwen en kinderen. De soldaten van het regeringsleger hanteerden naast de mitrailleur ook de machete. VN-secretaris-generaal Dag Hammarskjöld sprak zijn afschuw uit en gewaagde van een volkerenmoord tegen de Baluba. Hij noemde het 'een van de flagrantste schendingen van de elementaire mensenrechten [die] de eigenschappen hebben van een genocidemisdrijf'.[39] Lumumba had het nu ook bij de VN helemaal verkorven.

Al die tijd had Kasavubu zich redelijk gedeisd gehouden. Maar op 5 september 1960 nam hij de gelegenheid te baat en voerde hij uit wat hem door vele westerse raadgevers was ingefluisterd: hij zette Lumumba af. Artikel 22 van de *Loi fondamentale*, de voorlopige grondwet van het nieuwe Congo, gaf hem die bevoegdheid: 'Het staatshoofd benoemt en ontslaat de eerste minister en de ministers.'[40]

Voor de luisteraars van de nationale radio moet het een van de merkwaardigste avonden uit de geschiedenis van de nationale omroep zijn geweest. Even na acht uur 's avonds werd de uitzending – een les Engels – onderbroken en klonk het hoge stemmetje van president Kasavubu die vertelde dat hij zojuist de premier uit zijn functie had ontslagen. Overal in de cité, in de volkswijken, in de dorpen van het binnenland hoorden gewone Congolezen dat hun premier niet langer Lumumba was, maar dat hij tijdelijk vervangen werd door ene Joseph Ileo, een gematigde man die in 1956 het manifest van *Conscience africaine* nog had geschreven. Nog geen uur later kregen de luisteraars tot hun grote verbazing het staccato-Frans van premier Lumumba te horen die zei dat hij, op zijn beurt, president Kasavubu had afgezet! Zoveel verwarring, daar kon geen Engelse grammatica tegenop. Alsof Congo niet genoeg had aan een militaire, administratieve, economische, etnische en mondiale crisis, kreeg het er nu ook nog eens een constitutionele crisis bovenop.

Lumumba beriep zich op artikel 51 van de voorlopige grondwet die zei dat 'alleen de Kamers een authentieke uitleg kunnen geven van de wetten'.[41] Daarin had hij goed gegokt, want op 13 september bevestigde het parlement zijn vertrouwen in Lumumba en weigerde het Ileo als nieuwe premier te erkennen. Dat was zo'n blamage voor president Kasavubu dat hij de dag erop het parlement voor een maand met verlof stuurde.

De puinhoop was nu compleet. In Congo werd niet geregeerd, maar geruzied. Landsbelang was ondergeschikt aan machtsstrijd. In die chaos trad kolonel Mobutu, de stafchef van het leger, naar voren om paal en perk te stellen aan het gekissebis. Nog diezelfde dag, 14 september 1960, pleegde hij zijn eerste staatsgreep, met instemming en steun van de CIA. Hij vertelde de pers dat het leger tot het eind van het jaar de macht overnam. Lumumba en Kasavubu werden 'geneutraliseerd'. Maar terwijl Kasavubu uiteindelijk mocht aanblijven als een soort ceremonieel president, kreeg Lumumba huisarrest opgelegd in zijn ambtswoning in de hoofdstad. De vriendschap tussen Mobutu en Lumumba was voorgoed voorbij.

Het beleid van Congo vertrouwde Mobutu toe aan een team van jonge universitairen. Die moesten het gebrek aan expertise in Lumumba's bewindsploeg doen vergeten. Mario Cardoso, de man die de economische rondetafelconferentie had bijgewoond en populair was bij de Congolese studenten in België, vertelde daarover het volgende: 'Kolonel Mobutu vroeg de studenten en de universitairen terug te keren uit de diaspora en hun kennis ten dienste te stellen van het land. We zouden niet de titel van minister krijgen, maar die van commissaris-generaal. Wij moesten apolitieke bestuurders worden, we vertegenwoordigden geen partij, geen stam, geen streek, geen dorp. Wij hadden een diploma, dat volstond.' Cardoso zelf werd binnen dat college van commissarissen-generaal belast met onderwijs. Justin Bomboko, belast met buitenlandse zaken, was er de voorzitter van en diende de facto als premier. Deze toestand zou maar enkele maanden duren. 'Wij waren een overgangsregering. Mobutu wilde enkel de orde herstellen, want het geruzie tussen Kasavubu en Lumumba hield maar niet op.'[42]

Deze regering van academici was lang niet naar de zin van iedereen. Lumumba herhaalde dat hij de enige democratisch verkozen premier van Congo was. De Belgische regering daarentegen was ingenomen met zijn afzetting en onderhield warme contacten met de jonge commissarissen. Velen van hen hadden in Brussel of Luik gestudeerd. Een terugkeer van Lumumba op het politieke toneel moest tegen elke prijs vermeden worden, desnoods fysiek. Twee Belgische militairen die onder dekking van minister van Afrikaanse Zaken d'Aspremont Lynden opereerden, troffen voorbereidingen om Lumumba te ontvoeren of te vermoorden.[43] Daarnaast droeg de Amerikaanse president Eisenhower in hoogsteigen persoon de CIA op om Lumumba fysiek te liquideren. In volle James Bond-stijl was het de bedoeling dat de Congolese eerste minister vergiftigd zou worden middels een tube hypertoxische tandpasta.[44] Ook in Congo waren velen hem liever kwijt dan rijk.

Zich bewust van het gevaar op aanslagen vroeg Lumumba om bescherming door de VN. In zijn tuin kreeg hij een contingent Ghanese blauwhelmen te kamperen om eventuele belagers af te houden. Dat was nodig, want op 10 oktober stuurde Mobutu tweehonderd soldaten naar de residentie om Lumumba in te rekenen. De VN hield hen echter tegen. Het zorgde voor een patstelling die weken bleef duren. Het huis van Lumumba was dubbel omsingeld: door blauwhelmen om hem te beschermen zolang hij binnenbleef, door Congolezen klaar om hem te arresteren zodra hij buitenkwam. Ook zijn telefoonlijn was afgesneden. Lumumba was monddood. Daardoor nam vicepremier Antoine Gizenga de rol van vertegenwoordiger van de regering-Lumumba over. Gizenga kwam uit Kwilu en wordt er tot vandaag aanbeden door ouderen, zoals door Longin Ngwadi, de zwaardman uit Kikwit. Naarmate de staatsgreep van Mobutu meer momentum verwierf, besefte Gizenga dat er voor hem en andere Lumumba-getrouwen in Léopoldville geen plaats meer was. Dus trok hij begin november met wat er overschoot van de eerste regering naar Stanleyville, de bakermat van Lumumba's beweging, om van daaruit het land te besturen en te heroveren.

De situatie werd hoe langer hoe onoverzichtelijker. Congo was nu vier maanden oud en kende inmiddels vier regeringen tegelijkertijd, elk met haar eigen leger en buitenlandse bondgenoten. In Léopoldville genoten Kasavubu en vooral Mobutu de onvoorwaardelijke steun van de Amerikanen. Mobutu kon het nationale leger reorganiseren dankzij de middelen die massaal ter beschikking werden gesteld door de VS. Rond hem ontstond de Binza-groep, vernoemd naar de residentiële buurt van de hoofdstad waar ze vergaderden. Het was een informele groep met zeer veel macht, riant gesteund door de CIA. In Stanleyville hield Gizenga het lumumbistisch gedachtegoed levend. Hij had een deel van het leger achter zich. Zijn regering kreeg de steun van de Sovjet-Unie, al was die nooit zo systematisch en zo substantieel als de Amerikaanse steun aan de hoofdstad.[45] In Elisabethville stond Tshombe aan het hoofd van een zelfverklaard onafhankelijk land. België was zeer royaal met logistieke en militaire ondersteuning. De Katangese gendarmes telden heel wat Belgische officieren in hun rangen. Union Minière financierde de secessie grootscheeps. In Bakwanga leidde Kalonji Kasai, een onafhankelijke Baluba-staat waar Belgische diamantexploitanten actief waren. Hier droeg Forminière de nodige middelen aan.

Tshombe en Kalonji waren slechts regionale machthebbers, maar Kasavubu en Gizenga claimden allebei de legitimiteit van het nationale bestuur. Wie had gelijk? Beiden gingen op zoek naar internationale erkenning; en die strijd werd uitgevochten voor de algemene vergadering van de Verenigde Naties in New York. Congo trad er aan met twee kampen: Kasavubu/Mobutu versus Lumumba/Gizenga. Thomas Kanza, de 26-jarige psycholoog, vertegenwoordigde de regering-Lumumba bij de VN, maar president Kasavubu toog zelf naar New York om de wereld ervan te overtuigen dat hij, en alleen hij, het wettige gezag van de republiek belichaamde. Hij voerde aan dat zijn defenestratie van Lumumba grondwettelijk was toegestaan, iets waar de Amerikanen, de Belgen en vele VN-kaderleden weinig moeite mee hadden. Op 22 november viel het verdict: drieënvijftig landen erkenden Kasavubu, vierentwintig stemden tegen, negentien onthielden zich van stemming.[46] Mario Cardoso, die toen voor Mobutu werkte, herinnert het zich als een triomf: 'Wij hebben toen de zetel in de UNO gewonnen. Kasavubu stond aan het hoofd van onze delegatie en Lumumba verloor internationaal.'[47] Met die internationale marginalisering was de zwanenzang van Lumumba ingezet.

Nog steeds zat hij opgesloten in zijn huis in de hoofdstad. Toen het bericht van de stemming in New York hem bereikte, besefte hij dat zijn dagen in Léopoldville geteld waren. Zouden de blauwhelmen in zijn tuin hem nog wel beschermen nu de VN tegen hem had gestemd? Hij moest en zou zich bij zijn medestanders in Stanleyville vervoegen. Het was nacht, het was november, het was volop regenseizoen. Een uitzonderlijk zwaar tropisch onweer op 27 november zorgde ervoor dat de Congolese militairen gingen schuilen. Hun aandacht was verslapt. Lumumba verstopte zich achter in een Chevrolet en liet zich in de gutsende regen naar buiten rijden.

De staat van de Congolese wegen was op dat moment nog uitstekend. Had zijn chauffeur twee etmalen goed doorgereden, dan hadden ze Stanleyville kunnen halen. Maar op de nacht van zijn bevrijding bleef Lumumba plakken in de hoofdstad om het volk toe te spreken. Ook onderweg stopte hij in de dorpen en liet hij zich het hartelijke onthaal van de dorpelingen welgevallen.[18] Maar het was regenseizoen. In de hoofdstad raakte Mobutu op de hoogte van Lumumba's vlucht en hij wilde koste wat kost verhinderen dat Lumumba naar Gizenga zou gaan. Dat kon enkel diens politieke terugkeer betekenen en daar hadden de CIA en zijn Belgische raadgevers geen zin in. De VN weigerde assistentie bij de zoektocht naar de voortvluchtige, maar een Europese luchtvaartmaatschappij leverde een toestel met een piloot die gewoon was verkenningsvluchten op lage hoogten uit te voeren. Algauw vonden ze het konvooi dat uit drie auto's en één vrachtwagen bestond. Op 1 december hielden de militairen van Mobutu Lumumba en zijn gevolg aan terwijl ze nabij Port Francqui de Sankuru probeerden over te steken. Lumumba werd overgevlogen naar het kamp Hardy bij Thysville, de kazerne waar enkele maanden eerder het leger was gaan muiten. Vanaf dat moment genoot Lumumba niet langer de bescherming van de VN, maar was hij een gevangene van het regime in Léopoldville. Toen hij er aankwam, zonder bril en vastgebonden, stopte iemand hem een prop papier in de mond: de tekst van zijn beroemde speech.

Wat moesten Kasavubu en Mobutu met hem aanvangen? Hem eeuwig in bewaring houden, als een soort Simon Kimbangu van de Eerste Republiek? Kon hij dan ook niet beter naar Katanga worden overgebracht? Of naar Kasai? Vijandige provincies, zeker, en juist daarom. Daar zou hij geen aanhang hebben. Want waar hij nu zat, begon de onrust van voren af aan. In Thysville sloegen de soldaten op 12 januari opnieuw aan het muiten. Dat wekte onrust. De Belgische regering, in de persoon van minister d'Aspremont, onderschreef het plan om Lumumba naar Katanga over te brengen, ongeacht de eventuele gevolgen, als het maar ver van de hoofdstad was. Met zijn steun aan dat plan kon hij bovendien de banden met Kasavubu aanhalen. België wilde opnieuw diplomatieke betrekkingen aanknopen met Léopoldville, vandaar. Het wilde niet de indruk wekken louter met Katanga te zijn begaan. Met tegenzin aanvaardde Tshombe de komst van Lumumba en twee andere politieke gevangenen. Minister d'Aspremont stuurde daar te elfder ure nog op aan.

Op 17 januari 1961 landde om 16.50 uur in Elisabethville de DC-4 die Lumumba en zijn twee getrouwen, Mpolo en Okito, vervoerde. Tijdens de vlucht waren ze geslagen en mishandeld. Een honderdtal gewapende manschappen wachtte hen op. Meteen erna bracht een konvooi hen naar het huis Brouwez, een afgelegen, leegstaande villa, eigendom van een Belg, op enkele kilometers van de luchthaven. Daar kregen ze bezoek van minstens drie Katangese ministers – Munongo, Kibwe en Kitenge, bevoegd voor binnenlandse zaken, financiën en openbare werken – die hen eveneens mishandelden. Tshombe was er niet bij. Die zat in de bioscoop te kijken naar een film met de in deze context onwaarschijnlijk cynische titel *Réarmement moral*, morele herbewapening. Na afloop vergaderde hij met zijn ministers. Europeanen waren er niet bij aanwezig. De vergadering duurde van 18.30 tot 20.00 uur, maar alle praktische maatregelen voor het vervolg van de avond leken al op voorhand getroffen. Het besluit om Lumumba over te brengen naar Katanga was een gezamenlijk plan van de autoriteiten in Léopoldville, hun Belgische raadgevers en de autoriteiten in Brussel; maar het besluit om Lumumba te vermoorden werd genomen door de Katangese autoriteiten. Vooral minister Godefroid Munongo speelde daarbij een doorslaggevende rol. Hij was de kleinzoon van Msiri, de Afro-Arabische slavenhandelaar die in de negentiende eeuw het Lunda-rijk had ingepalmd.

Na de vergadering vertrok een ministeriële delegatie opnieuw naar het huis Brouwez. Daar werden de gevangenen achter in een auto geladen. Samen met andere auto's en twee militaire jeeps reden ze weg. De nacht was inmiddels gevallen. Het konvooi ging noordwestwaarts langs de vlakke weg door de savanne naar Jadotville. In het schijnsel van de koplampen links en rechts gras, struikgewas, het silhouet van een termietenhoop. Na ruim drie kwartier rijden verlieten de wagens de hoofdweg. Enkele ogenblikken later stopte men op een afgelegen plek. De gevangenen moesten uitstappen. In de beboste savanne langs de kant van de weg zagen ze een ondiepe put die kort daarvoor was gegraven. Er stonden zwarte politiemannen en gendarmes in uniform, maar ook enkele heren in pakken: president Tshombe, ministers Munongo, Kibwe en nog enkele van hun collega's. Er waren ook vier Belgen aanwezig: Frans Verscheure, politiecommissaris en raadgever van de Katangese politie, Julien Gat, kapitein van de Katangese gendarmerie, François Son, zijn ondergeschikte brigadier, en luitenant Gabriël Michels. De drie gevangenen werden achtereenvolgens naar de rand van de kuil gebracht. Ze waren alles tezamen nog geen vijf uur in Katanga geweest. Ze waren afgerost en mishandeld. Nauwelijks vier meter verder stond het vuurpeloton: vier Katangese vrijwilligers met een mitrailleur. Driemaal weerklonk in de nacht een oorverdovend salvo. Lumumba was het laatst aan de beurt. Om 21.43 uur tuimelde het lichaam van Congo's eerste, democratisch verkozen premier achterwaarts de put in.[49]

De moord op Lumumba werd een tijd lang stilgehouden. Om alle sporen uit te wissen groef Gerard Soete, de Belgische adjunct-inspecteur-generaal van de Katangese politie, kort nadien het stoffelijk overschot van de drie slachtoffers op. Naar verluidt stak er nog een hand, mogelijk die van Lumumba, uit de grond.[50] Soete zaagde de lichamen in stukken en loste ze op in een vat zwavelzuur. Uit Lumumba's bovenkaak trok hij twee met goud bezette tanden. Van zijn hand sneed hij drie vingers af.[51] In zijn huis bij Brugge bewaarde hij jarenlang een doosje dat hij soms aan bezoekers liet zien. Het bevatte de tanden en een kogel.[52] Vele jaren later gooide hij ze in de Noordzee.

Toen de wereld kennisnam van de moord op Lumumba was de verbijstering totaal. Van Oslo tot Tel Aviv en van Wenen tot New Delhi gingen mensen de straat op. In Belgrado, Warschau en Caïro werd de Belgische ambassade bestormd. Terwijl in Moskou een universiteit naar hem werd vernoemd, raakte in het Westen de 'lumumba' in zwang, een populaire cocktail van brandy en chocolademelk. De Lumumba-gezinde regering van Gizenga kreeg versnelde erkenning door de Sovjet-Unie, Polen, Oost-Duitsland, Joegoslavië, China, Ghana en Guinee-Conakry. Lumumba groeide in een mum van tijd uit tot een martelaar van de dekolonisatie, een held voor alle verdrukten der aarde, een heilige van het goddeloze communisme. Die status had hij eerder te danken aan zijn gruwelijke levenseinde dan aan zijn politieke successen. Hij was alles bij elkaar nog geen tweeënhalve maand aan de macht geweest, van 30 juni tot 14 september 1960. Zijn palmares las als een opeenstapeling van blunders en inschattingsfouten. Zijn bruuske afrikanisering van het leger was sympathiek maar desastreus, zijn zoeken naar militaire steun bij de VS en de Sovjet-Unie was begrijpelijk maar vreselijk lichtzinnig, zijn militair optreden in Kasai kostte het leven aan duizenden landgenoten. Bij zijn leven vonden Youlou en Senghor, de eerste presidenten van Congo-Brazzaville en Senegal, zijn optreden al erg problematisch.[53] Daartegenover stond dat hij nauwelijks op zijn taak was voorbereid, af te rekenen kreeg met een onbezonnen civiele exodus en een militaire invasie van de Belgen en moest toezien hoe de VN aarzelde om de Belgische agressie krachtig te veroordelen. Maar met zijn ongelukkige manier van reageren op reëel onrecht kweekte Lumumba stelselmatig meer vijanden dan vrienden. De tragiek van zijn kortstondige politieke loopbaan was dat zijn grootste troef van vóór de onafhankelijkheid – zijn onwaarschijnlijke talent om de massa op te zwepen – zijn grootste nadeel werd toen hij eenmaal als machthebber geacht werd iets serener op te treden. De magneet die eerst aantrok, stootte nu af.

Het eerste bedrijf van het onafhankelijke Congo was voorbij. Het werd gekenmerkt door een totale horror vacui, een niet-aflatende stroom van gebeurtenissen en verwikkelingen. En het eindigde met enkele tanden van een bevlogen Afrikaan die in slowmotion neerzegen op de zandige bodem van een grijze, Europese zee.

In april 2008 ontmoette ik in een prachtige tuin in Lubumbashi mevrouw Anne Mutosh Amuteb. Met haar 91 jaar was ze de oudste Congolese vrouw die ik tijdens mijn onderzoek mocht interviewen. Nog steeds was ze een imposante verschijning. Anne Mutosh was een prinses; haar grootvader was *Mwata Yamvo* geweest, de traditionele koning van het Lunda-rijk. Zij behoorde tot de clan van Moïse Tshombe. In de Afrikaanse betekenis van het woord was ze zijn 'tante'. Met haar praten was met de geschiedenis van Katanga praten. Ze vertelde dat haar ouders al rond 1900 konden lezen, Amerikaanse methodisten hadden hun dat geleerd. Zelf was ze vroedvrouw geworden, maar haar zakentalent bleek groter dan haar obstetrische ambities. Ik vroeg haar wat de beste tijd van haar leven was geweest. Daar hoefde ze niet over na te denken. '*L'époque belge* en de Katangese secessie,' zei ze met haar zware stem. 'In de tijd van de Belgen was alles goed georganiseerd. Er was geen corruptie, de handel verliep correct. Ik importeerde stoffen uit Nederland, maar ook tarwebloem en graan. Ooit bestelde ik vijftig zakken in één keer. Dat kon makkelijk toen. Tijdens de secessie ging het importeren ook nog steeds erg makkelijk. Pas toen Mobutu kwam, werd alles zo moeilijk.'[54]

Gezien haar stamboom was het niet vreemd dat ze de onafhankelijkheid van Katanga toegedaan was. De Lunda treurden om hun teloorgegane koninkrijk en droomden allang van regionale autonomie. Ze werden daarin gesteund door achtergebleven Europeanen. Veel oud-kolonialen liepen warm voor de secessie. Dat sloot aan bij de tendens in heel zuidelijk Afrika om de blanke macht te bestendigen. De verschillen tussen de apartheid in Zuid-Afrika, Rhodesië, Zuidwest-Afrika (het latere Namibië) en de Portugese kolonies Angola en Mozambique waren groot, maar terwijl de rest van het continent onafhankelijk werd, klampten in het zuiden blanke, rechtse regimes zich vast aan de macht. Katanga paste in dat rijtje.[55]

De Katangese secessie vormt het tweede bedrijf van de Eerste Republiek. Ze was uitgeroepen op 11 juli 1960 en werd beëindigd op 14 januari 1963. Na de moord op Lumumba, op 17 januari 1961, kreeg ze een geheel nieuw aanzien. Nadat Tshombe aan de rand van diens graf had gestaan, werd hij de dominante speler. Van de vier troonpretendenten van de onafhankelijkheid bleven er nu nog drie over. Kasavubu en Mobutu hadden net zoveel bloed aan hun handen als Tshombe, maar de dood van Lumumba dreef hen niet nader tot elkaar. Voortaan zou de strijd zich tussen hen drieën afspelen.

Dat Tshombe zo'n centrale speler werd, mag verbazen. Na de moord op Lumumba werd zijn Katanga-staat immers internationaal veracht. Het communistische blok sprak zijn afschuw uit, de VN besloot om harder op te treden. Geen enkele staat heeft Katanga ooit erkend, zelfs België of Amerika niet. Dat Tshombe het toch zo lang kon uitzingen, had niettemin te maken met de inbreng van Belgen. Union Minière financierde de nieuwe staat door zijn belastingen niet meer aan Léopoldville maar aan het lokale bewind te betalen. Belgen bevolkten de militaire, bestuurlijke en economische infrastructuur. Elke Katangese minister had wel een Belgische raadgever achter zich. Hoogleraren uit Luik en Gent schreven de grondwet van Katanga. Sleutelinstellingen als de Katangese gendarmerie, de Staatsveiligheid en de centrale bank werden geleid door Belgen.[56] In de lobby's van de hotels in Elisabethville zag je heel vaak blanke mannen die op de revers van hun jasje een speldje hadden opgeprikt met de Katangese vlag.[57]

Daarnaast kon Tshombe zich sterk houden door een legertje blanke huurlingen. Deze 'vrijwilligers' – het waren er nooit meer dan vijfhonderd – kwamen uit Zuid-Afrika, Rhodesië en Engeland, maar er zaten ook Fransen bij die in Indochina en Algerije hadden gevochten, mannen uit het vreemdelingenlegioen. Verlopen types, ruig volk, rechtse ultra's, macho's, rambo's, binken die zopen tot ze hun naam niet meer wisten, laat staan die van het hoertje met wie ze in bed waren beland. Ze kwamen voor het geld, het avontuur en vage idealen van *white supremacy*. Belgische officieren waren actief betrokken bij hun rekrutering, opleiding en inzet.[58] Ze vormden het vervaarlijkste deel van de Katangese strijdmachten.

Hun tegenstanders waren de VN-blauwhelmen, het nationale regeringsleger en de Baluba uit het noorden van de provincie. Dat klinkt indrukwekkender dan het was. De VN aarzelde om hun krachtiger mandaat in praktijk te brengen. Het ANC lag nog steeds in de lappenmand. En de Baluba voerden oorlog met gifpijlen en machetes.

Precies een jaar na de moord op Lumumba landde een 22-jarige Vlaming voor het eerst in Elisabethville. Nooit eerder was hij buiten Europa geweest. Hij kwam uit een West-Vlaams boerendorp en was net in Gent afgestudeerd als technisch ingenieur, specialisatie elektrotechniek 'zwakstroom'. Hij was aangeworven door de Nouvelle Compagnie du Chemin de Fer du Bas-Congo au Katanga, afgekort tot BCK. Dat hij aan het spoor zou werken, was niet echt zijn jongensdroom. Hij had bij Sabena gesolliciteerd en bij Union Minière, paradepaardjes van de Belgische economie. Hij wilde piloot worden, maar had zo hard gestudeerd dat hij er bijziend van was geraakt. Zijn naam: Dirk Van Reybrouck. Tien jaar later zou hij mijn vader worden.

Het land waarin hij aankwam heette Katanga, niet Congo. De rest van Congo was voor hem buitenland. Van Léopoldville had hij enkel het Sabena-*guesthouse* gezien, waar hij tijdens een tussenstop moest overnachten. Het Katanga waar hij landde, had zijn eigen vlag, zijn eigen munt, zijn eigen postzegels. Zijn inschrijvingsbewijs liet er geen twijfel over bestaan. Ik heb het voor me liggen. De gifgroene kaart was nog tweetalig Frans-Nederlands. 'Congo Belge / Belgisch Congo' staat er bovenaan. Iemand heeft dat met een balpen doorgestreept en er een kloeke stempel op gedrukt: *Etat du Katanga*.

Mijn vaders standplaats was Jadotville, het huidige Likasi. Hij werd verantwoordelijk voor de elektrische locomotieven, bovenleidingen en onderstations langs een traject van zeshonderd kilometer tot aan de Angolese grens. Die oost-westverbinding was voor het onafhankelijke Katanga een levensader.[59] De ertsen en grondstoffen konden niet langer noordwaarts gebracht worden om via Léopoldville en Matadi verscheept te worden, want dat was vijandig gebied. Dus ging alles per spoor tot aan de Angolese kust. Deze Benguela-spoorlijn, een enkelspoor waarop in Angola nog stoomlocomotieven reden, was essentieel voor de export en import van Katanga. Mijn vader was vaak 'op lijn', zoals het heette. Met een 'draisine', een spoorwagentje met dieselmotor dat als rijdend atelier dienstdeed, trok hij voor twee, drie weken door het binnenland om transformatoren te controleren en schakelsystemen te vervangen. BCK was een hiërarchisch bedrijf, maar in die jaren droegen de oude rotten veel verantwoordelijkheid over aan jonge werknemers. 'Zij hadden hun families al teruggestuurd naar België,' vertelde Walter Lumbeeck, een van de toenmalige collega's van mijn vader, 'ze wilden gewoon hun termijn uitzitten en lieten anderen het werk doen. Uw vader was timide. Zijn functie was zwaar voor zo'n jong iemand en zijn Frans was in het begin nog niet zo goed. Maar na verloop van tijd kon hij goed communiceren met de zwarten.'[60] Hij volgde ook lessen Swahili. Jaren later heette bij ons thuis de hond *Mbwa* (Swahili voor 'hond') en waren suiker en tabak nog steeds *sukari* en *tumbaku*.

Het strategische belang van de Benguela-lijn was de oorlogvoerende partijen bekend. Bij leven vertelde mijn vader, matige verteller helaas, meermalen hoe hij 's nachts werd opgebeld 'omdat er ergens een brug was opgeblazen'. Dan toog hij erheen met zijn drezzine, voor het ochtendgloren, in het breekbare morgenlicht, terwijl de wereld langzaam kleur kreeg. Een aantal van zijn Afrikaanse werknemers reed met het karretje over het spoor terwijl hij nog probeerde te slapen. Bij de plaats van de aanslag moesten ze boven de rivier de bovenleiding repareren en het spoor herstellen.

'In Katanga hadden we het nog voor het zeggen,' zei Walter Lumbeeck, 'die gedachte speelde heel erg. Hier hebben we het kunnen redden, laat de rest maar verkommeren, als het hier maar goed gaat, werd er gedacht. Het koper was goed aan de prijs, Union Minière draaide nog op volle toeren.' Congo was dan wel onafhankelijk, maar in Katanga duurde het kolonialisme feitelijk voort. De Belgische werknemers hadden whisky en fruit uit Zuid-Afrika, uit België werden zelfs verse mosselen ingevlogen. Jonge Belgen leidden er een zonnig bestaan, ver weg van ouders, dorp en kerk. Het was de tijd van *barbecues* en *party's*, heerlijke nieuwe woorden voor feestjes waarop werkelijk iedereen rookte: stijlvolle jonge vrouwen met opgestoken haar, mannen met witte hemden en smalle stropdassen. Het was de tijd van Adamo, Juliette Gréco en Françoise Hardy. Op zondag ging men naar de *cercle*, een sport- en ontspanningsclub. Aan de rand van het zwembad lag men in de zon witte martini te drinken, terwijl verderop de tennisballen plokten.

In juli 2007 liep ik over de terreinen van de Cercle de Panda, de club waar mijn vader lid van was geweest. Het zwembad stond leeg, de speeltuigen waren verroest. De duikplanken waren gedachtestreepjes zonder tekst.

'Uw vader had een Ford Consul *décapotable*,' vertelden Frans en Marja Vleeschouwers, een koppel waarmee hij in de *cercle* bevriend was geraakt, 'die auto verbruikte meer olie dan benzine. Dirk moest altijd liters olie meenemen.'[61] Ze maakten tochten naar de watervallen van de Mwadingusha. Ze bezochten de missiepost van Kapolowe en dronken bier bij de Vlaamse paters. Of ze gingen vissen in de brousse, op plekken waar oude inlanders nog met geld van Belgisch Congo betaalden. Vriendschapsbanden werden er belangrijker dan familiebanden. Toen Frans en Marja een dochtertje kregen, vroegen ze mijn vader om peetoom te worden: een erebaantje dat in Vlaanderen alleen voor familieleden was weggelegd.

Maar het was een gesloten wereld. 'Iedereen mocht lid worden van de cercle,' herinnerden Frans en Marja zich, 'maar het lidmaatschap was zo duur dat geen enkele zwarte zich dat kon permitteren. Blanken feitelijk ook niet, maar het werd door Union Minière automatisch teruggestort op onze bankrekening in België. Niet te geloven, hè?' Er was nog meer dat tot nadenken stemde. 'Wij lieten ons dochtertje spelen met zwarte kindjes. "Zou je niet oppassen voor ziektes?" vroegen sommigen dan. Echt apartheid was dat niet, maar in de slagerij werd een zwarte toch bediend door een zwarte en een blanke door een blanke.'

Walter en Alice Lumbeeck, zijn andere vrienden, konden dat helemaal beamen. Op de foto's van hun partijtjes zag je nooit een Afrikaan, zelfs niet op die van het sinterklaasfeest. 'Contact met zwarten werd toen vermeden. Indien je een zwarte meenam naar een party, verloor je je vrienden. Blanke mannen met een zwarte vrouw, daar werd echt op neergekeken. Dat was iets voor de oudere generatie. Bij BCK of Union

Minière had je nog een paar oudere mannen met een zwarte vrouw, maar niet meer bij ons. Dat was ver beneden je stand, dat was niet chic. Je moet dat vergelijken met een directeur die vandaag naar de hoeren zou gaan. Blanke mannen hadden nu veeleer affaires met de vrouwen van hun collega's. Uw vader was vrijgezel toen, hij zocht graag Nederlandstalig gezelschap. Als hij met een zwarte naar een feestje was gekomen, dan zou hij niet meer uitgenodigd zijn.'

Gedachtestreepjes zonder tekst.

Katanga was een anachronisme. Na de dood van Lumumba besloot de VN korte metten te maken met Tshombe en zijn neokoloniale secessie. In de eerste helft van 1961 werd het diplomatieke pad bewandeld. Er kwamen conferenties in Tananarive (Madagascar), Coquilhatville en Léopoldville. De VN stuurde aan op een federaal of confederaal Congo, een herenigd land met grote provinciale bevoegdheden. Ook België volgde die optie, maar de Belgische raadgevers van de Katangese ministers boycotten systematisch de zoektocht naar een compromis. Die onwil zorgde voor veel wrevel. In augustus 1961 ging het mis. De VN bemiddelde bij een ultieme conferentie die gehouden werd aan de universiteit van Lovanium in de hoofdstad. Congo zou een nieuwe premier krijgen. Niet Ileo, door Kasavubu naar voren geschoven, niet Mobutu, door zichzelf naar voren geschoven, niet Bomboko, die de regering van academici had geleid, maar Cyrille Adoula, een gematigde en bekwame syndicalist die aanvaardbaar was voor alle partijen. Bovendien zou het land hervormd worden: minder centralisering vanuit de hoofdstad, meer macht voor de regio's. Een consensus leek nabij, maar op de valreep trok Tshombe zich terug.

Dan maar met geweld, besloot de VN. In augustus, september en december 1961 lanceerden de blauwhelmen zware offensieven om Katanga te heroveren, het plaatselijke leger op te ruimen en de buitenlandse huurlingen te verdrijven. Het lukte niet. De huurlingen trokken zich terug in Rhodesië en hervatten van daaruit de strijd. Het optreden van de VN veroorzaakte veel burgerleed. Ambulances werden beschoten, ziekenhuizen gebombardeerd, onschuldige burgers gedood. Meer dan dertig Europeanen werden omgebracht. Bovendien zorgde het VN-optreden voor een trieste primeur: het eerste grootschalige vluchtelingenkamp uit de Congolese geschiedenis. Meer dan dertigduizend Baluba sloegen op de vlucht, uit vrees voor represailles van Tshombe. Zij waren geen voorstander van de secessie en voelden zich niet langer veilig. Aan de rand van Elisabethville woonden ze in hutjes van karton, bladeren en textiel.

Anne Mutosh hield evenmin goede herinneringen over aan het VN-optreden. 'De Marokkaanse blauwhelmen hebben toen bij wegversperringen heel veel vrouwen verkracht, zelfs zwangere vrouwen. Ik was toen voorzitster van de Union des Femmes Katangaises en heb in die rol nog brieven gestuurd naar Dag Hammarskjöld en president Kennedy. Hammarskjöld heb ik zelf nog ontmoet.'

De VN-secretaris-generaal was er alles aan gelegen om een einde te maken aan de neokoloniale staat Katanga. Hij bemiddelde intensief tussen Léopoldville en Elisabethville. Op 18 september 1961 vloog hij naar de Noord-Rhodesische luchthaven Ndola voor een bespreking met Tshombe. Maar kort voor de landing stortte zijn vliegtuig neer onder nooit opgehelderde omstandigheden. Niemand overleefde de crash. 'Bid dat je eenzaamheid je mag aansporen iets te vinden om voor te leven, groot genoeg om voor te sterven,' schreef hij ooit.[62]

Het conflict leek eindeloos. Congo leek een gebroken vaas die niet meer te lijmen viel. Toch slaagde rond die tijd (december 1961 – januari 1962) het regeringsleger van Mobutu erin om de afscheiding van Kasai te beëindigen en de regering van Gizenga in het oosten omver te werpen. Twee van de vier regeringen waren daarmee opgeheven. Katanga zou het nog een jaar langer uithouden. De nieuwe secretaris-generaal van de VN, de Birmees U Thant, zocht heel 1962 naar een oplossing door onderhandelingen, maar eind december besloten de VS dat het welletjes was geweest. Kennedy verleende aanzienlijke Amerikaanse steun aan een finaal VN-offensief, Operation Grandslam genaamd. In twee weken tijd werd Katanga ingepalmd.

Het was 3 januari 1963 en mijn vader stond voor het raam op de eerste verdieping van zijn woning in Jadotville. BCK had hem een van de vrijgezellenflats gegeven. Geen villa met tuin, maar een ruim appartement met beneden een garage en een modernistische trappenhal. Het lag even buiten de stad, langs de hoofdweg naar Elisabethville. Hij wist dat de hoofdstad inmiddels in handen van de blauwhelmen was gevallen. 'Bevrijd' volgens de enen, 'bezet' volgens de anderen. De internationale troepenmacht trok nu noordwaarts naar Jadotville, de tweede stad van Katanga. Ze gingen langs de weg waar Patrice Lumumba twee jaar eerder zijn laatste autorit had gemaakt. Bij de Lukutwe- en de Lufira-rivier stuitten ze op weerstand, maar op 3 januari rond de middag trokken ze moeiteloos Jadotvillle binnen. De Katangese gendarmerie was op voorhand gevlucht.

Mijn vader keek door het raam. Hij zag een witte Volkswagen-kever wegrijden uit de stad. De weg naar Elisabethville was na de doortocht van de troepen kennelijk weer open. Het leven hernam zijn loop. Plotseling hoorde hij een serie schoten. Ter hoogte van zijn huis kwam de Volkswagen tot stilstand. Er waren drie inzittenden, een man aan het stuur en twee vrouwelijke passagiers. Drie Belgen, plus een hond. Mijn vader had hen eerder gezien. De chauffeur stapte uit. Albert Verbrugghe werkte in een cementfabriek. Hij hief zijn handen in de lucht om te tonen dat hij ongewapend was. Bloed liep uit een wond onder zijn oog. Hij schreeuwde, jammerde, strompelde. De twee vrouwen – zijn echtgenote Madeleine en haar vriendin Aline – bleven zitten. Op hun bloemetjesjurken groeiden grote, rode vlekken. Pas toen hun lichamen uit de Kever werden gehaald en onbeweeglijk in het gras langs de kant van de weg lagen, begreep Verbrugghe wat er gebeurd was. De Indiase blauwhelmen hadden hen vermoedelijk voor blanke huurlingen gehouden.[63] Ook de hond was dood.

'Die is daar nog een week blijven liggen,' zei mijn vader ergens in de vroege jaren tachtig. Ik zat met hem in de wachtkamer bij de tandarts. Op de leestafel lag een beduimelde *Paris Match*. Op de voorpagina stond een zwart-witfoto van het tafereel met de Volkswagen. Ik was 10 of 11 en zag de doodsangst in de blik van die man. Mijn vader keek er minutenlang naar en zei toen: 'Die fotograaf moet ongeveer naast me hebben gestaan. Dat gebeurde vlak voor mijn deur.' Later leerde ik dat de beelden gemaakt waren door een Amerikaanse cameraman en de wereld waren rondgegaan. *Time Magazine* drukte ze af in januari 1963, vandaag staan ze op het internet.[64] Mijn vader was ooggetuige geweest van de beroemdste foto uit de Katangese secessie.

Op een zondag in juli 2007 stond ik op de plek waar mijn vader destijds had gestaan. Ik keek door zijn raam naar de plek waar het gebeurd was. De weg was stoffig, er hing een grote reclame voor CelTel. Iemand duwde een fiets voort die zwaarbeladen was met houtskool. Mijn vaders appartement bestond nog steeds. Er woonde nu een jonge, vriendelijke magistraat met zijn gezin, een prachtige vrouw en twee lieve kinderen. Op zondag was de man predikant van de Armée de l'Eternel, een van de vele pinkstergemeenten van Congo. De raamloze garage waar mijn vader vijf jaar lang zijn Ford Consul had geparkeerd, was nu een geïmproviseerd gebedshuis geworden. Ik woonde er de dienst bij. Een dertigtal gelovigen zat dicht opeen op gammele houten banken. Het licht viel door de half openstaande garagepoort binnen. In het halfduister zag ik de gloedvolle kleuren van de biddende mensen. Ik dacht aan zwart-witfoto's. 1963 en 2007 liepen in elkaar over. Een jaar eerder was mijn vader gestorven. De mensen zongen prachtig.

Terwijl de hond lag te rotten, werd Katanga ontzet. Anderhalve week later, op 14 januari 1963, kondigde Tshombe het einde van de secessie af. Zijn Katangese gendarmes en blanke huurlingen vluchtten over de grens naar Angola. Tshombe vluchtte naar het Spanje van Franco. Bij de Belgen was de stemming zeer anti-Amerikaans: Kennedy werd verantwoordelijk gehouden voor het VN-slotoffensief. ''t Is om zeep,' dacht mijn vaders collega Walter Lumbeeck toen: 'Alles werd weer Congolees. Dat leidde tot grote ontmoediging. Velen gingen weg.'[65] Het ANC trok binnen, jonge militairen die geen Swahili spraken, enkel Lingala, en zich gedroegen met de typische arrogantie van overwinnaars. De administratie kwam in handen van lui uit Léopoldville. 'Onze boy had tijdens de secessie nog pensioenopbouw,' zeiden Frans en Marja Vleeschouwers, 'maar met het nieuwe bestuur viel dat allemaal weg. De mensen gingen weer koken op *makala*, houtskool. Er was niets meer te krijgen, behalve melk en vlees.'[66]

Mijn vader moest voor zijn sigaretten en scheerzeep terecht bij Ethiopische blauwhelmen. De VN bleef nog anderhalf jaar de vrede bewaken in Katanga. Toen ik mij in het midden van de jaren tachtig voor het eerst nat begon te scheren, haalde mijn vader een grote, ouderwetse tube Palmolive tevoorschijn. Hijzelf was sinds lang overgeschakeld op elektrisch scheren. Als afgestudeerde in de elektrotechniek zag hij de charme van kwast en schuim niet in. 'Wees er zuinig op,' zei hij niettemin, 'ik heb ze meer dan twintig jaar geleden van de UNO-soldaten gekocht.' Ik heb de tube nog. De zeep is een halve eeuw oud, maar schuimt nog steeds.

De Katangese secessie was over, maar de blanke enclave bleef bestaan. Ze hielden Oberbayernfeesten in Jadotville waarop men in *Lederhosen* rondliep en met stenen bierkroezen zwaaide. Midden in de savanne... Alice Lumbeeck herinnerde zich dat er op 22 november 1963 werd gejubeld en gedanst bij de Belgische buren. Wat was er nu weer aan de hand? Ze hadden ooit een Katangese politicus als buurman gehad. Een druk huishouden. De kratten bier stonden opgestapeld tot aan het dak. In de tuin roosterden ze ratten. Ze hadden ook een blanke huurling als buurman gehad, een van de zogenaamde *affreux*, de verschrikkelijken. Maar nu joelden hun Belgische buren, gewone burgers. 'Ik vroeg hun waarom. "Kennedy is vermoord! Kennedy is vermoord!" juichten ze.'[67]

Toen waren ze nog met zijn tweeën, Kasavubu en Mobutu. Bij het begin van het derde en laatste bedrijf van de Eerste Republiek was het Kasavubu die zegevierde: Lumumba was dood en Tshombe verbannen, en Mobutu had geen potten gebroken bij de bevrijding van Katanga. Dat was het werk van de blauwhelmen geweest. Voor het eerst sinds de onafhankelijkheid kon Kasavubu heersen over het volledige Congolese territorium. Het land was herenigd en hij reisde erin rond. De banden met België werden hersteld en met Amerika bekrachtigd. Als blijk van waardering stuurde Washington gratis een pakket verrijkt uranium naar Léopoldville voor onderzoek in de kernreactor van Lovanium.[68] De stabiliteit van die jaren dankte Kasavubu eveneens aan zijn eerste minister Cyrille Adoula die drie jaar aan de macht bleef. Dat was met afstand de langste ambtstermijn van de Eerste Republiek, waar premierschappen eerder in maanden dan jaren werden uitgedrukt. Adoula was een hardwerkende, intelligente maar introverte bureaucraat die door zijn weifelmoedigheid nooit een bedreiging vormde voor Kasavubu.[69]

Tijdens dit derde bedrijf wist Kasavubu zijn positie aanzienlijk te versterken. Nu de rust leek weergekeerd, ijverde hij voor een nieuwe grondwet die de voorlopige *Loi fondamentale* moest vervangen. In de loop van 1964 boog een commissie zich over de toekomstige spelregels van het land. Het resultaat was de Grondwet van Luluabourg, een tekst waarover werd gestemd per referendum, waarmee Kasavubu een dubbele slag binnenhaalde. De nieuwe grondwet hervormde Congo tot een gedecentraliseerde staat, iets waar Kasavubu al een decennium van had gedroomd. De provincies kregen meer macht, maar werden beduidend kleiner. Al in 1962 waren de zes monsterprovincies van de koloniale tijd opgesplitst tot eenentwintig *provincettes*, miniprovincies, die beter aansloten bij de etnische werkelijkheid en de historische territoria.[70] Bovendien verleende de nieuwe grondwet het staatshoofd aanzienlijk meer macht. Voortaan stond hij oppermachtig boven de premier en zijn regering. Ook het parlement kreeg minder te piepen. Als het voor een wet stemde die de president niet zinde, mocht hij om een herstemming verzoeken, want iedereen maakt wel eens een vergissing. En om een tweede fout te vermijden, was er een twee derde meerderheid nodig om het presidentieel alternatief af te ketsen... In noodgevallen mocht het staatshoofd zelf wetgever worden. Gesteggel met een recalcitrante premier behoorde voortaan ook tot het verleden. 'Hij mag eveneens, op eigen initiatief, een einde maken aan de ambtsuitoefening van de eerste minister of van een of meerdere leden van de centrale regering, met name wanneer een ernstig conflict hem plaatst tegenover hen,' zei artikel 62.[71] Kasavubu zat op rozen: het land bestond uit kleine blokken, Katanga was verkruimeld tot drie onschuldige mini-provincies en hij hield de leidsels strakker dan ooit in de hand. Verdeel en heers, heet zoiets. Hem kon niets meer overkomen. Dacht hij.

Op 19 november 1963 werden twee Russische diplomaten aangehouden die uit Brazzaville terugkeerden. Ze werden betrapt met uiterst bezwarende documenten op zak. De diplomaten hadden in de hoofdstad aan de overkant contact gehad met Christophe Gbenye, voormalig minister van Binnenlandse Zaken ten tijde van Lumumba. Brazzaville was een schuiloord geworden voor de lumumbisten van het eerste uur. Dicht genoeg bij Léopoldville, maar toch veilig buiten het bereik van Kasavubu. De documenten spraken over de stichting van een revolutionaire beweging, het Comité National de Libération. Gbenye stond aan het hoofd ervan. Er waren al delegaties naar Moskou en Peking gereisd. In de documenten vroeg het Comité de steun van Rusland om jongeren militair te trainen. Het verzocht om radiostations, handzame bandrecorders, minifototoestellen en fotokopieermachines 'of andere gelijkaardige toestellen voor spionage'. Het leek wel *Mission Impossible*. Men verlangde tevens te ontvangen: '20 pistolen in miniatuur (met geluidsdemper) in de vorm van een aansteker of balpen' en enkele 'valiezen met dubbele bodem'. Kasavubu's rust was voorbarig.[72]

De eerste uitbarsting van ongenoegen vond plaats in Kwilu. De aanstoker was Pierre Mulele, voormalig minister van Onderwijs en Schone Kunsten in de regering-Lumumba, handlanger van Gizenga. Mulele had niets te maken met de samenzweerders in Brazzaville, maar zat op hetzelfde spoor. Na het debacle van de eerste regering was hij naar het buitenland gevlucht en in China beland. Daar maakte hij kennis met de ideologie en de praktijk van Mao's boerenopstand en bekwaamde hij zich in de guerrillatechnieken. Met die vorming keerde hij clandestien terug naar zijn geboortestreek. Gizenga was een Pende, de stam die in

1931 het koloniaal gezag had bevochten; Mulele behoorde tot de naburige Mbunda-stam. Hij probeerde bij de boeren het verzet opnieuw aan te wakkeren. De vijand was ditmaal niet de blanke kolonisator, maar de eerste generatie Congolese politici die Lumumba hadden vermoord. Waren zij niet meer bezig met machtsspelletjes dan met het staatsbelang? Was hun levensstijl niet vadsig en hun zelfverrijking niet schaamteloos? Waren ze geen verderfelijke bourgeois? In plaats van het volk te dienen, betoogde hij, misbruikten ze de macht om eens goed in de schatkist te graaien. Hun prowesterse houding had hun hebzucht alleen maar doen toenemen. De boeren luisterden naar Mulele en knikten grommend. Van de onafhankelijkheid hadden ze inderdaad nog niet veel gemerkt, dat was waar. Hun leven was erop achteruitgegaan. Werd het geen tijd voor 'een tweede onafhankelijkheid', vroegen ze zich af. De uitdrukking was authentiek volks. Een nieuwe *dipenda*, dit keer de goeie.

Mulele begon aan zijn boerenrevolte, de eerste grote plattelandsopstand in Afrika sinds de onafhankelijkheid. Hij getuigde van een buitengewoon idealisme en een grote belangeloosheid. Hij werd een soort Congolese Che Guevara, een linkse intellectueel die aansluiting zocht bij eenvoudige lieden. In dorpjes en hutten onderwees hij het revolutionaire gedachtegoed. Keer op keer hamerde hij op het belang van discipline tijdens de revolte. Zijn voorschriften waren sterk op de geschriften van Mao gebaseerd.[73] De strijders van de revolutie moesten iedereen respecteren, ook de krijgsgevangenen. Stelen was verboden, zelfs bidden.[74] Wat vernield werd, moest vergoed worden. 'Respecteer de vrouwen en amuseer u niet met hen zoals u zou willen.' Nee, de revolutie moest ook dochters hebben. In het maquis van Mulele werden ook vrouwen opgeleid.

De beschikbare wapens waren echter miniem. Mulele wilde niet afhankelijk zijn van buitenlandse mogendheden, de opstand moest zichzelf bedruipen. Dus trok men ten strijde met enkel oude vuurwapens, messen en gifpijlen gemaakt van fietsspaken. Scholen werden in brand gestoken, missieposten vernield, bruggen gesaboteerd. Het dodental liep in de honderden. Er vonden slachtingen plaats, ondanks de leefregels. Desondanks zette de revolutie niet door. Mulele's Chinese doctrine sloeg niet overal aan. Ze was allicht te seculier. Waarom mochten de strijders niet bidden? De eenvoudige boeren uit Kwilu wisten niet wat opium was en hadden geen oren naar verhaaltjes over vals bewustzijn. Hun reflexen bleven in hoge mate religieus en tribaal. Mulele's machtsbasis zou daardoor nooit groter worden dan het stamgebied van de Pende en de Mbunda. De steden ontsnapten aan zijn gezag. De mulelistische revolte liep slechts van januari tot mei 1964, maar ze was symbolisch van grote betekenis. Kasavubu's positie was voor het eerst sinds Tshombe openlijk bedreigd en Lumumba's gedachtegoed bleek springlevend. Als Lumumba een martelaar was, dan was Mulele zijn nieuwe profeet.

In die dagen kon je in de brede lanen van Stanleyville tussen de modernistische meesterwerken onder een schroeiende zon een stokoude vrouw zien. Ze was 80, misschien wel 90. Mama Lungeni was de weduwe van Disasi Makulo, de man die door Stanley was vrijgekocht. Haar illustere man was in 1941 gestorven, zij leefde al meer dan twintig jaar zonder hem verder. In 1962 was ze voor het huwelijk van een kleindochter naar Stanleyville gekomen, maar haar zwakke gezondheid verhinderde een terugkeer naar het geboortedorp in het regenwoud.[75]

Als jong meisje was ze het slachtoffer geworden van tribaal geweld, en nu, oud en stram, moest ze vaststellen dat de oorlog terugkeerde. Ze wist natuurlijk niet dat de revolutionaire strijdmakkers in Brazzaville besloten hadden tot actie over te gaan, maar ze zou het weldra merken. Het Comité National de Libération van Gbenye plande een inval in het oosten van het land. In Burundi, dat samen met Rwanda sinds 1962 onafhankelijk was, werden de aanstaande rebellen klaargestoomd door Chinese guerrilla-specialisten. Ook de Sovjet-Unie was bereid om te helpen. In Zuid-Kivu werd de rebellie geleid door ene Gaston Soumialot, in Noord-Katanga door ene Laurent-Désiré Kabila. Hun krijgers bestonden uit erg jonge mannen, jongelingen van zestien, zeventien jaar, prille tieners soms, kinderen ook. Zij waren vatbaarder voor magie dan voor alle maoïstische en marxistisch-leninistische retoriek bij elkaar. Ze noemden zichzelf Simba's, leeuwen, en geloofden sterk in martiale rituelen.

Het bevrijdingsleger van Kabila en Soumialot had een machtige féticheur in dienst, Mama Onema, een vrouw van in de zestig. Elke jonge krijger werd door haar geïnitieerd. Tussen zijn ogen trok ze met een scheermes drie kleine strepen. Uit een luciferdoosje haalde ze een zwart poeder – gemalen botten en huid van leeuwen en gorilla's, vermengd met geplette zwarte mieren en verpulverde hennep – en wreef het in de wondjes. Hij kreeg een *grigri* aangeboden, een amuletje dat hij om zijn pols of hals droeg en dat kracht moest geven. Elke keer als hij ten strijde trok, besprenkelde ze zijn borstkas en wapens om hem immuun te maken voor de vijand. De krijgers dienden een hele rij leefregels te respecteren. Ze mochten nooit de hand van een niet-Simba schudden, ze mochten zich niet wassen, ze mochten hun haar niet kammen of hun nagels knippen, anders werden ze weer kwetsbaar. Veel van die regels waren minder bizar dan op het eerste zicht leek. De meeste Simba's hadden geen uniformen en nauwelijks vuurwapens. Ze trokken ten strijde met bloot bovenlijf, behangen met takjes en dierenhuiden, en hadden enkel speren, machetes en knuppels. Daarmee moesten ze het opnemen tegen het regeringsleger van Mobutu, dat nog steeds een zootje ongeregeld was, maar wel een zootje ongeregeld met halfautomatische machinegeweren. De magische regels dwongen de Simba's tot een vorm van militaire discipline. Seks was verboden, omdat de krijgers anders aan het verkrachten zouden slaan. In paniek raken was verboden, omdat ze anders op de vlucht zouden slaan. Achteruitkijken was verboden, je verbergen was verboden. De Simba-krijger moest op de vijand afstormen, luid krijsend '*Simba, Simba! Mulele mai! Mulele mai! Lumumba mai! Lumumba oyé!*' (Leeuw, leeuw, water van Mulele, water van Lumumba, leve Lumumba!). Wanneer ze dat schreeuwden, zouden de kogels van de tegenpartij veranderen in water zodra ze hun borstkas raakten. Wie toch geraakt werd, had kennelijk een leefregel niet gerespecteerd.[76] Onzinnig? Ja, maar niet onzinniger dan bepaalde aanvallen in de Eerste Wereldoorlog waarbij soldaten het spervuur in werden gejaagd. En het bizarre was: niet alleen de Simba's geloofden in hun magische krachten, maar ook het regeringsleger. Mobutu's soldaten waren als de dood voor die gedrogeerde, hysterische woestelingen die joelend en met opengesperde ogen op hen af kwamen. In mei 1964 namen de Simba's Uvira en Albertville in, twee belangrijke steden aan de westelijke oever van het Tanganyikameer. Voor Kasavubu en Mobutu was het een smadelijke nederlaag. De regeringssoldaten bonden takjes om de loop van hun geweren in de hoop de magie van de Simba's te kunnen doorbreken, maar veel vaker sloegen ze op de vlucht. Krijsend en tierend veroverden de opstandelingen het oosten van Congo. De rebellen namen auto's in beslag en haalden winkels leeg. Ze raapten vuurwapens op die het regeringsleger in paniek had achtergelaten. Soumialot trok met zijn jongens van Uvira naar Stanleyville, een maandenlange voettocht door het oerwoud. Overal waar ze kwamen, in dorpjes en stadjes, sloten jongeren zich aan. Het waren mensen die de onafhankelijkheid haatten. Door het geknoei aan de top konden duizenden en duizenden jongeren in het oosten niet meer studeren.[77] Hun onderwijzers werden niet of nauwelijks betaald. In het hele land gingen leerkrachten in staking.[78] Het middelbaar onderwijs, de manier bij uitstek om sociale promotie te maken, was nog slechts een schaduw van wat het ooit was geweest. Dit waren leerlingen zonder leerkrachten. Het woord *révolution* hield voor hen meer beloftes in dan het woord *indépendance*. Ze waren te jong om al een vrouw, een huis of een akkertje te hebben, maar nog niet oud genoeg om al hun dromen op te geven. Ze hadden niets te verliezen. Ze waren *rebels with a cause*, jonge leeuwen, de grootste verliezers van de onafhankelijkheid. En ze werden vreselijke moordmachines.

Mama Lungeni zag de rebellen naar de stad komen. Begin augustus 1964 viel Stanleyville in hun handen. Het bolwerk van Lumumba en Gizenga was weer van hen. Zij gingen op zoek naar de potverteerders van de onafhankelijkheid. Evolués, intellectuelen en rijken moesten eraan geloven. Bij het standbeeld van Lumumba werden circa 2500 'reactionairen' vermoord. De Simba's sneden hun hart uit en aten het op, zo verhinderden ze dat de doden konden terugkeren. Ook elders getuigden ze van uitzonderlijke wreedheid. 'Boter! Boter!' riepen ze in Tshumbe, toen een machete de schedel van een vijand doorkliefde en de hersens eruit liepen.[79] Baby's en kinderen werden afgepakt en in de brandende zon gelegd tot ze dagen later bezweken.[80] In Kasongo sneden ze de buik open van enkele ouderen en dwongen ze de omstanders om de ingewanden op te eten.[81] Daarnaast waren ze uitgesproken anti-Amerikaans, anti-Belgisch en antikatholiek. De Amerikaanse consul van Stanleyville moest de Amerikaanse vlag vertrappelen en er een stuk van opeten.[82] Wie nog maar een voorwerp had waarop 'made in USA' stond, kon worden afgemaakt. Het werd een spelletje om de baard van Belgische missionarissen in brand te steken en hem dan met meppen te doven. Veel Simba's hadden een achtergrond in de geheime kitawala-cultus, die altijd al sterk was in Oost-Congo.[83] Hun blankenhaat was groot. Verscheidene missiezusters werden verkracht en vermoord, sommige missionarissen werden gemarteld en afgemaakt.[84]

Mama Lungeni vreesde nooit meer terug te kunnen keren naar de protestantse missiepost van Yalemba waar Disasi lag begraven. Daar wilde ze sterven en naast hem rusten. Maar op 5 september 1964 kondigde de rebellie de vorming van een nieuwe staat af. Het rebellengebied heette voortaan de *République Populaire du Congo*, naar analogie van de Chinese Volksrepubliek. De verschillende milities werden samengesmolten tot het *Armée Populaire de la Libération*, het Volksbevrijdingsleger. Christophe Gbenye, de man uit Brazzaville, werd president; Gaston Soumialot werd minister van Defensie; het opperbevel van de strijdkrachten viel in de schoot van generaal Nicholas Olenga. Een derde van Congo was van hen. Mama Lungeni kon niet weg.

Voor Kasavubu was het een totaal affront. Mobutu sloeg een modderfiguur met zijn troepen die telkens het hazenpad kozen. Hij poogde het leger te moderniseren en kreeg zelfs de steun van Cubaanse gevechtspiloten, mannen die het regime van Castro waren ontvlucht en vast van plan waren om elders in de wereld de opmars van linkse revolutionairen te beletten. Maar zelfs dat kon het tij niet doen keren. Zou Congo dan toch ten prooi vallen aan het communisme? Daar hadden de Amerikanen nog steeds weinig zin in. Wat als Katanga werd heroverd? Wat als Tshombe terugkwam uit Spanje en zich aansloot bij de rebellen? Hij had middelen en manschappen genoeg. Dan was twee derde van Congo in revolutionaire handen.

Toen voltrok zich een van die compleet onverwachte wendingen waarop de Congolese politieke geschiedenis patent heeft: Tshombe keerde inderdaad terug én... hij koos de zijde van Léopoldville, de zijde waartegen hij tweeënhalf jaar had gevochten! Het was een *volte face* van de bovenste plank, maar ze was, met aftrek van de factor integriteit, niet onlogisch. Mobutu en zijn maten van de Binza-groep (in het bijzonder minister van Buitenlandse Zaken Justin Bomboko, Victor Nendaka, hoofd van de Congolese veiligheidsdienst, Albert Ndele, gouverneur van de nationale bank) beseften dat Tshombe nog steeds zijn Katangese gendarmen en huurlingen kon mobiliseren.[85] Hij hoefde ze maar van over de grens in Angola te halen. Indien zij aan de kant van de rebellen kwamen te staan, was Léopoldville verloren. Zij oordeelden dat het beter was een zeikerd in huis te hebben die naar buiten pist, dan een zeikerd in de tuin te hebben die naar binnen zeikt.

Tshombe, op zijn beurt, had altijd al verlangd naar een machtsbasis in de hoofdstad. Het aanbod van Mobutu en de zijnen was de uitgelezen kans om zijn ballingschap in Madrid te beëindigen en een nieuwe paragraaf aan zijn politieke cv toe te voegen. Kruiperig schreef hij aan Kasavubu: 'In deze moeilijke periode die aanbreekt en waaruit het land sterker tevoorschijn moet komen om de enorme taken aan te vatten die liggen te wachten, hernieuw ik mijn aanbod om u mijn volledige medewerking te verlenen in dienst van het Vaderland.'[86]

Voor het eerst sinds de onafhankelijkheid vormden de drie vijanden van Lumumba een trojka: Kasavubu als president, Mobutu als opperbevelhebber en, na enige besprekingen, Tshombe als premier. In juli 1964 verving hij Adoula en beloofde hij het volk 'een nieuw Congo in drie maanden'. In het grote voetbalstadion van Léopoldville werd hij toegejuicht door dertig- tot veertigduizend toeschouwers. In Stanleyville, kort voor de inname door de rebellen, legde hij zelfs een bloemenkrans neer bij het monument van Lumumba, de man die hij had helpen ombrengen.[87]

Tshombe beschikte over twee troeven: zijn huurlingen van weleer en het Amerikaanse leger. Onder de huurlingen zaten kolonel Mike Hoare, een Zuid-Afrikaan van Ierse origine, bijgenaamd 'Mad Mike', kolonel Bob Denard, een Fransman en ongetwijfeld de roemruchtste huurling uit de twintigste eeuw, en Jean Schramme, bijgenaamd 'Black Jack'. Die laatste was geen klassieke huurling, maar een Belg die plantagehouder was in Katanga en besloten had zich in te zetten voor de 'redding' van Congo. In groezelige cafés in Brussel, Parijs en Marseille werden nieuwe manschappen gerekruteerd. Zij tekenden contracten waarin stond hoeveel smartengeld ze kregen voor het verlies van een teen (30.000 frank), een grote teen (50.000 Belgische frank) of een rechterarm (350.000 frank). Of hoeveel hun weduwe zou krijgen (1 miljoen frank).[88]

De Amerikanen stelden een vloot vliegtuigen ter beschikking van Léopoldville: dertien T-28 gevechtsvliegtuigen, vijf B-26 bommenwerpers, drie C-46 transporttoestellen en twee kleine tweemotorige passagiersvliegtuigen. Allemaal overschotjes uit de Tweede Wereldoorlog, maar voldoende om ten strijde te trekken tegen jongetjes in bloot bovenlijf die geloofden dat ze onkwetsbaar waren.[89] Terwijl de huurlingen aan een grondoffensief begonnen, samen met Katangese gendarmes, Congolese regeringssoldaten en Belgische officieren, bestookten de Amerikanen de Simba's vanuit de lucht. Een voor een vielen hun posities.

De Simba's reageerden furieus. Verbijsterd dat ze toch konden sneuvelen, weten ze hun verliezen aan de seizoensregens die hun magische krachten afwasten.[90] Als bezetenen gingen ze bij de achtergebleven blanken op zoek naar zendinstallaties, want ze verdachten hen ervan de vijand in te lichten. Wie maar een transistor had of zelfs gewoon een balpen, was suspect. Ze haalden honderden Europeanen uit het resterende rebellengebied weg en hielden hen gegijzeld in het Victoria Hotel in Stanleyville. Ze dreigden hen allemaal van kant te maken. Dat was het startsignaal voor een grootscheepse militaire actie van Belgen en Amerikanen. Het bestond uit een grondoffensief (operatie Ommegang) en een luchtoffensief (operatie Dragon Rouge). Op 24 november 1964 landden 343 Belgische paracommando's in Stanleyville en bezetten de luchthaven. Ondertussen trokken de grondtroepen de stad in. Tweeduizend Europeanen werden bevrijd en met veertien C-130 toestellen geëvacueerd; een honderdtal liet het leven bij de actie. In de dagen daarop doodden de Simba's bij wijze van weerwraak negentig religieuzen in het binnenland.[91] De dodentol aan Congolese zijde is nooit vastgesteld.

Mama Lungeni ontsnapte op een haar na aan de dood. Op de dag van de bevrijding van Stanleyville hoorde ze om half zes het geronk van de vliegtuigen. Ze sloot zich met haar familieleden op in haar huis. 'Even later vloog een van de vliegtuigen boven onze wijk Tshopo,' herinnerde haar zoon zich. 'Net boven onze woning wierp het een raket af die op ongeveer tien meter van het huis ontplofte. Een gedeelte van het projectiel verdween in de grond, terwijl de scherven tot aan de voordeur sloegen en alle ruiten wegbliezen.' Mama Lungeni zat op dat moment in de salon tegenover de voordeur. Ze viel in katzwijm. 'Iedereen, de kinderen en de kleinkinderen begonnen te roepen: Mama is dood! Oma is dood! We droegen haar naar de binnenplaats waar ze weinig later opnieuw begon te ademen en haar ogen opende.'[92]

Na de inname van Stanleyville verspreidden de rebellen zich over het binnenland. Twee dochters van Mama Lungeni die langs de stroom woonden, kwamen haar met een prauw ophalen. Maar de missie van Yalemba was nog lang niet veilig. Doodsbang als ze waren voor de Amerikaanse bommenwerpers verlieten ze hun dorpen.

> De mensen vluchtten weg naar het regenwoud of de eilanden. Mama Lungeni en haar kinderen behoorden tot de vluchtelingen in het woud, maar de leefomstandigheden waren werkelijk erbarmelijk. Elke keer moesten ze tijdelijke hutten bouwen tegen het slechte weer en moesten ze zich verplaatsen van de ene plek naar de andere. Mama Lungeni was uitgeput en kon niet meer lopen. Bij elke verplaatsing moest ze gedragen worden, om beurten op de rug van haar dochter Bulia en haar kleindochters Mise en Ndanali, terwijl de kleintjes, Naomi, Toiteli, Maukano, Moali en hun neefje Asalo Kengo hen volgden en hun bagage droegen.

> Door de slechte toestand en het gebrek aan veiligheid besloot ze het woud te verlaten en beschutting te zoeken op het eiland Enoli, midden in de rivier, waar oom Anganga en zijn familie woonden.[93]

De oude vrouw eindigde waar ze begonnen was: in de ellende van een oorlog. Op een dag ging ze na het avondgebed slapen. Een zware regenbui brak los. Om drie uur 's morgens stak haar oudste dochter die naast haar sliep een lamp aan. Mama Lungeni was gestorven. Het was 1 mei 1965. Per prauw brachten ze haar lichaam naar Bandio, de plek waar Disasi in 1883 was ontvoerd. De gong trommelde het bericht van haar overlijden rond. De mensen kwamen uit het evenaarswoud om de uitvaart bij te wonen. Ze werd begraven naast het lichaam van haar man.

En de burgeroorlog duurde voort. Léopoldville won gestaag terrein. Maar toen de rebellen uiterst verzwakt waren, kregen ze in het oosten plotseling steun uit onverwachte hoek. De slecht geleide revolutie had nooit een serieuze diplomatie ontwikkeld, de steun uit sympathiserende landen als Egypte, Algerije, China en de Sovjet-Unie bleef minimaal. Maar plotseling ging in april 1965 aan de oever van het Tanganyika-meer niemand minder dan Che Guevara aan wal! Hij was uit Cuba overgevlogen en liet meer dan honderd goed getrainde Cubaanse militairen overkomen, allen van Afrikaanse origine, want hun aanwezigheid mocht niet opvallen. Verre nazaten waren het van slaven uit Centraal-Afrika. Nu kwamen ze Congo heroveren aan de zijde van Kabila en zijn Simba's. Maar el Che zag algauw dat het revolutionaire vuur bij diens mannen niet zo heel hoog flakkerde. In hun geheime kampen in het maquis weerklonk luide dansmuziek en sloften vrouwen en kinderen voorbij. De Congolese kameraden lagen te lanterfanten en hadden geen enkele vorming. Van loopgraven wilden ze niet weten, dat was voor doden. Schietlessen interesseerde hen niet, ze konden hun rechteroog niet dichtknijpen. Ze vuurden liever maar wat in het rond.[94] 'Een van onze kameraden zei bij wijze van grap dat in de Kongo alle tegenvoorwaarden voor de revolutie aanwezig waren,' noteerde Che Guevara schamper in zijn dagboek.[95] De paar keer dat ze naar het front gingen, waren de Cubanen getuige 'van het trieste schouwspel van troepen die ten aanval trokken, maar zodra het gevecht begon, volledig uiteenvielen en hun kostbare wapens links en rechts neersmeten om maar sneller te kunnen vluchten'.[96] Kabila zelf zat voortdurend in Tanzania en liet zich na twee maanden even zien, vooraleer opnieuw te verdwijnen. Che gaf toe dat Kabila de enige figuur was met leiderscapaciteiten, maar een ware revolutionaire aanvoerder was toch nog iets anders. 'Hij moet ook beschikken over een serieuze instelling jegens de revolutie, een ideologie waardoor zijn handelen wordt geleid, en een bereidheid tot opofferingen die uit zijn daden spreekt. Tot dusver heeft Kabila niet bewezen ook maar over iets daarvan te beschikken. Hij is nog jong en kan misschien nog veranderen, maar ik durf het aan om hier op een papier dat pas over vele jaren het licht zal zien neer te schrijven dat ik ernstig betwijfel of hij in staat is zijn tekortkomingen te overwinnen.'[97] Kabila zou meer dan dertig jaar in het maquis blijven lummelen. In 1997 wierp hij Mobutu omver, el Che was toen allang vermoord.

Na zeven maanden verlieten Che Guevara en zijn strijders het Congolese grondgebied. De rebellie was vruchteloos. Bitter noteerde hij: 'In de laatste uren van mijn verblijf in de Congo voelde ik mij alleen, zoals ik me nooit eerder had gevoeld, noch in Cuba noch in enige andere plaats waar ik op mijn omzwervingen door de wereld was beland.'[98]

Tshombe triomfeerde. De rebellie was teruggedrongen dankzij 'zijn' huurlingen en 'zijn' gendarmes. Naast zijn militaire triomf boekte hij ook een uiterst belangrijke diplomatieke zege. In Brussel was hij gaan onderhandelen over de fameuze 'koloniale portefeuille'. Daarmee werden de grote aandelenpakketten bedoeld die België kort voor de onafhankelijkheid naar zich toe had getrokken. De discussie over de teruggave van die waardepapieren raakte bekend onder de naam van 'het Belgisch Congolese *contentieux*'. Tshombe kon de Belgische onderhandelaars ervan overtuigen dat die aandelenportefeuille feitelijk de Congolese staat toekwam, waardoor hij de kip met de gouden eieren weer in de eigen ren kreeg. Toen hij terug in Congo kwam, stond hij overal te zwaaien met een lederen aktetasje.[99] De portefeuille! Het volk lachte en straalde. De oorlog was voorbij, het geld kwam terug. 'Nu gaan we weer *makayabu* eten!' zongen ze, heerlijke stokvis die onbetaalbaar was geworden.

Tijdens de Eerste Republiek was de doorsnee Congolees er flink op achteruitgegaan. De inflatie was torenhoog: een kilo rijst kostte in 1960 slechts negen frank, in 1965 negentig frank.[100] De koopkracht was verschrompeld.[101] De werkloosheid woog zwaar. Wie nog een baan had, moest steeds meer monden voeden met steeds minder geld.[102] Velen hadden honger.[103] Ziektes die onder controle waren geweest, zoals de slaapziekte, tbc en rivierblindheid, maakten opnieuw talloze slachtoffers.[104]

In 1965 was Tshombe veruit de populairste politicus van Congo. Voor het eerst sinds de dekolonisatie werden er weer parlementsverkiezingen gehouden. Tshombe won ze op verpletterende wijze. Met zijn gelegenheidskartel van partijen behaalde hij 122 van de 167 zetels. Kasavubu begreep dat Tshombe een gevaar kon betekenen voor zijn presidentschap. Hij combineerde nu al de bevoegdheden van eerste minister, minister van Buitenlandse Zaken, van Buitenlandse Handel, van Werk, Plan en Informatie.[105] Op 13 oktober deed Kasavubu precies hetzelfde als wat hij in september 1960 met Lumumba had gedaan: hij zette de premier af en schoof een lakei als alternatief naar voren (Evariste Kimba), een figuur in wie het parlement geen fiducie had. Zo'n *move* mocht van de nieuwe grondwet, maar alles leek van voren af aan te beginnen.

Tijdens een van onze gesprekken haalde Jamais Kolonga een merkwaardige, fel gekreukelde foto boven. Een groepje jongemannen stond stralend rond een tafel geschaard. In het midden herkende ik onmiddellijk de jonge Mobutu. Zelfs toen al zag hij eruit als een Afrikaanse *remake* van koning Boudewijn. 'Dat was op de vijfendertigste verjaardag van Mobutu. Het feest werd gehouden in het restaurant van de Zoo, het beste restaurant van de stad.' Het was 14 oktober 1965, één dag na het ontslag van Tshombe. 'Hier links staat Isaac Musekiwa, trompettist bij OK Jazz, daarnaast Paul Mwanga, zanger bij OK Jazz, dan ik, Jamais Kolonga, naast Mobutu! Rechts staan de mannen van African Jazz. Eerst de zanger Mujos en dan de grote Kabasele zelf. Dit hier is Roger Izeidi, van OK Jazz. En helemaal rechts niemand minder dan Franco!' De hele *fine fleur* van de Congolese muziek schaarde zich die avond rond de hoogste gezagvoerder van het leger, alsof de Beatles en de Stones ooit samen op een foto zouden staan met de opperbevelhebber van de Britse strijdkrachten. Jean Lema, alias Jamais Kolonga, genoot er nog van na. 'Weet je wat Mobutu mij die avond verklapte? Ik had in 1960 drie maanden met hem samengewerkt in dienst van Lumumba. "Jean," zei hij, "binnen een maand ben ik president van de republiek."'[106]

En zo geschiedde. Op 24 november 1965, een datum die elke Congolees van buiten kent, riep Mobutu om negen uur 's avonds alle topfiguren van de strijdkrachten bijeen in zijn residentie in de hoofdstad. Zijn bureau lag vol dossiers, kranten en tijdschriften. De hele dag had hij zitten vergaderen en zijn besluit stond vast: hij zou staatshoofd worden. De Eerste Republiek was op een totale ramp uitgedraaid. Hij moest orde op zaken stellen. Als Kasavubu de streken van vijf jaar geleden herhaalde, dan zou hij, Mobutu, zijn staatsgreep herhalen, en nu niet voor vijf maanden, maar voor vijf jaar. Aan een medewerker dicteerde hij een communiqué, een onderluitenant moest de tekst inlezen op de radio, terwijl een majoor de telefoonlijn van Kasavubu ging saboteren. Iedereen sprak zijn steun uit. Het bier vloeide met sloten. Mevrouw Mobutu vergastte de aanwezigen op vis met bakbanaan. Ze was er nochtans niet gerust op: 'Stop toch met die onzin. Als ze jullie vatten, worden jullie allemaal vermoord,' fluisterde ze tegen haar schoonbroer. Maar om half drie 's ochtends schonk ze iedereen een glas champagne in. Drie uur later zond de radio het bericht van de staatsgreep uit.[107] De hele dag was er verder alleen maar marsmuziek te horen. De Eerste Republiek was voorbij. Er viel geen schot. De strijd om de troon was beslecht. Elk van de vier protagonisten had zijn *finest hour* beloofd, maar het was Mobutu die met de eer ging strijken.

9
De elektrische jaren
Mobutu stroopt de mouwen op
1965-1975

September 1974. Zizi Kabongo keek wel even op toen hij de brief in ontvangst nam. Hij kreeg wel vaker post hier in Parijs, maar een brief persoonlijk ter hand gesteld door de directeur van zijn school, dat was nieuw. Sinds wanneer was de rector van het vermaarde INA, het Institut National de l'Audiovisuel, een veredelde koerier? Het hoofd van een van 's werelds belangrijkste opleidingen voor radio- en tv-journalisten had toch wel wat beters te doen dan postbode spelen voor dat handjevol Afrikaanse studenten?

Maar de brief had een gewichtige afzender. Zizi zag dat hij van de ambassade kwam en dat betekende in die tijd: van de president. Mobutu had zijn minister met die brief belast, de minister de ambassadeur, de ambassadeur zijn personeel. Zo ging dat inmiddels in Zizi's verre vaderland. Sinds Mobutu negen jaar eerder aan de macht was gekomen, hield hij de touwtjes stevig in handen. Alle touwtjes.

September. Het academiejaar was pas begonnen. Parijs werd weer een drukke stad: de Fransen terug van vakantie, de metro's opnieuw vol, haastig volk langs de boulevards. 'Ambassade de la République du Zaïre' las Zizi op de envelop. Zelfs na drie jaar was het nog altijd wennen... Het rondborstige Congo had in 1971 moeten wijken voor het sissende Zaïre. Mobutu vond dat authentieker dan de koloniale aanduiding 'Congo'. De Vader van de Revolutie had zich gebaseerd op een van de vroegste schriftelijke documenten: een Portugese kaart uit de zestiende eeuw. Daar stond de brede rivier die door zijn land kronkelde aangeduid als 'Zaïre'. Maar kort na de naamsverandering kwam Mobutu tot de ontdekking dat het om een stupiditeit ging: Zaïre was de krakkemikkige spelling van het woord *nzadi*, een doodgewoon woord in het Kikongo dat 'rivier' betekent. Toen de Portugezen in het mondingsgebied van de rivier aan inboorlingen vroegen hoe zij die grote, kolkende watermassa daar noemden, hadden die gewoon geantwoord: 'Rivier!' *Nzadi*, herhaalden ze. *Zaïre*, verstonden de Portugezen. Tweeëndertig jaar lang zou Zizi's land zijn naam te danken hebben aan de slordige fonetiek van een Portugese cartograaf van vier eeuwen geleden.

Zaïre dus. Zo heette het land, en voortaan ook de rivier en de munt en de sigaretten en de condooms en wat dies meer zij. Een bizarre naam, met die zeldzame z en dat lastige trema. Als je het met een schrijfmachine moest tikken, kreeg je boven de i zo'n heilige drievuldigheid van puntjes. De Amerikaanse bondgenoten van Mobutu kregen het nooit helemaal uitgesproken. Zij hadden het steevast over het eenlettergrepige 'zair', *air* met een z ervoor.

A l'attention du Citoyen Kabongo Kalala, stond er op de brief van de ambassade. De Fransen vonden het wel grappig, dat 'citoyen' als aanspreektitel. Tenminste nog één land dat de revolutionaire etiquette hooghield, tweehonderd jaar na de bestorming van de Bastille.

Natuurlijk had Zizi niet verwacht dat hij als 'Zizi' zou worden aangeschreven. Weinigen wisten nog zijn echte naam, maar in officiële correspondentie bleef hij toch gewoon Isidore – zeker in Frankrijk waar *zizi* domweg 'piemel' betekent. Maar zelfs die Isidore ontbrak op de envelop. Er stond voornaam noch initiaal op. Kabongo Kalala, zo heette hij sinds twee jaar officieel. In 1940 was hij geboren als Isidore Kabongo, maar sinds 1972 ging hij door het leven als Kabongo Kalala. Zónder voornaam. Christelijke voornamen waren verboden vanwege, alweer, te koloniaal.

Mobutu vond dat de geesten nog al te zeer onder het oude juk gebukt gingen. Het kwam erop aan het volk ook mentaal te bevrijden. Allerlei naamsveranderingen konden daarbij helpen. Léopoldville moest Kinshasa heten, Stanleyville Kisangani en Elisabethville Lubumbashi. Ook mindere steden kregen een inheemse naam: Ilebo voor Port Francqui, Kananga voor Luluabourg, Moba voor Baudouinville, Mbandaka voor Coquilhatville, Likasi voor Jadotville. Het Leopold II-meer werd herdoopt tot Maï Ndombe, zwart water. Het Albertmeer tot Lac Mobutu. En om de lokale trots te breken heette Katanga voortaan Shaba.

Maar toponymie volstond niet, volgens Mobutu. Ook de persoonsnamen moesten eraan geloven, want sommigen keken nog te zeer op naar België. Mensen die Lukusa heetten verbasterden nog steeds hun naam tot De Luxe. Kalonda werd De Kalondarve. De zanger Georges Kiamuangana vond het Vlaams aandoende Verckys aantrekkelijker als artiestennaam. En Désiré Bonyololo, de stenograaf uit Kisangani, noemde zich het liefst Désiré Van-Duel. De ideologen van de Tweede Republiek gruwden ervan. De nieuwe Zaïrees moest trots zijn op wat hij was, in plaats van potsierlijk te koketteren met wat hij wilde zijn. Voortaan alleen nog inheemse namen.

En dus moesten zelfs de voornamen sneuvelen. Die waren ingevoerd door missionarissen die bij elk doopsel een kind naar een Europese heilige vernoemden: Joseph, Jean, Christophe, Thérèse, Bernadette, Marie. De ware Zaïrees, zo hield de president voor, omschreef zich toch veeleer in relatie tot zijn voorouders in plaats van tot een verre heilige? En daarom verbood hij doopnamen en verplichtte hij ancestrale namen. De *prénom* verdween, de '*postnom*' (een smakelijk, mobutistisch neologisme) kwam ervoor in de plaats. Het was een slinkse poging om de macht van de kerk te breken. Isidore Kabongo werd Kabongo Kalala. Onder Mobutu werd werkelijk alles anders.

'Aanvankelijk waren wij zeer tevreden met de staatsgreep van Mobutu,' vertelde Zizi Kabongo me tijdens een van onze vele gesprekken in Kinshasa. Met weinig informanten heb ik zo vaak gesproken als met hem.[1] Hij sprak met grote luciditeit en veel finesse over de complexe geschiedenis van zijn land. Zoals velen van zijn generatie was hij een tijd lang seminarist geweest, maar zijn roeping strandde ergens halverwege als leraar Latijn en Grieks in Katanga. Uiteindelijk zou hij het pad van de journalistiek kiezen. Vandaag, 69 jaar oud, bekleedt hij een directeursfunctie bij de nationale radio. 'Oef! zeiden we toen. Eindelijk orde! De Eerste Republiek was een immense knoeiboel geweest. Al dat gerotzooi tussen Kasavubu en Tshombe... Het was een zeer grote teleurstelling. De treinen reden niet meer, de welvaart was weg, de werkloosheid steeg. En ondertussen zag je politici in limousines rondrijden die hun kinderen naar Europa zonden om te studeren. Mobutu schafte voor vijf jaar de politieke partijen af en iedereen was zeer tevreden.'

Mobutu zorgde inderdaad voor een stijlbreuk. Kort na zijn staatsgreep sprak hij in het grote voetbalstadion van Kinshasa de massa toe. Hier was een slanke jongeman aan het woord die geen peperdure smoking droeg maar een kaki legeruniform met baret.[2] Hij sprak in ronkende zinnen over 'de steriele conflicten van politici die het land en hun landgenoten opofferden aan hun eigenbelang'. Het publiek kon er alleen maar mee instemmen. 'Niets telde voor hen, behalve de macht en wat die hun opbracht. Hun zakken vullen, Congo en de Congolezen uitbuiten, dat was hun devies.' Mobutu noemde een kat een kat. Zijn taal was robuust, zijn redenering helder. 'Ik zal u altijd de waarheid zeggen, hoe hard ze ook is. Het is gedaan met u te verzekeren dat alles goed gaat terwijl alles slecht gaat. En ik zeg het u meteen: in ons geliefde land gaat alles werkelijk zeer slecht.'

En daarna trakteerde hij het bomvolle stadion op een gastcollege nationale economie. Hij kwam met ontnuchterende cijfers op de proppen. De productie van maïs, rijst, maniok, katoen en palmolie was dramatisch teruggevallen. De staatsuitgaven waren exponentieel gestegen. De koopkracht was ingezakt, de corruptie springlevend. Zo kon het niet verder. 'Uitzonderlijke toestand, uitzonderlijke maatregelen, en dat op elk terrein.' Mobutu schortte voor vijf jaar de partijpolitiek op. In die tijd wilde hij het land weer op de rails zetten en daarvoor had hij de hulp nodig van elke man of vrouw. 'Om dit herstelplan te realiseren hebben we handen nodig, veel handen.' Mobutu stroopte de mouwen van zijn uniform op om zelf het goede voorbeeld te geven. 'Wij zien elkaar hier over vijf jaar terug. Over vijf jaar zult u het verschil zien tussen de eerste en de tweede legislatuur. Ik ben er zeker van dat u zult vaststellen dat het Congo van vandaag met zijn ellende, zijn honger en zijn tegenslagen veranderd zal zijn in een rijk en welvarend land waar het goed leven is en waar de wereld het om benijdt.'[3]

Zo bevlogen had geen politicus sinds Lumumba in de hoofdstad meer gesproken. Mobutu hanteerde de krasse taal van Lumumba en vulde die aan met een concreet programma. Hij straalde vertrouwen en vastberadenheid uit. Congo zou een moderne staat worden.

Het liefst was Zizi naar Europa getrokken om te promoveren op een studie over Baudelaire, maar Mobutu vond dat de jonge intelligentsia het land op tastbaarder wijze moest dienen. Zizi werd samen met enkele landgenoten naar Parijs gestuurd om er te leren hoe je televisie moest maken. Staatstelevisie zou een essentieel instrument worden in Mobutu's poging om het land er weer bovenop te krijgen. Al op 23 november 1966, precies één jaar na de staatsgreep, werd het eerste Congolese tv-programma ooit uitgezonden. Nog een jaar later gingen de eerste uitzendingen in het Lingala van start.

'Overal kwamen antennes en relais,' vertelde Zizi. 'Congo had zelfs kleurentelevisie lang vóór grote delen van Oost-Europa. Een hele generatie journalisten was zeer goed opgeleid. We gingen naar Parijs en kregen van Mobutu een studiebeurs die tweemaal zo hoog was als het Franse minimumloon. Ik had een eigen appartement, ik ging naar de bioscoop. Ik verdiende meer dan een Franse arbeider!' Toen Mobutu zijn studenten eens opzocht in Parijs, mochten ze allen op zijn kosten vijf pakken kopen op de Champs-Elysées.[4] Bij een reportageklus in Brussel kwam zijn chef van het protocol de bagage van de cameraploeg checken om te zien of de kledij voldeed. Zelfs de cameraman moest een strikje dragen. Achteraf waren de *per diems* zo hoog dat Zizi er een huis van kon bouwen.

En toen kwam die brief, in september 1974. Zizi las dat hij op het eind van de maand naar Kinshasa moest voor een bezoek van hooguit achtenveertig uur. Alle Zaïrese studenten aan het INA waren opgeroepen, want voor wat hoorde wat. De reden voor zoveel urgentie? Er zou een belangrijke boksmatch plaatsvinden en die moest live worden uitgezonden. Een boksmatch met Mohammed Ali.

Het eerste decennium van Mobutu's dertigjarige rijk was een tijdperk van hoop, verwachting en heropleving. 'Mobutu was elektrisch,' zei de schrijver Vincent Lombume me eens.[5] En dan niet alleen omdat hij televisie bracht en waterkrachtcentrales bouwde, maar omdat hij ook een morele stroomstoot gaf aan de vervallen natie. De jaren tussen 1965 en 1975 worden herinnerd als de gouden jaren van het onafhankelijke Congo. En inderdaad, Kinshasa bruiste als nooit tevoren, het bier schuimde, de nachten hielden niet op, Kin-la-Belle werd de stad genoemd. Vanaf 1969 steeg de bierproductie jaarlijks met 16 procent. In 1974, het jaar van de boksmatch, werd er vijf miljoen hectoliter gebrouwen.[6] Maar de eerste vijf jaar, toen Mobutu nog volop bezig was zijn macht te consolideren, kende tevens uitzonderlijk grimmige ogenblikken. Momenten die de euforie omringden als glasscherven vastgemetseld op een betonnen muur.

Het was een sombere donderdag in Kinshasa toen in alle vroegte de eersten aankwamen op de grote, open plek in de cité, het braakland bij de brug ten westen van het Ndolo-vliegveld. Zou het dan toch gebeuren? Jonge vrouwen met een mand vol rietsuiker op het hoofd vertraagden hun pas. Moeders met hun baby op de rug hielden halt. Ambtenaren in pak weken af van hun dagelijkse route. Belhamels met gescheurde T-shirts kwamen aangerend. Zou het werkelijk? Honderden, duizenden voeten betraden het grote terrein. Chique Italiaanse schoenen met hagelmotief stapten door het stof naast eeltige, blote voeten. Muiltjes met fijne hakken maakten kuiltjes in het zand. Er stonden vrachtwagens met militairen klaar. In het midden zag iedereen dat het menens was: er was een houten podium opgetrokken met daarop een galg.

Het was donderdag 2 juni 1966 en Mobutu was zes maanden aan de macht. Op maandag had hij op de radio verkondigd dat er een complot tegen hem was verijdeld. Iedereen had gehoord dat daags voordien, op Pinksterzondag, vier figuren uit het oude regime waren betrapt toen ze plannen aan het smeden waren voor een coup. Het ging om Alexandre Mahamba, gewezen minister in de regeringen Lumumba, Ileo en Adoula, Jerôme Anany, minister van Defensie onder Adoula, Emmanuel Bamba, minister van Financiën in diezelfde regering en tevens vooraanstaand leider van de kimbangisten, en vooral Evariste Kimba, de man die even premier was geweest, op verzoek van Kasavubu, net voor Mobutu zijn staatsgreep pleegde. Beraamden zij daadwerkelijk een omverwerping van het regime? Hoogstwaarschijnlijk waren ze in de val gelokt. Officieren van het leger deden zich voor als overlopers en hadden hun gevraagd een lijstje op te stellen voor een nieuwe regering. Het proces dat erop volgde was een aanfluiting. Geen van de betrokken militairen werd gedagvaard, de vier civiele aangeklaagden hadden geen schijn van kans. Toen een van hen zich wilde verdedigen, zei de voorzitter van de militaire rechtbank: 'Heren, we zijn hier voor de krijgsraad, niet voor een discussie. We zijn hier om te straffen, het militaire tribunaal vergt dus niet veel tijd.'[7] Enkele ogenblikken later viel het verdict: de vier zouden opgehangen worden, al had geen van hen ooit geweld gepleegd, een wapen gehad of ook maar het begin van actie ondernomen.

De massa stroomde samen. Vele tienduizenden. Het Franse persagentschap AFP gewaagde van maar liefst driehonderdduizend mensen.[8] Het ging om de grootste volkstoeloop uit de Congolese geschiedenis. Kinshasa was inmiddels tweemaal zo groot geworden en was nu een stad van ruim achthonderdduizend inwoners.[9] Meer dan de helft was jonger dan 20 jaar.[10] Na de onafhankelijkheid was de trek naar de stad weer eens in een hogere versnelling gekomen, onder meer door de burgeroorlog in het binnenland. Kinshasa deinde uit. Over een zone van vijftien kilometer strekte zich een eindeloze zee uit van golfplaten en geïmproviseerde huisjes, die doorgaans maar één verdieping telden en overbevolkt waren. Enkel in het centrum was er hoogbouw. Al die oude en nieuwe inwoners van Kinshasa, de Kinois, troepten nu samen op die ene donderdagmorgen na Pinksteren. De kolonisator had in de jaren dertig publieke terechtstellingen gebruikt als afschrikmiddel. Zou ook Mobutu zo ver durven gaan? Met vier oud-ministers nog wel?

Het volk had ondertussen geleerd dat Mobutu voor geen kleintje vervaard was. Onmiddellijk na de staatsgreep hadden zijn tegenstanders van weleer veiliger oorden moeten opzoeken. Kasavubu was naar zijn geboortestreek gevlucht, Tshombe was weer in Spanje in ballingschap gegaan. De schrik zat er goed in. Kasavubu had Mobutu geschreven diens staatsgreep 'in het hoger belang van het land' te aanvaarden. Als verkozene des volks kon hij misschien wel zijn zetel opeisen in het parlement, maar hij 'achtte het nuttig om op dit moment zijn ambt niet te bekleden'. Kasavubu had altijd al iets van een kanunnik gehad, maar zo gedwee had hij nooit eerder gesproken. 'Ik zou het liefst een beetje uitrusten in Bas-Congo,' schreef hij nog. Hij wilde terug naar zijn dorp, zijn Europese kleren afleggen en in inlandse klederdracht palmwijn tappen voor vrienden en gasten.[11] En alsof het nog niet duidelijk was, voegde hij eraan toe: 'Het ligt niet in mijn bedoelingen om welke agitatie ook te creëren.'[12] Exit Kasavubu dus. Vier jaar later stierf hij, op 52-jarige leeftijd, aan kanker.

Tshombe was een ander paar mouwen, wist het volk. Velen hadden op hem gestemd. Na zijn klinkende verkiezingszege koesterde hij, redder des vaderlands, nog veel politieke ambities. Hij pendelde tussen Parijs, Madrid en Palma de Mallorca en broedde op zijn terugkeer. Daar had Mobutu allerminst zin in. Had hij niet openlijk verkondigd werk te zullen maken van '*l'élimination pure et simple de la politicaille*', het voorgoed uitschakelen van de politieke konkelaars?[13] Niemand die zich nu rond de galg schaarde kon het bevroeden, maar een jaar later zou Tshombe bij verstek ter dood veroordeeld worden voor zogenaamde subversieve activiteiten, hoewel hij net als Lumumba democratisch was verkozen. In juni 1967 werd hij door een malafide Franse zakenman met contacten in de hoogste Congolese kringen uitgenodigd voor een pleziervluchtje van Palma naar Ibiza. Op de terugweg loste de man plotseling twee schoten en gelastte hij de piloten naar Algiers koers te zetten. Bij aankomst vloog Tshombe de gevangenis in. Congo eiste zijn uitlevering, maar president Boumedienne van Algerije liet hem, ondanks een positief advies van het opperste gerechtshof, niet gaan. Aanvankelijk had hij gehoopt Tshombe uit te leveren indien Congo de diplomatieke banden met Israël opblies, maar president De Gaulle interpelleerde Boumedienne persoonlijk om die ruil te verhinderen, want zo'n uitlevering was beslist op een herhaling van de moord op Lumumba uitgedraaid.[14] Twee jaar later, op 29 juni 1969, stierf Tshombe in zijn Algerijnse gevangeniscel, drie maanden na Kasavubu. Aan een hartaanval, volgens zijn artsen. Vermoord, volgens velen in Congo. Hij was slechts 48.

Mobutu had de strijd om de troon gewonnen, maar in de eerste jaren van zijn bewind rekende hij systematisch af met zijn concurrenten uit de Eerste Republiek. Zelfs Lumumba moest vijf jaar na zijn dood nog geneutraliseerd worden. Zijn aanhang was nog steeds groot, en niet alleen in het oosten. Mobutu reageerde met een meesterzet die blijk gaf van evenveel strategisch brio als bodemloos cynisme: hij, Mobutu, de man die zeer de hand had gehad in de moord op Lumumba, riep diezelfde Lumumba uit tot... nationale held! Het Congolese volk kon op de nationale feestdag Mobutu zonder een spier te vertrekken horen zeggen: 'Hulde en roem aan die illustere Congolees, aan die grote Afrikaan, de eerste martelaar van onze economische onafhankelijkheid: Patrice Emery Lumumba.'[15] Prompt werd de boulevard Léopold III, een van de hoofdassen van Kinshasa, omgedoopt tot de boulevard Patrice Emery Lumumba. Zo heet hij nog steeds. Aan het begin ervan staat een reusachtig standbeeld van Lumumba te zwaaien naar het toeterende verkeer.

Het was van een slinksheid waar de honden geen brood van lustten. Net zoals Mobutu in 1964 Tshombe had geneutraliseerd door hem voor zijn kar te spannen in de strijd tegen de Simba's, neutraliseerde hij nu de figuur van Lumumba door hem postuum in ere te herstellen. De lumumbisten wisten niet hoe ze het hadden: hun held was nu plotseling ook de held van de vijand! Mobutu had hem als het ware achter op de brommer van zijn staatsgreep gehesen. Neutralisatie door inkapseling zou in de volgende dertig jaar een geliefde truc worden van zijn dictatuur.

Neutralisatie was ook al een sleutelbegrip tijdens zijn eerste maanden. Nadat hij de politieke partijen had verboden, zette hij nu ook het parlement op non-actief. Aan de volksvertegenwoordigers en senatoren zei hij: 'Gaat u toch eerst uitrusten, neem een pauze van vijf jaar!'[16] Ondertussen zou hij de legislatieve honneurs wel waarnemen. Ook de provincies moesten eraan geloven. De proliferatie van miniprovincies was geldverspilling, vond Mobutu. Hij hield het liever overzichtelijk en schroefde hun aantal terug van eenentwintig naar negen. Aan het hoofd kwamen Mobutu-getrouwen te staan. Die centralisatie moest de middelpuntvliedende krachten (secessies, tribalisme) tegengaan. En het hield niet op. Congo werd van een federale, civiele democratie een gecentraliseerde, militaire dictatuur. Mobutu had bij zijn staatsgreep generaal Mulamba aangesteld als premier, maar zag zich na enige tijd genoodzaakt zelfs dat ambt te neutraliseren. Zizi Kabongo kende de ware reden: 'Mulamba was geliefd bij het volk, meer dan Mobutu. Daarom heeft hij hem weggezonden. Mulamba werd ambassadeur in Japan. Zo ging het altijd. Schijnpromoties, galons, geld, allemaal verwennerij om mensen te doen zwijgen.' Als gevolg daarvan nam Mobutu, naast de wetgevende en de militaire macht, nu ook nog eens de uitvoerende macht op zijn schouders.

Maar een publieke ophanging? Dat was toch nog wat anders dan een tegenstander trakteren op een verre ambassadeurspost in een somptueuze villa. 'Niemand dacht dat het zou gebeuren,' zei Zizi. 'Mobutu's machtsbasis was nog steeds wankel. Hij had alleen het leger, en de vier veroordeelden hadden elk mannen van hun stam daarin zitten. Die konden in opstand komen.' Mobutu twijfelde. Al meerdere dagen wilde hij zijn vrouw niet zien, uit angst dat ze hem zou overreden. Ook aartsbisschop Malula had op gratie aangestuurd, zelfs de paus had gebeld. Maar nu toegeven zou een teken van zwakte zijn... Mobutu's lievelingsboek in die dagen was *Il Principe* van Machiavelli.

's Anderendaags speelde er een militaire harmonie op de plaats van de terechtstelling. De zee van mensen zag hoe een jeep het terrein op reed. De vier veroordeelden zaten erin! Bij het schavot schreeuwden twee vrouwen hun onmacht uit. Ze waren familie van een van de 'complotteurs'. Ze moesten samen met hun kinderen verwijderd worden. De vrouwen waren uitzinnig, hun bovenlijf was ontbloot, hun haar hing los. Alle aandacht ging nu uit naar het staketsel. De eerste die het schavot beklom was de beul, een beer van een vent, in het zwart gekleed en met een zwarte kap op. Meteen daarna zag de massa een lange, gemaskerde man omhoogkomen. Hij droeg enkel een blauw voetbalshortje met witte en rode strepen. Het was Evariste Kimba, oud-premier van de Democratische Republiek Congo. Beneden had hij bij een van de aanwezige priesters de biecht afgelegd, naast de vier lijkkisten die al klaarstonden. De beul las het vonnis voor. Kimba hield zich recht. De strop werd om zijn nek geschoven en het luik viel open. Uit de massa ontsnapten kreten van afschuw, daarna viel er een doodse stilte. Meer dan twintig minuten duurde de doodsstrijd. Terwijl de menigte zwijgzaam toekeek, bleef het lichaam van de voormalige premier spartelen. Een eeuwigheid. De andere drie veroordeelden zagen vanuit de jeep het lot dat hun te wachten stond.

Bij de laatste ophanging brak er hevige paniek uit onder het publiek. De massa zette het op een lopen en liep de militairen onder de voet. In het gedrang struikelden kinderen en volwassenen. In nauwelijks enkele minuten tijd renden tienduizenden mensen weg. Na afloop lagen er kermende lichamen en verloren schoenen verspreid over het terrein. Even verderop werd een vierde lijkkist dichtgetimmerd. Die dag, 2 juni 1966, jubelde het volk niet meer om Mobutu, maar sidderde het voor hem.

'Omdat het moeilijk is liefde en vrees aan elkaar te paren, is het veiliger – wanneer men toch een van de twee moet missen – gevreesd dan bemind te worden,' schreef Machiavelli.

'Vanaf toen kreeg iedereen angst,' vertelde Zizi. 'De Staatsveiligheid kreeg heel veel macht. In het restaurant van de Zoo, dé plek waar politici en diplomaten elkaar ontmoetten, durfde niemand nog te gaan eten, uit angst om afgeluisterd te worden door de obers. Zelfs bij rouwplechtigheden werden we bang voor jongetjes die pinda's verkochten. Misschien waren het spionnen. Met die ophangingen wilde Mobutu een voorbeeld stellen. "Met mijn macht wordt niet gespeeld." Hij wilde angst aanjagen en zichzelf bevestigen.'

Twee dagen later zei Mobutu in een interview: 'Bij ons is het respect voor de chef heilig. Er moest een treffend voorbeeld komen.' Het gehele gedoe met secessies, rebellieën en afzettingen mocht niet opnieuw beginnen. 'Als een chef beslist, beslist hij, punt uit.'[17]

Mobutu zorgde ervoor dat de hoeksteen van zijn macht, het leger, niets tekortkwam. Hem zou geen muiterij te beurt vallen. Onrust werd in de kiem gesmoord met geld. Er kwam een ingrijpende modernisering. Nieuwe lichtingen militairen kregen nieuwe kansen. Naast een officiersschool organiseerde hij specialistische opleidingen. Kisangani was bevrijd door Belgische paracommando's, Mobutu besloot dat ook hij valschermspringers moest hebben.

In Kinshasa sprak ik Alphonsine Mosolo Mpiaka. Zij was de eerste vrouwelijke parachutiste in het Congolese leger. In 1966 was ze 25. 'Wij kregen onze *ground training* hier in Ndjili. Daar kwam een opleidingscentrum voor parachutisten. Onze docenten waren Israëli's.' Amerika steunde Mobutu, Israël dus ook – tot grote ergernis van de Arabische wereld. 'Voor de sprongen zelf moesten we naar Israël. Ik heb er twaalf gedaan. Ik was de eerste vrouw, na mij rekruteerde Mobutu nog vierentwintig meisjes. Het team moest gemengd zijn, ook naar afstamming. Een paar Bakongo, een paar Baluba, een paar uit Katanga.' Detribalisering, ook nu. Mobutu wilde een leger dat niet langer tribaal dacht. Loyaliteit kocht hij af. 'Wij waren zeer gerespecteerd en werden echt verwend. Met mijn premie kon ik een stuk grond met een huis erop kopen. En toch heb ik nooit in het kader van een oorlog hoeven springen, enkel voor de defilés hier in Kinshasa.'[18]

Niettemin was haar kunde wel van pas gekomen. In het oosten van het land was de rebellie nog steeds niet helemaal bedwongen, maar Mobutu vertrouwde de klus liever toe aan de nog steeds aanwezige blanke huurlingen. Denard en Schramme deden het meeste werk en ontvingen decoraties achteraf. Schramme keerde zich weliswaar nog tegen hem en probeerde eigenhandig Congo te 'redden', maar die episode eindigde roemloos.[19] Het nationale leger kon zich na afloop definitief ontdoen van zijn blanke huurlingen. Eind 1967 sloegen Soumialot en Gbenye op de vlucht en viel Congo opnieuw helemaal onder het gezag van de hoofdstad. Heel Congo? In het uiterste oosten, in een bergachtig gebiedje bij het Tanganyika-meer bleef Laurent-Désiré Kabila de scepter zwaaien. Maar na het vertrek van Che Guevara leek zijn 'revolutionaire' maquis tussen Fizi en Baraka veeleer op het dorp van Asterix en Obelix: onafhankelijk, ja, maar vooral ongevaarlijk.

Congo was gepacificeerd en vanaf 1968 herstelde Mobutu het civiele gezag.[20] Zelf begon hij in het openbaar te verschijnen zonder legeruniform. Voor het eerst droeg hij de accessoires die zijn handelsmerk zouden worden: op zijn hoofd stond de karakteristieke luipaardmuts, in zijn hand hield hij een gesculpteerde wandelstok van ebbenhout. Traditionele attributen van de chef.

Het was in die context dat Pierre Mulele dacht dat hij wel naar huis terug kon keren. Na zijn boerenopstand in Kwilu in 1964 was hij naar Brazzaville gevlucht. Maar in 1968 verleende Mobutu hem amnestie. Minister van Buitenlandse Zaken en intimus van de Binza-groep Justin Bomboko zei dat hij als een broeder ontvangen zou worden. In september van dat jaar stak Mulele de rivier over en werd aan de overkant onthaald op een feestelijke receptie. Hij mocht logeren bij Bomboko. Drie dagen later kwamen militairen hem ophalen voor een groot optreden in het voetbalstadion. De bevlogen en eigenzinnige vrijheidsstrijder zou er het volk mogen toespreken. De soldaten voerden hem echter mee naar een legerkamp waar hij diezelfde avond nog gruwelijk werd gemarteld. Ze sneden zijn oren en zijn neus af. Ze drukten zijn oogballen uit en hakten zijn geslachtsdelen af. Terwijl hij nog steeds in leven was, werden zijn armen en benen afgehouwen. Enkele uren later plonsde een zak met zijn restanten in de stroom.[21]

Kasavubu, Tshombe, Kimba, Gbenye, Soumialot, Mulele: in enkele jaren tijd waren Mobutu's oude tegenstanders één voor één van het toneel verdwenen. Maar om zijn prille macht te consolideren moest hij ook vermijden dat er nieuwe gegadigden zouden opstaan. Een nieuwe grondwet legde daarom vanaf 1967 zijn almacht muurvast. 'Het Congolese volk en ikzelf,' zei hij ooit tegen het parlement, 'zijn één en dezelfde persoon.'[22]

Maar er kwamen nog bittere dagen. Net buiten de hoofdstad lag op een groene, lommerrijke heuvel de universiteit van Lovanium. Terwijl Mobutu zijn alleenheerschappij installeerde, bleef de studentenbeweging met een ongelooflijke moed aan de poten van zijn stoel zagen. De voor Europa zo cruciale studentenrevoltes van mei 1968 in Parijs, Leuven of Amsterdam leken hooguit ludieke acties vergeleken met de inzet en de intensiteit van de Congolese studentenbeweging. Mobutu was erin geslaagd om alle tegenbewegingen het zwijgen op te leggen. De vakbonden werden onschadelijk gemaakt, de kerk hield zich gedeisd. Alleen de studenten durfden zich nog te verroeren.[23]

In april 1967 stichtte Mobutu met zijn medewerkers de Mouvement Populaire de la Révolution (MPR), op 20 mei schreven ze de basistekst. De MPR heette een volksbeweging te zijn, maar was in feite gewoon Mobutu's politieke partij. Ze vergaderden buiten de hoofdstad in het plaatsje Nsele. Dit dorpje langs de rivier zou binnen enkele jaren uitgroeien tot een uitgestrekt conferentieoord met witte, modernistische gastenverblijven en imposante vergaderruimtes. Het werd een *haut-lieu* van het mobutisme. De tekst van 20 mei ging de wereld in onder de naam *Manifeste de la Nsele*, een document dat iedereen na verloop van tijd kende. Het verscheen, naar analogie van Mao's *Rode Boekje*, als een groen boekje dat op grote schaal werd verspreid en bedoeld was als de catechismus van het nieuwe bewind. Iedere inwoner van Congo, zo stelde de tekst, was voortaan lid van de MPR. '*Olinga olinga te, ozali na kati ya* MPR,' zuchtte men. 'Of je het nu leuk vindt of niet, je zit er per definitie in.'[24]

Aanvankelijk leek Mobutu nog plaats te maken voor een oppositiepartij, maar dat idee liet hij snel varen. Congo werd, zoals zoveel Afrikaanse landen kort na de onafhankelijkheid, een eenpartijstaat. De bruuske overgang van een monolithisch, koloniaal bestuur naar een democratisch meerpartijenstelsel was zonder tussenstappen verlopen en juist daarom op een fiasco uitgedraaid. De MPR wilde de bevolking weer bijeenbrengen. 'Meer dan de klassenstrijd garandeert de unie van allen de vooruitgang,' klonk het.[25] Het ganse volk moest warmlopen voor de wederopbouw van het land. De prille kern van de MPR bestond uit een vrijwilligerskorps van jonge mobutisten, maar algauw bereikte de macht van de partij astronomische hoogte. De MPR werd de hoogste instelling van het land, zozeer zelfs dat het verschil tussen staat en partij vervaagde. 'De MPR is de benaming van de staat,' zei Mobutu's huisideoloog onomwonden.[26] Bovenaan stond de president met zijn kabinet, het zeer machtige *Bureau du Président*. Daaronder was er het Congres van de MPR en het Politieke Bureau, en daaronder een wetgevende, uitvoerende en juridische raad. Alle namen veranderden. Een minister heette voortaan een staatscommissaris, een gouverneur een regiocommissaris en een parlementariër een volkscommissaris. Elke burger was lid, zelfs de voorouders en de embryo's ontkwamen er niet aan.

De studenten waren er niet tuk op. Mobutu deed niets anders dan het afschaffen van de politiek, redeneerden ze terecht. Daarmee draaide hij de klok terug: in de koloniale tijd was er ook louter een bureaucratie geweest, een administratieve moloch die tabellen bijhield en rapporten spuwde, maar geen inspraak duldde. Universitaire kringen waren aanvankelijk enthousiast over de staatsgreep, maar de geestdrift verdampte alras. De belangrijkste studentenbeweging trok resoluut de anti-imperialistische kaart. Lumumba werd hun held, Mobutu hun vijand. Toen in januari 1968 de Amerikaanse vicepresident Hubert Humphrey op bezoek kwam en een bloemenkrans wilde neerleggen bij het Lumumbamonument, ervoeren de studenten dat als een provocatie. Het kwam tot een betoging en talrijke arrestaties.

In de loop van 1968 en 1969 stapelden de schermutselingen tussen de studenten en het nieuwe bewind zich op. De studenten eisten meer inspraak, minder bemoeienis van de MPR en een billijker toekenning van studiebeurzen. Begin juni 1969 planden ze een grote betoging, maar Mobutu stuurde het leger naar de campus. Dagenlang was Lovanium afgesloten van de buitenwereld. Toch slaagden enkele honderden studenten erin om de bewaking te verschalken en met de bus het stadscentrum te bereiken. Daar kwam het tot zware confrontaties met het leger. De militairen schoten met traangas, maar de studenten bonden natte zakdoeken voor hun mond en gooiden de granaten terug. Steeds meer gewone burgers sloten zich bij hen aan. Het leger opende het vuur. Volgens officiële cijfers vielen er zes doden en twaalf gewonden, volgens de studenten waren er vijftig doden en achthonderd arrestaties. MPR? *Mourir Pour Rien*, zeiden ze vol afschuw. Mobutu besloot de studentenbeweging met wortel en tak uit te roeien. Elke campus moest zijn MPR-jongerenafdeling krijgen, het *Manifeste de la Nsele* werd verplichte leerstof, iedereen moest weer aan de studie. Het was gedaan met het verzet. De leiders van de studentenrevolte kregen zware gevangenisstraffen, tot twintig jaar opsluiting. Nu was ook die kritische stem gesmoord.

Ophanging, marteling, slachting. Mobutu's eerste vijf jaar als president lezen als een lugubere catalogus, maar dat was slechts het halve verhaal. Veel ouderen in Congo denken vandaag met enige nostalgie terug aan die periode. 'Er was orde,' zei Zizi Kabongo toen ik mijn verbazing daarover uitdrukte. 'De militairen zaten weer in hun kazernes. De goederen waren weer voorradig, de prijzen daalden, de industrie zat in de lift. Ook voor mij begon toen de welvarendste periode uit mijn leven.'

Voor het eerst sinds de onafhankelijkheid waren er grote infrastructurele werken. Mobutu begon met de bouw van een eerste stuwdam in de Congo-rivier: de zogenaamde Inga-barrage, goed voor 351 megawatt. De nieuwe buurten van Kinshasa kregen drinkwater en elektriciteit. Er kwamen riolen. Het centrale hospitaal van de stad had vijftienhonderd bedden en kreeg dagelijks vierduizend patiënten over de vloer. Er werden tienduizend operaties per jaar verricht en er werd 1,6 ton wasgoed per dag gewassen.[27]

Mobutu was geen democraat, maar hij deed het land wel van koers veranderen. Iedere valabele man of vrouw moest op zaterdagmiddag enkele uren onbezoldigd voor de staat werken, een arbeidsbelasting zoals in de koloniale tijd. *Salongo* heette het nu. Mensen moesten onkruid wieden, fietspaden onderhouden en vuilnis vegen. Daarnaast werd iedereen aangemoedigd om een lapje grond te bebouwen, want de landbouwproductie moest omhoog. Zelfs legergeneraals gingen maniokbladeren trekken. Werken, werken en nog eens werken. Mobutu zelf gaf het goede voorbeeld. Elke ochtend stond hij om vijf uur op. Hij las stapels kranten, ontbeet met diplomaten, vergaderde onophoudelijk en maakte dagen van achttien uur en meer. In 1969, nauwelijks 39 jaar oud, kreeg hij een lichte hartaanval. 'Hoe zou jij dit kloteland leiden?' vroeg hij zijn lijfarts.[28]

Mobutu was nog lang niet de pafzak die hij later zou worden. Na de totale rampspoed van de Eerste Republiek plaatste hij Congo weer op de kaart. Hij zorgde voor aanzien en ambiance. Waren de Amerikanen geland op de maan? Hij nodigde de bemanning van de Apollo 11 uit, waarmee Congo het enige land van Afrika was dat de maanreizigers ontving.[29] Hielden de Europeanen een Miss Europe-verkiezing? Hij overtuigde de organisatie ervan om de finale in Kinshasa te laten houden en er een inheemse draai aan te geven. Een ravissante blondine uit Finland won, ook in de categorie 'Afrikaans kostuum'. Stonden de Congolese vrouwen nog steeds bekend als de mooiste van het continent? Hij steunde Maître Taureau om de eerste landelijke Miss Congo-verkiezingen te organiseren. 'Elisabeth Tabares uit Katanga won. Ze had mooie hielen en niet van die korte tenen.'[30]

Kortom, Mobutu realiseerde de beloftes die de onafhankelijkheid had gewekt, maar niet had kunnen inlossen.

En het ging niet alleen om spelen, er was ook brood. In januari 1967 trok een jolige begrafenisstoet door de straten van Kinshasa. Mobutu was erbij, jongelui uit zijn vrijwilligerskorps hielden een kruis hoog waaraan een tropenhelm hing. Het opschrift luidde: 'Requiescat In Pace, UMHK, geboren in 1906 en gestorven op 31 december 1966.' Union Minière du Haut Katanga werd ten grave gedragen! De grote kist was gemaakt naar de afmetingen van Louis Waleff, de toenmalige voorzitter van de beheerraad. Om de voorouders niet te storen werd het 'stoffelijk' overschot van de mijngigant in de fleuve gegooid.[31]

Die studentikoze processie verbeeldde echter een zeer gewichtig dossier. Mobutu toonde zich nog steeds ontevreden met de manier waarop Tshombe de fameuze aandelenportefeuille had uitonderhandeld met België. Hier speelde uiteraard de vernedering mee die hij in 1960 op de economische rondetafelconferentie had moeten ondergaan. Congo was volgens hem politiek onafhankelijk, maar economisch verre van dat. De cijfers gaven hem geen ongelijk. In Katanga bestond slechts 5 procent van de werknemers uit buitenlanders, maar zij gingen wel naar huis met 53 procent van het bedrag aan betaalde lonen.[32] Het geld dat zij neertelden voor een goede fles whisky kwam overeen met het maandloon van een mijnwerker. In 1967 ging Mobutu daarom over tot de nationalisering van Union Minière, iets wat de Generale in Brussel vreselijk ontstemde.

Het bedrijf werd omgedoopt tot Gécomin, de Générale Congolaise des Mines, maar werd later bekend als de Gécamines, de Générale des Carrières et des Mines. De opbrengst van de koperwinning zou voortaan rechtstreeks naar de staatskas vloeien. En die opbrengst was niet gering. Door de Vietnam-oorlog stond de wereldkoperprijs torenhoog. De Congolese economie moest het altijd al hebben van oorlogen elders in de wereld: dat was zo in 1914-1918, 1940-1945 en tijdens de Korea-oorlog, maar de Vietnam-oorlog bracht extra veel geld in het laatje.

Om zijn nieuwe economische bewind kracht bij te zetten verving Mobutu ook de munt. Bij de onafhankelijkheid was 1 Congolese frank gelijk aan 1 Belgische frank, in 1967 was hij nog slechts 0,10 Belgische frank waard.[33] Mobutu lanceerde de zaïre als nieuwe munteenheid: 1 zaïre verving 1000 oude Congolese franken en was gelijk aan 100 Belgische frank en 2 Amerikaanse dollar. Op het eerste bankbiljet stond Mobutu met enkele honorabelen afgebeeld die manmoedig de hemdsmouwen opstroopten. *Retroussons les manches!* was de slogan. Handen uit de mouwen.

Voor velen waren het gouden jaren. In Lubumbashi ontmoette ik Paul Kasenge, voormalig werknemer bij de Gécamines. 'Wij hadden echt niets te klagen. Ik was 26 en werd na mijn studie handelswetenschappen kaderlid. Ik was een van de eerste zwarten. De buitenlandse kaders vertrokken, de Congolezen namen het over. We werden goed betaald. Het koper stond hoog. We hadden een huis met een tuin. Er waren scholen en hospitalen voor onze kinderen. Wij kregen zelfs krediet om een auto te kopen, die we dan in termijnen afbetaalden.'[34] Vroeger was een fiets kopen het hoogst haalbare, nu was het een auto.

Voor anderen bood de MPR nieuwe kansen. André Kitadi, de bedachtzame militair die in de Tweede Wereldoorlog door de woestijn was getrokken en na de oorlog op zijn Engels uit eten ging, vertelde me: 'Via de MPR werd ik gemeenteraadslid in Ngaliema. Voor het eerst kreeg ik toegang tot een kaderfunctie. Daar had ik lang op gewacht.' De mensen morden niet. Toen Mobutu zich in 1970 liet verkiezen voor een tweede ambtstermijn kreeg hij 10.131.669 stemmen, er waren slechts 157 tegenstemmen: die kwamen allemaal uit één stembureau, dat van de studentenwijk in Kinshasa. Ook opvallend was dat er meer ja-stemmers dan kiesgerechtigden waren, terwijl er geen stemplicht was...[35] André Kitadi was er pas later anders over gaan denken: 'De dictatuur bracht de val, maar toen wisten we dat nog niet.'[36]

September 1974. Zizi Kabongo maakte zich klaar om naar huis te gaan voor de bokswedstrijd. In de eerste vijf jaar had Mobutu zijn macht gevestigd, in de volgende vijf regeerde hij met gulle hand. Het hoogtepunt van die zwierige bonhomie moest zonder meer de match tussen Mohammed Ali en George Foreman worden, een gevecht om de wereldtitel zwaargewicht. De wedstrijd zou de geschiedenis in gaan als *the rumble in the jungle*, in Congo zelf sprak men over *le combat du siècle*. Het werd inderdaad een van de grootste sportevenementen van de twintigste eeuw. Door zijn weigering om naar Vietnam te gaan (*'No Vietcong ever called me a nigga'*), was Ali zijn wereldtitel kwijt, maar na een schorsing van drieënhalf jaar zon hij op wraak. Foreman was zeven jaar jonger dan Ali, 25 slechts, olympisch kampioen, wereldkampioen, onoverwinnelijk. Had hij niet in twee ronden bokslegende Joe Frazier zes keer tegen de grond geslagen? Maar Ali wilde zijn titel terug.

Bokspromotor Don King vroeg tien miljoen dollar prijzengeld, een naar alle maatstaven krankzinnig bedrag. Niemand was bereid om zo'n astronomische som neer te tellen voor een knokpartij die op zijn best twaalf keer drie minuten zou duren. Niemand, behalve Mobutu. De Zaïrese economie had zes jaar van onafgebroken groei achter de rug, het was tijd voor een feestje. Ali was euforisch over het besluit, maar hij besefte waarschijnlijk niet dat het prijzengeld dat Mobutu ophoestte toch indirect aan de oorlog in Vietnam te danken was. Voor hem was de match in Kinshasa zijn ultieme kans op revanche, voor Mobutu was het een ultieme kans op *country marketing*.

Dat de *président-fondateur* van de MPR voor boksen koos, hoeft niet te verbazen. Boksen was altijd al een deel van de zwarte strijd om emancipatie geweest. Vuisten vermochten wat wetten verboden: de triomf van de zwarte. In 1910 werd de Amerikaan Jack Johnson de eerste zwarte wereldkampioen zwaargewicht; nadat hij Jim Jeffries had neergemept, braken er in heel Amerika rassenrellen uit. De Senegalees Battling Siki versloeg in de jaren twintig de Fransman Georges Carpentier met een uppercut: het was ongehoord dat een koloniale onderdaan een superatleet uit de metropool zo vernederde. In 1938 werd Joe Louis wereldkampioen bij de zwaargewichten toen hij de Duitser Max Schmeling technisch knock-out sloeg. '*Heil Louis!*' riep men in de straten van Harlem die nacht. In Kinshasa ging het om een gevecht tussen twee zwarten, maar Ali was van meet af aan de publiekslieveling van de Zaïrezen, zei Zizi. 'Het volk zag Ali als de goede zwarte. Hij was erg slim, hij ging naar de cité. *Ali, boma ye!* riepen de mensen: Ali, sla hem dood. Foreman werd gezien als een blanke zwarte, gewoon als een Amerikaan, niet iemand van ons.'

Mohammed Ali en Mobutu: ze hadden meer gemeen dan op het eerste zicht leek. Ze vonden elkaar in hun afkeer van blanke arrogantie, beiden droegen hun *blackness* uit als een bron van trots. Beiden hadden hun doopnaam verworpen om politiek-religieuze redenen: de christen Cassius Clay was een militante moslim geworden; de katholieke Joseph-Désiré heette voortaan op voorouderlijke wijze Mobutu Sese Seko Nkuku Ngbendu wa Za Banga, 'de machtige krijger die door zijn uithoudingsvermogen en zijn wil van zege naar zege snelt en enkel vuur achterlaat' (of ook wel: 'de haan die geen enkele hen ongemoeid laat', het was maar hoe je het vertaalde). De Amerikaanse sportman en de Afrikaanse dictator waren beiden jonge, felle stemmen die de dominantie van het blanke Westen uitdaagden. En wat voor stemmen: virtuoos, rad van tong, geestig en vlijmscherp. Ook met woorden kon je knokken. Het uiterst wendbare Frans waarvan Mobutu zich met zoveel bravoure bediende, kon zich meten met de spraakwaterval van Ali's Engels. Kort na de ophangingen zei Mobutu met een uitgestreken gezicht tegen twee Belgische journalisten: 'Wij, Bantoes, kunnen de democratie toepassen, maar niet naar de letter, zoals bij u.' Tegen een vleier donderde hij ooit: 'Ik heb u niet doen komen voor uw angelieke stem, noch voor uw evangelieke boodschap. Spreek vrijuit. Wat is uw probleem?' Maar tegen iemand die het aandurfde vrijuit te spreken zei hij: 'Dus u zegt dat u zich een beetje in een kat-en-muisspel voelt?' 'Ja, dat is het.' 'Zeg mij: wie is dan de muis?' 'Maar wij, *papa*!' 'En wie de kat?' 'Euh... ook wij.' 'Welaan dan, wat is uw probleem?' Ali verrijkte het Engels met oneliners als '*I am so bad, I make medicine sick*' en '*My toughest fight was with my first wife*'. Tijdens zijn verblijf in Kinshasa schudde hij de onsterfelijke zin uit zijn mouw: '*I've seen George Foreman shadow-boxing and the shadow won.*'

Dat laatste bleek ook nog eens half waar. Tijdens het sparren met een oefenmaatje had Foreman zijn wenkbrauw gescheurd, de wedstrijd moest vijf weken worden uitgesteld. Zizi Kabongo mocht nog een tijd langer in Parijs blijven. Het culturele luik van *the rumble in the jungle* ging echter al wel van start. Mobutu had de grootste zwarte muzikanten uit de wereld bijeengebracht in Kinshasa. Uit Latijns-Amerika traden Celia Cruz en Johnny Pacheco aan, uit de Verenigde Staten kwamen B.B. King, the Pointer Sisters, Sister Sledge en James Brown. De Kameroenese saxofonist Manu Dibango en de Zuid-Afrikaanse zangeres Miriam Makeba deelden het podium met de grote sterren uit de Zaïrese muziek. De oude Wendo Kolosoyi, *godfather* van de rumba, was er, samen met Franco en diens OK Jazz. Tabu Ley, de man die voorheen nog Rochereau heette, trad op, en van de jongere generatie was er de door funk aangedreven soukousband Zaïko Langa Langa, de invloedrijkste groep van de jaren zeventig. Het driedaagse festival in Kinshasa was een krachtige uiting van Afrikaanse trots over de continenten heen.[37] Het was een soort zwart Woodstock. Wat de slavenhandel uiteen had gedreven, bracht Mobutu weer samen.

Uiteindelijk kon Zizi vertrekken. Hij nam de gelegenheid te baat om zijn vader in Kasai op te zoeken, want hij had voor hem een meelmolen in Europa gekocht. Ook zijn vader, eigenlijk spoorbeambte bij BCK, was in het kader van Mobutu's landbouwpolitiek parttime-boer geworden. Een elektrische molen maakte het vermalen van maniok zoveel makkelijker. 'Mijn vader was zeer aangedaan toen ik hem zag. Mobutu had net verteld dat die Amerikaanse artiesten afstammelingen waren van slaven en dat die slaven destijds niet door blanken verkocht waren, maar door inheemse dorpschefs. Hij zei: "Mobutu beweert dat de zwarten onze broeders aan de blanken hebben verkocht!" "Het is waar, pa." "Maar dat is toch niet te geloven!" Hij was er echt ondersteboven van. Ik vermoed dat Mobutu die ideeën moedwillig verspreidde. Het hielp hem de macht van de lokale chefs te breken.'

Mobutu deed er alles aan om de tribale reflexen te bestrijden. Een sterke natie verdroeg geen stammenlogica. De jonge generatie moest een nieuw referentiekader aangeboden krijgen. In de nationale voetbalploeg moesten spelers uit het hele land zitten. Bij de Miss Zaïre-verkiezingen namen meisjes uit elke provincie deel. Het leger diende inclusief te worden: zelfs pygmeeën konden in dienst.[38] Om het Zaïrees gevoel op te krikken, hervormde Mobutu ook het hoger onderwijs. De drie universiteiten van het land smolten samen tot één grote, nationale superuniversiteit met drie campussen. Naar Kinshasa trok je als je rechten, economie, medicijnen, natuurwetenschappen of polytechniek wilde studeren. In Kisangani kon je terecht voor psychologie, pedagogie of landbouwkunde, in Lubumbashi, dicht bij de mijnen, voor aardwetenschappen. Daar, ver van de hoofdstad, zaten ook de 'gevaarlijke' richtingen als sociale wetenschappen, filosofie en letteren weggestopt.[39] Die hervorming verzwakte de studentenbeweging en verplichtte de studenten tot intertribale vermenging. Het meest frappante voorbeeld daarvan ontdekte ik op een binnenplaats bij valavond in Bukavu. Ik was te gast bij Adolphine Ngoy en haar gezin. Haar dochter was op een houtskoolvuurtje het avondmaal aan het bereiden. Adolphine kwam uit Moanda, een kustplaatsje aan de Atlantische Oceaan. Hoe was zij in hemelsnaam tweeduizend kilometer oostelijker bij de grens met Rwanda beland? 'Dodo en ik leerden elkaar kennen aan de universiteit in Kinshasa. Hij deed polytechniek, ik studeerde linguïstiek. Hij was een Mushi uit Bukavu, ik was een Mukongo uit Moanda. Als oudste van de familie moest hij in zijn stam trouwen, maar hij koos toch voor mij. Ik verhuisde naar hier. Er was veel protest van zijn familie. Het heeft jaren geduurd voor de buurt en de familie me aanvaardden.'[40]

Zoals het Erasmus-programma jonge mensen meer liefde voor Europa moest bijbrengen, desnoods in de vorm van een buitenlands liefje, zo moest Mobutu's onderwijshervorming meer Zaïrees bewustzijn creëren. Mobutu liet zichzelf graag omringen met jonge, bevlogen Zaïrezen die helemaal opgingen in zijn nationaal project. De twee invloedrijkste mensen uit zijn entourage waren citoyen Sakombi Inongo en citoyen Bisengimana Rwema.

In april 2008 voer ik van Goma naar Bukavu over het machtig mooie Kivu-meer, dat de grens vormt tussen Rwanda en Congo. Aan boord van het schip werd ik voorgesteld aan een gereserveerde, uiterst gedistingeerde jongeman, het type heer dat nooit op het winderige achterdek van een passagiersboot zou plaatsnemen, maar liever binnen in de kajuit zit te telefoneren. Het was de zoon van Bisengimana, jarenlang de nummer twee van Zaïre. 'Mijn vader werkte al vanaf 1966 voor Mobutu, maar in 1969 werd hij bevorderd tot directeur van het *Bureau du Président de la République*. Mobutu vertrouwde hem zeer. Mijn vader mocht hem zelfs tegenspreken. Hij werd *le petit léopard* genoemd, het luipaardjong. Hij droeg ook een muts van luipaardvel. Die rol van kabinetschef behield hij tot 1977, toen ze ruzie kregen. Na het vertrek van mijn vader heeft niemand nog zoveel macht bekleed onder Mobutu.'[41]

Het meest uitzonderlijke van die aanstelling lag echter aan de andere kant van het scheepsraam. De boot stoof over het water. Aan bakboord doemden de contouren van het Idjwi-eiland op, verderop lag Rwanda. Bertrand Bisengimana was afkomstig van het eiland, hij was op weg naar huis. Idjwi was eerst Duits geweest, maar ging al voor de Eerste Wereldoorlog over in Belgische handen. De bevolking bestond hoofdzakelijk uit Tutsi's afkomstig uit Rwanda. Zo ook hij en zijn vader. De Tutsi's waren een etnische minderheid die al eeuwenlang de sociale en politieke bovenlaag van het Rwandese koninkrijk vormde, een positie die ze te danken hadden aan de veeteelt. Koeien waren voor de Tutsi's wat steenkool voor de industriebaronnen was: alles. Al vanaf de negentiende eeuw waren Tutsi-veehouders het overbevolkte Rwanda ontvlucht om zich aan de overkant van het meer te vestigen. Ze trokken naar de hoogvlaktes van Zuid-Kivu, naar het gebied van de vulkanen van Noord-Kivu en naar het Idjwi-eiland. Voor de Congolezen waren ze in alle opzichten 'anders'. Ze zagen er anders uit en ze spraken anders. Hun Kinyarwanda was een heel eigen Bantoe-taal, die enkel in Rwanda en het zuiden van Oeganda werd gesproken en verwant was aan de taal van Burundi. De archetypische Tutsi was lang tot zeer lang (1,95 m kwam voor), met een scherpe neus, hoog voorhoofd en dunne lippen. Natuurlijk was dat cliché, maar zo waar als clichés over Ieren, Italianen en Zweden waar zijn. Ook volgens dat cliché kregen ze in Zaïre de naam hooghartig en humorloos te zijn, maar Mobutu benoemde niettemin een van hen tot zijn kabinetschef.[42] 'In het begin wilde Mobutu zijn eigen stam niet bevoordelen,' zei Bertrand, 'anders had mijn vader als Tutsi van Idjwi nooit de nummer twee van het bewind kunnen worden.' Voor Mobutu kwam het natuurlijk ook goed uit dat zijn directe medewerker uit een kleine stam van migranten kwam. Die zouden hem wel niet bedreigen... Hij kon toen nog niet weten dat hij in 1997 van zijn troon zou worden gestoten door uitgerekend Rwandese Tutsi's.

Mobutu had het volk meer welvaart geschonken, nu kwam het erop aan om het ook een droom te schenken. Die droom werd het Zaïrees nationalisme. En de architect van die droom heette Dominique Sakombi, of beter Sakombi Inongo, zoals dat toen hoorde.[43] Sakombi was een intelligente, bijzonder welbespraakte jongeman, die meer mobutist was dan Mobutu zelf. In het najaar van 2008 had ik hem even aan de telefoon: zijn stem was dun als een sigarettenvloeitje geworden. In niets geleek ze nog op het spervuur van weleer. Hij was erg ziek, zei hij, een interview zag hij niet zitten.

Wat Sakombi in de vroege jaren zeventig realiseerde was bijzonder ingenieus: hij schafte het tribalisme niet af, maar tilde het op tot het niveau van de staat. De Zaïrees mocht nog steeds van zijn stam houden, zolang die stam maar Zaïre heette. Hij zei: 'Voor ons strekt het voorouderlijke dorp zich uit tot de grenzen van het nationaal territorium.'[44] Het arbitraire grondgebied dat door negentiende-eeuwse politici in Europa was vastgelegd, moest nu een natuurlijke feeling krijgen. Meer dan een staatshoofd werd Mobutu de nationale dorpschef, het opperhoofd de luxe. En de burgers werden zijn dorpelingen, zijn kinderen.

Sakombi was 'staatscommissaris' voor Informatie. Zijn departement had 1400 medewerkers, het kreeg het meeste geld na Defensie. Mobutu wist waar zijn prioriteiten lagen: in zijn vorig leven was hij zowel soldaat als journalist geweest. Steunde zijn dictatuur in het begin op de kracht van het leger, vanaf 1970 steunde die op het gebruik van propaganda.

Sakombi ontwierp een grootschalige cultuurpolitiek die aan de bevolking werd verkocht onder de slogan *Recours à l'authenticité!* De naamsverandering van het land, de steden en de eigennamen maakte er deel van uit, maar het ging nog veel verder. De terugkeer naar het oorspronkelijke leven raakte nagenoeg elk aspect van het dagelijkse leven. De Zaïrees die 's ochtends opstond, wist hoe hij zich moest kleden. Er was een verbod op westerse kledij uitgevaardigd. De man mocht niet langer een pak met stropdas dragen, maar was verplicht een '*abacost*' aan te trekken: een hooggesloten, op het Mao-pak geïnspireerde outfit, met korte kraag en foulard. ('Abacost' was nog zo'n mobutistisch neologisme: het kwam van *à bas le costume*, weg met het maatpak. Ook de taal werd veranderd.) De vrouw mocht geen minirok meer dragen, enkel nog de traditionele pagne, een zwierige dracht uit drie delen – jurk, blouse en hoofddoek. Alleen natuurlijke haargroei was toegestaan. Extensions en het ontkrullen van het haar waren verboden. Nog minder mocht ze producten gebruiken die de huid bleker maakten. De authentieke Zaïrees was het omgekeerde van de évolué, een mens die niet langer reikhalsde naar iets wat hij toch nooit zou zijn, maar kracht putte uit de eigen identiteit, de eigen cultuur, de eigen tradities.

Als die Zaïrees een stedeling was, dan zag hij op weg naar het werk overal nieuwe monumentale beeldhouwwerken staan. De beelden van Stanley, Leopold II en Albert I waren weggehaald. Sakombi, droogweg: 'Voor zover ik weet staat er ook geen standbeeld van Lumumba in het centrum van Brussel.'[45] Op pleinen en voor overheidsgebouwen verschenen gestileerde figuren in beton, die hun armen in de lucht staken of manden torsten. In Kinshasa alleen al waren tweehonderd beeldhouwers actief.[46] Hun stijl was vaak opvallend modern (invloeden van Zadkine, Picasso en Brancusi waren legio), maar dat mocht, want die Europeanen waren zelf sterk beïnvloed door Afrikaanse kunst. De authenticité-politiek was geen oefening in nostalgie, maar een complexe mengeling van traditie en moderniteit. Sakombi zei daarover: 'Wij reageren zoals onze voorouders zouden doen indien hun cultuur niet onderbroken was door de koloniale acculturatie.'[47] Het ging hem niet om een *retour à l'authenticité*, maar een *recours*, een herbronning. Uit de oude vormentaal moest een nieuwe kunst geboren worden. Daarom liet Mobutu uit het hele land kunstschatten verzamelen. Tienduizenden maskers en fetisjen vonden hun weg naar de nationale musea, net zoals tijdens de koloniale tijd allerlei etnografica naar Tervuren waren verdwenen.[48] Het nationaal ballet moest traditionele dansen in het binnenland gaan bestuderen en herinterpreteren. Er kwamen een nationaal toneel en een nationale literatuurprijs.[49]

Als de Zaïrees overdag naar de radio luisterde, hoorde hij steevast muziek van eigen bodem. Westerse muziek was verboden. Mobutu profileerde zich als de grote promotor van de populaire muziek. Franco kwam aan het hoofd te staan van een nieuwe overheidsinstelling die de muziekbusiness moest steunen. Had hij niet naast Mobutu staan glunderen op zijn verjaardagsfeestje net voor de staatsgreep? Tabu Ley toerde door het land. Met de steun van Mobutu werd hij zelfs de eerste zwarte die optrad in het Olympia in Parijs. Docteur Nico experimenteerde met traditionele percussie. Franco haalde de oude accordeonist Camille Feruzi van onder het stof vandaan. Recours à l'authenticité, hoorde je hem zingen. De muziekindustrie in Kinshasa beleefde haar dolste jaren. Platen werden om vijf uur 's avonds opgenomen en lagen om negen uur 's ochtends al in de winkel. Het krioelde van de artiesten. In Matonge, het kloppende hart van het nachtleven, werd het centrale plein, het Rond-Point Victoire, herdoopt tot Place des Artistes. Er kwam een groot standbeeld ter ere van de pioniers van de Congolese, nee, Zaïrese muziek.

Kwam je als Zaïrees 's avonds thuis van je werk, dan at je de authentieke keuken. *Pundu*, *fufu*, *makayabu*, maniokbrood, rupsen, allemaal op smaak gebracht met de moeder aller pimenten: pilipili. Voor je van je bier of palmwijn dronk, morste je een slokje op de grond. Een plengoffer voor de voorouders, ook dat hoorde. Zette je na zo'n heerlijk maal de televisie aan, dan zag je beelden van de *animation politique*, grote groepen mensen die geometrisch waren opgesteld en in dezelfde kleren (doorgaans een groene stof met de nationale vlag erop) met zang en dans de

MPR prezen. Dag in, dag uit werden de zegeningen van de doorluchte leider bezongen. Het duurde zes, soms zelfs twaalf uur per dag.[50] Om zes uur 's avonds begon dan het hoogtepunt van de staatstelevisie: het journaal. Het opende met een ideetje van Sakombi. Op een wolkenhemel verscheen het gezicht van de president dat alsmaar groter werd, zodat het leek alsof Mobutu vanuit het zwerk je huiskamer binnen kwam zweven. De kinderen dachten dat hij God de Vader was. 'Alle activiteiten van de president en zijn vrouw werden getoond,' zei Zizi, 'en ook die van de leden van het Politieke Bureau en het centraal comité. Het werd een echte persoonlijkheidscultus. Sakombi noemde Mobutu "de farao van Afrika". Dat soort dingen.'

Zelfs als men 's avonds in bed kroop, was men nog niet verlost van de staatspropaganda, want Mobutu had het volk opgeroepen om flink te procreëren – de revolutie had vele handen nodig. Zelfs op de intiemste momenten van het privéleven hoorde men nog de roep van de hoogste leider. De grap ging dat hij zelf tijdens het minnespel nooit riep '*Ça va jaillir!*' ('ik ga spuiten'), maar '*Ça va zaïre!*'... Zoals de missies voorschreven wat een 'goed' koloniaal lichaam was (zeep gebruiken, huid bedekken, monogaam zijn), zo drong de dictatuur de intimiteit van het persoonlijke leven binnen en onderwierp het aan een nieuw, allesomvattend regime. Er was geen ontkomen aan. Wie klaarkwam, diende de natie.

En het werkte. De Zaïrees ging zich Zaïrees voelen. Met behulp van Sakombi realiseerde Mobutu in enkele jaren tijd waar de Europese Unie na meer dan een halve eeuw nog steeds in faalt: mensen begonnen zichzelf inderdaad als onderdeel van een groter geheel te beschouwen. Britten en Fransen willen maar geen Europeanen worden, maar Bakongo en Baluba werden er trots op Zaïrees te zijn.

Was er dan geen weerstand? Natuurlijk wel, maar enkel discreet. Zizi: 'Geen stropdas mogen dragen, dat was lastig. In Katanga zag je soms iemand uit protest op straat lopen met kostuum en *cravate*. De politie sprak hem dan onmiddellijk aan: "Vanwaar dat koloniale tenue? Ben je een buitenlander misschien?" "Yes, from Zambia," zei je dan. Je kon vermoord worden, hè!' Terwijl in Europa de stropdas het embleem werd voor burgerlijkheid en verdrukking, groeide hij in Congo uit tot een vorm van verzet en vrijheidsverlangen. 'Sommigen droegen speciaal een stropdas als ze in de woonkamer zaten.'

Ook de obligate naamsverandering zorgde voor onderhuids protest.

'Mijn vader stuurde mij een lijst met negen namen uit onze voorgeschiedenis waaruit ik mijn *postnom* kon kiezen. Maar een collega van mij heette Gérard Ekwalanga. Hij was een groot sportjournalist en zeer gelovig, en dus zeer gehecht aan zijn doopnaam. Uit onvrede noemde hij zichzelf Ekwalanga Abomasoda. Die *postnom* kwam helemaal niet van een voorouder. In het Lingala betekende het: 'Hij die soldaten doodt'! Of Oscar Kisema, die koos als naam Kisema Kinzundi. In het Lingala klonk dat als een gewone naam, maar in het Swahili betekende het "grote vagina".'

Het verbod op christelijke namen viel de kerk zeer zwaar. 'Mobutu wilde de kerk breken,' zei Zizi, 'hij wilde de heiligen vervangen door de voorouders.' Aanvankelijk betoonde de kerk zich loyaal aan het nieuwe regime. Een maand na de staatsgreep had kardinaal Malula immers plechtig verklaard: 'Mijnheer de President, de kerk erkent uw gezag, want het gezag komt van God. We zullen getrouw de wetten toepassen die u belieft uit te vaardigen.'[51] Maar zes jaar later, op 12 januari 1972, hield diezelfde Malula een striemende preek tegen het regime. Mobutu was ziedend. Onmiddellijk ontsloeg hij Malula uit de Ordre du Léopard, verbande hem naar het buitenland en verbood christenen nog voor hun aartsbisschop te bidden. Het mocht niet baten. De kerk zou lange tijd de felste criticus van het regime zijn. De bisschoppen wisten zich gesterkt door hun internationale netwerk, bovendien controleerden ze het onderwijs. Staten hebben doorgaans twee manieren om hun burgers te kneden: het onderwijs en de media. Mobutu had enkel de media. Hij deed er daarom alles aan om de macht van de kerk aan banden te leggen (missieschooltjes moesten een inlandse directeur krijgen, kruisbeelden werden verbrand, seminaristen moesten lid worden van de MPR-jongerenafdelingen, christelijke jeugdbewegingen werden verboden, Kerstmis werd een werkdag, zelfs alle religieuze bijeenkomsten, op de mis en de biecht na, waren op een gegeven ogenblik taboe). En toen dat alles niet werkte, bood hij de bisschoppen maar topfuncties aan in het bestuur of schonk hij hun gewoon jeeps en limousines.

Mobutu's cultuurpolitiek stipuleerde niet letterlijk wat de Congolees dan wel moest geloven, het vooroudergeloof kreeg geen uitgewerkte nationale theologie, maar het kimbangisme, de religie die het zo te verduren had gekregen onder de Belgen, floreerde als nooit tevoren, want het gold als een authentieke Afrikaanse godsdienst. Hun eigen organisatie groeide uit tot een miniatuurversie van de staat: hypercentralistisch en hiërarchisch. De religieuze leider werd aanbeden met zang en dans, net als Mobutu. De underdogs van de koloniale tijd werden nu de herauten van het mobutisme.[52]

Vertrouwen op de eigen identiteit, het was een mooie gedachte, maar het hing natuurlijk met haken en ogen aan elkaar. Waarom promootte Mobutu de inheemse keuken, als zijn lievelingsgerecht toch *ossobuco alla romana* bleef? Wat was er zo authentiek aan die ellendige *animation politique* die hij gewoon van Kim Il-sung had afgekeken? Wat was er zo Zaïrees aan die fameuze abacost, die niet meer was dan een Mao-pak met kleur en waarvan de puikste exemplaren kwamen van Arzoni, een textielfabriek in Zellik, bij Brussel? Wat was er typisch Afrikaans aan de pagne, een gebatikte stof uit Indonesië, aangeprezen door nonnen ter bedekking van de boezem, waarvan de meest kleurvaste varianten, de fameuze *wax hollandais*, uit de Vlisco-fabriek van Helmond in Nederland kwamen? Waarom was Camille Feruzi een authentieke muzikant? Hij speelde accordeon, godbetert, en had duidelijk veel naar Tino Rossi geluisterd.

Was die recours à l'authenticité niet gewoon een voorwendsel? Een charmante ideologie die een diepere werkelijkheid moest verhullen? Ja, dat was het. En die diepere werkelijkheid was: Mobutu maalde steeds minder om zijn volk. Hij was zozeer bezig met het beveiligen van zijn positie dat hij belangrijke bewindstaken verwaarloosde. Hij was zozeer behept met het uitdelen van auto's, postjes, dagvergoedingen en ambassadeplaatsen dat de staatskas eraan opging. Ja, er was sprake van economisch herstel, maar dat kwam eerder door Vietnam dan door verstandig beleid. Het was een toevallige hoogconjunctuur, waarop Mobutu comfortabel kon surfen, maar die allerminst leidde tot armoedebestrijding. Hij gebruikte de riante inkomsten om zijn machtsapparaat intact te houden. In wezen dankte hij zijn macht aan een extreme vorm van cliëntelisme. Mobutu stond aan het hoofd van een piramide waar enkele duizenden, direct of indirect, uit zijn hand aten. Hij en zijn gevolg waren met elkaar verbonden door wederzijdse verplichtingen en gunsten. In ruil voor middelen schonken zijn volgelingen hem de loyaliteit die hij nodig had om aan de macht te kunnen blijven. Mobutu had hen nodig, zij hadden Mobutu nodig. Een monsterverbond. Mobutu was de slaaf van zijn eigen machtshonger.

In Zaïre ontstond dus een heuse staatsbourgeoisie, een grote groep mensen die welvarend werd op kosten van de staat.[53] In de meest letterlijke zin diende de staat als economische basis van deze nieuwe middenklasse, die er zich niet voor schaamde haar pas verworven weelde te etaleren in de vorm van dure auto's, mooie huizen en een luxueuze levensstijl.[54] Wie in een Jaguar of een Mercedes rondreed, kreeg als bijnaam Onassis. 'En wie even moest hoesten, vloog naar zijn huisarts in Brussel,' zei Zizi.

Dat cliëntelisme ging goed zolang er geld was. De nationalisering van Union Minière had Mobutu vreselijk veel middelen opgeleverd, maar zijn machtshandhaving slokte steeds meer op. 'Vroeger had ik als het ware geen familie,' verzuchtte hij ooit, 'er was geen mens die naar me omkeek! Maar sinds ik president geworden ben, is bijna de helft van Zaïre tot de ontdekking gekomen dat ze, op de een of andere manier, toch wel ergens familie van me zouden kunnen zijn en dus hun rechten mogen laten gelden.'[55] Uiteraard geschiedde dit alles ten nadele van de gewone Zaïrees, die zich geen enkele familieband met het staatshoofd kon herinneren. Om zijn wassende clientèle tevreden te houden, moest Mobutu steeds nieuwe geldbronnen zien te vinden. Buitenlandse investeringen, bilaterale akkoorden en internationale leningen kwamen van pas.[56] Hoe behoeftiger zijn land was, hoe meer hij kon ophalen. Armoede loonde. Het was een economische troef.

Maar nog volstond het niet. Op 30 november 1973 nam hij een drastisch besluit. Hij was net terug van een rondreis in China en had daar de staatseconomie mogen aanschouwen. 'Het gevaar is meer blank dan geel,' zei hij bij thuiskomst, 'politiek zijn we een vrij volk, cultureel worden we het, maar economisch zijn we nog helemaal geen meesters.'[57] Mobutu ging over tot de 'zaïrianisatie': het klein- en middenbedrijf, boerderijen, plantages en handelszaken die nog eigendom waren van buitenlanders, alles tezamen enkele duizenden ondernemingen, werden onteigend en geschonken aan zijn getrouwen.[58] Van de ene dag op de andere zagen Portugese restauranthouders, Griekse boetiekuitbaters, Pakistaanse televisiereparateurs of Belgische koffiekwekers hun werk van jaren her verloren gaan. Aan het hoofd van hun onderneming kwam een Zaïrees te staan uit de omgeving van de president die doorgaans geen verstand had van bedrijfsvoering. In het beste geval liet hij de oorspronkelijke eigenaar als gerant verder werken en kwam hij maandelijks de winst ophalen. In het slechtste geval haalde hij meteen de kassa leeg en verkocht hij de voorraden.

De gevolgen waren grotesk. Een elegante dame die nooit de hoofdstad verliet, kon plots exploitant worden van een kinineplantage aan de andere kant van het land. Heren die geen koe van een stier konden onderscheiden, werden baas van een veeteeltbedrijf. Generaals mochten visserijbedrijven bestieren en diplomaten limonadefabrieken. Minister van Informatie Sakombi werd eigenaar van een hele reeks krantenkiosken en bioscoopzalen, maar ook van enkele houtzagerijen. Bisengimana kreeg de plantages van de Prince de Ligne op het Idjwi-eiland cadeau, goed voor een derde van het eiland.[59] Onze vriend Jamais Kolonga, een kleine garnaal in het netwerk rond de president, kwam aan het hoofd te staan van een houtzagerij in zijn geboortestreek. De feestneus uit de hoofdstad moest nu plotseling voorraden tropisch hardhout beheren. Sommigen bakten er niets van, anderen wisten van aanpakken. Popster Franco werd in één klap eigenaar van Willy Pelgrims's platenimperium, een sector waar hij wel iets van wist.[60] Jeannot Bemba kon zich dankzij de zaïrianisatie ontpoppen tot de rijkste zakenman van het land. Hij werd voorzitter van de werkgeversvereniging en begon zelfs een luchtvaartmaatschappij, Scibe Zaïre. Mobutu ten slotte trakteerde zichzelf op veertien plantages verspreid over het hele land. Hij controleerde een kwart van de cacao- en rubberproductie, had 25.000 mensen in dienst en werd de derde werkgever van de staat. Mede dankzij de inkomsten uit de mijnen werd hij de naar schatting op zeven na rijkste man ter wereld.[61]

Maar Mobutu keek naar zijn land en zag dat het niet goed was. Eind 1974 schakelde hij over op de 'radicalisatie'. De kwakkelende bedrijven werden nu overgenomen door de staat. Zo konden ze blijven opbrengen en kon hij met die opbrengsten zijn vrienden te vriend houden. Het was helemaal geen goed idee geweest om van hen bedrijfsleiders te maken. Maar ook die economische hervorming pakte niet goed uit. Mobutu, de grote vriend van de Amerikanen, had plots zonder dat hij erom gevraagd had een communistische economie aan zijn broek. Via een derde hervorming, de zogenaamde 'retrocessie' (want retoriek was de enige bedrijfstak die goed draaide), poogde hij de uitgeklede en kaalgeplukte bedrijven terug te geven aan de eerste eigenaren, maar die hadden er allang geen zin meer in.[62]

De sociale gevolgen waren navenant. Zo briljant als Mobutu was als communicator, zo achterlijk was hij als econoom. Het fiasco van de zaïrianisatie deed de werkloosheid toenemen. Zij die wel nog een baan hadden, bijvoorbeeld als ambtenaar of leraar, kwamen niet meer rond.[63] Iedereen kluste wat bij, als metselaar, chauffeur of bierverkoper. Hun echtgenotes probeerden wat bij te verdienen in de microhandel. Ze zaten hele dagen op de markt met een stapeltje houtskool of enkele uien voor zich. Ze kochten brood bij de fabriek en liepen ermee op hun hoofd door de stad tot het verkocht was. Ze bleven thuis bij de kinderen en begonnen een winkeltje, waar de buurt theebuiltjes, lucifers en zeep kon kopen. Ze stelden hun huis open als depot van een brouwerij of cementfabriek en verkochten met uiterst minieme winstmarges flesjes frisdrank of zakken cement. Men trachtte de eindjes aan elkaar te knopen. Desnoods moest men bij de familie aankloppen.

In 1974 werd het onhoudbaar. Het einde van de Vietnam-oorlog zorgde voor een dramatische val van de koperprijs. Bovendien deed het begin van de oliecrisis zich ook in Zaïre gevoelen. De prijzen stegen scherp. De hele zaïrianisatie droeg nog eens extra bij tot de inflatie, want nu er een klasse van superrijken was ontstaan dreven winkeliers hun prijzen geweldig op. Voor de doorsnee-inwoner betekende het echter dat zijn koopkracht verder achteruitging. Om een kilo riviervis te kopen moest een laaggeschoolde handarbeider in 1960 één dag werken; in het midden van de jaren zeventig moest diezelfde arbeider daar tien dagen voor werken.[64] Voedsel werd onbetaalbaar. Het hele gezinsbudget ging eraan op. In het binnenland was de landbouw verwaarloosd. Waarom zou een boer zijn land bewerken als er toch geen wegen meer waren om zijn oogst naar de stad te brengen? Zaïre, een van de vruchtbaarste landen ter wereld, werd daarom extreem afhankelijk van duur, geïmporteerd voedsel. Blikjes tomatenpuree werden ontscheept in de haven, terwijl in het binnenland tonnen vleestomaten aan de stok hingen te rotten.

Mobutu's belofte van economisch herstel was op een catastrofe uitgedraaid. Een vroege slogan van de MPR was: *Servir et non se servir* ('Dienen: ja, zichzelf bedienen: nee') maar Mobutu en zijn clan bedienden zichzelf juist zeer goed. Zijn populariteit liep terug. Het brood raakte op. Waar bleven de spelen?

Longin Ngwadi was na zijn avontuur met het zwaard van Boudewijn terug naar Kikwit getrokken. Hij werd er verkoper bij Bata, de internationale schoenenketen die ook vestigingen in Afrika had. Op een dag zag hij in de winkel een mooi meisje binnenkomen. Ze keek naar enkele modellen en ging vis kopen. Enkele minuten later sloot Longin de winkel voor de middagpauze en liep haar achterna. Ze stond net af te rekenen. Vis was toen nog betaalbaar. Hij sprak tot haar de onsterfelijke woorden:

'Ik zal uw vis betalen opdat gij mijn *fiancée* wordt.'

'Echt waar?'

'Ja, echt waar.'

'Dan geef ik u mijn adres.'

's Avonds zocht hij haar thuis op. Ze riep haar vader en ooms erbij. De familieleden wilden toch eerst even zien wie die zonderling was.

'Ik ben klaar om dit meisje te nemen,' zei Longin.

'Heb je geld?' vroeg de familie.

'Ja.'

Dat was niet helemaal waar, maar zijn Europese baas bij Bata was bereid om de bruidsschat voor te schieten. Dat deed hij wel vaker. Longin moest elke maand een stukje terugbetalen. Bata had een goede naam, het was een serieuze winkel. De vader en de ooms stemden in.

Vele jaren werkte Longin bij Bata. Ondertussen bewerkte zijn vrouw, omdat het nu eenmaal de traditie was, het land: ze kweekte maïs, maniok en pindanoten. Het jonge koppel had niet te klagen. In 1969 werd het eerste van zes kinderen geboren. Enkele jaren later kocht Longin een groot perceel van dertig bij veertig meter en bouwde een ruim lemen huis, het huis waar ik hem interviewde. 'Dat was de rijkste periode van mijn leven.'

Maar toen kwam de zaïrianisatie. 'Mijn Europese baas vertrok. Een Zaïrees nam Bata over. Hij kreeg de leiding. Dat was niet goed. Bata ging failliet.' Barre tijden braken aan. Longin ging steeds vaker bidden op het graf van Kuku Pemba, een gevaarlijke plek, een mythische plek. Kuku Pemba was de eerste man uit de streek die een blanke had gezien. In tijden van hongersnood wendde men zich tot het hogere. Hij gold als een machtige voorouder, zelfs Mobutu was bang van hem.

In 1974 trok Longin voor het eerst in jaren terug naar de hoofdstad. 'Ik ging naar Kinshasa om de match te zien. Ik zag dat Ali ook bad. Hij was een moslim en droeg een kettinkje. Foreman had een grote hond bij zich, zoals een Europeaan. Ik zat in het stadion. De match was 's nachts. Foreman was krachtiger. Ali hing in de touwen. De hele match lang. Foreman was gezwollen als een varken. Het was een formidabele wedstrijd, formidabel!'

Hoe kon je nu boos zijn op een president die je op zo'n geweldig feest trakteerde?

Omdat de Amerikaanse kijkers de wedstrijd in prime time moesten kunnen volgen, werd de match pas om vier uur 's nachts gehouden. Het was broeierig warm in de stad, het regenseizoen was inmiddels begonnen. Al vanaf 's ochtends vroeg liep het stadion vol. 'Kinderen kregen vrijaf van school. Ondernemingen moesten een dag betaald verlof geven. Bars moesten het bier voor de halve prijs schenken. Meel was zelfs gratis,' herinnerde Zizi zich. De toeschouwers kwamen van heinde en ver, zelfs uit Angola en Kameroen. Zeventigduizend mensen kregen een zitplaats in het stadion. Enkele duizenden zitplaatsen waren voorbehouden aan VIP's, hoofdzakelijk jaknikkers uit het gevolg van Mobutu. Buiten het stadion was een enorme volksmassa op de been. Omwille van het ongebruikelijke uur had Mobutu stadionverlichting laten aanbrengen. Rondom de tribune rezen vier reusachtige vliegenmeppers op uit het donker. Ze waren uitgerust met een batterij oogverblindende lampen die dankzij de stroom van de Inga-dam het hele sportstadion in een helwit licht deden baden. Mobutu was waarlijk elektrisch.

In het midden van het voetbalveld stond de ring waarin het allemaal zou gebeuren. De Amerikaanse televisieploegen hadden indrukwekkend materieel bij zich. De kinderen op de betonnen trappen glommen van trots. Hun land was het enige ter wereld dat deze wedstrijd kon organiseren! Zelfs de ring was uit Amerika overgebracht! De Amerikanen hadden zelfs hun eigen water bij zich! Ja, hun eigen toiletpapier!

Ook het Zaïrese televisieteam was goed uitgerust. Omdat er niets mocht misgaan, waren er vijf spiksplinternieuwe Ariflex-camera's gekocht, zware toestellen die je op de schouder kon dragen. Daarnaast beschikten de reporters over enkele Bell Howells, lichtere camera's voor de detailopnames. Alles in kleur, uiteraard. Er waren twee regisseurs, twee commentatoren in het Frans en een in het Lingala. Allen ontvingen ze een hoge premie omdat ze 's nachts moesten werken.

Zizi Kabongo kwam aan de camera te staan die de reacties van het publiek moest filmen. Een fanfare maakte een rondje over de atletiekpiste. Ze speelde traditionele Congolese muziek. Een geweldig hoerageroep steeg op toen Ali uit de catacomben verscheen en zich dansend en schijnboksend naar de ring begaf. Hij deed zijn mantel uit. Een godenlichaam glom in het licht van de schijnwerpers. *Ali, boma ye! Ali, boma ye!* scandeerde Zaïre.

Maar het allermerkwaardigste was: Mobutu was er zelf niet bij. Het stadion waar hij in 1965 door het volk was onthaald, liet hij nu links liggen. Was hij bang om minder populair te zijn dan Ali? Vreesde hij voor zijn veiligheid? Vond hij zichzelf als président-fondateur juist aanweziger in zijn afwezigheid? Zizi wist het niet. Wel wist hij dat zijn beelden rechtstreeks bekeken werden door Mobutu in zijn paleis. De chef beschikte namelijk over het enige CCTV-netwerk van het hele land. Zizi liet zijn camera over de mensenzee glijden. Op zijn monitor zag hij het kleurige feest van een joelende menigte herleid tot een stom tafereel in grijsblauwe tinten.

Van de match zelf kon hij maar af en toe een glimp opvangen. Hij zag niet hoe Ali in de eerste ronde al probeerde om Foreman knock-out te slaan met een brutale serie rechtse stoten. Hij zag niet hoe woest Foreman werd en hoe Ali vergat te dansen. '*Float like a butterfly, sting like a bee,*' had hij niettemin beloofd. Dansen zou hij, dansen moest hij, maar het kwam er niet van. Zizi zag enkel de massa door de lens van zijn camera, de massa die eerst juichte en toen vreesde. Hij zag niet hoe Ali vanaf de tweede ronde de touwen opzocht en ver naar achteren leunde om de klappen van Foreman te ontwijken. Ali verborg zijn gezicht achter zijn zwarte bokshandschoenen en incasseerde een onophoudelijke regen van vuistslagen in zijn flanken. '*Everlast*' stond er op de stootkussens in elke hoek van de ring, maar de vraag was hoe lang het kon duren. Foreman had een van de hardste punches uit de geschiedenis van het zwaargewicht boksen. Ali was van plan zijn tegenstander te verslaan door hem af te matten. De *rope-a-dope* zou hij het later noemen. Zizi hoorde niet hoe Ali over de witte grijnslach van zijn bit heen bleef schreeuwen: '*George, you disappoint me.*' '*Come here, sucker! They told me you could punch.*' '*You're not breaking popcorn, George.*'

Zizi filmde en filmde. Zijn beelden waren niet bestemd om de wereld rond te gaan. Daar zorgden de Amerikanen wel voor. Dit hier was voor eigen gebruik. Hij zag de prominenten zitten: de staatscommissaris van Sport, de provinciegouverneurs, de diplomaten, de leden van het Politieke Bureau en het centraal comité, de hele kaste die uit de ruif van Mobutu at. Vleiers uit het publiek kwamen hem geld toestoppen met de vraag om ze eens goed in beeld te brengen, opdat de president hen zou zien. Vrouwen vooral. Een vrouw met een rood kleed, een dame in het wit... Of hij even op hen kon inzoomen?

Af en toe draaide hij zich om. Dan zag hij telkens die reus van een Foreman inbeuken op het lijf van Ali dat vreselijk achteroverhing. Zizi zag niet hoe in de achtste ronde, dertien seconden voor de bel, Ali plotseling loskwam uit de touwen en bliksemsnel uithaalde met een geweldige rechts-links-rechtscombinatie. De laatste stoot was een verpletterende mokerslag op Foremans kaak, die zijn gezicht vervormde tot een homp boetseerklei. Foremans armen, die acht ronden lang als machinestangen hadden gewalst, molenwiekten plots ongecontroleerd in het luchtledige. Foreman boog voorover, kon het niet geloven. Hij was nog nooit knock-out gemept. De vloer van de ring kantelde naar hem toe.

Het werd een dolle nacht. Meteen na de match brak een bijzonder hevig onweer los. De nachtclubs van Kinshasa raakten stampvol. Drank was gratis. Iedereen feestte, iedereen lachte, iedereen zoop. Maar terwijl Zizi naar huis ging kon hij toch niet nalaten zich af te vragen hoe Mobutu naar zijn beelden had zitten kijken. Alleen in zijn paleis met wat familie? Genietend van het schouwspel waarop hij zijn land had getrakteerd? Nieuwsgierig naar die vrouw in haar rode jurk? Of onrustig spiedend naar de reacties van het publiek, beducht voor elk gelaat dat niet genoeg lachte?

10

Toujours servir

De waanzin van een maarschalk

1975-1990

In de eenzaamheid van zijn almacht bleef Mobutu naar de televisie staren. Vijftien jaar na de historische bokswedstrijd zag hij beelden die hem meer van zijn sokken bliezen dan eender welk filmmateriaal dat hij ooit had gezien. Het was kerstdag 1989 en op een buitenlandse zender zag hij een schildpad zijn kop uitsteken, traag, hulpeloos, met een doodsbange blik. Nee, het was geen schildpad, het was een man die uit een luikje onder aan een legertank kwam gekropen, of beter, werd geperst. Te midden van het grijsgroene staal bewoog hij zijn bovenlijf zo onhandig – zijn armen waren tegen zijn romp gekneld, zijn handen zaten nog binnen – dat hij op een schildpad leek. Een militair op straat ondersteunde de man en trok hem eruit, alsof hij vroedvrouw was.

De videobeelden waren gelig en onscherp, het tafereel bood een winterse aanblik. Maar Mobutu herkende de man meteen. Het was Nicolae Ceauşescu. Samen met zijn vrouw was hij even tevoren aangehouden, na dagenlange protesten in zijn land. Mobutu zag hoe de Roemeense president overeind strompelde en zijn zwarte muts afzette om zijn haren glad te strijken. De muts leek een winterse variant van zijn eigen luipaardmuts. Dat was niet de enige gelijkenis. Ceauşescu was net als hij in 1965 aan de macht gekomen en Mobutu had veel bewondering voor het lef waarmee hij Roemenië een onafhankelijke koers van Rusland deed varen. Ceauşescu kon op veel westerse steun rekenen, net als Mobutu. Beiden ontleenden hun macht aan trouwe bondgenoten in het buitenland en een volgzame kliek in het binnenland, en zo kon hun presidentschap uitgroeien tot een quasimonarchie. Beiden waren gesteld op dezelfde bijnaam: Ceauşescu liet zich *Conducator* noemen, de leider, terwijl Mobutu graag als *le Guide* werd aangesproken. Rond het 'Genie van de Karpaten', nog zo'n bijnaam, was een even merkwaardige persoonlijkheidscultus gegroeid als rond de 'Grote Roerganger' in Kinshasa. In Zaïre was de authenticité-filosofie inmiddels officieel hervormd tot het 'mobutisme'; in Roemenië heerste het 'ceauşisme'. Met zoveel gelijk aan hun zijde konden beide heren maar moeilijk overweg met kritiek. Ze legden de persvrijheid aan banden en zagen dissidenten het liefst ophoepelen. Die moesten maar in de groezelige cafés van Parijs boven volle asbakken hun rancune spuien, blind als ze waren voor de zegeningen die zij hadden gebracht. De staatsveiligheid ging boven alles. Ceauşescu's Securitate vertoonde opvallende gelijkenissen met de DSP, de Division Spéciale Présidentielle, van Mobutu. De banden tussen Kinshasa en Boekarest waren bijzonder hartelijk en werden bekroond door een innige vriendschap tussen Mobutu en Ceauşescu. Mobutu keek naar Amerika voor het geld en naar het Oosten voor de methode. Hij had veel geleerd van Mao en Kim Il-sung, maar het enige communistische staatshoofd met wie hij nu nog bevriend was, was Ceauşescu. Ook hun eega's konden het goed met elkaar vinden.

Mobutu zag de beelden. Een maand eerder was er in Boekarest nog topoverleg geweest tussen hun beider partijen.[1] Nu zag hij Nicolae en Elena plaatsnemen in een troosteloos klaslokaal. Wat leken ze opeens versleten... Nicolae was een oude, grijze man in een lange winterjas, Elena een dame op leeftijd met een grote bontkraag. Een bejaard koppel uit Oost-Europa. Ze zaten achter een lessenaar met dunne metalen poten. Nicolae gesticuleerde heftig, verhief zijn stem. De camera zwenkte naar rechts. Beelden van enkele hoge officieren vol decoraties. Militairen die overeind veerden. Een man die een tekst van een blad voorlas.

Het was een bijzonder woelig najaar geweest in Europa. Glasnost, perestrojka, de Muur... Mobutu volgde het met argusogen. Gorbatsjovs aanzet tot een politieke dooi had een kettingreactie teweeggebracht die niemand nog kon tegenhouden, Gorbatsjov zelf nog het minst. Het democratiseren van een grote eenpartijstaat leek Mobutu ronduit roekeloos:

> Kijk naar wat er gebeurt in de Sovjet-Unie; zelfs zonder dat het meerpartijenstelsel er gevestigd wordt, volstond het om het principe ervan toe te laten, zodat regionalisme en separatisme de kop opstaken. Ik heb geen enkel oordeel over de Baltische, Armeense, Georgische of Wit-Russische bewegingen; ik beperk mij tot de vaststelling dat alleen al de gedachte aan een meerpartijenstelsel de opkomst van middelpuntvliedende krachten in de hand werkt.[2]

Democratisering, daar wilde Mobutu mee oppassen. Hij herinnerde zich te goed het debacle van de Eerste Republiek. De val van het communisme in Europa leek in menig opzicht op de dekolonisatie van Afrika: een bruusk proces waarbij een latente hoop plots in een oncontroleerbare stroomversnelling terechtkwam. Sofistisch redeneerde hij: 'Indien wij bij ons een democratisch systeem volgens westers recept onder dwang opleggen, dan zouden wij ons pas aan een dictatuur bezondigen.'[3]

Overal in Midden- en Oost-Europa was het eind van het communistische tijdperk zonder bloedvergieten verlopen. De afgelopen dagen had Mobutu pleinen in Boekarest gezien waarop vele tienduizenden de kou trotseerden om het aftreden van de Conducător te eisen. Maar deze beverige beelden uit een dorpje buiten de hoofdstad bezorgden hem pas echt rillingen. Plotseling zaten Nicolae en Elena niet meer in het klaslokaal van zo-even, maar stonden ze op een lege speelplaats voor een gele muur. Mobutu zag een stofwolk. Geknetter. Alsof iemand met een blikje keitjes rammelde. De homevideo van de wereldgeschiedenis. Vale kleuren. Gedempte stemmen. Eeuwige winter. De camera zweefde vervolgens over twee wassen beelden. Elena op haar zij, starend naar de vrieslucht, onverschillig voor het stroompje bloed dat van haar hoofd wegliep. Nicolae op zijn rug, zijn onderbenen onnatuurlijk onder zijn lichaam, als een harlekijn. Mobutu keek en bleef kijken.

Uitzoomen. Wegtrekken. Opnieuw kadreren. Nieuwe focus: ruim tien jaar eerder, 1978. Fel zonlicht. Mobutu, die blaakt van zelfvertrouwen. Beelden van zijn postuur. Hij was wat dikker geworden dan toen hij de macht greep; het presidentschap had hem duidelijk deugd gedaan. In 1970 en 1977 was hij opnieuw tot staatshoofd gekozen. De duur van een ambtstermijn was opgetrokken naar zeven jaar en er stond geen beperking meer op het aantal termijnen. Mobutu was telkens de enige kandidaat. Bij de verkiezingen moesten de burgers enkel een groene of rode kaart in de stembus schuiven. Rood, zo kreeg je in het stembureau van een MPR-functionaris te horen, stond voor chaos, bloedvergieten, vreemde ideologieën. Groen was de kleur van de hoop, de maniok en de MPR zelve. Iedereen kon zien wat je stemde. Mobutu haalde 98 of 99 procent en regeerde comfortabeler dan ooit. Hij wandelde wat trager, sprak ook wat trager. Waardigheid werd belangrijker dan werklust.

De raket stond klaar voor de lancering. Op de rand van een plateau vanwaar je over de vallei van de Luvua uitkeek, rees een dun gevaarte van twaalf meter hoog op. Het werd gestut door een dubbel staketsel van staal. Het was maandag 5 juni 1978, half twaalf in de voormiddag. Een stralende Mobutu had een pak vrienden en journalisten uitgenodigd om getuige te zijn van een zoveelste stunt: een raketlancering op Zaïrese bodem. Enkele jaren eerder had hij met een Duitse privéfirma afspraken gemaakt. Het bedrijf, OTRAG geheten (Orbital Transport- und Raketen Aktiengesellschaft), mocht vrijelijk beschikken over een enorme lap savanne om te experimenteren met de bouw en lancering van goedkope raketten. OTRAG ontving steun van de Duitse overheid om een alternatief uit te dokteren voor de dure projecten van de NASA en de ESA.[4] Op termijn moesten die Duitse *Billigraketen* satellieten voor een prikje in een baan om de aarde zien te brengen. Een privébedrijf dat raketten bouwde: het was een unicum in de geschiedenis van de ruimtevaart. Een bedrijf dat ook nog eens de steun van een Afrikaans dictator genoot: zoiets was nog nooit vertoond. Bezieler van het project was Lutz Kayser, maar de meest opvallende naam op de loonlijst was Kurt Debus, een Duitser die in de Tweede Wereldoorlog had meegewerkt aan de realisatie van de V2 en na de oorlog vele jaren aan het hoofd van het Kennedy Space Center had gestaan, waar hij verantwoordelijk was voor het Apollo-programma.

OTRAG was op zoek gegaan naar een grote, lege plek bij de evenaar en had zijn oog laten vallen op Indonesië, Singapore, Brazilië en Nauru, landen gelegen aan een oceaan: daar mocht best een raket neerstorten. Pas later kwam Zaïre in beeld. De savanne van Shaba, het vroegere Katanga, was dermate dunbevolkt dat ze ook dienst kon doen. Binnen tien dagen, in 1977, was de deal met Mobutu beklonken; het was in alle opzichten een verbijsterende deal. OTRAG werd heer en meester over een gebied van honderdduizend vierkante kilometer, anderhalf keer Ierland. Dat deed denken aan de rubbermaatschappijen uit de negentiende eeuw met hun reusachtige concessies, waar ze ongehinderd 'zaken' konden doen. Tot het verre jaar 2000 pachtte OTRAG bijna 5 procent van het Zaïrese grondgebied tegen uiterst voordelige voorwaarden. Het bedrijf was vrijgesteld van importheffingen en hoefde niet op te draaien voor eventuele milieuschade. De werknemers hoefden geen belasting te betalen en genoten juridische onschendbaarheid. En omdat de savanne niet zo leeg was als de oceaan, mochten ze zelfs inheemse bevolkingsgroepen verplaatsen indien hun aanwezigheid de lanceringen hinderde. Mobutu, de man die gestreden had tegen secessies en rebellieën, gaf nu feitelijk de macht uit handen over een substantieel deel van zijn land. Als tegenprestatie vroeg hij hooguit 5 procent van de nettowinst, als die ooit geboekt werd, en wilde hij de lancering van een observatiesatelliet voor binnenlandse veiligheidsdoeleinden, mocht dat ooit lukken.[5] Zover zou het nooit komen. In afwachting haalde hij jaarlijks vijfentwintig miljoen dollar pachtgeld binnen, geld dat onmiddellijk in zijn eigen zak verdween.[6]

Glunderend stond Mobutu met zijn getrouwen te kijken naar de lancering. Het aftellen ging in het Duits. De eerste twee proeven waren een succes geweest. Een jaar eerder had men in het grootste geheim een raket van zes meter hoog twintig kilometer de lucht in gekregen. Twee weken eerder was een zwaarder toestel zelfs tot dertig kilometer opgeklommen. Vandaag kon het niet misgaan. Honderd kilometer hoog zou het gevaarte gaan.

Mobutu hield wel van dat soort spektakel. Had hij niet de maanreizigers uitgenodigd naar Kinshasa? Had hij niet de boksmatch van de eeuw in Congo laten plaatsvinden? Was die publieke ophanging ook geen spektakel geweest? Maar evenementen alleen volstonden niet. Hij wilde het land ook verblijden met een reeks megalomane infrastructurele werken. De Inga-stuwdam op de Congo-rivier liet hij verbouwen tot een van de grootste waterkrachtcentrales van Afrika. Bij voltooiing in 1982 zou die nieuwe stuwdam, 'Inga II' genaamd, 1424 megawatt opleveren, in plaats van de eerdere 351. Kort daarna begon Mobutu al te dromen van Inga III, een centrale met een capaciteit van maar liefst 30.000 megawatt, de grootste ter wereld, genoeg om heel Afrika en een deel van Europa van energie te voorzien. Voor het zover was liet hij vanuit Inga een hoogspanningsleiding aanleggen naar de mijnprovincie Shaba, een verlengsnoer van 1800 kilometer, dwars door het oerwoud. Shaba zelf was nochtans goed voorzien van stroomcentrales, maar die lijn was Mobutu's manier om de vinger aan de hoofdschakelaar van de opstandige provincie te houden. Er waren tienduizend pylonen voor nodig. In Maluku, aan de Congo-rivier ten noorden van Kinshasa, liet hij een staalgieterij bouwen die jaarlijks 250.000 ton staal zou produceren.[7]

Al die prestigeprojecten vertoonden dezelfde kenmerken: ze werden gebouwd door buitenlandse ondernemingen, ze waren voorzien van de allernieuwste snufjes, ze werden kant-en-klaar opgeleverd – en ze werkten nooit naar behoren. Meteen na de uitbetaling trok de Franse, Italiaanse of Amerikaanse bouwfirma weg, waardoor de hele hightech in handen kwam van mensen die niet wisten hoe ermee om te gaan of niet de kans kregen dat te leren. Inga II kostte 478 miljoen dollar, maar Zaïre bleef een land van stroomstoringen.[8] De turbines raakten verwaarloosd, en twee van de acht die het vandaag nog doen genereren slechts 30 procent van de bedoelde productie. De hoogspanningsleiding naar Shaba kostte een duizelingwekkende 850 miljoen dollar, maar vervoerde vaak niet meer dan 10 procent van haar capaciteit.[9] Bovendien waren er geen aftakkingen voorzien voor de steden en de dorpen langs het traject. Aan de staalfabriek in Maluku bungelde een prijskaartje van 182 miljoen dollar, maar het bedrijf is nooit winstgevend geworden: het kon geen lokale ijzererts verwerken, enkel aangevoerd schroot hersmelten.[10]

Al dat weggesmeten geld... Nergens werd me dat duidelijker dan toen Zizi me in 2007 voor het eerste rondleidde door het gebouw van de nationale omroep. Mobutu's bouwwoede beperkte zich niet tot de zware industrie; ook Kinshasa moest verfraaid worden, net zoals Brussel ten tijde van Leopold II. In de deelgemeente Limete verscheen een enorm verkeersknooppunt met brede op- en afritten en gedurfde fly-overs; in het midden van de rotonde rees een modernistische replica van de Eiffeltoren op, een spits gebouw van staal en beton, wel 150 meter hoog. Bovenin moest een panoramisch restaurant komen, maar het complex is nooit voltooid. Aan de oever van de Congo-rivier liet hij het CCIZ optrekken, het internationale handelscentrum van Zaïre, een peperduur bouwwerk dat al decennia staat te verpieteren. Toen kort na de inhuldiging de airco kapotging, bleek dat de ramen niet open konden – lastig in een tropisch klimaat. In het stadscentrum verrees een chique shopping mall met roltrappen, de *Galeries présidentielles* genaamd. En enkele kilometers verderop verscheen het mediapark van de RTNC, de nationale omroep, Zizi's nieuwe werkplek. Kostprijs: 159 miljoen dollar.

'De Fransen hebben dat hier gebouwd,' zei hij toen hij me rondleidde, 'ze wilden die bouwklus per se binnenhalen. In ruil voor de toewijzing van de opdracht schonken ze Mobutu gratis Mirage-gevechtstoestellen.' Hij toonde me de vervallen opnamestudio's. Van de negen waren er nog twee in gebruik: reusachtige hangars zonder uitrusting. Bij live-uitzendingen behielpen enkele onvermoeibare journalisten zich met twee oude camera's en enkele microfoons, als er stroom was tenminste. Ik heb het een keer zelf mogen meemaken. Naar aanleiding van een uitwisselingsprogramma tussen kunstenaars uit Brussel en Kinshasa zat ik in een ochtendlijk praatprogramma met enkele andere gasten. Het plafond hing los. In het licht van de spots zagen we het asbest onophoudelijk neerdwarrelen. Stroomkabels lagen bloot, mengtafels hingen met touwtjes aan elkaar. Ik begreep niet hoe hier nog livetelevisie kon worden gemaakt. Voorafgaande aan de talkshow was er eerst een nieuwsbulletin. De nieuwslezeres had geen autocue, zelfs geen papieren, maar ze presenteerde de items vlekkeloos, uit het hoofd, zonder de minste hapering en met een verbluffende présence. Alleen, toen het journaal al enkele minuten bezig was, besefte een technicus dat er geen microfoon op haar tafel stond. De uitzending moest worden onderbroken. Terwijl de crew koortsachtig op zoek ging naar een microfoon die het nog deed, werd televisiekijkend Congo getrakteerd op vele minuten testbeeld. Ik zag de elegante nieuwslezeres zitten, alleen achter haar helverlichte tafel, in de onmetelijkheid van een donkere, aftandse studio.

'Aanvankelijk was dit complex bedoeld voor zesduizend werknemers,' zei Zizi, 'nu werken er nog tweeduizend.' Het centrale gebouw was een fallus van negentien verdiepingen hoog. De receptie in de hal had een switchboard voor honderden externe telefoonlijnen. Het was al jaren stuk, net zoals de liften trouwens. Alles ging nu via de noodtrap, een donker Escher-achtig labyrint dat vreselijk naar urine stonk, want ook de watertoevoer op de hogere verdiepingen was kapot. In vroeger tijden mocht het hoofd van de administratie kantoor houden op de hoogste verdieping van het gebouw, een plek van waaruit hij een majestueus uitzicht had over de hele stad. Vandaag wil niemand nog naar dat arendsnest klauteren. Het huidige hoofd geniet het grote voorrecht om op de eerste verdieping te werken. Hoe hoger je zit, hoe lager je rang. 'Wat een geldverspilling,' zuchtte Zizi, terwijl we naar zijn kantoor op de vijfde verdieping klommen, 'de RTNC, het CCIZ, al die projecten… en dat op een moment dat er elders zoveel armoede was.'[11]

Dat Mobutu zo vlot geld over de balk bleef gooien mag verwonderlijk heten. Sinds in 1975 in buurland Angola een eindeloze dekolonisatieoorlog was losgebarsten, kon Zaïre niet langer gebruikmaken van de Benguela-spoorweg, de lijn waarop mijn vader had gewerkt en die het Katangees mijnbekken met de Atlantische Oceaan verbond. De export van ertsen werd veel omslachtiger en Mobutu liep vele deviezen mis. Het land verkruimelde, maar hij leek er zich nauwelijks van bewust.

Vier, drei, zwei, eins… Een steekvlam lichtte op. Het gebulder nam toe. Langzaam verliet de raket het lanceerplatform. Honderd kilometer hoog zou hij gaan, een nieuwe stap in de Afrikaanse ruimtevaart. Een rijkelijke lunch stond al klaar voor de gasten. Maar nog voor het projectiel de lanceertoren had verlaten, kon een kind al zien dat het misging. De raket hing scheef, beschreef een keurige bocht naar links en landde enkele honderden meters verder in de vallei van de Luvua, waar hij ontplofte. Terwijl een dikke rookwolk uit de savanne opsteeg, draaide Mobutu zich zwijgend om. In de lucht zagen de toeschouwers nog enkele tellen de donkere rookpluim van de curve die de raket had beschreven.[12] Een parabool van roet. Het leek wel een grafiek van Mobutu's bewind: na de steile opgang van de eerste jaren kantelde zijn Zaïre onherroepelijk en dook het finaal de afgrond in.

Er viel in die jaren wel meer uit de lucht. Tussen 1974 en 1980 stortten twee C-130-vrachtvliegtuigen van het Zaïrese leger neer, twee Marchi-jachtvliegtuigen, drie Alouette-helikopters en vier Puma-helikopters.[13] Geen enkele van die crashes was het gevolg van gevechtshandelingen. De reden voor zoveel pech? De militairen werden zo slecht betaald dat ze begonnen waren de reserveonderdelen van hun toestellen te verkopen. Pierre Yambuya, een helikopterpiloot uit het nationale leger, maakte het van nabij mee. Zijn getuigenis gaf een uitzonderlijke kijk op de toestand van de toenmalige strijdkrachten. 'Al wie over een privévliegtuig beschikte, wist dat hij in Kinshasa terecht kon voor de goedkoopste onderdelenmarkt ter wereld. De militairen verkochten er vliegtuigonderdelen twintig keer goedkoper dan de fabrieksprijs.'[14] Mobutu maakte mooie sier met allerhande prestigeprojecten, maar hij verwaarloosde gaandeweg de instelling waaraan hij zijn staatsgreep te danken had: het leger. Piloten van de luchtmacht vulden hun inkomen verder aan door waar ze ook landden een deel van hun kerosine aan de plaatselijke bevolking te slijten, die er de petroleumlampen mee vulde. Het gebruik raakte zozeer ingeburgerd dat kinderen met gele jerrycans naar het vliegveld kwamen gehold zodra er een legertoestel was geland. Pierre Yambuya wist waar hij het over had: 'Een sergeant-majoor verdiende 280 zaïre, een zak rijst kostte in die tijd 1200 zaïre. Een adjudant kreeg 430 zaïre. Voor een schooluniform betaalde je toen echter 850 zaïre, en met de 5 zaïre waarop zijn kinderen recht hadden konden ze zich niet eens een potlood aanschaffen.' Tja, dan wordt corruptie heel begrijpelijk. De militairen protesteerden niet 'naar boven', want dan konden ze hun job of zelfs hun leven verliezen, maar herhaalden op lagere niveaus wat er boven hun hoofden gebeurde. 'Om fatsoenlijk te leven verkocht ik bijvoorbeeld de brandstof van mijn helikopter. Mijn overste stak het geld dat voor mijn opdrachten was bestemd in eigen zak en zei: "Als je ergens aankomt, verkoop je toch je brandstof. Dat is natuurlijk jouw zaak.""[15]

Zaïre werd ziek. De diepere oorzaak was geldgebrek (door de kopercrisis, de oliecrisis, de mislukte zaïrianisatie en het groteske uitgavenbeleid), en de ergste symptomen waren het wegvallen van de staat en de verbreiding van de corruptie. In het leger werd dat het snelst duidelijk. Militairen namen legerauto's uit de kazernes mee en reden ermee rond als taxichauffeur. Uit de kantines verdwenen radio's en platenspelers, uit de garages bulldozers en trucks. Officieren namen zelfs ondergeschikten mee naar huis en stelden hen aan als huispersoneel. In de kazernes was het werkverzuim hoog, tot meer dan 50 procent. De paar soldaten die wel op het appèl verschenen, waren niet bijster gemotiveerd. Discipline was iets uit lang vervlogen tijden. Een intern document, het *Mémorandum de Réflexion*, schuwde de zelfkritiek niet toen het het moreel van de troepen bondig moest samenvatten: 'Iedereen wil bevelen, maar niemand wil gehoorzamen.'[16]

En ondertussen zaten aan de andere kant van de Angolese grens de veteranen van de Katangese secessie, de manschappen van Tshombe. Velen behoorden toe aan de Lunda-stam, een volk waarvan het verspreidingsgebied tot in Angola liep. Vele jaren geleden, nadat ze de Simba-rebellen hadden verslagen, had Mobutu hen van het nationale toneel verdreven, maar nu zonnen ze, samen met hun zonen en nieuwe rekruten, op wraak. Die fameuze Katangese gendarmes hadden een merkwaardig parcours afgelegd. Tijdens de Katangese secessie (1960-1963) streden ze voor een rechts, door Europeanen aangestuurd Katanga, maar in Angola kozen ze vanaf 1975 de zijde van de marxistische MPLA, de Movimento Popular de Libertação de Angola. De reden voor die ideologische ommezwaai was simpel: de MPLA had, net als zij, een hekel aan Mobutu.

Na de Anjerrevolutie in Portugal was in Angola vanaf 1975 een hevige dekolonisatiestrijd begonnen. Net als in Congo ging het om de troon, maar in Angola verliep de strijd vele malen bloediger. Er waren drie fracties. De linkse MPLA van Agostinho Neto stond lijnrecht tegenover het FNLA van Holden Roberto en de UNITA van Jonas Savimbi. De grootmachten gingen er zich mee bemoeien. Angola werd de plek waar de Koude Oorlog zijn heetste fase in Afrika beleefde. De MPLA kreeg massale steun van Rusland en Cuba, de twee andere milities mochten rekenen op Amerika. Die Amerikaanse steun verliep via Zuid-Afrika en Zaïre: Pretoria steunde Savimbi in het zuiden, Kinshasa Holden in het noorden. Omdat Holden ook nog eens de zwager van Mobutu was, sloten de voormalige Katangese gendarmes zich aan bij de MPLA. Hun leider was ene Nathanaël Mbumba, hun nieuwe *nom de guerre* het FLNC (Front pour la Libération Nationale du Congo), hun bijnaam *les Tigres Katangais*.

Tot tweemaal toe vielen de opstandelingen Zaïre binnen. In 1977 en 1978 staken ze de grens over en veroverden ze grote delen van westelijk Shaba (de zogenaamde Eerste en de Tweede Shaba-oorlog). Numeriek en logistiek waren ze veel zwakker dan het regeringsleger, maar de plaatselijke bevolking onthaalde hen op gejuich, niet alleen omdat ze ook Lunda's waren, maar omdat ze Mobutu beu waren. De rebellen wonnen makkelijk terrein en veroverden in 1978 zelfs de belangrijke mijnstad Kolwezi. Voor het eerst in tien jaar had Mobutu af te rekenen met een militaire opstand. Dissidenten die gevlucht waren naar Brussel en Parijs, hoopten op een omverwerping van de dictatuur en zagen in de invasie het 'embryo van een volksleger'.[17] Mbumba zou de droom van Lumumba en Mulele nieuw leven inblazen. Het rijk van de zonnekoning leek even te wankelen.

Mobutu zelf deed er echter alles aan om de rebellie af te schilderen als een buitenlandse, marxistische inmenging. Volgens hem was Mbumba slechts een pion van de MPLA, en dus van Cuba en Rusland. Met zulke redeneringen hoopte hij buitenlandse steun los te peuteren, want zijn eigen leger was geen stuiver meer waard. Het werkte. Shaba I werd na tachtig dagen beëindigd door Marokkaanse troepen, die met vliegtuigen van het Franse leger werden ingevlogen. Shaba II werd al na enkele dagen de kop ingedrukt door Franse legioensoldaten en Belgische paracommando's. Mobutu's bondgenoten kwamen vliegensvlug in actie nadat de rebellen in Kolwezi dertig blanken in een villa hadden afgeslacht. Wat de buitenlandse vrienden niet wisten, was dat de blanken niet waren afgemaakt door de rebellen, maar hoogstwaarschijnlijk door de manschappen van Mobutu zelf. Helikopterpiloot Pierre Yambuya was in Kolwezi en liet er niet de minste twijfel over bestaan:

> Op zondag 14 mei, om 17 uur, geeft Kolonel Bosange [van het regeringsleger] plots het bevel alle Europeanen die opgesloten zijn in de villa te fusilleren. Volgens hem zijn het allemaal huurlingen. Bosange duldt geen tegenspraak en generaal Tshikeva zwijgt in alle talen. Alleen de oude Musangu protesteert. Bosange geeft de chef van de in-

> lichtingendiensten en van de veiligheid, luitenant Mutuale, en drie andere soldaten de opdracht z'n bevel uit te voeren. Mutuale en z'n executiepeloton begeven zich naar de villa waarvan deuren en vensters hermetisch afgesloten zijn. Door de rolluiken heen schieten de soldaten hun automatische wapens leeg. Het snelvuur galmt als het lawaai van een botsing. Vijf minuten later zijn Mutuale en z'n manschappen terug: opdracht volbracht.[18]

Mobutu kende zijn geschiedenis. In 1960 was België binnengevallen omdat er in Elisabethville vijf blanken waren vermoord. In 1964 was Stanleyville ontzet door Belgische paracommando's omdat er honderden blanken waren gegijzeld. Dood enkele Europeanen, wist Mobutu, en je hebt een westers leger aan je zijde, tenminste: als je de schuld op een ander kunt afschuiven.

De twee Shaba-oorlogen waren van korte duur, maar de lessen die je eruit kon trekken waren van groot belang. Eén: Mobutu was werkelijk tot alles in staat om zijn positie te handhaven. Twee: zijn leger was waardeloos. Drie: hij overleefde dankzij buitenlandse steun. Amerika was al vanaf 1960 een trouwe bondgenoot (met de nodige spanningen), maar nu kwam daar ook nog Frankrijk bij. President Giscard d'Estaing voerde een zeer bewuste politiek om de Franse invloedssfeer in Centraal-Afrika te vergroten. Als het grootste Franstalige land ter wereld wekte Zaïre uiteraard zijn belangstelling. Nog in 1960, toen de dekolonisatie in volle gang was, had Frankrijk gepoogd om Congo over te nemen van België, zich daarbij beroepend op het historische *droit de préemption* van 1885![19] Giscard aasde echter veeleer op financieel gewin. De handel met Zaïre werd gevoelig opgedreven. Het was in die context dat de deal ontstond om tv-studio's te bouwen in ruil voor Mirages. De belangrijkste aannemer was een neef van Giscard, terwijl een andere neef van hem tot de grootste financiers behoorde.[20] Nepotisme was uiteraard geen Zaïrese uitvinding.

In Kinshasa en Brussel sprak ik meermalen met kolonel Eugène Yoka, die een van de zeer weinige straaljagerpiloten in het Zaïrese leger was. Hij was de zoon van de laatste levende weduwe van een WO I-veteraan en kwam uit een militair geslacht. Zijn vader had tegen de Duitsers gevochten, zijn grootvader was een van de eerste soldaten van de Force Publique geweest. Hijzelf had er meer dan tweeduizend vlieguren op zitten. In 1961 behoorde hij tot het eerste contingent piloten van Congo; hij had in het Belgische Tienen leren vliegen met een SV4-BIS, een dubbeldekker met schroef. Daarna had hij met Dakota's gevlogen, T6-toestellen, P-148's, noem maar op. Hij was erbij toen de Concorde in 1973 zijn eerste vlucht naar Afrika maakte; Mobutu zou het supersonische toestel nog geregeld charteren, onder meer om met zijn familie naar Disneyland bij Parijs te vliegen.[21] En Yoka trad toe tot de selecte kring van piloten die met de Mirage konden vliegen. Zijn opleiding had hij in Frankrijk gekregen. Ik vroeg hem hoe hij de Shaba-oorlogen had beleefd. 'Ik was erbij,' zei hij, 'zowel bij Shaba I als Shaba II, maar niet als piloot.'[22] Eenzelfde antwoord had ik van Alphonsine Mosolo gekregen, de eerste vrouwelijke parachutiste die in Israël was getraind. 'De oorlogen van '77 en '78, daarin heb ik nooit hoeven springen.' Beiden waren goed opgeleid in het buitenland, beiden moesten komen opdraven bij de jaarlijkse defilés in Kinshasa, maar geen van beiden hadden ze hun kunde hoeven aanwenden toen het erop aankwam. De strijdmachten leken nergens toe te dienen. Alphonsine zei: 'In plaats van te springen moest ik koken voor Mobutu op de Kamanyola. Dat was zijn privéjacht waarmee hij op de rivier voer. Op een avond was er een feestje aan boord. Ik was klaar met koken. Mobutu hield van ambiance, hij was een echt feestnummer. Ik zat op een stoel, maar hij vond dat ik moest dansen. Hij trok zelfs mijn schoenen uit om me aan het dansen te krijgen. Echt waar! De president zelf! Op zijn knieën! Terwijl mijn voeten zo stonken!'[23]

Mobutu kon blijven dansen omdat hij ervan overtuigd was dat de economische recessie waar zijn land mee te kampen had slechts een tijdelijke dip was. Het koper bracht even wat minder op, net nu de olie zo hoog stond. Iedereen kon wel eens tegenslag hebben, argumenteerde hij, zeker wanneer de economie sterk afhankelijk was van een enkele sector zoals de mijnbouw. Ja, zijn land kon niet alle leningen tegelijk afbetalen, dat was waar, maar binnenkort zou de wereldvraag naar ertsen wel weer stijgen. Hij ging te rade bij zijn Franse, Amerikaanse, maar ook nieuwe Arabische bondgenoten met de vraag of ze even konden bijspringen.

Maar Zaïres schuldenlast was meer dan enkel conjunctureel. In 1977 liep het begrotingstekort op tot 32 procent van het totale budget.[24] Jaar na jaar zakte het bnp met enkele procenten.[25] Een jaarlijkse inflatie van 60 procent werd heel gewoon.[26] Tussen 1974 en 1983 verzesvoudigden de prijzen.[27] De bevolking wist dat dit geen voorbijgaand probleempje meer was. Voor een kilo rijst moesten de mensen in 1984 twee volle dagen werken, voor een kilo rundvlees meer dan tien. De eenvoudige Zaïrees die voor zijn gezin een voordelige zak maniok van 40 kilo wilde aanschaffen, moest tachtig dagen zwoegen.[28] Tegen de tijd dat hij die zak kon kopen was de prijs alweer gestegen. Anno 1979 was de koopkracht teruggezakt tot 4 procent van wat men in 1960 had.[29]

Westerse en Japanse banken hadden de jonge Mobutu aanvankelijk makkelijk leningen toegestaan om zijn industrialisatie te realiseren – Zaïre was immers rijk – maar vanaf 1975 begonnen ze te vrezen voor hun geld. Op dat moment bedroeg de schuldenlast van Zaïre 887 miljoen dollar bij achtennegentig banken.[30] De banken verzamelden zich in de zogenaamde Club van Parijs om hun eisen te bundelen. Ze klopten aan bij het Internationaal Monetair Fonds, de financiële waakhond van de wereldeconomie, die in het kielzog van de Tweede Wereldoorlog in het leven was geroepen om een nieuwe depressie zoals in de jaren dertig te vermijden. Het IMF moest door noodkredieten vermijden dat Zaïre helemaal ontspoorde.

Mobutu had echter weinig zin in die pottenkijkers van het IMF. Heel zijn macht was immers gestoeld op het blijvend alimenteren van een uitgebreid gevolg. Liet hij het IMF toe, dan kon hij niet langer uitdelen. Liet hij het niet toe, dan had hij geen geld meer. Het tweede leidde meteen tot de instorting van zijn bewind, het eerste bood nog mogelijkheden. Het kwam erop aan lippendienst te bewijzen aan het IMF, vriendelijk te knikken bij alle voorwaarden die het stelde, om vervolgens achter de schermen ongestoord in de staatskas te blijven graaien.

Mobutu, de man die zo had gehamerd op de 'economische onafhankelijkheid' van zijn land, moest nu aanvaarden dat het IMF, de Club van Parijs en later ook de Wereldbank cruciale spelers werden in de binnenlandse politiek. In 1976 lanceerde het IMF het eerste van vele stabiliteitsplannen voor Zaïre. In ruil voor een eerste schijf van zevenenveertig miljoen dollar moest Mobutu de overheidsuitgaven verminderen, de belastinginkomsten verhogen, de munt devalueren, de productie en de infrastructuur stimuleren en het financieel management verbeteren. Slechts dan zouden de internationale banken bereid zijn om te praten over een eventueel uitstel van betaling.

Er zouden nog veel kapitaalinjecties en overbruggingskredieten volgen, maar in de periode tussen 1977 en 1979 alleen al verduisterde Mobutu volgens de voorzichtigste schattingen meer dan tweehonderd miljoen dollar voor zichzelf en zijn familie.[31] Na de stabiliteitsplannen van de jaren zeventig kwamen de veel ingrijpender structurele aanpassingsprogramma's van de jaren tachtig, maar ook die mochten niet baten. Tegen 1990 was Zaïres totale schuld opgelopen tot een waanzinnig bedrag van meer dan tien miljard dollar. Toen pas ging de geldkraan dicht.

Toch was Mobutu's creatieve boekhouding al eerder opgevallen. Het was een meticuleuze Duitse bankier die de kat de bel aanbond. Erwin Blumenthal, jarenlang topbankier bij de West-Duitse Bundesbank, mocht in 1978 op last van het IMF de puinhoop genaamd 'Nationale Bank van Zaïre' opruimen. Het was de tijd dat het IMF de belangrijkste financiële instellingen van het land onder curatele plaatste. Nauwgezet en wanhopig probeerde Blumenthal de bezem door de centrale bank te halen; keer op keer stootte hij op schaamteloze gevallen van corruptie. 'Er is geen verantwoordelijke van het Fonds of van de Wereldbank die niet weet dat elke poging om een striktere budgettaire controle in te stellen op één belangrijke hindernis stuit: *the Presidency*,' schreef hij. 'Wie roept: Houd de dief! Elke controle op de financiële transacties van het bureau van de president is onmogelijk. In dat bureau wordt geen onderscheid meer gemaakt tussen persoonlijke behoeften en staatsuitgaven. Hoe is het mogelijk dat internationale instellingen en westerse regeringen een blind vertrouwen stellen in president Mobutu?'[32]

De systematische verduistering van overheidsgeld, de ontdekking van een rits geheime rekeningen in Europa, de schaamteloze graaicultuur van Mobutu en zijn kliek vervulden Blumenthal met walging. Na nog geen twee jaar gaf hij er de brui aan. Het vertrouwelijke eindverslag waarmee hij zijn functie neerlegde was onverbiddelijk: 'Er komen ongetwijfeld nieuwe beloften van Mobutu en van zijn regering, en de buitenlandse schuld, die onophoudelijk aangroeit, zal opnieuw uitstel van betaling krijgen, maar er is geen enkele, ik herhaal, geen enkele kans dat de buitenlandse schuldeisers ooit hun geld terugzien.'[33]

Het Blumenthal-rapport was zo bezwarend voor Mobutu en zijn clan dat het vroeg of laat wel moest uitlekken. Zizi Kabongo herinnerde zich die jaren nog steeds: 'Mobutu wilde absoluut niet dat het rapport hier verscheen. In Zaïre wist eerst niemand ervan, maar in Parijs had Nguza Karl I Bond de tekst gepubliceerd. Journalisten die terugkwamen uit het buitenland werden gefouilleerd op de luchthaven.' Nguza was acht maanden eerste minister onder Mobutu geweest. Nadat hij in 1981 uit de gratie was geraakt, trok hij naar Europa, van waaruit hij Mobutu's bewind onophoudelijk bestookte met boeken en schotschriften. Voor hem was de président-fondateur de belichaming van 'de Zaïrese ziekte'.[34]

Blumenthal vertelde wat iedereen vermoedde, maar zijn onthullingen leidden niet tot een radicale omslag. Zaïres staatsschuld bedroeg in 1981 al vijf miljard dollar, maar voor de Fransen was Mobutu economisch en cultureel een veel te belangrijke partner om streng te gaan doen, en voor de Amerikanen was hij veel te waardevol als bondgenoot in een Afrika dat volop bezig was met socialistische en communistische experimenten (in Angola, Congo-Brazzaville, Oeganda, Tanzania en Zambia, om alleen maar buurlanden te vermelden). '*Mobutu is a bastard, but at least he is our bastard*,' redeneerde de CIA. In geheime rapporten heette het dat 'een negatieve IMF-stemming of negatieve VS-houding Mobutu wellicht zou nopen tot het heroverwegen van onze extreem hechte banden. Dit kan een programma in gevaar brengen dat de president [Reagan] van kardinaal belang acht voor de veiligheid van de VS'.[35] Vooral Republikeinse presidenten als Nixon, Reagan en Bush senior onderhielden zeer warme contacten met Kinshasa; ten tijde van Carter bekoelden de betrekkingen tijdelijk.

De logica van de Koude Oorlog legde een zware hypotheek op de herstelplannen van het IMF. Toch was ook het IMF niet vrij van zonden. Historisch gesproken was de instelling niet opgericht om arme landen uit het slop te halen, maar om mondiale financiële crises te vermijden.[36] Ook in de jaren zeventig wisten de fijnbesnaarde medewerkers doorgaans meer af van macro-economie dan van antropologie. Zij lazen liever tabellen in hun kantoren in Washington dan te praten met de mensen om wie het ging. Dat gebrek aan terreinkennis leidde tot zeer ongelukkige resultaten.

Op kerstdag 1979 vond onder voogdij van het IMF een van de merkwaardigste monetaire maatregelen uit de geschiedenis van het land plaats: de muntontwaarding. Om de inflatie te bestrijden, moesten de burgers al hun biljetten van vijf en tien zaïre, de hoogste coupures op dat ogenblik, naar de bank brengen en inruilen voor nieuwe andere. Eind 1976 waren er 59.000 biljetten van vijf zaïre in omloop, eind 1979 waren dat er 363.000, zes keer zoveel. Dat zorgde voor inflatie. Geld is voor de economie wat olie is voor een motor: te weinig is niet goed, maar te veel is ook niet goed.[37]

Naast inflatie was oppotten een probleem. In een uitgestrekt land met een krakkemikkige economie als Congo kon of wilde bijna niemand zijn geld op de bank zetten. Men hield het bij zich in koffers, kussens of kruiken. Didace Kawang, een theaterauteur aan wie ik ooit een masterclass toneelschrijven gaf, vertelde over zijn oom die een succesvol handelaar was in Lubumbashi: 'Hij dreef handel met Zambia. Het geld kwam langs de grote poort binnen. Stapels en stapels had hij ervan. Hij hield het bij in *brikken*, bundels zo dik als een baksteen met een elastiekje eromheen. Hij had een matras van geld. Werkelijk! Daar sliep hij op!'[38]

Voor een nationale economie, zo wisten de bankiers van het IMF, is het erg ongezond wanneer er veel meer geld in omloop is (in de vorm van munten en bankbiljetten) dan er op de banken staat. Ze kenden de grote theorieën: geld dat op de bank staat, wordt gebruikt om nieuwe leningen te verstrekken, geld waarop men slaapt helpt de economie geen millimeter vooruit. Om dat oppotten tegen te gaan, gingen ze over tot een proces van muntontwaarding. Wie op kerstdag 1979 met zijn stapels biljetten naar de bank trok, kreeg er nieuwe voor in de plaats, althans voor de helft van het binnengebrachte bedrag. De andere helft móest op een bankrekening komen. Het was een schrandere manier om een heleboel 'dood' geld weer levend te maken en tegelijk de inflatie aan te pakken. Maar het liep mis. Om te vermijden dat burgers met hun valuta naar het buitenland zouden vluchten, was de actie opzettelijk laat aangekondigd en duurde ze maar één dag. De grenzen gingen dicht en zelfs het luchtruim werd gesloten. Zaïre zou zich snel even monetair verfrissen om daarna weer stralend voor het voetlicht te treden. Maar voor zo'n bliksemactie was het land veel te uitgestrekt.

'Mijn oom werd ook verplicht om bij de bank te sparen,' zei Didace, 'maar er was slechts één dag voor uitgetrokken. Er stond een enorme file. Mensen stonden aan te schuiven met zakken en zakken vol geld. De zon ging onder en mijn oom had zijn geld niet gewisseld. Al zijn stapels waren waardeloos geworden... In één klap was hij straatarm. Hij is in zijn dorp gestorven.' En hij was lang niet de enige. Velen die te ver van een bank woonden of de operatie niet begrepen, verloren al hun spaargeld, terwijl de kringen rond Mobutu op voorhand gebrieft waren en hun schapen allang op het droge hadden.

Er was niet alleen iets mis met de praktische kant van de IMF-maatregelen, het ging ook om de basisfilosofie. De instelling moest na de beurskrach van 1929 helpen om de uitwassen van een ongebreideld marktdenken aan banden te leggen, maar anno 1975 was het IMF zélf geëvolueerd tot een van de grootste herauten van de vrije markt. Bijna alle medewerkers gingen er voetstoots van uit dat het creëren van gunstige marktvoorwaarden voldoende was om een nationale economie aan te zwengelen, ongeacht de plaatselijke cultuur, de staat van de economie of de structuur van de staat. Ook hier was enige macro-economische verblinding in het spel. Zolang de overheid zich maar terugtrok, zou de onzichtbare hand zijn werk wel doen, herhaalde men als een mantra. Er was geen oog voor het tempo en de volgorde van de noodzakelijke veranderingen.[39] Het hele pakket werd in één keer opgelegd in de vorm van programma's voor 'structurele aanpassing'. Voor deze liberaliseringsfundamentalisten was elke vorm van armoede die hun nadien gerapporteerd werd (want op het terrein zelf kwamen ze zelden) te wijten aan de gebrekkige implementatie van hun onfeilbare, ja, heilige recepten.

In Zaïre werd de munt tot zes keer toe gedevalueerd: in 1975 was hij nog steeds twee dollar waard, in 1983 nog maar 0,03 dollar.[40] Dat moest de internationale handel stimuleren. In het kader van de 'structurele aanpassing' eiste het IMF een drastische inkrimping van de overheidsuitgaven en verregaande privatiseringen. De overheids- en semioverheidsbedrijven moesten afgeslankt worden en autonomer functioneren. De infrastructuur en de productie moesten beter.

In de vroege jaren tachtig leken hun recepten te werken. De inflatie werd inderdaad getemperd en de economie raakte kennelijk gesaneerd. De tabellen oogden goed. De schuldeisers van de Club van Parijs haalden opgelucht adem en hoopten dat ze misschien toch hun leningen terugbetaald zouden krijgen. Tot negen keer toe stemden ze in met een schuldenherschikking. Maar ter plaatse pakte het heel anders uit. Zoals zo vaak bij interventies van het IMF was het succes van korte duur. De inflatie keerde na verloop van tijd terug, de armoede steeg. Het bruto nationaal product per capita zakte dramatisch van zeshonderd dollar in 1980 naar tweehonderd in 1985.[41] Mensen aten minder, kindersterfte was hoog. Uien werden per kwart verkocht.[42]

De overheid inkrimpen? Het aantal ambtenaren werd teruggeschroefd van 444.000 naar 289.000; het aantal leerkrachten van 285.000 naar 126.000.[43] Ja, zo kreeg je de inflatie onder controle, maar duizenden gezinnen kwamen zonder inkomen te zitten. De ambtenarij en het onderwijs waren de laatste grote werkgevers van het land.

De uitgaven in toom houden? Staatssteun voor onderwijs en gezondheidszorg liep terug, waardoor mensen die geen geld hadden plotseling zelf moesten opdraaien voor de scholing van hun kinderen en voor hun doktersbezoeken. In de tabellen zag je het niet, maar het waren de allerarmsten die de zwaarste prijs betaalden voor het goedbedoelde IMF-optreden, terwijl Mobutu zich juist in het zadel kon houden door die steun.[44]

Maatregelen treffen om de buitenlandse handel aan te zwengelen? Zolang Mobutu de beschikbare kredieten niet gebruikte om de infrastructuur te herstellen, betekende het dat Zaïre nóg afhankelijker werd van import. Zaïre had bijvoorbeeld alles om opnieuw een belangrijke koffieproducent te worden, maar in de steden dronk men uitsluitend ingevoerde oploskoffie. Niet verbazingwekkend: van de 140.000 kilometer berijdbare weg in 1960 was er nu minder dan 20.000 over.[45] Het IMF wilde de staat saneren, maar ontmantelde hem. Zaïre werd hooguit nog een afzetgebied en zou dat decennialang blijven.

In de oude haven van Boma zat ik ergens in 2008 eens een middag lang naar de Congo-rivier te kijken. Zwaluwen zigzagden over het water. Vissers in prauwen peddelden om hun netten te inspecteren. Het had 1890 kunnen zijn, tot er een immens cargoschip voorbijvoer. Het was afkomstig van Matadi en op weg naar de oceaan. Het schip lag erg hoog op het water. Bij de schroef kon ik zelfs de kiel zien. Het was leeg, helemaal leeg. Op enkel lege containers na vervoerde het niets. Ik moest denken aan Edmund Morel die een eeuw eerder in de haven van Antwerpen had gezien hoe de schepen zwaarbeladen met rubber en ivoor uit Congo aankwamen en hoe ze leeg weer vertrokken. Nu was het precies omgekeerd. Schepen die Congo verlieten waren leeg. Voor Morel was het verschil tussen schepen die hoog en diep in het water lagen een bewijs dat er in de Vrijstaat geen sprake was van handel maar van plundering. Het verschil in diepgang dat ik zag, suggereerde dat de vrijhandel, zoals decennialang brutaal afgedwongen door de profeten van de internationale economische instellingen, ook een vorm van plundering kon zijn.

In de jaren tachtig werd Mobutu een vermoeide en sombere man die weinig plezier leek te scheppen in zijn taak. Na de dood van zijn moeder en van zijn eerste vrouw was er niemand in zijn directe omgeving die hem nog kon intomen. Zijn nieuwe vrouw Bobi Ladawa en haar tweelingzus, tevens Mobutu's minnares, hadden nooit dezelfde impact als mama Yemo en *mama présidente* Marie-Antoinette, zijn eerste echtgenote. Mobutu was zeer gehecht aan zijn oude, kranige moeder. Haar overlijden drukte zwaar op hem. Zijn echtgenote Marie-Antoinette was bovendien een sterke persoonlijkheid die altijd koppig had geweigerd om haar christelijke doopnaam op te geven. Lange tijd had zij een matigend effect op de zotternijen van haar man. En nu had Mobutu zijn kabinetschef Bisengimana de laan uit gestuurd en was zijn Amerikaanse huisarts William Close ervandoor gegaan.

Mobutu werd een eenzame man, die met de dag melancholieker werd. Hij leek ten prooi aan de hunker naar excessen die eenieder kenmerkt wie het leven geen verrassingen meer te bieden heeft. In Europa kocht hij het ene chique vastgoed na het andere. Hij bezat een dozijn kastelen, stallingen en residenties in de gegoede buurten van Brussel, Ukkel en Sint-Genesius-Rode. Hij had een luxe-appartement van achthonderd vierkante meter op de Avenue Foch in Parijs, het kasteel van Savigny nabij Lausanne, een paleis in Venetië, een somptueuze villa aan de Franse Rivièra, een domein met rijpaarden in de Algarve, naast een reeks hotels in West-Afrika en Zuid-Afrika en zijn luxejacht op de Congo-rivier.[46] Maar het meest verbijsterende van al zijn huizen was ongetwijfeld Gbadolite. In zijn geboortestreek, dicht bij de grens met de Centraal-Afrikaanse Republiek, liet hij midden in het oerwoud een stad bouwen, voorzien van banken, een postkantoor, een goed uitgerust ziekenhuis, een hypermodern hotel en een landingsbaan waarop de Concorde kon landen. (Zizi: 'Ja, als journalist ben ik nog vanuit Gbadolite met de Concorde naar Japan gevlogen.') Er kwamen een kathedraal, waarvan de crypte als familiegraf moest dienen, een Chinees dorp met pagoden en geïmporteerde Chinezen. Pronkstuk van dat alles was Mobutu's weelderige paleis, een optrekje van 15.000 vierkante meter. De mahoniehouten deuren waren zeven meter hoog en met malachiet ingelegd. De muren waren bekleed met cararamarmer en zijden stoffen. Kristallen luchters, Venetiaanse spiegels, empiremeubels, geen luxe was te veel. Er waren jacuzzi's, massagekamers, een zwembad en een kapsalon. Mevrouw Mobutu had er een garderobe van vijftig meter lang waarin haar uitgebreide Franse haute couture, een duizendtal creaties, hing. Onder het gebouw lagen duizenden Franse topwijnen te verstoffen (als ze al niet verzuurden in het tropische klimaat), er was een discotheek voor de kinderen en een atoomschuilkelder voor het gezin.[47] De fonteinen van het domein dartelden onophoudelijk en waren 's avonds verlicht – in een regio die nauwelijks elektriciteit had. Mobutu gaf er staatsbanketten voor duizenden gasten, waarbij de roze champagne, zijn lievelingsdrank, rijkelijk vloeide en de speenvarkens lagen te grijnzen met een sinaasappel in hun mond.

'Hij liet de grootste chef-koks uit Frankrijk en België overkomen,' vertelde Kibambi Shintwa, een man die nog steeds vasthield aan zijn 'authentieke' naam. Hij was vanaf 1982 reporter in dienst van de *présidence* en maakte Mobutu van nabij mee. 'Na jaren van keihard werken deed hij het wat rustiger aan. Hij genoot van lekker eten en goede restaurants. Maar hij schepte er ook een bijzonder genoegen in om te kunnen geven. Hij was bijzonder gul.' Toch was die gulheid functioneel. 'De hele tijd voelde hij de behoefte om anderen eraan te herinneren dat hij de chef was. Hij wilde zijn macht tonen.'[48]

Mobutu's corruptie was zo schrikbarend dat een vergeten woord uit het Engels plots gangbaar werd: *kleptocracy*. De onvergetelijke Jamais Kolonga was er zelf getuige van. Na zijn kortstondig avontuur als zagerij-exploitant ging hij aan de slag bij Miba, het nationale diamantbedrijf in Kasai. 'O, maar ik ben vaak in Gbadolite geweest. Met de grote Mibabaas Jonas Mukamba ben ik dikwijls mee naar de president gegaan. Elke keer moest ik een aktetas dragen en bij de begroeting aan de president afgeven. Alstublieft! Een aktetas vol diamanten was dat.'[49] Maar kleptocratie was slechts het halve verhaal. Het was ook een 'cadeaucratie': Mobutu stal om uit te delen en zo zijn populariteit veilig te stellen. Niemand keerde met lege handen uit Gbadolite terug, zo ging het gezegde. Een paar honderd dollar, een koffertje vol geld, een sigarenkistje vol diamant, Mobutu had voor zijn bezoekers altijd wel een geschenk klaarstaan.

Dat er aan Mobutu's ijdelheid geen grens was, was al duidelijk geworden met het 'mobutisme' en de daarbij behorende personencultus. Van de negenenzeventig bankbiljetten die tijdens zijn bewind werden uitgegeven, droegen er eenenzeventig zijn portret.[50] Maar in de jaren tachtig kreeg zijn narcisme ronduit pathologische trekken. Niemand was daar meer getuige van dan de Vlaamse kleermaker Alfons Mertens. Ik ontmoette hem in een villawijk in de provincie Antwerpen. Als goedmoedige huisvader was hij niet het soort man dat dacht dat hij de wereldgeschiedenis van nabij zou meemaken, maar hij werkte bij Arzoni in Zellik (bij Brussel), het bedrijf dat de chicste abacosten ter wereld maakte en in Zaïre een merknaam werd, zoals Dior of Versace. Mertens was zo'n goede kleermaker dat hij in 1978 de privécouturier van Mobutu werd. 'Tussen 1978 en 1990 ben ik meer dan honderd keer naar Kinshasa geweest. Ik logeerde altijd in het Intercontinental. Mobutu liet me komen om de maten op te nemen voor de piloten en de stewardessen van Air Zaïre, of voor de generaals van zijn leger. Toen zijn zoon de rang van onderluitenant kreeg, moest ik voor heel zijn jaar een uitgaansuniform en een galakostuum ontwerpen, zevenentwintig stuks. Ook Mobutu zelf heb ik vaak gekleed, tot en met zijn burgerkleren. Zijn vrouw of zijn minnares koos dan de stof, mijn baas tekende het patroon, ik nam de maten. Ze kozen altijd zeer kostelijke stoffen, zoals natuurzijde, wilde zijde. Mobutu's maten veranderden niet veel. Hij was groot, bijna één meter tachtig, hij had nooit meer dan maat 54. Hij was *een schone man.* Het duurde een paar keer tot gij zijn vertrouwen hadt, maar daarna was dat *een gentille mens.*'

In 1983 ontving Alfons Mertens de meest pompeuze opdracht uit zijn loopbaan. 'Ik moest voor al zijn generaals nieuwe uniformen maken en voor Mobutu zelf vier gala-uniformen, twee zwarte en twee witte. Zijn generaals hadden voorgesteld om hem tot maarschalk uit te roepen en ik ging aan de slag.' Mobutu, opperbevelhebber van het leger, die tijdens de opstand in Shaba een mal figuur had geslagen, zou nu de historisch zeldzame rang van maarschalk verwerven! Het idee kwam natuurlijk van hemzelf.

Mertens toonde foto's van de plechtigheid en gaf uitleg bij zijn creatie. 'Kijk, die kraag, die ceintuur en die manchetten, die waren bezet met echte gouddraad. Ook die stormketting hier. Dat werd allemaal met de hand gemaakt. Op zijn mouwen had hij twee keer zeven sterren staan. Die waren massief goud, afkomstig uit Frankrijk.'[51] Op zijn kepie stond een kokarde met het wapenschild: *Paix Justice Travail*, terwijl er in zijn land noch vrede, noch gerechtigheid, noch werk was. De foto's van de ceremonie van zijn inhuldiging als maarschalk suggereren een ongeziene protserigheid. Mobutu droeg witte handschoenen en hield een scepter vast. Hij liet zich rondrijden in een open Mercedes en wuifde naar het volk. Hij schouwde de troepen, de magistraten en de topambtenaren en speechte vanaf een baldakijn. Elke maarschalk heeft een wapenspreuk nodig, vertelde hij bij die gelegenheid de natie. De zijne zou zijn: *Toujours servir.* Altijd dienen. Het was niet eens meer lachwekkend. Het was het trieste dieptepunt van losgeslagen waanzin.

Maar kwam er dan niemand in verzet? In december 1980 had een groep van dertien parlementariërs de euvele moed om een open brief van tweeënvijftig bladzijden aan de president te sturen met de vraag om politieke verandering. Hun aanvoerder was Etienne Tshisekedi, een voormalige medewerker van Mobutu die nog de grondwet van 1967 had geschreven en de nodige ministers- en ambassadeursposten had vervuld. Zoals iedereen wiens naam met 'Tshi' begint, was hij een Muluba uit Kasai. Zijn koppigheid was legendarisch.

> Al vijftien jaar lang gehoorzamen wij u. Wat hebben we al die tijd niet gedaan om u ter wille te zijn? Zingen, dansen, animeren... we hebben alle vormen van vernedering meegemaakt, alle soorten van belediging die zelfs de kolonisatie ons niet heeft doen ondergaan. En dat alles opdat u niets tekort zou komen in uw strijd voor de verwezenlijking, al was het maar voor de helft, van het maatschappijmodel dat u ons voorhield. Bent u daarin geslaagd? Helaas niet.
>
> Na vijftien jaar bewind, dat u heeft uitgeoefend zonder machtsdeling, hebben we te maken met twee absoluut verdeelde kampen. Enerzijds enkele schandalig rijke geprivilegieerden. Anderzijds de volksmassa die in een donkere misère verkeert en enkel nog op de internationale liefdadigheid rekent om min of meer te overleven. En als die liefdadigheid Zaïre bereikt, spreken diezelfde rijken af om ze te verduisteren ten nadele van de behoeftige massa's! (...)
>
> *Citoyen Président-Fondateur*, deze nuchtere analyse toont aan dat onze samenleving kampt met een ernstig probleem. U heeft vaak gezegd dat een echte chef iemand is die zijn fouten erkent. U heeft het vaak gedaan. Maar het drama is dat u er niet altijd de gevolgen uit trekt. En het ergste is dat u één stap vooruit zet en drie achteruit.[52]

Zulke franke taal had Mobutu in geen tijden meer gehoord. De groep van dertien werd opgepakt en naar het binnenland verbannen, maar in 1982 stichtten enkele leden ervan de UDPS (de Union pour la Démocratie et le Progrès Social), een illegale oppositiepartij die de eenpartijstaat van de MPR wilde uitdagen. Ze zou uitgroeien tot een nagel aan Mobutu's doodskist.

Ik sprak erover met Raymond Mukoka, een betrokkene van het eerste uur. Hij schreef mee aan de brief van de parlementariërs. 'De ondertekenaars werden veroordeeld tot vijftien jaar ballingschap. Mijn naam stond er niet bij, maar als co-auteur vloog ik eerst naar het Ituri-gebied en daarna naar Kasai. Ik moest zelf het eten en het salaris van mijn bewakers betalen! Wij kregen de steun van Amnesty International en de katholieke kerk, die via hun *phonie* berichten konden doorgeven aan mijn familie. *Jeune Afrique* schreef over ons. In 1985 was ik even terug in de hoofdstad. De UDPS heeft zich gevormd in ballingschap, net zoals de kimbangisten. Sommigen droomden van een paramilitaire vleugel, maar wij zijn altijd geweldloos gebleven. Tshisekedi zei: Onze pen en onze mond, dat zijn onze wapens. In 1987 nodigde Mobutu ons uit naar Gbadolite. Hij zei: Word lid van de MPR. Wij zeiden: Nee! Waarop hij zei: Kom dan naar de instellingen van de MPR. Hij stelde het centraal comité voor ons open, bood ministersposten aan of directiefuncties bij de overheidsbedrijven. Velen zijn daarop ingegaan, maar ik wilde niet, en Tshisekedi ook niet.'[53]

Mobutu hield zijn critici koest met geschenken, en een van zijn geliefde cadeaus was een ministerspost. Een politieke loopbaan was erg lucratief, bijna niemand sloeg zoiets af. Tussen 1965 en 1990 traden maar liefst eenenvijftig regeringen aan, telkens met zo'n veertig ministers in dienst.[54] Reguliere kabinetsherschikkingen, grosso modo eentje per halfjaar, verhinderden dat iemand reële macht kon verwerven en boden een volgende groep de gelegenheid om even een half jaartje uit de ruif van de staat te eten.

Mobutu was een politieke intrigant zonder weerga. 'Hij hield niet van groepsvergaderingen,' zei Zizi, 'hij koos altijd voor tête-à-têtes, privé-overleg waarbij hij bewindslieden tegen elkaar opzette. Hij kon vreselijk de haat aanwakkeren tussen mensen.' Mobutu had een heel arsenaal aan technieken om mensen aan zich te binden. Hij was charmant, sympathiek en amusant, maar ook brutaal, listig en vilein. Bewust hanteerde hij jojo-gedrag. Hij kon de ene dag hartelijk en joviaal zijn, om je de volgende dag ijskoud te bejegenen. Kibambi Shintwa vertelde me daarover: 'Mobutu was meervoudig, ongrijpbaar, niet in te schatten. Hij was grillig. Hij veranderde elke dag. Hij wilde vooral laten zien dat er niet te spotten viel met zijn macht. Hij was jaloers, zoals een beest met een prooi.'

Figuren die zijn bescherming genoten, konden soms en plein public gekleineerd worden. Anderen die het voorgoed verkorven hadden, zoals oud-premier Nguza Karl I Bond, konden plots vergiffenis krijgen en mochten terugkeren naar Kinshasa – Nguza deed het, waardoor hij alle geloofwaardigheid verloor. Een tijd lang was hij nochtans de hoop van de clandestiene oppositie geweest. Zo werd elke criticus voor het karretje van de MPR gespannen en triomfeerde Mobutu als milde, wijze dorpschef.

Een ander voorrecht van de traditionele chef waar Mobutu gretig gebruik van maakte was zijn *droit de cuissage*, zijn jus primae noctis. Zizi vertelde daarover: 'Als hij op rondreis was door het land, boden de plaatselijke chefs hem altijd een maagd aan. Het was een grote eer voor de familie als het meisje ontmaagd werd door de hoogste chef. Dat gebruik bestond vroeger ook al, maar Mobutu ging verder. Hij schroomde niet vrouwen in te zetten bij zijn machtsspelletjes. Hij gebruikte vrouwen uit zijn provincie *pour faire avancer les dossiers*. Hij sliep met de vrouwen van zijn ministers om geheimen te ontfutselen en de ministers te vernederen. Als ministers naar Gbadolite moesten, namen ze nooit hun eigen vrouw mee, maar een nichtje. Dat vonden ze minder erg... Mokonda was een jurist en naaste medewerker. Hij had een zeer mooie vrouw. Op een dag zat Mokonda met Mobutu te vergaderen in Gbadolite. Wat hij niet wist, was dat in de kamer ernaast zijn eigen vrouw lag te slapen. De president had haar laten overkomen met een privéjet. Mobutu, zo zeiden we, is multipolygaam. Hij heeft zeer veel huwelijken kapotgemaakt.'

Politieke en seksuele intriges waren slechts het topje van de ijsberg. Hoe meer Mobutu zich terugtrok op zijn jacht of in zijn paleis, hoe meer hij wilde weten wat er in het land gebeurde. De inlichtingendiensten werden in de jaren tachtig net zo belangrijk als de propagandadiensten in de jaren zeventig. Hij beschikte over een half dozijn diensten die langs elkaar heen werkten, want ook hier was het devies: verdeel en heers. Spionnen waren er bij de vleet. Mannen wantrouwden hun vrouw, moeders hun zonen, zussen hun broers. Overal had Mobutu verklikkers zitten, zelfs tot in België. Paranoia werd een basisgevoel. Ministers die bij de president te eten waren gevraagd, wendden strenge diëten voor of ernstige maagklachten, bang als ze waren om vergiftigd te worden. Anderen namen hun eigen broodjes mee.[55] Het verhaal ging dat er in Kinshasa een kanaal liep van het presidentieel paleis op Mont Ngaliema naar de rivier; opposanten werden via dat kanaal aan de krokodillen gevoerd. Zelfs Belgische diplomaten onderling spraken de naam Mobutu niet meer uit. Tijdens vergaderingen hadden ze het over 'Jefke Van den Bergh': Jef sloeg op Joseph, Van den Bergh op Mont Ngaliema.

Er kwam een echt schrikbewind. Er heerste willekeur en er viel niets tegen te beginnen. Tijdens een van mijn eerste verblijven in Congo, in 2005, kwam ik in contact met mevrouw A., een oudere dame en voormalige nieuwslezeres. Tijdens een diner vertelde ze haar onwaarschijnlijke levensverhaal. 'Mijn man was hoofdredacteur van het journaal. Wij hadden samen vijf kinderen. Het was een mooie man. De schoonzus van Mobutu zag hem op het scherm en wilde hem, getrouwd of niet. Op een avond, tijdens onze maaltijd, stonden er plots gewapende militairen voor de deur. Mijn man moest mee. Ik kreeg te horen: Je zwijgt, of jij en je kinderen eindigen in de *fleuve* ter hoogte van Kinsuka. Op mijn werk zeiden ze tegen me: Doe niets, het is niet eender wie hem heeft meegenomen. Ik heb hem nooit meer teruggezien. Mobutu gaf hem ambassadeursposten in Togo, Argentinië, Oostenrijk en Iran. Hij is gestorven in 1995, toen hij ambassadeur was in Zuid-Afrika. Veel mensen in Kinshasa kennen dit verhaal, maar weinigen weten dat het over mij gaat.'[56]

Mobutu's veiligheidsdiensten waren zo genadeloos dat mevrouw A. nu nog steeds op haar anonimiteit staat. Vooral de DSP, de Division Spéciale Présidentielle, kreeg een sinistere reputatie. Het ging om een divisie van enkele duizenden speciaal opgeleide en goed betaalde militairen die uit de geboortestreek van Mobutu kwamen. De grote eenmaker van het land was zo neurotisch geworden dat hij zijn Pretoriaanse wacht nu toch eerder toevertrouwde aan mannen van zijn eigen stam! Het was een leger naast het leger. Ze waren loyaal en onverbiddelijk. De harde kern bestond uit *les hiboux*, de uilen, omdat ze 's nachts kwamen en in stilte iemand meenamen. Opposanten of vermeende opposanten werden opgepakt en zonder enige vorm van proces vastgehouden in smerige gevangenissen zonder eten. Zoals overal ter wereld was ook in Zaïre de menselijke geest bijzonder creatief in het bedenken van martelingen. Er was 'de vis', een methode waarbij de handen op de rug werden vastgebonden en de gevangene met het hoofd naar beneden werd opgehangen, alvorens hem onder te dompelen in een teil. Er was 'de boeing', waarbij men het lichaam optakelde, met stokken bewerkte en in 'luchtzakken' liet vallen. Er was 'de typiste', waarbij blokjes hout tussen de vingers werden geschoven en vervolgens aangespannen om de vingers te pletten. Er was 'de notenkraker', waarbij men de voeten vastzette in natte houten blokken en daarmee de gevangene in de zon liet zitten; het hout droogde op en verbrijzelde de voetbeentjes.[57] Er werden elektroshocks op genitaliën gegeven en sigaretten op lippen gedoofd. Amnesty International tekende protest aan en probeerde de omvang van de mensenrechtenschendingen in te schatten, maar het precieze aantal is nooit achterhaald.[58] Net zoals in de koloniale tijd werden mensen naar het binnenland verbannen. Anderen verdwenen spoorloos.

Pierre Yambuya, de helikopterpiloot die zijn kerosine verkocht, voerde meermalen geheime opdrachten uit. Met zijn toestel moest hij boven de Congo-rivier of een meer vliegen, terwijl commando's in de laadruimte een tiental zakken naar beneden gooiden, zakken met lijken, zag hij. 'Van maart tot oktober 1983 heb ik vier van zulke missies uitgevoerd, waarbij telkens een vracht werd gedumpt in de buurt van de stroomversnelling van Kinsuka. Maar bij mijn weten werd er wekelijks minstens één zo'n vlucht uitgevoerd.' Soms nam men niet eens de moeite om de opposanten te vermoorden. Op een dag moest Yambuya met zijn Alouette landen op de Kamanyola, het presidentiële jacht. Een hooggeplaatste lijfwacht van Mobutu, Yambani, stapte in met twee geboeide mannen en twee commando's. Mobutu stond erbij. 'Wij stijgen opnieuw op en Yambani wijst me de richting aan. Op een bepaald ogenblik vraagt hij me tot op duizend meter hoogte te stijgen. Hij kijkt rond of er in een brede straal geen teken van leven te bespeuren is – tenzij jagers in het woud – en beveelt de twee commando's zich stevig met hun riemen vast te hechten. De commando's volgen zijn bevel op en openen daarop de rechterachterdeur. Ze duwen de eerste gevangene naar buiten, zonder dat die ook maar even de tijd heeft te protesteren. De tweede gevangene begint te huilen en om genade te smeken, maar hij wordt op zijn beurt naar buiten geduwd, in een vrije val boven het oerwoud.'[59]

In Kinshasa gaf het repressieve klimaat aanleiding tot een roddelcircuit waarin waarheid en verdichting in elkaar overvloeiden. *Radio-trottoir* werd die geruchtenmolen genoemd, want de officiële media spuiden alleen nog staatspropaganda. De straat werd de plek voor achterdocht en sarcasme. Bij de kruispunten waar de taxibusjes zich verzamelden, waren clandestiene stripverhalen en volkse schilderijtjes te koop. Kinshasa kreeg een levende beeldcultuur. Op gestencilde blaadjes of rudimentair canvas werden sociale, politieke en morele onderwerpen aangesneden zonder dat er openlijk opinies pro of contra werden uitgesproken. Tekenaars en schilders verbeeldden met virtuoze ironie het leven in de grote stad onder de dictatuur. De onderwerpen waren vaak ambivalent: men verlustigde zich in het portretteren van de zonde en schimpte op alles wat heilig was. Het leek wel Jeroen Bosch of Pieter Bruegel.

Jongeren die een hekel hadden aan het mobutisme, ontwikkelden een heel aparte vorm van maatschappelijk commentaar. Zij morden niet met woorden of beelden, maar met kleren. Het pak van de évolué was verboden, de obligate abacost vonden ze ouderwets. Daarom hulden ze zich in gloednieuwe, uiterst opzichtige outfits. Ze spaarden hun geld en importeerden peperdure merkkleding uit de boetieks aan de Louisalaan in Brussel en de Place Vendôme in Parijs, althans dat beweerden ze. Hun beweging doopten ze *la Sape* (Société des Ambianceurs et Personnes d'Elégance, de Vereniging van Sfeermakers en Stijlvollen). De muzikant Papa Wemba, een volksjongen die het tot wereldster had gebracht, was hun paus, *le Pape de la Sape*. Het was een uiterst merkwaardige beweging. Op het eerste zicht leek het belachelijk om in crisistijd als man in Kinshasa rond te lopen met een protserige zonnebril, een hemd van Jean-Paul Gaultier en een bontjas van nerts, maar het materialisme van de *sapeurs* was sociale kritiek, zoals de punk dat in Europa was. Het verbeeldde een grondige afkeer van de ellende en de repressie die ze kenden en stond toe te dromen van een Zaïre zonder zorgen. Materialisme is een van de bekendste symptomen van armoede. La Sape ging over succes, over zichtbaarheid, over opvallen en scoren. Discotheken betrad je met een combinatie van *chic, choc et chèque*. De ware sapeur was übercool: hij bewoog en sprak met volmaakte beheersing, hij trakteerde zijn vrienden op bier en versierde grietjes met een vingerknip. Hij was een dandy, een playboy, een snob. Luxe betekende aanzien. De sapeur werd niet geminacht maar bewonderd. Voor vele straatarme jongeren hield zijn extravaganza de hoop levend.

Zizi was er te oud voor. 'Mobutu gaf een groot feest. Franco en Tabu Ley kwamen spelen. De genodigden waren in abacost met het MPR-logo op de kraag. Maar Mobutu's eigen zonen waren hevige fans van Papa Wemba. Ze droegen brede pantalons en hemden met opzichtige kragen. Dat waren twee gescheiden werelden! La Sape was echt de muziek van de jongeren. Ze beschouwden zichzelf als een nieuwe generatie en zetten zich af tegen hun ouders. Papa Wemba weigerde over politiek te praten. Zijn muziek was niet gemaakt om aandachtig naar te luisteren, maar om onmiddellijk op te dansen. Het was muziek als anesthesie.'

Een hele generatie groeide op in een wereld vol armoede en ellende. Muziek bood een uitlaatklep, maar ook studies bleven immens populair. Al waren de auditoria van de universiteiten verrot, al kwamen de professoren zelden opdagen, al waren er geen syllabi en verkruimelden de stencils, week na week zaten de collegezalen bomvol jonge mensen die hoopten dat een universitair diploma hen uit het moeras zou sleuren. De honger naar kennis en kwalificaties was enorm en is sindsdien nooit afgenomen. Maar het niveau van het onderwijs was laag en corruptie kwam voor in alle geledingen. Voor vele slecht betaalde professoren was alles onderhandelbaar. Heel wat studentes leverden seksuele diensten in ruil voor een goed cijfer. 'Voor tal van meisjes is het lichaam niet langer een bron van schoonheid, maar moet het ook een bron van rentabiliteit worden,' schreef een bezorgde professor in de moraalfilosofie. Het fenomeen strekte zich zelfs uit tot de middelbare scholen. Schoolhoofden, partijkaders en magistraten gingen er prat op *une série 7* te hebben, een tienermeisje dat in de jaren zeventig geboren was.[60] 'Veel meisjesscholen zijn omgevormd tot seksuele visvijvers voor de leidinggevenden van de politiek-bestuurlijke klasse. Ze verlaten hun burelen vóór het reglementaire uur en mengen zich in de rijen auto's die de leerlingen aan de schoolpoort opwachten. De avonden beginnen over het algemeen in een restaurant in de volksbuurt met een gegrilde kip of vis en veel pilipili en eindigen in de vroege uurtjes in een of ander hotelletje, gewikkeld in het duister van de tropische nachten.'[61]

Om de crisis het hoofd te bieden ontstond er een heel nieuwe, parallelle economie waarbij de microhandel centraal stond. Vrouwen bakten 's ochtends in alle vroegte één kip en gingen ermee naar de markt. Welgestelde dames die via via een paar chique pumps uit het buitenland hadden bemachtigd, verkochten ze in hun buurt. Verplegers die overdag in een ziekenhuis werkten, namen een strip medicijnen mee naar huis en verkochten die door. Piloten sleten enkele jerrycans kerosine. Ambtenaren onderhandelden over elke stempel. Agenten waren blij met elke verkeersovertreding. Altijd viel er wel iets te 'regelen'. Voor wat hoort wat. *Madesu ya bana*, spraken ze, bonen voor de kinderen, *matabiche*, *baksjisj*: het esperanto van de desperado's.

In respons op een staat die zich aan zijn burgers onttrekt, onttrokken burgers zich aan de staat. '*Article 15*' noemde men het, naar een fictief artikel in de Zaïrese grondwet dat luidde: '*Débrouillez-vous!*' Trek uw plan! Heel vaak ging het om illegale activiteiten (smokkel, diefstal, fraude), maar wat is illegaal als het land zelf crimineel is? Corruptie van het volk was de beste manier om corruptie van de top tegen te gaan, want keurig betaalde belastingen zouden hogerop toch maar verdampen. Had Mobutu Sese Seko het zelf niet oogluikend toegestaan? Tijdens een grote meeting in het voetbalstadion van Kinshasa had hij gezegd: 'Als je moet stelen, steel dan een beetje en laat een beetje over voor de natie.'[62]

Dat had hij niet moeten zeggen. Van de koffieteelt werd in die jaren 30 tot 60 procent het land uit gesmokkeld, tussen 1975 en 1979 goed voor 350 miljoen dollar. 70 procent van de diamanten, 90 procent van het ivoor, tonnen kobalt en hectoliters benzine passeerden ongezien de grenzen.[63] Het land was zo lek als een zeef en de staat liep vele honderden miljoenen mis. Beetje bij beetje ging het, precies zoals de president had gevraagd, tot er niets meer overschoot. 'De kakkerlak krijgt een heel maniokbrood op, enkel met zijn tandjes,' zeiden de mensen.[64] Het was de enige manier om te overleven. Dankzij de informele economie konden mensen leraren en verplegers betalen. Het land draaide op vierkante wielen, maar het draaide.

Duurzaam was die plundereconomie uiteraard niet. Congo werd gekannibaliseerd. Niemand bekreunde zich nog om de staat. De post functioneerde niet meer, water en elektriciteit werden schaars, er was minder dan één telefoonlijn per duizend inwoners.[65] Het land werd *cadavéré*, zoals het heette in een liedje van Zao. De boten op de rivier werden traag drijvende dorpen die ooit wel een keer hun bestemming bereikten. Air Zaïre, de nationale luchtvaartmaatschappij en trots van weleer, kreeg de bijnaam 'Air Peut-Etre', met als slagzin het onvertaalbare '*la seule chose au Zaïre qui ne vole jamais*'. Humor was de beste remedie.

'Mobutu reisde eens met Reagan en Mitterrand per Concorde rond de wereld,' begon de beste grap uit het Mobutu-tijdperk. 'Reagan stak zijn hand door het raampje en zei: "Ik denk dat we boven Amerika vliegen." "Hoe weet je dat?" zeiden de twee andere staatshoofden. "Ik heb net het Vrijheidsbeeld gevoeld," zei Reagan. Daarop stak Mitterrand zijn hand naar buiten. "Ik geloof dat we nu boven Frankrijk vliegen," zei hij meteen. "Hoe weet je dat?" vroegen Reagan en Mobutu. "Ik heb net de Eiffeltoren gevoeld." Ten slotte stak Mobutu zijn hand door het raampje. "Ik weet zeker dat we boven Zaïre vliegen," sprak hij tot zijn medepassagiers. "Maar hoe weet jij dat?" riepen ze, "Zaïre heeft toch geen torens?" "Nee," zei Mobutu, "maar mijn polshorloge is net gejat."'[66]

Door de crisis veranderden de verhoudingen tussen man en vrouw. Veel mannen verloren hun baan en voelden zich vernederd omdat ze niet langer hun gezin, laat staan hun eventuele maîtresse, konden onderhouden. Ze waren armer dan hun ouders en moesten vaak bij hen bedelen. Vroeger was de man de kostwinner, degene die in loondienst werkte, nu stond de vrouw garant voor het inkomen van de familie. Een schoolhoofd in Kikwit vertelde: 'Mijn salaris aten we in twee dagen op. Het stelde niets voor. Vaak werd het niet eens uitbetaald. Mijn vrouw had een kraampje op de grote markt. Ze verkocht zeep, suiker en zout. Dat was de belangrijkste bron van inkomsten voor ons gezin. In die jaren verdienden veel vrouwen meer dan hun man. Soms verlieten ze hem. Jonge vrouwen gingen studeren en werden zelfstandiger.'[67]

De informele economie, hoe zwaar en onvoorspelbaar ze ook was, bood sommige vrouwen nieuwe kansen. Een aantal van hen werd weerbaarder. Maniokverkoopsters in de Kivu, eenvoudige boerinnen, pikten het niet dat de plaatselijke agenten en ambtenaren steeds maar nieuwe belastingen verzonnen als ze met hun manden naar de markt gingen. Ze tekenden protest aan tot op het niveau van de provinciegouverneur.[68] In Bukavu stelde Régine Mutijima, de directrice van een meisjesschool, vast dat het bezuinigingsbeleid van het IMF en de Wereldbank tot wantoestanden leidde. 'In 1983 was Kengo wa Dondo premier en stuurde hij aan op draconische besparingen. Zelfs het kraamverlof van vrouwelijke leerkrachten werd geschrapt omdat er zogezegd geen geld was, terwijl er tegelijkertijd massaal staatsgeld werd gestolen. Ik stond aan het hoofd van de Association des Femmes Enseignantes de Bukavu. Een Canadese lerares vertelde me over Gandhi. Ik las zijn teksten en die van Martin Luther King, en ook die van Lumumba en Nkrumah hoewel dat verboden was. Ik las ook het verboden weekblad *Jeune Afrique*. In 1986 stierf een collega van mij in het kraambed. Ze was blijven werken tot de dag voor de bevalling, haar baby woog amper 1,7 kilo, minder dan een konijntje. Zoiets had ik nog nooit gezien. Ik besloot een sit-in te organiseren. We trokken in groepjes naar het betaalkantoor van het onderwijs. Driekwart van de onderwijzeressen deed mee. Om klokslag tien uur ging iedereen zitten. Er kon op ons geschoten worden, dat wisten we, maar we wilden de stad platleggen. 's Avonds werd ik gearresteerd. Een landrover vol militairen nam me mee naar het gemeentehuis. Ik was enkel in nachtjapon. Daar stonden ze allemaal: de burgemeester, het hoofd van de Staatsveiligheid, van de MPR, van het onderwijs, van de wijk. Ik stond er als vrouw tegenover vijftig mannen. Ze scholden me één voor één uit en ik moest steeds maar aan dat kind van 1,7 kilo denken, dat konijntje, wiens moeder, madame Rumbasa, een goede collega, gestorven was omdat ze geen kraamverlof had gekregen. Ik werd vreselijk kwaad. Ik ontplofte. Ik schreeuwde het uit tegen de burgemeester. Ik had een krop in mijn keel, het was de tweede keer in mijn volwassen leven dat ik huilde. Na mijn tirade zei niemand nog iets, zó kwaad was ik geweest. Ik voelde me rustig. Tegen middernacht bracht de burgemeester mij in zijn Mercedes naar huis.'[69]

Het was een uitzonderlijk blijk van moed. Régine werd niet vervolgd, maar mocht op congressen in Nsele en Gbadolite gaan praten over het probleem van de jeugd. Toch liep het niet altijd even gunstig af. Aan de andere kant van het land werkte Thérèse Pakasa aan de kassa van een voedingswinkel in Kinshasa. Ze was met Gizenga in contact gekomen, de vicepremier van Lumumba, die in Brazzaville in ballingschap leefde en uit haar streek stamde. Ook zij las Lumumba en de Universele Verklaring van de Rechten van de Mens. Haar bloed ging ervan koken als ze dacht aan de situatie in haar land. 'Ik wilde een betoging organiseren, maar de mensen waren zo bang! Ik vond slechts drie vrouwen die mee wilden doen. Een broodverkoopster en twee huisvrouwen. We maakten een spandoek en pamfletten. Op 23 juli 1987 stapten we over de Boulevard du 30 Juin, ter hoogte van de Belgische ambassade. We droegen de oude, blauwe vlag van Congo.'

Vier eenvoudige vrouwen die hun leven riskeerden door op de grote laan van de hoofdstad te lopen met een verboden spandoek en een verboden vlag...

'Na een paar honderd meter werden we gearresteerd. De inlichtingendienst hield me anderhalve maand in bewaring. Ik werd licht gemarteld, maar mijn moed groeide. Een jaar later deed ik het opnieuw, nu met tien vrouwen. Opnieuw werden we opgepakt. Ik kreeg slaag en werd onder begeleiding van een militaire cohorte naar het binnenland verbannen. Toen ik terugkeerde naar Kinshasa, vloog ik de gevangenis in en werden al mijn kinderen gearresteerd, onder wie zelfs een baby van twee weken. Ze konden niet geloven dat een vrouw dit kon doen.'[70]

Het bloed uit haar hoofd. Het onderlijf van een harlekijn. De winterse beelden uit Roemenië lieten Mobutu niet los.[71] Het Oostblok stortte in, de Koude Oorlog neigde naar zijn einde. Straks zou hij een overtollige bondgenoot van de Amerikanen worden. Mobutu had zijn rijk te danken aan de vrees voor het communisme, maar Marx was een reus op lemen voeten geworden. Loyaliteit in de strijd tegen het rode gevaar telde niet langer, respect voor de mensenrechten werd het nieuwe criterium. Op een top van Franstalige landen gaf president Mitterrand te kennen dat Frankrijk alleen nog ontwikkelingslanden zou bijstaan die de democratische waarden nastreefden en de mensenrechten eerbiedigden. De tijd van Giscard was voorbij.

Begin 1990. Met het nieuwe decennium leek een nieuw klimaat aangebroken. In februari werd Nelson Mandela vrijgelaten, een wereldgebeurtenis die het hele continent met hoop vervulde. In Ivoorkust, Benin, Gabon en Tanzania steeg de roep om een meerpartijenstelsel. In Congo-Brazzaville en Mali wankelde de militaire dictatuur. De roes van de vrijheid bereikte ook Zaïre. Mobutu besefte dat hij zijn volk niet langer kon negeren.

Hij ging over tot een volksraadpleging, net zoals de Belgische kolonisator in 1958 had gedaan, en Leopold II in 1905. Toen zorgde dat voor een drastische omwenteling, wat zou het nu worden? Een groep van enquêteurs trok van stad naar stad en organiseerde openbare zittingen. Overal te lande mochten burgers hun mening geven over Mobutu's bewind, ja, ze mochten zelfs hun grieven de vrije loop laten. Vervolging hoefden ze niet te vrezen. De eerste zitting vond plaats in Goma, en Mobutu was erbij. Hij was best bereid om constructieve kritiek aan te horen, niemand was immers volmaakt. Maar het regende, nee, het góót klachten. Mobutu kwam in een tropisch onweer van onbehagen terecht. Oude vrouwen stonden op en gaven hem de volle laag. Zijn nieuwe bijnaam op dat moment was Mobutu *Sesesescu*... Persmedewerker Kibambi Shintwa zag zijn reactie: 'Mobutu kon het niet geloven en was buitengewoon ontgoocheld. Hij vond dat het land hem alles verschuldigd was, en hij trok zich terug, zo gekwetst was hij. Hij wilde de waarheid niet onder ogen zien. De volgende zittingen heeft hij niet meer willen bijwonen.'

De enquêteurs deden hun werk. Meer dan zesduizend rapporten werden er verzameld, de meeste absoluut vernietigend. De voorzitter van de commissie trok met een synthese naar de president. Zizi wist nog hoe dat ging: 'Mobutu had zich opgesloten op zijn schip de Kamanyola. Hij riep het politieke bureau van de MPR bijeen om aan boord te beraadslagen. Twee, drie dagen zaten ze vast. Ook de regering moest komen.' Zelfs de Amerikaanse minister van Buitenlandse Zaken kwam langs om te zeggen dat vader Bush, ondanks alle historische vriendschapsbanden, hem niet langer onvoorwaardelijk kon blijven steunen.[72]

Maar op 24 april 1990 stond zijn besluit vast. Generaals, magistraten, ministers, provinciegouverneurs, parlementariërs en buitenlandse journalisten riep hij bijeen in het witte conferentieoord van Nsele, al een kwarteeuw lang het Vaticaan van de MPR. Vanachter een batterij microfoons sprak Mobutu, gehuld in het zwarte maarschalksuniform dat Alfons Mertens voor hem had gestikt, de zaal toe. Hij had de stem van het volk gehoord; Zaïre zou democratiseren. Tot ieders verbazing kondigde hij het einde van de eenpartijstaat af. Voortaan zouden er drie partijen mogen bestaan, er kwam ruimte voor een vrije pers, vrije vakbonden en, binnen een jaar, vrije verkiezingen. 'En wat gebeurt er met de chef bij dit alles?' vroeg Mobutu zich op het eind van zijn rede af. 'Het staatshoofd staat boven de politieke partijen. Hij zal de scheidsrechter, sterker nog, het hoogste rechtsmiddel zijn. Ik kondig u aan dat ik me vanaf heden terugtrek uit de Mouvement Populaire de la Révolution, zodat er een nieuwe chef gekozen kan worden...' Mobutu aarzelde even, verhaspelde zijn speech en keek reddeloos de muisstille zaal in. Als een man die in één seconde bejaard was geworden, tilde hij zijn zware bril op, depte zijn wazig geworden oogleden en sprak de legendarisch geworden woorden: '*Comprenez mon émotion.*'

De beelden van de speech gingen het land rond. Had men het goed begrepen? Was de Tweede Republiek nu definitief voorbij? Met een doodeenvoudige speech, aangelengd met wat krokodillentranen? Een rede even banaal als het radiobericht waarmee Mobutu in 1965 de macht had gegrepen? Zonder revolutie of straatgeweld? Jongelui stortten zich op de garderobe van hun vader en graaiden tussen de oude kleren, op zoek naar stropdassen. Niemand wist nog hoe je zo'n ding moest knopen, maar wat deed het ertoe? Het ging om het embleem van de vrijheid! Meisjes trokken de veel te wijde broeken van hun broers aan en liepen er giechelend mee de straat op. Bij deze omwenteling hoefde niemand stenen te gooien of leuzen te scanderen. 'Ik herinner het me nog goed,' zei Zizi toen hij terugdacht aan die hoopvolste dag uit zijn leven, 'de straten van Kinshasa waren die avond vol slecht geknoopte stropdassen.'

11

De doodsstrijd

Democratische oppositie en militaire confrontatie

1990-1997

Régine en Ruffin woonden beiden in Bukavu, het sierlijke stadje aan het Kivu-meer op de grens met Rwanda, maar ze hadden niets met elkaar gemeen. Toen Mobutu het einde van de eenpartijstaat afkondigde, was Régine 35 jaar en Ruffin 7. Régine was de directrice van een katholieke meisjesschool, Ruffin leerde net lezen op een katholieke jongensschool elders in de stad. Régine had enkele jaren eerder de sit-in van leraressen georganiseerd. Toen ze hoorde dat de MPR haar almacht had verloren, kon ze niet anders dan dansen. Ruffin was te jong om de historische waarde van die omwenteling te beseffen. Hij voetbalde met zijn vriendjes en begon te dromen van een leven als priester. Toch zouden beiden betrokken raken bij de val van de dictator, op totaal verschillende wijze en op totaal verschillende tijdstippen. Régine in 1992, Ruffin in 1997, want Mobutu nam zijn tijd om te vallen.

Régine Mutijima dacht dat het heel snel kon gaan. 'Wij wilden echt dat Mobutu door verkiezingen zou aftreden en eervol in het land kon blijven.'[1] Maar tijdens de jaren van 1990 tot 1997 klampte Mobutu zich vast aan de macht met een hardnekkigheid en een sluwheid die niemand voor mogelijk had gehouden. Het was de doodsstrijd van een dictator die zijn land meesleepte in zijn val.

Toen Leopold II in 1905 de gruwelen in de Vrijstaat niet langer kon ontkennen, draalde hij nog drie jaar voor hij zijn wingewest overdroeg aan de Belgische staat. Mobutu's houding na 1990 was niet anders. De resultaten van de volksraadpleging brachten hem er aanvankelijk toe de teugels te laten vieren, maar nadien trok hij ze opnieuw aan. Die verkiezingen moesten er wat hem betrof maar niet te snel komen. In 1970, 1977 en 1984 had hij zich op creatieve wijze laten verkiezen, maar dat trucje, wist hij, zou in 1991 niet meer werken. De democratische geest was uit de fles. Toch slaagde hij erin nog eens zeven jaar aan de macht te blijven, ditmaal zonder verkiezingen.

Régine wist maar al te goed dat Mobutu zijn macht had te danken aan twee zaken: geld en geweld. Geld uit het buitenland, geweld in het binnenland. Maar hoe lang kon dat nog standhouden nu de Koude Oorlog voorbij was? Op 12 en 13 mei 1990, enkele weken na zijn emotionele speech, gaf Mobutu het bevel om het studentenprotest in Lubumbashi *manu militari* neer te slaan, want de studenten waren andermaal als eersten de straat op getrokken. Voor het Westen was daarmee de maat vol. Men sprak van honderden slachtoffers, maar het precieze aantal is nooit bekend geworden (het waren er mogelijk maar drie, hoorde Régine nadien). België schortte alle ontwikkelingshulp op, Frankrijk bevroor de banden, Amerika had Mobutu niet langer nodig. Aan het begin van de jaren negentig waren de buitenlandse bondgenoten hem liever kwijt dan rijk. Zelfs het IMF schrapte Zaïre in 1994 als stemgerechtigd lid.

Bleef over: geweld. Maar het leger was onbetrouwbaar en de veiligheidsdiensten verloren hun greep op de bevolking, nu steeds meer was toegestaan. Ook de officiële pers controleerde niet langer de informatiekanalen. Staatskranten met 'authentieke' titels als *Elima* en *Salongo* werden ingehaald door nieuwe periodieken met Franse namen als *L'Opinion*, *Le Phare* en vooral *Le Potentiel*. In Bukavu, bij Régine, drongen die niet door, maar in de hoofdstad waren ze van groot belang. Bij de kiosken langs de Boulevard Lumumba leefde het fenomeen van de *parlementaires debout* op, groepjes van werklozen die bij de krantenstalletjes de voorpagina's van de opgehangen exemplaren lazen en de hele dag met elkaar bespraken. Er ontstond een openbare ruimte van kritische burgers. De oprichter van *Le Potentiel* was Modeste Mutinga: 'Wij waren totaal onafhankelijk. We hadden zelfs geen banden met andere oppositiebewegingen zoals de UDPS of de kerk. Ik kocht een tweedehands drukpers in Straatsburg. Pas later, na die opening in de vroege jaren negentig, werd het weer erger. De DSP verbrandde toen onze persen en die van andere kranten. Alles werd opgeblazen.'[2]

Behalve via de kranten kwam de democratisering ook op andere manieren tot uitdrukking. Tussen de macht en de massa groeide er een heel middenveld van maatschappelijke organisaties, de zogenaamde *société civile*. Er kwamen honderden nieuwe verenigingen, voor plattelandsvrouwen, voor taxichauffeurs, voor misdienaars... verenigingen voor agrarische ontwikkeling, voor lekensolidariteit, voor ziekenzorg... zelfs verenigingen voor voorzitters van verenigingen.[3] Vakbonden schoten als paddenstoelen uit de grond: in 1990 was er enkel die van de staat, in 1991 waren er 112.[4] En net als in de late jaren vijftig was er een explosie van politieke partijen. Mobutu had eerst een driepartijenstelsel verdedigd, maar algauw moest hij een volwaardig meerpartijenstelsel toestaan. In een mum van tijd kreeg de almachtige MPR zo'n driehonderd partijen en partijtjes naast zich te verduren. Sommige waren niet meer dan eenmanspartijen. Het bericht van de nakende troonsafstand deed sommigen dromen van een gooi naar de macht. Mobutu zag het met lede ogen aan: de proliferatie van partijen bevestigde zijn angst voor verbrokkeling en versplintering. *If you can't beat them, join them*, moet hij gedacht hebben, en in een poging om de macht van de oppositie te verzwakken betaalde hij zelf burgers om een partij te beginnen die zijn gedachtegoed uitdroeg. 'Alimentatiepartijen' werden ze honend genoemd, of 'taxipartijen', want de leden ervan pasten in één enkele taxi. Was dit nu het *multipartisme* dat Mobutu had beloofd? Het kwam neer op *multimobutisme*![5]

Uiteindelijk kristalliseerde het rusteloze politieke veld zich uit rond twee polen: aan de ene kant had je de UDPS van Etienne Tshisekedi met zijn kartelpartners, de zogenaamde Union Sacrée de l'Opposition, aan de andere kant verzamelden de MPR en de Mobutu-getrouwen zich in de *mouvance présidentielle*. Daartussen had je de halfzachten. De kerk sympathiseerde met de oppositie, maar was vaak bereid tot compromissen. Régine voelde zich niet geroepen. 'Ik was wel even lid van de UDPS toen die nog clandestien was, maar ik voelde me niet thuis in de politiek. Het jaar 1990 betekende voor mij veeleer de geboorte van de société civile.'

De oppositie boekte een zeer belangrijke overwinning toen Mobutu instemde met de organisatie van een nationale conferentie. Hij hoopte daarmee goede sier te maken in het buitenland en opnieuw de steun van zijn westerse bondgenoten te verwerven. Naar analogie van een gelijksoortige conferentie in Benin die kort daarvoor in tien dagen tijd het land had hervormd, wilde men in Zaïre afgevaardigden van het volk bijeenroepen om het verleden te bespreken en de krijtlijnen uit te tekenen voor de toekomst. Die conferentie moest de overgang van de Tweede naar de Derde Republiek gestalte geven; ze staat bekend onder haar latere naam, de 'Nationale Soevereine Conferentie'. Niet alleen politici en prominenten zouden eraan deelnemen, maar ook mensen uit het middenveld, het verenigingsleven en de kerken. Ze moest in Kinshasa plaatsvinden, maar met delegaties uit alle provincies. Alles zou live op radio en televisie te volgen zijn. Het zou een hoogmis van de basisdemocratie worden.

In het verre Bukavu raakte Régine erbij betrokken: 'De onderwijzeressen van Bukavu zeiden tegen me: Jij moet naar Kin! Zo kwam ik in de delegatie van Zuid-Kivu terecht. Alle stammen waren vertegenwoordigd, we wilden niet etnisch denken. Op de Nationale Soevereine Conferentie gingen we alles aan de kaak stellen. We zouden Mobutu verjagen en zijn hoofd op een dienblad krijgen.'

Régine trok naar de hoofdstad. Ze was een van de 2800 afgevaardigden en een van de slechts tweehonderd deelnemende vrouwen. 'We waren met te weinig vrouwen, nog niet eens 10 procent. Veel van de vrouwen waren bang om zich te uiten. Ze waren slecht geïnformeerd over de werking van zo'n bijeenkomst en het nut van lobbying.' Maar zij zou haar pit bewijzen. Op 7 augustus 1991 ging de Nationale Soevereine Conferentie van start, het was de bedoeling dat ze drie maanden zou duren. De openingszitting vond plaats in het Palais du Peuple, het nationaal parlement. Het was een mastodont van een gebouw dat door de Chinezen was neergepoot, op een paar honderd meter van het nieuwe voetbalstadion. Op de parking stond citoyen Tshimbombo, een van de *grosses légumes* van het bewind, met een kartonnen doos op zijn arm stapels bankbiljetten uit te delen aan al wie nog gauw-gauw een partijtje wilde beginnen. Het geld was gratis, je moest alleen voor Mobutu opkomen...[6] Tshimbombo, dat was de man die ooit namens de president de vrouwen van de nationale damesbasketbalploeg mocht trakteren op tweeëntwintig Mercedessen omdat ze de Afrika-cup hadden gewonnen en die er elf voor eigen gebruik had achtergehouden...[7] Nu hij daar stond met zijn doos vol geld, noemde men hem spottend de 'nationale schatkistbewaarder'. Het was zonneklaar dat Mobutu de Conferentie op alle mogelijke manieren zou dwarsbomen.

'Hij wilde ons voortdurend corrumperen door hotels aan te bieden, geschenken te geven of ons in het conferentieoord Nsele te laten overnachten,' zei Régine, 'maar wij weigerden dat. De delegatie van Zuid-Kivu was zeer vastberaden. Twee nachten hebben we zelfs buiten voor de deur van het parlement geslapen! De mensen brachten ons eten. Ik at voor het eerst van mijn leven maniokbrood. En in Kinshasa zaten er van die grote dikke muggen. Allemaal dingen die wij in de bergen van Zuid-Kivu niet kenden.'

Mobutu wilde desnoods wel instemmen met een uitgebreide overgangsregering waarin ook plaats was voor wat tegenstemmen, maar een regering van nationale eenheid waarin de oppositie veel macht kreeg, ging hem te ver. Hij zou zelf de voorzitter voor de Conferentie leveren en vertrouwde de taak toe aan een ouwe getrouwe, wiens *nom kilométrique* alleen al aangaf hoe fanatiek 'authentiek' hij was: Kalonji Mutambayi wa Pasteur Kabongo. Nu nog doet die naam Régine verzuchten: 'Die oude was compleet manipuleerbaar. Hij was hardhorig en verstond ons niet eens! *Pasteur wa Farceur* noemden we hem, Eerwaarde Grapjas. Ik dacht: zijn wij van tweeduizend kilometer ver gekomen om met ons te laten sollen? We zeiden: We moeten die voorzitter het zwijgen opleggen! Maar hoe? Iedere ochtend moesten we langs de politie en werden we gefouilleerd. We smokkelden fluitjes mee naar binnen, van die plastic fluitjes. Ik had er vijf verstopt in mijn schoenen en in mijn vlechten. Telkens als de voorzitter het woord nam, floten we tot hij ophield.'

De eerste weken van de Conferentie verliepen tergend moeizaam, met ellenlange twistgesprekken over de te volgen procedures en eindeloos gebakkelei over de samenstelling van de commissies. Mobutu, die alles op afstand volgde, vond het gekrakeel vast vermakelijk, gebaat als hij was bij een mislukking. Maar buiten de hekken van het Palais du Peuple steeg de onrust. Op 23 september sloegen de soldaten van het parachutistencentrum in Ndjili aan het muiten. Ze trokken naar de luchthaven en maakten de controletoren onklaar. Van daaruit baanden ze zich een weg naar het centrum, waar warenhuizen, winkels, benzinestations en zelfs privéwoningen het moesten ontgelden. Alles van waarde was weerloos: men sleepte televisies, koelkasten en kopieermachines naar buiten, hele magazijnen werden leeggeschud, handelszaken werden geplunderd. Het volk, wanhopig van honger en armoede, deed mee met de militairen. Het was een geweldige roes, een feest, de tijd van het Grote Graaien. Eindelijk mocht het volk doen wat de machthebbers al een kwarteeuw deden! Een delirium, de omkering aller waarden. Verboden en grandioos! De onlusten breidden zich uit naar andere steden. Het Belgische en het Franse leger kwamen tussenbeide om landgenoten te ontzetten, want het plunderen ging dagenlang door. 30 à 40 procent van de ondernemingen werd verwoest, 70 procent van de kleinhandel ging eraan. Er vielen 117 doden en circa 1500 gewonden.[8]

En Mobutu? Hij reageerde niet. Zijn manschappen mochten hun gang gaan. Velen vermoedden dat hij de muiterij had uitgelokt in een poging om de Nationale Soevereine Conferentie te destabiliseren. Zelfs zijn loyale persmedewerker Kibambi Shintwa verdacht hem van opportunisme, zei hij, toen we elkaar spraken op het balkon van zijn flatje. 'Mobutu wilde het land breken. Moedwillig. Hij was zeer gekwetst door de opkomst van Tshisekedi en wilde revanche nemen. Vergelijk het met iemand die een mooie gsm heeft.' Hij hief zijn eigen mobieltje op om het te illustreren. 'Zo'n gsm die anderen jaloers maakt, maar die jij niet meer kunt betalen. Wat doe je dan?' Hij liet zijn arm met de telefoon tot naast zijn stoel zakken. 'Dan laat je hem vallen zodat er voor de ander niets overschiet. Dat is wat Mobutu deed. Bij de start van de Nationale Soevereine Conferentie vestigde hij zich permanent in Gbadolite. Hij begreep dat hij veracht werd door zijn volk. Om drie uur 's ochtends plunderden de militairen de luchthaven en hij reageerde niet. Het was echt: *Après moi le déluge.* Hij beschouwde de plundering als een straf voor het volk. Ik was erg teleurgesteld toen hij het land zo kapotmaakte. Voor het eerst was ik banger om door het volk vermoord te worden dan door Mobutu.'[9]

Na de plundering kreeg de Conferentie een nieuwe voorzitter, dit keer door een stemming. Monseigneur Monsengwo, de populaire aartsbisschop van Kisangani en voorzitter van de nationale bisschoppenconferentie, werd moeiteloos verkozen en mocht Pasteur wa Farceur opvolgen. Monsieur Monsengwo: zijn naam wekte hoge verwachtingen. Met zijn purperen gewaad en groot moreel gezag leek het erop dat hij de Desmond Tutu van Zaïre zou worden. Bij de oppositie was hij gewild omdat de Zaïrese bisschoppenconferentie zich al vaker uiterst kritisch had uitgelaten over het Mobutu-regime. Onder kardinaal Malula was de kerk uitgegroeid tot de grootste tegenkracht van de Tweede Republiek. Toen het prille middenveld ontwaakte, lieten talrijke organisaties, zelfs de meer seculiere, zich inspireren door de basisgroepen en de bevrijdingstheologie van Latijns-Amerika.[10] Monsengwo was dan wel niet de meest radicaal-progressieve katholiek, maar de kerk was wel geloofwaardig voor de oppositie (die zichzelf niet toevallig *sacrée* noemde). Voor Régine was het duidelijk: 'Monsengwo was onze kandidaat, maar hij kreeg zelfs stemmen van enkele Mobutu-aanhangers!'

Mobutu was er allesbehalve gelukkig mee. Zijn band met de kerk was altijd al ambivalent geweest: hij bestreed en vreesde haar nu al bijna twintig jaar. Aan de vooravond van het pausbezoek in 1980 was hij snel nog kerkelijk getrouwd met zijn minnares Bobi Ladawa. In Gbadolite had hij een kathedraal laten optrekken, hij, de man die ooit de liturgie had willen afschaffen en zich graag liet omringen met wonderdoeners en waarzeggers uit West-Afrika. Met Monsengwo aan het hoofd van de Conferentie was het dus uitkijken geblazen. Als hij, Mobutu, niet mocht beslissen over het voorzitterschap van de Nationale Conferentie, dan zou hij wel beslissen over die andere centrale post van de transitie: die van eerste minister. Tussen 1990 en 1997 kende Zaïre acht verschillende premiers, zeven ervan werden door Mobutu persoonlijk in het zadel gehesen. De langstzittende bleef drie jaar aan, de kortste drie weken. Die laatste, dat was dan ook aartsvijand Tshisekedi. In oktober 1991, na de plunderingen, was hij door Mobutu tot regeringsleider benoemd. Hadden de onlusten de Gids doen inzien dat Tshisekedi niet langer viel te negeren? Of was het een slinkse zet om hem juist in diskrediet te brengen bij zijn achterban? De parlementaires debout babbelden er hele dagen over, maar drie weken later was het premierschap alweer afgelopen. Mobutu benoemde meteen daarna Mungul-Diaka, een andere oude vijand, tot eerste minister. Die hield het een maand vol. Toen mocht Nguza het weer eens proberen, nog een dissident uit het verre verleden. *Le vagabondage politique* vierde weer hoogtij en ondertussen gebeurde er niets. In januari 1992 gelastte Mobutu de sluiting van de Nationale Soevereine Conferentie. Het spelletje had nu lang genoeg geduurd volgens hem, en tot zijn opluchting was er niets bereikt. Die klip was omzeild, hij had de leidsels weer stevig in handen.

'De mensen werden betaald voor hun terugreis,' zei Régine, 'maar wij konden zo niet thuiskomen. Het volk van mijn provincie eiste resultaat. Die verkiezingen moesten er komen. De uitbetaling van ons geld werd opgeschort, maar we zijn toch in Kinshasa gebleven dankzij de steun van het volk.' De mensen gaven de hoop op verandering niet meer op.

En toen werd het 16 februari 1992, een dag die in de geschiedenis van Congo even belangrijk is geworden als 4 januari 1959, toen de rellen in Léopoldville uitbraken. Ook hier was de directe aanleiding een verboden manifestatie, ook hier leidde dat tot grootschalig protest in Kinshasa, ook hier mondde het uit in een bloedbad. De christenen wilden protesteren tegen de sluiting van de Conferentie, maar de overheid weigerde toestemming te verlenen. De charismatische abbé José Mpundu, een priester die dichter bij het volk dan bij de kerkelijke hiërarchie stond, was nauw bij de organisatie betrokken. Ik sprak hem in zijn eenvoudige huis in de schaduw van het oude voetbalstadion. Hij droeg – zeldzaamheid bij een Congolese man – een korte broek, en – nog zeldzamer – hij tutoyeerde meteen. 'De bisschoppen hadden al geëist dat de Conferentie weer open moest. De priesters hadden het er in de zondagsmis over gehad. Een aantal leken zei: Wel, laat ons dan tot actie overgaan. Ik ging akkoord met hun initiatief en bezocht hun voorbereidende vergaderingen, waar ik sprak over geweldloosheid. Ik was binnen de bisschoppelijke conferentie secretaris van de commissie voor gerechtigheid en vrede, zie je. Maar kardinaal Etsou, de nieuwe aartsbisschop, gaf geen toestemming voor de mars en monseigneur Monsengwo vond dat bisschoppen moesten praten en niet doen... Nu ja, wij legden de routes vast en beslisten dat er op de spandoeken zou staan: "Onvoorwaardelijke heropening van de Nationale Soevereine Conferentie". Later werd ik daarvoor uit de bisschoppenconferentie ontslagen...'

Op zondag 16 februari, na de mis van negen uur, begon de optocht. In de meer dan honderd parochies van Kinshasa verlieten de mensen hun kerk en stroomden ze samen op de kapotte boulevards en avenues van hun hoofdstad. Eenvoudige gelovigen waren het, geen diehard-dissidenten, geen volbloed politici, maar scholieren, studenten, jonge ouders, armen, mensen die zich gesteund wisten door de lagere clerus, zoals de non-conformistische abbé José. Ze zwaaiden met groene takjes en zongen liederen. Ook de protestanten, de kimbangisten en de moslims namen deel. In Matadi, Kikwit, Idiofa, Kananga, Mbuji-Mayi, Kisangani, Goma en Bukavu vonden gelijkaardige marsen plaats. Meer dan één miljoen mensen gingen de straat op, het was de grootste massabijeenkomst uit de geschiedenis van het land. Men sprak van de 'Mars van de Hoop'.

'Ik was onderweg van Limete naar Pont Kasavubu,' vertelde abbé José, 'maar ter hoogte van Saint-Raphaël stootten we op een bataljon tot de tanden toe gewapende militairen. Ik liep in de eerste rij. We hadden afgesproken: zodra er iets voorvalt, gaat iedereen op de grond zitten. De militairen hielden ons tegen en we gingen zitten. Naast mij zat een oude vrouw vol ongeloof te kijken naar die soldaatjes van 16, 17 jaar. Een van hen keek haar recht in de ogen en zij zei: "*Mwana na nga, est-ce que omelaki mabele ya mama te?*" "Mijn zoon, hebt gij dan nooit van de moederborst gedronken?" De jongen wist niet waar hij moest kijken. Dat is de kracht van de geweldloosheid, van de waarheid.' Congo leek even op het India van Mahatma Gandhi. 'Daarna joegen ze ons met traangas uiteen. Wij liepen weg, maar sloten verderop opnieuw onze rangen. Wij gingen verder en bleven zingen. Bij Kingabwa kwamen we lijfwachten tegen, ik denk die van premier Nguza. Ze bedreigden ons met de dood. "Niet zingen, lopen!" riepen ze. Maar ik zei: "Als we lopen, gaan ze op ons schieten." Ik werd gepakt door een potige kerel met een revolver, maar de mensen hielden me vast. De knoopjes van mijn soutane sprongen los. Mijn kettinkje brak. Een parochiaan heeft het opgeraapt. Ook blanke priesters werden toegetakeld.'[11]

De Mars van de Hoop draaide uit op een bloedbad. Die dag lieten minstens vijfendertig burgers het leven.[12] De ordediensten schoten zonder onderscheid des persoons, zelfs van zeer korte afstand, zelfs op kinderen. Ze gebruikten niet alleen traangas om de massa uiteen te drijven, maar ook een uiterst brandbaar product dat zelden in een civiele context wordt gebruikt: napalm. Tijdens een van mijn vele gesprekken met Zizi aan een terrastafel bij de kantine van de openbare omroep zei hij: 'Na die mars was Mobutu erg bang voor excommunicatie. De Nationale Soevereine Conferentie mocht heropend worden en hij trok zich nog meer terug in Gbadolite. De Conferentie werd veel zelfbewuster. De angst was weg. "Dacht je echt ons allemaal uit te moorden?" werd er hardop gezegd. Mijn vrouw heeft tijdens de mars lijken zien liggen. Ik liep zelf brandwonden op.' Hij draaide zijn benen onder de tafel uit en stroopte zijn broekspijpen op. Ik kende hem nu al enkele jaren, maar dit had hij nooit verteld of laten zien. Op zijn schenen zag ik grote, roze vlekken, alsof hij gecamoufleerd was als blanke. Er viel een lange stilte. 'Napalm,' zei hij ten slotte.[13]

De Conferentie ging in april 1992 opnieuw van start en boekte ditmaal grote vooruitgang. Ze werd daadwerkelijk soeverein: haar besluiten waren niet langer lauwe aanbevelingen, maar emanaties van de volkswil met kracht van wet. Met de Conferentie als hoogste orgaan van de staat kwam de democratisering in een beslissende stroomversnelling. Na de plenaire zittingen trokken de afgevaardigden zich terug in drieëntwintig commissies en honderd subcommissies, verspreid over de stad. In vele daarvan werd schitterend werk geleverd. Men inventariseerde de bestaande problemen en bedacht zinvolle alternatieven. Régine Mutijima kwam in de Commissie 'Vrouw, kind en gezin' terecht. 'Ik was de rapporteur van dienst. Dag en nacht hebben we toen gewerkt. Daarna werden alle rapporten voorgelezen in de plenaire vergadering, zodat ze geamendeerd konden worden en bekrachtigd. Het onderhandelen over die compromissen was een formidabele democratische leerschool. Het Mobutu-kamp discussieerde openlijk met de oppositie. We wilden de ware geschiedenis van het land naar boven halen en de stem van de zwakken laten horen.'

De Nationale Soevereine Conferentie stemde over een voorlopige grondwet waarvan de belangrijkste bepaling was dat niet de president maar de Conferentie de eerste minister benoemde. De president zou de keuze nog hooguit mogen bekrachtigen. Dat betekende zo'n radicale breuk met het verleden dat ook de symbolen van de staat moesten veranderen: Zaïre zou weer Congo heten, de vlag, de wapenspreuk en het volkslied zouden weer die van vóór 1965 worden.

En toen gebeurde er iets vreemds: Monsengwo verliet de Conferentie en ging op eigen houtje onderhandelen met Mobutu. Die demarche was volkomen tegen de afspraken en de soevereiniteit van de Conferentie in.[14] Mobutu liet de prelaat in niet mis te verstane bewoordingen weten dat het land Zaïre zou blijven heten; een naamsverandering was totaal onaanvaardbaar voor hem. Maar hij liet wel doorschemeren dat hij vrede kon hebben met een ceremoniëler presidentschap. Régine heeft er nog steeds een dubbel gevoel over: 'Ik vond het schandalig dat Monsengwo naar Gbadolite vertrok, maar ik denk dat hij het deed om nog meer doden te vermijden.' De mannen van de DSP, Mobutu's privéleger, waren nog steeds goed bewapend; er had een burgeroorlog kunnen komen. 'Monsengwo was de man van de langzame verandering. Hij wilde geen winnaars of verliezers, omdat hij vreesde dat die laatsten zich zouden wreken. Tshisekedi daarentegen wilde een snelle triomf, op het gevaar af van een ernstig conflict. Monsengwo koos voor de zachte landing. Hij probeerde in een complexe situatie tactisch te handelen.'

Zaïre bleef Zaïre, maar de premier werd voor het eerst in dertig jaar gekozen. Op 15 augustus 1992 benoemde de Nationale Soevereine Conferentie Tshisekedi met 71 procent van de stemmen tot premier van de transitie; tegenkandidaat Thomas Kanza haalde slechts 27 procent. Het was niet zonder slag of stoot gegaan, de kantoren van de UDPS waren enkele dagen eerder nog vernietigd, maar Etienne Tshisekedi, de man die tien jaar eerder de buitengewoon gedurfde open brief aan Mobutu had geschreven, werd nu de eerste democratisch gekozen premier sinds Tshombe in 1965.

Daarna ging het snel. Er kwam een overgangsregering en een overgangsparlement: van de 2800 afgevaardigden zouden er na afloop 453 de 'Hoge Raad van de Republiek' bemannen. Er werd een nieuwe grondwet opgesteld die dicht aanleunde tegen de federale grondwet van Luluabourg uit 1964, de enige per referendum vastgestelde grondwet die Congo ooit had gekend. En er werd een agenda voor de verkiezingen opgesteld.

Het democratisch momentum leek niet meer te stoppen. En toch gebeurde het. Tshisekedi's kersverse regering blonk niet uit in visie of strategie.[15] Hij ondernam geen pogingen om de controle te verwerven over de veiligheidsdiensten en het leger, de essentiële instrumenten van het staatsapparaat. De ministers verdeden hun tijd met bezoekers en openbaar dienstbetoon. Dat een bewind voeren nog iets anders is dan urenlang in een bureau zitten palaveren in leren zetels, konden deze mensen, die nog minder democratische vorming achter de rug hadden dan de politici van de Eerste Republiek, niet weten. Tshisekedi zelf leek wel aan de ziekte van Lumumba te lijden: charismatisch zolang hij in de oppositie zat, wispelturig en onberekenbaar zodra hij aan de macht was. Premier worden leek hem belangrijker dan Congo leiden.[16]

De Nationale Soevereine Conferentie naderde haar einde, maar de rapporten van de twee meest gevoelige commissies moesten nog voorgelezen worden: de commissie over 'de onrechtmatig verkregen goederen' (men bedoelde: diefstal) en de commissie over de politieke moorden. 'Monsengwo wilde die sessies achter gesloten deuren laten plaatsvinden,' vertelde Régine, 'Mobutu stuurde tanks naar het parlement en liet de televisie-uitzendingen over de Conferentie stoppen.' Het vernietigende rapport over de overheidscorruptie werd maar gedeeltelijk voorgelezen, het nog veel ergere over de schending van de mensenrechten helemaal niet. Er waren wel enkele honderden exemplaren van in omloop, maar die misten hun effect. 'Ik zat met twee andere vrouwen in de delegatie van Zuid-Kivu. Zij konden lezen noch schrijven,' zei Régine. In een land waar meer dan twee generaties geen degelijk onderwijs hadden gehad en waar het gesproken woord meer gezag had dan het gedrukte, waren die momenten van openbaarheid meer dan symbolisch.

Begin december 1992 sloot de Nationale Soevereine Conferentie haar deuren, niet na drie, maar na zeventien maanden. De eindbalans was dubbel. Voor het eerst zat Mobutu met een premier die hij niet zelf had gekozen. De historische terugblik was van grote betekenis geweest, maar de cruciale rapporten waren niet voorgelezen en het wetgevende werk was onaf. De democratische oppositie had niet altijd blijk gegeven van politieke volwassenheid. En of de langverwachte verkiezingen er nu zouden komen, was nog maar de vraag.[17] Régine vatte het resultaat subliem samen: 'Wij wilden de dictatuur ontwortelen, ja, maar je kunt niet zomaar een baobab vellen, want dan valt hij op je. Je moet één voor één de wortels doorhakken en hem dan samen van een afstand omvertrekken.'

Onder het gewicht van de vallende baobab raakte het volk vermorzeld. De overgangsperiode naar de Derde Republiek was voor velen een ware beproeving. Zaïre kende tijdens de jaren 1975-1989 een gemiddelde jaarlijkse inflatie van 64 procent; in de jaren 1990-1995 werd het gemiddeld 3616 procent.[18] In 1994 piekte de inflatie zelfs op 9769 procent.[19] Een rolstoel voor een gehandicapte kostte in 1981 750 zaïre en in 1991 tweeënhalf miljoen zaïre.[20] Rekenmachines hadden niet genoeg nullen om facturen te berekenen. Voor een eenvoudige hotelovernachting zat je al in de exponentiële getallen.[21] Salarissen betekenden niets meer. Koopkracht werd een klucht. De ouderen zeiden: 'In de tijd van de Belgen aten we driemaal per dag, tijdens de Eerste Republiek tweemaal per dag, tijdens de Tweede Republiek nog slechts eenmaal. Waar moet dat eindigen?'[22] Kinderen stierven van de honger. Timmerlui hoefden geen meubels meer te maken, maar lijkkisten, vaak voor kinderen. In de steden bedroeg de kindersterfte rond de 10 procent, op het platteland rond de 16 procent.[23]

Velen hoopten op een mirakel. In het Zaïre van de jaren negentig werden kansspelen buitengewoon populair. Loterijen, riskante beleggingsschema's en het piramidespel beloofden onmiddellijk succes, maar maakten in de praktijk veel armen nog armer.[24] Mensen haalden hun geld van de bank, legden het in, wonnen even en verloren daarna alles wat ze hadden. Men beriep zich op waarzeggerij en hekserij om het geluk een handje te helpen, want geld en mystiek gingen hand in hand. Zelfs Mobutu liet zich gaarne omringen met machtige maraboets en allerhande féticheurs. Toen hij twee zonen aan aids verloor, weet hij dat aan occulte krachten.

In respons op dat mystiek reveil ontwaakte er een nieuw soort christendom, dat niet klassiek katholiek, protestants of kimbangistisch was, maar evangelisch en messianistisch. Men sprak van de '*Eglises du Réveil*' of 'pinksterkerken'. Heel vaak waren die geïnitieerd door buitenlandse zendelingen, vooral uit de VS.

De meest opvallende *reborn Christian* in Zaïre was Dominique Sakombi Inongo, de man die jarenlang de propaganda van Mobutu had verzorgd. De bedenker van de authenticité, het mobutisme en de politieke animatie zou nu Gods eigen woordvoerder worden. Na een ongeval op de snelweg bij Brussel (als nachtelijke spookrijder had hij een Belgische vrouw doodgereden) kreeg hij mystieke ervaringen. In een droom sprak de Allerhoogste tot hem: 'Dominique, Mijn zoon, Ik schenk je het leven en de dood, maar Ik raad je aan het Leven te kiezen! Want Ik zal je redden en gebruiken.' Dat vroeg om enige uitleg: 'Lange tijd heb je Mijn volk laten dansen voor een man, maar voortaan is het voor Mij en Mij alleen dat jij het volk gaat mobiliseren, opdat het Mij looft en eindelijk bevrijd wordt.' Sakombi besloot helemaal te breken met het Mobutu-regime en hij raadde Mobutu persoonlijk aan hetzelfde te doen ('U moet met Tshisekedi cohabiteren. U moet zich absoluut bekeren. (...) Ik spoor u aan, als broer, om definitief met de maraboets, de heksen, de féticheurs, de tovenaars enzovoort te breken. Het zijn leugenaars. (...) Citoyen Président, weersta de oproep van de Heer niet. Hij is ook voor u aan het kruis gestorven.'[25]) De uiterlijke symbolen van de Tweede Republiek waren voor hem volledig behekst. Het volkslied, de vlag en het wapenschild waren van satanische origine. Sakombi vertelde zijn toehoorders tijdens urenlange gebedssessies dat hij het prototype van het nationale wapenschild met eigen ogen gebeiteld in een spelonk had zien staan, tientallen meters onder de grond, in Egypte was het, bij een van de piramides van Caïro, aan de rand van een onderaards riviertje, ouderen zaten er incantaties te zingen... Ook de nationale munt was betoverd: 'Het volstaat om de kabbalistische tekens te observeren die erop staan om het te geloven; ze draaien alle om magie. Met die biljetten kunt u nooit de ontwikkelingen van een land financieren. (...) U zult zich herinneren dat de recente serie biljetten voor troebelen hebben gezorgd en zelfs aan de basis lagen van het conflict tussen Mobutu en Tshisekedi. U begrijpt nu waarom... omdat ze diabolisch zijn.'[26]

Nu was er met die recente biljetten inderdaad wel iets eigenaardigs aan de hand. Sakombi's fantastische discours kwam niet helemaal uit de lucht vallen, maar gaf een religieuze draai aan een vertrouwd maatschappelijk commentaar. In 1970 was het hoogste bankbiljet dat van vijf zaïre, in 1984 dat van vijfhonderd zaïre. Dat was op zich al een teken van een dramatische inflatie. Maar in 1990 kwam er een biljet van vijftigduizend zaïre en twee jaar later zelfs een van vijf miljoen zaïre.[27] Macro-economie kan soms kinderlijk eenvoudig zijn. Wanneer de waarde van de hoogste coupure zo snel stijgt, betekent dat ofwel dat een land vreselijk snel rijk wordt, ofwel dat de munt vreselijk snel waardeloos wordt. Het was helaas dat laatste: het biljet van vijf miljoen zaïre was slechts twee dollar waard. Desondanks stond Mobutu er even onaangedaan op afgebeeld als op de vorige bankbiljetten. Trots droeg hij het witte maarschalkskostuum dat Alfons Mertens voor hem had genaaid, waarmee het een van de meest afgebeelde kledingstukken van de twintigste eeuw werd. Op grote schaal geld bijdrukken was immers Mobutu's favoriete methode om zich van deviezen te verzekeren, zeker nu hij niet langer op zijn internationale geldschieters kon rekenen. Hij deed een beroep op de Duitse firma Giesecke en Devrient, drukker van geld van Hitler tot Mugabe, en liet grote ladingen bankbiljetten met cargovliegtuigen invliegen. In 1995 alleen ging het om 830 miljoen nieuwe bankbiljetten. Bijna de helft van dat geld moest hij zo snel mogelijk inwisselen voor dollars om de facturen van de gelddrukker te kunnen betalen.[28] Geld maken om de geldmaker te betalen: economie kan ook kinderlijk tragisch zijn.

Toen Mobutu in december 1992 het monsterbiljet van vijf miljoen zaïre in omloop bracht, verklaarde premier Tshisekedi het onwettig. Hij wilde een halt toeroepen aan de onbezonnen monetaire politiek, maar dat zorgde voor een eerste majeure aanvaring met de president. In de straten van Kinshasa kreeg het biljet algauw de benaming 'Dona Beija', naar een bloedmooi, maar listig personage in een Braziliaanse soap die op dat moment zeer populair was in Zaïre.[29] Mobutu gebruikte het geld om zijn militairen uit te betalen. Zoals steeds trokken zij met hun soldij naar een wisselagent, want het loon dat je op vrijdagavond kreeg, kon op maandagochtend al een derde minder waard zijn. Overal in het land was het fenomeen van de *cambistes* opgedoken, wisselagentes (bijna altijd ging het om vrouwen) die langs de kant van de weg in de schaduw van een parasol achter een tafeltje met stapels bankbiljetten zaten. In Zaïre was zelfs de zwarte markt fleurig. In Kinshasa vond je hen in de straat achter de Belgische ambassade, algauw Wall Street geheten, maar ook diep in Matonge kwamen er steegjes vol informele wisselkantoren. De ambtenaar, verkeersagent of militair trok op betaaldag met zijn plastic tas vol stapels nieuwe biljetten naar de cambiste en wisselde ze om voor dollars. De cambiste verkocht de biljetten later door, vaak aan overheidsbedrijven die ze nodig hadden om de salarissen uit te betalen. Zaïre raakte op die manier stilaan 'gedollariseerd'.[30] Tot op de dag van vandaag geldt de dollar als het primaire betaalmiddel voor alle grotere uitgaven, enkel kleinere aankopen doe je nog met de lokale munt.

Maar met het biljet van vijf miljoen liep het fout. Nadat Tshisekedi het onwettig had verklaard, weigerden de cambistes het te wisselen. De militairen die zo hun maandloon verloren zagen gaan, voelden zich bekocht en besloten hun salaris eigenhandig te innen. Van 28 tot 30 januari 1993 sloegen ze opnieuw aan het plunderen. De gevolgen waren vreselijk. In Kinshasa spreekt men vandaag nog steeds over de Eerste en de Tweede Plundering, die van 1991 en die van 1993, want het waren historische gebeurtenissen die zich diep in het geheugen van de natie hebben gegrift. De Tweede Plundering was veruit de gewelddadigste. Dit keer was het de DSP zelf, het keurkorps van Mobutu, die ging muiten en zich te goed deed aan publiek en privaat bezit. Voor het oog van de winkeliers sloegen ze vitrines aan diggelen en rukten ze lusters van het plafond. Omdat de voorraden vaak schamel waren, sleurden ze zelfs het koperdraad uit de muur en braken ze wastafels uit. Zaïre was nu het land der laatste dingen geworden, een wetteloos, straffeloos, hopeloos land, overgegeven aan banditisme en roofzucht. Een duizendtal mensen vond tijdens de Tweede Plundering de dood, onder wie de Franse ambassadeur en zijn medewerker. Opnieuw werden Franse en Belgische paracommando's gemobiliseerd. Na afloop zag de stad eruit alsof er een sprinkhanenplaag overheen was gegaan. Op straat slingerden er papier, ordners, brokstukken en schoenen rond. Uit gebroken ruiten bolden de gordijnen over het trottoir. Ook gewone mensen probeerden een graantje mee te pikken, want in een land dat bankroet was, kreeg zelfs het minste weer waarde. Oud papier bijvoorbeeld werd een kostbaar goed. Het archief van de dierentuin van Kinshasa, een onbeholpen overblijfsel uit de koloniale tijd waar nog steeds een krokodil uit 1938 lag te dutten in de zon (en vandaag nog steeds ligt), werd leeggehaald door een bevolking op zoek naar inpakpapier.[31] Wie de weken daarna op de markt van Kinshasa bij wijze van avondeten een handje aardnoten kocht, kreeg ze gewikkeld in een zakje van vergeeld papier waarop je kon lezen over het wonderlijke leven van de chimpansee en de okapi.

Mobutu vond dat het zo niet verder kon met zijn land. Enkele maanden eerder had hij in Gbadolite de bruiloft van een van zijn dochters gevierd. Bij die gelegenheid droeg ze voor drie miljoen dollar juwelen van Cartier en Boucheron. Maar dat was het probleem niet. Er waren 2500 gasten. Er was kaviaar en kreeft. Er werden duizend flessen Franse topwijnen opgedronken. Maar dat was het probleem niet. Een vliegtuig was speciaal op en af naar Parijs gevlogen om de taart, een gevaarte van vier meter hoog, bij chef-patissier Lenôtre op te halen. Maar dat was allemaal het probleem niet, nee. Het ware probleem in zijn ogen was Tshisekedi, de man die een bankbiljet met zijn beeltenis had verworpen en daarmee de plunderingen had ontketend. Nee, met die koppigaard viel geen land te bezeilen.

In maart 1993, na een conclaaf van tien dagen met de top van de nog steeds vitale MPR, besloot Mobutu een eigen regering met een eigen parlement, een eigen grondwet en een eigen premier aan te stellen. Faustin Birindwa, een voormalige opposant, was het slachtoffer van dienst, en hij zou zorgen voor een munthervorming waarbij een nieuwe munt, de *nouveau zaïre*, drie miljoen oude zaïres moest vervangen. Zaïre had nu een dubbel bewind. Naast de instellingen van de Nationale Soevereine Conferentie waren er die van de nog veel soevereinere president. Het formidabele werk waar mensen als Régine Mutijima voor gestreden hadden, viel ten prooi aan de inhaligheid van een oude dinosaurus. De historische ironie van dat alles kon niemand ontgaan: Mobutu had in 1960 en 1965 een staatsgreep gepleegd omdat Kasavubu tot twee keer toe een eigen premier had benoemd naast de democratisch verkozene (Ileo versus Lumumba in 1960, Kimba versus Tshombe in 1965), maar nu deed hij, Mobutu, precies hetzelfde. Die onhoudbare toestand zou een jaar duren. Transnationale organisaties beseften de ernst van de situatie en vreesden voor een escalatie zoals na de onafhankelijkheid. De Organisatie voor Afrikaanse Eenheid en de VN stuurden gezanten naar Kinshasa om te bemiddelen over een mogelijke derde weg. Die kwam er in de vorm van een monsterparlement met zevenhonderd leden, waarin de twee parallelle volksvertegenwoordigingen, die van de Nationale Conferentie en die van de dictatuur, opgingen. In die nogal mechanisch aangeduide HCR-PT (Haut Conseil de la République – Parlement de Transition) hadden de Mobutu-gezinden een meerderheid. Als premier werd in juli 1994 opnieuw Kengo wa Dondo aangetrokken, een métis van Pools-Congolese origine, die in de jaren tachtig twee relatief stabiele regeringen had geleid die de structuuraanpassingsprogramma's van het IMF doorvoerden. Dat maakte hem aanvaardbaar voor de internationale gemeenschap, maar de Zaïrese burger bewaarde barre herinneringen aan de jaren van bezuinigingen onder hem. Kengo deed nooit de harten opveren zoals Tshisekedi. Zijn taak was het nu om het land naar de verkiezingen te leiden, tegen 1995, maar in 1995 werd dat verlengd tot 1997.

Mobutu leek met die constructie (een parlement dat hem gehoorzaamde, een premier die hem niet tegenwerkte, verkiezingen die nog niet voor morgen waren) zijn schapen weer op het droge te hebben. Toch was dat slechts schijn, want Zaïre, het land dat hij had verenigd en grootgemaakt, viel stilaan uiteen. In Kasai weigerde de bevolking de nieuwe munt, de *nouveau zaïre*, te gebruiken: in die eigen muntzone school het gevaar van een nieuwe secessie.[32] In Katanga was het etnisch geweld tussen de oorspronkelijke bewoners en de Luba-migranten uit Kasai weer in alle hevigheid opgelaaid, door het onversneden racisme van provinciegouverneur Kyungu wa Kumwanza, die droomde van een onafhankelijk Katanga en alvast tienduizenden migranten verdreef. Maar het ergste geweld viel in Noord-Kivu op te tekenen. Daar werden Rwandeessprekenden, de zogenaamde Banyarwanda, in toenemende mate beschouwd als ongewenste migranten, die met de rijkdom, de grond en de macht gingen lopen. De meesten van hen hadden zich tussen 1959 en 1962 in Congo gevestigd, na onlusten in hun eigen land. Zolang Bisengimana, de vader van de jongeman met wie ik over het Kivu-meer voer, de kabinetschef van Mobutu was, werden die Rwandeessprekenden (voornamelijk Tutsi's) gezien als volwaardige Zaïrezen en kregen ze vrij makkelijk de Zaïrese nationaliteit. Maar een nieuwe wet uit 1981 verscherpte doelbewust de criteria voor Zaïrees staatsburgerschap en vanaf 1990 wilde men zich van die geïmmigreerde Tutsi's ontdoen. De Banyarwanda waren voor de Kivu wat de Baluba voor Katanga waren: ongewenste elementen, indringers, buitenstaanders, profiteurs, vreemden, volk dat er niet bij hoorde. *Rwandais* werd een scheldwoord. Kinderen zongen: 'Alle Rwandezen naar huis, we willen hen niet meer bij ons.'[33] De animositeit tussen Zaïrezen en 'Rwandezen' nam zozeer toe dat er nationalistische volksmilities ontstonden, de Mai-mai. Die spontane paramilitaire groeperingen wilden de wapens opnemen tegen alle vreemde invloeden. In hun bizarre rituelen grepen zij terug op de Simba's van 1964, maar ditmaal was de vijand niet Mobutu en zijn westerse bondgenoten, maar de 'migrant' uit het oosten.

'*Je suis zaïrois!*' zei een van hun veteranen me vol trots in december 2008, elf jaar nadat zijn land weer Congo was gaan heten. 'Eerst hadden wij een goede verstandhouding met de Banyarwanda, maar toen wilden zij de Hunde, de Tembo en de Nyanga elimineren. Ik ben Hunde. De Banyarwanda sloten de Hunde in hun huizen op en staken ze in brand.' In wezen ging het conflict om grond. Rwanda en de Kivu zijn het dichtst bevolkte agrarische gebied van Afrika. 'In 1993 is het begonnen. Wij werden Mai-mai. Daarvoor moest je tot het Bantoe-ras behoren, hevig patriot zijn en gedoopt worden met ons speciale water. Je kreeg een ritueel litteken, traditionele dranken en geneeskrachtige planten. Stelen en verkrachten was verboden. Toen waren er nog geen verkrachtingen. We knutselden aan de geweren waarmee we normaal op vogels gingen jagen. We hadden geen keus. De Banyarwanda waren buitenlanders die Noord-Kivu bij Rwanda wilden aansluiten.' Overbevolking, armoede en een afwezige staat zorgden voor een dodelijke cocktail. In 1993 leidden de spanningen in Noord-Kivu tot etnische zuiveringen waarbij minstens vierduizend, maar mogelijk zelfs twintigduizend mensen zijn omgekomen.[34] 'O, ik heb wel veertig gevechten meegemaakt.'[35]

In Goma sprak ik daarover met Pierrot Bushala, een man die zich nog steeds verbaasde over wat er toen gebeurde: 'In de jaren tachtig kende niemand de etnische achtergrond van zijn klasgenoten; dat is pas in de jaren negentig begonnen. Mijn middelbareschoolklas was *un mélange total*. Ik had toen een Tutsi-vriendinnetje en wist het niet eens. Maar toen we in de jaren negentig wilden trouwen, mocht dat niet van haar ouders. Ik weet zeker dat ze mij tien jaar eerder wel aanvaard hadden.' Hij was in staat om zijn liefdesverdriet historisch te duiden: 'Kijk, toen België in 1918 de mandaatgebieden erbij kreeg, werd de grens tussen Congo en Rwanda osmotisch. De Belgen hebben duizenden Rwandese Hutu's naar de mijnen geëxporteerd en de Tutsi's verplaatsten zich spontaan over de grens. Onder Mobutu hadden die Tutsi's Zaïrese paspoorten, maar in de jaren negentig nam het tribalisme toe. Plots waren ze zogezegd geen loyale landgenoten meer, omdat ze de strijd van hun broeders in Rwanda steunden. "Als je een Tutsi bent, dan ben je een Rwandees," zeiden de Zaïrezen. Daar is het fout gegaan. Ik ben uiteindelijk met een Lega-vrouw getrouwd, zij kwam uit een autochtone stam in Zuid-Kivu.'[36]

In Zuid-Kivu werden die Zaïrese Tutsi's in toenemende mate 'Banyamulenge' genoemd, mensen van Mulenge, een etnische aanduiding die anderen hun gaven en die vroeger niet bestond. Nochtans leefden ze al sinds de negentiende eeuw met hun kuddes in de koude, mistige hoogvlakten ten westen van het Tanganyika-meer, onder meer in de buurt van het plaatsje Mulenge. Met hun lange gestalte, fijne gelaatstrekken en vilten hoeden bevestigden ze de clichés van de Tutsi-herder die met zijn staf op zijn schouders achter zijn koeien slentert. Ook zij werden in toenemende beschimpt en gehaat. Zij waren net vleermuizen, zei een Congolese vrouw me ooit, vogel noch muis, Rwandees noch Zaïrees, eng en ongrijpbaar. En ook nog een beetje vies! Ja, beaamde een ander, ze verdienden veel geld met hun koeien, maar ze hadden geen cultuur, die Banyamulenge. Ze kochten de duurste kleren, maar zonder enige smaak. Hun mannen droegen vrouwenkleren. En hun vrouwen gebruikten een wc-pot als maniokvijzel. Haha! En altijd maar dat grijnzen van ze! Kwam dat door hun uitstaande tanden? Of gewoon door de kou?

Mobutu had getracht het nationale sentiment aan te wakkeren ten nadele van de tribale reflex, maar in tijden van schaarste loerde vijandschap om de hoek. De Tutsi's in de Kivu (zowel de Banyarwanda in Noord-Kivu als de Banyamulenge in Zuid-Kivu) ervoeren dat het sterkst. Juist door de rassenhaat gingen zij zich steeds meer als een groep gedragen. Uitgescholden Banyamulenge begonnen zich werkelijk Banyamulenge te voelen. Ze zagen hun geschiedenis, herinnerden zich dat ze inderdaad anders dan anderen waren, dat hun wortels in Rwanda lagen en dat ze eigenlijk, nu je het zegt, ja, nooit welkom waren geweest in Zaïre. Groepen ontstaan zodra ze bedreigd worden. Etnische identificatie werd belangrijker dan nationale identificatie.[37] Zelfs de vader van de natie had zich teruggetrokken in zijn geboorteregio en vertrouwde zijn beveiliging toe aan mannen van zijn volk. Mobutu, de unitarist, werd zelf een tribalist. Zaïre werd weer een lappendeken van stammen. Armoede leidde tot agressie, honger tot gruwel.

Geen geld, geen buitenlandse steun, geen functioneel leger: Zaïre was totaal vermolmd en er was anno 1994 niet veel nodig om de dictatuur op de knieën te krijgen. Maar toen voltrok zich in Zaïres kleinste buurland een humanitaire catastrofe die de hele regio dermate destabiliseerde dat Mobutu door de internationale gemeenschap plotseling weer werd erkend als een baken van stabiliteit, een ouderdomsdeken, een rots in de branding van het woelige Centraal-Afrika. Die catastrofe was de Rwandese genocide, een buitenlandse gebeurtenis die als geen andere de geschiedenis van Zaïre zou beïnvloeden.

Net zoals zusterland Burundi was Rwanda in 1962 onafhankelijk geworden van België. Bij de eerste democratische verkiezingen verloren de eeuwenoude machthebbers, de Tutsi's, een minderheid van veetelers, de macht en namen de veel talrijkere Hutu's, van oudsher landbouwers, het over. De sociale en economische verschillen tussen beide groepen waren reëel, maar het Belgisch koloniaal bewind had ze aangescherpt en verabsoluteerd. Je was Hutu óf Tutsi. Na de onafhankelijkheid betoonde het nieuwe Hutu-bewind zich uiterst onverzoenlijk jegens hun vroegere meesters. Vele Tutsi's sloegen met hun koeien op de vlucht, naar Burundi, Congo en Oeganda. Daar, aan de rand van hun vaderland, staarden ze naar hun heuvels in de verte, vastbesloten om vroeg of laat terug te keren en de macht te herwinnen. In het zuiden van Oeganda organiseerden ze zich militair in het RPF, het Rwandees Patriottisch Front, en streden ze aan de zijde van rebellenleider Yoweri Museveni om Milton Obote te verjagen. Museveni werd president van Oeganda en het RPF leerde voor het eerst hoe je een land kon veroveren. Die militaire ervaring zou goed van pas komen. Hun militaire aanvoerder werd Paul Kagame, de huidige president van Rwanda. Vanaf 1990 stak het RPF de grens met Rwanda over en begon een burgeroorlog met het Hutu-bewind. Tussen 1990 en 1994 vielen daarbij naar schatting twintigduizend doden en sloegen anderhalf miljoen burgers op de vlucht. Die invallen zetten zoveel kwaad bloed bij de Hutu-bevolking dat de haat jegens *anything* Tutsi nog toenam, zelfs jegens de Tutsi's die als brave burgers in Rwanda waren blijven wonen. 'Kakkerlakken' noemde men hen.

Toen op 6 april 1994 het toestel van Hutu-president Habyarimana werd neergehaald, brak de hel los. De Hutu's redeneerden dat het RPF van Kagame hierachter stak en begonnen op grote schaal Tutsi-burgers uit te moorden. Het was geen strijd van militairen met vuurwapens, maar van burgers met machetes. Het Hutu-bewind had op voorhand burgermilities opgeleid en kapmessen uitgedeeld. Die milities bestonden vaak uit tienerjongens die doordrenkt werden van rassenhaat, de fameuze *Interahamwe*. Toen de genocide losbarstte, begonnen ze te moorden en wisten ze zich aangemoedigd door de uitzendingen van haatradio Mille Collines, die bleef herhalen dat de graven nog niet vol waren en dat er nog steeds kakkerlakken rondliepen. In drie maanden tijd werden achthonderdduizend tot één miljoen Tutsi's en gematigde Hutu's afgeslacht. Ondertussen zette het RPF van Kagame vanuit het noorden zijn opmars naar Kigali voort.

De internationale gemeenschap was afwezig. Bij het begin van de volkerenmoord had het Rwandese regeringsleger tien Belgische blauwhelmen vermoord om de VN te verjagen, zodat het werk van de etnische zuivering ongehinderd kon geschieden. Reporters en journalisten van buitenlandse media ontvluchtten het geweld in het land. De ogen van de wereld waren die weken veeleer op Zuid-Afrika gericht, waar Nelson

Mandela tot president werd gekozen. Weinigen wisten wat er precies aan de hand was, en de Franse president Mitterrand was daar geen uitzondering op. Hij beschouwde de Hutu's als slachtoffer van de Tutsi-inval en besloot Franse troepen naar Rwanda te sturen om hen te helpen. Dat het regime in Kigali Franstalig was en dat de oprukkende Tutsirebellen in Oeganda Engelstalig waren geworden, speelde onbewust mee in de Franse steun voor de Hutu's. Wat Mitterrand niet wist, was dat hij daarmee de genocideplegers beschermde. De Franse troepen lanceerden Opération Turquoise: in het zuidwesten van het land creëerden zij een veilige zone waar de Hutu's heen konden vluchten, weg van het oprukkende RPF van Kagame, weg van de represailles die zeker zouden volgen.

De genocide had Rwanda Tutsi-vrij moeten maken, maar nu veroverden die Tutsi's vanuit de buurlanden het land. De militaire macht van het RPF was schromelijk onderschat. De Franse militairen vingen honderdduizenden Hutu-vluchtelingen op en zetten hen over de grens. Hier sloeg niet alleen een volk op de vlucht, maar ook een regime: het regeringsleger, het wapenarsenaal, het bestuur en zelfs de staatskas verlieten het land. Naar schatting 270.000 mensen trokken naar Burundi en 570.000 naar Tanzania, maar het gros van de vluchtelingen kwam in Oost-Zaïre terecht: zo'n anderhalf miljoen.[38] Mobutu had zijn luchthavens ter beschikking gesteld van het Franse offensief en toestemming verleend om de vluchtelingen in zijn land onder te brengen. Ze zaten vooral in Noord-Kivu, in en om de stad Goma (850.000 mensen), en in mindere mate in Zuid-Kivu bij Bukavu (650.000).

Met Pierrot Bushala, de man die zijn Tutsi-vriendinnetje had moeten laten gaan, reed ik in december 2008 naar Mugunga ten westen van Goma, het grootste van die toenmalige vluchtelingenkampen. Het werd nog steeds gebruikt als opvangplaats, want sinds 1994 is de rust nooit meer teruggekeerd in de Kivu. Pierrot was in die dagen betrokken bij de hygiënische sanering van de kampen door de UNHCR, het vluchtelingencommissariaat van de VN. 'Kun je je dat voorstellen? Heel het gebied hier zat vol vluchtelingen en er was helemaal niets,' zei hij terwijl we met zijn jeep door een luguber maanlandschap reden, overwoekerd met knalgroene vegetatie. De bodem bestond uit zwarte lava, afkomstig van de imposante Nyiragongo-vulkaan verderop, en hier kwamen plotseling 850.000 mensen wonen. Pierrot werd verantwoordelijk voor het sanitair in een van de kampen. 'Aanvankelijk ontlastten de mensen zich overal een beetje. Maar de UNHCR en het Rode Kruis hebben toen tenten geleverd, en kalk om rond te strooien. Pas later kwamen er toiletten met een gat in de grond.' Toen we in Mugunga zelf rondliepen, begreep ik dat het graven van toiletkuilen in die vulkanische rots geen sinecure moet zijn geweest. Pierrot keek naar het troosteloze landschap van gestolde lava vol hutjes en tenten. 'Wij streden tegen vliegen, tegen muggen, we liepen rond met verstuivers, we hadden teams om de toiletten te legen, we haalden vuilnis op.' Maar het mocht niet baten. In de kampen brak cholera en dysenterie uit. Minstens veertigduizend mensen kwamen om. Stapels lijken lagen langs de weg. De stank was niet te harden. Chauffeurs konden bijna niets zien door hun voorruit vanwege de vliegen.

De ellende die volgde op de genocide maakte Mobutu weer internationaal acceptabel. De Fransen waren hem dankbaar voor zijn medewerking en nodigden hem kort daarna uit voor een internationale top in Biarritz. De VN erkende zijn rol bij het opvangen van de vluchtelingen. Toen epidemieën de kampen teisterden, mochten tientallen ngo's en internationale hulporganisaties zich op het land storten. De uitbraak van het uiterst besmettelijke ebola-virus in Kikwit een jaar later schonk Mobutu eerder de aura van slachtoffer dan van schurk. Nu de wereld hem weer wat milder bekeek, mocht premier Kengo wa Dondo het verkiezingsproces gerust wat vertragen en saboteren. Er was allemaal geen haast bij.

Maar anderhalf miljoen vluchtelingen onderdak verschaffen op je eigen grondgebied was natuurlijk wel een pittige prijs voor eerherstel, zeker in een sowieso al overbevolkte regio waar de haat jegens Rwanda al jaren aan het toenemen was. Net zoals de bevolking haar geluk beproefde via riskante kansspelen, speelde Mobutu hoog spel met die kampen. Aanvankelijk leverde het hem wel wat op, maar uiteindelijk zouden ze zijn ondergang betekenen.

Ook die zaterdag in 1996 voetbalde Ruffin Luliba met de *locals*. Een zonnige dag. Het geluid van kinderstemmen die om de bal vroegen, het doffe geluid van sportsloffen tegen de bal, enkele schreeuwende toeschouwers, het fluitje van de scheidsrechter. Hij was inmiddels dertien, Ruffin. Na zijn lagere school in Bukavu was hij naar het internaat van de broeders maristen in Mugeri gegaan en aan zijn studie op het kleinseminarie begonnen. Die dag speelden ze de halve finale, en in het publiek stond Déogratias Bugera te kijken, een man die architect was in Goma, maar de weekends graag in zijn geboortestreek doorbracht. 'Na afloop zei Bugera dat hij ons team wilde sponsoren. Hij gaf ons rietsuiker, bonbons en biscuits. Als we de week erop de finale zouden winnen, zou hij alles voor ons betalen: de hele voetbaluitrusting, truitjes, zelfs nieuwe voetbalschoenen.' Ruffin wist niet wat hij hoorde: nieuwe voetbalschoenen! 'De week erop kwam hij inderdaad langs. Wij wilden echt winnen en we versloegen de tegenploeg met 2-0. We mochten allemaal mee in zijn Daihatsu om ons voetbaltenue op te halen. Het was zo'n pick-up met netten. We waren met dertien kinderen. De oudste was 16, de anderen 14 of 15. Ook mijn kamergenoot Rodrick ging mee.' Maar de roes sloeg algauw om in verwarring. 'We reden weg in de richting van Bukavu, maar daar stopten we niet. We gingen door tot aan de grens met Rwanda. Bij de brug over de Ruzizi staken we de grens over. Er waren niet eens grensformaliteiten, geen douane, geen migratie, niets. We reden door naar een vliegveldje. Wacht hier, zei Déogratias, en hij ging weg. Wij wisten niet precies waar we waren, wij waren gewoon leerlingen. Het was half zes 's avonds en het werd al donker. Wij waren bang dat de rector van het internaat ons zou straffen en we begonnen te huilen. Om zeven uur kwam er een grote vrachtwagen langs en moesten we overstappen. Vijf uur duurde de rit. "Wat zal de rector zeggen?" zeiden we. Dat was onze grootste zorg. Uiteindelijk kwamen we aan in het militaire trainingscentrum van Gabiro. We kregen geen voetbalschoenen, maar rubberlaarzen, geen leren laarzen zoals bij ons. Er waren heel veel kinderen in dat kamp, allemaal ontvoerd uit Goma en Uvira. Er waren ook Banyamulenge bij, maar die waren daar vrijwillig. Ons haar werd meteen afgeschoren. Het was één uur 's morgens en wij moesten bij wijze van doop door het slijk kruipen. Jullie moeten je van Mobutu ontdoen, schreeuwden ze, jullie zijn de toekomstige bevrijders van jullie land.'[39]

De getuigenis van de jonge Ruffin is van groot belang omdat hij niet alleen het lot beschrijft van wat toen een relatief nieuw fenomeen was, dat van een onvrijwillige kindsoldaat, maar tevens aantoont hoe Rwanda zich klaarmaakte voor een inval in Zaïre. Het Tutsi-regime dat na de genocide in Kigali aan de macht kwam, was erg beducht voor die anderhalf miljoen gevluchte Hutu's in Zaïre. Anders dan de internationale voorschriften bepalen, zaten die niet op enkele tientallen kilometers van de grens, maar schurkten ze er zowat tegen aan. In die kampen herorganiseerde het pas verjaagde Hutu-bewind zich. Ze hadden geld en wapens en waren vastberaden om Rwanda weer het hunne te maken. Zoals de

Tutsi's in ballingschap in Zuid-Oeganda van 1962 tot 1994 op hun kans hadden zitten wachten, zo zouden de Hutu's in Oost-Zaïre nu hun beurt afwachten. De meeste vluchtelingen, zo'n 85 tot 90 procent, behoorden echter niet tot het gevluchte regeringsleger, ze hadden niet deelgenomen aan de genocide en waren geen lid van de Interahamwe geweest.[40] Het waren onschuldige burgers die gewoon terug wilden naar hun land, maar vreesden voor een tegen-genocide.

In de vluchtelingenkampen werd een invasie voorbereid. De internationale gemeenschap onderkende het probleem, maar leek niet geneigd tot veel actie. Amerika had na het debacle in Somalië geen zin om opnieuw lijken van GI's door het stof te zien slepen. België had geen zin om nog eens tien paracommando's te verliezen. En VN-secretaris Boutros Ghali slaagde er niet in om een internationale troepenmacht op de been te krijgen. Elk internationaal optreden in Zaïre zou sowieso gezien worden als steun aan Mobutu en zover wilde men niet gaan. Paul Kagame besloot daarop het heft maar in eigen hand te nemen: zijn Rwandees Patriottisch Front, inmiddels omgedoopt tot het Rwandees Patriottisch Leger, het nieuwe regeringsleger, zou het gevaar van die kampen zelf neutraliseren. Daarbij kreeg hij de steun van zijn oude vriend Yoweri Museveni, president van Oeganda.

Maar invallen in de kampen betekende invallen in een soeverein land, en dat kwam de facto neer op een daad van agressie jegens een vreemde mogendheid. Kagame zocht daarom een Zaïrese dekmantel voor zijn Rwandees initiatief en vond die bij de gefrustreerde Zaïrese Tutsi's. Zij werden al jaren vernederd door zogenaamd 'echte' Zaïrezen, en waren nu ook nog eens overrompeld door anderhalf miljoen Rwandese Hutu's. Déogratias Bugera, de voetbalsupporter die Ruffin en zijn ploegmaten in zijn Daihatsu ontvoerde, was een Tutsi uit Noord-Kivu en stond aan het hoofd van de ADP (Alliance Démocratique des Peuples). Daarnaast was er Anselme Masasu Nindaga, een Tutsi uit Zuid-Kivu die politiek activist in Bukavu was en de MRLZ leidde (Mouvement Révolutionnaire pour la Libération du Zaïre). Maar er waren ook oudere nationalisten, zoals André Kisase Ngandu, een Tetela, die teruggrepen op de lumumbistische traditie. En er was Laurent-Désiré Kabila, evenmin een Tutsi, maar een Luba uit Katanga, de man die al sinds 1964 het gebied tussen Fizi en Baraka buiten de greep van Mobutu hield. Hij was de rebellenleider die op Che Guevara zo'n lamentabele indruk had gemaakt. Als die 'rebellie' anno 1964 al een zootje was, dan was het anno 1996 niet veel beter.

Kabila woonde quasipermanent in Tanzania en kwam aan de kost met wat goudsmokkel, een beetje wapenhandel, af en toe een ontvoering: het gemengd boerenbedrijf van de Afrikaanse misdaad, kortom.

Die vier heren samen zouden in oktober 1996, op instigatie van Kagame, het AFDL stichten, Alliance des Forces Démocratiques pour la Libération. Kabila werd er de woordvoerder van en omdat hij de oudste was van de vier, kreeg hij als aanspreektitel het eerbiedwaardige *Mzee* mee, Swahili voor 'ouderling'. Bugera was de nummer twee, Kisase de militaire bevelhebber.

Ruffin Luliba maakte het live mee: 'Tijdens onze opleiding werden de latere stichters van het AFDL al aan ons voorgesteld. Bugera kenden we al. Maar ook Kisase Ngandu, Masasu en Mzee kwamen langs. Mzee schonk ons zelfs twee koeien, waardoor we voor het eerst in tijden goed konden eten! Normaal aten we alleen bonen met maïs uit onze gamel. Er waren twee bataljons in het kamp. Zes maanden duurde onze opleiding. Drie maanden fysieke training voor het slagveld en de spionage. Twee maanden ideologische training, die ons het doel van de oorlog moest bijbrengen. Eén maand concrete voorbereiding. Vooral het eerste deel was zwaar. Sommigen stierven. Rodrick, mijn kamergenoot op het kleinseminarie, bezweek aan diarree. We hebben hem in een deken begraven, kisten waren er niet. Op het eind van de opleiding kregen we ons definitieve uniform en riep men ons opnieuw uit tot "de toekomstige bevrijders" van ons land.'

Vanaf het begin was duidelijk dat Rwanda niet alleen de kampen wilde neutraliseren, maar tevens tot de hoofdstad wilde doorstoten, tweeduizend kilometer westelijker. Voor Kagame moest Mobutu opstappen, omdat hij de *génocidaires* onderdak bood en beschermde. Het minuscule Rwanda zou Zaïre, de reus van Centraal-Afrika, op de knieën dwingen en het AFDL moest het doen voorkomen als een binnenlandse opstand. Voor Kagame ging het om zijn derde regimewissel in een Centraal-Afrikaans land: na Oeganda en Rwanda was nu Zaïre aan de beurt.

Aan het hoofd van de invasiemacht kwam de piepjonge, maar onverdroten Rwandese officier James Kabarebe te staan, een vertrouweling van Kagame. Hij was pas 27: een jongen met een babyface, maar met een groot charisma en een soepel geweten. Het invasieleger stond sowieso al bekend om zijn lage gemiddelde leeftijd, doordat voor het eerst op grote schaal kindsoldaten uit Zaïre waren ingeschakeld, de zogenaamde *kadogo*'s. Je herkende ze aan hun veel te wijde uniformen en vooral aan hun zwarte rubberlaarzen, hét handelsmerk van de Rwandese betrokkenheid. Kalasjnikovs leken te groot in hun handen, maar ze klemden de karakteristieke kromme lader ervan vast met een blik die meer venijn dan weerzin verraadde.

Ruffin herinnerde zich de eerste fase: 'James Kabarebe zei: Ik heb tien kadogo's uit Bukavu nodig, tien uit Uvira en tien uit Goma. Ik meldde me aan en we moesten ons vermommen als straatkinderen om te gaan spioneren. James zei tegen mij: "Ik vertrouw je deze missie toe. Ga kijken naar de FAZ [Forces Armées Zaïroises, het regeringsleger van Mobutu]. Kijk welke wapens ze hebben. Kijk of ze versterkingen krijgen." Hij gaf me een Motorola om met hem in contact te blijven. Ik stak in lompen de grens over en ging in Bukavu in hun kamp kijken. Toen ik daar aankwam, waren de soldaten aan het plunderen geslagen. Een ervan riep dat ik zijn buit moest helpen dragen! Ik verborg de Motorola. Het was chaos. Er vielen schoten. Toen ging ik terug naar Rwanda om James te vertellen wat ik had gezien. Mijn familie heb ik niet opgezocht toen in Bukavu. Als je in het leger bent, vergeet je je familie. Het leger was mijn familie.'

De FAZ aan het plunderen? Kabarebe hoorde het graag. Zaïre was zo rot als een mispel, besloot hij. En inderdaad, toen de vicegouverneur van Zuid-Kivu begin oktober liet weten dat hij eerstdaags zou overgaan tot de etnische zuivering van de Banyamulenge, kwamen die laatsten in opstand. Dat betekende het startschot voor de vijandelijkheden. Rwanda viel binnen. Enkele dagen later trad het AFDL als rebellenbeweging naar voren. Op 28 oktober 1996 werd Uvira ingenomen, twee dagen later was Bukavu aan de beurt. Een van de eerste slachtoffers was Christophe Munzihirwa, de aartsbisschop die de Rwandese manoeuvres fel had bekritiseerd. Ruffin en zijn maten vochten in de eerste linie. 'Er waren Rwandezen, Oegandezen en zelfs Eritreëers bij ons. We rookten joints van wel twintig centimeter, dat gaf ons de moed om patriot te zijn.' Mobutu's soldaten sloegen meteen op de vlucht, maar de ergste tegenstand kwam van de Mai-mai, de volksmilities die alles haatten wat uit Rwanda kwam. 'Mijn eerste gevecht was met de Mai-mai die het gebouw van de RTNC verdedigden, de openbare omroep. Ik had een korte kalasjnikov. Daar moest ik aan wennen. Doordat ik linkshandig ben, verbrandde ik altijd mijn huid, want de hulzen springen er rechts uit, tegen mijn buik. Een Mai-mai kwam op me afgelopen met zijn rode hoofdband en zijn grigri. Hij had geen munitie. Ik heb hem een kogel door zijn kop geschoten. Ik was er erg van ontdaan. Het was de eerste keer dat ik iemand doodde en ik voelde me vreselijk. Laat mij terugkeren naar de derde sectie, smeekte ik de legerleiding, ik wilde niet meer in de eerste sectie vechten. Je móét, zeiden ze tegen me, en ze gaven me honderd zweepslagen.'

Na Uvira en Bukavu viel op 31 oktober 1996 Goma. Binnen enkele dagen had het AFDL de drie belangrijkste steden in Oost-Zaïre veroverd, niet toevallig de drie steden waar de grootste vluchtelingenkampen waren. Het AFDL wilde zo snel mogelijk naar Kinshasa, maar voor de Rwandezen was het neutraliseren van die kampen cruciaal. Ruffin ervoer die spanning heel duidelijk binnen het gemengde invasieleger: 'Als we bij een vluchtelingenkamp kwamen, deden de Rwandese Tutsi's het werk. Honderd, duizend doden...Vaders, moeders, vrouwen... De Hutu's zijn slangen, zeiden ze. In het Kashusha-kamp bij Bukavu kwam ik in een tent waar ze net een oma en een zwangere vrouw hadden vermoord. Alleen het kind leefde nog. Een kleuter. Ik moest hem vermoorden, maar dat kon ik niet. Hij streelde mijn geweer. Ik heb hem vrijgelaten en weggestuurd met enkele vluchtende Hutu's.'

Vooral in Goma, waar de vijf grootste vluchtelingenkampen zaten, ging het er ongenadig aan toe. Rwanda bestookte de miserabele kampen met mortiergeschut en machinegeweer, waardoor een groot deel van de Hutu's die er verbleven in paniek terug naar hun vaderland vluchtte. Dat zorgde voor een ware mensenzee. Binnen enkele dagen trokken bijna vierhonderdduizend vluchtelingen oostwaarts de grens over.[41] In Rwanda werd een nieuw verkeersbord ingevoerd: '*Ralentir: refugiés*' ('Langzaam: vluchtelingen').[42] Maar heel wat Hutu's, en zeker de meest gemilitariseerden, trokken westwaarts het woud in. Tegen de tijd dat de VN een interventieteam klaar had om de vluchtelingen te beschermen, waren de kampen leeg. De strijd tussen Rwandese Hutu's en Tutsi's, het vervolg op de genocide, zou zich voortaan op Zaïrese bodem afspelen.

Ruffin, 14 jaar, leerde de gruwelen van de oorlog van nabij kennen. Zijn bataljon trok zuidwaarts, via Uvira langs het Tanganyika-meer, naar Katanga. Bij Bendera, een plaatsje in Noord-Katanga, maakte hij zijn hevigste gevechten mee. Ze werden bestookt met bommen. 'Een vuurgevecht is als een drumstel. Bommen en bazooka's klinken als het geluid van de *toms* en de *floor tom*. De salvo's van onze kalasjnikovs zijn als roffels op de *snare drum*. De basdrum komt overeen met een 80-mm-mortier. En de cimbalen, dat is ons gekrijs, want wij schreeuwden altijd. We maakten spookgeluiden om de vijand gek te maken, sommigen met lage stem, anderen met gillende stem. We riepen hun namen en zeiden dat we hen zouden vinden.' Oorlog, waanzin, hysterie. Voetbal, maar dan zonder bal. Alleen het krijsen. En de wapens.

Het mocht allemaal niet baten. Ruffin werd samen met drie andere soldaten door Rwandese Hutu's gegijzeld. Hij was doodsbang. 'De Hutu's stonden erom bekend met de machete te doden, zoals tijdens de genocide. Ze hakten je armen af of sloegen je schedel in, zodat ze je hersenen konden zien. Dat was typisch voor hen.' Hij was de jongste van de vier gijzelaars en dat bleek zijn redding. De drie anderen moesten één voor één hun arm op een blok leggen. 'De Hutu's hadden nieuwe machetes, die glommen; het waren net spiegels. Mijn vriend keek weg toen ze de machete ophieven. Hij schreeuwde het uit. Ik zag zijn hand, zijn hand die nog steeds bewoog, die bleef bewegen, ook toen die op de grond lag. Los. Ze hebben hem vreselijk doen lijden toen. Ze bleven hakken, ze doorboorden zijn lijf, tot hij dood was. En toen was het aan de tweede en toen aan de derde. Eén voor één werden mijn maten afgeslacht en ik keek toe. Toen ik aan de beurt was, zei hun commandant tegen mij dat hij Mungura heette en vroeger lijfwacht van president Habyarimana was geweest voor die vermoord werd. Hij zou me sparen en begon een brief in het Kinyarwanda te schrijven. "Hier, breng dat maar naar Kabarebe." Ze trokken mijn kleren uit en stuurden me in mijn ondergoed weg. Ik daalde de heuvels af en keerde alleen terug naar onze positie. Dat was het moeilijkste moment van mijn leven, ik kan het maar niet vergeten. Toen ik er eindelijk was, gaf ik de brief aan James Kabarebe. Hij las de brief en zei: "*Dieu le veut.* Mungura heeft de hele familie uitgemoord, maar voortaan hou ik jou als mijn lijfwacht." Ruffin, een Zaïrees jongetje dat tot voor kort niets van politiek wist en de buitenspelregel al moeilijk genoeg vond, was bijna gedood in een conflict tussen Rwandese Hutu's en Tutsi's. 'Ik hoefde niet meer naar het slagveld. James hield van me, ik mocht zijn tas dragen. Kadogo, breng mijn tas! riep hij de dagen daarna. Ik zag hem naar de kaart van Congo kijken. Ook hij was hier voor het eerst. Kabarebe had niet gestudeerd, maar hij was heel logisch en rustig, hij kon goed analyseren en luisteren. Hij had zijn familie verloren en zei tegen me: Je moet van je land houden, kadogo.' En zo werd Ruffin, de jongen die van voetballen hield en priester wilde worden, de lijfwacht van de feitelijke bevelhebber van de invasiemacht die Mobutu ging onttronen.

Het AFDL veroverde Zaïre via een tangbeweging. Ruffin zat in de zuidelijke arm die naar Lubumbashi trok; de noordelijke arm trok op naar Kisangani, de stad aan de rivier. Vele tienduizenden burgers kregen na drie decennia dictatuur nu ook nog eens een oorlog over zich heen. Er ontstond een ware exodus. Velen probeerden de Kivu te verlaten, maar de laatste vliegtuigen zaten bomvol, en wie een jeep had, moest hem afgeven aan de plunderende soldaten van de FAZ. Daarop namen duizenden het besluit om te voet naar Kisangani te wandelen, een tocht van zevenhonderd kilometer door het oerwoud, waarvan het eerste deel door Kahuzi-Biega liep, een bergachtig natuurpark waar in betere tijden toeristen gorilla's kwamen bezichtigen. Dokter Soki, een arts uit Bukavu, liep weg nadat zijn huis door een granaat was vernietigd.[43] Sekombi Katondolo, een kunstenaar uit Goma, verliet met enkele vrienden de stad op zoek naar veiliger oorden.[44] Emilie Efinda, een relatief welvarende apothekeres uit Bukavu, begon eraan op hoge hakken.[45] Voor velen werd het een barre tocht door het woud midden in het regenseizoen. Men school onder het gebladerte, sliep op de grond, vocht tegen mieren en leefde van rot fruit. De hygiëne was minimaal. Als maandverband gebruikte men kousen, zakdoekjes, lappen stof.[46] De paadjes van het binnenland waren slijkerig, op veel plaatsen was er geen weg meer. Men waadde door rivieren waarvan de brug was weggespoeld. Slechts hier en daar kwam je er met een vrachtwagen door, maar chauffeurs vroegen exorbitante bedragen om zieke, versleten en verhongerde mensen een eind verder te brengen. De colonne voortvluchtigen was immens en heterogeen: plunderende FAZ-soldaten, radeloze burgers, doodsbange Rwandese Hutu's die renden voor hun leven, gedrogeerde kindsoldaten, geharde militairen uit Rwanda en Oeganda. De enigen die in tegenovergestelde richting trokken waren de Mai-mai; zij wilden het opnemen tegen de buitenlandse elementen. In rommelige groepjes trokken ze oostwaarts, een centraal commando kenden ze niet.

Dieper in het binnenland leidde de achtervolging van de Hutu's tot zeer ernstige schendingen van de mensenrechten. Bewoners in de dorpen stelden vast dat zodra het AFDL binnenviel, de Rwandezen vroegen waar de vluchtelingen zaten, en ze trokken eropuit om hen af te maken.[47] Op verschillende plekken kwam het tot massale slachtingen. In Tingi-Tingi, voor de poort van Kisangani, was het gruwelijk. In dit moerassige gebied was een concentratie van om en nabij de 135.000 Hutu-vluchtelingen ontstaan. Velen van hen verkeerden in erbarmelijke staat.

Cholera dunde hun rangen uit, hun kinderen stierven bij bosjes. Toen het AFDL eind februari 1997 uit het oosten naderde, verscholen de overlevenden zich in de bossen. De Rwandese Tutsi's misbruikten vervolgens internationale hulporganisaties om de vluchtelingen opnieuw samen te krijgen in een aantal geïmproviseerde kampen. Zodra er nieuwe concentraties waren, mochten hulpverleners en journalisten het gebied niet meer in 'omwille van hun veiligheid', waarna de etnische zuivering ongestraft kon beginnen. Niet alleen Hutu-militairen of Interahamwe werden vermoord, maar ook ondervoede kinderen, vrouwen, ouderen, gewonden en stervenden. Het doden gebeurde soms met de kogel, maar veel vaker met de machete en de hamer. Munitie was duur, en het was zwaar om ermee door het woud te sjouwen.

De internationale gemeenschap kreeg geen toegang tot het gebied, waardoor de ware aard van de wreedheden pas later aan het licht kwam. Getuigenverklaringen van daders zijn zeldzaam. 'Ja, ik was erbij in Tingi-Tingi,' zei luitenant Papy Bulaya, een man die soldaat was in het leger van het AFDL. Hij kon er pas na vele flessen bier over praten. 'Luister, ons doel was Kisangani, en Tingi-Tingi was een obstakel. We moesten het dus uitschakelen. Ik was een kadogo van 15, onze commandant was een Rwandees, generaal Ruvusha. Hij is nu kolonel in het Rwandese leger, maar hij was verschrikkelijk. Laurent Nkunda was er ook bij. De vijand verjagen, dat was het bevel. Onze Tutsi-commandanten zeiden ons: Het zijn génocidaires, ze moeten dood. Ze riepen: Kadogo, dood deze persoon. En wij moesten dat uitvoeren, anders werden we op staande voet geëxecuteerd. Wij moesten almaar voort. Daar zijn heel veel Rwandezen vermoord toen. Hun lichamen werden na afloop verbrand met benzine of begraven. Achter ons kwamen de vrachtwagens met versterking: eten voor ons en benzine voor de "schoonmaak", om "het bord uit te wissen". Als ik daaraan denk, heb ik zo'n pijn. Ik heb er spijt van, maar wij waren trouw aan het AFDL.'[48]

De noodkampen na Tingi-Tingi boden onderdak aan 85.000 mensen, na afloop van de acties waren ze leeg, verlaten, desolaat. Tienduizenden Hutu's waren afgeslacht. Een groep van 45.000 vluchtte nog westelijker, naar de Equateur, waar ze in Boende en Mbandaka werden onderschept en massaal vermoord. Ooggetuigen zagen hoe de militairen zelfs baby's afmaakten door de schedel te verbrijzelen met hun laarzen of het hoofd tegen een muur te slaan.[49] Enkelen van hen konden ontkomen en bereikten Congo-Brazzaville en zelfs Gabon. Ze hadden een voettocht van meer dan tweeduizend kilometer achter de rug, dwars door Zaïre, in ellendiger omstandigheden dan Stanley had moeten verduren. Het ging alles tezamen om slechts een paar duizend overlevenden, een kruimel van het oorspronkelijke aantal. Tijdens de opmars van het invasieleger werden naar schatting twee- à driehonderdduizend Hutu-vluchtelingen vermoord.[50]

Zeven maanden duurde de oorlog en het was in essentie een gestage verovering vanuit het oosten naar Kinshasa. Op sommige plaatsen, zoals in Bunia en Watsa, waren er echte gevechten, maar bijna overal elders rolde het AFDL zo binnen. Op 28 februari 1997 viel Kindu, op 15 maart Kisangani, op 4 april Mbuji-Mayi. Vooral de verovering van Kisangani, de derde stad van het land, was strategisch en symbolisch van zeer groot belang, want Kisangani lag aan de rivier, de snelweg van Centraal-Afrika die naar Kinshasa leidde. Premier Kengo wa Dondo had nog bezworen dat de stad nooit ofte nimmer zou vallen, maar zie, de rebellen palmden haar moeiteloos in. Het karakteristieke beeld van de opmars van het AFDL was dat van een lange, dubbele rij kindsoldaten met zwarte rubberlaarzen die aan weerszijden van de rode, onverharde weg in stilte een dorp of stad naderden. Zij waren infanterie in de letterlijke zin van het woord: kinderen die te voet gingen. Tegen de tijd dat ze er waren, was het leger van Mobutu allang op de vlucht geslagen, al dan niet na plundering. In Kikwit gaven de burgers de vertrekkende soldaten geld met het verzoek om hen niet te plunderen.[51] Als ze eenmaal weg waren, verwelkomde de plaatselijke bevolking hun bevrijders uit het oosten met spandoeken en gezang. De democratische oppositie was blij met de militaire bevrijding. 'De UDPS verwelkomt het AFDL,' las je op sommige spandoeken.[52] De jonge soldaatjes die van zo ver kwamen en zo ernstig door de straten marcheerden, wekten bewondering met hun moed en hun vaderlandsliefde.[53] Overal waar ze kwamen, meldden nieuwe kandidaten zich aan. De Katangese Tijgers die in 1978 hun invasie in Shaba hadden zien mislukken, sloten zich aan. Het AFDL was bezig aan een ware triomftocht.

Tijdens grootse meetings sprak Kabila het pas bevrijde volk toe. Voor het eerst kreeg de massa de man te zien over wie het al zoveel op de radio had gehoord. Hij was doorgaans in het zwart gekleed en droeg een cowboyhoed op zijn massieve kale knikker. Kabila was een robuuste verschijning; een man die goed in het vlees zat, gul lachte en met zijn hand in

Kaart 8 : De Eerste Congo-oorlog:
de opmars van Kabila (oktober 1996 - mei 1997)

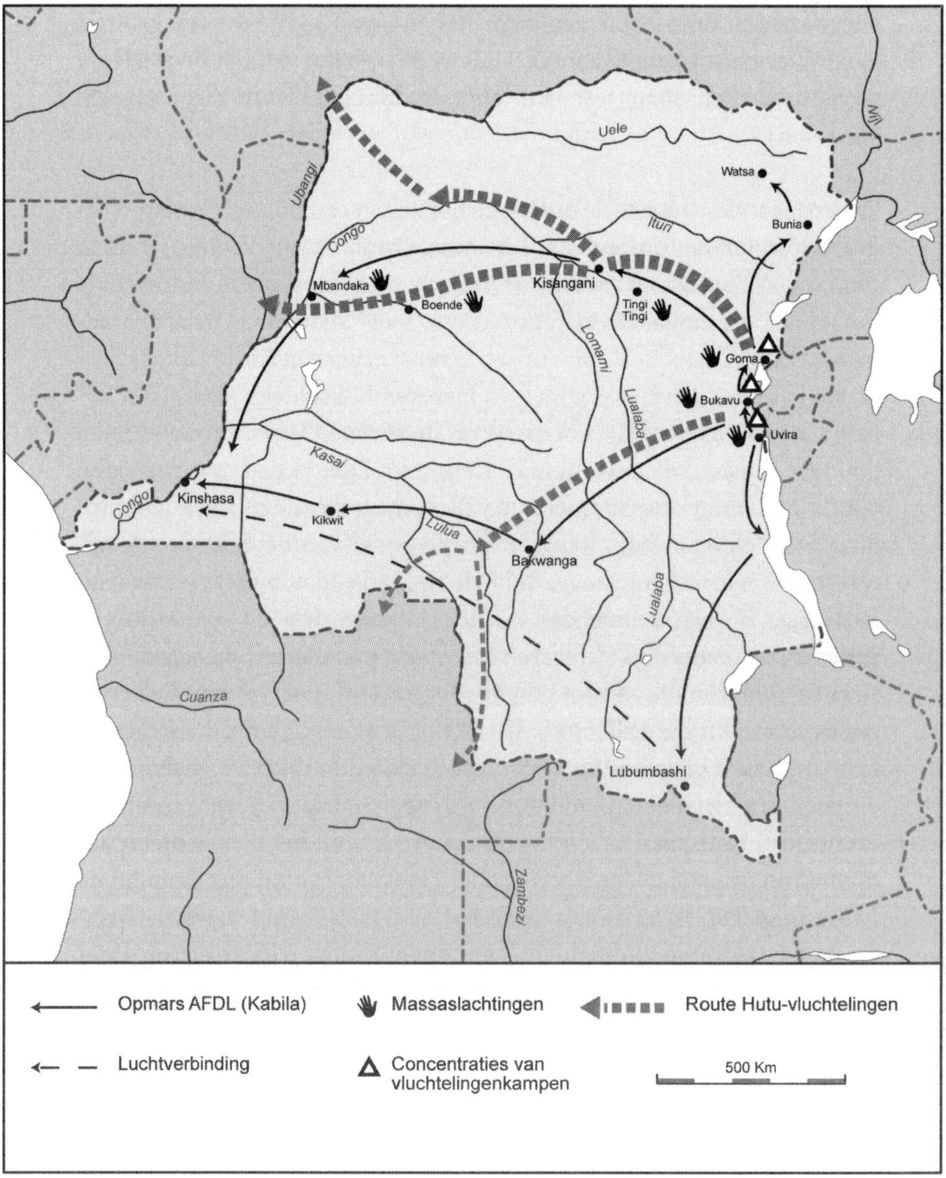

zijn broekzak een air van gemak, ja zelfs nonchalance uitdroeg. Met ferme stem hield hij ronkende verhalen over zijn bevrijdingsleger, sprak over de noodzaak van volksmilities en vroeg ouders om een kind aan de goede zaak af te staan. Zijn charisma was onmiskenbaar. Vergeleken met de *grumpy old man* in Gbadolite was het een hele verademing. Hij straalde macht uit, maar ook gezelligheid. Nu zou alles anders worden. Rwanda ontkende in alle toonaarden zijn betrokkenheid, maar velen in het binnenland vermoedden wel dat Kabila's zegemars geen puur interne aangelegenheid was. Alles was goed om van de *vieux léopard* verlost te raken. 'Een drenkeling grijpt zich vast aan eender welk drijfhout, desnoods zelfs aan een slang,' zeiden de mensen van Kikwit tegen elkaar.[54]

Het AFDL van Kabila kreeg niet alleen de steun van het volk, dat Mobutu beu was, en van Rwanda en Oeganda, maar ook van de Verenigde Staten. Sinds het eind van de genocide had het Tutsi-regime van Kagame, door zijn goed gecultiveerde slachtofferrol, veel krediet verworven bij de Amerikaanse autoriteiten. Uit gêne voor de genocide die men niet had weten te verhinderen, begonnen nieuwe partnerlanden zoals de Verenigde Staten, het Verenigd Koninkrijk en Nederland riante steun te verlenen aan Kigali. Met Bill Clinton was er bovendien een president aangetreden die definitief wilde breken met de oude, cynische Zaïre-politiek van zijn voorgangers.[55] Hij geloofde in *new African leaders*, mannen zoals Mandela en Museveni – een nieuwe generatie staatshoofden die in niets geleek op de Mobutu's, Bokassa's en Idi Amins van weleer, dacht hij –, misschien was Kabila wel een van hen? Een georkestreerde aanpak was er niet, maar het Rwandese leger werd in elk geval niet gehinderd in zijn plannen. Zoals de Fransen het Hutu-regime waren blijven steunen, ondanks de geruchten over een genocide, zo hielpen verschillende Amerikaanse diensten logistiek en materieel de opmars van het invasieleger, ondanks de geruchten over slachtingen.[56] Het cynisme waarmee de regering-Clinton wilde breken, ruimde het veld voor een nieuwerwets cynisme: humanitair in zijn intenties, buitengewoon naïef in zijn analyses, en daardoor desastreus in zijn gevolgen. Er was geen langetermijnvisie. De verwarring was groot, het beleid ad hoc. Maar de steun aan Rwanda en de rebellen zou jaren van ellende ontketenen. Voor Kabila moet het een amusante vaststelling geweest zijn dat hij dertig jaar na de steun van Che Guevara nu plots de steun van de imperialistische duivel zelve kreeg.

Mobutu daarentegen was zijn bondgenoten kwijt. Frankrijk probeerde hem nog even hulp te bieden met wat militairen, maar het enthousiasme was niet bijster groot. Hij hoopte het tij dan maar te keren met enkele Europese huurlingen, maar dat verliep niet zoals in 1964. Er kwamen enkele Bosnische Serviërs die de Balkan-oorlog hadden meegemaakt, maar zij waren geen partij voor de troepen van Kabila.

Tijdens de opmars van het AFDL verbleef Mobutu grotendeels in Europa, waar hij aan prostaatkanker werd geopereerd (wat aanleiding gaf tot een nieuwe benaming voor de nieuwe lading waardeloze bankbiljetten van Zaïre: *les prostates*). Hij resideerde in Lausanne en in zijn villa in Cap-Martin. Bij zijn terugkomst in Kinshasa was hij een doodzieke man die nauwelijks nog kon lopen. Niettemin werd hij verwelkomd door een enorme menigte juichende landgenoten. De chef was terug! Hij zou het land redden! Alles kwam weer goed! Maar dat gebeurde niet. In de hoofdstad ging het gesteggel tussen Tshisekedi en Mobutu onverminderd voort, alsof er geen massale troepenmacht aan het naderen was. Men bakkeleide als vanouds over wie er premier mocht worden en wie hem mocht leveren, al was het land waarover men sprak al voor de helft in handen van anderen.

De jonge Ruffin was ondertussen bezig met zijn tocht naar Lubumbashi. Hij en zijn manschappen zeulden geweren en bazooka's met zich mee. 'Alles ging te voet. We liepen grote stukken langs het spoor. Ik had veel pijn aan mijn voeten. Wij goten water in onze laarzen, dat verzachtte de pijn, daardoor liep je weer soepel. Alleen gingen je voeten er vreselijk van zweten. Als je dan je laarzen uittrok, stonken je voeten naar een lijk van drie dagen!' Soldatenkneepjes, soldatenhumor.

Op 9 april 1997 viel Lubumbashi, de economische hoofdstad van het land. Mzee Kabila installeerde zich ter plekke en kreeg meteen al bezoek van internationale mijnmaatschappijen zoals De Beers en Tenke Mining, die begrepen dat ze voortaan met hem zaken moesten doen. De eerste contracten over de exploitatie van mijngronden werden getekend nog vóór Mobutu verjaagd was.[57] Toen al was duidelijk dat de balans was omgeslagen. Na tweeëndertig jaar dictatuur brak er een nieuw tijdperk aan.

Voor Ruffin begon een nieuwe fase in de oorlog. Stafchef James Kabarebe had hem niet langer nodig als lijfwacht. 'James zei: "Voor jullie zit het erop. Ik ga naar Kisangani, maar jullie blijven hier achter bij Mzee." Het was de eerste keer dat ik bij Mzee was. Ook zijn zoon Joseph was daar.' Vader en zoon vertoefden in Lubumbashi, terwijl de Rwandees Kabarebe elders in het land de gevechten leidde. De overwinning kwam stilaan binnen handbereik en dat zorgde voor enige ontspanning. Ruffin bewaarde plezierige herinneringen aan die dagen met de toekomstige president. 'Met Mzee begon het goede leven. Ik ben jullie vader, zei hij, maar vergeet jullie biologische ouders niet. Hij vroeg me waar ik vandaan kwam. Bukavu, zei ik, ik ben ontvoerd door Bugera. Ha, zei hij, dan is het gedaan met dat priester spelen voor jou. Hij plaagde ons graag. Op een dag hadden wij de magazijnen van de ex-FAZ geplunderd. Ik vermomde me in het uniform van een regeringssoldaat, met leren kistjes aan en al. Ben jij dat, kadogo? vroeg Mzee. Ja, zei ik, ik ben het. We hebben de goederen van de vijand afgepakt. Echt waar? lachte hij. Hij schudde mijn hand en zei: Heel goed, blijf bij me.'

Ruffins rocamboleske jeugd kreeg met die opmerking nogmaals een onverwachte tournure: nu werd hij een van de lijfwachten van Kabila. In twee jaar tijd was hij geëvolueerd van een onwetend, voetballend kind naar een wereldwijze jongeman die op scherp stond en de geschiedenis live meemaakte. De prijs die hij daarvoor had moeten betalen, waren angst en het verlies van zijn onschuld, maar elk stadium bracht nieuwe vormen van erkenning met zich mee. 'Kabila mocht mij graag. Hij vertrouwde me zijn geld toe. Tienduizend dollar! Hij at vaak met ons mee, gewoon uit zijn gamel. Na het eten mochten we armworstelen en trad hij op als scheidsrechter. In het maquis hadden ze die sport vaak beoefend. Wij gingen niet naar nachtclubs en naar vrouwen; ik kende enkel het leven van seminarist en militair. We woonden in Hotel Karavia, het beste hotel van Lubumbashi. Mzee zat in kamer 114. De diamantzoekers kwamen op audiëntie bij hem. Ik kreeg een Motorola.'

En in die hotelkamer kreeg Kabila geregeld telefoon van zijn stafchef Kabarebe, die met rasse schreden de hoofdstad naderde. Toen hij over de Congo rivier voer en de twee hoofdsteden zag liggen, moest hij aan plaatselijke vissers vragen aan welke oever Kinshasa lag, anders had hij per ongeluk Brazzaville bevrijd.[58] Kinshasa stond op vallen, vernam Kabila in zijn hotelkamer. Dat het zo snel zou gaan had hij niet voor mogelijk gehouden. Twee weken eerder was hij nog naar Congo-Brazzaville gevlogen voor rechtstreekse onderhandelingen met Mobutu. Nelson Mandela had hen beiden bijeengeroepen op neutraal terrein, aan boord van een Zuid-Afrikaans schip in de haven van Pointe-Noire, maar die nachtelijke gesprekken waren op niets uitgedraaid. Mobutu wilde van geen wijken weten en Kabila zag niet in waarom hij water bij de wijn moest doen; hij was immers aan de winnende hand. Nee, Kinshasa zou gewapenderhand bevrijd worden en Ruffin mocht het meemaken.

'Mzee zei tegen ons: "Vertrekken jullie maar! Veel geluk! We zien elkaar terug in Kinshasa!" En wij zeiden: "Tot uw dienst!"' Zoveel was duidelijk: Kabila was slechts het uithangbord van de rebellie, het echte werk werd door Kabarebe verricht. En door de kadogo's natuurlijk. Ruffin: 'Ik zat in het eerste vliegtuig dat weer in Kin landde, een privétoestel van Scibe-Air. Het was de eerste keer dat ik vloog. De luchthaven was al in onze handen. Jeeps brachten ons naar de wijk Limete, vandaar gingen we te voet verder.'

Het uitblijven van een vredesakkoord bracht wel grote risico's met zich mee. Iedereen vreesde dat het tot een gewelddadige confrontatie in Kinshasa zou leiden. Mobutu had net generaal Mahele tot nieuwe stafchef van het leger benoemd, een geducht militair die zijn sporen had verdiend tijdens de Shaba-oorlogen, en de plunderingen van 1991 en 1993 met harde hand had neergeslagen. Mahele was zonder meer de bekwaamste officier in het Zaïrese leger van het moment. Bij het volk was hij geliefd om zijn integriteit, maar gevreesd om zijn hardheid. Nu moest hij Kinshasa tegen de oprukkende rebellen zien te verdedigen. Op vrijdag 16 mei 1997 echter, toen het AFDL voor de deur stond, vluchtte Mobutu bij het krieken van de dag naar zijn paleis in Gbadolite. Het gevaar van anarchie in de hoofdstad was totaal; de volgende vierentwintig uur zouden beslissend zijn. In de miljoenenstad die Kinshasa was, kon het tot een ware veldslag van allen tegen allen komen. De inwoners waren banger voor hun eigen soldaten dan voor de rebellen en vreesden een nieuwe, verwoestende plundering. Mahele echter was een verstandig man. Hij had de uitzichtloosheid van de situatie begrepen en besloot geen megalopool op te offeren aan de waanzin van één oude, gevluchte man. Om de burgerbevolking te sparen nam hij contact op met het AFDL en begaf zich 's avonds laat naar het Tshatshi-kamp waar Mobutu's laatste getrouwen zich verschanst hadden. Onder hen bevond zich Mobutu's jongste zoon Kongolo, bijgenaamd 'Saddam Hoessein', vanwege zijn legendarische wreedheid. Mahele probeerde hen ervan te overtuigen het plunderen te laten, maar zij beschouwden hem als een officier die hoogverraad had gepleegd. In de nacht van vrijdag op zaterdag werd hij vermoord.

Enkele uren later liep Ruffin in zijn zwarte rubberlaarzen over de Avenue Lumumba in Limete. De intocht van het AFDL leidde tot uitzinnige taferelen. In de verte klonk nog het gebulder van zwaar geschut, maar hij en zijn kompanen hoefden niet te vechten. 'We kregen een ongelooflijk onthaal. De mannen schreeuwden *Libérateurs! Libérateurs!*, de vrouwen spreidden hun pagnes voor ons uit op het wegdek zodat we erover konden lopen. De mensen gaven ons water. Ze spraken Lingala, maar dat verstonden wij niet. Wij zochten het huis van premier Kengo wa Dondo en het volk toonde ons de weg. Wij kenden de stad niet. We moesten de RTNC innemen en het Palais de Marbre van Mobutu.'

In een van de huizen die ze doorzochten, graaide Ruffin een massief gouden asbak mee. Het was 17 mei 1997 en in enkele uren tijd bezette het AFDL de sleutelposities in de stad. De Beach, het Hotel Intercontinental, de Memling... Sommige soldaten van het regeringsleger sloegen nog aan het plunderen, maar het merendeel glipte huizen binnen en smeekte de bewoners om burgerkleren: wie nu nog in uniform rondliep tekende zijn doodvonnis. Ook hooggeplaatste vrouwen die directeursfuncties aan Mobutu te danken hadden, verbrandden in allerijl hun pagnes die bedrukt waren met het logo van de MPR of de beeltenis van de Grote Roerganger.[59] Bij geïsoleerde afrekeningen en wraakacties vielen er een kleine tweehonderd doden, weinig in vergelijking met wat het had kunnen zijn. In Lubumbashi kreeg Kabila telefoon van Kabarebe. 'Kinshasa is gevallen!' Kabila gierde van de pret en rolde van vreugde over het tapijt van zijn hotelkamer.[60] Hij zou onmiddellijk komen.

Ruffin was er andermaal bij: 'Die dag ging ik terug naar de luchthaven om Mzee op te halen. "Zie je wel dat ik je de waarheid heb verteld!" riep hij me toe. Hij gaf een persconferentie. Ik sta op alle foto's en filmfragmenten met hem, samen met Joseph en met Masasu, een andere stichter van het AFDL.'

Op die persconferentie riep Kabila zichzelf uit tot het nieuwe staatshoofd van een nieuw land, de Democratische Republiek Congo. Dat 'democratische' was nogal vreemd, want niemand had hem aangesteld en de geweldloze oppositie van Tshisekedi en de zijnen, die aanvankelijk verheugd waren over de bevrijding, was volkomen genegeerd. Het enige wat Kabila van de Nationale Soevereine Conferentie overnam, was het ideetje om Zaire weer Congo te noemen. De civiele strijd waarvoor mensen zoals Régine hadden gevochten, was ingehaald op rechts door de militaire verovering waaraan Ruffin had deelgenomen. Zij was nu 42, hij 14. Toen enkele dagen later, op 29 mei 1997, Kabila werd ingezworen als president, gebeurde dat niet in het parlement waar de Conferentie was gehouden, maar even verderop, in het grote, nieuwe voetbalstadion. De staatshoofden van Rwanda en Oeganda, zijn broodheren, waren aanwezig, evenals die van Angola en Zambia. Maar het imposante stadion zat niet bomvol juichende Kinois. Minstens een derde van de stoeltjes was leeg gebleven, en dat in een stad van miljoenen inwoners. De woorden van Kabila's beëdiging rolden uit de luidsprekers en galmden tegen de half lege betonnen tribunes.

Maar Kabila kreeg de touwtjes definitief in handen. Mobutu was na zijn vlucht via Togo naar Marokko gevlogen waar hij voorgoed in ballingschap ging. Zich bewust van zijn einde had hij nog de beenderen van zijn moeder en andere dierbare overledenen laten uitgraven om mee te nemen. Nauwelijks vier maanden later zou hij, omgeven door enkele naasten en de botten van zijn voorouders, verslagen en verbitterd zijn laatste adem uitblazen.

Het was een dag als elke andere en het water van het Kivu-meer rimpelde onverstoorbaar. Voor Ruffin Luliba werd het echter een emotionele dag. Toen Kabila voor het eerst weer Bukavu bezocht, ging Ruffin met hem mee. Hij had zijn ouders in geen jaren gezien. 'Het was vijf uur 's avonds en ik liep terug naar mijn ouderlijk huis. Ik zag mijn moeder buiten *pundu* staan stampen en ik schoot drie keer in de lucht. Verschrikt vluchtte ze naar binnen en mijn vader rende achter haar aan. Toen riep ik: Ik ben het, papa! Mijn moeder kwam naar buiten en huilde. Ik was vertrokken als seminarist en kwam terug als militair. Ze hadden lang geleden al een rouwfeest voor mij gegeven. Iedereen huilde, zelfs mijn broer.' Voor de familie leek het alsof Ruffin uit de doden was teruggekeerd. Het werd een innig weerzien. Maar hij bezocht ook de moeder van zijn kamergenoot Rodrick, de jongen met wie hij was ontvoerd en die al na enkele dagen in Rwanda aan diarree was overleden. 'Ik vertelde de moeder van Rodrick het droeve nieuws. Ik logeerde toen met Mzee in Hotel Résidence. Hij had gezegd dat ik mijn ouders moest meebrengen. Toen ik ze hem voorstelde, gaf hij meteen tweeduizend dollar aan mijn vader. Hij zei: "Ik bied u mijn verontschuldigingen aan, maar ik neem hem weer mee. Uw kind is een patriot."'

12

Medelijden, wat is dat?

De Grote Afrikaanse Oorlog

1997-2002

Een nieuw regime, een nieuw geluid. De inwoners van Kinshasa wisten niet wat ze hoorden. Het tijdperk na Mobutu brak aan met een lage, metalen toon die aanzwol tot een hoge, schelle noot en daarna terugzakte naar het beginpunt, alvorens opnieuw te klimmen, en opnieuw. Het was een alles doordringend geluid dat het verkeer in tweeën spleet en galmde in de steegjes. Kinderen stopten met voetballen en hielden hun handen tegen hun oren. Ze trokken pijnlijke gezichten en zochten naar de rode vrachtwagen. Op en neer, op en neer, zo ging het helse geloei van de sirene. Kinshasa, een stad van miljoenen inwoners, eindeloze sloppenwijken, versleten elektriciteitsnetwerken, blootliggende stroomkabels en honderdduizenden kolenvuurtjes, had voor het eerst in decennia een onmisbaar en zogenaamd 'prioritair' voertuig: een brandweerauto.[1]

En dat was slechts het begin. Laurent-Désiré Kabila leek inderdaad voor enige verandering te zorgen. Het afval dat overal in de cité tot grote, dampende bergen lag opgestapeld, werd voor het eerst in jaren weer opgehaald. De riolen werden geschoond. De gangen van de ministeries roken naar *eau de javel*. Zelfs de luchthaven van Ndjili, 's werelds meest chaotische terminal met zijn wirwar aan passagiers, douaniers, migratiebeambten, politieagenten, militairen en zogenaamde 'protocols' die duwden en vochten om je paspoort en bagagetickets, zelfs die mierenhoop raakte stilaan op orde. Soldaten en agenten werden betaald, ze kregen niet veel, maar ze kregen het wel regelmatig. Leerkrachten en ambtenaren konden voor het eerst in decennia weer sparen voor een fiets. De torenhoge, viercijferige inflatie liep terug tot een tweecijferig getal, onder meer door de hoge dollar. Er werden geen biljetten meer bijgedrukt, waardoor het geld weer zeldzamer en dus duurder werd. In de eerste helft van 1998 bedroeg de inflatie slechts 5 procent.[2] In juni 1998 verdween de *nouveau zaïre* en kwam er een nieuwe munteenheid: de *franc congolais*. Eén Congolese frank verving honderdduizend nieuwe zaïres en dat kwam overeen met veertien miljoen oude zaïres. Het was een stabiele munt, althans aanvankelijk, die snel in het hele land werd aanvaard. De biljetten droegen niet de beeltenis van Kabila, maar neutrale afbeeldingen van een Tsjokwe-masker of de Inga-stuwdam. Bij de lancering hadden alle groten van de Congolese muziek – van de stokoude Wendo Kolosoyi over Papa Wemba tot de jonge ster J.B. Mpiana – de nieuwe munteenheid in een liedje bezongen, als een soort Band Aid voor een bankbiljet.[3]

Maar schijn bedroog, want het enthousiasme voor Kabila kalfde snel af. Zo euforisch als hij was binnengehaald, zo gauw had het volk zijn buik ook weer van hem vol. Vrienden maken is een kunst, maar Kabila begreep de nog veel zeldzamere kunst om in een mum van tijd van vrienden aartsvijanden te maken, niet van sommige, want dat zou nog op berekening kunnen wijzen, maar van alle, en dat wees op lompheid. Het begon al met de democratische oppositie uit het Mobutu-tijdperk. De vele duizenden burgers die vol moed hadden gestreden tegen de dictatuur, gaven Kabila op zijn minst het voordeel van de twijfel. Velen hoopten dat de resoluties van de Nationale Soevereine Conferentie nu echt van kracht zouden worden en dat Kabila de beloftes waar zou maken die Mobutu had verbroken. Maar er was geen haar op Kabila's kale kop die daar ook maar aan dacht. Voor hem was zijn verovering het begin van een nieuw verhaal. Wat moest híj, *maquisard* sinds mensenheugenis, immers met het warrige geleuter van een zaal vol brave idealisten van vijf jaar geleden? De grondwet, het parlement, de regering en de kiescommissie van de overgangsjaren verdwenen in de prullenbak.[4] Aanhangers van de UDPS vlogen de gevangenis in en kregen harde klappen.[5] Tshisekedi werd al twee maanden na de 'bevrijding' van Kinshasa aangehouden. Hij werd ondervraagd, kreeg huisarrest en verdween ten slotte in ballingschap naar zijn geboortestreek. Een van Kabila's ministers zei: 'We hebben hem zaaigoed en een kleine tractor gegeven, zodat hij kan boeren.'[6]

Nee, in plaats van een uit de kluiten gewassen democratie keerde het Kabila-bewind terug naar een uiterst autoritair regime, waarbij alles om de persoon van Kabila draaide. Het meerpartijenstelsel werd afgeschaft, enkel zijn AFDL mocht nog bestaan, ook al was dat slechts een gelegenheidsalliantie die door toedoen van Rwanda in het leven was geroepen enkele dagen na de inval in Zaïre. Kabila was er aanvankelijk slechts woordvoerder van geweest, maar één voor één had hij zijn drie medeoprichters geneutraliseerd. Nog tijdens de oorlog had hij Kisase, de enige met militaire macht, laten vermoorden; na zijn beëdiging als president liet hij Masasu tot twintig jaar cel veroordelen en promoveerde hij Bugera, de kidnapper van Ruffin, weg. De militaire alliantie moest nu omgevormd worden tot een staatspartij, maar het had weinig om het lijf. Congo werd het AFDL, maar het AFDL was in de praktijk Kabila. Het volk mocht zich politiek enkel nog organiseren in zogenaamde Comités du Pouvoir Populaire. Wat dat precies was, wist niemand, maar het smaakte naar slecht verteerd marxisme uit het maquis. Op 28 mei 1997 werd een nieuwe grondwet van kracht, een tekst die in essentie alle macht bij de president legde. Kabila stond voortaan aan het hoofd van de wetgevende, uitvoerende en rechterlijke macht, van het leger, de administratie en de diplomatie. Qua ministers omringde hij zich bij voorkeur met Katangezen zoals hij, of met lui uit de diaspora. Opponenten die al jaren verlangend uitkeken naar een politiek mandaat, zagen onbekenden ermee aan de haal gaan. Voor de aardigheid schonk Kabila nog wel een ministerspost aan de inmiddels volwassen geworden dochters van Kasavubu en Lumumba – zo'n historische referentie gaf hem toch een zweem van legitimiteit – maar het was een farce.

'Ik was in 1994 op de universiteit van Lubumbashi afgestudeerd in internationale betrekkingen,' zei Bertin Punga, een kopstuk van het latere protest tegen Kabila tegen me. 'Ik was politiek geïnteresseerd en ik was tegen Mobutu. Bij de campusmoord in 1990 had ik drie lijken zien liggen. Ik kwam uit Kasai en maakte mee dat we door de gouverneur uit Katanga werden weggejaagd. Dus toen het AFDL opkwam, sloot ik mij aan. Vroeger was politiek de zaak van een kaste, maar met deze revolutie leek iedereen welkom. Ik ben universitair, ik moet in de politiek, zei ik bij mezelf. Maar toen ik in Kinshasa aankwam, zag ik hoe de baantjes werden uitgedeeld aan laaggeschoolden uit Katanga, terwijl ik met mijn universitaire diploma werd gedegradeerd tot een veel lagere *diplomé d'Etat*. Als ik het aantal Katangese ministers zag, wist ik dat Kabila een tweede Mobutu was. Nee, het was zelfs erger, als je die wantoestanden naar tweeëndertig jaar extrapoleert. Er waren standrechtelijke executies, het meerpartijenstelsel werd afgeschaft, de eenpartijstaat kwam terug. Dat gedoe met de Comités du Pouvoir Populaire, voor mij was dat echt een bisnummertje van de MPR.'[7]

In het eerste jaar van zijn bewind leek Kabila aan te sturen op een sterke, autoritaire en zeer gepersonaliseerde staat, maar in de praktijk bleef die staat erg zwak. Er was geen echt beleid, geen visie, geen staatsapparaat. Zelfs het leger stelde niets voor. De FAZ van Mobutu werd ontbonden, de FAC kwam ervoor in de plaats: de Forces Armées Congolaises. Het klonk plechtig, maar in wezen was het een samenraapsel van ex-FAZ, ex-Katangese Tijgers, kadogo's, Banyamulenge en Tutsi's uit Rwanda. De stafchef was nog steeds de Rwandees James Kabarebe. Kabila bestuurde zijn land zoals vroeger zijn rebellengebied: losjes, héél erg losjes. Het enige waar hij echt op toezag, was het controleren van de informatiekanalen. Niet voor niets was zijn raadgever voor alles wat communicatie betrof andermaal Dominique Sakombi Inongo, de propagandist die profeet was geworden. Dat had Kabila vast van Mobutu geleerd: een sterk gezag moest een ijzeren greep op de media zien te verwerven. Radiojournalist Zizi Kabongo maakte het aan den lijve mee toen het leger om twee uur 's nachts op zijn deur bonkte.

'Kabila was een koele minnaar van de publieke omroep,' vertelde Zizi, 'hij zag het personeel ervan als een bende mobutisten. Op een nacht zonden wij een van zijn meetings opnieuw uit. Kabila sliep heel weinig en hoorde onze uitzending. Al sinds Mobutu was er geen geld voor materiaal, zodat wij telkens onze banden moesten wissen en hergebruiken. Maar die ene band was slecht gewist. Na de opname van Kabila's meeting stond er nog een restje van een reportage over Mobutu op. De technicus van dienst was in slaap gevallen, maar de luisteraars hoorden op het einde de stem van papa Maréchal opnieuw. '*Oyé! Oyé! Papa ndeko! Onze vriend!*' hoorde je het volk roepen. Mobutu is terug, dachten de luisteraars. Nog diezelfde nacht pikte het leger alle journalisten op om ze op te sluiten in de gevangenis. Om twee uur 's ochtends stonden ze aan mijn deur. In de gevangenis kwam ik tussen terdoodveroordeelden en revolutionairen terecht. De situatie was ernstig. Kabila ging al zijn vijanden elimineren.' Zizi, wiens schenen de sporen droegen van het verzet tegen Mobutu, werd nu van mobutisme beticht. Tussen mei 1997 en januari 2001 werden meer dan 160 journalisten in de gevangenis gegooid.[8] 'De volgende dag moesten we allemaal naar het presidentieel paleis. Kabila zelf gaf ons een vreselijke uitbrander voor onze daad van opstandigheid. Als straf werden we allemaal verplicht om het marxisme te bestuderen. Maar na afloop kregen we wél de nieuwe opnamebanden waar we al jaren op zaten te wachten.'[9]

De democratische oppositie en de UDPS op de kast gekregen, het AFDL in de lappenmand, de pers afgeblaft en gemuilkorfd. Welke bruggen konden er nog opgeblazen worden? Die met het buitenland, uiteraard. Kabila verkwanselde binnen de kortste keren de goodwill van de Verenigde Naties toen hij het onderzoek naar de massaslachtingen op de Hutu-vluchtelingen eerst weigerde en later belemmerde. Teams van experts werden stelselmatig geboycot. Kabila moest ofwel de schuld aan Rwanda geven (en daar lag de schuld), maar dan moest hij erkennen dat hij zijn overwinning niet aan zijn eigen rebellie te danken had en zoiets was dodelijk voor zijn populariteit in eigen land, of hij moest zelf de schuld op zich nemen, maar dan stond hij internationaal bekend als een brute massamoordenaar. Binnenlandse belangen stonden haaks op buitenlandse belangen. Het was balanceren op een slap koord, zelfs voor een doorgewinterde politicus, en Kabila was bepaald geen doorgewinterde politicus. Van diplomatie had hij geen benul. Boertigheid was zijn stijl. Hij betrad het internationale forum meer als achterdochtige rebel dan als bedaagd staatshoofd. Binnen de kortste keren verweet hij Frankrijk neokolonialisme en Amerika een gebrek aan diplomatieke beleefdheid, en België was in zijn ogen een terroristenstaat.[10] De trojka was wel wat gewend van Mobutu, maar zulke burleske uitspraken waren nieuw. Hier sprak niet langer een sluwe vos, maar een ongelikte beer. Ook Afrikaanse staatshoofden leerden hun nieuwe collega snel kennen. Nelson Mandela had uren op hem mogen wachten bij de vredesbesprekingen in Congo-Brazzaville, in 1997; de immer minzame man was er zeldzaam razend van geworden. De Egyptische president Mubarak stond al op de luchthaven van Caïro op hem te wachten met een erewacht en een rode loper, toen Kabila het bezoek telefonisch annuleerde omdat hij zich 'een beetje moe' voelde. De Tanzaniaanse president Mkapa kreeg hem wel over de vloer, maar zeer tegen de diplomatieke usances in onderbrak Kabila het staatsbezoek en vloog terug naar Kinshasa.[11] Ook president Museveni van Oeganda en vicepresident Kagame van Rwanda zouden nog leren dat hun protégé weinig hoffelijk was. Zij hadden gehoopt hun chaotische buurland te saneren door er een pion van hen neer te poten, maar in de praktijk bleek Kabila een ongeleid projectiel.

En toen gebeurde er iets cruciaals: Kabila keerde Rwanda en Oeganda de rug toe. Veel keus had hij niet. Overal in het land zwol het protest aan tegen de buitenlandse inmenging. Vooral Rwanda was kop van Jut. Iedere Tutsi werd als een Rwandees gezien en iedere Rwandees als een bezetter. Het ging zelfs zo ver dat wie maar een scherpe neus of een hoog voorhoofd had, er nagenoeg onmiddellijk van werd verdacht een infiltrant te zijn. In Kinshasa ergerde men zich blauw aan de zeer zichtbare aanwezigheid van Tutsi's in het leger, vaak op hoge posten. Het ging om officieren die geen Frans of Lingala spraken, maar Engels, Swahili en Kinyarwanda. De nieuwe machthebbers gedroegen zich opvallend vaak als arrogante overwinnaars die er niet voor terugdeinsden opnieuw de chicotte in te voeren, de nijlpaardpees, die zoveel herinneringen aan de koloniale tijd opriep. Vrouwen die een spijkerbroek of een minirok droegen, wat weer mocht sinds 1990, kregen publiekelijk zweepslagen toegediend. Taxichauffeurs die een verkeersregel hadden overtreden, idem dito. Het aantal zweepslagen bleef niet beperkt tot vijfentwintig, zoals officieel in de koloniale tijd was vastgesteld, maar werd bepaald door de leeftijd: wie vijftig was kreeg er vijftig. De gedachte maakte alom opgang dat het overbevolkte Rwanda naar grondstoffen en *lebensraum* snakte en daarbij zijn oog liet vallen op de Kivu, waar toch al zoveel Tutsi's woonden. Men geloofde dat Rwanda aasde op een *Grande République des Volcans*, een nieuwe staat bestaande uit Rwanda en de Kivu. Het hielp ook niet dat hooggeplaatste Rwandezen opriepen tot 'een tweede Conferentie van Berlijn', om de grenzen van 1885 te heroverwegen.[12] Sommige Congolezen vonden toch al dat hun reusachtige land geannexeerd was door het dwergstaatje Rwanda.[13] Tussen beide landen groeide een diepe, diepe haat. De verhouding deed denken aan die tussen China en Japan, of Ierland en Engeland in vroeger tijden. Veel Rwandezen vonden Congo een land van luie, chaotische prutsers, die meer belang hechtten aan muziek, dansen en eten dan aan werken, infrastructuur en orde. Veel Congolezen beschouwden Rwanda als een kil, streng land waar plastic zakken vanwege de openbare netheid verboden waren en motorhelmen verplicht, een land vol hautaine, pretentieuze parvenu's, die vol minachting op hen neerkeken. Velen interpreteerden de verschillen tussen beide landen als een oeroud, cultureel conflict tussen zogenaamde 'Bantoes' en 'Niloten', al waren dat zeer problematische concepten uit de koloniale antropologie. Zolang Kabila's hofhouding vol zat met die hatelijke buitenlanders, kon hij fluiten naar enige erkenning van zijn macht: de president wist dat het volk er zo over dacht. Daar stond hij dan, aan het hoofd van een onmetelijk land, in een stad die nieuw voor hem was, met een bevolking die hij kende noch begreep. Het gejuich verstomde gaandeweg. 'We moeten onze bevrijders bevrijden,' schamperde men op straat.[14]

En dat was precies wat Kabila deed. Op 26 juli 1998, ruim een jaar na zijn blijde intocht in Kinshasa, gaf hij tijdens een nachtelijke uitzending op de radio te verstaan dat de Rwandese en andere buitenlandse soldaten het nationale grondgebied moesten verlaten. Ditmaal ging het niet om een slecht gewiste tape. Het Congolese volk werd bedankt 'voor het verdragen en herbergen van de Rwandese troepen'.[15] Dat communiqué bezegelde voorgoed de breuk met Kigali en Kampala. De daaropvolgende dagen verlieten honderden militairen Kinshasa. Stafchef James Kabarebe, de man die Congo namens Kabila had ingenomen, werd bedankt voor bewezen diensten. Ziedend keerde hij terug naar Rwanda. Een nieuwe escalatie kon nu niet uitblijven. En inderdaad, nog geen week later viel hij opnieuw Congo binnen.

De oorlog van oktober 1996 tot mei 1997 die Mobutu ten val bracht, heeft vele benamingen gekregen: de 'opstand van de Banyamulenge', de 'bevrijdingsoorlog', de 'optocht van het AFDL'. Tegenwoordig wordt hij meestal aangeduid als 'de Eerste Congo-oorlog'. Op 2 augustus 1998 brak de Tweede Congo-oorlog uit. Rwanda viel opnieuw binnen, Kabarebe voerde opnieuw het commando over de invasie, het doel was opnieuw een regimewissel in Kinshasa. Maar ditmaal zou het conflict geen zeven maanden duren, maar vijf jaar, tot juni 2003. Officieel althans, want officieus bleef de oorlog voortsudderen, minstens tot het moment dat ik dit schrijf, voorjaar 2010.

De Tweede Congo-oorlog was een buitengewoon complex conflict, waarbij op een bepaald moment negen Afrikaanse landen betrokken waren en zowat dertig lokale milities. Het ging om een krachtmeting op continentale schaal met Congo als centraal strijdtoneel. De dynamiek waarbij een aantal staten, van Namibië in het zuiden tot Libië in het noorden, op korte termijn partij kozen (voor of tegen Kabila), doet denken aan de bliksemsnelle vorming van de ententes in Europa aan de vooravond van de Eerste Wereldoorlog. Door zijn continentale omvang spreekt men wel eens van 'de Eerste Afrikaanse Wereldoorlog', al is dat een erg ongelukkige uitdrukking die voorbijgaat aan de loodzware impact die de Eerste en de Tweede Wereldoorlog op Afrika hebben gehad. De term *Great African War* is daarom zinvoller, hoewel de vuurhaard grotendeels beperkt bleef tot Congo en lokale milities langer aan zet waren dan buitenlandse troepenmachten. Qua slachtoffers groeide die Grote Afrikaanse oorlog of Tweede Congo-oorlog uit tot het dodelijkste conflict sinds de Tweede Wereldoorlog. Alleen al in Congo zijn er sinds 1998 minstens drie miljoen en mogelijk vijf miljoen mensen door de oorlog gestorven, meer dan in de sterk gemediatiseerde conflicten in Bosnië, Irak en Afghanistan bij elkaar. En het aantal blijft oplopen. In 2007 vielen er maandelijks nog 45.000 doden door de indirecte gevolgen van die vergeten oorlog. Het gros van die dodentol bestond uit burgers. Ze lieten niet het leven tijdens gevechten, maar ten gevolge van ondervoeding, diarree, malaria en longontsteking, ziektes die door de oorlog niet meer behandeld konden worden. Daarbij dient opgemerkt dat veel van die ziektes ook vóór de oorlog niet meer behandeld werden. Congo had al een bovengemiddeld sterftecijfer en het werd er tijdens het conflict bepaald niet beter op. In 2007 lag het sterftecijfer in Congo nog steeds 60 procent hoger dan dat in geheel Sub-Saharisch Afrika.[16] De gemiddelde levensverwachting bij de geboorte bedroeg 53 jaar.

De Tweede Congo-oorlog verdween uit het wereldnieuws doordat hij ondoorgrondelijk en onoverzichtelijk heette te zijn. Er waren inderdaad niet twee duidelijk afgetekende kampen en, wat meer was, er was geen duidelijke rolverdeling over wie de boeman en wie de underdog was. Na het einde van de Koude Oorlog hanteerden westerse verslaggevers in toenemende mate een moreel referentiekader om oorlogen mee te duiden: in Joegoslavië werden de Serviërs de grote boosdoeners, in Rwanda de Tutsi's de onschuldige slachtoffers; in beide gevallen leidde dat tot desastreuze beeldvorming en beleidsdaden. In Congo vond men niet zo snel een 'goede' partij. Wie het conflict van nabij bekeek, begreep dat alle betrokkenen boter op hun hoofd hadden. De grieven bleken vaak terecht, de gekozen methodes vaak problematisch. Geen van de partijen leek erin te slagen uit de vuurlinie te stappen, zowel letterlijk als figuurlijk, om de legitimiteit van andermans perspectief onder ogen te zien en naar een gezamenlijk compromis te zoeken. Voor een straatarm land met een jonge, ongeschoolde bevolking die enkel het duistere despotisme van Mobutu had gekend, was dat beslist te veel gevraagd. Kinderen van de dictatuur zijn zelden voorbeeldige democraten. Het werd een van die conflicten waarbij iedereen de ander altijd een stukje schuldiger vond, waardoor terugslaan was geoorloofd en een eindeloze spiraal van geweld kon ontstaan. De westerse media haakten af.

Nochtans laat een eenvoudig cartografisch stripverhaal toe het verloop van de gebeurtenissen te begrijpen. Drie fasen kenmerkten het conflict. Van augustus 1998 tot juli 1999 probeerde Rwanda, samen met

Oeganda en een ineengeflanst inheems rebellenleger, Kabila omver te werpen. Dat lukte niet. De fase eindigde met de ondertekening van het Lusaka-vredesakkoord dat veel deed, maar geen vrede bracht. De tweede fase liep van juli 1999 tot en met december 2002. Rwanda en Oeganda probeerden niet langer door te stoten naar Kinshasa, maar controleerden nu, met behulp van lokale milities, de helft van het Congolese grondgebied, om de aanwezige grondstoffen massaal te exploiteren. Nu de buit belangrijker was dan de macht, kwam het tot breuken in de rebellie en gewelddadige confrontaties in Kisangani. Deze woelige fase bereikte een eindpunt met het vredesakkoord van Pretoria in december 2002, dat in werking trad vanaf juni 2003. De Rwandezen en Oegandezen trokken zich in hun land terug en de VN verhoogde zijn aanwezigheid. Officieel was daarmee de oorlog voorbij, maar ter plekke bleek dat niet zo. De derde fase begon in 2003 en loopt in de Kivu door tot op de dag van vandaag. Tijdens deze lange periode beperkte de oorlog zich tot het uiterste oosten van Congo, in de gebieden die onmiddellijk grensden aan Oeganda (Ituri) en Rwanda (de Kivu). Die zones ondergingen momenten van hevig geweld, massale schendingen van mensenrechten en onnoemelijk menselijk lijden.

In elk van zijn fasen werd het conflict getekend door de naweeën van de Rwandese genocide, de zwakte van de Congolese staat, de militaire vitaliteit van het nieuwe Rwanda, de overbevolking van het gebied rond de Grote Meren, de doorlaatbaarheid van oude koloniale grenzen, de groei van etnische spanningen door armoede, de aanwezigheid van natuurlijke rijkdommen, de militarisering van de informele economie, de wereldvraag naar minerale grondstoffen, het lokale aanbod van wapens, de onmacht van de Verenigde Naties en nog zo het een en ander.

Op 25 juni 2007 ontbeet ik in de Rwandese hoofdstad Kigali in het beroemde Hotel des Mille Collines, het toevluchtsoord tijdens de genocide dat de inspiratiebron voor de film *Hotel Rwanda* is geweest. Het was nog steeds een peperduur sterrenhotel. Ik had er niet overnacht, maar kwam er die dag voor een afspraak met Simba Regis, een introverte Rwandese oorlogsveteraan die slechts enkele jaren ouder was dan ik. Aan het buffet grepen we met tangen naar croissants die blonken van de roomboter. Een serveerster bracht ons heerlijk vers vruchtensap. Simba Regis was geboren in 1967 en zijn levensverhaal bevatte de geschiedenis van de Rwandese Tutsi's in een notendop. In 1959, bij het begin van de Hutu-

Kaart 9 : De Tweede Congo-oorlog

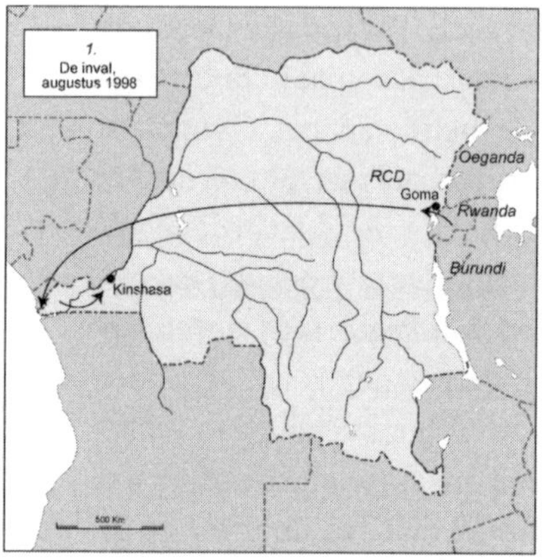

Rwanda, gesteund door Oeganda en Burundi, valt Congo binnen. De steden in het oosten vallen meteen, een luchtbrug naar het uiterste westen moet de verovering van Kinshasa bespoedigen. De inval wordt voorgesteld als een inlandse rebellenbeweging: de RCD.

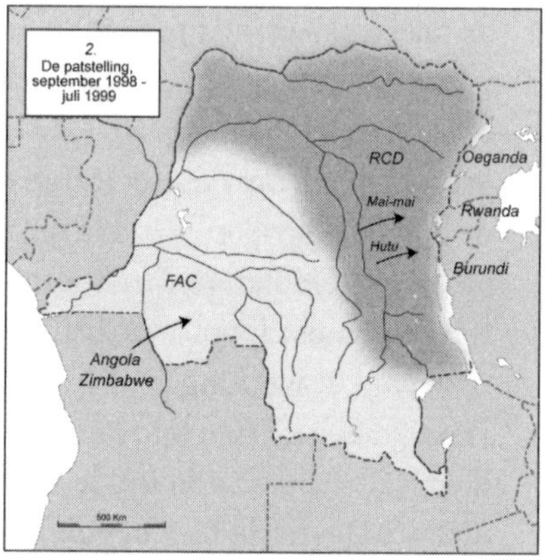

Kabila's buitenlandse bondgenoten (voornamelijk Angola en Zimbabwe) roepen de opmars van de rebellen een halt toe. Het front stabiliseert zich. In het oosten worden de rebellen nog bekampt door de Mai-mai en Rwandese Hutu-milities die de steun van Kinhasa genieten. Oeganda richt een tweede rebellenbeweging op: de MLC. Het Lusaka-vredesakkoord brengt geen soelaas.

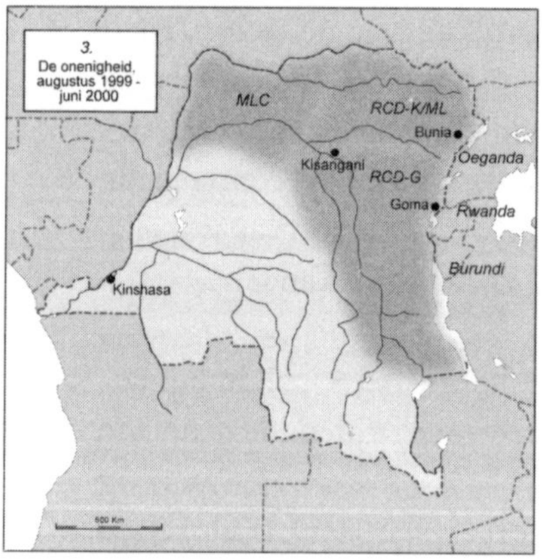

Nu Kinshasa buiten bereik ligt, is er nog altijd de buit. Maar de verdeling ervan leidt tot onenigheid. De rebellenbeweging valt uiteen in een pro-Rwandese en pro-Oegandese fractie, resp. RCD-G (van Goma) en RCD-K (van Kisangani). Rwanda probeert Kisangani, een belangrijk diamantcentrum, van Oeganda af te pakken. Na een eerste confrontatie in augustus 1999 vlucht de RCD-K naar Bunia en wordt daar de RCD-ML. In mei en juni 2000 verovert Rwanda Kisangani.

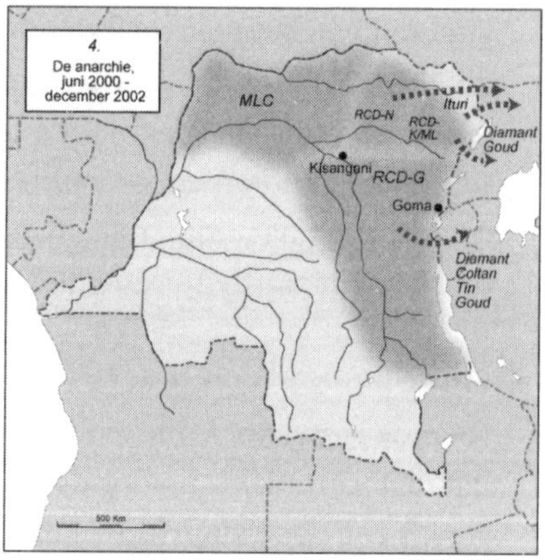

In het noorden verbrokkelt de rebellie volkomen. Pro-Oegandese rebellen vechten niet meer tegen Kinshasa of tegen pro-Rwandese rebellen, maar gewoon tegen elkaar. Er komen nieuwe legertjes bij, in Ituri is het kluwen onontwarbaar. Het ultieme motief is plundering, ook in het door Rwanda gecontroleerde gebied. Het vredesakkoord van 2002 pacificeert een groot deel van het grondgebied, MLC en RCD-G mogen een vicepresident leveren, maar in Ituri en Kivu suddert het conflict nog jaren door.

onlusten, waren zijn ouders naar Burundi gevlucht, waar hij was geboren. Tijdens zijn kindertijd en zijn jeugd hoorde hij voortdurend dat niet Burundi, maar Rwanda zijn vaderland was. Hij sympathiseerde met de strijd van de Tutsi's in ballingschap en trok in 1990 naar Zuid-Oeganda om zich aan te sluiten bij het Rwandees Patriottisch Front, het leger van Kagame. Hij deed mee aan de invallen in Rwanda, hij was een van de eersten die Kigali bereikten en hij ontsnapte op een haar aan de genocide in 1994. 'Kinderen van zes die lagen te creperen, jonge moeders die waren afgemaakt door gedrogeerde Interahamwe. Het was om gek van te worden. Als je dat hebt gezien, moet je je wel verweren.' En dus was hij er in 1996 bij, toen Rwanda Congo voor het eerst binnenviel om het Hutu-gevaar uit te schakelen. En in 1998, bij de tweede inval door Rwanda, zat hij opnieuw op de eerste rij, want ook nu was het uitschakelen van de resterende Hutu-milities een motief, naast het onttronen van Kabila. In de bossen van Oost-Congo schuilden nog steeds duizenden Rwandese Hutu's die na de slachtingen van het AFDL nog meer op wraak waren belust dan ooit tevoren.

De strijd begon op 2 augustus. Rwanda kreeg de steun van Oeganda en Burundi, die ook bezorgd waren over het gerommel aan hun westgrens en weet hadden van de bodemrijkdommen van Oost-Congo. Goma en Bukavu vielen meteen. Twee weken later heette het dat de verovering het werk was van een inlandse rebellie, de Rassemblement Congolais pour la Démocratie (RCD). Tot leider werd Ernest Wamba dia Wamba gebombardeerd, een voormalige hoogleraar geschiedenis. Maar heel dit RCD was al evenzeer een fantoomconstructie als het AFDL van 1996. Terwijl hij zijn croissant langzaam uiteenplukte, liet Simba Regis er geen twijfel over bestaan: 'Wij hebben die rebellen opgeleid en gevormd. Rwanda was gewoon beter georganiseerd. De Congolezen droegen Rwandese uniformen en laarzen. Ze stonden onder ons bevel. Wij waren hun peetvaders.'

Vier jaar lang vocht Simba op Congolese bodem, van 1998 tot 2002, de volle duur van de officiële oorlog. Hij was in Katanga, in Kasai. Soms werd er gevochten tegen de Interahamwe en de Mai-mai, die de steun van Kabila genoten, meestal gebeurde er niets. '*On faisait la vie*,' zei hij, 'we kwamen aan de kost', waarmee hij leek te suggereren dat bodemexploitatie belangrijker was dan oorlogvoeren. Katanga stikte nog steeds van de grondstoffen, Kasai was nog steeds erg rijk aan diamant. De strijd tegen de gereorganiseerde Hutu's noemde hij 'rechtvaardig en nobel', maar de oorlog als levensstijl was hij hartgrondig beu. 'Ik kan niet meer. Sinds 1990 voer ik oorlog. Zij die over de oorlog beslissen, vechten nooit zelf, maar ik heb mijn broers verloren en mijn vrienden. Wij waren met elf vrienden uit Bujumbura, wij kwamen uit dezelfde wijk en zaten op dezelfde lagere en middelbare school. Van die elf leven er nog twee, ik en iemand in Canada.' Het terras van de ontbijtzaal keek uit over Kigali. De stad lag te glinsteren in het ochtendlicht. 'Als ik bier heb gedronken, krijg ik nachtmerries. Ik zie huizen die worden opgeblazen. Ik zie mijn vrienden huilen omdat ze een arm of een been hebben verloren. En telkens ben ik machteloos en kan ik niets doen. Dan schiet ik wakker. Ik proef de oorlog nog steeds. Ik heb een slecht leven gehad, echt. Ik wil naar Europa, want over vijf of tien jaar zal het hier opnieuw ontploffen.'[17]

Maar James Kabarebe dacht dat de klus snel geklaard kon worden. In 1996 had het zeven maanden geduurd om in Kinshasa te komen; dat kon beter. Zijn plan was even gewaagd als brutaal. Op de luchthaven van Goma kaapte hij enkele vliegtuigen, laadde ze vol RCD-manschappen en dwong de piloten westwaarts te vliegen, naar de militaire basis van Kitona aan de Atlantische Oceaan. Van daaruit was het maar vierhonderd kilometer tot aan Kinshasa. Zijn luchtbrug leek te werken: op 5 augustus nam hij Kitona in en wist de aanwezige militairen, voornamelijk gedemotiveerde ex-FAZ-soldaten die 'heropgevoed' werden in het nieuwe leger, over te halen om mee te vechten tegen Kabila. Op 9 augustus viel de cruciale havenstad Matadi, op 11 augustus de waterkrachtcentrale van Inga. Kabarebe had nu de hoofdschakelaar van Kinshasa in handen en kon de voedseltoevoer stremmen. Nachtenlang dompelde hij een hongerige miljoenenstad in het duister. In de volkswijken laaiden de anti-Tutsi-gevoelens hoog op. Enkele honderden Tutsi's of mensen die ook maar Tutsi-trekken hadden, werden op gruwelijke wijze gelyncht door de massa. Net zoals in de Zuid-Afrikaanse townships kregen ze een autoband om, die gevuld werd met benzine en werd aangestoken.

Alles wees erop dat Kinshasa binnen korte tijd zou vallen. Kabila's leger was geen partij voor de troepen van Kabarebe. Toch pakte het anders uit. Op de valreep werd Kabila gered door buitenlandse troepen: op 19 augustus 1998 trokken vierhonderd soldaten uit Zimbabwe Congo binnen, op 22 augustus begon het Angolese leger Bas-Congo te bevrijden. Vooral de rol van Angola was doorslaggevend. Tijdens de Eerste Congo-oorlog had het land zich afzijdig gehouden: niemand in Luanda treurde om het nakende vertrek van Mobutu, wiens steun aan de rechtse

UNITA-rebellen voor zoveel leed had gezorgd. Tijdens de Tweede Congo-oorlog lagen de kaarten echter anders. Rwanda zou mogelijk UNITA steunen om Kabila ten val te brengen. Dat mocht niet gebeuren. Zimbabwe daarentegen handelde meer uit economische overwegingen; het land had belangen in de Katangese mijnbouw. Daarnaast was er een soort ideologische broederschap tussen de presidenten Mugabe, Dos Santos en Kabila: alle drie hadden geflirt met wat in Afrika zo mooi *le marxisme tropicalisé* heette. Angola was jarenlang door Cuba gesteund, net zoals Kabila zelf toen hij Che Guevara op bezoek had gehad. Ruffin Luliba merkte dat die band nog steeds hecht was, toen hij de lijfwacht van president Kabila was. 'Mzee hield van revolutionairen. Mannen als Mugabe en Castro, dat vond hij prachtig. Zijn lijfarts was een Cubaan. Ik ben meermalen met hem naar Cuba geweest. We waren met vier kadogo's en werden ontvangen door Castro; ik heb hem nog de hand geschud. We dineerden bij Castro in Havana.'[18] Waarschijnlijk is het Castro geweest die president Dos Santos van Angola aanspoorde om zijn leger naar Congo te sturen.[19]

Kabila's coalitie groeide. Na Zimbabwe en Angola sloot ook Namibië zich aan. In het noorden vond hij bondgenoten bij Soedan, Tsjaad en Libië. Elk van die landen had redenen om de val van Kabila te verhinderen. Soedan bood zijn diensten aan vanwege een voortslepend conflict met Oeganda dat de rebellen in het zuiden van Soedan steunde. Libië stelde enkele vliegtuigen ter beschikking om uit zijn internationale isolement te geraken. Tsjaad zond tweeduizend soldaten, uit solidariteit met de vorige twee landen. Kabila beschikte uiteindelijk over een *seven nations army*: naast zijn eigen troepen waren er troepen uit drie landen in het zuiden en drie landen in het noorden. Die namen het op tegen de drie landen uit het oosten die achter de RCD schuilgingen: Rwanda, Oeganda en Burundi, waarbij Rwanda onbetwistbaar de hoofdrol speelde en de lieveling van Amerika was. Eens te meer was de centrale ligging van Congo in Afrika bepalend voor de loop van de geschiedenis. Het aantal troepen was groot: Kabila's coalitie kon bogen op ongeveer 85.000 soldaten, de rebellen op circa 55.000 manschappen.[20] Die indrukwekkende militaire aanwezigheid leidde tot een complete impasse in de oorlog. Het westen van Congo kwam snel weer in handen van Kabila, maar het oosten bleef in de greep van de RCD. Een echte frontlijn was er niet, maar er golden wel duidelijke zones met daartussen een vaak zeer breed niemandsland. Kinshasa kon zijn gezag enkel nog laten gelden over Bas-

Congo, Bandundu, West-Kasai en grote delen van Katanga; Kigali en Kampala controleerden Noord-Katanga, Noord- en Zuid-Kivu, de Maniema, en de Province Orientale. Toen in november 1998 Tsjaad zich terugtrok uit de Equateur viel ook dat gedeelte in handen van de rebellen. De bezetter hier was niet de RCD, maar een nieuw rebellenleger dat exclusief door Oeganda werd gesteund, het MLC (Mouvement pour la Libération du Congo). De aanvoerder was Jean-Pierre Bemba, zoon van de rijkste zakenman uit het Mobutu-tijdperk. Zijn troepen bestonden voor een groot deel uit veteranen van de DSP, Mobutu's rücksichtslose privéleger.[21]

Rwanda's tweede inval had een herhaling van 1996 moeten zijn, maar het pakte totaal anders uit. De situatie zat muurvast en dat kwam onder meer door de houding van de lokale bevolking. Was het AFDL nog als een bevrijdingsleger onthaald, dan werd de RCD van meet af aan als een bezettingsmacht ervaren. In een stad als Goma was Kabila nog steeds erg populair. Toen Wamba dia Wamba jongens wilde rekruteren voor zijn RCD, mobiliseerde Jeanine Mukanirwa haar belangrijke organisatie voor plattelandsvrouwen. Zij was een van de vrouwen die op het eind van het Mobutu-tijdperk de vrouwenbeweging in de Kivu mee uit de grond hadden gestampt. 'We waren met vijfduizend vrouwen. Wamba dia Wamba kwam langs om ons te winnen voor zijn rebellie. Het was volgens hem een "rechtzettingsoorlog", maar wij wisten dat Rwanda erachter zat. We zeiden: "In 1996 hebben jullie onze kinderen afgenomen om te gaan vechten. Nu komen jullie onze andere kinderen halen om hen tegen hun eigen broers te laten vechten. Uw oorlog heeft geen bestaansrecht!" Ja, wij vrouwen hadden moed toen.'[22]

Wamba's RCD werd ronduit gehaat. Zelfs de Banyamulenge twijfelden of ze ditmaal met Rwanda mee moesten doen; hun enthousiasme was veel kleiner dan twee jaar eerder.[23] Inwoners van Goma vertelden me hoe het hele bestuur in handen kwam van Rwandezen. De belastingdienst, de migratiedienst, de veiligheidsdienst... Gevechten waren er niet geweest bij de inname, maar toen het nieuwe gezag zich installeerde, begon een eindeloze reeks ontvoeringen en verdwijningen.[24] Intellectuelen, journalisten, activisten uit het middenveld en kerkleiders kregen te maken met intimidaties en arrestaties. Honderden dissidenten en contrarebellen uit het binnenland lieten het leven.[25]

In de tuin van het Caritas-guesthouse in Goma, aan de rand van het wondermooie Kivu-meer, interviewde ik iemand die zichzelf omschreef als 'Muhindu'. Hij liep mank en had een groot litteken op zijn rechterarm. Vijf jaar lang was hij vrachtwagenchauffeur geweest voor een commandant van de RCD. Hij sprak in afgemeten zinnen. 'Er waren veel ontvoeringen van jongeren toen. Ik moest altijd met drie militairen naar een huis rijden. Alle weerbare jongens en mannen werden opgepakt en in de vrachtwagen gegooid. De deur ging dicht. Ik reed naar Kinyogote, bij Mugunga, aan de rand van het meer. Daar was een garage waar vroeger speedboten stonden. Dat was de gevangenis. We gooiden hen erin. Na enkele dagen werden ze gedood. Met touwen. Ik ging met een motorbootje het Kivu-meer op. Je moet grote stenen op zo'n lichaam binden.' De golfjes van het meer klotsten tegen de oever, maar hij had er geen oog voor. Het was erg fris, hier in het hoge oosten. Hij, enkel in T-shirt, nam een slok van zijn bier en ging verder. 'Als je met iemand een probleem had, zocht je een vriend die in de RCD zat. Je gaf hem geld en hij zorgde ervoor dat je vijand gedood werd. Ik had wel zestien mensen per dag in mijn vrachtwagen en ik was vijf jaar chauffeur voor de RCD. Soms zaten ze wel met honderd man in die garage. Ze stierven van de kou en de wind. De golven sloegen ook naar binnen.'[26]

In de dorpen ging de RCD bijzonder driest te werk. De steden hadden ze in hun macht, het platteland niet. Daar zaten de Interahamwe en andere Hutu-strijdkrachten, en die kregen de steun van Kinshasa. Het was een onwaarschijnlijke omkering van de geschiedenis: in 1996 leidde Kabila een rebellie die ware slachtingen aanrichtte onder de Hutu-vluchtelingen, twee jaar later gaf hij diezelfde vluchtelingen wapens om te strijden tegen Rwanda... In Congo was niets wat het leek. Allianties kwamen en gingen, afhankelijk van de omstandigheden. Ideologische overeenstemming? Politieke verwantschap? Het was van geen belang. Het enige wat ertoe deed, was militair (en later ook pecuniair) opportunisme. De vijanden van je vijanden waren je vrienden; met hen ging je in zee. Door die logica ging in Oost-Congo de strijd tussen Rwandese Hutu's en Rwandese Tutsi's nog een tijdje verder. De echo's van de genocide stierven niet uit.

Ook de Mai-mai werden bevoorraad door Kinshasa. Kabila had geen troepen meer in het oosten, maar via de Mai-mai kon hij toch verhinderen dat de RCD het binnenland helemaal controleerde. Hij besteedde de oorlog dus uit aan twee onderaannemers, de Interahamwe en de Mai-mai. Een uiterst merkwaardig consortium was dat: de enen waren Rwandese Hutu's die de genocide hadden gepleegd, de anderen Congolese hypernationalisten die zwoeren bij hun bijgeloof. In juni 2007 mocht ik in Bukavu eens in het grootste geheim met een viertal Mai-mai tafelen. Bang als ze waren voor de stad, verschenen ze pas lang nadat de nacht was gevallen op onze afspraak in een anonieme privéwoning van een gemeenschappelijke vriend. De sfeer was aanvankelijk nerveus. Hun 'kolonel', een dertiger met bloeddoorlopen ogen, hield met luide stem ellenlange verhalen over de geschiedenis van de Mai-mai, heroïsche verhalen waaruit zowel woede als strijdbaarheid sprak, maar die dermate episch waren dat zijn trawanten erbij in slaap vielen. Later op de avond, toen ze weer wakker waren, vertelden ze echter voluit over de oorlog en hun rituelen. Na verloop van tijd, spijs en bier toonden ze zelfs hun magische armbandjes van leer, hun grigri's. Ze stroopten hun broekspijpen op om te tonen waar ze geraakt waren door kogels die hen niet hadden gedood ('En hier kwam-ie er weer uit!'). Ze nodigden me uit om hun bovenarm te betasten waar, verrek nog aan toe, inderdaad een onderhuidse kogelhuls zat ('Niets geen verzorging; gewoon een plantje op gelegd'). Ze beloofden me bij een volgende ontmoeting alle immuniseringsrituelen toe te passen op een van hun leden en op hem te schieten. Ik zou zien dat de kogels als water van zijn borst zouden glijden. Of nee, ze hadden nog een beter idee. Omdat ik overduidelijk van Congo hield, was ik ook een potentiële Mai-mai, vonden ze. Ze zouden alle rituelen op míj uitvoeren, ja, dat was het, en een van hen zou dan op mij vuren. Wilde ik dat niet eens meemaken?[27]

Over etnische afkomst deden de Mai-mai niet flauw, zolang je maar hartstochtelijk van Congo hield. Yves Van Winden kon erover meepraten. Hij was een Belg die al jarenlang een klein luchtvaartbedrijfje in Congo had, een sportpiloot die van zijn hobby zijn beroep had gemaakt en van Congo zijn vaderland. Tijdens de oorlog werd hij de contactpersoon tussen Kabila en de Mai-mai. Ik sprak hem in een vage nachtclub in Goma. Er liepen Russische piloten rond die in de goudsmokkel zaten, naast ongure types in militaire uniformen die ik niet kon thuisbrengen. Rond het biljart zaten enkele jonge prostituees hun cola met een rietje te drinken. 'Ze noemden mij de "blanke Mai-mai",' zei Yves Van Winden, 'ik bracht ze wapens van Kabila. Meer dan vierhonderd vluchten heb ik uitgevoerd, solovluchten van vijf, zes uur. Dat is extreem lang. Ik vloog meestal met mijn Cessna, soms met een DC-3 of een kleine Antonov 26. Per vlucht had ik zeshonderd kilo vracht bij me. Ik schat dat ik meer dan twintigduizend kalasjnikovs heb vervoerd, naast driehonderd tot vijfhonderd bazooka's, tweehonderd mortieren kaliber 60, twintig mortieren kaliber 90 en tien mortieren kaliber 120. En ook nog twee SAM-7-raketten, luchtafweergeschut.' Waarom brengt iemand 240 ton wapens naar het rebellengebied? 'Uit patriottisme. Het was door het bewapenen van de Mai-mai dat de opmars van de RCD werd gestopt. Ik heb nog heel veel geld tegoed voor al mijn vlieguren. Eén keer werd mijn Cessna beschoten bij het opstijgen, de kogel vloog net langs mijn stoel. Ik werd niet geraakt. De Mai-mai waren helemaal niet verbaasd. Zij hadden mijn toestel gedoopt!'[28]

De kaart van Congo was onwrikbaar: in het westen en het zuiden zat Kabila met zijn Angolese en Zimbabwaanse bondgenoten, in het noorden Bemba met zijn door Oeganda gesteunde MLC, in het oosten Wamba dia Wamba met zijn door Rwanda gesteunde RCD, die het opnam tegen de door Kinshasa gesteunde Interahamwe en de Mai-mai. Vanaf begin 1999 waren er al vredesbesprekingen, maar het kwam pas in juli, onder druk van Frankrijk en de VS, in de Zambiaanse hoofdstad Lusaka tot een akkoord, het zogenaamde Lusaka-vredesakkoord. De buitenlandse legers beloofden hun soldaten terug te trekken, de Verenigde Naties zouden een vredesmacht van vijfhonderd waarnemers sturen en in Congo moest een nationale dialoog op gang komen over de inrichting van de naoorlogse overgangsperiode. Nog maar weer eens een transitie. Sinds Mobutu in 1990 een begin van democratisering toestond, leefde het land in een permanente staat van voorlopigheid.

Maar de oorlog was niet over. Na Lusaka kwam hij enkel in een nieuwe fase terecht, een rommelige, smerige fase. Alle oorlogen zijn vuil, maar wanneer het politieke motief moet wijken voor een economisch motief, is het hek helemaal van de dam. En dat is wat er gebeurde. De RCD wilde niet langer Kinshasa bereiken, maar nestelde zich in de rebellie en stelde vast dat het goed boeren was in Oost-Congo. Westerlingen zijn eraan gewend geraakt oorlogen te zien als peperdure, geldverslindende ondernemingen die desastreus zijn voor de economie. In Centraal-Afrika was het juist omgekeerd: oorlogvoeren was relatief goedkoop, zeker in het licht van de fabuleuze winsten die er te boeken vielen met de exploitatie van grondstoffen. Het ging dan ook niet om een *hi-tech war*. Het overaanbod aan lichte, tweedehands vuurwapens, vaak afkomstig uit de postcommunistische regimes van Oost-Europa, drukte de prijs, en (kind)soldaten die hun inkomen bijeen mochten plunderen kostten niets. Ze hielden de bevolking onder de knoet, terwijl de ertsen er voor het oprapen lagen. Oorlog werd, kortom, een interessant economisch alternatief. Waarom zou je dan zo'n lucratieve business stopzetten? Onder druk van het volk? Maar daarvoor heb je toch die wapens? En wat als een deel van dat straatarme volk ook verdiende aan de exploitatie?

Dokter Soki zat in zijn eentje een omelet te eten in een Griekse kantine in Kisangani toen ik hem voor het eerst ontmoette. Het was een verzengend hete dag, maar binnen hield de airco het draaglijk. Ik had van hem gehoord en raakte met hem aan de praat. Hij kwam uit Bukavu en was een van de vele Congolezen die in 1996 bij de eerste inval van Rwanda naar Kisangani waren gevlucht. Een granaat had zijn huis vernield. Drie weken lang trok hij met zijn gezin door het oerwoud. Maar enkele jaren later zou de oorlog ook zijn nieuwe standplaats bereiken.

De belangrijkste gebeurtenis tijdens de tweede fase van de oorlog, zo zou dokter Soki snel genoeg leren, was de breuk tussen Rwanda en Oeganda. Nu winst belangrijker werd dan de overwinning, liep de vriendschap tussen Kagame en Museveni op de klippen. Ze streden niet meer met elkaar om Kinshasa, maar tegen elkaar om Kisangani. De rebellen hadden de stad van dokter Soki al in augustus 1998 ingenomen. Kisangani was de belangrijkste regionale draaischijf voor diamant. Overal in de stad had je *comptoirs du diamant*, wisselkantoortjes, vaak van Libanezen, waar delvers en koeriers uit het binnenland kwamen aankloppen om hun steentjes te verkopen. Oeganda zwaaide er eerst de scepter, maar Rwanda wilde ook een deel van de buit en besloot Oeganda te verjagen. Tot driemaal toe kwam het tot een gewapend treffen in de straten van Congo's derde stad. Bewoners van Kisangani spreken vandaag nog steeds over 'de oorlog van één dag' (augustus 1999), 'de driedaagse oorlog' (mei 2000) en 'de zesdaagse oorlog' (juni 2000). Vooral dat laatste treffen was bijzonder heftig, herinnert dokter Soki zich nog. Officieel moest de stad toen gedemilitariseerd worden. Jeeps reden weg, maar beide kampen waren bang dat de ander het gat zou opvullen.[29] De troepensterkte van de VN-vredesmacht, de MONUC (Mission de l'Organisation des Nations Unies au Congo), was aanzienlijk toegenomen, maar dat volstond niet om de gemoederen te bedaren. De Oegandezen zaten in het noorden van de stad, bij de Tshopo-rivier en op de terreinen van de textielfabriek Sotexki. De Rwandezen zaten in het zuiden, bij de Congo-rivier. Wie wie provoceerde is niet duidelijk, maar de geplande aftocht escaleerde in een grootschalig vuurgevecht met zware wapens. Binnen zes dagen vlogen er meer dan duizend obussen over de woonwijken van de stad met de mooiste modernistische architectuur van heel Congo.[30] De mensen leefden in kelders en aten dagenlang niets. 's Nachts was de hemel vol brullende, vallende sterren. Er was water noch stroom. De mensen dronken bedorven water uit plassen en putten en ondergingen een oorlog die de hunne niet was.[31] Oeganda en Rwanda vochten om het kapotte, maar rijke Congo, zoals een jakhals en een hyena die sleuren aan hetzelfde karkas.

Achter het algemeen ziekenhuis van de stad kwam een geïmproviseerd kerkhofje. Alleen al tijdens de zesdaagse oorlog vielen er vierhonderd burgerslachtoffers. Het aantal gewonden en verwoeste huizen was niet te tellen. 'Het was een maandagochtend om tien uur toen de oorlog uitbrak, ik was bouwplannen aan het bespreken met een klant.' Ingenieur Utshudi was niet thuis toen een van de eerste obussen op zijn huis viel. 'Wij woonden op nummer 11 van de Deuxième Avenue in de gemeente Tshopo. Ik kwam thuis, maar er stond geen huis meer overeind. Het was een woestijn. Er lagen alleen lijken. Die hebben daar zes dagen gelegen. We hebben moeten vluchten. De militairen schoten zelfs op grafdelvers. Toen de oorlog over was, zijn we de lijken gaan ophalen. We stopten ze in zakken en begroeven ze op het kerkhof achter het ziekenhuis. Ik verloor in één keer mijn vrouw, mijn jongere zus, mijn schoonzus en mijn vier kinderen, zeven familieleden. Nu bid ik God dat ik mag vergeten.'[32]

De breuk tussen Rwanda en Oeganda verliep parallel aan een breuk in de RCD: de rebellenbeweging viel uiteen in een pro-Rwandese fractie (de RCD-G, van Goma, onder leiding van Emile Ilunga en later vooral Azarias Ruberwa) en een pro-Oegandese fractie (de RCD-K, van Kisangani, onder leiding van Wamba dia Wamba en later Mbusa Nyamwisi, ook wel aangeduid als RCD-ML, van Mouvement de Libération, of RCD-K/ML).[33] Congo was niet alleen rijk aan grondstoffen, maar ook aan afkortingen. Dokter Soki hield er zich niet echt mee bezig: 'Ik dacht niet te vaak aan de politiek. De reden van de oorlog was ons onbekend.' Toen de zesdaagse oorlog begon, trokken internationale hulporganisaties hun personeel terug. Dokter Soki bleef achter in een belegerde stad van een half miljoen inwoners. Zoals de arts in *La Peste* van Camus probeerde hij de menselijke waardigheid hoog te houden in een mensonwaardige wereld. 'Zes dagen lang werkte ik alleen in het algemeen ziekenhuis van Kisangani. Er waren drie verplegers en vijftien stagiairs. Pas later kwam er een Amerikaanse chirurg van het Rode Kruis bij. De mensen sliepen op hun zelfgevlochten matjes op de grond. Dekens en medicijnen kwamen later. We werkten van zeven uur 's ochtends tot acht uur 's avonds. Tweeduizend mensen hebben we verzorgd, mensen met schotwonden in hun buik, hun borstkas, hun ledematen of zelfs hun hoofd, mensen wier buiken waren opgereten door granaatscherven. We haalden bloed uit de longen, wij haalden schrapnels uit de blaas, we amputeerden. Het was echt oorlogschirurgie, maar we hadden zeer weinig infecties. Toch hadden we in het begin niet eens diesel om het stroomaggregaat te laten draaien. We moesten onze sterilisatietoestellen verhitten op houtskool. En toen viel er ook nog eens een obus op het ziekenhuis. Een van de twee operatiezalen werd verwoest en onze citerne met vijfduizend liter water liep leeg. Dat zorgde voor veel paniek bij zieken en personeel. Zelfs hier waren we niet veilig.'

Dokter Soki sprak met kalme stem over het inferno van die week. Er stak niets van heroïek in, veeleer berusting en verdriet. 'We hebben ook soldaten verzorgd. Vier Oegandese soldaten kwamen hier binnen, hun ingewanden uiteengereten, de darmen hingen eruit. We hebben ze kunnen redden. We verzorgden iedereen, we discrimineerden niemand. Toen er Rwandese soldaten kwamen, hebben we ze in een andere zaal gelegd. Ik ging gewoon door, vanwege het lijden dat ikzelf had gekend. Ik had zevenhonderd kilometer te voet afgelegd, ik had kinderen en volwassenen zien sterven onderweg. Ik had kennelijk de moed om mezelf aan de anderen te geven.' Dezer dagen eet hij alleen zijn omeletje. Praten doet hij niet graag. 'We hadden die week ook een bevalling. Van schrik bevielen veel vrouwen te vroeg. We voerden een keizersnede uit. Ik hield het kind vast. Dat God hem het leven schenke, dacht ik.'[34]

Na zijn deelname aan de slachtpartij in 1997 in Tingi-Tingi, vlak bij Kisangani, was luitenant Papy met het AFDL in Kisangani beland. Hij trouwde, legde de wapens neer en ging bij zijn schoonfamilie in de brousse wonen, waar hij een lapje grond bewerkte. Eindelijk leefde hij het leven van de doorsnee-Congolees in vredestijd: dat van boer. Maar toen kwam in mei 1999 Wamba dia Wamba naar Kisangani, door de breuk binnen de RCD. 'Hij zei: "Jullie willen vechten voor jullie land, maar de Rwandezen willen ons bezetten. Kijk maar naar Goma!"' Boer Papy vond dat hij nu wel genoeg geboerd had en werd weer luitenant Papy. Hij kreeg drie maanden training, dit keer van een Oegandese kolonel. Wamba was wel degelijk van kamp veranderd.

In augustus 1999 was hij erbij toen Rwanda voor het eerst Kisangani bestookte en inpalmde. Toen Wamba zijn hoofdkwartier naar Bunia overbracht, trok hij eveneens oostwaarts. Nu wilde hij zich aanmelden bij Roger Lumbala. Die was in Bafwasende, het hart van het diamantgebied, met een eigen rebellenlegertje begonnen, de RCD-N (van National, al was Local beter geweest). Hij kwam uit de RCD-G, flirtte met de RCD-K/ML, stichtte de RCD-N en heulde ten slotte met het MLC van Bemba.[35] De rebellenbeweging viel uiteen, vooral aan Oegandese zijde, en luitenant Papy zwalkte maar. Eerst wilde hij wel naar Lumbala, toen toch maar niet, daarna wilde hij terug naar Wamba, maar die werd vervangen door Mbusa, eigenlijk wilde hij terug naar zijn familie, die in Beni zat, maar dat was ver, dus bleef hij maar bij Mbusa. Loyaliteit was vooral een kwestie van opportuniteit. Uiteindelijk bleef hij jarenlang met enkele manschappen dolen door het oerwoud van wat in betere tijden het Parc National de l'Okapi heette, met achttienduizend vierkante kilometer een van de grootste reservaten van Congo, werelderfgoed sinds 1996, doorgaans enkel bewoond door Mbuti-pygmeeën.

Ze waren met een groepje van zeven en Papy was *chef de peloton*. Diep in het oerwoud kwamen ze bij het plaatsje Bomili uit, waar ze een schitterend uitzicht hadden over de samenvloeiing van de Ituri met een zijrivier. Op die plek was ene Mamadou oppermachtig, een stroper uit Mali die zich de allures van een dorpschef had aangemeten. Het deed denken aan de manier waarop Msiri, de Afro-Arabische slavenhandelaar afkomstig van de oostkust, zich in 1856 tot koning van de Lunda had laten uitroepen. Door het wegvallen van de politieke macht ontstond ruimte voor nieuwe structuren van buitenaf: buitenlandse handelaren konden ongestraft hun gang gaan en, met enig geweld, reële politieke macht verwerven. Anno 2000 was het binnenland van Congo een al even wild westen als in het midden van de negentiende eeuw. Zelfs de handelswaar was onveranderd. 'Mamadou had een huis vol ivoor. Ik zag vijftien slagtanden liggen van bijna twee meter lang. Hij had vier jagers, een man die Pascal heette en drie pygmeeën. Er lagen ook huiden van okapi's en de hoorn van een neushoorn. Mamadou nam ons alles af, zelfs onze kettinkjes. Drie uur lang heeft hij ons geslagen. Toen zei hij tegen ons: "Draag dat ivoor voor mij, anders dood ik jullie."' Een zin die zo uit de negentiende eeuw had kunnen komen. Papy en zijn mannen liepen zeven kilometer met de slagtanden op hun schouders, in precies hetzelfde gebied waar de arabisés vroeger hun razzia's hielden. Toen het donker werd, bouwden ze drie hutjes voor de nacht. Ze waren niet van plan om braaf voor drager te blijven spelen. 'Na een uur kwam Mamadou aan. Hij had ons achtervolgd en opende het vuur. Een van ons werd gedood, waarop wij drie van zijn jagers vermoordden, onder wie Pascal. Wij zijn gevlucht en hebben het ivoor begraven. Ik moet het nog steeds gaan ophalen.'

Luisteren naar luitenant Papy was alsof ik *Heart of Darkness* herlas, een onderdompeling in een sombere, donkergroene wereld vol loom geweld. Een wereld bevolkt met schimmige types die even wreed als duister en dronken waren. 'Mamadou werkte samen met de koning der imbecielen, Ramses. Dat was de nummer twee van Bemba's MLC. Er was grote rivaliteit met de RCD-ML van Mbusa.' Een broeierige wereld met mistige logica's. De pro-Oegandese rebellen vochten niet meer tegen Kinshasa, zelfs niet meer tegen Rwanda, maar gewoon tegen elkaar. 'Het MLC wilde naar het oosten uitbreiden. Ze vielen Isiro aan, later ook Beni en Butembo. Ramses was hun commandant. Bij Mambasa hebben zijn mannen kannibalisme op pygmeeën gepleegd.' Een koortsige wereld met bizarre rituelen en gruwelijke taferelen. Familieleden van de pygmeeën werden zelfs gedwongen lichaamsdelen van hun net vermoorde naasten op te eten. Van pasgeborenen werd het hart uitgesneden en geconsumeerd...[36] Een klamme wereld met water dat van de bladeren drupte en verre kreten van dieren. Luitenant Papy snoof, brieste. De minachting droop van zijn troebele woorden. 'Op een dag was ik mijn vriend kwijt, mijn kameraad. We konden hem eerst niet vinden. Toen zagen we hem in een bocht langs de kant van de weg. Ramses had hem te pakken gekregen. Zijn hoofd zat op een stok gespietst. Lager aan die staak hadden ze zijn pik gebonden.'

Een wereld van angstzweet en lichaamsgeur. Twee miljoen burgers sloegen op de vlucht naar nergens. Diep in het oerwoud raakten dorpelingen zo afgesloten van de buitenwereld dat er geen kleren meer waren om hun lompen te vervangen. *Les nudistes* werden ze genoemd. Naakt liepen ze door het woud op zoek naar eten, alsof het opnieuw 1870 was, maar nu beschaamd.[37]

In de koloniale tijd stond het gebied rond Bomili bekend om zijn goudmijntjes. De goudaders waren niet zo rijk als in het oostelijker gelegen Kilo-Moto, maar toch nog steeds de moeite waard. Luitenant Papy raakte betrokken bij de goudwinning en bleek daar een stuk succesvoller in dan in de ivoorhandel. Soldaten werden ondernemers, moordenaars handelaren. 'Ik controleerde vijfendertig goudmijntjes in de buurt van Nia-Nia. Dat was mijn sector. Niemand betaalde mij en mijn manschappen, maar elke mijn had zijn eigen CEO.' Al waren dat doorgaans adolescenten met gescheurde singlets, de term CEO (PDG in het Frans van Papy, *président-directeur-général)* duidde toch op enige formalisering van de plundereconomie. 'Ik riep alle CEO's bijeen en hield een speech: "Jullie moeten iets bijdragen, anders gaan de militairen zichzelf behelpen en dan hebben jullie pesterijen aan je broek. Ieder moet een bijdrage leveren: *l'effort de guerre.* Per maand wil ik vijf gram goud van elk van jullie." Er werd over gediscussieerd, uiteindelijk stemden we in met drie gram. Sommige mijnen hadden vijfduizend *creuseurs* in dienst, maar die CEO's kregen ook maar een klein deel van de opbrengst.'

Van industriële ontginning was allang geen sprake meer. De machines uit de koloniale tijd stonden al decennialang te roesten. Het werk werd nu door zogenaamde creuseurs gedaan, jonge mannen en kinderen die met een hak of houweel het sediment wegschraapten. Het leek wel op de prilste mijnbouw in Katanga een eeuw eerder, met dit verschil dat niemand in loondienst werkte, maar iedereen een zelfstandig ondernemer was die bij wijze van belasting een deel van zijn opbrengst betaalde aan een hoger geplaatste. 'Ik deed mijn ronde in alle mijnen om de taks op te halen. Daarmee moest ik mijn mannen voeden, maar ook mijn hogere officieren dienen. Ik verkocht het goud aan brigade- of bataljoncommandanten. Daarnaast eiste ik ook enkele vierkante meters van de mijn op voor eigen gebruik. Ik had overal putten en een tiental creuseurs, die voor mij het zand zeefden in de rivier. Zo kwam ik aan wel vijfhonderd gram per maand, bon, als ik geluk had.'

Als middelgrote garnaal stond Papy ergens halverwege de piramide van de oorlogseconomie. De ambachtelijke mijnbouw bestond uit een lange keten: van creuseurs over mijngerant ('CEO') en mijneigenaar naar de hogere officieren en vervolgens naar de *comptoirs* in de stedelijke centra of zelfs rechtstreeks naar Oeganda, waar het werd doorverkocht aan internationale goudopkopers. Salim Saleh, de broer van president Museveni, was een sleutelfiguur bij zulke bulktransacties. In de grote goudmijnen van Kilo-Moto sloegen ze al die tussenpersonen over. Daar controleerde het Oegandese leger rechtstreeks de groeve. Mijnwerkers moesten er zonder beveiliging en zonder bezoldiging, zonder schoeisel en vaak zonder gereedschap graven, terwijl de geweerlopen op hen waren gericht. Arbeidsongevallen waren legio. Bij de instorting van een onderaardse gang kwamen in 1999 minstens honderd mensen om.[38] In 1999 en 2000 liep Oeganda's goudexport op tot negentig à vijfennegentig miljoen dollar per jaar. Rwanda exporteerde toen jaarlijks negenentwintig miljoen dollar aan goud. Veel, als je bedenkt dat beide landen geen significante goudproductie hebben.[39]

Zo ging het ook met andere delfstoffen. Voor het begin van de oorlog exporteerde Oeganda voor nog geen tweehonderdduizend dollar aan diamant, in 1999 was het bijna vertienvoudigd tot 1,8 miljoen dollar.[40] Rwanda, een land zonder diamant, exporteerde mogelijk zelfs tot veertig miljoen dollar per jaar van die steentjes.[41] Dat maakt meteen begrijpelijk waarom de controle over Kisangani zo belangrijk was. Maar het ging niet alleen om edelmetalen en edelstenen. Het veel banalere tin, mondiaal gebruikt bij de fabricage van conservenblikjes, haalde Rwanda eveneens gretig uit Congo binnen. Tussen 1998 en 2004 produceerde het land circa 2200 ton cassiteriet (tinerts) van eigen bodem, maar exporteerde het 6800 ton, meer dan drie keer zoveel. Het verschil tussen die twee kwam uit de cassiterietmijnen in de Kivu.[42] Het gebied rond de Grote Meren leek wel een soort Afrikaans Schengen, een eengemaakte markt waar goederen ongecontroleerd de grens mochten passeren. Ook tropisch hardhout, koffie en thee verdwenen oostwaarts. Congo werd *un pays self-service*.[43] De *scramble for Africa* werd nu door Afrikanen zelf georganiseerd.

En dan was er coltan. Het zag er niet uit, het leek op zwart grint, het woog als een os, je vond het in slijk, maar heel de wereld wilde het ineens hebben. Voor Rwanda werd het spul de allerbelangrijkste economische troef in Congo. Wat rubber anno 1900 was, was coltan anno 2000: een grondstof die in grote hoeveelheden lokaal aanwezig was (Congo beschikt naar schatting over 80 procent van de wereldreserves) en waar wereldwijd plots een acute vraag naar was. De mobiele telefoontjes werden de rubberbanden van de nieuwe eeuwwisseling. Coltan bestaat uit columbiet (niobium) en tantalium, twee scheikundige elementen die in de tabel van Mendeljev precies onder elkaar staan. Terwijl niobium wordt gebruikt in de productie van roestvrij staal voor onder meer body piercings, is tantalium een metaal met een extreem hoog smeltpunt (bijna 3000 graden Celsius). Dat maakt het uiterst geschikt voor superlegeringen in de raketindustrie en condensatoren in de elektronica. Breek eender welke mobiele telefoon, mp3-speler, dvd-lezer, laptop of spelconsole open en je vindt binnenin een groen doolhofje waarop allerlei onbegrijpelijks zit geprikt. De druppelvormige, felgekleurde kraaltjes, dat zijn de condensatoren. Krab ze open en je houdt een stukje Congo in je hand.

In 2000 ontstond een ware *coltan rush*. Nokia en Ericsson wilden een nieuwe generatie gsm's op de markt brengen, terwijl Sony op het punt stond zijn PlayStation 2 te lanceren (iets wat het bedrijf moest uitstellen door een dip in het aanbod van coltan).[44] In minder dan een jaar tijd vertienvoudigde de prijs van het erts, van dertig naar driehonderd dollar per pond. Naast een groeve in Australië was Oost-Congo de enige plek ter wereld waar het spul gedolven werd. *Down under* betekende het een aardige bron van inkomsten voor de staat, maar in Congo was het eerder een vloek dan een zegen. Een zwakke staat met een schatrijke bodem, dat is vragen om problemen. Alle coltanmijnen werden gecontroleerd door Rwanda. In 1999 en 2000 exporteerde Kigali voor een duizelingwekkend bedrag van 240 miljoen dollar aan coltan – per jaar. Het grootste deel daarvan was pure winst. Rwanda moest weliswaar de handelaren en de rebellen in Congo betalen, maar dat was peanuts vergeleken met de inkomsten. De baten van de oorlog lager drie keer hoger dan de kosten.[45] Dan kon er af en toe wel een kistje kalasjnikovs af.

Toch waren Rwanda en Oeganda niet de grootste verdieners aan de grondstoffenroof in Oost-Congo. In een globaliserende economie waren staten ook maar tussenschakels in een geheel van complexe, internationale en steeds veranderende handelsnetwerken. Kagame en Museveni zaten niet aan het eind van een bevoorradingslijn. Het waren multinationale mijnbouwbedrijven, schimmige luchtvaartmaatschappijtjes, notoire maar ongrijpbare wapenhandelaren, malafide zakenlui in Zwitserland, Rusland, Kazachstan, België, Nederland en Duitsland die garen sponnen bij het helen van de grondstoffen uit Congo. Zij opereerden in de zéér vrije markt. Politiek gesproken was Congo een ramp, economisch een paradijs – voor sommigen althans. *Failed nation states* zijn de succesverhalen van een dolgedraaid, mondiaal neoliberalisme.

Luitenant Papy kon er niet echt van wakker liggen. Op een goede dag besloot hij zijn geluk opnieuw in ivoor te beproeven. Met een beetje hulp van enkele pygmeeën moest het toch lukken. 'Ik had de toestemming van de dorpschef gekregen. Vier dagen duurde het eer we een spoor vonden, een week lang hebben we het gevolgd. Toen we eindelijk de olifant zagen, had hij maar één slagtand. Later vonden we een kudde. Ik schoot er een af, een wijfje. 's Avonds aten we de slurf op. Dat was lekker.'

Van de circa zesduizend olifanten in het Okapi-reservaat waar Papy ronddoolde, werd meer dan de helft gedood, voor het ivoor en voor het vlees. Stropen werd big business in Congo. Van de honderddertig berggorilla's, toch al een zeer zeldzame diersoort, in het Kahuzi-Biega-park verdween bijna de helft. In het Virunga-park waren meer dan twintigduizend nijlpaarden; slechts 1300 overleefden de oorlog.[46] Met een bevolking die jaarlijks 1,1 tot 1,7 miljoen ton *bushmeat* consumeerde en tweeënzeventig miljoen kubieke meter brandhout verstookte, leed de natuur zeer onder de oorlog.[47] Industriële bosontginning viel stil, maar doordat de elektriciteitsvoorziening was weggevallen, kookte heel Congo opnieuw op hout, naar rata van één kubieke meter per persoon per jaar. Bushmeat betrof doorgaans het vlees van apen en antilopen. Op alle markten zag je gerookte, bijna verkoolde aapjes met dichtgeschroeide ogen en opengesperde bekken liggen. Op mijn eerste trip naar Congo in 2003 zag ik hoe op de markt van Kinshasa zelfs nog olifant werd verkocht.

Papy's carrière als stroper was evenwel beperkt. 'De dag nadien gingen we terug om de slagtanden op te halen. Er stond een kleintje bij die dooie moeder. Dat heb ik toen ook maar geschoten. Medelijden, wat is dat? Toen ik dichtbij kwam, zag ik dat het slechts twee petieterige slagtandjes had. Bon, ik deed toch liever in goud.'[48]

De tweede fase van de oorlog bleef lang duren omdat velen eraan verdienden, niet enkel de grote multinationals ver weg, niet alleen gewiekste opkopers in geklimatiseerde kantoortjes, niet alleen de militaire machthebbers in de buurlanden, maar iedereen op elke trap van de piramide. Voor het gewone volk viel er eindelijk weer wat te verdienen na die erbarmelijke Mobutu-jaren. Nergens werd dat duidelijker dan tijdens de coltan rush. Landbouwers in beide Kivu's verlieten hun treurige akkertjes, kinderen liepen massaal weg van school, zelfs leerkrachten lieten hun job in de steek. 'We begrijpen dat het delven van coltan niet onze alledaagse moeilijkheden kan oplossen,' zeiden enkele creuseurs, 'maar hier verdienen we veel meer dan vroeger.' De risico's namen ze op de koop toe. Vooral mannen konden financiële autonomie herwinnen. De informele economie van de jaren tachtig had vrouwen nieuwe kansen geboden, maar de ambachtelijke mijnbouw uit de oorlog was het domein van de man. 'Het graven naar coltan is erg winstgevend,' zeiden twee mamans, 'maar alleen de echtgenoten profiteren ervan. Zodra ze geld hebben, gaan ze weg en zoeken ze andere vrouwen in Goma, voor wie ze zelfs huizen kopen, en dat terwijl onze eigen kinderen sukkelen en niet naar school gaan.'[49]

De oorlog was niet begonnen met een winstoogmerk; maar nu zovelen winst maakten bleef hij voortduren.[50] Handel en oorlog hielden elkaar in een houdgreep: naast de militarisering van de economie was er ook de commercialisering van het geweld. Soldaten zoals luitenant Papy boden hun diensten overal aan waar het goed verdienen was. De informele economie van vroeger was nu een militaire economie geworden: nog steeds ging het om grootschalige smokkel van Congolese rijkdommen, maar nu met een kalasjnikov erop. Extreem geweld werd doodgewoon, etnische haat leek verdacht veel op commerciële concurrentie.

'Ze haalden Kasore, een Lendu van in de dertig, weg uit zijn familie en vielen hem aan met messen en hamers,' zag een ooggetuige in het goudrijke Mongbwalu in de Province Orientale. Daar vochten de Hema's en de Lendu's, de twee belangrijkste bevolkingsgroepen van het Ituri-district, om de groeven. Vroeger zorgden de mijnen voor een etnische smeltkroes, nu zaaiden ze verdeeldheid. Oeganda's politiek wakkerde de rassenhaat aan.[51] De Hema's, zo zag de getuige, 'doodden Kasore en zijn zoon (van rond de twintig) met messen. Van de zoon sneden ze de keel door en braken ze de borst open. Ze sneden de pezen van zijn hielen door, verbrijzelden zijn hoofd en haalden zijn darmen eruit.' Wij zijn nu de baas, zeiden de belagers na sommige acties. De keerzijde van de mondialisering was de tribalisering; de internationale grondstoffenroof ging gepaard met een opleving van oude rites of het ontstaan van nieuwe. Een Hema-man moest bij een féticheur een bizarre test ondergaan: 'Hij had twee eieren. Ik was vastgebonden, ik was doodsbang. Hij rolde de eieren op de grond bij mijn voeten. Ik kreeg te horen dat als de eieren wegrolden ik als onschuldig werd beschouwd. Maar als ze naar me toe rolden, werd ik als een Hema beschouwd en dus als schuldige. Ik had geluk, de eieren rolden weg. Maar Jean, die bij me was, had minder geluk. De eieren rolden de verkeerde kant op en ze zeiden dat hij weg moest. Terwijl hij wegrende schoten de Lendu met pijlen op hem. Hij viel. Ze sneden hem in stukken met hun machetes, vlak voor mijn ogen. Daarna aten ze hem op.'[52]

Naast winstbejag draaide de oorlog ook om nieuwe vormen van moraliteit. Getuigenissen van strijders zijn zeldzaam in de rapporten van mensenrechtenorganisaties. In Kasenyi, een vissersdorpje aan het Albert-meer, kreeg ik met veel moeite een aantal van hen aan de praat. Het dominante beeld dat alle kindsoldaten gekidnapt zijn, strookt niet met de werkelijkheid. Velen traden vrijwillig toe. 'Ons dorp is twee keer aangevallen. Mijn opa, mijn zus en mijn broer werden gedood. Ik was twaalf en sloot mij aan. Uit vrije wil. Onze slachting was het gevolg van hun slachtingen. Drie jaar lang bleef ik bij de UPC [de belangrijkste Hema-militie].' De jonge Hema die absoluut anoniem wenste te blijven was nu veteraan: 'Wij werden gevormd door Rwandese huurlingen. Bosco Ntaganda was onze generaal. Hij streed ook met Joseph Kony. Ik was aanwezig bij het bloedbad van Mahagi. We namen moeders, vaders, kinderen. Ons werd verteld te doden en ik doodde. Vrouwen en kinderen vermoorden, dat vond ik lastig. Gelukkig had ik een geweer, ik was bang om met een machete te doden. De soldaten namen meisjes om mee te trouwen. Ik moest toekijken hoe ze hen verkrachtten. Bosco zei: "Als je militair bent, dan heb je een gratis vrouw. Alles is gratis dan."'[53]

In een land waar het onderwijs kapot was, jobs niet bestonden, bruidsschatten onbetaalbaar waren en de gemiddelde levensverwachting nog slechts 42 jaar bedroeg, schonk de oorlog niet alleen winst, maar ook zingeving. Kinderen zonder toekomst hadden ineens een ideaal en een identiteit.[54] 'Mijn twee broers zijn nu vissers, ze varen met hun prauwen over het meer,' vertelde een ander. 'In de oorlog waren ze bij PUSIC [een andere Hema-militie]. Ze waren 12 en 14 jaar in 2002. Als ze terugkwamen van de oorlog, vertelden ze lacherig over hun plunderingen en hun verkrachtingen. De oorlog was een grap, weliswaar een grap die de dood met zich meebracht, maar toch een grap.'[55] Onderling haalde men stiekem de stoere verhalen op, zoals studenten na een dronken nacht. De gevechten waren een bacchanaal van bloed en bier, een dionysisch ritueel van rennen, grijpen en bijten, een schranspartij met geroosterd geitenvlees, zacht meisjesvlees, gillende stemmen, kruitdampen, meisjesvlees dat toch vochtig werd, zie je wel, een roes, een vloek, een carnaval, een tijdelijke omkering van alle waarden, een bewuste transgressie, een verboden genot, overgoten met angst, huiver en humor, veel humor. Een gruwelijk feest van het broze leven.

Toen ik met Muhindu, de man die lijken had gedumpt in het Kivumeer, bier zat te drinken aan de rand van het water, zei hij op een bepaald moment iets onthutsends. 'Een soldaat is als een hond. Als je het hek opent, richt hij verwoestingen aan. Onze chef zei 's ochtends voor we werden uitgezonden: "Haal maar stommiteiten uit." Wij plunderden huizen. Wij namen gsm's, geld en gouden kettinkjes af. Wij verkrachtten. Als ze je toestemming geven om te doden, wat stelt een verkrachting dan nog voor?'

Ik zat in een half duister kantoortje in Goma. Het straatrumoer drong binnen. Er hingen geen vlaggen van internationale ngo's voor de deur, geen logo's, geen airco's. Dit was de anonieme, discrete werkplek van *La Synergie des Femmes*, het enige opvanghuis voor en door Congolese vrouwen in de stad. Aan de andere kant van de houten tafel zat Masika Katsuva, een Nande-vrouw van 41. Ze woonde in het binnenland. De Nande's waren in plaatsen als Beni en Butembo succesvolle handelaren en dat stak velen de ogen uit. 'Het was in het jaar 2000. We waren gewoon thuis. Mijn man importeerde goederen uit Dubai. De soldaten kwamen binnen. Het waren Tutsi's. Ze spraken Rwandees. Ze plunderden alles en wilden mijn man doden. "Ik heb alles al gegeven," zei hij, "waarom willen jullie me ook nog vermoorden?" Maar ze zeiden: "Grote handelaren moeten we afmaken met een mes, geen geweer." Ze hadden machetes bij zich. Ze hakten in op zijn arm. "We moeten hard slaan," zeiden ze, "de Nande's zijn sterk." Ze hebben hem toen afgemaakt als in een slachterij. Ze haalden zijn ingewanden eruit en zijn hart.'

Terwijl ze sprak, keek ze geen enkele keer op. Ze krabde onophoudelijk met het dopje van een balpen in een nerf van het hout.

'Ik moest alle delen bijeenrapen. Ze hielden een geweer tegen mijn hoofd. Ik huilde. Alle delen van mijn man. Ik moest ze bijeenrapen. Ze sneden me met een mes, vandaar dit litteken hier. Ik heb er nog een op mijn dij. Ik moest op zijn lichaamsresten gaan liggen om ermee te slapen. Ik heb dat gedaan, er was overal bloed. Ik huilde en ze begonnen me te verkrachten. Met zijn twaalven. En daarna mijn twee dochters in de kamer ernaast. Ik verloor het bewustzijn en belandde in het ziekenhuis. Na zes maanden was ik nog niet genezen. Ik bloedde nog steeds en verspreidde walgelijke geuren. Mijn dochters waren zwanger. Er kwamen een jongen en een meisje van, maar mijn dochters hebben hen niet aanvaard. Ik heb me over die kinderen ontfermd. Toen ik terugkwam, bleek dat mijn schoonfamilie alles had verkocht, het huis, de grond, alles. Ze zeiden dat het mijn schuld was dat mijn man dood was. Ik had geen zonen en dus niet het recht om te blijven. De familie heeft me verstoten.

Als de kleinkinderen nu naar dat litteken vragen, kan ik niks zeggen. Het is van hun vaders.'

In 2006 werd Masika opnieuw geslagen en verkracht, dit keer door mannen van Nkunda. Ze zochten haar omdat ze, eenzaam en verjaagd naar het binnenland, vorming gaf aan andere verkrachte vrouwen. Elke dag ontving ze nieuwe slachtoffers, meisjes die geen klacht durfden in te dienen. 'Ik wil Nkunda vermoorden. God vergeve mij. Mocht ik daardoor sterven, dan heb ik tenminste gedaan wat me oplucht. Ik ben nog steeds alleen. De mannen willen me niet meer en ik haat alle mannen. Ik wil andere vrouwen helpen. Mijn huis staat voor hen open. Ik bid veel. Ik hoop op niets. Ik probeer te vergeten. Maar als ik terugdenk... Aan hoe mijn man en ik samenleefden... Al dat verdriet.'[56]

En het water van het Kivu-meer klotst tegen de aanlegsteigers. De top van de Nyiragongo-vulkaan verdwijnt in de wolken. Op de rotonde rijden traag jeeps met getinte ramen. Twee jongens duwen een grote houten fiets door de modder. Het vehikel kreunt onder een metershoge zak vol kleurrijke teenslippers. En binnen in een half donker kantoortje wrijft een vrouw met het dopje van een balpen traag heen en weer in het hout, als wilde ze iets wegkrabben.

13

La bière et la prière

Nieuwe spelers in een verwoest land

2002-2006

Vraag een doorsnee-Congolees waar hij het liefst van al wil wonen en de kans is groot dat hij *'na Poto'* antwoordt, 'in Europa'. *Poto* in het Lingala komt van Portugal, het eerste Europese land waarmee Centraal-Afrika kennismaakte. En concreet betekent Poto Brussel of Parijs, want de rest van Europa is van geen belang, op Londen na misschien. Jamais Kolonga, die in de jaren vijftig als eerste met een blanke vrouw had gedanst, vertelde trots dat al zijn acht kleinkinderen nu in Europa wonen. Poto betekent succes. Vraag diezelfde Congolees waar hij absoluut niet wil wonen en geheid krijg je te horen *'na Makala'*. Makala betekent houtskool, maar het is ook een buitenwijk van Kinshasa waar in vroeger tijden houtskool werd gebrand en waar tegenwoordig het Centre pénitentiaire et de rééducation de Kinshasa staat, de centrale gevangenis. In de populaire verbeelding staat 'Makala' voor alles wat de Congolees vreest en verafschuwt. Het akelige woord roept al sinds Mobutu beelden op van honger, foltering en moord. Makala is de plek waar de staat zijn giftanden laat zien, een duister, roetzwart oord dat druipt van bloed en dood. Taxichauffeurs weigeren vaak je erheen te brengen.

'En dat blauwe briefje mag je absoluut, absoluut niet verliezen,' zegt de cipier tegen me, voor hij de poort opent. In een chaotisch toegangsgebouw waar iedereen roept dat hij *la sécurité* doet, word ik meermalen gefouilleerd en moet ik mijn gsm en mijn geld afgeven. In ruil voor mijn gsm krijg ik een verkreukeld kartonnetje met een cijfer erop. Mijn simkaart had ik er in de taxi al uit gehaald. Mijn geld – twintig dollar, ik had bewust niet meer bij me – verdween in een lade. Een beambte scheurde een stukje papier af en schreef daarop dat ik, *monsieur David*, twintig dollar had afgegeven. Maar nog belangrijker dan die twee garderobebewijsjes blijkt nu een strookje blauw papier te zijn waar ik niet om gevraagd heb. Het is kleiner dan een sigarettenvloeitje, maar het lijkt bepalend voor mijn toekomst. 'Als u straks naar buiten komt, moet u dat afgeven. Heeft u het niet meer, dan kunnen wij u niet doorlaten. Dan moet u tot 's avonds op het appèl blijven om te zien of iedereen er is.' Mijn vragende blik krijgt een antwoord. 'We moeten zeker weten dat u het niet aan een gevangene hebt gegeven die ervandoor is gegaan, ziet u.' En wat als er toevallig een gevangene ontbreekt? 'Dan bent u de eerste verdachte.' En wat als ik het echt niet meer heb? 'Dan blijft u gewoon hier.' Welkom in Makala.

Het slot schuift open. Ik steek een dor grasperkje over en kom in een sluisgebouw waar ik knik naar enkele bewakers met apathische ogen. 'Paviljoen 1?' vraag ik zo losjes mogelijk, alsof ik wekelijks naar de gang met de terdoodveroordeelden ga. Een van hen wijst traag met zijn kin in de richting van een deur. Ik kom in een smalle corridor tussen twee hoge betonnen muren. Hier eindigt het rijk der cipiers en begint het rijk der criminelen. Omdat de cipiers al jaren niet meer worden betaald, zijn ze in een soort permanente staking. Ze komen nog wel opdagen, maar ze doen geen klap. Lusteloos hangen ze in hun plastic tuinstoelen en pulken aan hun kapotte walkie-talkies. De directeur heeft de ordehandhaving intra muros dan maar uitbesteed aan de gevangenen zelf – met alle gevolgen van dien. De lucht is een streepje blauw bovenaan. In de gang staren honderden ogen me aan. Rauw lawaai. Niemand draagt gevangenisplunje. Basketbalshirts. Tanktops. Gespierde lijven. Geschoren koppen. Makala was aanvankelijk berekend op vijftienhonderd gedetineerden, inmiddels wonen er zesduizend.

Stilstaan is zwakte. Ik wurm me een weg door een haag jonge mannen die geld en sigaretten vragen, nee, eisen. Een eind verderop bereik ik het beruchte paviljoen. Het felle daglicht van daarnet houdt onmiddellijk op. Het is aardedonker als ik binnentreed in een lange, duistere gang met aan weerszijden cellen. Enkele deuren staan open, was hangt te drogen. Geroezemoes. In het duister zie ik her en der gezichten van gedetineerden oplichten rond kolenvuurtjes. Het doet denken aan een Russisch-orthodoxe basiliek kort voor de middernachtsmis, maar dit zijn geen iconen die oplichten in het geflakker van een kaars. Dit zijn terdoodveroordeelden die op eenvoudige kookstelletjes hun maaltijd bereiden, want voedsel wordt in Makala niet verstrekt. Als de familie geen eten brengt, eet je maar gras of grint.

'Acht jaar zit ik hier nu al,' zegt Antoine Vumilia in zijn minieme cel. Ik kijk rond en schat de afmetingen op 220 bij 110 centimeter, smaller dan een flink tweepersoonsbed in Europa. 'Ik deel de cel met twee anderen.' Hij heeft me laten plaatsnemen op zijn brits. Op het nachtkastje staan enkele boeken: *Voyage au bout de la nuit* van Céline, *Honderd jaar eenzaamheid* van Márquez, werk van Abdourahman Waberi, Zadie Smith, Colette Braeckman... Gelukkig dat hij die heeft, die boeken. 'De zwaarste gevangenen zijn hier heer en meester. De directie laat hen begaan. Zij controleren de drugshandel, de geldwissel en de handel in telefoonkaarten.' En dan, fluisterend: 'Vorig jaar hebben ze drie gevangenen "terechtgesteld".' Met een vuurwapen? 'Nee, gewoon doodgeschopt.'

Het was 16 januari 2001. Antoine Vumilia was werkzaam op het kantoor van de Conseil National de Sécurité, Kabila's veiligheidsdienst. Zijn afdeling lag vlak naast het Palais de Marbre, waar het staatshoofd zetelde. Slechts een muur scheidde zijn dienst van de presidentiële vertrekken. Even na de middag werd hij opgeschrikt door een hels kabaal. 'Ik hoorde schoten,' vertelde Antoine me in zijn dodencel, 'het waren er drie. En een paar minuten later nog eens acht of tien.'

Aan de andere kant van de muur had Kabila zitten vergaderen met een raadgever, toen een kadogo op hem af was gekomen. Mzees lijfwacht bestond nog steeds uit trouwe kindsoldaten uit de Kivu. Ruffin was weliswaar een jaar eerder door Unicef gedemobiliseerd – hij was 17 en moest in korte broek terug naar school, tussen stadskinderen van 12 die niet eens wisten hoe je een AK-47 uit elkaar haalde – maar Rashidi, een van zijn vroegere strijdmakkers, was nog steeds in dienst en stapte nu op de president af. Hij leek iets in zijn oor te willen fluisteren, maar haalde toen een automatisch pistool tevoorschijn en vuurde driemaal. Een van de kogels ging door het kolossale achterhoofd van de president. Kabila was op slag dood, op één dag na precies veertig jaar na de moord op Lumumba. Enkele minuten later werd de jonge Rashidi doorzeefd met kogels, afgevuurd door een kolonel in het paleis.

Antoine Vumilia had het vuurgevecht gehoord. Een week later werd hij gearresteerd op verdenking van betrokkenheid bij de moord. Als veiligheidsagent had Antoine enkele maanden eerder in een rapport gewaarschuwd voor de toegenomen wrevel onder de kindsoldaten uit de Kivu. De kadogo's waren Kabila's trouwste volgelingen, maar het leek erop dat ook zij zich gepasseerd begonnen te voelen. Antoine kwam zelf uit de Kivu en wist wat er speelde, maar omdat hij de betrokkenen persoonlijk kende, had hij niet het achterste van zijn tong willen laten zien. 'Ik zat in een dilemma: enerzijds moest ik het regime beschermen, anderzijds ging het om vrienden van mij. Zij waren zeer ontevreden. Wat wil je? In november 2000 was Masasu vermoord.' De jonge Masasu was hun held: een straatvechter zoals zij, een man met panache en lef, die een van de *founding fathers* van het AFDL was.[1] Na de inname van Kinshasa in mei 1997 had Kabila hem echter aan de kant geschoven en in de gevangenis gezet. Toen hij in het najaar van 2000 vrijkwam, droomde hij hardop van afscheiding van de Kivu en was hij bijzonder populair. Kort daarna werd hij doodgeschoten. Dat leidde tot zulke heftige protesten bij de kindsoldaten in Kinshasa, dat er tientallen doden vielen. De liefde voor Mzee was voorgoed voorbij. Kabila had nu zelfs de brug opgeblazen met hen die hij 'zijn kinderen' noemde. Bitter begonnen de kinderen een complot te beramen. Wraak, bloed, moord. Antoine probeerde op hen in te praten: 'Het waren zeer jonge gastjes. Ze wilden alleen tonen dat ze er schoon genoeg van hadden. Ik zei hun dat het je reinste zelfmoord was, dat het zonder enige toekomst was.' Maar hij werd samen met hen gearresteerd en weigerde tegen hen te getuigen in een proces dat er geen was. 'Ik moest getuigen tegen mensen die ik kende en met wie ik dagelijks at in de gevangenis.'

Bovendien was het niet uitgesloten dat Kabila om andere redenen was vermoord.[2] Was het wel zo zeker dat het complot uit de Kivu kwam? Was Angola er niet bij betrokken? Ging het niet om diamant? Het gerucht deed de ronde dat Kabila, die zoveel aan Angola te danken had, nu zaken was gaan doen met de gehate rebellen van UNITA, die het diamantrijke noorden van Angola controleerden. Waren er geen Libanezen die optraden als bemiddelaars tussen Kabila en UNITA? Werden er niet meteen na de moord elf Libanese diamantairs in Kinshasa vermoord? Ja, dat werden ze. Maar het was allemaal zo wazig, zo schimmig. Niemand kreeg zicht op de zaak, Antoine Vumilia al helemaal niet. 'Ik probeerde die jongens vrij te pleiten, maar daar werd de conclusie uit getrokken dat ik zeker een van hen was.' Antoine werd samen met dertig anderen ter dood veroordeeld. Beroep was niet mogelijk. Internationale mensenrechtenorganisaties noemden het proces een aanfluiting.[3]

Antoine tuurde voor de duizendste keer rond in zijn cel. 'Acht jaar zit ik hier al. Ik heb er geen woorden voor, het is één grote hypocrisie. De leiders van het regime kennen de waarheid, maar ze wilden het publiek geruststellen door het snel een zondebok te geven.'[4]

De dood van Kabila betekende een keerpunt in de Tweede Congo-oorlog. In allerijl werd zijn zoon aangesteld, Joseph Kabila. Met zijn schuchtere stem en prille leeftijd (hij was pas 29) leek hij aanvankelijk een nogal zwakke figuur. De Congolezen kenden hem nauwelijks, het Westen dacht dat hij een marionet was. Maar nog geen maand later ontmoette hij in New York zijn Rwandese ambtsgenoot en aartsvijand Paul Kagame en hield hij enkele opmerkelijke speeches. Hij sprak over vrede, nationale eenheid en de rol van de internationale gemeenschap. Brak er dan toch een nieuw tijdperk aan? Ja. Nadat de Verenigde Naties in enkele rapporten de grondstoffenroof door Rwanda en Oeganda onomstotelijk hadden aangetoond, konden Kagame en Museveni niet langer volhouden dat ze enkel in Congo waren omwille van hun nationale veiligheid. Het kwam tot een lange reeks van vredesonderhandelingen in Gaborone (augustus 2001), Sun City (april 2002), Pretoria (juli 2002), Luanda (september 2002), Gbadolite (december 2002) en opnieuw Pretoria (december 2002). Op die laatste bijeenkomst werd, dankzij het briljante onderhandelen van de Senegalese VN-bemiddelaar Moustapha Niasse en onder veel druk van Zuid-Afrika en de Afrikaanse Unie, op 17 december 2002, om drie uur 's ochtends, het Accord Global et Inclusif getekend, het cruciale vredesakkoord dat een punt moest zetten achter de oorlog. Rwanda en Oeganda hadden al eerder ingestemd met een terugtrekking, nu ging het om de binnenlandse milities. Tot de ondertekenaars behoorden de regering in Kinshasa, enkele vertegenwoordigers van de civiele maatschappij, de UDPS van Tshisekedi, het MLC van Bemba, het RCD-G van Ruberwa, het RCD-ML van Mbusa, het RCD-N van Lumbala en de Mai-mai. Het woord 'inclusief' stond er met recht en reden. Het was zelfs zo inclusief dat oorlogsmisdadigers, om de lieve vrede, niet berecht werden maar bevorderd tot vicepresident.

Het akkoord voorzag in een overgangsperiode van twee jaar waarin de macht verdeeld zou worden volgens de formule '1 + 4': naast president Kabila kwamen er vier vicepresidenten, twee uit de kring van de rebellen (Bemba en Ruberwa), een uit de entourage van Kabila (Yerodia) en een uit de ongewapende oppositie (Z'Ahidi Ngoma, verrassend genoeg niet Etienne Tshisekedi die al tien jaar geweldloos streed). In die twee jaar moesten alle bestaande milities samengevoegd worden tot een nieuw nationaal leger en moesten democratische verkiezingen worden voorbereid. De termijn kon twee keer met zes maanden verlengd worden. In afwachting van die lang verwachte stembusgang werd er een overgangsparlement en een overgangsregering aangesteld.

Het akkoord gold zonder meer als historisch. Na jaren van wanhoop was er nu een reuzenkans op vrede en wederopbouw. Het nieuwe Congo kreeg dan ook de massale steun van de internationale gemeenschap: de troepensterkte van de MONUC, de VN-vredesmacht, werd verhoogd tot 8700 blauwhelmen en klom de volgende jaren op tot 16.700, waarmee het de grootste VN-operatie uit de geschiedenis werd (en met een budget van circa één miljard dollar per jaar ook de duurste).[5] De blauwhelmen moesten onder leiding van de immer optimistische Amerikaan William Swing het staakt-het-vuren bewaken en de ontwapening begeleiden. 'Ça va swing!' heette een populair liedje op de Congolese radio dat zijn zware Engelse tongval parodieerde. Beleidsmatig werd het nieuwe bewind bij de hand genomen door de CIAT, de Comité International d'Accompagnement à la Transition, een unieke vorm van bilaterale en multilaterale diplomatie waarbij de ambassadeurs van de vijf permanente leden van de VN-Veiligheidsraad, samen met die van België, Canada, Angola, Gabon, Zambia en Zuid-Afrika, naast vertegenwoordigers van de Afrikaanse Unie, de Europese Unie en de MONUC, het land feitelijk meebestuurden. De CIAT was geen extern adviesorgaan, maar een formele instelling van de transitie.[6] 'Wij vormden een begeleidingscommissie,' zei Johan Swinnen, toenmalig Belgisch ambassadeur in Kinshasa, 'wij hadden geen wetgevende macht, maar een stuwende, stimulerende functie. Wij leverden expertise aan. Wij wilden geen bemoeiallen zijn, maar medestanders. Toch waren er fricties tussen de CIAT en de 1 + 4. Op het eind waren wij zeer kritisch en brachten we enkele straffe communiqués naar buiten. We werden verwenst. *They didn't like us anymore.*'[7] Men sprak over een 'gecontroleerde soevereiniteit', maar de facto stond het land voor een deel onder curatele. De MONUC en de CIAT waren meer dan de steunwieltjes van het nieuwe Congo.[8]

En dat was nodig. Want de nieuwe machthebbers bakten er niet veel van. Ze beleden de wanpraktijken van het mobutisme met een geestdrift die zelfs Mobutu had doen opkijken. Terwijl cruciale dossiers over de hervorming van het leger en de kieswet op behandeling wachtten, betrof een van de eerste wetten van het parlement... de verhoging van het salaris van de parlementariërs. Het vastgestelde loon van zeshonderd dollar per maand (op zich al riant in een land waar een hoogleraar dertig dollar kreeg) werd verdubbeld tot twaalfhonderd dollar. De senatoren trokken, als ouderen, hun wedde zelfs op tot vijftienhonderd dollar per maand.[9] In 2005 trakteerde de voltallige volksvertegenwoordiging (620 zielen) zich op een fatsoenlijk voertuig: iedere afgevaardigde kreeg een gloednieuwe SUV ter waarde van 22.000 dollar, want de erbarmelijke staat van het wegdek in Kinshasa noopte tot een solide carrosserie.[10] Dat met dat geld ook diezelfde wegen hadden kunnen worden gerepareerd, leek niet aan de orde. Politieke mandaten waren nog steeds een snelle weg naar eigen financieel gewin, in plaats van een mogelijkheid tot duurzame wederopbouw van de samenleving. Op goed bestuur stond geen bonus, terwijl corruptie net zo lonend was, niet alleen geldelijk, maar ook sociaal: je kreeg er lof voor. 'U moet niet vergeten dat onze bewindslieden kinderen van armen zijn,' zei een Congolees schoolhoofd me ooit.[11] Terwijl in het Westen corruptie geldt als onverantwoord gedrag, geldt het in Congo vaak als zéér verantwoord gedrag: wie een gouden kans laat liggen om zijn familie te voeden, is pas onverantwoord bezig.[12]

De ministers en vicepresidenten deden het nog beter. Ze vonden dat ieder van hen recht had op een 'speciale behandeling' voor zijn 'logistieke noden'. In mensentaal betekende dat: een villa en een luxeauto. De vier vicepresidenten kregen zelfs een villa met drie badkamers, naast een Mercedes, een luxeauto en twee escortewagens. De hoop dat het 'quinqueviraat' van de president en de vicepresidenten elkaar deontologisch in de gaten zou houden, bleek al spoedig behoorlijk naïef. De heren lieten elkaar rustig begaan en deelden maar één zorg: de transitie rekken. In 2004 overschreed ieder van hen zijn jaarbudget met 100 procent, Bemba zelfs met 600 procent.[13] De begroting voor 2005 kende het staatshoofd een bedrag toe dat achtmaal hoger was dan het bedrag voor de gezondheidszorg van heel Congo en zestienmaal hoger dan het landbouwbudget. Politiek was oorlog met andere middelen. Het staatsbedrijf Gécamines had nog steeds alle troeven in handen om de nationale economie nieuw leven in te blazen, maar de kringen rond de president sloten een reeks dubieuze contracten af met vaak uiterst vage, buitenlandse ondernemingen. Die contracten regelden joint ventures waardoor buitenlandse cowboys aan de slag mochten met bepaalde onderdelen van de mijngigant. Ze konden naar hartenlust exploiteren en exporteren, terwijl de Congolese staat weinig tot niets in ruil ontving – maar onder de tafel door wisselden wel dikke enveloppen van eigenaar.[14] Andermaal kreeg een zeer kleine elite de troeven van het land in handen. Het cliëntelisme blaakte van gezondheid. '1 + 4 = 0' schilderden volksschilders op hun satirische doeken.

Het leger voer al niet veel beter. Officieel moesten alle milities samensmelten tot een nieuw leger van zo'n 120.000 man.[15] En ja, heel wat voormalige rebellen kregen plots een uniform van het regeringsleger en heel wat van hun aanvoerders kregen een hoge officiersgraad (altijd een goed lokmiddel om een krijgsheer over de streep te krijgen), maar in werkelijkheid bleef die zogenaamde *brassage* louter fenotypisch. Achter de façade veranderde er niets. Zo snel verbroederen soldaten niet die vijf jaar lang elkaars vijanden zijn geweest. Van de achttien geplande brigades waren er in 2006 nog maar drie daadwerkelijk vermengd.[16] Bovendien had het Congolese leger door die *brassage* een waterhoofd gekregen: na alle promoties van ex-rebellen waren er bijna twee keer zoveel kaderleden (officieren en onderofficieren) als soldaten.[17] Bij de Congolese strijdkrachten vond men bevelen leuker dan uitvoeren, nee, niet bevelen, maar binnenharken. De ruime top van het leger bezondigde zich aan massale verduistering van middelen. Soldij voor het voetvolk verdween systematisch in de zakken van kolonels en generaals die er niet voor terugdeinsden om het aantal van hun manschappen schromelijk te overdrijven om meer middelen te verwerven. De onderbetaalde en onopgeleide soldaten zelf waren gemotiveerd noch gedisciplineerd en gedroegen zich navenant. Het nieuwe regeringsleger, de FARDC (Forces Armées de la République Démocratique du Congo), had de hoeksteen moeten worden van de herrezen staat, maar het werd een al even lege huls als de FAC van Kabila *père*, de FAZ van Mobutu of zelfs het ANC van Lumumba en Tshombe. Van FARDC werd voor de grap soms gemaakt: *phare décès*, dood lichtbaken. Het onafhankelijke Congo heeft nooit over een leger beschikt dat qua slagkracht en tucht te vergelijken viel met de Force Publique van weleer. Daardoor heeft het nooit de primaire functie van de staat, die van het geweldsmonopolie, kunnen vervullen.

Is het dan verbazingwekkend dat de oorlog nooit helemaal voorbij was? Zolang het veiligheidsapparaat virtueel bleef, stond de MONUC er alleen voor. Maar met 17.000 manschappen houd je niet een gebied zo groot als half Europa bijeen. Zelfs de grootste VN-missie uit de geschiedenis was niet meer dan een druppel op een gloeiende plaat. In het zes keer kleinere Irak waren op dat moment 150.000 Amerikaanse soldaten, en zelfs die slaagden er niet in het geweld te controleren. De aanwezigheid van de blauwhelmen had op veel plekken een kalmerend effect, maar elders was machteloosheid hun deel.

Het oosten van Congo bleef ook na het Accord Global et Inclusif onrustig. Hier kwam het conflict in zijn derde fase terecht. Het gebied werd veel kleiner, maar het menselijk lijden bleef groot. In essentie concentreerde het geweld zich op twee gebieden: het Ituri-district en de beide Kivu-provincies. Niet toevallig ging het om ertsrijke gebieden die respectievelijk grensden aan Oeganda en Rwanda.

In Ituri laaide het conflict zelfs op juist door toedoen van het vredesakkoord. Toen op 6 mei 2003 het Oegandese leger zich definitief terugtrok uit de stad Bunia, stortten Lendu-milities zich op het centrum van de stad en doodden vele tientallen Hema's. Enkele dagen later vielen de Hema's binnen en vermoordden op hun beurt vele tientallen Lendu's. Het conflict leek op een miniatuurversie van de genocide van 1994. De Hema's met hun koeien voelden zich verwant aan de Tutsi's: een etnische minderheid die de maatschappelijke bovenlaag vormde. De Lendu's waren landbouwers die zichzelf met de Hutu's vergeleken: talrijk, maar onder aan de ladder. In wezen ging het om het oeroude conflict tussen veetelers en landbouwers over de toegang tot grond, het conflict over weiden versus akkers, over koeien die de teelt opaten.[18] Maar dat Kaïn-en-Abel-conflict werd nu aangewakkerd door overbevolking en uitgebuit door een op goud belust Oeganda.[19] De etnische hoogspanning in de regio liep zo op dat zelfs diep katholieke vrouwen aan beide zijden me vertelden: 'Zelfs wij, les mamans, namen de wapens op. We voelden ons vervolgd.' Of: 'Wij waren medeplichtig. Wij vervoerden munitie in onze manden en onze bidons.'[20] Het etnisch geweld in Ituri was geen atavisme, geen primitieve reflex, maar het logische gevolg van grondschaarste in een oorlogseconomie die de globalisering diende – en in die zin een vooraankondiging van wat een overbevolkte planeet nog te wachten staat. Congo loopt niet achter op de geschiedenis, maar vóór.

Binnen één week vielen er in mei 2003 in het provinciestadje Bunia alleen al honderden doden, maar de hele streek was verwikkeld in een bloedige, onontwarbare oorlog. In het Ituri-district bereikte de Tweede Congo-oorlog zijn absolute dieptepunt qua complexiteit. Er was wel een dozijn milities actief, los-vaste legertjes van kinderen op slippers met een *gun*, onder leiding van gewiekste twintigers en dertigers die vaak onder schuilnaam in wisselende allianties met andere krijgsheren opereerden. Met zijn ontelbare fusies, afsplitsingen, joint ventures en overnames leek dit nieuwe type oorlog meer op de zakenwereld dan op *war as we know it*. In de kantoren van de MONUC hingen moedeloos geworden officials organigrammen van de milities aan de muur: ze werden er alleen nog maar moedelozer van. Elke maand kwam er een militie bij of moest het overzichtelijke schema herzien worden – meer kolommen, meer pijlen, meer afkortingen, meer foto's van schurken ernaast – tot het met de chaos op het terrein overeenstemde en zijn verklarende waarde verloor. Toch was er een constante: alle partijen kregen vroeg of laat wapens en training van Oeganda.[21] Maar dat wees minder op een bewuste verdeel-en-heerspolitiek vanuit Kampala dan op interne rivaliteiten binnen het Oegandese leger, waarbij elke generaal wel zijn militie in Congo had, een militie die hij kon laten vallen en opstaan al naargelang de noden. Nog meer pijlen, nog meer dwarsverbanden, want ook aan Oegandese zijde kreeg je geen vaste grond onder de voeten. En zelfs Rwanda steunde een enkele militie. Nee, de oorlog was nog niet over. Het was een klein, maar hardnekkig kluwen geworden, een vorm van gewapend banditisme die zichzelf in stand hield.

Precies een jaar later, in mei 2004, kwam het in de Kivu tot zeer ernstige uitbarstingen van geweld. De belangrijkste breuklijn hier bleef die tussen Hutu's en Tutsi's, en ook hier speelde overbevolking een rol, maar dan vooral die van Rwanda. Tien jaar na de genocide konden Rwandese Hutu's nog steeds niet terugkeren naar hun overvolle vaderland, omdat hun daar een partijdige berechting wegens genocide wachtte. 'Kabila jaagt hen niet weg en Kagame ontvangt hen niet,' vatte de Belgische diplomaat Johan Swinnen het bondig samen.[22] Hun blijvende ballingschap zorgde nog steeds voor onrust, waardoor Rwanda de Congolese Tutsi's bleef steunen om de Hutu's te bestrijden. Het resultaat was dat in mei 2004 de mannen van Laurent Nkunda samen met die van Mutebusi moordend en plunderend door de straten van de provinciehoofdplaats Bukavu trokken. Ze verkrachtten tientallen meisjes en vrouwen, veelal groepsgewijs, zelfs meisjes van 3.[23] Nkunda was een Tutsi uit Noord-Kivu die een graag geziene gast was in Kigali. Hij had vanaf 1990 met Kagame meegestreden, hij was met het AFDL opgetrokken in 1996, hij had een topfunctie bekleed binnen het RCD-G in 1998 en had met ijzeren hand de bevolking van Kisangani geterroriseerd in 2002. Door de slachtingen die hij daarbij had aangericht, leek een plaats in het nieuwe regeringsleger hem onveilig. Nkunda werd de nieuwe man van Kigali. Op geheel eigen wijze palmde hij Bukavu in. Even leek het broze vredesproces voorbij. Was dit het begin van een derde oorlog?

Zowel in Bunia als in Bukavu stonden de blauwhelmen (hoofdzakelijk

Uruguayanen) machteloos, om niet te zeggen lafhartig toe te kijken, tot grote woede van het volk, maar in Ituri keerde de rust uiteindelijk terug dankzij een aantal historische primeurs. Voor het eerst in de geschiedenis trad de Europese Unie militair op en was er zoiets als een Europees leger. Met goedkeuring van de VN pacificeerden voornamelijk Franse commandotroepen de stad Bunia tijdens de zogenaamde Operatie Artémis. Tegen de belangrijkste krijgsheren werden internationale arrestatiebevelen uitgevaardigd. Drie van hen belandden in voorarrest in Den Haag, onder anderen Thomas Lubanga, die aan het hoofd stond van de belangrijkste Hema-militie. In 2010 is hij de eerste aangeklaagde ooit die berecht wordt voor het nieuwe Internationaal Strafhof. Ook op dat vlak behoort de situatie in Congo eerder tot de voorhoede dan tot de achterhoede van de geschiedenis.

In de Kivu had de transitie kunnen afglijden naar een nieuwe oorlog, want in een reactie op het geweld van Nkunda werden in augustus 2004 in het vluchtelingenkamp van Gatumba in Burundi honderdzestig vluchtelingen, voornamelijk Congolese Tutsi's, bruut afgeslacht. Rwanda stuurde opnieuw troepen naar Congo om de bevriende Tutsi's te beschermen. Even leek alles weer van voren af aan te beginnen, maar de VN, Zuid-Afrika en de CIAT deden er alles aan om de druk van de ketel te halen.

Tijdens de derde fase van de oorlog keerde het conflict langzaam terug naar wat het in aanvang was geweest: een geschil tussen Rwanda en Congo over de omgang met de Hutu-ballingen in de Kivu. Kagame wilde hen nog altijd het liefst neutraliseren, uit vrees dat ze op een machtsovername in Rwanda broedden. Zoals zijn eigen bewind in de diaspora van Zuid-Oeganda was ontstaan, zo zou een Hutu-*take over* nu in Oost-Congo worden beraamd. En daar had hij geen zin in: Rwanda was vol en in Tutsi-handen. Dat steeds weer oplaaiende conflict duurt inmiddels meer dan vijftien jaar. De ellende in het gebied van de Grote Meren gaat terug tot die onzalige dag in de lente van 1994 waarop de Franse overheid besloot om het Hutu-regime, met wapens en al, te laten ontkomen naar Oost-Congo.

Vandaag vertoont het kleine en sterke Rwanda de kenmerken van een bloeiende militaire dictatuur, die nog steeds veel krediet geniet bij de donorlanden, terwijl buurland Congo groot, log en zwak blijft en de reële problemen niet het hoofd kan bieden. Het is alsof een eenzame beroepsmilitair, Rwanda, een streng ingericht eenkamerflatje bewoont in een chaotisch appartementenblok dat verder bevolkt wordt door een enorm disfunctioneel gezin dat kabaal maakt, ruziet, schulden opstapelt en soms de gaskraan laat openstaan. Meer dan eens haakt de militair zijn geweer van de muur en stormt hij de keuken van de buren binnen waar hij meer schade aanricht dan nodig. In plaats van alleen het fornuis uit te draaien gooit hij ook het huisraad aan diggelen, schiet het stucwerk van het plafond en loopt met een beenham naar buiten. Het gevolg is nog meer kabaal en nog meer geruzie. Een burenruzie, dat is in wezen waar het in Centraal-Afrika vandaag om draait, een burenruzie waarbij de een de ander verrot scheldt. Niet onterecht trouwens, want Kigali is net zo schuldig als Kinshasa. Het resultaat blijft bitter: doordat in Kinshasa de cruciale transitie maar niet op dreef raakte, kwam in het oosten de Tweede Congo-oorlog maar niet tot stilstand.

Het gerinkel van bierflessen, honderden, duizenden bierflessen, forse, bruine bierflessen die stonden te dringen voor de transportband, overstemde de kakofonie van de fabriek. Het klonk als een klokkenspel, een licht en ongedurig getingel dat uitsteeg boven het gesis van de spoelinstallatie, het getik van de etiketteringsmachine, het geratel van de lopende band en het zuchten van de hydraulische slangen – als het geluid van een carillon hoog boven de drukte van een bedrijvige stad. Het nerveuze, blijmoedige gerinkel tuimelde door de lawaaierige fabriekshal als nooit tevoren en vermengde zich met de geur van mout en alcohol. Het was 2002 en Bralima, de brouwerij van Primus, opende in Kinshasa twee ultramoderne, volautomatische verpakkingslijnen, die 72.000 flessen per uur konden verwerken. De oorlog was nog niet voorbij of de industrie schoot al uit haar voegen. Bralima (het woord kwam van Brasserie et Limonaderie de Léopoldville) ging terug op een koloniaal brouwerijtje uit 1923, maar was sinds 1987 in handen van Heineken. Het Nederlandse bierimperium was vast van plan om in het kielzog van de oorlog de biermarkt van het immer dorstige Congo in te palmen en uit te breiden. In 2002 ging er anderhalf miljoen hectoliter de deur uit, in 2008 bijna drie miljoen. Die spectaculaire verdubbeling was nog steeds ver verwijderd van het record van 1974, het magische jaar van de boksmatch, waarin Bralima 5,5 miljoen hectoliter produceerde, maar de toekomst lachte.[24] In Kinshasa alleen al had Bralima inmiddels weer vijftigduizend verkooppunten en bars.

Multinationale ondernemingen trokken zich in elk geval niets aan van het gedraal der politici. De prille vrede beloofde nieuwe markten en die moesten zo snel mogelijk veroverd worden. Dat gold a fortiori voor de mobiele telefonie. Vodacom, de Zuid-Afrikaanse operator, was in Bunia de eerste kabels aan het leggen toen het etnische geweld nog volop woedde. Bij de ergste beschietingen stopten de arbeiders met graven en gingen ze enkele uren schuilen.[25] Vanwaar die haast? In een land waar de telefooninfrastructuur al decennia stuk was, was de vraag naar gsm's enorm. De MONUC alleen al was goed voor duizenden abonnementen. Ook gewone Congolezen begonnen te dromen van een gsm. Toen ik in december 2003 voor het eerst in Kinshasa was, bestond een Congolees gsm-nummer uit zeven cijfers, in 2006 uit tien. Mobiele telefonie is voor Afrika wat de boekdrukkunst voor Europa was: een ware revolutie die de structuur van de samenleving grondig herdefinieert.[26]

Een zwakke staat als Congo liet veel ruimte voor nieuwe, internationale spelers. Tijdens de Koude Oorlog waren het landen die het lot van Zaïre mede bepaalden (Frankrijk, België en de VS), nu ging het in toenemende mate om particuliere partners van buitenaf zoals bedrijven, kerken, maar ook ngo's. Grote delen van Congo werden sinds de oorlog gerund door internationale *charities* die overheidstaken op zich namen. De reden waarom Kabila zichzelf achtmaal zoveel gaf als de gezondheidssector, was zijn besef dat het geld voor de zorg wel uit het buitenland zou komen. Idem dito voor het onderwijs en de landbouw: dat was het geliefkoosde domein van internationale donoren. De hulp van vele honderden ngo's was vaak indrukwekkend, maar niet zonder consequenties. Door de endemische corruptie binnen het ambtenarenapparaat gaven veel ngo's er de voorkeur aan om ook in het land van aankomst 'niet-gouvernementeel' te blijven en enkel met lokale partners te werken.[27] Begrijpelijk, maar niet van dien aard dat de vertrouwensband tussen overheid en bevolking werd hersteld. Bovendien creëerde de toestroom van buitenlands geld ook zoiets als 'hulpverslaving': Congolezen begonnen te twijfelen aan hun zelfredzaamheid. Monsieur Riza, een minzame, maar hardwerkende man die een bescheiden hotel in Bandundu runde, verzette zich tegen zoveel passiviteit toen hij me zei: 'Al die ngo's hier maken ons afhankelijk. We zullen nog meemaken dat er een ngo komt die ons vertelt dat we onze tanden moeten poetsen.'[28] Nergens was die *ngo-ization* duidelijker dan in Goma, kapotgeschoten door de oorlog, overstroomd door lava sinds 2002. Terwijl ik in december 2008 tijdens een avondspits achter op een brommer zat – het openbaar vervoer van het volk – lette ik op het verkeer dat we vrolijk voorbijstaken: allemaal jeeps, allemaal van ngo's, allemaal voorzien van een logo op de deur of van een vlag aan de antenne. Justine Masika, de oprichtster van La Synergie des Femmes, kon zich daar erg over opwinden. 'Nu zijn er alleen al in Goma tweehonderd organisaties voor vrouwenrechten. Daar zitten veel nep-ngo's tussen, lokale organisaties die zich met buitenlands geld verrijken over de ruggen van zieke vrouwen. Iedereen begint hier maar. Het geld van donorlanden loopt via de Verenigde Naties, maar die houden een substantiële commissie in, tot wel 20 of 30 procent. Er is een echte VN-maffia! Ik werk niet meer met hen. Het VN-voedselprogramma, Unicef... zij komen hier met enorme budgetten, maar 60 procent ervan gaat op aan logistiek, zonder dat er resultaat wordt geboekt. Al die buitenlanders moeten kennelijk "risicopremies" krijgen, al die bureaus moeten airconditioning hebben, al die kantoren zijn luxueus en beveiligd. Vreselijk veel geld gaat naar public relations. Ze willen zichtbaarheid, ook hier. Terwijl de vrouwen om wie het gaat in gevaar zijn en naar discretie verlangen.'[29] Harde woorden, en Justine Masika is niet de eerste de beste: in 2005 was ze een van de duizend vrouwen die samen genomineerd waren voor de Nobelprijs voor de vrede, in 2009 mocht ze de Mensenrechtentulp, een hoge onderscheiding van de Nederlandse overheid, en de Pax Christi International Peace Award in ontvangst nemen.

Vergeleken met de humanitaire pretenties van de ontwikkelingssamenwerking was het bedrijfsleven tenminste eenduidig pecuniair. Het ging om winst. Dat daar niets oneerbaars aan is, hoefde je Dolf van den Brink niet uit te leggen. Na een studie filosofie en bedrijfskunde was deze onstuitbaar dynamische, jonge Nederlander commercieel directeur van Heineken in Kinshasa geworden, de nummer twee van Bralima. In die hoedanigheid was hij medeverantwoordelijk voor de buitengewone groeicijfers van de afgelopen jaren. 'Toen ik hier aankwam in 2005, had Primus in Kinshasa een marktaandeel van 30 procent, terwijl Skol, het bier van concurrent Bracongo, 70 procent had. Nu is het omgekeerd: wij hebben 70 procent en Skol nog maar 30.'[30] Hij toonde me een slide uit een Powerpoint-presentatie. De grafiek toonde een stijgende lijn. *On a gagné beaucoup de batailles, mais pas encore la guerre!* stond erboven in hippe managementtaal. In de vergaderzaal van Bralima hing een plakkaat dat medewerkers herinnerde aan hun eerste verplichting: *Esprit de combat!* – alsof dit land niet uit een vreselijk conflict kwam.

En oorlog was het. De hoofdreden waarom Bracongo eerst nog zo goed boerde, was dat zij Werrason hadden, terwijl Bralima het met J.B. Mpiana moest stellen. Werrason en Mpiana waren razend populaire popmuzikanten die meedraaiden in de promotiemachines van beide brouwerijen. Anno 2005 was Werrason duidelijk succesvoller en was het ondenkbaar dat een fan van hem ooit Primus zou bestellen. In een tijd waarin politici niet gekozen werden, mensen geen jobs hadden en steden voor driekwart uit jongeren onder de 25 bestonden, beschikten popmuzikanten over immens veel macht.

De rivaliteit tussen J.B. Mpiana en Werrason was legendarisch. Elke generatie in de Congolese popmuziek kent haar eigen clash: tussen Franco en Kabasele in de jaren vijftig, tussen Franco en Tabu Ley in de jaren zestig, tussen Papa Wemba en Koffi Olomide in de jaren tachtig, maar eind jaren negentig ging het er wel erg bits aan toe. In 1981 hadden beide heren samen een band gesticht met de megalomane naam Wenge Musica 4x4 Tout Terrain BCBG. Daar moest wel kift van komen. Het was een legendarische formatie, die de wereld in het algemeen en Kinshasa in het bijzonder verblijdde met de *ndombolo*, de populairste dansstijl uit de jaren negentig en de jaren nul, een reidans waarbij de dansers door de knieën bogen en leken te boksen, terwijl de vrouwen op ronduit spectaculaire wijze met hun billen draaiden. De ndombolo was provocatief, obsceen, hilarisch en, zoals dat gaat met trendy dansstijlen, ook wel een beetje lekker. Op het toneel pronkten Werrason en Mpiana met hun Telecel, de eerste generatie mobiele telefoons, die zo groot waren als een klomp. Op dat ogenblik waren ze nog voorbehouden aan hooggeplaatste militairen en ministers, maar nu stopten fans bierflessen diep in hun achterzak om de indruk te wekken dat ze óók zo'n staaltje volumineuze technologie hadden. Wenge Musica was dé sensatie van de jaren negentig. Toen Kabila Kinshasa innam, werd de ndombolo gedanst. Maar Wenge Musica verging het net als alle Congolese popbands of politieke partijen die enig succes kennen: ze viel uiteen. Tussen Werrason en Mpiana was het hommeles, de fans raakten verdeeld en ze kunnen je vandaag nog over de machtsstrijd verhalen met een passie en precisie waarmee ze zelden over de oorlog spreken.

Zonder ironie praat men over *la guerre des albums*, *la guerre des salles* en *la guerre des stades*. Aanvankelijk was Werrason de uitdager die zich bijzonder strijdbaar betoonde: *Force d'Intervention Rapide* (snelle interventiemacht) heette zijn eerste cd. Met titels als *Attentat*, *Etat d'Urgence*, *Ultima-*

tum, *Couvre le feu* en *Cessez-le-Feu* sijpelde het militaire jargon sowieso al de popcultuur binnen.[31] Elke plaat bracht een nieuwe dans en een nieuwe mode. Fans wachtten met kleren kopen tot de nieuwe plaat er lag. Maar toen J.B. Mpiana in 1999 als eerste van zijn generatie in Parijs de mythische concertzalen le Zénith en l'Olympia deed vollopen, nam Werrason wraak door het sportpaleis Bercy te vullen met twintigduizend fans, gevolgd door le Zénith en l'Olympia. In Frankrijk, *bien sûr*, want de Congolese geschiedenis speelde zich voortaan ook in de diaspora af. Bij metrohalte Château d'Eau in Parijs, Porte de Namur in Brussel en Seven Sisters in Londen ontstonden Congolese uitgangsbuurten met kapperszaken, muziekwinkels en kruideniers die maniok en gerookte rupsen verkochten. De ellende had tienduizenden doen migreren. In Kinshasa probeerden Werrason en Mpiana elkaar af te troeven tijdens concerten in het Stade des Martyrs, waar de bezoekersaantallen opliepen tot boven de honderdduizend. In 2005 namen ze het rechtstreeks tegen elkaar op tijdens een openluchtconcert waar ze *fara-fara* speelden, *face à face*: aan weerszijden van het terrein stond een podium. Dit *concert du siècle* moest een uitputtingsslag worden om te beslissen wie het sterkste was. De bands begonnen om tien uur 's avonds te spelen en gingen de hele nacht door. Toen 's ochtends ordetroepen probeerden de stekker eruit te trekken, vormden de straatkinderen een levend schild rond de stroomaggregaten. Om één uur 's middags beëindigde het leger het evenement toen maar met traangas. Er waren meer dan tweehonderdduizend toeschouwers geweest, de strijd was onbeslist, maar Werrasons ster bleef groeien.[32]

Roi de la forêt werd hij genoemd, koning van het oerwoud. Zijn lijfwachten waren *manzaka na nkoy*, engelen van de luipaard.[33] Met zijn uitdrukkingsloze gezicht, zijn bombastische zonnebrillen en zijn messcherpe ringbaardje werd hij zowat de definitie van Congolese cool. Geboren op kerstdag 1965 leek hij voorbestemd voor grootse dingen. De UNESCO benoemde hem tot ambassadeur van de vrede. De paus ontving hem op audiëntie en de Jamaïcaanse superster Shaggy riep hem op CNN uit tot 'de grootste levende Afrikaanse artiest.'[34] Maar voor de duizenden straatkinderen van Kinshasa – jochies die het huis uit waren gejaagd op verdenking van hekserij, kinderen die vrijwillig van huis waren weggelopen, wezen van aidsdoden die permanent in het zand voor Werrasons repetitieruimte woonden, allen die zich *shege*'s noemden, naar Schengen, want zij leefden in de zeer vrije markt – voor al die jonge lijven in versleten lompen bleef hij gewoon *Igwe*, de hogepriester. Voor hem waren ze bereid te sterven.

En toen, in juli 2005, kwam het nieuws: Werrason stapte over van Bracongo naar Bralima! Het sloeg in als een bom. Werrason was maanden in Europa geweest. Op kosten van Bralima? Zodat hij zijn contract met Bracongo niet hoefde uit te dienen? Er werd druk over gespeculeerd, want muziek is in Congo belangrijker dan voetbal in Italië. Hoeveel zou er zijn betaald? De prijs van die transfer is tot op de dag van vandaag het best bewaarde geheim van Kinshasa. Dolf van den Brink kent het bedrag, hij regelde immers de deal. 'Maar ik kan het je helaas niet vertellen,' lacht hij vanachter zijn bureau als ik hem erom vraag. 'Geloof me, die popmuziek kost ons vele honderdduizenden dollars per jaar. Twee derde van ons marketingbudget gaat eraan op. Wij hebben geïnvesteerd in een concertpodium van driehonderdduizend dollar, het grootste van het land. Wij hebben vrachtwagens, generatoren en stewards. Wij hebben een evenementenbureau met dertig medewerkers, zodat we in de stad gratis concerten kunnen geven. Eén keer per jaar schrijven die muzikanten een Primus-nummer voor ons. Wij betalen de studio, de cd, de videoclip. Dat alleen al kost ons honderd- tot honderdvijftigduizend dollar. Onder de bars in de cité verspreiden wij gratis vierduizend cd's en negenduizend cassettes. Overal wordt op die Primus-nummers gedanst.'

Het leek hem soms ook een beetje te duizelen. Akkoord, hij had dan wel bij de Nederlandse socioloog Dick Pels zijn scriptie over 'de esthetisering van het bedrijfsleven' geschreven, maar dat hij de broodheer zou worden van een Afrikaanse wereldster had hij ook niet verwacht. 'Voor mij is er een symbiose tussen muziek en brouwerij. Werrason heeft drie orkesten, meer dan honderd mensen zijn van hem afhankelijk. Van de verkoop van cd's en cassettes kan hij niet leven. Concerten zijn onbetaalbaar. Dus sponsoring is cruciaal voor hem, naast VIP-concerten en optredens in Europa. En ook daar zorgen wij voor. Als hij naar le Zénith gaat, betalen wij vijftig vluchten, want als we dat niet doen, loopt hij weg.'

Werrason, zo leert een kleine rondvraag, heet een onmogelijke man te zijn. Ambassadeur van de vrede, ja, maar vooral *a pain in the ass*. Zijn sponsors worden geacht tientallen auto's voor hem en zijn entourage te importeren en langs de douane te krijgen. Afspraken zijn van geen belang. De enkeling wie bij hoge uitzondering een interview wordt toegestaan, vangt hooguit een glimp van hem op en blijft urenlang vruchteloos op zijn terugkeer wachten, zoals schrijver dezes op een ijskoude decemberdag in Parijs mocht ervaren. Dolf van den Brink zuchtte. Hij grabbelde in zijn papieren en toonde een vodje. 'Sylvie Mampata kwam net langs, da's zijn vrouw. Zij geeft binnenkort een feestje en vraagt ons vijftig tuinstoelen, dertig bakken bier en 50.000 dollar. Zo gaat het de hele tijd. Begrijp je wat ik bedoel?'

Natuurlijk begrijpen wij dat, want Dolf heeft zojuist zijn Powerpointgrafiekje becommentarieerd. 'Kijk, hier zie je het heel goed,' klonk het voldaan. 'In juli 2005 kwam Werrason bij ons. Ons marktaandeel steeg binnen twee maanden met 6 procent: van 32 naar 38. Die stijging was blijvend. Nu zitten we op 70.' Bralima werd een van de snelst groeiende dochters van het Heineken-concern. In 2009 had het zelfs een marktaandeel van 75 procent: groeicijfers waar bedrijfsleiders in het Westen alleen maar kunnen van dromen. Van den Brink werd beloond met overplaatsing naar Amerika, waar hij, 36 jaar oud, de topman van Heineken USA werd.

Nu had Bralima de historische overstap van Werrason ook danig in de verf gezet. Enkele dagen na zijn terugkomst uit Europa – tienduizenden jongeren hadden hem van de luchthaven naar de Samba Playa, zijn repetitieruimte, begeleid – gaf hij een Primus-concert in zijn geboortestad Kikwit onder de titel *Changement de fréquence*. Nooit eerder had hij er opgetreden. Het werd het grootste popconcert uit de geschiedenis. Changement de fréquence, dat waren de rivierboten die Bralima maanden van tevoren uit Kinshasa had gestuurd vol geluids- en lichtinstallaties, generatoren en vijftigduizend kratten Primus aan boord. Changement de fréquence, dat was het uitgestrekte grasveld bij het vliegveld waar het podium werd opgetrokken en waarnaar tienduizenden mensen te voet kwamen, van overal vandaan, soms van meer dan honderdtwintig kilometer ver. Changement de fréquence, dat was Werrason die op de dag van het concert in een Fokker van Air Tropic met traditionele chefs en dorpschefs kwam aangevlogen en de grond kuste na zijn landing. Changement de fréquence, dat was de Koning van het Woud, die als een staatshoofd werd onthaald terwijl hij boven op een vrachtwagen van Bralima zat. Changement de fréquence, dat was zijn twintigkoppige orkest, dat uren na zonsondergang de eerste klanken door de boxen joeg. De fenomenaal strakke ritmes van Kakol, de kristallen gitaarsolo's van Flamme Kapaya, de moeiteloze falsetstem van Héritier, de burleske raps van Roi David. Die laatste was de opvolger van de onvergetelijke 'Bill Clinton', de *animateur* die solo was gegaan en nu onder contract stond bij Kerrygold, waar hij liedjes voor melkpoeder componeerde. Changement de fréquence, dat waren al die namen die je al jaren kende eindelijk in het echt zien. De onwaarschijnlijk soepele billen van Cuisse de poulet zien rollen als ze vooraan op het podium de ndombolo danste naast Bête sauvage en Linda la Japonaise. Mijn god, wat een feest! Changement de fréquence, uiteindelijk, dat was Werrason, die na middernacht het podium op kwam, de uitzinnige mensenzee doodkalm overzag (hoeveel waren het er? driehonderdduizend volgens de soberste schattingen, zevenhonderdduizend volgens de fans), drie nummers zong en daarna medicijnen uitdeelde aan weduwen en zieken, iets waar de overheid maar eens een voorbeeld aan moest nemen, met al hun geprutS en gesteggel! Changement de fréquence, dat was de boksmatch van Mohammed Ali *revisited*, met dit verschil dat niet de president, maar een beursgenoteerd bedrijf uit Amsterdam het feestje betaalde. Ook dat was een verandering van frequentie.[35]

'Het publiek was enorm in Kikwit,' vertelde Flamme Kapaya me op een ochtend in Kisangani. Het was een lome voormiddag en we zaten in de verwilderde tuin van een huis langs de rivier. Tien jaar lang was Flamme de stergitarist en artistiek directeur van Werrason. Vraag eender welke jongere in Congo naar de grootste gitarist van vandaag en het antwoord is steevast: Flamme Kapaya. 'Wij moesten het publiek opwarmen, zeggen hoe fantastisch Werrason was. Wij moesten spelen en dansen om hem te doen opkomen. Maar hij heeft hoogstens vijftien minuten gezongen, terwijl hij wel al het geld opstreek. Wij kregen niks betaald. Die hele overstap van Bracongo naar Bralima veranderde niets voor ons. Hij nam alles, wij kregen niets! Werrason werd steenrijk en kocht een huis bij Brussel. Hij leek wel een afstammeling van Mobutu.' En omdat winst belangrijker was dan wederopvoeding, hield Bralima dat systeem in stand, want de aandeelhouders van Heineken wilden graag prettige tabellen en grafieken blijven zien. Er is een fundamentele gelijkenis met de buitenlandse inmenging vroeger: zoals Amerika knarsetandend Mobutu in het zadel moest houden, anders waren ze hem kwijt aan de communisten, zo moest Heineken leren leven met de grillen van Werrason, anders ging hij naar de concurrent. Loyaliteit werd afgekocht met integriteit. Flamme Kapaya blijft er kwaad over: 'Ik componeerde de nummers, ik arrangeerde ze, maar hij liet de songs in Frankrijk onder zijn eigen naam registreren. *Arrangeur-compositeur: Werrason*, staat er in het cd-boekje. Ik sta enkel vermeld als gitarist.' Flamme was het muzikale brein achter *Kibuisa Mpimpa*, algemeen beschouwd als Werrasons beste plaat, door kenners omschreven als 'cultureel en muzikaal revolutionair'.[36] 'Ik deed de opnames in Europa, ik mixte de plaat, maar toen hij af was kreeg ik niet eens een exemplaar! Werrason jatte zelfs mijn vijf auteursexemplaren.' Het lijkt ongelooflijk, maar toen ik drie uur in een koude, Parijse studio, te midden van vrouwelijke groupies met bolle, blinkende winterjassen, vruchteloos op mijn interview zat te wachten, was Werrason in geen velden of wegen te bespeuren, terwijl Kakol en Héritier, drummer en zanger, al het werk deden. Zij instrueerden de zangers, zaten aan de knoppen en hakten de muzikale knopen door. 'We waren zo naïef,' zuchtte Flamme, 'hij wilde muzikanten die hem niet doorhadden. Deed je dat wel, dan wilde hij je niet meer. Muziek is de passie van alle jongeren, maar hij maakt daar misbruik van. Het is echt de uitbuiting van de mens door de mens. Daarom ben ik vertrokken. Ik wil niet dat jongeren dezelfde weg bewandelen. Ze moeten hun rechten kennen.' Hij roffelde op de rand van zijn stoel, keek naar de rivier en zei toen: 'Werrason is een zakenman en een politicus. Veel van zijn danseressen bleven achter in Europa. Mensen betaalden hem om mee te mogen als bandleden naar Europa.'[37] En Bralima maar tientallen vliegtickets betalen als Werrason met zijn 'band' naar Parijs vliegt. Zijn collega Papa Wemba werd voor soortgelijke praktijken in Parijs veroordeeld tot enkele maanden gevangenisstraf. Mensensmokkel, oordeelde het Franse gerecht.

Bedrijven zijn nooit neutrale spelers, en in kapotte natiestaten al helemaal niet. Met een promotiebudget dat een veelvoud is van het budget van het ministerie van Onderwijs of Informatie bereiken zij meer burgers dan de overheid. Kinshasa is vandaag overwoekerd met reclamepanelen van multinationals zoals Nestlé, DHL, Vodacom en Coca-Cola. De betonnen muren rond bedrijven, stadions en kazernes zijn overal beschilderd met commerciële slogans. Televisiestations spuien meer publiciteit dan programma's. De Primus-nummers van de artiesten bij Bralima zijn een jaar lang op diverse zenders te zien. Vaak gaat het om nummers van tien minuten en meer. Het onderscheid tussen advertentie en entertainment vervaagt. Kinshasa danst op promoplaatjes.

De boodschap wordt er ook elders in geramd. Gsm-operator Tigo, een multinational die actief is in zestien landen en zijn hoofdkantoor in

Luxemburg heeft, was in 2006 zo genereus om de vervallen aankomsthal van de nationale luchthaven op te kalefateren, want elk groot bedrijf heeft zijn charitatief programma (studiebeurzen, hospitalen, schoolpakketten, als het maar zichtbaar is). De vale muren van Ndjili kregen voor het eerst in tientallen jaren weer een lik verf, maar wie er vandaag vanuit zijn vliegtuig komt binnenlopen, waant zich eerder in een beursstand van Tigo dan in een gebouw van de overheid. Er hangen tientallen vlaggen en plakkaten van de gsm-operator, andere reclame is er niet. En midden in die wervelwind vol glitter staat de reiziger te wachten met zijn paspoort in de hand, vloekend op de trage staat.

Uiteraard betalen ondernemingen als Bralima en Tigo belasting, meer dan hun lief is, want in een corrupt land vindt men wekelijks een nieuwe belasting uit. Maar als het te gortig wordt, dreigen ze met de ultieme maatregel: de sluiting van het bedrijf. En dat betekent niet alleen werkloosheid voor al het personeel dat meer dan correct wordt betaald en armoede voor al die kleine verkopers van bier of belminuten, maar vooral het einde van fiscale inkomsten voor al die ambtenaren. Geen hongerige belastinginspecteur die dat wil. Multinationals zijn de grootste belastingbetalers van het land. Dan wil een overheid wel eens naar ze luisteren.

Al op de Conferentie van Berlijn in 1885 was besloten dat de Congo-Vrijstaat moest openstaan voor de internationale vrijhandel. Nog steeds is er competitie tussen markt en staat, meer dan ooit zelfs. Toentertijd ging het enkel over het opkopen van grondstoffen, nu ook over het verkopen van producten, want zelfs in een straatarm land valt er veel te verdienen aan de handel in kleine stukgoederen zoals belminuten, flesjes frisdrank of zakjes melkpoeder. Om de ziel van al die misdeelden te winnen koloniseren buitenlandse bedrijven de openbare ruimte van het verwoeste land met een brutaliteit die nauwelijks verhuld wordt door de stralende glimlach van de gelikte marketing.

In oktober 2008 was ik een week lang een *minor celebrity* in Kinshasa en daar had ik weinig voor hoeven doen. Onbekenden spraken me aan op straat, zeiden dat ze me herkenden van de beelden en verbaasden zich erover dat ik, ondanks mijn status, niet over een eigen auto beschikte. Dolf van den Brink had me een paar dagen eerder gebeld. 'We organiseren een concert van Werrason in de cité. Zin om mee te gaan?' Het optreden had plaats in Bumbu, een van de armste wijken van Kinshasa. Terwijl we er in konvooi heen reden, lichtte hij het toe. 'Bracongo voert een vuile strijd tegen ons. Ze hebben spotjes gelanceerd die zeggen dat Bumbu "gevallen" is en dat Primus er niet langer marktleider is. Dat is aantoonbaar onwaar, maar we zitten toch maar mooi in het defensief. Nu willen we het tegendeel aantonen met iets groots. Geen spotje, geen campagne, maar een gratis concert van Werrason! Het is de eerste keer dat hij in Bumbu optreedt. Ik verwacht veel volk.'[38] De SUV met airco slingerde langs putten in het wegdek. Dolf vertelde me dat de marketing van Primus door verschillende fasen was gegaan. Eerst was de baseline *Pelisa ngwasuma*, vrij vertaald: *Get the groove started*. Die nadruk op ambiance viel goed in een door de oorlog verscheurd land. Daarna veranderden ze de kleur van het etiket in de nationale kleuren van Congo: blauw, geel en rood. Nu de oorlog voorbij was, moest Primus zich manifesteren als hét nationale bier bij uitstek. De staat was vermolmd, maar de nationale trots bleek intact. Bralima haakte daar handig op in. Inmiddels waren ze bij een nieuwe baseline uitgekomen: *Primus, Toujours leader*, want het kwam erop aan dat pas verworven marktleiderschap onwrikbaar te doen lijken. Het verlangen naar dominantie speelde heel erg bij het volk, geloofde Dolf, weten wie 'de sterkste' is. In Bumbu moest dat even duidelijk gemaakt worden.

Interessant, dacht ik, gsm-operator Vodacom hamerde op precies diezelfde thema's: nationaal gevoel en leiderschap. *Un réseau, une nation* was jarenlang de baseline in Congo: één netwerk, één natie. Nu afficheren ze zichzelf als *Leader dans le Monde Cellulaire*. Op hun Congolese website heet het dat 'het beste van ons beter is dan het beste van alle anderen. Verliezen is uitgesloten. Wij zijn één team en concurrentie is onze sport.' Wie is het meest Congolees? En wie is de leider? Waren dat niet de centrale thema's in de verkiezingsstrijd tussen Kabila en Bemba die toen losbarstte? In juli 2006 zouden de verkiezingen eindelijk worden gehouden en de twee grootste kanshebbers voor het presidentschap vlogen elkaar in de haren als popartiesten. Bemba, nog steeds meer krijgsheer dan staatsman, verweet Kabila een halve Rwandees te zijn die niet over de gewenste *congolité* beschikte – een bizarre claim, als je weet dat hijzelf een kwart-Europeaan is. Kabila probeerde als president boven het tumult te staan toen hij zei dat 'hij die eieren draagt niet ruziet' – een uitspraak die hem nog maanden zou achtervolgen. Ze verwees naar de straatjochies die van bar naar bar liepen met een karton hardgekookte eieren op hun hoofd die ze verkochten als snack. Maar heel Kinshasa vond de president toen maar een schooier. De bitse verwijten leken op de strijd tussen Werrason en Mpiana, of tussen Bralima en Bracongo. In de strijd om het hoogste ambt werd de notie van *leadership* rechtstreeks gelinkt aan nationale identiteit. Commerciële en politieke slogans bevruchtten elkaar wederzijds.

Dolf tuurde naar buiten toen we in Bumbu aankwamen. De volkswijk was donker, maar de bars en terrassen zaten stampvol. Tevreden stelde hij vast dat circa 80 procent van de flessen bier op tafel Primus was. Even verderop zagen we vrachtwagens van Bracongo klaarstaan: tijdens en na het concert zou de concurrent ongetwijfeld duizenden flessen Skol uitdelen. Dolf vroeg zich zelfs af of Bracongo geen jeugdgangs had ingehuurd om onrust te stoken. Bralima had in elk geval zijn eigen security bij zich. En dat was nodig, want jong Bumbu – een andere generatie was er niet – was massaal komen opdagen. Naarmate we het concertterrein naderden (de band was al aan het spelen, we hoorden hem van ver), groeide het aantal jongeren dat zich vastklampte aan een auto achter in het konvooi schrikbarend. Het was een SUV met getinte ramen in de kleuren van Primus. Ze waren er vast van overtuigd dat Werrason erin zat. Nadat we ons nog even hadden vastgereden in een uitzinnige menigte, bereikten we langs een sluipweg de achterzijde van het podium. De auto's werden met de neus naar voren geparkeerd: kwestie van snel kunnen wegrijden bij onlusten. We stapten uit, liepen naar het podium en schudden snel enkele handen. Het schemerduister van de backstage, de bassen die dreunen tot in je borstbeen: ik herkende hem niet meteen. Hij zag er veel gewoner uit dan ik me van de foto's herinnerde, veel bedeesder ook. 'Monsieur Werrason,' zei ik, '*bon concert.*' 'Mmm,' antwoordde hij. Dat was meteen mijn kortste interview ooit.

We beklommen het podium. Een rij dansers, daarachter een rij muzikanten, allen in T-shirts van Primus. Een muur van geluid. Ik zwaaide naar Kakol, de drummer. Achter hem werd de achterwand van de *stage* ingenomen door een immens spandoek: *Primus, Toujours Leader!* Ik hield mijn hand boven mijn ogen om het publiek te kunnen zien. Het podium was opgesteld op een breed kruispunt. In alle drie de richtingen: honderden meters dichtopeengepakt volk. Ik probeerde een segment te tellen om te extrapoleren. Dertigduizend mensen? Veertigduizend? Iemand stopte een fles Primus in mijn handen. Cameralui filmden die paar blanken op het podium. En toen, toen beklom de ogenschijnlijk verlegen man met het ringbaardje de ijzeren trap links van het podium. Langzaam, bijna lusteloos trad hij naar voren om in het volle spotlicht te treden. Hij tuurde in de rusteloze nacht. Duizenden armen gingen de lucht in en kruisten de vuisten. Igwe! Igwe! klonk het oorverdovend.

Na afloop was Dolf van den Brink in zijn nopjes. Werrason had niet alleen piepjonge meisjes uit het publiek getrokken om de ndombolo voor hem te dansen, maar had tussen de nummers door tot twee keer toe een fles Primus in de lucht gestoken om uitgebreid te vertellen dat Bumbu nog steeds in handen van Bralima was. Onbetaalbare reclame. Tienduizend dollar had het optreden gekost. *Peanuts.* De opnames van het concert zouden de komende dagen non-stop uitgezonden worden op televisie. Bralima betaalde maandelijks dertig- tot veertigduizend dollar aan Antenne A, een van de belangrijkste zenders van Kinshasa, die daarmee zijn personeel betaalde. Feitelijk was Bralima daarmee eigenaar van de zender.

'Maar ik ken u,' zeiden verschillende Kinois tegen me, toen ik naast hen op de achterbank van een gammele taxi plaatsnam. 'U was die blanke op het podium tijdens het concert van Bumbu. Heeft u geen auto?' Het zegt iets over de macht van Bralima. In een stad van acht miljoen inwoners waar ik even verbleef, was ik plots beroemder dan in de stad van één miljoen inwoners waar ik al tien jaar woon.

Belminuten koop ik in de regel bij Beko op de lommerrijke Avenue des Batetela, een van de weinige gezellige straten van Kinshasa. Beko, een afgestudeerde pedagoog van begin 20, zit er van 's ochtends zes uur tot 's avonds acht uur onder een parasol prepaid-kaartjes te verkopen van Tigo, Vodacom, CelTel en CCT. Elke dag, maar op zondag pas vanaf elf uur, want hij wil eerst naar de mis. Dat is zijn enige ontspanning. Het voetpad van de Avenue des Batetela is een kleine markt in de schaduw van de bomen. Naast hem zit een vrouw geld te wisselen, daarnaast bakt een oude vrouw visjes die, om een reden die ik nog steeds niet begrijp, 'Thomson' worden genoemd. Nog verderop verkoopt een jongen zakagenda's, balpennen en schoenveters, naast een jonge vrouw die oliebollen bakt op een kolenvuurtje. Een oliebol is voor velen het enige wat ze eten op een dag. Lekker en vullend.

Op goeie dagen heeft Beko een omzet van wel honderd dollar, maar daarvan is nog geen acht dollar voor hem. Als hij een prepaidkaartje van vijf dollar verkoopt, is 4,60 dollar voor de gsm-operator, soms zelfs 4,75. 'En dan nog zijn het alleen de grote klanten die voor vijf dollar aan belminuten inslaan,' maakt hij me duidelijk. Goed, acht dollar winst, op een topdag. Maar Beko woont ver van de Avenue des Batetela, zeer ver. Hij is een van de 1,6 miljoen mensen die dagelijks in walmende, overvolle VW-busjes naar het stadscentrum pendelen.[39] Het transport kost hem uren en anderhalve dollar. Als hij overdag iets wil eten, al is het maar een homp maniokbrood met een reepje vis, betaalt hij algauw opnieuw anderhalve dollar. Bij thuiskomst geeft hij één dollar aan zijn tante bij wie hij inwoont, want zijn ouders zijn gestorven. Hij is de enige kostwinner voor zijn broers en zussen. Van zijn acht dollar is hij nu al meer dan de helft kwijt. En nog is het niet afgelopen.

Terwijl we zitten te praten, komt er een schreeuwlelijk die tegen hem en de andere marktkramers begint te brullen. Beko geeft hem zonder tegensputteren tweehonderd Congolese frank. Een eind verderop staat iemand in politie-uniform. 'Van de politie mogen we hier niet staan. Officieel moet hij ons beboeten, maar dat gebeurt nooit. In plaats daarvan stuurt hij die kerel op ons af. In ruil voor tweehonderd Congolese frank laat hij ons met rust. Alleen komt hij drie, vier keer per dag langs. Als we niet betalen, neemt hij al onze goederen af. Nu ben ik maar één of anderhalve dollar kwijt.'[40] Noem het afpersing of een vorm van ultradirecte belasting, maar zolang die agent geen salaris van de overheid krijgt, zal het doorgaan. Dat neemt niet weg dat een politie-uniform nog steeds een zeer hoog goed is. Het garandeert de drager een regulier inkomen, niet van bovenaf, maar van onderuit. Geen wonder dat er een handel in het ambt van politieman is ontstaan. Naar verluidt kun je de functie voor grof geld van iemand overkopen, zoals je een handelszaak overneemt.

Zeven dagen per week, op zondag wat later. Beko's beste jaren verstrijken. Tigo heeft weer een nieuwe service, ziet hij. Voor een luttel bedrag kunnen klanten dagelijks een sms'je ontvangen dat, zo zegt het bedrijf, 'uw dag opvrolijkt'. Met Tigo Bible krijg je elke dag een Bijbelvers toegestuurd, Tigo Foi geeft religieus advies, Tigo Amour biedt relationele raad en Tigo Riche vertelt hoe je rijker kunt worden. Wie verblijding wil, kan verblijding krijgen. Een dienst met nieuwsflashes is er niet.

Beko lacht onwennig als ik hem vraag wat zijn droom is. 'Ambassadeur worden,' zegt hij bedachtzaam. Politiek boeit hem. Bij de krantenverkoper *huurt* hij elke dag de krant: voor een klein bedrag mag hij er dan een half uur in lezen. Kopen is onmogelijk; de krant kost wel één dollar. Kranten zijn een zeldzaamheid in Kinshasa. De paar titels halen oplages tot maximaal 1500 exemplaren, microscopisch in een stad van acht miljoen mensen. Buiten de stad circuleert er geen geschreven pers. De inhoud van de bladen is doorgaans pover. *Le Potentiel* en *Le Soft* doen hun best, maar elders regeren scandalitis en partijdigheid. Journalisten laten zich structureel betalen door de ministers over wie ze schrijven.[41] De opmaak is beroerd, de drukkwaliteit om te janken. Maar elke dag geeft Beko zijn exemplaar kreukvrij terug aan de verkoper. Zal zijn droom ooit uitkomen? Hij was 22 toen ik hem voor het eerst ontmoette in mei 2007. 'In Congo word je meestal niet ouder dan 45,' glimlachte hij toen, '*c'est comme ça*.' Tigo maakte in dat jaar een brutowinst van 1,65 miljard dollar.[42]

Beko is een uitzondering. Meer dan de helft van de Kinois beschouwt zichzelf als slecht ingelicht, vrouwen nog meer dan mannen. De enigen die nog het gevoel hebben bij te zijn, zijn mannen van boven de 50 met een universitair diploma, de laatsten die nog fatsoenlijk onderwijs hebben genoten.[43] Aan media anders geen gebrek in Congo. Radio blijft veruit het populairste medium, televisie doet het vooral in de steden goed, internet is overal ijzingwekkend traag. Niemand is thuis online. Surfen en je cv opstellen doe je in internetcafés, de zogenaamde *cybers*, als er stroom is tenminste.

De nationale omroep lag sinds mensenheugenis op agegapen, maar de MONUC richtte in 2002, in samenwerking met de Zwitserse ngo Fondation Hirondelle, Radio Okapi op, een zender met redacties in tien steden en met een landelijk bereik. Het is al jaren het enige nationale medium in Congo. Buitenlandse en lokale journalisten leveren elke dag moedig werk. Okapi-reporters behoren tot de beste (en best betaalde) in hun vak. De dagelijkse nieuwsuitzendingen zijn zeer de moeite waard, maar het prijskaartje van tien miljoen dollar per jaar roept de vraag op hoe dat op de lange termijn moet. Wie zal dat betalen als de VN er niet meer is?

In de grote steden is televisie alomtegenwoordig. Mannen kijken dagelijks meer dan tweeënhalf uur, vrouwen zelfs meer dan drie uur.[44] Tijdens de 1 + 4-periode kende het medium een opmerkelijke *boom*. In Kinshasa alleen al waren er in februari 2003 zo'n vijfentwintig zenders, in juli 2006, de maand van de eerste ronde van de presidentsverkiezingen, zevenendertig.[45] De overgrote meerderheid daarvan waren lokale zenders. Voor nog geen vijfentwintigduizend dollar kun je al een zender beginnen. Een beetje politicus, zakenman of pasteur heeft vandaag zijn eigen zender. Zappen langs die kanalen is een leerrijke bezigheid, doch niet noodzakelijk vanwege de inhoud. Tropicana, Mirador en Raga zijn commerciële zenders die hoofdzakelijk muziekclips tonen, afgewisseld met reclame, voor zover er verschil bestaat. DigitalCongo is de zender van president Kabila, geleid door zijn tweelingzus, destijds uitgedaagd door Canal Congo en Canal Kin van vicepresident Bemba. Antenna A en de RTNC proberen met de beschikbare middelen informatief te blijven. Ratelki is van de kimbangisten; Amen TV en Radio TV Puissance vertegenwoordigen nieuwere christelijke bewegingen. Meer dan de helft van de televisiekanalen is in handen van pinksterkerken.[46] Kom je al zappend bij RTVA, dan moet je weten dat dat de zender is van pasteur Léonard Bahuti, de man die zijn (voornamelijk vrouwelijke) gelovigen opdraagt juwelen, nagellak en nephaar af te zweren. RTAE is van *général* Sony Kafuta 'Rockman', de vurige leider van l'Armée de l'Eternel. RTMV is van zijn aartsrivaal *archbishop* Fernando Kutino, oprichter van l'Armée de la Victoire, die inmiddels al jaren in de gevangenis zit. Al die religieuze zenders wisselen sermoenen af met soaps. Die feuilletons behandelen morele vraagstukken over het leven en overleven in het Kinshasa van vandaag (armoede, overspel, hekserij, vruchtbaarheid, succes) en benadrukken dat enkel het charismatische christendom verlossing biedt in de heksenketel van het heden. In 2005 was ik eens aanwezig bij de opname van zo'n soap. Wat opviel waren niet zozeer de bescheiden middelen (één camera, één lamp, één microfoon), noch het summiere scenario (één handgeschreven kartonnetje) of het seriewerk (vandaag inblikken, morgen monteren, overmorgen uitzenden), maar de prille leeftijd van de acteurs. Jonge twintigers probeerden zin te geven aan hun bestaan en dat van de kijkers door middel van een fanatiek religieus discours. De merkwaardigste zender die je al zappend tegenkomt is NTV. Daar zie je hoe pasteur Denis Lessie, eigenaar van het kanaal, zijn handen spreidt en je uitnodigt om jouw handen op het scherm te leggen, zodat ze de zijne raken, want de Heer verplaatst zich ook via glasvezel of zendsignaal. Hoor toch dat geknisper van de Allerhoogste, zie toch hoe je haren te berge rijzen bij de aanraking. Andere dagen vroeg hij zijn gelovigen om, bij wijze van devotie, water op de beeldbuis of het plasmascherm te sprenkelen.

Ik bladerde door het beduimelde gastenboek van het hotelletje in het binnenland. Er waren niet veel buitenlandse gasten vóór mij geweest. Eigenlijk maar één: Andrew Snyder uit Florida. Hij had een strak handschrift. Beroep? *Pastor.* Motief van reis? *Crusade.* Ah bon. De kruistocht van Amerikaanse evangelisten in Afrika had nu kennelijk ook de provinciestadjes bereikt. Hoe zou het met Fernando Kutino zijn?

Fernando Kutino was een geval apart. In het begin van de jaren negentig zag hij in Kinshasa de eerste generatie Amerikaanse evangelisten neerstrijken, een nieuwe type missionarissen die een charismatische variant van het christendom met zich meebrachten, de zogenaamde pinksterkerken. Mobutu was zo gebelgd over de macht van de katholieken die de Mars van de Hoop hadden gerealiseerd dat hij andere predikanten toestond om het Woord Gods te komen verspreiden. Verdeel en heers, dat gold ook voor de zielen. Fernando Kutino, toen nog een onopvallende jongen, hoorde over Jimmy Swaggart, de Amerikaanse televisie-evangelist, die in het Westen wereldberoemd was geworden door zijn huilerig opbiechten van overspel. In Kinshasa werd hij bekend door zijn opzwepende diensten die vele duizenden in vervoering brachten. Maar ook de Duitse evangelist Reinhard Bonnke kwam langs, en de Nederlander John Maasbach, getrouwde heren in nette pakken die met wervelende shows en volmaakte haarsnit over hun geloof kwamen getuigen. Ze waren niet uitgestuurd door een centraal kerkelijk gezag, maar opereerden op eigen initiatief, vaak geholpen door hun gezin. Die *reborn Christians* vonden aansluiting bij lokale gebedsgroepen die wekelijks bijeenkwamen om los van de zondagsmis het hart tot God te heffen. Het duurde niet lang of er zou ook een inlandse clerus ontstaan en Fernando Kutino werd daarbinnen een sleutelfiguur.

Kutino knoopte zijn stropdas, noemde zich *reverend* en bracht een boodschap die zeer sterk inging tegen de traditionele kerken en rites. Het startschot voor de Congolese églises du réveil was gegeven, de kerken van het ontwaken, het reveil, het nieuwe begin. Nieuwsgierigen werden aangetrokken door het accent op de charismatische geloofsbeleving waarin 'genezing' en 'verlossing' konden worden verkregen tijdens momenten van intense religieuze vervoering. Met zijn rituelen van trance die de gelovigen ervoeren als de aanwezigheid van de Heilige Geest, was het pinkstergeloof een variant van het christendom die dicht aansloot bij het spirituele universum van het vooroudergeloof in Afrika. Hardop bidden, demonen verjagen, spreken in tongen: het deed denken aan de opkomst van Simon Kimbangu in 1921. Ook toen was zo'n hevig geloof een middel tegen hekserij. Ook toen smachtte men naar ogenblikkelijke genezing.

Maar Fernando Kutino voegde er een laag aan toe, die van *la prospérité.*

Verlossing was niet alleen geestelijk maar ook stoffelijk van aard. In de bittere crisisjaren van de *nineties* was dit aan geen dovemansoren gezegd. Wat zouden de armen, al dan niet van geest, nog zalig moeten zijn, als je kinderen omkwamen van de honger? Als je schamele bankbiljet 's avonds nog maar half zoveel waard bleek als 's ochtends? Nee, niet armoede maar rijkdom was het bewijs van contact met het hogere. En ten bewijze van zijn godsvrucht tooide Fernando Kutino zich rijkelijk. Een beetje man van God kon toch niet in lompen bij zijn hoogste werkgever verschijnen? Gezeten op een bombastische troon riep hij zijn gelovigen wekelijks op om gul te schenken aan zijn kerk. Ostentatief doneren werd een bewijs van devotie en deugd. Kutino liet zich de luxeauto's en intergalactische gsm-toestellen welgevallen. 'Ik hou van geld,' zei hij aan een Franse journalist, 'het helpt om goed te leven.'[47] Stuitend? Ja, maar niet verschillend van de dynamiek die ervoor zorgde dat in het middeleeuwse Europa kathedralen werden gebouwd en kanunniken rondliepen in brokaat en filigraan. Postmaterialisme is een luxe voor rijken. De pauper kijkt op naar de patser. Zoals Papa Wemba met la Sape een sprankje hoop in de jongerencultuur had gebracht, zo bracht Fernando Kutino een idee van voorspoed via de omweg van het geloof. Kutino wás gewoon ook een sapeur, met zijn sieraden van goud en zijn schoenen van krokodillenleer. Hij belichaamde succes, kracht en welvaart.[48] Hij was de Werrason van de liturgie. In december 2000 bracht hij een volksmassa van meer dan honderdduizend gelovigen in vervoering in het Stade des Martyrs. Zijn spektakels werden opgeluisterd met live popmuziek en boden ampel gelegenheid tot zang en dans. 'Zing, zing, dans, dans voor de Koning der koningen,' zei een religieuze popartiest tot zijn publiek, 'want als jullie het hier niet doen, is het vast omdat jullie het elders in de wereld van de duisternis doen.'[49] Kinshasa was de stad van de duivel geworden, enkel God bracht genade en Kutino was zijn penningmeester.

Tijdens de transitie van 2002-2006 kenden de églises du réveil een geweldige groei, vooral in de steden. Het voorbeeld van Fernando Kutino kreeg overal navolging. Onder afdakjes, in stadsbussen, op kruispunten begonnen zelfverklaarde pasteurs vol geestdrift te prediken. In Kinshasa kwamen er winkels waar enkel nog lezenaars verkocht werden, houten of glazen pupiters van waarachter men het blijde woord verkondigde. Elk weekend stond er wel een nieuwe profeet op. Anno 2005 waren er in Kinshasa naar schatting drieduizend charismatische kerken.[50] De meeste daarvan waren erg bescheiden, enkele werden zeer machtig. *Full Gospel* deed stadions vollopen voor marathonsessies van drie dagen of meer. Predikanten uit Nigeria en de VS kwamen langs met vurige belijdenissen. Het regende lofzangen en *actions de grâce*. Een advertentie op de voorpagina van *Le Potentiel* beloofde in het immense Stade des Martyrs een 'festival van miraculeuze genezingen' met Rév. Dr. Jaerock Lee, een Zuid-Koreaan: 'De doden staan op, de stommen praten, de blinden zien en de doven horen. Allerlei ongeneeslijke ziekten, inclusief aids, kanker en leukemie, kunnen genezen worden. Met tastbare bewijzen die aantonen dat God lééft; u kunt zelf op de plek van de mirakels aanwezig zijn. Toegang gratis.'[51]

De kerken probeerden elkaar te overtreffen met strijdlustige namen als l'Armée de l'Eternel, l'Armée de la Victoire, Combat Spirituel en la Chapelle des Vainqueurs. Het deed denken aan de krijgszuchtige titels van de popplaten en het gevecht om leadership op de markt en in de politiek. Gelovigen waren doorgaans loyaal aan een bepaalde kerk, maar het verloop was groot. Er ontstond zoiets als serieel monotheïsme. 'Als jouw god dood is, probeer dan de mijne,' was de slogan van pasteur Kiziamina-Kibila, alsof het om een wasmiddel ging. Velen shopten tussen verschillende kerken. Sommigen gingen met de hoogdagen nog naar de katholieke kerk. Na de aanstelling van Joseph Ratzinger als nieuwe paus mat Koffi Olomide zich een nieuwe artiestennaam aan: Benoît XVI. Toen de roomse kerk hem daarop aansprak, noemde hij zichzelf maar Benoît XVII.[52]

Maar de strijd was meer dan concurrentie. In wezen ging het om de strijd tussen goed en kwaad, tussen Christus en Satan, tussen het ware geloof en hekserij. De églises du réveil hanteerden een eenvoudig, binair wereldbeeld dat mensen hielp om de contradicties van hun bestaan te kaderen. Tegenslag was te wijten aan kwade geesten in een schaduwwereld, voorspoed kwam van Gods genade. Bij l'Armée de l'Eternel kwamen jonge vrouwen tien, twintig of vijftig dollar betalen opdat de voorganger, général Sony Kafuta 'Rockman', hen door handoplegging zou helpen een man te vinden, in verwachting te raken of een visum voor Europa te krijgen. Was dat geen schaamteloos geldbejag over de ruggen van wanhopigen? 'Wij willen ook dat er scholen komen,' verduidelijkte de woordvoerder van die kerk me, 'we vinden dat de mens moet werken om zijn brood te verdienen in plaats van enkel te bidden. Wij organiseren gratis aidstesten en leren jonge ouders hoe ze hun kinderen moeten opvoeden.'[53] Voor een hardwerkende wees als Beko bood de kerk een sociaal vangnet. Religie schoot toe waar de overheid faalde. Sommige pasteurs slaagden er de afgelopen jaren in om rivaliserende jeugdbendes met elkaar te verzoenen, iets waar de politie niet eens aan begon.[54] Ze vingen kindheksen op die uit huis waren verdreven en probeerden hen te 'behandelen'.[55] Net zoals de bedrijven vulden zij het gat dat door het wegvallen van de staat was ontstaan. Radeloze burgers vonden een knus onderkomen in het gloedvolle geloof. Winkeltjes heetten voortaan la Grâce, le Christ, le Tout-Puissant, cybercafés heten Jesus.com, wisselkantoortjes 'God is my bank'. Er kwam zelfs een nieuwe generatie voornamen in zwang: kinderen heetten nu Touvidi (van Tout vient de Dieu), Plamedi (Plan Merveilleux de Dieu), Emoro (Eternel Mon Rocher) en het onwaarschijnlijke Merdi (van Merveille Divine, men heeft het mij ook moeten uitleggen).[56]

Op 2 november 2008 nam ik deel aan de zondagsdienst van Parole de Dieu in Yolo-Sud, een arme buurt van de hoofdstad. Onder een zinken afdak zaten meer dan duizend mensen op een binnenkoer opeengepakt. Ze zongen, ze dansten, ze schudden met zelfgemaakte rammelaars. Toen begreep ik iets van het succes van die kerken: er hing een ongelooflijke ambiance. Op geen enkel moment was er een offerande. Bij de ingang van de kerk kon wie dat wilde een gift doen. De profeet Dominique Khonde Mpolo zat met gympen aan op het podium. Eenvoud was zijn motto. Niet elke pasteur is een geldwolf. Tijdens zijn erg uitgebreide preek ging hij tekeer tegen 'Jésus Business' en stelde hij 'Jésus Vérité' ervoor in de plaats. 'Al die andere kerken die geld beloven... Wij willen geen luxe, wij eten zelfs geen vlees. Niemand draagt hier een pak. We moeten voor ons land werken in plaats van voor onze trots.' Zelf specialiseerde hij zich in verrijzenissen. Hij had er naar eigen zeggen al vier gedaan. De eerste was het moeilijkst, maar nu had hij een magisch sapje. Het volstond om het op de lippen van de dode te strijken.[57]

Abbé José Mpundu, de katholieke volkspriester die de Mars van de Hoop mee had georganiseerd, kon er zich zeer over opwinden: 'Die nieuwe kerken wiegen enkel in slaap. Ze zijn helemaal niet bevrijdend. Ze beloven een gemakkelijk geluk in de vorm van "mirakels", maar ze roepen helemaal niet op tot verantwoordelijkheid. *Nzambi akosala*, zeggen de mensen, God zal het wel doen. Ik zeg het je op de man af: die kerken zijn een cadeau voor het regime. Ze maken het de politici gemakkelijk. Vandaar dat het regime ze royaal steunt. Sony Kafuta, die vent die zich “Rockman” noemt, staat heel dicht bij Kabila en zijn moeder, hij is hun spirituele leider.’[58]

Aanpappen met de macht, dat kon in ieder geval niet van Fernando Kutino beweerd worden. Hij lag achtereenvolgens in de clinch met Mobutu, Kabila *père* en Kabila *fils*. Terwijl ‘Rockman’ van de Kabila’s een benoeming kreeg als algemeen almoezenier van het nationale leger, begon Kutino met de actie *Sauvons le Congo*. Voor zijn televisiezender nodigde hij gasten uit die ongezouten diatriben afstaken tegen de 1 + 4. Daarmee was dit een van de weinige kritische stemmen uit de pinksterhoek. De *anti-valeurs*, zoals ze werden genoemd, werden aan de kaak gesteld. De teneur was zeer anti-Rwandees. Na insinuaties dat Joseph Kabila zich liet leiden door de Rwandese lobby, of, sterker nog, zelf een Rwandese Tutsi was, werd de zender verzegeld en vluchtte de *bishop* naar Europa. Pas in 2006 keerde hij terug.

Maar dat was niet het einde. In mei 2006, anderhalve maand voor de verkiezingen, landde Kutino, inmiddels *archbishop*, in Kinshasa en hield hij een grote meeting in het Stade Tata Raphaël. Hij droeg een scharlaken bisschopsgewaad en hing over de rand van een 4 x 4 te zwaaien naar dichte drommen aanhangers. Nog steeds ging hij tekeer tegen de ‘buitenlandse’ invloeden en verweet hij Kabila een gebrek aan congolité. Twijfel zaaien over zijn herkomst (zijn moeder zou niet zijn echte moeder zijn, hij was een Rwandees, et cetera) werd een beproefde tactiek van de oppositie. Niet dat er enig bewijs voor was.[59] De viering werd integraal uitgezonden op de zender van Kabila’s belangrijkste uitdager, Jean-Pierre Bemba. Meteen na afloop werd hij in de boeien geslagen en kon Bemba hem gaan opzoeken in Makala. Een maand later werd hij veroordeeld tot twintig jaar dwangarbeid, waarvan tien jaar voorwaardelijk. Men vond hem schuldig aan illegaal wapenbezit, samenzwering en poging tot moord, maar het ging duidelijk om een afrekening. Internationale mensenrechtenorganisaties laakten de zeer gebrekkige rechtsgang.[60] Op de website van Sauvons le Congo staat een dramatisch filmpje met de ‘laatste woorden’ van de profeet, gedraaid op de slotdag van het proces. Kutino praat onzekerder dan ooit. Van zijn gedenkwaardige flux de bouche is niets meer over. De beelden zijn versneden met de bloederigste scènes uit *The Passion of the Christ* van Mel Gibson. Ook deze profeet wordt aan het kruis genageld, is de boodschap. Maar in de rechtszaal draagt hij nog steeds een keurig maatpak met pochette. Een martelaar in maatpak, misschien is dat wel de hele ambivalentie van les églises du réveil.

En zo sleepte een land dat er geen was zich naar zijn eerste vrije verkiezingen in eenenveertig jaar, zoals afgesproken in het Accord Global et Inclusif. Bedrijven en kerken – *la bière et la prière* – hadden de publieke ruimte ingepalmd en de geesten beneveld en verblijd. In de aanloop naar de spreekwoordelijke 'hoogdag van de democratie', die na veel dralen was vastgesteld op 30 juli 2006, bestond de bevolking meer uit consumenten en kwezels dan uit wakkere burgers. In de koloniale tijd had het monsterverbond tussen kerk, staat en kapitaal – de fameuze *koloniale trinitas* – ervoor gezorgd dat de bevolking mak en tam bleef. Nu was iets gelijkaardigs aan de gang. De staat was weliswaar veel zwakker, maar schurkte zich graag tegen de andere twee pijlers aan. De 'postkoloniale trinitas' bestond uit een corrupte politieke kaste die een alliantie aanging met nieuwerwetse godsdiensten en door de zakenwereld groot gemaakte popsterren. President Kabila, die zich tijdens de transitie niet had onderscheiden door excessieve daadkracht, bediende zich volop van die alternatieve machtsblokken.

Al in april 2002 had Werrason tijdens zijn concert in le Zénith opgeroepen om Kabila te steunen omwille van diens 'inspanningen voor de vrede'.[61] Onbetaalbare promotie, want Kabila stond niet sterk in de populaire buurten van Kinshasa, waar Bemba *toujours leader* werd. Bij de ondertekening van het vredesakkoord in Sun City in 2003 gaf Werrason, *ambassadeur de la paix* immers, een concert voor de afgevaardigden.[62] In 2004, toen Nkunda Bukavu innam, werd hij zelfs gevraagd om de gemoederen te bedaren toen het volk zich tegen de VN-blauwhelmen keerde. De popmuzikant die groot was gemaakt door een bedrijf moest nu de massa koest houden.

Op 25 januari 2005 nodigde Kabila alle groten van de Congolese muziek uit voor een glas champagne in het presidentiële paleis. Werrason en J.B. Mpiana waren er, naast Papa Wemba en Koffi Olomide en nog wat andere aartsrivalen. De president kon zich andermaal profileren als de grote verzoener, hij die de vrede had gebracht, niet alleen in de heuvels van het oosten, maar ook in de bars van Kinshasa. De foto van die *drink* ging de wereld rond. Hij was een exacte kopie van het kiekje dat Jamais Kolonga me had laten zien toen hij met Franco en Kabasele stond te toasten naast Mobutu. In Congo was de band tussen politiek en muziek altijd al erg innig. Was Kabasele niet meegegaan naar de rondetafel in Brussel toen hij zijn 'Indépendance cha cha' componeerde? Was Franco niet nauw betrokken bij de authenticité-politiek van Mobutu? Zong Papa Wemba niet mee bij de lancering van Kabila's nieuwe munt? Ja, dat deden ze allemaal.

Nu ging het nog een stap verder. In de jaren negentig was een praktijk in zwang gekomen waarbij particulieren artiesten betaalden om hun naam in een songtekst te krijgen. Voor een vuistvol dollars waren Mpiana, Werrason en hun collega's wel bereid om wat aan namedropping te doen. Het was immers crisis. Het resultaat zag er bij J.B. Mpiana ongeveer zo uit: 'Liefde, liefde, waar brengt ons dat, *Ruphin Makengo*?/ Ze beginnen met liefde en ze eindigen ermee, *Jean Ngendu*./ Is het alleen een kwestie van trots of wat, *Lidi Ebondja*?' Bij Werrason klonk het als volgt: 'Je had het me eerder moeten zeggen, *Hugues Kashala*./ Je verspeelde mijn tijd, al mijn vrienden zijn getrouwd, *Chibebi Kangala*./ Zelfs mijn jongere zussen./ *Claudine Kinua* is kwaad.'[63] *Kobwaka libanga* heette het fenomeen, steentjes gooien, om er aandacht mee te trekken. Inmiddels is het een vast onderdeel van de Congolese popmuziek. De tweede helft van een song, de *sebene*, is het instrumentale gedeelte waarin de gitaarsolo's de dansers naar een hoogtepunt voeren, daarbij opgezweept door de animateur die hele reeksen van namen opdreunt. Politici en prominenten betalen niet alleen journalisten voor een artikel, maar ook popsterren voor een vermelding. Wie uitgaat in *le 144* op de Louizalaan, de chicste Congolese discotheek van Brussel, hoort zelfs de deejay over de nummers heen schreeuwen, wie er jarig is en hoeveel flessen champagne hij heeft besteld. In Kinshasa liep het af en toe de spuigaten uit. 'Treize ans' van Werrason bevatte meer dan honderdtien persoonsnamen, 'Lauréats' van Mpiana zelfs tweehonderd.[64] Dit was geen huldezang meer, maar seriële *product placement*. Artistieke autonomie? Van geen belang, integendeel. Wie niet naar rijke of machtige individuen kon verwijzen, was pas een sukkel. Die gaf blijk van sociaal isolement en zoiets was dodelijk voor een artiest die *leader* wilde zijn. Werrasons opportunistisch heulen met Kabila en diens kamp was zo overduidelijk, net als Mpiana's sympathie voor Bemba trouwens, dat in de weken voor de verkiezingen de Haute Autorité des Médias (HAM) zich genoodzaakt zag om televisiekanalen te verbieden hun al te partijdige popsongs nog uit te zenden. Daarvóór werden ze non-stop uitgezonden. Maar tegen die tijd was volkszanger Tabu Ley, vriend van vader en zoon Kabila, allang benoemd tot vicegouverneur van de stad Kinshasa en had Tshala Muana, een van de weinige vrouwelijke popsterren, een hit met: 'Stem, stem voor Kabila/ Stem allen voor Kabila/ Wij gaan allemaal voor Kabila stemmen, onze chef/ Hij is de enige goede leider voor Congo.'

Ook de pinksterkerken dienden de presidentiële zaak, met uitzondering van die ene dan. 'Alle macht komt van God,' hoorden gelovigen op zondagochtend, 'bid voor uw autoriteiten.' En als dat nog niet expliciet genoeg was, voegde de profeet van dienst er nog met plezier aan toe: 'Laat hij die van Jezus en Kabila houdt, opstaan en applaudisseren.'[65] Legeraalmoezenier Sony Kafuta ging dermate in zijn Kabila-manie op, zowel in zijn tempel als op tv, dat de HAM hem terug moest fluiten wegens aansporen tot haat.[66] De katholieke kerk bekeek het van op een afstand en schudde het hoofd. Dit stond heel ver af van de kritische rol die zij in de strijd tegen Mobutu had gespeeld.[67]

Het werd 27 juli 2006, drie dagen voor de grote dag en Kinshasa gonsde van de verkiezingskoorts. Dat de verkiezingen er kwamen, was te danken aan de internationale druk van de CIAT, maar vooral ook aan het schitterende werk van de Commission Electorale Indépendante, de CEI, die onder leiding van abbé Malu Malu stond, een bezielende priester. De voorbereidingen waren bepaald indrukwekkend. Congo was een land zonder infrastructuur geworden. Het was onmogelijk om per auto van de ene naar de andere kant van het land te rijden. Zelfs de grote centra waren niet meer met elkaar verbonden. Congo was meer een archipel dan een *pays-continent*, een archipel waarvan de eilandjes enkel per vliegtuig, helikopter of prauw te bereiken waren. Niemand wist hoeveel mensen er woonden, niemand hield de geboortes bij, niemand had papieren. De laatste vorm van persoonsbewijzen waren lidmaatschapskaarten van de MPR uit het Mobutu-tijdperk. Maar op 15 juni 2005 slaagde de CEI erin om vijfentwintig miljoen kiezers te laten registreren, een overweldigend succes. Op 19 december 2005 werd het ontwerp van een nieuwe grondwet via een referendum goedgekeurd. Op 21 februari 2006 was de kieswet klaar. De campagne kon beginnen. Tshisekedi, de historische oppositieleider, boycotte het proces van meet af aan en werd het slachtoffer van zijn eigen koppigheid. Vicepresident Ruberwa had geen schijn van kans, omdat men hem nog steeds als de handlanger van Rwanda zag. De Europese Unie lanceerde na Operatie Artémis in Bunia een tweede militair initiatief: EUFOR, een Europese interventiemacht van 1400 man die de veiligheid in Kinshasa zou bewaken, want verkiezingen in Afrika brengen eerder heibel dan democratie.

Op 27 juli maakte Jean-Pierre Bemba, de man uit de Equateur, de kerel wiens troepen kannibalisme hadden gepleegd, zijn blijde intrede in Kinshasa. Hij werd met open armen ontvangen: hij was de *mwana ya mboka*, de zoon van het land, de ware Congolees. Meer dan een miljoen mensen begeleidden hem op het klassieke traject van de luchthaven naar het centrum, het traject van twintig kilometer dat ook Boudewijn, Mobutu, Tshisekedi en Werrason onder luid gejoel hadden afgelegd. Bemba zou zijn volgelingen toespreken in het Stade Tata Raphaël, het stadion waarmee zoveel historische momenten van Congo verbonden zijn geweest, van de rellen in 1959, via de boksmatch in 1974 tot de preken van Kutino in 2006. Dronken jongeren hadden een hond bij zich die ze een campagnetruitje met de beeltenis van Kabila hadden aangetrokken. Jolijt gegarandeerd. Het beest wist niet hoe te draaien en blafte naar zijn staart. Anderen droegen een reusachtig portret van Mobutu rond, die andere sterke man uit de Equateur, want inmiddels was er een generatie opgestaan die het mobutisme enkel van horen zeggen kende. Zelfs de oude, groene MPR-vlag wapperde boven het stadion. Bemba hield de belofte van staatsherstel en krachtdadig leiderschap in. Net zoals Mobutu kon hij rustig een speech van anderhalf uur afsteken zonder papiertje. Met zijn forse verschijning en krasse taal lag hij veel beter in het uitbundige Kinshasa dan die timide Kabila met zijn gebrekkige Lingala en zijn Frans, waar nog steeds een Engelse tongval in doorklonk. Die Kabila leek veel Congolezen een jonge pion van de internationale gemeenschap (hij was slechts 34, Bemba was 43), niet iemand die het land nieuwe trots kon schenken.

En toen gebeurde er iets veelbetekenends. Na afloop van de manifestatie trokken uitzinnige jongeren door de stad en vielen ze de belangrijkste steunpilaren van Kabila's campagne aan. De postkoloniale trinitas die president Kabila verbond met zendeling Sony Kafuta en zanger-annexbierpromotor Werrason, moest eraan geloven. De jonge Bemba-supporters richtten vernielingen aan bij de Haute Autorité des Médias, die ze van partijdigheid ten voordele van de zittende president verdachten. Daarna togen ze naar de tempel van Kabila-adept Sony Kafuta even verderop. Ze sloegen er de grote cultplaats van zijn Armée de l'Eternel kort en klein, waardoor dat 'leger van de eeuwigdurende' er toch vooral uitzag als de puinhoop van het heden. Meteen daarna gingen ze door naar de Samba Playa enkele honderden meters verder, de repetitieruimte en concerthal van Werrason. En ook dat bedevaartsoord van zoveel jonge, arme Kinois werd in een mum van tijd heringericht door een woedende massa van diezelfde jonge, arme Kinois. Ze voelden zich verraden door Werrasons doorzichtige steun aan Kabila.[68] Bralima verloor de maand daarna 3 procent marktaandeel. Want het was niet omdat de alliantie tussen bier, bidden en bewind het volk dom moest houden, dat de jonge kiezers zich alles lieten welgevallen. Dit waren hún verkiezingen.

14

De speeltijd

Hoop en wanhoop in een prille democratie

2006-2010

Het licht was nog broos om zes uur 's ochtends. Pascal Rukengwa moest wennen aan de stilte van zijn geboortedorp. Wat een verschil met Kinshasa! Bushumba lag op vijfendertig kilometer van Bukavu. Dit was zijn streek, hier kwam hij vandaan, en al woonde hij al jaren in de frenetieke hoofdstad, hier zou hij stemmen. Voor het eerst. Pascal was 42. De laatste keer dat er vrije verkiezingen in zijn land waren gehouden, was hij één jaar oud geweest. 'Ik stem voor het leven,' zei hij, 'om te mogen bestaan. Die daad is een nieuw begin.'[1]

Hij zag hoe druk het was. Bij het stembureau stonden in alle vroegte al rijen wachtenden. Sommigen hadden de nacht voor de deur doorgebracht.[2] Dit was niet zomaar een zondag. Mamans hadden hun allerbeste pagnes aangetrokken. Heren droegen stropdassen en blinkende schoenen. Adolescenten pronkten met hun zonnebril met spiegelglazen. Jonge vrouwen hadden nieuwe *extensions* laten invlechten. Geduldig stonden ze in de rij, met hun oranje kieskaart in de hand.

Pascal Rukengwa had geen tijd voor trots of ontroering, maar dit was toch ook een beetje zijn dag. Hier had hij jaren voor geijverd. Hij was een van de eenentwintig leden van de CEI, de nationale kiescommissie die de immens complexe stembusgang had georganiseerd. 'Alle hoop was op ons gericht, maar wij moesten zelf alles leren. Ik voelde me soms als een vreemdeling in het oerwoud, waar elk dier je ieder ogenblik kan verscheuren. Overtrof de hoop onze capaciteiten niet? Op sommige plekken hadden ze nog nooit een computer gezien.' De logistieke en financiële steun van de VS en de EU was massaal. Met bijna een half miljard dollar, waarvan Europa het grootste deel voor zijn rekening nam, werden dit de duurste en grootste verkiezingen die de internationale gemeenschap ooit had georganiseerd.[3]

Pascal keek rond. Vijftigduizend stembureaus openden op dat moment hun deuren. Veertigduizend waarnemers uit binnen- en buitenland hielden een oogje in het zeil.[4] In de voorafgaande maanden waren een kwart miljoen kiesagenten op pad gegaan om het volk voor te lichten.[5] De stembussen waren per helikopter, vrachtwagen en motorfiets naar de verste uithoeken van het land gebracht. Op sommige plekken in het oerwoud was het zelfs per prauw of met dragers gegaan.

Maar vandaag was het zover. Zestien miljoen mensen togen naar het stemhokje, zelfs vluchtelingen verlieten hun hutten van plastic. Pascal kwam uit de société civile van Zuid-Kivu, het maatschappelijke middenveld van burgerorganisaties. 'Vrije verkiezingen, dat was de vurigste wens van de Nationale Soevereine Conferentie. Voor het volk groeide het uit tot een magisch moment, maar voor mij was het een dag vol stress. Een zwangere vrouw die stond aan te schuiven, viel flauw en het dichtstbijzijnde ziekenhuis bevond zich tien kilometer verderop. Een kind werd onwel en stierf. Ik reed heen en weer. Ik had die dag geen minuut voor mezelf. Maar eerlijk, ik wist niet dat de mensen zoveel waarde hechtten aan het kiezen van hun leiders.'

De stembusgang verliep, ondanks enkele incidentjes, bijzonder waardig. De kiezers kregen in het stemlokaal – vaak niet meer dan een ruime hut – de nodige formulieren. Het stembiljet voor de presidentsverkiezingen bevatte drieëndertig namen. Joseph Kabila stond erop, uiteraard, naast Jean-Pierre Bemba en Azarias Ruberwa, de rebellenleiders die vicepresident waren geworden. Ook Antoine Gizenga trad aan, de man die nog vicepremier was geweest onder Lumumba. En Nzanga Mobutu, zoon van. Daarnaast was er Pierre Pay Pay, de voormalige gouverneur van de centrale bank, en Oscar Kashala, een arts die uit Amerika was teruggekeerd. Het stembiljet voor het parlement was een stuk minder overzichtelijk. Er waren tienduizend kandidaten voor vijfhonderd zetels, verdeeld over meer dan tweehonderdvijftig partijen. Het formulier bestond uit zes grote vellen waarop de kandidaten met pasfoto stonden afgebeeld: een derde van het land kon immers niet lezen. Oude besjes vroegen aan officials om 'Monsieur Sept' aan te stippen. Dat was Kabila, wiens partij, de PPRD (Parti du Peuple pour la Reconstruction et la Démocratie), kieslijst nummer 7 had.

Toen de stembureaus sloten, begon het tellen. Om gesjoemel met stembussen te vermijden geschiedde dat zoveel mogelijk ter plekke, al was ook dat niet overal even simpel. 'Wij zaten zonder stroom,' zei Pascal Rukengwa, 'en de zaklampen waarin was voorzien werkten niet. Er was geen geld om kaarsen te kopen, maar de mensen gingen zelf op zoek naar kaarsen. We trokken ons plan. In sommige bureaus sliepen de mensen bij de stembussen om zeker te zijn dat er niets misging.'

Het beeld van dappere burgers die bij kaarslicht in een hut stemmen zitten te tellen, vaak na een dag lang niets gegeten te hebben, ontroert mateloos. Het beeld van vermoeide mannen en vrouwen die slapen tegen een verzegelde stembus en hem omarmen als was het een schrijn of een kind, laat niemand onberoerd. De grootste overwinnaar van de verkiezingen was de gewone Congolees.[6] Nog voor het ochtendgloren werden veel resultaten al doorgebeld of ge-sms't naar de rekencentra. Het wonder was geschied.

Pascal Rukengwa vloog terug naar Kinshasa. Op 20 augustus 2006, drie weken na de verkiezingen, was de definitieve uitslag bekend. Geen van de vele duizenden waarnemers had grootschalige fraude waargenomen en het verrassende resultaat leek dat te bevestigen: niemand had een absolute meerderheid. Kabila haalde bijna 45 procent van de stemmen, Bemba 20 procent. Op de derde plaats kwam de oude Gizenga met 13 procent, een man die geen campagne had gevoerd, maar het moest hebben van zijn historische aura. Pascal: 'Die uitslag leidde tot een enorme frustratie: Bemba wist al dat hij niet had gewonnen en Kabila besefte dat hij het niet in één ronde had gehaald. Er werd flink geschoten in de stad. De aanhangers van Bemba richtten al hun woede op Kabila en ons. Ze verdachten de CEI van partijdigheid, terwijl wij juist verbaasd waren dat Bemba zoveel stemmen had behaald! Wij moesten in de kelder vergaderen. Ik wist niet of ik de dag nadien nog zou leven. Met de tanks van de MONUC zijn we toen naar de publieke omroep getrokken om de uitslag officieel op tv bekend te maken. Ik zat op de grond tussen de benen van de soldaten. Het was een oude tank die moeilijk startte. Dat maakt echt het geluid van een grote dieselgenerator, wist je dat?'

De uitslag vertoonde een opvallende breuklijn. Kabila had in het oosten gewonnen. In provincies als Noord-Kivu, Zuid-Kivu, Maniema en Katanga haalde hij stalinistische scores van meer dan 90 procent (tot 98,3 procent in Maniema en Katanga). Niet verwonderlijk als je weet dat hij zelf uit het oosten kwam en er werd gezien als *l'artisan de la paix*, de man die de oorlog had beëindigd. Bemba triomfeerde in de westelijke provincies die buiten de oorlog waren gebleven (de Bas-Congo, Kinshasa, Bandundu) en zijn eigen Equateur. De breuklijn viel ongeveer samen met de grens tussen Lingala- en Swahilitalig Congo. Even vreesde men voor een macro-etnisch conflict.

Daags na de bekendmaking beschoten ordetroepen van Kabila de residentie van Bemba in Kinshasa, naar eigen zeggen omdat ze geprovoceerd waren door diens lijfwachten. Wat ze niet wisten was dat Bemba op dat moment binnenshuis vergaderde met zowat alle belangrijke ambassadeurs van de CIAT. De beschieting duurde uren, Bemba's privéhelikopter werd verwoest. Aan de schermutselingen kwam een einde door toedoen van de MONUC en EUFOR, de Europese vredesmacht.

De rust keerde echter terug en de tweede ronde van de presidentsverkiezingen, op 29 oktober, verliep al met al rustig. Zoals dat gaat bij tweede rondes, gooide de eerste kandidaat het op een akkoordje met de derde. Kabila beloofde Gizenga het premierschap in ruil voor zijn aanhang. Bovendien verwierf hij ook de steun van nummer vier, Nzanga Mobutu, die later minister van Landbouw mocht worden. Dat Mobutu junior zich tot het presidentiële kamp bekeerde was niet onbelangrijk, aangezien hij uit de Equateur kwam, de provincie van Bemba. Kabila's kartel, de Alliance pour la Majorité Présidentielle (AMP), bood nu onderdak aan zijn eigen PPRD en de partijen van Gizenga en Mobutu. Het kon wel degelijk verkeren: dat de zoon van *mzee* Kabila nu één lijn trok met de zoon van maarschalk Mobutu, deed waarschijnlijk meer dan één voorouder in zijn graf omdraaien. Het was alsof de kinderen van Churchill en Hitler één partij waren begonnen.

Kabila haalde 58 procent van de stemmen, Bemba 42. Op 6 december 2006 werd hij, twee dagen na zijn 35ste verjaardag en pas getrouwd, ingezworen als de eerste democratisch verkozen president van Congo sinds Kasavubu. Daarmee was de Derde Republiek eindelijk een feit. Mobutu had het einde van de Tweede Republiek afgekondigd in april 1990, maar de transitie naar een nieuw politiek bestel had meer dan zestien jaar geduurd, zestien jaar van honger, armoede, oorlog en dood, zestien jaar van wanhoop en uitzichtloosheid.

Werd het anders? In Kinshasa waren velen vanaf dag één sceptisch. Kabila beschouwden ze als de kandidaat van de westerse wereld. Ook al waren de verkiezingen alles bij elkaar correct verlopen, de inwoners van Kinshaha, de Kinois, waren niet vergeten hoe Louis Michel, toenmalig eurocommissaris voor Ontwikkelingssamenwerking en vroegere Belgische minister van Buitenlandse Zaken, die zeer actief was in Centraal-

Afrika, hoe die *big Loulou*, met zijn sigaar en zijn schouderklopjes en zijn bulderende lach, hoe deze man, die voor veel Congolezen het gezicht van de immer wazige 'internationale gemeenschap' was, op televisie in een van zijn minder doordachte momenten had gezegd dat Kabila toch 'de hoop van Congo' vertegenwoordigde.

Abbé José Mpundu, de bijzonder scherpe priester die de Mars van de Hoop had georganiseerd, was daar zeer schamper over. 'Ik vocht tussen 1990 en 1995 voor andere verkiezingen dan de maskerade die we nu gekregen hebben. Het was een parodie georkestreerd door de internationale politiek-financiële maffia! Ik wilde op Tshisekedi stemmen, maar die had zichzelf buitenspel gezet, dus stemde ik maar op Bemba. Ze hebben ons een rolletje laten spelen. Het was één grote, maffieuze oplichterij zonder waarde. De internationale gemeenschap heeft voor veel geld de president van haar voorkeur gekocht, terwijl we beter zelf een collecte hadden kunnen houden om de verkiezingen te financieren en onze stembussen te timmeren. Dan waren het tenminste onze verkiezingen geweest.'

Zeer kritische uitspraken die bepaald niet uitzonderlijk waren in de hoofdstad. Verkiezingscommissaris Pascal Rukengwa kwam uit het oosten, waar massaal op Kabila was gestemd. Op 6 december was hij aanwezig bij de beëdiging van de president, maar wat hij daar zag maakte geen sterke indruk. Ja, er waren veel hoge gasten, veel staatshoofden. Ja, Tshala Muana zong prachtig. Maar alles leek zo amateuristisch georganiseerd. 'Er waren niet genoeg stoelen. Mensen stonden uren in de zon. Ik had een uitnodiging voor het diner, maar het verliep rommelig. De zaal zat vol mensen zonder uitnodiging, ik kwam er niet in. Enfin, het was niet erg goed georganiseerd, het verliep niet erg professioneel.' Dat waren allemaal maar uiterlijkheden, uiteraard, maar ook inhoudelijk vond Pascal het nogal twijfelachtig. Westerse waarnemers waren verheugd over de speech van de president. Sprak hij niet krachtdadig over 'de vijf werven', *les cinq chantiers*, van de nationale wederopbouw? Bedoelde hij daarmee niet infrastructuur, water en elektriciteit, onderwijs, werk en gezondheid? Zei hij niet letterlijk dat 'de speeltijd voorbij was'?

Pascal wist het nog niet zo: 'Ik geloofde er niet in. Dat verhaal van die *cinq chantiers*, ik vond dat nogal kinderachtig. Als een bewind zich niet aan die essentiële taken wijdt, waaraan dan wel? Hij hoefde toch geen campagne meer te voeren? De speeltijd ging volgens mij gewoon verder. Het was dezelfde twijfelende, immobiele man. Nou ja, als je het nu beschouwt, was ik nog vriendelijk toen.'[7]

Hoe Congo te beschrijven aan de vooravond van de Derde Republiek? Statistieken, procenten en getallen schieten tekort. De wereld openbaart zich in kruimels en gruis. Hoe dit onmetelijke gebied te beschrijven?

Dat het een vruchtbaar land was, waar velen slechts één keer in de twee dagen aten? Dat tallozen er aambeien kregen door een eenzijdig dieet van maniok? Dat mensen die geen geld hadden om aambeienzalf te kopen, gesteld dat die er al was, er dan maar goedkope importtandpasta op smeerden? Ja, goede vrienden hebben mij dat verteld. Snijwonden behandelden ze met remolie, brandwonden met het vocht van een vrouw. Schoenen poetsten ze met een gratis condoom, glijmiddel deed het leer blinken. Vrouwen die dikkere billen wilden, zeiden ze, schoven een maggiblokje in hun vagina. Anderen gaven zichzelf een klysma met runderextract.

Hoe een land te beschrijven? Een land dat geen staat was, maar meer dan een half miljoen ambtenaren telde, oudere mannen en vrouwen die niet met pensioen gingen omdat dat niet bestond en dus toch naar kantoor gingen, waar ze tussen uitpuilende kasten vol beschimmelde en door termieten aangevreten dossiers hoopten op een beetje salaris en droomden van een beetje bestuur.[8] Met geduldige handschriften vulden ze eindeloze paperassen, met groot ontzag respecteerden ze de ambtelijke hiërarchie, want het is niet omdat de staat virtueel is dat hij irreëel is, integendeel. In Bunia landde een brief op zeventien verschillende bureaus vooraleer hij beantwoord werd.[9] In Boma ontmoette ik een gemeentebibliothecaris zonder bibliotheek.

Hoe een land te beschrijven? Door het oerwoud van de Equateur liep een man met een varken. Hij was op weg van zijn dorp naar de Congorivier. Daar zou hij wachten tot er een boot voorbijvoer, wat één keer per maand gebeurde. Wanneer zo'n schip naderde – het was eerder een drijvend dorp met marktplaats, rechtbank en menagerie aan boord – zou hij zich in een prauw langszij laten peddelen om zijn forse, roze big van een jaar oud te verkopen aan de bemanning of aan passagiers die schreeuwend over de reling hingen. Maar de rivier was nog ver, tweehonderdvijftig kilometer ver. Eenzaam wandelde hij door het woud, drie weken aan één stuk, nu eens droeg hij zijn varken, dan weer liet hij het lopen aan een lijn. 's Nachts sliep hij ernaast. De rivier was nog ver, zo vreselijk ver. En hij had enkel slippers.[10]

De taak waar Kabila aan begon was verre van simpel. Manmoedig liet hij optekenen: 'Er zal stiptheid zijn, en discipline. Ik zal vastberaden de zaken opnieuw in handen nemen en voor 100 procent de controle over de situatie herwinnen.'[11] De nieuwe grondwet zorgde in elk geval voor een uitgekiend stelsel van *checks and balances*. Congo was noch presidentieel, noch parlementair, maar iets halverwege (het staatshoofd stelde de premier aan, maar de volksvertegenwoordiging kon gerechtelijke stappen tegen hen ondernemen in het geval van hoogverraad). Congo was noch unitair, noch federalistisch, maar iets ertussenin (de provincies werden kleiner maar kregen meer bevoegdheden en middelen). Congo kreeg een Kamer én een Senaat (de eerste werd rechtstreeks verkozen, de tweede via de provincieraden). En er kwam een grondwettelijk hof met verregaande bevoegdheden om disputen tussen premier en president te beslechten. Die ingewikkelde constructie moest vermijden dat er te veel macht bij een en dezelfde instelling terechtkwam.

Dat gevaar was voor parlement en regering nogal klein. Het parlement bood een zeer verbrokkelde aanblik: de vijfhonderd leden vertegenwoordigden maar liefst zeventig partijen, naast nog eens vierenzestig eenmanspartijtjes. De twee grote partijen, die van Kabila en Bemba, waren goed voor slechts 175 zetels, maar zelfs zij hingen als los zand aaneen. De regering was een obees monster met maar liefst zestig ministers, niet omdat er zoveel te regelen viel, maar omdat zovelen gesust moesten worden. (Later zou de bewindsploeg krimpen tot vijfenveertig portefeuilles, nog steeds dubbel zoveel als in de regering van Lumumba in 1960.) De 81-jarige premier Gizenga genoot aanvankelijk veel aanzien, maar al spoedig bleek zijn faam meer antiquarisch dan actueel. Een van zijn ministers was belast met de merkwaardige benaming 'ministre près le Premier ministre'. Een minister voor bij de eerste minister? In de praktijk was de brave man belast met het wakker houden van de premier tijdens vergaderingen.

Eind januari 2007, na nog geen twee maanden, kreeg men al een duidelijke indruk van de nieuwe politieke cultuur. De provinciale raden moesten hun provinciegouverneurs kiezen en de uitslag week, op zijn zachtst gezegd, sterk af van de verwachtingen. De PPRD, Kabila's partij, won acht van de negen provincies, ook waar ze tijdens de parlementsverkiezingen geen deuk in een pakje boter hadden kunnen slaan – alleen de Equateur kreeg een gouverneur uit de stal van Bemba. Er was kwistig met steekpenningen gestrooid; kandidaten die het niet gehaald hadden, vroegen naderhand zelfs in het openbaar hun smeergeld terug.[12] Provincieraadsleden gaven nadien toe steekpenningen te hebben ontvangen. Dat bedrog zette zoveel kwaad bloed in de Bas-Congo dat het tot rellen kwam. Weinigen hadden zin in een kabilist aan het hoofd van hun roemrijke provincie. Bundu-dia-Kongo, een etnische religieus-politieke beweging die al tijdens het Mobutu-tijdperk opkwam voor de rechten van de Bakongo, riep op tot protest. De beweging droomde ervan het historische Kongo-rijk, dat zich uitstrekte van Angola tot Congo-Brazzaville, in ere te herstellen. Bij betogingen in Moanda, Boma en Matadi kwam het tot zware rellen: tien agenten werden gedood, waarop het leger het vuur opende op de demonstranten. Gevolg: 134 doden.

In maart 2007 koos Kabila opnieuw voor geweld. Tijdens de 1 + 4 had Bemba als vicepresident recht gehad op een privémilitie. Nu hij nog slechts senator was weigerde hij er afstand van te doen. Dat hij nog steeds over een legertje van vijfhonderd vrijbuiters bleef beschikken, kon natuurlijk niet. Maar na de beschieting van zijn huis in augustus vreesde hij, niet ten onrechte, voor zijn veiligheid. Bovendien beschikte Kabila met zijn Garde Républicaine over een privéleger van wel vijftienduizend man! Dat elitekorps had hij tijdens de transitie opgebouwd. Op 21 maart openden de mannen van Kabila op de Boulevard du 30 Juin, de drukste laan van de stad, het vuur. Drie dagen lang was Kinshasa verlamd. Kantoren en ambassades werden door granaten geraakt. Rotondes lagen bezaaid met lijken. Een opslagtank voor brandstof vloog in de fik. Meer dan driehonderd mensen lieten het leven, misschien wel vijfhonderd. Na afloop arresteerden en martelden de presidentiële diensten nog eens 125 personen, voornamelijk afkomstig uit de Equateur. Tientallen van hen werden vermoord.[13] Bemba zelf vluchtte naar Portugal, ondanks het internationale arrestatiebevel dat hem boven het hoofd hing. Hij rekende op zijn senatoriële onschendbaarheid. Maar in mei 2008 werd hij in Brussel gearresteerd en uitgeleverd aan het Internationaal Strafhof in Den Haag, waar hij sindsdien wacht op berechting.

'Er zal tucht zijn,' had Kabila gezegd. Zijn gewelddadige optreden in augustus, januari en maart deed echter weinig goeds vermoeden. Het herinnerde aan de manier waarop Mobutu, vlak na zijn staatsgreep, vier ministers had opgehangen om gezag af te dwingen. Zijn Garde Républicaine deed denken aan de DSP van weleer, zijn inlichtingendiensten aan die van Mobutu. Maar was dat wel juist? Misschien was het veel tragischer, veel banaler. In alle drie de gevallen ging het om uit de hand gelopen schermutselingen die per ongeluk in een bloedbad waren geëindigd. Kabila kon het uiteraard niet toegeven, maar die voorvallen gaven eerder aan dat hij geen controle had over zijn troepen, zelfs niet over zijn eigen elitetroepen, dan dat het moedwil was. Mobutu wilde laten zien dat hij een sterke figuur was met sterke beginselen, Kabila moest verbergen dat hij een zwakke figuur was omgeven door zwakke instellingen.

Het mocht niet baten: al spoedig gonsde Kinshasa van de geruchten dat Kabila aan de cocaïne was, nee, dat hij hele dagen op zijn Nintendo speelde, nee, dat hij beschoten was en juist daarom zo weinig buiten kwam. Mensen zochten de wildste verklaringen voor het immobilisme dat ze vaststelden. '*Après les élections = avant les élections*,' mompelden ze, met een sarcastische sneer naar de onafhankelijkheid van 1960. Ook in het oosten daalde zijn populariteit pijlsnel. Kabila sprak nooit eens een bomvol stadion toe. Zelden zag je hem lachen, zelden trad hij in het openbaar op. Enkel nu en dan verscheen hij op televisie: als een sfinx achter een bureau gezeten las hij dan een verklaring voor.

En toch viel er bij het begin van de Derde Republiek hier en daar nieuw elan te bespeuren. Het grote, logge parlement stemde in de eerste tien maanden van zijn bestaan over vijftien wetten, interpelleerde zestien ministers, stelde acht onderzoekscommissies in en besprak een begroting. Er werd een onderzoek gestart naar corruptieschandalen en onrechtmatige mijncontracten.[14] In Lubumbashi werd het nog tastbaarder toen de openbare ruimte een indrukwekkende opknapbeurt kreeg. De gaten in het wegdek werden gedicht, speelpleinen en schooltjes werden gerenoveerd, er kwamen 1600 vuilnisbakken en een vuilnisophaaldienst.[15] Toen ik er in juni 2007 kwam, waren arbeiders langs de lange rechte lanen van het centrum bezig de straatverlichting te controleren en de bomen te snoeien.

Dergelijke voortvarendheid was echter steevast te danken aan enkele doortastende individuen. Het parlement draaide dankzij zijn dynamische voorzitter Vital Kamerhe, een vertrouweling van de president die de kunst verstond om oeverloze debatten puntig te parafraseren en naar een beslissing te leiden. Katanga legde weer initiatief aan de dag dankzij Moïse Katumbi, een flamboyante zakenman die slinksheid koppelde aan populisme, en onvoorwaardelijk loyaal bleef aan *le grand chef* in Kinshasa. Kabila had dit soort dynamische figuren nodig om het volk ervan te verzekeren dat het goed zat met zijn 'cinq chantiers', maar tegelijkertijd waakte hij ervoor dat ze hem inhaalden qua populariteit. In 2011 waren er immers verkiezingen. Toen de alom gewaardeerde parlementsvoorzitter Kamerhe in januari 2009 openlijk kritiek uitte op Kabila's militair optreden in het oosten, werd hij tot aftreden gedwongen, waarmee het nieuwe bewind een van zijn intelligentste krachten verloor. Katanga-gouverneur Katumbi houdt zich sindsdien voor zijn doen opvallend gedeisd. Zijn voluntaristische optreden illustreerde gaandeweg ook de nadelen van een sterk gepersonaliseerd bestuur. In juni 2007 zag ik dat het algemeen ziekenhuis van Lubumbashi pas twee gloednieuwe koelkamers had gekregen om lijken in op te bergen, naast een vrachtwagen om lijken op te halen. *Don de Moïse* stond er in koeienletters op beide geschenken. Genereus, zeker. Maar het ziekenhuis zelf, toch het op een na grootste van het land, had al in vier jaar tijd geen druppel water gekregen.[16] Als de zieken het toilet opzochten, moesten ze door vier centimeter drek en zeik waden. Ik heb het met eigen ogen gezien.

De verkiezingen hadden onnoemelijk veel geld gekost en erg hoge verwachtingen gewekt, maar het resultaat oogde al snel zeer pover. Naar aloude gewoonte trokken de parlementariërs hun maandwedde fiks op – tot 4500 dollar in 2007 en tot 6000 dollar in 2008 – en verblijdden zichzelf en hun secretaris met een fonkelnieuwe Nissan Patrol; het was een van de zeldzame agendapunten waar weinig onenigheid over bestond.[17] 'Ik snap het niet,' zei een Kinois me ooit, 'tijdens de campagne keken al die kandidaten ons recht in de ogen, en het eerste wat ze doen als ze verkozen zijn is in een 4 x 4 rondrijden met getinte ramen zodat ze ons niet meer hoeven te zien.' Belangrijke dossiers zoals de legerhervorming, de decentralisatie van het bestuur en de hervorming van de justitie bleven daardoor liggen, met alle gevolgen van dien.

In het ziekenhuis van Lubumbashi werd ik voorgesteld aan Luc, een bijzonder aantrekkelijke jongeman. Hij zat in een rolstoel. Negen maanden eerder was hij in de kraag gevat toen hij op een nacht een rol elektriciteitsdraad probeerde te stelen. Bij gebrek aan formele rechtspraak heerst overal in Congo het volksgericht. De meute nam wraak door Lucs handen en voeten te overgieten met benzine. Hij zag zichzelf opbranden. Zijn linkervoet, zijn rechtervoet, zijn linkerhand. Maanden later ging hij naar het toilet en zag hij zijn rechterhand afvallen. Nu heeft hij enkel nog een duim. Zijn rolstoel kan hij niet bedienen. Maar justitie is nog steeds een klucht.

De ministersploeg presteerde navenant. In oktober 2008 verving Kabila de ingedommelde premier Gizenga door Adolphe Muzito, die tot dan toe minister van Begroting was geweest: een brave en ongevaarlijke man, die sindsdien geen noemenswaardige potten heeft gebroken, alleen wat verdenkingen van corruptie heeft opgestapeld. De meeste ministers leken evenmin tot veel actie geneigd, op enkele notoire uitzonderingen na. Waarom zouden ze ook? Indien ze zich roerden, riskeerden ze uit de gratie te geraken en hun lucratieve aanstelling te verliezen (zoals eind februari 2010 gebeurde, toen Kabila andermaal zijn regeringsploeg herschikte en twintig nieuwe excellenties aan het banket noodde). Bovendien werd het beleid tóch elders gevoerd, in de zeer nabije entourage van de president. De ware macht in de Derde Republiek berust niet bij de democratische instellingen van het land, maar bij enkele vertrouwelingen van de president, met inbegrip van zijn moeder en tweelingzus. Vaak gaat het om figuren als Augustin Katumba Mwanke, die het meer moeten hebben van hun jarenlange loyaliteit aan Kabila dan van hun charisma of competentie. Zo is de machtigste man voor militaire aangelegenheden sinds 2009 John Numbi. Hij is noch minister van Defensie, noch stafchef van het nationale leger, maar inspecteur-generaal van de politie en al geruime tijd een gunsteling van de president. Zijn militaire vorming is gering.

Lichtpuntjes? Ja, enkele. De munt was tot de internationale bankencrisis van september 2008 relatief stabiel: een dollar lag rond de vijfhonderd Congolese frank, daarna liep de waarde op tot negenhonderd Congolese frank. De begroting steeg jaar na jaar, maar anno 2010 bedroeg zij nog steeds maar 4,9 miljard dollar, een bedrag vergelijkbaar met het jaarbudget van een middelgrote stad in Europa of half zoveel als de financiële middelen van Columbia University in New York gedurende één academiejaar. Daarmee financier je niet de wederopbouw van een reusachtig land in puin. De helft van dat geld wordt bovendien opgehoest door internationale donoren; een kwart van dat geld gaat naar schuldaflossing. Het bnp steeg jaarlijks met enkele procenten, voornamelijk dankzij de mijnbouw, maar ook daar blijft de afhankelijkheid van buitenlands kapitaal totaal.[18] In 2009 bedroeg het bnp per inwoner tweehonderd dollar, beduidend meer dan de tachtig dollar in 2000, maar nog steeds een heel eind verwijderd van de 150 dollar in 1960. Om het huidige niveau van buurland Congo-Brazzaville te evenaren (4250 dollar per inwoner per jaar, dankzij de olie) moet de bevolking wachten tot 2040, zo stelt een intern document van de eerste minister in februari 2010. En dat veronderstelt dan nog jaar in jaar uit een reële groei van 13 procent en een ongewijzigde bevolkingsaanwas van 3 procent.[19]

Macro-economisch is er dus sprake van een lichte vooruitgang, maar zulke tendensen zeggen niets over het leven van de gewone man. De Human Development Index, die de Verenigde Naties jaarlijks voor alle landen berekent, biedt een veel betere kijk op de welvaart van burgers dan het bnp per hoofd van de bevolking, omdat hij rekening houdt met alfabetiseringsgraad, scholing, gezondheidszorg en levensverwachting. Welnu, in 2006 strandde Congo op de op tien na laagste plaats ter wereld; in 2009 stond het op de op zes na laagste plaats. Geen bemoedigende ontwikkeling.[20]

Het tijdschrift *Foreign Policy* publiceert jaarlijks, samen met The Fund for Peace, de Failed States Index, een lijst van de zestig meest gebrekkige staten. In 2009 eindigde Congo op de vijfde plaats, nog voor Irak, en twee plaatsen slechter dan in 2007.[21] Na een lichte verbetering dreigt Congo opnieuw af te glijden naar een staat van chaos en wanbeheer. De Doing Business Index voor 2010 plaatste Congo op nummer 182 van 183 landen, alleen de Centraal-Afrikaanse Republiek deed het 'beter'. Wie in Congo een bedrijf wil starten, moet daar 149 werkdagen aan administratie voor uittrekken. Een bouwvergunning verkrijgen vergt al snel 322 werkdagen. Gemiddeld betaalt men meer dan dertig keer per jaar belasting. De winstbelasting bedraagt bijna 60 procent – geld dat nooit bij de gewone Congolees komt.[22]

Wat wel bij die gewone Congolees komt, is ziekte. De kindersterfte is een van de hoogste ter wereld: 161 op de 1000 kinderen halen de leeftijd van 5 jaar niet. Een op de drie kinderen jonger dan 5 heeft te kampen met ondergewicht. De levensverwachting bij de geboorte bedraagt 46 jaar. Zo'n 30 procent is analfabeet, 50 procent van de kinderen gaat niet naar de lagere school, 54 procent van de bevolking heeft geen toegang tot schoon drinkwater.[23]

Dat er geen opstand komt! In achttien maanden tijd, zo concludeerde een onderzoeksrapport van de regering in 2007, verdween 1,3 miljard dollar in de zakken van drie nationale financiële instellingen en zes overheidsbedrijven.[24] Een duizelingwekkend bedrag, maar tot een volkswoede kwam het niet. Van de zestig mijncontracten met internationale ondernemingen als Anvil Mining, De Beers, BHP Billiton, AngloGold Kilo en Tenke Fungureme Mining die het parlement onder Kamerhe analyseerde, bleek er niet één deugdelijk.[25] Het staatsbedrijf Gécamines bracht in 2008 slechts tweeënnegentig miljoen dollar in het laatje, het hadden er vierhonderdvijftig miljoen kunnen zijn.[26] De diamantmijnen van Bakwanga en de goudmijnen van Kilo-Moto brachten zo goed als niks op. Maar woede? Weerbaarheid? Razernij? Ja, er zijn incidenteel stakingen van ambtenaren en leerkrachten, maar de gewone Congolees schikt zich in zijn lot en schaamt zich bijna voor de hoop die hij even koesterde in de aanloop naar de verkiezingen. '*Ça va un peu*,' antwoordt hij als je vraagt hoe het met hem gaat.

In november 2008 sprak ik daarover met Alesh, een 23-jarige rapper uit Kisangani en een van de grote beloften van de Congolese hiphop. Rap is een relatief jong genre in Congo, maar voor Alesh is het een manier om door de lethargie heen te breken. In zijn nummer 'Bana Kin' wees hij met een beschuldigende vinger naar de afstompende muziekscene van Kinshasa: 'Je muziek is rijk en toont de traditie/ qua ethiek echter biedt ze geen contradictie.' Figuren als Werrason en Mpiana schudden de natie niet wakker, al had hun commerciële tralala misschien wel artistieke waarde. Even genuanceerd dacht hij na over religie: 'Ik heb niets tegen het gebed/ maar voor hen werd het een klamboe/ dat hen kluistert aan de armoe/ als in een spinnenweb.' Praten met Alesh was praten met een jonge, zelfbewuste generatie die bevrijd was van koloniale of postkoloniale minderwaardigheidscomplexen: 'We moeten onszelf durven kritiseren, er zijn te veel dromen die sterven door een gebrek aan hoop.' In 2008 bracht hij 'L'élu' uit, een ongenadig nummer waarmee hij de verkozenen des volks aan hun beloftes herinnerde: 'Maak geen misbruik, excellentie, van al je pretenties/ Je verwent je, consequentie: het volk, dat verwenst je.'[27]

Waren die verkiezingen dan helemaal overbodig? Lastige vraag. Voor miljoenen burgers waren ze onmiskenbaar van groot symbolisch belang. De gretigheid waarmee werd gestemd en geteld, toonde aan dat het meer dan een fantasietje van de internationale gemeenschap was. Maar ze waren zinvoller vóór en tot aan de stembusgang dan erna. Het ritueel was minstens zo belangrijk als het resultaat. Het was immers een illusie te hopen dat correcte verkiezingen automatisch tot een correcte democratie zouden leiden. Het Westen experimenteert al vijfentwintighonderd jaar met vormen van democratisch bestuur, maar zweert nog geen eeuw bij universeel stemrecht via vrije verkiezingen. Waarom verwacht het dan dat die methode als bij toverslag een diepgewortelde politieke cultuur van corruptie en cliëntelisme kan omtoveren tot een democratische rechtsstaat naar Scandinavisch model? En dan ook nog eens in een gebied dat in prekoloniale, koloniale en postkoloniale tijd weinig anders heeft gekend dan vormen van autocratisch bestuur? Hoe naïef moet je zijn om te denken dat het wel vanzelf zou gaan na die eerste electorale impuls? Democratie moet het einddoel zijn – het is nu eenmaal de minst slechte bestuursvorm – maar in Congo was er bijzonder weinig aandacht voor de broodnodige stappen op weg naar een democratisch bestel en voor het tempo waarmee die stappen werden doorlopen. Jef Van Bilsen voorzag in 1955 dertig jaar voor de omschakeling van een kolonie naar een soevereine staat, maar vandaag is de situatie in veel opzichten stukken beroerder dan toen. Vrije verkiezingen horen niet de aftrap te zijn van een nationaal democratiseringsproces, maar een sluitstuk, of in elk geval een van de latere stappen. Vrede, veiligheid en onderwijs dienen eraan vooraf te gaan, alsook lokale verkiezingen die de vorming van een *grassroots*-cultuur van politieke verantwoordelijkheid kunnen stimuleren. Die lokale verkiezingen moesten in principe eerst plaatsvinden, maar Kabila schoof ze aan de kant en keek er niet meer naar om.

Westerse politieke experts lijden vaak aan electoraal fundamentalisme, zoals macro-economen van het IMF en de Wereldbank nog niet zo lang geleden collectief leden aan marktfundamentalisme: ze geloven dat het volstaat om aan de formele vereisten van een stelsel te voldoen opdat zelfs in de dorste woestenij duizend bloemen gaan bloeien. Nobelprijswinnaar Joseph Stiglitz maakte echter duidelijk dat *sequencing and pacing* essentieel zijn bij de introductie van een markteconomie.[28] Je begint niet te boeren in de woestijn met uitstekend zaaigoed. Hetzelfde geldt voor de introductie van een democratie.

In haar enthousiasme om democratie door middel van de formele procedure van een stembusgang eens en voor altijd te installeren heeft de internationale gemeenschap in Congo vooral zichzelf buitenspel gezet. Democratie was het doel, zwijgplicht het resultaat. Want als democratisch verkozen president van een hernieuwd soeverein land duldde Kabila niet langer pottenkijkers van buitenaf – na vier jaar bevoogding door de CIAT had hij er wel genoeg van. Cynisch gesteld: Amerika en Europa hebben in Congo enorm veel betaald om zichzelf diplomatiek monddood te maken. Nu kun je wel met leningen gaan staan zwaaien en daar voorwaarden voor *good governance* aan koppelen (vooral bij het IMF en de Wereldbank is dat het nieuwe *buzzword*, ook de EU blaft mee), maar waarom zou je als Afrikaans staatshoofd op die avances ingaan als

China veel meer geld biedt en daar veel minder moeilijk over doet?

Sommige politieke wetenschappers beweren, bij wijze van hulphypothese, dat het na drie, vier stembusgangen wel de goede richting uit gaat. Dat men niet te snel mag wanhopen. Dat het normaal is dat een land eerst nog wat sputtert. Herhaalde verkiezingen kunnen inderdaad een dynamiek van verantwoording genereren, dat is waar, leiders kunnen zich geroepen voelen om goed bestuur te overwegen. Maar net zo goed kan het een hol ritueel worden dat autocratische regimes een dun vernislaagje legitimiteit verschaft. Het is nog veel te vroeg om te besluiten of de verkiezingen nu wel of niet de democratie bevorderen in Congo. Wel moet worden vermeld dat in september 2009 Kabila met het oog op de verkiezingen van 2011 en 2016 een commissie heeft ingesteld die mag uitpluizen of de ambtstermijn van de president niet van vijf jaar naar zeven kan worden opgetrokken en of de grondwettelijke beperking tot twee mandaten niet moet worden geschrapt, zodat hij eeuwig herkiesbaar is.[29] Ook moet worden vermeld dat eveneens in 2009 verschillende mensenrechtenactivisten werden gearresteerd vanwege hun kritische houding.[30] Een intimus van de president (die niet wist dat ik wist dat hij een intimus was) vertelde me ooit bij een lunch kort voor de verkiezingen tussen neus en lippen door: 'Mandela was toch veel te westers als president; Mugabe en Mobutu, dat zijn echte Afrikaanse leiders.'

Eind november 2008. Ik ging met twee broers, beiden jonge theatermakers, eten in een Indiaas restaurantje in Goma, tegenover de MONUC-basis. We zaten onder een luifel geduldig op ons eten te wachten toen ik telefoon kreeg. De trip van morgen kon niet doorgaan, hoorde ik, de chauffeur had pech gekregen, zijn accu was leeg of zijn benzine op, nee, nee, het was ingewikkeld, ik kon hem niet helpen, het speet hem ook zeer en nog een goeienavond.

'Ça va?' vroeg Sekombi, de oudste van de twee, toen ik mijn gsm dichtklapte.

'Nee,' zei ik, 'ik had alles geregeld om morgen naar Nkunda te gaan en nu krijg ik te horen dat het niet doorgaat.'

Ik had een jeep geregeld, een chauffeur, brandstof en een gids die het rebellengebied kende. Ik had die ochtend bij de plaatselijke afdeling van het ministerie van Communicatie en Media een persaccreditatie gekocht voor maar liefst 250 dollar – het duurste A4'tje uit mijn leven – ik had pasfoto's laten maken, ik had bij de Staatsveiligheid moeten langsgaan. Ik had de verantwoordelijke van de MONUC verteld over mijn plannen. En, het belangrijkste van al: ik had gebeld met de nummer twee van Nkunda's civiele staf. Het was niet simpel geweest om hem in het rebellengebied te bereiken, waar nauwelijks gsm-bereik was, maar de afspraak was geregeld: de volgende morgen om negen uur zou hij me bij een oude missiepost opwachten.

'Zullen wíj rijden?' onderbrak Sekombi mijn geweeklaag.

Sekombi en Katya, zijn jongere en zwijgzame broer, waren straffe gasten. Om in het kapotgeschoten en met lava bedekte Goma een kunstencentrum te starten voor jonge artiesten, moest je van bevlogen huize komen. Hun oudste broer, Petna, was ermee begonnen. Een maand eerder stond Nkunda aan de poorten van de stad en sloeg Kabila's FARDC aan het plunderen, maar het kunstencentrum van de gebroeders Katondolo ging gewoon door met een eigenzinnig filmfestival. Maar om nu met twee podiumartiesten naar de oorlog te trekken? Met hun aftandse jeep nog wel?

'Hebben jullie dan papieren?'

Om bij Nkunda te geraken moesten we door drie wegversperringen van de FARDC, enkele kilometers niemandsland en dan drie versperringen van Nkunda's CNDP. Die van de rebellen waren een makkie, zo was mij verzekerd, Nkunda had zijn troepen in de hand. Maar die van het nationale leger konden een nachtmerrie zijn. Paspoorten en perskaarten waren niet altijd bestand tegen hun frustratie.

'Nee,' zei Sekombi, 'maar wij hebben ons haar.'

Pardon? Ik verslikte me bijna in mijn poulet tikka masala die na twee uur wachten dan toch was verschenen. Ik keek naar hun sprietige kapsel. Met veel goeie wil kon je er het begin van dreadlocks in ontwaren.

'Wij zijn rasta's. Iedereen houdt van ons. *Nous sommes cool.* Ze zullen ons wel doorlaten.'

Het was al dag toen we even na zessen de stad verlieten. We hadden de tank gevuld en enkele pakjes sigaretten gekocht. 'Altijd nuttig,' zei Sekombi, een niet-roker die een koekje at. De jeep stuiterde over het wegdek. Het stuur zat rechts: bijna alle auto's in Oost-Congo komen uit de buurlanden, die vroeger Britse kolonies waren. In de verte doemde het silhouet van de twee kilometer hoge Nyiragongo-vulkaan op, aan de top hing zijn eeuwige rookpluim. Sekombi was in een lyrische bui. 'Die vulkaan is onze moeder, onze zus en onze minnares ineen. Als ik die rookpluim zie, moet ik denken aan een grote borst die steeds melk geeft. Wie er eenmaal van gedronken heeft, keert altijd terug.' Maar soms schonk die borst de zwarte melk van de vroegte: in 2002 bedolf de vulkaan half Goma onder de lava. Van sommige huizen werd de eerste verdieping de begane grond. De stad asfalteerde zichzelf in een stomdronken bui. Goma, de zwarte stad in een roestbruin land, is de enige plek in Congo waar de wegen geen kuilen hebben maar bulten.

Een eind verder noordwaarts, kwamen we de eerste vluchtelingenkampen tegen, dezelfde kampen waar in 1994 de Rwandese Hutu's zaten. Nu boden ze onderdak aan het kwart miljoen burgers die Nkunda waren ontvlucht. Een festivalcamping zonder festival, een treurige wirwar van zeildoek en karton. Altijd is er wel iemand op de vlucht in Noord-Kivu.

Na acht kilometer kwamen we bij de eerste wegversperring. Tussen twee olievaten hing een dun touw waaraan een takje bungelde; een half dozijn militairen lummelde wat rond. Het raampje ging naar beneden. 'Ya, man!' lachte Sekombi naar de kaki-uniformen. Zijn broer Katya zat stil op de achterbank, maar droeg het handelsmerk van de ware rasta: een dikke wollen muts. 'Rastaman!' joelden de militairen vrolijk, 'wowoow!' Ze dolden, ze ouwehoerden, ze namen sigaretten van ons aan en wensten ons een fijne dag. '*Peace and love!*' besloot Sekombi de grensformaliteiten. Peace and love! Tegen militairen! In oorlogstijd! Maar ze lieten het touwtje zakken en wuifden ons na. Zo ging het ook bij de volgende *roadblocks*. Nooit gedacht dat embryonale dreadlocks en nicotine volstonden om bij de meest gevreesde krijgsheer van Centraal-Afrika te geraken.

Laurent Nkunda had zich na de brute inname van Bukavu in 2004 koest gehouden. Met een opleiding als psycholoog was hij pasteur geworden bij een pinksterkerk in de Kivu.[31] Pas in 2006 liet hij opnieuw van zich horen. Meteen na de bekendmaking van de resultaten van de parlementsverkiezingen richtte hij de CNDP op, het Congrès National pour la Défense du Peuple.[32] Nu zijn benamingen van Congolese rebellenbewegingen wel vaker gratuite afkortingen, maar Nkunda's geesteskind sloeg toch alles: het was geen 'congres' maar een militie, het was niet 'nationaal' maar regionaal, en wat er onder die 'verdediging van het volk' werd verstaan, moest je maar eens vragen in de vluchtelingenkampen. En toch was dat laatste deel nog het meest juiste, tenminste zolang je het als de verdediging van *un peuple* las, één bepaalde bevolkingsgroep, de groep die al twintig jaar lang bespot en gepest werd en waartoe Nkunda zelf behoorde: de Congolese Tutsi's. Mocht een koloniale etnograaf in de jaren twintig een foto hebben willen maken van een archetypische Tutsi, dan zou hij ongetwijfeld Laurent Nkunda voor de lens hebben gesleept. Met zijn lange, graatmagere gestalte, zijn hoge voorhoofd en zijn scherpe neus belichaamt hij alle clichés van de Tutsi-man. Hij had de broer van Kagame kunnen zijn.

De CNDP ontstond, toen duidelijk werd dat de verkiezingen weinig of niets zouden opleveren voor de Tutsi's. De RCD van vicepresident Ruberwa, die geacht werd hun belangen te verdedigen, sleepte niets uit het vuur: geen ministerspost, geen gouverneurstitel, geen enkel provincieraadslid, hooguit vijftien parlementszeteltjes.[33]

Op 25 november 2006, net voor Kabila werd ingezworen, liet Nkunda zijn tanden zien en veroverde hij Sake, een stadje op dertig kilometer van de provinciehoofdstad Goma. Het heuvelachtige, vulkanische gebied ten noorden van Goma dat grenst aan Oeganda en Rwanda werd zijn speelterrein. En al was de beweging niet exclusief Tutsi, het kreeg van meet af aan de steun van Rwanda. De CNDP van Nkunda past in het rijtje van het AFDL van Kabila en de RCD van Wamba dia Wamba, met dit verschil dat het hier geen Rwandees initiatief betrof onder Congolese vlag, maar een Congolees initiatief met Rwandese *backing*. Zijn belangrijkste vijand waren de Rwandese Hutu-vluchtelingen in Oost-Congo die zich nu georganiseerd hadden in het FDLR (de Forces Démocratiques de Libération du Rwanda, nog zo'n betwistbare naam, want veel democratie zat er niet aan en die bevrijding van Rwanda werd relatief: velen van hen trouwden met Congolezen, boerden in de Kivu, controleerden wat mijntjes en verzekerden zich, al plunderend en verkrachtend, van een regulier inkomen, dus waarom zouden ze gaan strijden tegen het machtige leger van Kagame?).

De strijd tussen Tutsi's en Hutu's in Congo heette dus voortaan de strijd tussen de CNDP en het FDLR. De motieven waren zowel etnisch als economisch.[34] Aan weerszijden liep de troepensterkte nooit op tot boven de tienduizend man, maar de bruutheid waarvan ze zich bedienden was onbeschrijfelijk. Burgerleed werd de norm, groepsverkrachting een recht. Net als tijdens de Tweede Congo-oorlog kregen de Hutu's de steun van Kinshasa – officieren van de FARDC en het FDLR ontgonnen zelfs samen bepaalde mijnen – en ook de Mai-mai sloten zich weer aan. Seksueel geweld was een wapen waarvan alle partijen zich bedienden.

Straffeloosheid regeerde. Zelfs burgers sloegen massaal aan het verkrachten, niet meer als wapen, maar gewoon voor de lol.

De jaren 2007 en 2008 kenden vele pogingen om het geweld te stoppen. Januari 2007: Nkunda stemt in om zijn CNDP-krijgers te laten opgaan in het regeringsleger, maar in plaats van een verregaande *brassage* verkrijgt hij een veel lichtere *mixage*. Zijn rebellenleger wordt niet uiteengerafeld en verspreid over kazernes ver weg, maar mag ter plaatse versmelten. Het resultaat is ernaar: de FARDC slokt de CNDP niet op, maar de CNDP de FARDC. Nkunda wordt generaal van het regeringsleger en kan zijn rebellie rustig voortzetten. 'FARDC?' gaat het grapje, 'Forces Armées Rwandaises Déployées au Congo!' (Rwandese troepen ontplooid in Congo). December 2007: bij vredesbesprekingen in Nairobi wordt het lot van de Hutu-vluchtelingen besproken. Januari 2008: in Goma wordt na lang onderhandelen het Amani-proces gelanceerd. Abbé Malu Malu, de voormalige voorzitter van de kiescommissie, krijgt alle milities zo ver dat ze een intentie tot vrede ondertekenen.

Maar het mag niet baten. In mei 2008 vlieg ik met een helikopter van de MONUC van Goma naar Masisi, waar Malu Malu, in aanwezigheid van de Belgische minister van Buitenlandse Zaken Karel De Gucht, de vrede komt afkondigen. Duizenden en duizenden zijn samengestroomd. Er wordt gezongen, getrommeld en gedanst. Het is bijzonder ontroerend. De vrede, ja, daar hebben de mensen lang op zitten wachten. Maar twee jonge Hutu's vertellen mij: 'Nu gaat het goed, we hebben enkel nog een genocide nodig, een kleintje, om die mannen van Nkunda weg te vagen.'[35] De haat blijft endemisch. Eind oktober 2008, terwijl Sekombi en zijn broer *arthouse movies* projecteerden, rukt Nkunda op naar Goma.

De jeep rammelt zich een weg door het niemandsland dat voor een groot deel samenvalt met het Virunga-natuurpark. Het is letterlijk een niemandsland: geen levende ziel te bespeuren in dit diepgroene landschap, dat van zulk een brute schoonheid is dat je er stil van wordt. Vulkanen, wouden, stilte, mist.

De versperringen van de CNDP stellen niets voor: ze willen niet eens onze sigaretten. Als we verder in het rebellengebied doordringen zien we weer volk op straat. Vrouwen met gele waterbidons op hun rug, mannen met rosbruine koeien, jongens met houten fietsen vol rietsuiker, bananen of houtskool. Na kilometers hotsen door oerwoud en plantages met metershoge bananenplanten komen we eindelijk bij de vervallen missiepost van Jomba. Honderden kinderen omstuwen de jeep gevuld met twee rasta's en een blanke. Ze betasten de carrosserie en stuiven hysterisch weg als Sekombi claxonneert. Mijn afspraak komt in spijkerbroek en spijkerhemd aangewandeld: mr. René Abandi, een jurist van nog geen 40 jaar met een vriendelijk gezicht en een zachte stem. Is dit nu de nummer twee van de CNDP? Hij heeft vrienden in Antwerpen, zegt hij, en was bezig met promotieonderzoek aan de universiteit van Urbino. Maar toen Nkunda begon, werd hij zijn eerste civiele medewerker. René is een Congolese Tutsi. Van woordvoerder is hij opgeklommen tot een soort minister van Buitenlandse Zaken, want het rebellengebied heeft zijn eigen regering. Hij stelt voor om naar een dorp verderop te rijden waar Nkunda het volk gaat toespreken.

De weg wordt modderig. We steken een stroompje met grote papyrusplanten over en slingeren dan naar boven, naar Rwanguba, een adelaarsnest boven op de heuveltop. Het uitzicht is adembenemend. We kunnen meer dan tien kilometer ver kijken: heuvels, vulkanen, smaragdgroene valleien, wolkenformaties, een rookpluim uit het groen, een verre bliksemschicht. Het lijkt wel een negentiende-eeuws panoramaschilderij, een idyllisch fresco van de natuur, met op de voorgrond, in 3D, het krijgsgewoel. Honderden mensen staan samengedromd voor het centrale gebouw op de heuvel. CNDP-militairen fouilleren ons en laten ons door. Wij waden door een gewillige volksmassa naar voren. Daar zitten onder een afdak alle notabelen en officieren van de rebellenbeweging bijeen. Bosco Ntaganda is erbij, de stafchef van het leger die door Den Haag wordt gezocht voor misdaden tegen de menselijkheid. In het midden, in uniform en legerpet, troont Laurent Nkunda. Hij speelt met een zwarte wandelstok waarvan het zilveren handvat een adelaar verbeeldt. Zijn onwaarschijnlijk lange vingers strelen de kop voortdurend. De ogen van de *chairman* liggen zo diep dat zijn gezicht een doodshoofd gelijkt. Onder zijn pet zie ik de aders kronkelen op zijn slapen. Hij staat op om ons te begroeten en zorgt dat we kunnen zitten. Nkunda beleeft in die weken het toppunt van zijn roem. Zijn rebellengebied is bijna half zo groot als Rwanda, de wereldpers schrijft over hem, hij waant zich onoverwinnelijk. Kinderen komen met speren voor hem dansen, meisjes buitelen in het gras. In Rwanguba zal hij zijn autoriteit laten gelden, hij is de nieuwe chef. Als de krijgsdansen voorbij zijn, staat hij op en wandelt traag op de massa af. Hij praat aan één stuk door. Streng zwiept hij met zijn adelaarsstok, streng wijst hij met zijn benige wijsvinger. Dan maakt hij een grapje. Charme en terreur ineen. Hij prijst de dorpelingen omdat ze niet gevlucht zijn. 'Jullie zijn echte mensen, jullie zijn gebleven. Goed. Bewerk jullie velden, ga aan de slag. Beoordeel mij niet op mijn gelaat, maar op mijn daden.' Als hij uitgepraat is, wandelt hij kalm terug en hoor je het gras langs zijn laarzen ritselen.

's Middags vergadert Nkunda met zijn civiele en militaire staf in een huis op de heuvelflank dat ooit door een protestantse missie werd gebouwd. In de tuin wacht ik uren met Sekombi en Katya. Er is cola en bier. Een twintigtal kindsoldaten houdt de wacht met bazooka's en kalasjnikovs in de aanslag. Ze zijn niet tot een gesprek te verleiden, maar willen weten wat dat gewicht in mijn broekzak is. Gehoorzaam toon ik hun mijn twee gsm's. Dertig kilometer noordelijker vechten hun makkers op dat moment een verbeten strijd tegen de Mai-mai. Ze zijn bijzonder gespannen.

Het vergaderen duurt lang. Nkunda verleent audiëntie aan handelaren uit het gebied die minder belasting willen betalen. Het rebellengebied is niet rijk aan mijnen; de CNDP haalt zijn inkomsten uit de verkoop van koeien, koffie en houtskool en het belasten van handelaren en truckchauffeurs. Sekombi en Katya worden nerveus. Het is al drie uur 's middags en er hangt regen in de lucht. Zij willen voor het donker terug zijn in Goma, kwestie van veiligheid. Ik aarzel, overweeg en laat hen dan gaan. Even later zie ik de witte jeep de heuvel afslingeren en verdwijnen in het groen. Ik ga overnachten bij de bende die twee weken eerder in het nabije Kiwanja betrokken was bij het afslachten van honderdvijftig burgers.[36]

Majoor Antoine zet zijn literfles bier aan zijn mond en wil met mij over geschiedenis praten. Is het waar dat de Egyptenaren de Joden zo mishandeld hebben als de Bijbel beweert? Hebben de Egyptenaren zich daar ooit voor verontschuldigd? Waarom hebben de Belgen handen afgehakt van de Congolezen? Was dat om meer koffie te hebben? ('Rubber,' fluistert een toehoorder, 'koffie, dat is alleen hier.') Waarom wordt de prijs van alle grondstoffen in België bepaald? Waarom spelen er maar drie Fransen in het nationale elftal van Frankrijk? Komt dat door de globalisering? Waarom klaagt het Internationaal Strafhof dan enkel Afrikanen aan? De meest absurde vragen worden afgewisseld met schrandere opmerkingen. Over één aspect wil hij duidelijk zijn: 'De CNDP is door en door Congolees, wat men ook beweert. Die vent in Kinshasa is een waardeloze nietsnut, die het land aan de Chinezen verkoopt. Wij zien het aan zijn soldaten. Als we tegen hen vechten, duurt het nooit langer dan een half uur. Dan lopen ze weg. Maar als het uren duurt, weten we zeker dat we tegen het FDLR strijden, zelfs al dragen ze het uniform van het regeringsleger dat hen steunt. Zij gaan echt door. Het zijn gekwetste dieren, hè. Voor hen telt: de zege of niks.'[37]

Het is inmiddels pikdonker en ik heb sinds die ochtend zes uur niets meer gegeten. Hoofdpijn. Frisjes. We zitten hoog in de bergen. Rond tien uur mag ik eindelijk naar binnen. Eerst moet er nog worden gegeten: geit met rijst, door enkele Tutsi-vrouwen bereid. De tafels staan in een U-vorm, een achttal officieren en handelaren schuift aan. Nkunda zit alleen aan zijn eigen tafeltje, als een umlaut op de U. Achter hem staat een lijfwacht met een automatisch machinegeweer en een oortje. Niemand spreekt. Als de *chairman* het woord neemt, veinst iedereen belangstelling. Als hij een grapje maakt, lacht men te luid. Hij is snel klaar met eten. Terwijl het gezelschap ongemakkelijk verder tafelt, peutert hij traag met een tandenstoker in zijn mond en kijkt hij de tafelgenoten één voor één aan. Zijn tanden zijn ontbloot tot een akelige grimas. Eén oog is half gesloten. Af en toe ontspant hij zijn gezicht en slikt hij een losgekomen etensrest weg.

'Kom, laat ons praten,' zegt hij. Hij troont me mee naar een slaapvertrek achter in het gebouw. Zijn lijfwacht en René Abandi volgen. We nemen plaats op drie lage krukjes tussen stapelbedden en muskietennetten. De tienerjongen met het geladen geweer blijft staan en houdt me voortdurend in de gaten. Nkunda steekt meteen van wal. Hij spreekt niet, maar fluistert. Hij praat bezwerend en kijkt me met opengesperde ogen aan, als moet hij een duivel bij mij uitdrijven: 'Er zijn zoveel breuklijnen in dit land, tussen het oosten dat voor Kabila stemde en het westen dat voor Bemba was, tussen de ex-FAZ van Mobutu en de kadogo's, tussen de Hema's en de Lendu's, tussen de Tutsi's en de Hutu's. Congo moet een proces van nationale verzoening doormaken.'

Ik weet niet wat ik hoor. Gaat hij, de nietsontziende beul, nu plotseling de grote verzoener uithangen? Probeert hij via dit gesprek het Westen op te vrijen, of wat? Een rationeel discours om een robuuste interventiemacht af te houden? Hij speelt in elk geval meesterlijk in op de internationale ontgoocheling over Kabila. 'Ik ken Kabila. Hij is niet in staat tot debat. Hij heeft zowel Bemba vernietigd als Bundu-dia-Kongo. Dit land heeft recht op bevrijding. Dit land is nooit onafhankelijk geweest. Dit land moet eindelijk kunnen genieten van al zijn mogelijkheden, anders zal het Congolese volk zich tegen Kabila keren zoals tegen Mobutu.'

Op het toppunt van zijn roem zijn zijn ambities duidelijk bijgesteld. Het gaat hem niet langer om de bescherming van de Tutsi's, zelfs niet langer om het lot van de Banyarwanda, maar om niets minder dan de bevrijding van heel Congo. 'Er komt geen Tutsi-territorium in Congo. De CNDP is geen Tutsi-rebellenleger, want Tutsi's vormen slechts 10 à 15 procent van onze beweging. We zijn een Congolese rebellie. Het Westen heeft de genocide veroordeeld, maar niet de génocidaires die hier nog rondlopen. Het is toch onaanvaardbaar dat er buitenlandse strijdkrachten op ons grondgebied aanwezig zijn en dat die ook nog eens bewapend worden door onze regering! Normale landen verdragen geen illegalen, maar hier bewapenen we ze!'

Nkunda, de nationale bevrijder: het is even wennen. Hij lijkt er in elk geval helemaal klaar voor: 'Ik heb de CNDP gesticht als een soort kern van een toekomstig nationaal leger.' Ja, toe maar. 'Het ging om een test: ik wilde aantonen dat het mogelijk was om met weinig middelen een gedisciplineerd leger te hebben dat niet overging tot plunderingen.' Pardon? 'Bij ons zie je weinig schendingen van mensenrechten. Er is een duidelijke gedragscode. Mijn soldaten ontvangen ook geen salaris. Ze krijgen rijst, bonen en maïs – dat is hun salaris. Maar we hebben hun een toekomst getoond. Ze leven voor die droom.' Met alle respect, werp ik op, maar uw leger wordt in de rest van Congo wel gehaat. 'Dat komt omdat er slechts de stem van de MONUC is. Wij zouden verkrachters zijn en slachtingen aanrichten. We zouden de gewapende tak van Rwanda zijn. Maar die tijd is voorbij! Het waren geen gelukkige tijden toen Rwanda en Oeganda hier waren.' Maar daar was u toch zelf bij? U leidde de Rwandese troepen in Kisangani! 'Dat klopt. Ik heb Kisangani beveiligd. Daardoor was ik de populairste officier in de stad.'

Nou ja zeg, bedenk ik me, hij wordt er vandaag nog steeds gehaat! Onder zijn terreurbewind werden in 2002 tientallen jongeren uit de arme buurten vermoord. Bij de brug over de Tshopo werden tweehonderd politieagenten en militairen afgeslacht en in de rivier gegooid. Ze waren vastgebonden en hadden een prop in de mond. Sommigen werden doodgeschoten of onthoofd, bij anderen werd de nek gebroken of ging het met de bajonet. Hun buiken werden opengesneden opdat ze enkele dagen later niet zouden komen bovendrijven. Nkunda stond erbij. Hij had de supervisie over de actie, met steun van Rwanda.[38] En dan nu beweren dat buitenlandse inmenging niet deugt?

'Toen Duitsland Engeland bedreigde, riep Churchill zijn volk toch ook op tot verweer? Dat werd op applaus onthaald. Waarom moeten wij dan aanvaarden dat het FDLR hier heerst zoals de Duitsers destijds?' Churchill was wel verkozen, generaal, u bent dat niet. 'In oorlogstijd doet dat er niet toe. Hitler was ook verkozen en zie de gevolgen. De Gaulle was niet verkozen, maar hij heeft wel Frankrijk bevrijd.' Ik weet even niet hoe ik het heb. Wil hij dan beweren dat er een parallel bestaat met de belangrijkste Franse staatsman van de twintigste eeuw? 'Ja, ik ben de generaal De Gaulle van Congo!'[39]

Beduusd van zoveel retoriek voor gevorderden stap ik met René en zeven anderen in een krappe jeep. In de koffer zit een kindsoldaat met een kalasjnikov. Het is bijna middernacht. We rijden oostwaarts door de natte, druipende heuvels en hopen geen Mai-mai-patrouille tegen te komen. Ik ben bang en verward. Ik weet niet dat er op dat moment in New York een VN-rapport wordt klaargestoomd dat de Rwandese inbreng in de CNDP duidelijk aantoont, ik weet niet dat Human Rights Watch een verslag voorbereidt over de gruwelen van Nkunda.[40] Ik ben op het punt aangekomen dat de geschiedenis nog warm is, vers en ongrijpbaar. Ik heb geen overzicht, niemand heeft overzicht.

Ik weet alleen dat ik liever met gewone mensen praat dan met bewindslieden, dat ik meer van anekdotiek leer dan van retoriek. Ik weet alleen dat ik in het vluchtelingenkamp van Mugunga in de plastic hut van Grâce Nirahabimana zat, blok 48, nummer 34, ik kon er niet rechtop staan. Grâce was een prachtige vrouw van 23 met twee kinderen, Fabrice en David. Haar twee broers van 12 en 16 waren door Nkunda meegenomen, haar twee zussen waren aan diarree gestorven, zij was door drie militairen verkracht. Ze had alles achtergelaten. Haar zussen waren in het kamp gestorven – te weinig eten, geen toiletten – ze lagen begraven tussen de bananenstruiken. Het was koud toen ik bij haar op bed zat. Een gure wind joeg over het maanlandschap van lava en deed de plastic wand van haar hutje klapperen. 'Ik voel me echt niet beschermd,' snikte ze, 'ik ben heel, heel bang. Bang voor Laurent Nkunda.'[41]

Na een rit die eindeloos leek, stopt de jeep bij een oude koloniale woning. 'We zijn bij de grens met Oeganda,' zegt René, 'dit was het huis van het hoofd van de douane. Daar bij die bomen begint Oeganda.' Het plaatsje heet Bunagana, hier zouden we rustig kunnen overnachten. Maar tot Renés verbazing blijkt het huis vol te liggen met kindsoldaten, wel twintig. Ze slapen in de fauteuils, op de vloer, in de keuken. Er is water noch elektriciteit, maar een bed wordt snel geregeld.

'sAnderendaags ben ik vroeg op. Met bloot bovenlijf ga ik op het terras mijn notities herlezen. Een jongen van 13 vertelt me dat zijn geweer een 'Tsjetsjeen' heet. Rond acht uur wandel ik met René naar het dorp om te ontbijten. Hij heeft slecht geslapen. 'Gastritis,' zucht hij, 'ik maak me te veel zorgen, ik ben nu eenmaal zo'n type. Nkunda heeft er ook last van, naast zijn astma. De oorlog is niet goed. Het is het ergste wat er is, maar we kunnen niet anders.'

We komen bij een onopvallend huis. Het blijkt het civiele hoofdkwartier van de CNDP te zijn. Ik ontmoet er alle kopstukken die ik gisteren heb leren kennen. Ook de zus van Nkunda is er: twee druppels water. De binnenkoer is een openluchtgarage. Een half dozijn *humvees* die de rebellen op de FARDC hebben buitgemaakt, wordt er opgelapt voor de strijd. Binnen eet ik voor het eerst in weken kaas, Kivu-kaas, een specialiteit van de Tutsi's. De top van het regime bespreekt de actualiteit. Desmond Tutu en Romeo Dallaire, de voormalige VN-commandant in Rwanda, hebben net opgeroepen tot een grootschalige interventiemacht in Noord-Kivu. 'Bah,' briest René, 'nu ze geen politieke argumenten meer hebben, halen ze er morele zwaargewichten bij. Het humanitaire dient om het militaire te vergoelijken.' De anderen vallen hem bij. 'We gaan toch naar het Internationaal Strafhof,' grapt hij, 'dan kunnen we maar beter ook verkrachten en moorden, anders zitten we daar straks voor niks!'

Die interventiemacht zou er niet komen. De Europese Unie was niet geneigd om op de smeekbede van Ban Ki-moon in te gaan en de Afrikaanse Unie, de Southern African Development Community en Angola stonden ook niet te popelen om Kabila te hulp te schieten. Die ochtend in Bunagana concludeerde ik dat Laurent Nkunda nog wel eens zeer lang over zijn gebied zou kunnen blijven heersen. Officieel was de grens met Oeganda dicht, maar ik zag een vrachtwagen met meel Congo binnenrijden. Wie maakt hem wat? dacht ik. Congo heeft geen leger, de MONUC grijpt niet in, een zwaardere interventiemacht zit er niet in en bovendien heeft hij eten en int hij belastingen. Misschien houdt dit maquis wel even lang stand als dat van vader Kabila.

Maar ik had het mis. Een maand later, in januari 2009, gebeurde wat niemand had voorspeld: het Congolese leger en het Rwandese leger, gezworen erfvijanden, sloegen de handen ineen en arresteerden Nkunda. Een volstrekt onverwachte *move*, maar ze moesten wel: Kagame had veel internationaal krediet verloren met dat VN-rapport over zijn steun aan de CNDP, Kabila stond voor schut met zijn belabberde leger dat niemand vooruit wilde komen helpen. *Bien étonnés de se trouver ensemble* wilden ze zelfs het FDLR uitschakelen. Dat lukte maar half, maar Nkunda kwam in voorlopige hechtenis in Rwanda en wacht sindsdien op zijn proces in Congo. De CNDP kwam in handen van oorlogsmisdadiger Bosco Ntaganda en 'versmolt' nog maar eens met het regeringsleger.

Die gezamenlijke operatie van Congo en Rwanda raakte bekend onder de benaming Umoja wetu (eerste helft van 2009) en kreeg een vervolg in de operaties Kimia II (2009) en Amani Leo (2010), proactieve campagnes van het nationale leger (in wezen ex-CNDP'ers, aangevoerd door schurk Ntaganda) met de MONUC tegen het FDLR, die vooralsnog veel meer burgerleed dan zegepraal veroorzaakten.[42] Zesduizend man telt het FDLR anno 2010, een homeopathisch restant van de anderhalf miljoen vluchtelingen van 1994. Nog geen driehonderd van hen worden van genocidemisdaden verdacht.

Als Rwanda overgemilitariseerd is, dan blijft Congo ondergemilitariseerd. Nog steeds zijn de strijdkrachten meer geestverschijning dan werkelijkheid. En dat zie je. De FARDC is niet in staat het hoofd te bieden aan het Lord Resistance Army van de Oegandese rebellenleider Joseph Kony, die in het noordoosten voor onrust zorgt, laat staan dat ze de meer dan zevenduizend kilometer landsgrenzen van het grondgebied afdoende zouden kunnen verdedigen. En dat op een moment dat de geopolitieke spanningen met Oeganda oplopen over olie in het Albert-meer, met Rwanda over methaangas in het Kivu-meer en vooral met Angola over olievelden in de Atlantische Oceaan – soms met schermutselingen tot gevolg. Het leger kan zelfs de interne orde van Congo niet verzekeren. Bij een ruzie over enkele visvijvers in Dongo (in de Equateur) vielen in november 2009 zeker honderd doden en sloegen negentigduizend mensen op de vlucht. De wil tot verandering lijkt miniem.[43] Met een leger zou Kabila zich meer kunnen laten gelden, maar zonder leger hoeft hij geen putsch te vrezen.[44]

En het leven vliedt gelijk het vlood. Aan de andere kant van het land, in Nsioni, wandelen de mensen af en aan langs de rode, stoffige hoofdstraat van hun dorp. Ik zie hen vanaf een terras waar de muziek loeihard staat voor mij en nog twee klanten. Denk de mobieltjes weg en er is weinig verschil tussen het heden en de jaren tachtig. Dezelfde colaflesjes als toen, dezelfde auto's waar men nu nog in rondrijdt, dezelfde gammele kraampjes, waar gedroogde vis wordt verkocht. Het enige wat veranderd is, is de grootte van de moten: nu zijn het nog slechts dobbelsteentjes. Maar aan de overkant van de straat lijkt wel een ufo geland. Tussen de grauwe barakken en de vaal geworden huizen torent een kraakwit stenen pand dat aan alle kanten blinkt. Voor de deur staan vier gloednieuwe motoren met glimmend chroom keurig naast elkaar. De zadels zijn nog met plastic overspannen. Daarnaast: tien herenfietsen, dicht opeen, de sturen staan dwars en zitten nog in karton. De glanzende staafremmen zijn een lust voor het oog. Binnen flakkert het blauwe schijnsel van een plasmascherm. Boven de deur hangt een bord dat veel verduidelijkt: CHINA AMITIÉ COMPANY. In Nsioni zijn de eerste Chinese handelaren neergestreken.

Ik ga naar binnen en begroet een achterdochtig kijkend, jong Aziatisch echtpaar dat geen gebenedijd woord Frans of Engels spreekt, maar hun koopwaar zegt genoeg: een horror vacui van flitsende sportschoenen die tot het plafond staan gestapeld, naast tv's en klokken en rekken parfum. Op de bewoners van Nsioni maakt de CHINA AMITIÉ COMPANY dezelfde indruk van weelde en comfort als de supermarkten in de boerendorpen van Europa in de jaren vijftig. Wat een verschil met die miezerige kraampjes waar je kaarsen en scheermesjes per stuk ging kopen! Wat een luxe als je die parfums vergelijkt met de zelfgemaakte staven zeep waarmee je je al je hele leven schrobt! Wat een gemak dat je voor zulke producten niet meer naar Boma of Kinshasa hoeft! En nog betaalbaar ook!

De uitbaters verkopen zelfs schilderijen in protserige lijsten waarop bergzichten en alpenweides staan afgebeeld. Aziatische winkeliers die in de Afrikaanse binnenlanden Europese landschappen komen verkopen: dat heet globalisering, geloof ik. De wereld een marktplaats. Het doet denken aan die geniale graffiti die nog geen honderd kilometer verderop staat gespoten op de oude spoorwegbrug bij Matadi. De brug uit de jaren 1890, toen Nkasi's vader en Chinese arbeiders de verbinding naar Kinshasa aanlegden, draagt vandaag de dag een stukje vandalisme dat het derde millennium op briljante wijze samenvat: WWW.COM.[45]

Vanaf de late jaren negentig van de twintigste eeuw trokken Chinezen in toenemende mate naar Afrika. Ze kwamen er niet alleen om hun producten te slijten, maar veel meer nog om grondstoffen te kopen. De formidabele explosie van de Chinese economie, het resultaat van een gecontroleerd experiment met het kapitalisme aan de kusten van het land onder Deng Xiaoping, had de vraag naar bodemrijkdommen enorm doen stijgen. In 1993 voerde China voor het eerst meer olie in dan uit.[46] De eerste landen in Afrika waarmee het intensieve banden aanknoopte waren dan ook de petroleumstaten Nigeria, Angola en Soedan. Later kwamen ook Zambia en Gabon in beeld, omwille van het koper en het ijzererts. Als 'geologisch schandaal' wekte Congo eveneens de belangstelling, ondanks de oorlog en het barre ondernemersklimaat. In Katanga streken algauw Chinese avonturiers neer op de puinhopen van de ooit zo bloeiende mijnbouw. Die Chinezen roken een gouden kans. In 2003 had Gécamines, op last van de Wereldbank en het IMF, elfduizend overtollige mijnwerkers ontslagen.[47] Ze hadden een ontslagvergoeding gekregen, maar de meesten hadden die opgemaakt aan auto's of tv's. Velen van hen waren daarna creuseur geworden, delver. Net zoals in de Kivu waren ze bereid om met beperkte middelen te graven in oude mijnen en zakken met erts te vullen die ze vervolgens verkochten aan deze of gene monsieur Chang of monsieur Wei.

In februari 2006 had ik het geluk de mijn van Ruashi te bezoeken. Honderden creuseurs groeven er naar heterogeniet, een erts dat koper en kobalt bevat. Ik zag kinderen afdalen in slecht gestutte putten tot twaalf meter diep. Ik zag een jongen van 5 onder het stof zitten, hij had een T-shirt van Kabouter Plop aan. Als het goed zat, kregen ze vijf dollar per zak. Soms haalde een groepje vrienden er op een dag wel tien boven. Het was hard en gevaarlijk werk, zeiden ze, maar ze konden ervan leven. Wat een verschil met de enorme, kraaknette Luiswishi-kobaltmijn van de Belgische zakenman Georges Forrest, waar ik later die dag kwam en hooguit enkele tientallen Congolezen aan de slag zag. Ze droegen veiligheidshelmen en bedienden graafmachines waarvan de wieldoppen groter waren dan een mens.

De Chinese opkopers waren particuliere ondernemers, ze kregen geen steun van de Chinese overheid. Sommigen begonnen eigen geïmproviseerde smelterijtjes om een hoger concentraat te exporteren. Hun Congolese dagloners werkten in abominabele arbeidsomstandigheden. Ze werden slecht betaald, ademden ongezonde dampen in, hadden geen werkkledij, laat staan een sociaal statuut. Neem Jean. Hij ging in dienst bij Jia Xing, een van de grotere koperverwerkende bedrijven met een depot in Kolwezi en een smelterij in Lubumbashi. De onderneming stelde tweehonderd mensen te werk en Jean kreeg een contract van onbepaalde duur: hij was een ervaren smelter. Soms kon een dagloner dus opklimmen tot een vaste aanstelling, al waren de contracten vaak in het Chinees gesteld. Jeans shifts duurden twaalf à dertien uur met een ultrakorte middagpauze, zeven dagen per week. Er was een dagploeg en een nachtploeg. Beschermende kledij was er niet, zijn gereedschap was versleten, de hitte van de oven was niet te harden. Jeans maandloon bedroeg 120 dollar, met een bonus van honderd dollar als hij de oven deed; daarmee was Jia Xing de best betalende Chinese werkgever van Katanga.

Op een morgen waren hij en twaalf collega's enkele minuten te laat op het werk: een verkeersongeval had hen opgehouden. Als straf werden ze opgesloten in een container, waar ze van zeven uur 's ochtends tot vijf uur 's avonds zaten. Op het eind van de dag werden ze allemaal ontslagen. Werkwilligen genoeg immers. Jean werd toen maar creuseur. Hij verkocht zijn zakken erts aan zijn vroegere baas, maar de plekken waar ambachtelijke mijnen waren toegestaan, waren beperkt. Misschien moest hij zich maar bij de ploegen aansluiten die in het holst van de nacht binnendrongen in de concessies van de grote mijnen? Het was gevaarlijk in het donker. Sommigen verdronken of stikten tijdens het werk, anderen werden doodgeschoten door de security. Hij kon ook nog altijd bij het Emmanuel Depot in Kolwezi gaan werken, ook een Chinees bedrijf, maar de arbeiders zopen er zich elke lunchpauze klem omdat ze radioactief erts moesten verwerken en geen handschoenen of masker kregen.[48]

Katanga kende een rauw kapitalisme dat aan de jaren twintig deed denken, maar de kredietcrisis van 2008 joeg veertig van die bedrijven weg. De koperprijs zakte van bijna 9000 naar 3600 dollar per ton en de provincie legde zwaardere voorwaarden op. Tienduizenden creuseurs kwamen zonder werk te zitten. Ineens leek Katanga meer op de jaren dertig.[49]

Maar er kwamen ook Chinese staatsbedrijven, geen *hit and run*-fortuinzoekers, maar mastodontondernemingen met schier onbeperkte middelen. De weg van Kinshasa naar Matadi werd opnieuw aangelegd, naast de weg van Lubumbashi naar de Zambiaanse grens, waarover de vrachtwagens vol erts denderden. CCT, een Chinees telecombedrijf, werd een van de belangrijkste gsm-operators in het land. Een ander bedrijf begon met de aanleg van 5600 kilometer glasvezelkabel om Congo digitaal te ontsluiten.[50] Al in de jaren zeventig waren er hartelijke vriendschapsbanden tussen Mobutu en Mao: toen ging het om het opfokken van de ideologische kameraadschap (de eenpartijstaat, de abacost en de parades waren het resultaat, niet gek voor een pro-Amerikaans land), nu ging het om business. Congo werd een van de nieuwe handelspartners van China. In 2006 organiseerde president Hu Jintao een cruciale Sino-Afrikaanse top in Beijing, waar maar liefst achtenveertig Afrikaanse staatshoofden aanwezig waren. Er werd voor twee miljard dollar aan contracten afgesloten, China beloofde tot vijf miljard aan leningen en een verdubbeling van de hulp tegen 2009, annuleerde uitstaande schulden en schortte een hele rits importheffingen op Afrikaanse producten op. Chinese hoogwaardigheidsbekleders bezochten bijna elk Afrikaans land met het oog op de handel. Beijing hield zich rigoureus aan zijn politiek van niet-inmenging in binnenlandse aangelegenheden. Het beriep zich op een broederlijke zuid-zuidsamenwerking, niet om paternalistische noord-zuidbemoeienis. Dat klonk mooi, maar het betekende ook dat handel met ongure types als Mugabe en Al-Bashir geen bezwaar was. Het nieuwe China was zakelijk, efficiënt en pragmatisch. De enige gunst die het aan de nieuwe handelspartner vroeg was om één keer per jaar, tijdens de Algemene Vergadering van de VN, ook te vinden dat Taiwan eigenlijk deel van China was.

In september 2007 kondigde Pierre Lumbi, minister van Infrastructuur, Openbare Werken en Wederopbouw, aan dat Congo een megadeal met China had gesloten. Het land zou een joint venture naar Congolees recht oprichten met drie Chinese staatsbedrijven (een bank, een wegenbouwmaatschappij en een algemene bouwonderneming). Congo participeerde dankzij de Gécamines voor 32 procent, China voor 68. De joint venture mocht in Katanga tien miljoen ton koper en zeshonderdduizend ton kobalt opgraven – gigantische hoeveelheden als je weet dat er tijdens de hele koloniale tijd slechts acht miljoen ton koper werd gedolven en de totale reserves op zeventig miljoen ton worden geschat.[51] In ruil daarvoor zou de nieuwe vennootschap voor drie miljard dollar investeren in het herstel van de mijninfrastructuur en voor zes miljard in de aanleg van geasfalteerde wegen (3400 kilometer), onverharde wegen (2738 kilometer), spoorwegen (3215 kilometer), huizen (5000), poliklinieken (145), hospitalen (31), waterkrachtcentrales (2), luchthavens (2) en universiteiten (2). Negen miljard dollar investeringen, alles bij elkaar. En omdat de joint venture nog geen opbrengsten had, zou de Volksrepubliek China het geld voor die grote werken eerst zelf voorschieten; de joint venture moest het op termijn maar terugbetalen. Kabila was buitengewoon opgetogen: 'Voor het eerst in onze geschiedenis zal het Congolese volk eindelijk zien waartoe al zijn koper, zijn nikkel en zijn kobalt dienen!'[52]

Het was inderdaad een indrukwekkend akkoord. Slechts zeven pagina's lang, minder dan een huurcontract, was het het belangrijkste document over Congo sinds het tienjarenplan van 1949. Congo zou een bouwwerf worden zoals het sinds de jaren vijftig nooit meer was geweest. De deal werd in de westerse pers vaak voorgesteld als een 'lening' van China, terwijl het in wezen om ruilhandel ging: ertsen voor infrastructuur. Zo'n ruil impliceerde geen terugkeer naar een prekoloniale economie, maar was een handige manier om corruptie te omzeilen: een hospitaal laat je nu eenmaal niet zo snel in je zakken glijden. Maar het was wel een ruilhandel waaraan een cruciale clausule was verbonden. Indien de vindplaatsen niet de verhoopte hoeveelheid ertsen opleverden, was Congo verplicht het contract anderszins te vereffenen.

Meteen na de bekendmaking schreeuwde het Westen moord en brand. Neokolonialisme! Een nieuwe *scramble for Africa*! Roofzucht vermomd als win-wingedoe! Het contract leek sommigen een eenentwintigste-eeuwse variant van de akkoorden die Stanley dorpshoofden had doen ondertekenen. De Congolezen hadden zich laten rollen! Het was niet eens in het parlement besproken! Het zou geen werkgelegenheid verschaffen! 't Scheen dat die Chinezen gewoon hun gevangenen overvlogen! Et cetera.

Een deel van die reserves was terecht, een deel was ook paniek. Paniek voor die nieuwe, complexe wereld die zich aankondigde en waarin China supermachtstatus verwierf. Het deed denken aan de nervositeit ten tijde van de Conferentie van Berlijn of bij het begin van de Koude Oorlog. Congo wekt al anderhalve eeuw de belangstelling van buitenlandse mogendheden en vaak zorgt dat voor spanningen – tussen Europese en Arabische handelaren rond 1870, tussen Europese natiestaten onderling daarna, tussen Amerika en Rusland in de Koude Oorlog en nu dus tussen China en het Westen. Telkens als een nieuwkomer zijn plek opeist aan het geopolitieke schaakbord van Centraal-Afrika, zorgt dat aanvankelijk voor wantrouwen en zenuwachtigheid.

Maar had de Congolese overheid zich dan niet laten bedotten? Moeilijk te zeggen. Inherent aan ruilhandel is dat er geen objectieve standaard bestaat buiten de tevredenheid van de onderhandelaars. China was verheugd over de toegang die het kreeg tot grondstoffen, Kabila was verheugd over de beloofde wederopbouw van zijn land. Het contract was hem in ieder geval niet in de maag gesplitst, maar het was tot stand gekomen na twee maanden scherp onderhandelen in Beijing.[53] Maar ook als je het per se probeert te kwantificeren, werkt het niet. Of tien miljoen ton koper tegen negen miljard dollar investeringen een faire deal is, hangt immers af van de wereldprijs van het koper. Gezien de sterke fluctuaties op de wereldmarkt van de afgelopen jaren kan dat zowel veertien miljard dollar betekenen als tachtig miljard. Eén ding is echter duidelijk: het is China niet om een kortetermijnroof van de Katangese bodem te doen, om de simpele reden dat China's economische beleid getuigt van geleidelijkheid en planning. Beijing heeft geen enkel belang bij het leegzuigen en destabiliseren van Afrika, integendeel. Het idee dat China een malafide dokter is die een doodzieke patiënt een *family pack* vitamine C belooft in ruil voor, laat ons zeggen, een nier en een long, gaat niet op. China is aan een lange, structurele aanwezigheid in Afrika begonnen, die het aanzien van de wereld in de komende eeuw gaat veranderen.

Hoe democratisch dat allemaal wordt, is uiteraard nog zeer de vraag. Het contract werd in conclaaf besproken, buiten medeweten van het parlement om. En ook al heeft het parlement er inmiddels zijn zegje over kunnen doen, zijn inbreng was al met al gering. Bovendien bewijzen de scheutige handelsbetrekkingen die China met Zimbabwe en Soedan onderhoudt dat mensenrechten geen heilig criterium vormen, net zo min als in China zelf overigens. Voor Beijing hebben commerciële belangen momenteel voorrang op humanitaire. Zo is het land te afhankelijk van de hoge-kwaliteitsolie uit Soedan om bij een stemming over Darfur in de VN-Veiligheidsraad, waar het als vast lid nochtans veel macht heeft, het regime van Al-Bashir tegen de haren in te strijken. Dat klinkt opportunistisch, maar het is niet minder opportunistisch dan de wijze waarop Frankrijk, België en de VS in de jaren tachtig Mobutu aan de macht hielden. Respect voor de mensenrechten dateert bij westerse regimes ook pas van de jaren negentig. En dan nog...

De hardnekkigste critici van het Sino-Congolese contract waren de internationale financiële instellingen. Het IMF en de Wereldbank waren niet gerust op de garantieclausule die stipuleerde dat Congo zijn verplichtingen op andere wijze moest aflossen als er te weinig koper of kobalt in de grond zat. Met zo'n onderpand dreigde Congo zich nog meer schulden op de hals te halen en het had toch al zo'n buitenissige schuldenberg. Dat was waar. Het land sleepte nog steeds de schulden van het

Mobutu-tijdperk met zich mee en door alle achterstallige betalingen en opgelopen rente bedroegen die begin 2010 een astronomische dertien miljard dollar. Dat betekende jaarlijks een kwart van alle uitgaven, meer dan 90 procent van het bnp, 150 procent van alle exporten, en meer dan 500 procent van de overheidsinkomsten (exclusief de buitenlandse hulp).[54] Het handjeklap met China hield in dat er nu nog een kwak schulden bovenop kon komen.

Het IMF en de Wereldbank vertelden er niet bij dat zij het best in staat waren om aan die schuldenlast iets te doen. Jaar in jaar uit bleven ze hameren op de aflossing ervan, terwijl Erwin Blumenthal al in de jaren tachtig had aangegeven dat zulks nooit zou gebeuren. Het drong pas traag tot de Bretton Woods-instellingen door dat het unfair was om een pas verkozen bewind nog steeds op te zadelen met de spilzucht van een dictactor van twintig, dertig jaar geleden. Het ging uiteraard om erg veel geld en het mocht geen gewoonte worden om makkelijk de spons te halen over uitstaande passiva, maar dertien miljard dollar verlamde toch wel elke poging tot wederopbouw. Het was alsof nieuwe huurders van een verkrot pand nog steeds moesten opdraaien voor de gepeperde telefoonrekeningen van de vorige bewoners, die extreem belziek waren geweest. Terecht zei Rigobert Minani, een Congolese intellectueel, dat de internationale financiële instellingen 'de nationale economie gijzelden'.[55]

De reden dat het IMF vasthield aan de afbetaling van die schuld was dat het rijke, westerse landen een laatste houvast bood om in Congo nog iets te zeggen te hebben. Het IMF heet internationaal te zijn, maar het kent stemmen toe op basis van kapitaalinbreng. Daardoor hebben de VS en de EU, als belangrijkste financiers, bijna de helft van het stemmenaantal, terwijl China, waar een kwart van de wereldbevolking woont, nog geen 4 procent stemmen heeft.[56] Diplomatiek had het Westen na de verkiezingen nog maar weinig in de melk te brokkelen in Congo, maar het IMF, waarvan de directeur altijd een Europeaan dient te zijn, fungeerde als een ultieme stok achter de deur om voorwaarden te stellen inzake corruptiebestrijding, fiscaliteit, en monetaire en economische politiek. De schuld mocht verminderen, maar niet helemaal verdwijnen.

Binnen het kader van een grootschalig hulpprogramma voor de zogenaamde *heavily indebted countries* verklaarde het IMF zich bereid om negen van de dertien miljard dollar schuld te laten vallen indien Congo voldeed aan een reeks stringente voorwaarden. Dat vergde onder meer een herziening van het contract met China. Kabila had daar eerst niet veel zin in, maar begin 2009 zat de staat, door de oorlog tegen Nkunda en de lage koperprijs door de crisis, zo krap bij kas dat er nog slechts deviezen over waren voor twee, drie dagen invoer. Op de bodem van de schatkist lag nog een luttele dertig miljoen dollar. Het IMF en de Wereldbank schoten toen bliksemsnel met driehonderd miljoen te hulp. Sindsdien beseffen de autoriteiten in Kinshasa dat het niet onverstandig is om ook met die instellingen in dialoog te blijven en dat niet alle heil uit China komt. Misschien moesten ze wel van twee walletjes trachten te eten.

Na maanden overleg werd in december 2009 een vergelijk gevonden: de garantieclausule kwam te vervallen en in ruil voor die toegeving bracht China zijn investeringen terug van negen naar zes miljard dollar. Prompt maakte het IMF vijfhonderdvijftig miljoen dollar vrij en verkondigde het dat Congo niet meer ver afstond van zijn schuldkwijtschelding: van de dertien miljard zou het dan nog 'slechts' vier miljard moeten afbetalen.

Inmiddels maakt ook India zijn opwachting als zakenpartner van Congo, een samenwerking die ook door het IMF in de gaten zal worden gehouden.[57]

Een hoge witte muur waarachter ik kolossale machines om asfalt te maken zag staan: op 17 oktober 2008 reed ik in Kinsuka om de terreinen van de CREC heen, de Chinese Railway Engineering Company. Kinsuka is een buitenwijk van Kinshasa gelegen langs de Congo-rivier, de CREC is een van de Chinese staatsbedrijven in het consortium met Congo en een van de grootste bouwondernemingen van Azië. Het heeft honderdduizend arbeiders in dienst. Van Kabila heeft het een reusachtig domein ter beschikking gekregen dicht bij de steengroeves aan de oevers van de rivier, en elders in de stad zijn er nog twee concessies. Het gerucht ging dat Congolese arbeiders ontslagen werden als ze bevelen negeerden, ook als die in het Mandarijn waren gesteld. Hun maandloon van honderdvijftig dollar werd tegen een zeer lage wisselkoers uitbetaald, zodat ze eigenlijk maar zeventig dollar ontvingen.[58]

Maar er was geen sprake van dat ik binnen kon komen, zo leerde ik algauw, laat staan dat ik interviews kon afnemen. Alleen die hoge witte muur rond de concessie kreeg ik te zien, honderden meters lang. Ik reed eromheen. Aan de achterkant grensde het domein aan een volkswijk. Er was enkel een zandpad. Toen ik uitstapte, kwam er een dreumes van een jaar of 4 op me af. Hij keek me aan, wees en zei toen luid en duidelijk, omdat kinderen nu eenmaal graag de zaken benoemen die ze kennen: '*Chinois!*'

In Kinshasa groeit een generatie op voor wie Europeanen exotischer zijn dan Chinezen. Er zijn in Congo opnieuw kinderen die nog nooit een blanke in het echt hebben gezien, net als in de late negentiende eeuw. Zelfs in de volksbuurten van Kinshasa tref je ze aan. Ik heb meermalen mogen vaststellen dat dreumesen krijsend wegliepen als ik met mijn monsterlijke verschijning door hun steegjes liep.

Volwassen Congolezen daarentegen aarzelen tussen Oost en West. Europa en Amerika worden nog steeds bewonderd om hun knowhow, maar velen vragen zich af waarom daar zo weinig van te zien is, vooral omdat de Chinezen het ene concrete project na het andere realiseren. Dat wekt de indruk dat het Westen niet meer geïnteresseerd is. De verkiezing van Obama bracht evenwel nieuwe hoop. De oude Nkasi kon het niet geloven toen ik hem daags na de Amerikaanse presidentsverkiezingen voor het eerst sprak. Bij de drukke rotonde van Kintambo Magasin in Kinshasa jubelden jongeren om zes uur 's ochtends, na zijn historische *acceptance speech*: 'Hij is een van ons! Hij is een van ons! Hij is een Mutetela!' Omdat zijn naam met een O begon, dacht men dat hij tot de stam van de Batetela behoorde, waar namen als Omasombo, Okito en Olenga frequent zijn. Maar ook zij die zijn stamboom beter kenden, geloofden in een nieuw hoofdstuk in de Afro-Amerikaanse betrekkingen. En inderdaad, Hillary Clinton trok naar Goma, zij was de eerste Amerikaanse minister van Buitenlandse Zaken sinds 1997 die het land bezocht. Dat ze wel naar Congo ging en niet naar Rwanda, dat toch grensde aan Goma, deed de hoop rijzen dat Amerika's kritiekloze pro-Rwandabeleid bijgesteld zou worden. Er kwam een speciale gezant voor de Grote Meren en tijdens zijn Nobelprijsrede in december 2009 verwees Obama uitdrukkelijk naar het seksueel geweld in Congo. Maar in de praktijk ontwikkelde de nieuwe Amerikaanse regering nog geen coherente visie op Centraal-Afrika.[59]

De Chinezen dan maar? Tijdens mijn gesprekken viel op dat Congolezen vaak in ambivalente termen spreken over de Chinese aanwezigheid. Hun blik is een mengeling van bewondering en achterdocht, een paradox die zich vaak vertaalt in lichte spot. In de sociale omgang ervaren ze de Chinezen als afstandelijk, houterig en ongezellig. Ze lachen zo weinig, vinden velen, ze mengen zich niet onder ons, ze wonen met dertig man in een huis en vergeten te leven! De taalbarrière en de grote culturele verschillen bevorderen het contact uiteraard niet. Wie voor een Chinees werkt, stelt zich onderdanig op, maar doet achter zijn rug lacherig over hem (niet haar, want vrouwen zijn er niet) – een houding die niet verschilt van die waarmee de Europese mannen een eeuw geleden werden ontvangen. Dat neemt niet weg dat velen onder de indruk zijn van de snelheid waarmee de bouwondernemingen aan de slag gaan. '*Bachinois batongaka kaka na butu*,' klinkt een grappig, nieuw volksliedje: de Chinezen bouwen altijd 's nachts en als je 's ochtends wakker wordt is er weer een verdieping bij.

De werken kwamen eerst traag op gang, maar het maakte indruk toen de CREC minder dan een jaar na de kredietcrisis begon met de sanering van de riolen en de heraanleg van de Boulevard du 30 Juin in het centrum van Kinshasa, ook al moesten alle bomen sneuvelen en werd de verkeersas gereduceerd tot een vierbaansweg, waar veel dodelijke ongevallen plaatsvinden. De bevolking beseft maar al te goed dat Kabila de realisatie van zijn fameuze cinq chantiers heeft uitbesteed aan de Chinezen om zijn eigen immobilisme te maskeren, net zoals hij de oorlog heeft uitbesteed aan de Rwandezen en de MONUC. Er moet toch iets op tafel liggen tegen de verkiezingen van 2011. Cinq chantiers? Zeg maar *Tcheng Tchan Tché*! Telkens als jongeren een Chinees op straat zien of een Congolese vrouw met een Aziatische bloes, schallen ze: '*Tcheng Tchan Tché!*'

Als er één plek in Congo is waar het ontzag voor China bijna tastbaar wordt, dan is het wel het voetpad voor de Chinese ambassade in Kinshasa. Drie ochtenden per week drommen hier lange rijen Congolezen samen in de hoop op een visum. Sommigen staan er al om vijf uur 's ochtends, om zeker te zijn van een plaats. Anderen betalen een straatjongen om in hun plaats aan te schuiven. Zelf heb ik eens op een vroege ochtend drie uur lang in de rij gestaan. Het bleken voornamelijk jonge vrouwen te zijn die naar China wilden, niet om er zich definitief te vestigen, maar om spullen te kopen: want als de Chinezen hierheen komen om onze ertsen op te kopen, dan kunnen wij net zo goed naar ginder gaan om hun producten rechtstreeks in te slaan. Wat de CHINA AMITIÉ COMPANY kon, konden zij ook.

Het was een afmattende, maar fascinerende voormiddag. De Chinese ambassade ligt pal tegenover het militaire hoofdkwartier van de MONUC. De rij wachtenden stoorde zich niet aan de witte tank waarin een Pakistaanse blauwhelm met imposante knevel de toegang tot de compound bewaakte. Hij stond manmoedig aan zijn machinegeweer, achter een muur van zandzakjes en dikke rollen prikkeldraad waaraan de straatkinderen hun was hingen te drogen. Maar de vrouwen hadden letterlijk hun rug naar de VN gekeerd en stelden hun hoop op de nieuwe redder, de Volksrepubliek China.

In de rij raakte ik aan de praat met Dadine en Rosemonde. Dadine was een werkloze actrice van 27. Ze hoorde van vrouwen die naar Guanghzhou trokken, de grote industriestad in het zuiden van China, die in het Kantonees gewoon Kanton heet. In 2007 had ze voor het eerst haar kans gewaagd en was ze een week lang broeken, schoenen, pruiken en body's gaan kopen. Toen was het nog makkelijk een visum te bemachtigen, na de Olympische Spelen van 2008 in Beijing was het heel wat strenger geworden. Ze was enkel met haar handtas vertrokken en met vierenzestig kilo bagage teruggekeerd. Sandalen die ze daar voor drie dollar had gekocht, kon ze in Kinshasa voor negen, soms zelfs vijftien dollar verkopen. Een winkel had ze niet. Ze ging gewoon langs bij vriendinnen of bij de studentenhomes van de stad. 'Zij kunnen originele spullen kopen die veel goedkoper zijn dan wat ze kennen en ik verdien ineens geld. Ik ben helemaal opgebloeid, ik ben onafhankelijk geworden. Ik kijk niet meer op honderd dollar nu. Een man heb ik nog steeds niet, maar er zijn wel veel meer kandidaten.'[60]

Rosemonde, een schalkse vrouw van 26, zag het veel groter. Zij ging al sinds 2006 met haar zusje naar China, ook naar Guangzhou. Hun ouders waren gestorven, zij had een kind. Niemand van de mensen op de stoep voor de ambassade trok naar Shanghai, Hongkong of Beijing, Guangzhou was *the place to be*. 'Ik koop er borden en glazen voor restaurants, ik koop er machines om ijsblokjes te maken, plasmaschermen en computers. Je moet dingen proberen te vinden die anderen niet importeren, dan kun je een hogere prijs vragen. Elke keer vul ik een container, in mijn eentje. Die komt dan per schip naar Boma, Matadi of Pointe Noire. Zo'n transport kost twaalfduizend dollar, veel geld, maar in twee jaar tijd heb ik vijftigduizend dollar verdiend en mijn zusje ook. We hebben alle twee een eigen huis kunnen kopen.' Jonge vrouwen die het zich kunnen permitteren om eigen vastgoed te bezitten in Kinshasa: dat is nog nooit vertoond. Net zoals de informele economie van de jaren tachtig vrouwen nieuwe kansen gaf, biedt de geglobaliseerde variant van die economie nieuwe perspectieven.

De Congolese markt raakt overspoeld met goedkope Chinese producten. De plaatselijke textielproductie, een van de laatste verwerkende industrieën van het land, ging er zelfs aan ten onder. Een *wax chinois*, zo leggen de vrouwen me uit, valt niet te vergelijken met de legendarische *wax hollandais* van Vlisco, waaruit zij hun beste kleren lieten maken. 'Maar wat wil je? Een *wax hollandais* kost 120 dollar en een *wax chinois* slechts vijf.' Omdat de kleren, televisies en generatoren *made in China* toch opvallend snel stukgaan, heeft het Lingala er een nieuw adjectief bij: *nguanzu*. Het komt van Guangzhou en het betekent 'weinig duurzaam', 'niet deugdelijk'. Ook van een vrouw die vreemdgaat, wordt inmiddels gezegd dat ze *nguanzu* is.

Rosemonde droeg een truitje waarop stond *Dior, j'adore*, nee er stond, *Dior, j'ddore*, want men mag niet verwachten dat een Chinese fabrieksarbeider naast al zijn karakters ook nog eens het Romeinse alfabet volledig beheerst. China-gangers zoals zij gaan beduidend anders gekleed in Kinshasa. Flamboyanter, extravaganter, het lijken wel popsterren. Je pikt ze er zo uit. Een jonge vrouw in minirok of op witte laarzen is bijna zeker handelaarster in Guangzhou. '*Elles sont* guangzhoufiées.' Maar Rosemonde heeft zich laten voorzien van het echte waarmerk van de nieuwe Congolese vrouw. Ze stroopt haar *Dior, j'ddore*-truitje op en toont haar blote schouder. Daar, moeilijk te zien op haar donkere huid, prijkt de trots van het derde millennium: een tatoeage. 'In China doen we het goed. Je zou het echt eens moeten zien.'[61]

15

www.com

Een snelweg 's nachts, maar zo voelt het niet. Zelfs na middernacht weven de taxi's een onzichtbaar web van draden terwijl ze van de ene naar de andere rijbaan glijden, op zoek naar de snelste doorgang. Toch is het muisstil vergeleken met Kinshasa. Weinig claxons. Geen bulderende DAF-vrachtwagens uit voorhistorische tijden die stapvoets rijden en dieselwalmen uitstoten zo dik als moerasdampen. Geen geblutste VW-busjes met meer dan dertig passagiers op houten bankjes van wie de laatste rij de benen door het kofferdeksel naar buiten laat bungelen. Al helemaal geen gaten in het wegdek ter grootte van een vulkaankrater. De groen-witte taxi zweeft op een drukke achtbaansweg door eindeloos uitdijende voorsteden langs grauwe woonflats. Dichter bij het centrum rijden we over lange fly-overs die tussen kantoorgebouwen en woonblokken hangen. Soms is er een snelweg boven en onder ons. Verticaal weven. En lager, veel lager, op straatniveau, zien we eetkraampjes met lampions en helrode neonreclames. Guangzhou.

Ik zit met drie Congolezen in een taxi en we komen van de luchthaven. Een etmaal eerder hebben we Kinshasa verlaten. Kenya Airways bracht ons eerst naar Nairobi, waar we zeven uur moesten wachten, en vervolgens, met een tussenlanding in Bangkok, naar Guangzhou, zeven tijdzones vroeger. De andere vliegroute gaat via Dubai. Ook Ethiopian Airlines is vanuit hun hub in Addis Abeba actief op de lijn. Sinds een paar jaar verzorgen beide luchtvaartmaatschappijen wekelijks een tiental verbindingen tussen het Afrikaanse continent en Zuid-China, vluchten die met een leeg ruim vertrekken en overvol terugkeren. 'Waarom zouden we kleren meenemen? Die kopen we daar toch?'

Dadine was er de eerste keer niet gerust op. 'Kort na het opstijgen ging ik naar het toilet. Ik verstopte al mijn geld en mijn paspoort onder mijn kleren, want ik had gehoord dat je moest oppassen voor de Nigerianen. Zij verdoven je ergens mee en pakken alles van je af. Ik had wel vijftienhonderd dollar bij me; de grote handelaren vertrekken zelfs met twintigduizend dollar op zak. Je moet heel erg waakzaam zijn.'

De chauffeur van de taxi zit veilig. Achter zijn zetel en de passagiersstoel zitten tralies van kunststof. Wij, gevangenen van de achterbank, worden geëntertaind. De zetels zitten comfortabel en onder aan de tralies is een tv-schermpje ingewerkt, waarop tekenfilmpjes en reclames voor huidcrème de revue passeren. Het volume staat zacht. Een van de Congolezen praat voorin met de chauffeur over de prijs. Ze zijn al twintig minuten bezig. Hij spreekt vloeiend Kantonees, Georges. Na enkele jaren Guangzhou heeft hij de taal volkomen onder de knie. Ik wist dat bijna alle Congolezen polyglot waren en makkelijk nieuwe talen leren, ook op latere leeftijd, maar dat iemand zonder onderricht zich het Chinees kon eigen maken, kon ik niet bevatten. Georges vond daar niets uitzonderlijks aan. Een jonge Afrikaanse vrouw had zich ooit binnen drie maanden de taal eigen gemaakt.

De taxi brengt ons naar de omgeving van het Tianxiu-gebouw, in het noorden van de stad, vlak tegen de drukke Huanshi Dong Lu en de grote binnenring van Guangzhou, een buurt van verlopen hoogbouw, zendmasten, treinsporen en rommelige urbanistiek. Daar is de afgelopen jaren een ware Afrikaanse buurt ontstaan. Er wonen zo'n honderdduizend Afrikanen, de meesten zeer tijdelijk, anderen permanent. Georges heeft er, naast vele honderden anderen, zijn cargo-kantoortje. Hij doet in *air and ocean freight, full and groupage container*, zoals het op zijn indrukwekkende visitekaartje staat. De volgende dagen zal ik merken dat iedere Afrikaan hier zo'n indrukwekkend kaartje heeft, flashy kaartjes in het Engels, Frans en Chinees, waarop zes gsm-nummers staan, in China en Afrika. In de straten om het Tianxiu zijn verschillende hotels die voor de prijs van twintig dollar per nacht buitengewoon comfortabele tweepersoonskamers aanbieden. Ze zitten vol Afrikanen. Ik zal tien dagen in het New Donfranc Hotel logeren en geen enkele westerling zien.

De taxi stopt bij een verkeersvrije straat waar honderden mensen dooreenlopen, mannen en vrouwen, Chinezen en Afrikanen; nadat ik ingecheckt heb, verken ik de buurt; de winkels blijken dag en nacht open en verhandelen schoenen, reiskoffers, T-shirts, gsm's, lingerie; op straat verkopen boeren met rieten hoed stapels fruit waarvan ik de naam niet ken, appeltjes kleiner dan een kers, die nog aan een takje hangen, en grapefruits groter dan een voetbal die geduldig en kunstig gepeld worden; op houten handkarren met een fles butaangas staan mannen in singlet als bezetenen te wokken terwijl het zweet van hun voorhoofd gutst; ze husselen noedels, paksoi, oestersaus dooreen, zwieren met de pan, vullen bakjes van piepschuim; plots weerklinkt een scherp signaal, de politie is in aantocht, meteen hollen ze met hun handkar weg, terwijl hun gasvuur lustig verder brandt – de blauwe vlammen flakkeren als een toorts, de olie sist hysterisch, de soja vliegt in het rond – in enkele seconden zijn ze verdwenen in een donkere zijstraat tussen vuilnisemmers en wegspringende ratten, hun klant beduusd en zonder avondeten achterlatend in de winkelstraat; ik koop bij een oude boer een kilo mandarijntjes, hij weegt ze af met een schuifbalans van bamboe die hij voor zijn priemende ogen houdt, ik betaal met geld dat ik niet ken, weet niet eens of ze hier in kilo's denken en knik bij wijze van bedankje, me afvragend of dat wel het juiste gebaar is; de kleine man met het verweerde gelaat lacht in ieder geval twee rotte tanden bloot; het hotel staat niet op zich, maar vormt onderdeel van een labyrintische *mall* waar honderden boetieks dezelfde gouden kettinkjes, namaak-Nokia's en voetbalshirtjes verkopen, truitjes van Barça, van Chelsea, truitjes van het Nederlands elftal waarop staat: Ruud van Nistelrooy, nummer 9; ik vind de twee liftdeuren terug die naar het hotel leiden, maar als ik op de zesde verdieping uitstap, sta ik niet in de gang met kamers, maar in een donkere ruimte die ik niet herken; het lijkt wel een droom; in het duister klinkt iele snaarmuziek, twee koikarpers zwemmen traag in een zachtverlicht aquarium, en terwijl ik met mijn tasje mandarijnen in de hand traag begin te beseffen dat ik de verkeerde lift heb genomen, vraagt een bijzonder bevallige, jonge vrouw of ik voor de *very special massage* kom; als ik even later dan toch mijn hotelkamer heb gevonden, tref ik in een display met stadsplattegronden een nota aan die zegt dat *according to the provisions of Regulations of the People's Republic of China on Administrative Penalties for Public Security whoring legally forbidden* is, want, zo bleek, *recently some aliens suffered stealing or robbery during whoring*; het zal u maar overkomen, alien zijnde; niettemin steken in diezelfde display drie pakken condooms, twee ingepakte slipjes (*Antisepsis & Healthy*) en vier zakjes van het mij onbekende South Pole (*Liexin Resispance* [sic] *the Germ Liquid*); omdat die omschrijving nog steeds niet veel verduidelijkt, lees ik achterop dat het product gemaakt is van natuurlijke Chinese kruiden en voor 99,9 procent bacteriën doodt *for male and female privates itch and other social disease*; het is nacht, maar zo voelt het niet; de jetlag en de stortvloed aan impressies houden me uren wakker; slapeloos zap ik langs zesendertig kanalen vol krijsende samoerai en debatterende zakenlui; uiteindelijk blijf ik hangen bij een spelprogramma waar kandidaten in kleurrijke plunje een hachelijk parcours moeten afleggen; weinigen slagen erin, de meesten eindigen roemloos in een bak met water, tot groot jolijt van publiek en spelleider, die hen eens goed uitlacht; het is vier uur 's ochtends, ik mis Kinshasa en schuif de gordijnen open; aan de andere kant van een binnenkoer, twee verdiepingen lager, zitten vier mannen met ontbloot bovenlijf in een rokerige ruimte onder vaal neonlicht mahjong te spelen; een goktent, een opiumhol, wie zal het zeggen; hun stemmen zijn onhoorbaar, maar nu en dan zie ik hen overeind komen en heftig naar elkaar schreeuwen.

Jules Bitulu heeft het allemaal zien veranderen. Ik ontmoet hem in zijn kantoor op de tiende verdieping van de Taole Building, in het hectische zakendistrict van Dashatou. 'In 1993 was ik hier de enige Afrikaan. Ik begon samen met een Chinees een bedrijf in Shunde, hier vlakbij, twee jaar later vestigden we ons in het centrum. Voor de Chinezen was ik een buitenaards wezen, een curiosum. Er was geen racisme toen, veeleer nieuwsgierigheid. Als ik ergens kwam, kreeg ik meteen een stoel aangeboden. Nu wonen hier zo'n twee- à drieduizend Congolezen. De meesten komen uit Kinshasa, Lubumbashi, Goma en Bukavu. Vijfhonderd van hen hebben geen visum en leven hier clandestien. Sommigen komen in aanraking met drugs, maar er zijn ook veel Nigerianen die met Congolese paspoorten rondlopen.'

Guangzhou is de hoofdstad van de provincie Guangdong, een gebied met een diameter van vijfhonderd kilometer waar zo'n honderd miljoen mensen leven, bijna tweemaal zoveel als in heel Congo. Hier was het dat Deng Xiaoping aan het eind van de jaren zeventig de teugels van de staatseconomie voor het eerst liet vieren, lang voor Shanghai. Dit was immers zijn geboortestreek. De grote afstand tot Beijing maakte het tot een veilig laboratorium voor een experiment in liberalisering. Guangdong lag bovendien vlak tegenover het vrijere Hongkong en Macao en mocht de concurrentie ermee aangaan. Dertig jaar later is het de manufactuur van de wereld. De provincie is de belangrijkste mondiale producent van airco's, magnetrons, computers, telecomsystemen en ledverlichting. Guangdong is de op twee na grootste textielexporteur wereldwijd en maakt 30 procent van alle schoenen op deze planeet. De fabrieken van Shenzhen exporteren speelgoed naar alle uithoeken van de globe en waren tot voor kort verantwoordelijk voor twee derde van de wereldproductie aan kunstkerstbomen – niet mis voor een officieel atheïstisch gebied. Op een kleine oppervlakte wordt 12 procent van de Chinese economie en meer dan een kwart van 's lands export gerealiseerd. Dat onwaarschijnlijke succes was te danken aan een stelsel van sterk gesubsidieerde ruwe grondstoffen, maar de kredietcrisis van 2008 heeft het gebied rake klappen gegeven – de Chinese staatsbanken bleven weliswaar overeind, maar buitenlandse afnemers lieten het afweten. Honderdduizenden arbeiders verloren hun baan. Vandaag probeert men een seriële productie-economie die louter op de export was gericht om te smeden tot een innovatieve kennisindustrie die ook een snel groeiende lokale markt kan bedienen. En dat lijkt te lukken: telecomreus Huawei sloot in het crisisjaar 2008 voor meer dan drieëntwintig miljard dollar aan contracten, een groei van 46 procent.

Met zijn sierlijke ligging in de delta van de Parel-rivier was Guangzhou altijd al een internationale handelsplek. Het vormde het begin van de maritieme zijderoute en kwam al zeer vroeg in contact met het christendom en de islam. Nog steeds staat er een prachtige moskee, die mogelijk teruggaat tot de zevende eeuw, de eeuw waarin de islam ontstond, en een katholieke kathedraal van veel recentere oorsprong. Perzen, Arabieren, Portugezen en Hollanders vonden hier hun weg. Het hoeft dus niet te verbazen dat het ook vandaag de navel is van nieuwe buitenlandse handelsbetrekkingen, ditmaal met Afrika.

Jules kwam in 1988 met een studiebeurs in China aan. Hij behoorde tot een groepje van zeventien uitverkoren Zaïrezen die in het kader van de vriendschapsbanden tussen beide staten hun hogere studies in Beijing mochten doen. Het eerste jaar was een verplichte taalschool, daarna deed hij vier jaar informatica. Vandaag spreekt hij beter Mandarijn dan de meeste Kantonezen (het Kantonees is volgens Beijing geen taal, maar een variant van het Mandarijn, de standaardtaal) en tekent hij de karakters met een vaart die weinige buitenlanders hem nadoen. Een Afrikaan die Chinees schrijft, dat is even wennen.

Tijdens zijn talenstudie zag hij op een dag op de muur van een administratief gebouw het woord 'democratie' staan. 'Ik vroeg me af: wat is dit? Er was onrust, maar ik begreep het niet. Er was niets over op televisie. Onze prof zei dat we niet naar het Tiananmen-plein mochten, maar ik nam de bus en zag een plein vol, vol, vol studenten. Er waren geen lessen meer, alles was opgeschort. Bij ons op de universiteit stonden twee lijkkisten, vol of leeg, ik wist het niet. Weer thuis in mijn flat zag ik vanaf de negende verdieping dat de Amerikaanse studenten met een minibus van de ambassade werden opgehaald. Ook de studenten uit de Franse ex-kolonies zoals Gabon vertrokken. Wij, Zaïrezen, bleven als laatsten, tot ook onze consul ons kwam halen. Op weg naar de ambassade zagen we verbrande vrachtwagens van het leger op straat staan. Er was een slachting aan de gang. Japanse studenten vertelden ons later dat het zeer goed was georganiseerd, met trucks om de lijken op te halen, en schoonmaakploegen. Wij sliepen negen dagen op de grond in de ambassade. Het was koud en er was geen eten.'

Als pas afgestudeerde IT-ingenieur in een land vol pas afgestudeerde IT-ingenieurs vond Jules niet onmiddellijk werk, maar hij beschikte over een ander talent: muziek. Als student had hij al een band geleid met de paar Congolezen in Beijing, nu werd hij deel van een reizend Chinees orkest. 'We trokken zes maanden lang naar dorpen in het binnenland. Ik kwam in de provincies Guangxi, Hunan, Yunnan, Guizhou en Sichuan. Eerst speelde ik enkel gitaar, later zong ik ook in het Chinees. Voor het publiek was dat een attractie. Maar ik voelde me niet lekker. Ik zag geen enkele Congolees en we aten niet goed, altijd maar dat Chinese eten.' Zijn wedervaren doet denken aan het lot van de Congolezen die een eeuw eerder mochten kamperen in Tervuren. Ook toen was een zwarte meer kermisattractie dan mens. 'Toch ben ik later, toen mijn zaak al draaide, altijd blijven spelen. Tijdens de weekends speelde ik in een reggaeband in Hongkong, in de Africa Bar. Later zong ik Chinese liedjes in bars en restaurants, soms tot drie concerten per dag, soms zes dagen per week. Dat verdiende goed. Ik zong in het Mandarijn, het Kantonees en het Engels. *Un Congolais, c'est bizarre.* Ik speelde in grote hotels. Veel karaoke ook. Het bracht me tot bij de grens met Mongolië. Toen ik in 2000 in Peking moest optreden, ontmoette ik zes Congolese studenten die zonder geld en zonder visum zaten. Ik heb hen meegenomen naar Guangzhou. Dat was het begin van de Congolese gemeenschap hier. Ze werkten in de discotheken. Dat fenomeen kwam toen geweldig op. Daarna verliet iedereen de muziekscene en begon met business.'

Van kermisfiguur tot migratiepionier. Jules Bitulu werd zowat de Peter Stuyvesant van Congo, begrijp ik. Hij blijkt een begenadigd verteller en is bijzonder goed ingelicht. Ik krabbel tien bladzijden vol tijdens ons gesprek. Hij vertelt nog hoe het in Guangzhou allemaal was begonnen met West-Afrikanen die in enkele maanden tijd in het jaar 2000 waren opgedoken, Senegalezen en Malinezen, ze overnachtten in een islamitisch hotel bij het Tianxiu. Hij vertelt hoe makkelijk het toen was om een visum te krijgen, zelfs voor zes maanden, zelfs voor een jaar. Wat een verschil met vandaag, waar je al blij mag zijn met een visum voor twee weken, verzucht hij, en mensen die na het verstrijken van hun papieren in de illegaliteit duiken, riskeren gevangenisstraffen van één tot zes maanden. Je komt pas vrij als je het ticket voor je terugvlucht kunt betalen. 'Nu wordt de situatie onhoudbaar, zelfs voor hen die een legaal visum hebben of een verblijfsvergunning zoals ik. De vluchten worden steeds duurder, de aankoopprijzen zijn gestegen, het vrachtvervoer is prijzig, de douane in Congo is onbetaalbaar en de markt in Kinshasa is verzadigd.'

Naar Congo heeft hij niet echt heimwee. 'Ik ben echt doordrongen van de Chinese cultuur. De Congolezen zouden zich beter moeten organiseren, zoals de Chinezen. Ze zouden zich moeten organiseren als groep, maar dat willen ze niet, hoewel ze veel lagere prijzen zouden kunnen bedingen. Het is een virus. Ook het contract dat Congo met China heeft afgesloten, werd slecht uitonderhandeld. Niemand in de Congolese delegatie sprak Chinees. China gaat nu snel een paar wegen bouwen, die niet zullen worden onderhouden.' Het verwoordt wat vele Congolezen in China denken: die deal, de grootste uit de geschiedenis van hun land, was haastwerk, het land is verkocht voor wat zakgeld. 'Ik ben niet te beroerd om te zeggen dat ik me schaam Congolees te zijn. Congo is sinds de onafhankelijkheid nooit een land geweest. Niets werkt er. De mensen denken alleen aan hun eigen portemonnee. Ik heb China zich in twintig jaar zien ontwikkelen.' In de dorpen waar Jules Bitulu liedjes mocht zingen, had in 1990 nog geen 5 procent van de gezinnen een televisie, eind 2006 was dat 90 procent.[1] 'Ik heb Vietnam zien groeien. Ik ben in Dubai geweest en was stomverbaasd. Da's een woestijn, weet je, maar er bloeien wel bloemen, ze leggen er buizen onder de gazons. Nee, zij hebben hun land goed opgebouwd. Mocht God de Congolezen in de woestijn hebben gezet, zouden die dan hetzelfde hebben gedaan? *Papa, c'est fini!* Het ís niet de fout van de blanken of van Mobutu dat het slecht gaat bij ons, dat zijn maar zondebokken, dat is het verleden. Kijk naar de Chinezen. Zij leren van Europa en ze weten dat er geen magie is, alleen maar werken.'[2]

Het zakendistrict Dashatou is een stadswijk die helemaal in het teken van de elektronica staat. Er zijn shopping malls speciaal voor digitale fototoestellen, naast shopping malls voor laptops of lcd-schermen. Ik laat me er na afloop van het gesprek met Jules Bitulu met graagte in verdwalen. Zo kom ik in een megastore zonder ramen waar louter mobieltjes worden verhandeld. Honderden jongens en meisjes bemannen er de stalletjes; als ze honger hebben, eten ze gehurkt achter de kassa snel een kartonnen beker met noedels leeg. Omdat participerende observatie onovertroffen is als etnografische methode, pols ik hun waar. '*Chinese copy!*' zeggen ze ronduit bij iets wat eruitziet als een volmaakte iPhone. '*This one good copy. This one bad copy.*' Da's dan alvast duidelijk. '*This one original.*' Nee, daar ben ik niet in geïnteresseerd, in zo'n *owigina*. Een echte namaak lijkt me een stuk origineler, vooral omdat die namaaktoestellen *features* hebben die de oorspronkelijke moeten missen, zoals de mogelijkheid om twee sim-kaartjes te plaatsen, handig voor wie veel reist. In de *brave new world* vervaagt de grens tussen echt en nep. Nep is geen slappe replica, maar technische avant-garde. En dus koop ik enkele nep-iPhones en imitatie-Ericssons voor ongeveer vijftig dollar per stuk. Een aantal ervan ga ik straks in Kinshasa verhandelen om een deel van mijn vliegticket terug te verdienen. Nu weet ik nog niet dat ik er dertig had moeten kopen in plaats van vijf: ik zal ze binnen één dag voor een veelvoud van de prijs verkopen.

Bij een van de kraampjes ontmoet ik Enson, een jonge, hyperactieve Chinees die terwijl hij sim-kaartjes plaatst en batterijen vervangt, met mij een praatje maakt in vloeiend Lingala. Nee, hij is nooit in Congo geweest, zegt hij, hij werkt elke dag in deze raamloze ruimte, maar veel van zijn klanten zijn Kinois, vandaar. Frans spreekt hij evenmin; hij beseft niet dat de helft van de technische vaktermen die hij hanteert Franse woorden zijn. '*Ozana besoin sim mibale?*' Heb je er een met dubbele sim nodig? '*Ay, papa, accessoires mpo na modèle oyo eza te.*' Mijnheer, dit model hééft geen accessoires.

Het Tianxiu-gebouw is een shopping mall van meerdere verdiepingen met fel neonlicht en een kakofonie van muzak. De smalle gangen bestaan uit piepkleine glazen shops waar uitzonderlijk toeschietelijke verkopers hun handelswaar zitten aan te prijzen. Vele van die shops zijn uitstalramen van de fabrieken elders in Guangdong. Op twintig meter gangpad inventariseer ik industrieel gebatikte stoffen, slippers, sneakers, laarzen, kostuums, trainingspakken, T-shirts, g-strings, juwelen, gsm-laders, gsm's, ventilatoren, muggenverdelgers, kettingzagen, generatoren, brommers en drumstellen. Zodra de klant binnenkomt, veert de verkoper overeind. Geen moeite is te veel. Stoffen worden ontvouwd en weer opgeborgen. Pakken worden met een stok losgehaakt en aangemeten. De communicatie verloopt sukkelig, maar de rekenmachine brengt altijd soelaas. Dat levert pareltjes van pantomime op. De verkoper tikt zijn vraagprijs in renminbi in, de courante naam voor de yuan, en toont de display. De Afrikaan rekent om naar dollars, kijkt boos, zegt: '*No, no, no!*' en tikt een bedrag in dat half zo laag is, waarop de Chinees pijnlijk glimlacht, het hoofd schudt en een cijfer invoert dat hem wat minder weemoedig stemt. Daarop laat de Afrikaan zijn onderarm moedeloos op de glazen toonbank vallen en blikt verveeld naar buiten. Na een dramatische pauze vol sehnsucht en diep doorvoelde verontwaardiging tokkelt hij dan een nieuw bedrag in en draait de calculator naar de verkoper toe. Zo gaat het een tijdje heen en weer, tot de Afrikaan aanstalten maakt om een andere winkel op te zoeken en nieuwe bronnen van vriendschap alsnog mogelijk blijken.

Eén shop verkoopt louter strings, waaronder een geweldig model bedrukt met de Angolese vlag. Koordjes en driehoekjes zijn in de nationale rood-zwartkleuren; het communistische logo – een tandwiel, een kapmes en een ster in het juichende geel van de dageraad – staat pal ter hoogte van de schaamheuvel. Als ik voorzichtig informeer naar de prijs, blijken ze enkel per duizend verkocht te worden. '*Thousand*,' zegt de vrouw, '*not one*,' terwijl ze een één en drie nullen op haar rekenmachine intoetst.

Dadine twijfelt over enkele spijkerbroeken. De prijs van zeven dollar staat haar aan, daar kan ze in Kin wel vijfendertig dollar voor krijgen, maar spijkerbroeken wegen zoveel in haar bagage. Dan kan ze er minder meenemen en met de douane thuis... Ze gaat er nog even over nadenken. 'Bij ons is het oorlog. Doodmoe kom je dan terug uit China en op de luchthaven springt de douane op je terwijl je op je koffers wacht. Ze vragen dertig dollar per tas om je door te laten, dat kan oplopen tot honderd dollar, maar heel vaak openen ze je bagage met hun balpen of sleutel en nemen ze een hemd of een broek, gewoon waar je bij staat.'

De zussen Fatima en Fina, zeldzame Congolese moslims, zitten in de rats. Ik heb hen in het vliegtuig leren kennen en zie hen enkele dagen later op een bankje zitten uitblazen van het shoppen. Ze waren van plan om een container te vullen met blikjes tomatenpuree, leggen ze me uit, een container van twintig voet, geen veertig, da's te duur, maar in de fabriek kregen ze te horen dat de bestelling pas in december klaar is. Dat betekent dat hun blikjes ten vroegste in februari in Kinshasa zullen aankomen, veel te laat voor de eindejaarsfeesten waarop ze hadden gegokt. Misschien moeten ze maar in nootmuskaat gaan doen? Hoewel, tussen januari en oktober 2008 is de prijs gestegen van 7200 naar 8200 dollar per ton en een container is al snel twaalf ton. En het transport dan! Een 20-voet-container naar Matadi laten verschepen kost 5600 dollar, een 40-voet-container 10.000 dollar. De importheffingen komen daar nog eens bovenop en Congo heeft de duurste douane ter wereld: tot 15.000 dollar voor een kleine container, tot 20.000 voor een grote. Ze leggen me uit hoe dat in zijn werk gaat. De officiële tarieven zijn zoals altijd onderhandelbaar, maar velen geven er inmiddels de voorkeur aan om hun vracht naar Pointe Noire in Congo-Brazzaville te verschepen. Moeten ze dat ook niet eens overwegen? Een vrachtwagen brengt hem dan naar Brazzaville en daar worden hun honderden zakken nootmuskaat op de veerboot naar Kinshasa overgeladen, de veerboot waarop het transport al sinds jaar en dag door rolstoelpatiënten gebeurt, want zij mogen voor een lager tarief oversteken. Kreupelen als kruiers, ik heb het met eigen ogen gezien. De gehandicapten met wie ik sprak, beschouwden het als een verworven recht om tegen betaling hun rolstoel vol te laden met stapels zakken, tot ze zelf niets meer zagen, om dan als passagier de boot op te rollen.

Lina is ongetwijfeld de meest succesvolle jonge zakenvrouw die ik ontmoet. In vier dagen tijd heeft ze twee grote containers laten vullen met bouwmaterialen: tegels, deuren, airco's, faience, sanitair, verlichting. In Kinshasa vind je nu toiletten van het merk Aomeikang, wastafels van het merk Meijiale, brandalarmen van Hefei Chenmeng, en ja, zelfs toiletpapier dat Wij Mei heet. Haar eerste container is al dicht, voor de tweede zoekt ze nog een paar plasmaschermen. Als ze daarmee klaar is, kan ze voor zichzelf wat kleren laten maken. Ze heeft foto's uit een Afrikaans tijdschrift bij zich, de Chinezen moeten het maar namaken. Ze heeft alleen een stekende pijn in haar buik. Haar nicht is ook meegekomen; die vraagt zich af of ze in China geen vruchtbaarheidsbehandeling moet ondergaan, want waarom zou je alleen goederen kopen als er ook diensten zijn? Lina zal sneller dan haar lief is kennismaken met de Chinese gezondheidszorg. Als ik haar enkele dagen later terugzie, vertelt ze dat ze naar een kliniek is geweest. De hevige pijn komt van een ontstoken appendix. 'Normaal zou ik voor een operatie naar Zuid-Afrika gaan,' zegt ze, 'maar dit keer laat ik het toch in China doen. 't Schijnt dat de Chinese geneeskunde goed is.'

De Afrikaanse diaspora in Guangzhou wordt steeds belangrijker. Er komen meer mensen en ze nestelen zich steeds dieper in het land. Sommige China-gangers hokken samen als vormden ze een familie: terwijl iedereen spullen gaat kopen, blijft één persoon thuis om met de beschikbare ingrediënten zo Afrikaans mogelijk te koken. Anderen eten met stokjes alsof ze nooit anders hebben gedaan. Een Congolees was met een café en dancing begonnen, Chez Edo, volgens alle Afrikanen die ik sprak de gezelligste tent van heel de megalopool, maar die werd op last van de overheid gesloten, wegens het ontbreken van de papieren. Anderen hebben een kapperszaak of ontwerpen kleren. Homo's die het in Afrika bitter hard te verduren hebben, ontdekken in China nieuwe mogelijkheden en zijn niet van plan terug te keren. Ik ontmoette een jonge Congolese gay die in Kinshasa door zijn familie was verstoten, maar in China een relatie was begonnen met een Nigeriaan. Voor hem was China niet het land van de repressie, maar van de vrijheid.

Een van de grote handelaren, monsieur Fule, is informeel erkend als 'de voorzitter van de Congolese gemeenschap in Guangzhou'. Functie noch organisatie is officieel, maar hij speelt een beetje de rol van consul. Wie aankomt in de stad, gaat even bij hem langs om een praatje te maken. Hij zit achter een bureau vol damesschoenen als ik hem ontmoet. 'Ik ben hier al negen jaar en heb een verblijfsvergunning,' zegt hij zelfverzekerd. Fule was een van de armlastige studenten die door Jules Bitulu werden overgehaald van Beijing naar Guangzhou te gaan. 'Maar voor buitenlanders zonder visum hebben de Chinezen een gevangenis. De gouden jaren zijn voorbij. Handel is een glibberig terrein geworden, maar in Congo is het nog veel erger. Het land zit aan de grond en zakt steeds dieper weg. Alles is vuil, maar dankzij China is iedereen nu toch proper gekleed.' Over het grote contract tussen beide landen is hij redelijk positief. 'Het is een beetje *flou*,' zegt hij, 'maar er worden al jaren ertsen gestolen in Congo. Nu worden er ten minste miljarden voor betaald.' Om dan vanachter zijn muur van damesschoeisel te besluiten: 'Congo komt maar niet van de grond, maar toch gaan wij terug. De Congolese migranten in Europa malen niet meer om hun land, hun sociale leven is daar, maar wij hier in China beseffen dat handel alleen ook niet bevredigt. Ooit keren we terug.'[3]

In het Tianxiu, ver verheven boven de shops, betreed ik op zondagmorgen op de eenendertigste verdieping kantoor 3105. Het is een karige werkplek met opkrullend tapijt, maar een Congolese handelaar is in deze ruimte zijn eigen kerk begonnen, de ambitieus klinkende Eglise Internationale pour la Réconciliation. Drie avonden per week is er gebed, op zondag zijn er twee diensten van drie uur. Als ik binnenstap, merk ik meteen dat in deze diaspora God wat van zijn glans heeft verloren. Hij past bij het interieur. Er zijn slechts acht gelovigen, onder wie een Chinees die keyboard speelt. Tijdens een lange meditatie over een Bijbelvers zegt de predikant: 'Het Woord Gods is als de regen. Het stijgt slechts ten hemel nadat het de aarde heeft bevloeid opdat wij weten...' 'WAT SUCCES IS!' antwoordt de geloofsgemeenschap in koor. Dit vraag- en antwoordspelletje hebben ze al vaker gehoord. 'In al onze...' 'PROJECTEN!' 'Opdat zij alle mogen...' 'SLAGEN!'

Vervolgens staan de gelovigen op om te bidden. Met gesloten ogen en geheven handen praten ze dooreen en smeken de Heer luid om kracht en zakelijk inzicht. De voorganger vraagt ook om voor *notre frère* David te bidden, die hier vandaag voor het eerst is. Wanneer er daarna gezongen wordt, dansen de Afrikanen soepel, terwijl de Chinese toetsenist enkel zijn gewicht van de ene naar de andere voet verplaatst. 'Het is niet gemakkelijk voor hen,' zegt de evangelist me na afloop, 'ze weten heel weinig. Ze weten niet eens wie Abraham is. Als je dat allemaal moet uitleggen...'

Na de middag ga ik thuis langs bij Patou Lelo, een handelaar die per maand honderd tot honderdvijftig containers naar Afrika verstuurt. Hij deed een MBA in Wuhan en leeft nu in een bescheiden flatje op de begane grond van een woonblok waar weinig daglicht binnenvalt. Zijn dochtertje van bijna twee speelt op het tapijt. Ze heeft Afrikaanse gelaatstrekken, maar Aziatische ogen. Haar huid heeft een warme, okeren tint.

'Toen ik hier aankwam, vroegen veel mensen of ze mijn huid eens mochten aanraken. Ze dachten dat ik een Chinees was die te veel in de zon had gezeten en dat ik wel weer blank zou worden. Toen ik met mijn vriendin op straat wandelde, dachten velen dat ze een tolk was, of zelfs een prostituee. Ik ben nu tweeënhalf jaar getrouwd. Haar moeder was helemaal tegen. "Het is hij of wij!" zei ze, maar haar stiefvader deed niet moeilijk. "Het is toch een kalme en ernstige man," zei hij. In Congo was het hetzelfde: mijn vader kon het niets bommen, maar mijn moeder deed erg moeilijk. Pas na de geboorte van ons kind heeft ze mijn vrouw aanvaard. In China is de familie net zo heilig als in Congo, het is niet zoals in Europa waar het koppel op de eerste plaats komt. Hier zijn de grootouders erg belangrijk, wij zorgen voor hen. Het gezin met één kind en de grootouders, dat is hier de kernfamilie.'

Op een dressoir staan foto's van Patous bruiloft. Hij staat er met zijn vrouw in Chinese, Japanse en westerse klederdracht op. Een stralend koppel. Zijn neef en zijn broer waren uit Congo overgekomen, de hele Congolese gemeenschap uit Guangzhou was erbij. Toch is het niet altijd even makkelijk, bekent hij.

'Het gaat om een totaal andere cultuur die diametraal staat tegenover de Congolese. De Chinezen zijn hypernationalistisch. Mijn vrouw gaat automatisch een ander verdedigen enkel en alleen omdat hij Chinees is. Ze is ook atheïstisch. Weinig Chinezen geloven, of het moet dat boeddhisme zijn, maar dat is *une petite religion*. Hier verbranden ze hun doden, dat valt ons heel zwaar. Als een Congolees sterft, brengt onze gemeenschap geld bijeen om het lichaam te kunnen repatriëren. Economisch zijn ze erg ontwikkeld, maar moreel lopen ze achter, de Chinezen. Dat spuwen op de grond in grote restaurants... Al moet ik zeggen dat de Chinese vrouw veel opener is dan de man, en mijn vrouw zeker.'

Hij beseft dat hij van geluk mag spreken, want het racisme neemt hand over hand toe in Guangzhou. Taxichauffeurs weigeren steeds vaker om Afrikanen mee te nemen. Ze noemen hen niet langer *hēi rén*, zwarte, maar *hēi gŭi*, zwarte duivel. De straten rond Tianxiu staan bekend als 'de buurt van de zwarte duivels' of '*chocolate city*'. Als een Afrikaanse vrouw op de markt groente heeft betast, wordt het soms weggegooid.

'Maar de zwarten hebben daar ook hun eigen aandeel in. Ze integreren niet, ze passen zich niet aan. De drugsgangs met Nigerianen en gasten uit Sierra Leone bezorgen ons een slechte reputatie, terwijl veel Congolezen hier toch erg hard werken.' Harder dan in Congo, stelt Patou. 'Kijk, 100 procent eerlijke mensen bestaan niet in Congo. Ze zijn altijd maar uit op het snelle, gemakkelijke geld. Ze begrijpen het principe van investeren niet, want de familie pakt altijd het geld af. Er is geen ruimte voor herinvestering. Maar hier is de afstand tot de familie groter, begrijp je?'

Al zijn familieleden zijn geëmigreerd – zijn broer woont in Spanje, zijn zus in Frankrijk, een andere zus in Manhattan, alleen zijn oude moeder is achtergebleven in Kinshasa. Veel Congolezen trekken naar het buitenland om de verstikkende familiebanden te ontlopen. In tijden van crisis heeft de veel geroemde Afrikaanse solidariteit iets ontroerends, maar in tijden van wederopbouw zorgt ze voor een infernale logica die langetermijnprojecten onmogelijk maakt: het beetje beschikbare geld raakt onmiddellijk verkruimeld over vele monden. Herinvestering en planning kunnen op weinig waardering rekenen. In China lukt dat beter. Er zijn geen ooms en neefjes die je van hekserij betichten wanneer je weigert om het beetje geld dat je verdiend hebt te verdelen, terwijl in Congo hekserij het ultieme argument is om je tot solidariteit te dwingen.

'Hier wordt nooit gesproken over hekserij,' zegt Patou Lelo, zichtbaar opgelucht dat hij van die hogere metafysica bevrijd is. In Congo zoeken velen uit angst voor hekserij bescherming bij een pinksterkerk, maar vanmorgen heb ik gezien dat daar in China inderdaad weinig behoefte aan is. 'Die proliferatie van valse pasteurs en valse herders is er in Congo enkel omwille van de armoede, maar hier is het werk belangrijker dan de religie.'[4]

's Avonds ga ik langs bij het kantoortje van Georges, de man die mij van het vliegveld heeft gehaald. Ook op zondag is hij druk. 'We moeten werken terwijl we jong zijn,' zegt hij, 'straks zijn we bejaard.' Zijn expeditiebedrijf heeft als slagzin *Vous servir, c'est notre devoir* en dat is bepaald geen holle slogan. Twee medewerkers, César en Timothée, sleuren met monsterlijk grote kartonnen dozen en wrikken ze op een weegschaal waar ze nog net de cijfers van kunnen aflezen. Georges is onophoudelijk aan het bellen. Mag die container al dicht? Hoeveel ton kan daar nog bij? Wanneer vertrekt de vrachtwagen? Is er al iemand naar de luchthaven? Wacht even. David, hoeveel kilo heb jij over in je bagage? Wat, veertig kilo? Maar wat heb jij dan gedaan de afgelopen dagen? Heb je echt niets gekocht? Enkel vijf gsm's en twee pakken? Veertig kilo, zeker weten? Wil je ze niet verkopen? Veertien dollar per kilo, oké?

En terwijl ik letterlijk lucht verkoop, zitten achter in het kantoortje Iso en Jodo formulieren op te stellen, twee jonge Chinezen. Iso, een jonge vrouw met fijn brilletje, bladert in een woordenboek, ze leert Engels en Frans. Werken bij een Congolees brengt geld in het laatje en meteen ook talenkennis. Aan de muur hangt een poster van DHL en een wereldkaart met China in het midden: Europa en Amerika zijn perifeer gebied geworden, Azië en Afrika vormen het nieuwe centrum. Waren de Europees-Amerikaanse betrekkingen de belangrijkste intercontinentale contacten van de twintigste eeuw, dan worden de Sino-Afrikaanse betrekkingen de belangrijkste van de eenentwintigste eeuw.

Aan de muur hangt een zin in het Lingala. '*svp Ndeko awa ezali esika ya mosala*', beste vriend, dit is een werkplek. 'Ik heb dat uitgeprint en opgehangen,' zegt Georges, 'omdat de Congolezen hier anders toch maar komen kletsen.' De bedrijvigheid van de Congolezen in Guangzhou is fenomenaal. Een van de handelaren die ik opbelde voor een ontmoeting zei: 'Vandaag heb ik het echt te druk, maar morgen heb ik wel veertig minuten voor u. Is dat voldoende?' Een groot verschil met Congo waar nagenoeg iedereen altijd beschikbaar is, en de meesten teleurgesteld zijn als je na vier uur al opstapt.

Als de twee kruiers klaar zijn met wegen en stapelen, stellen ze voor een pint te gaan pakken. Net naast de deur is een snackbar met wat stoelen buiten. Het is inmiddels donker, maar in Guangzhou is de nacht een relatief begrip. We zitten op straat en kijken naar de meisjes van de massagesalons aan de overkant. Ze dragen witte gewaden en een rood lint om de schouder. Zij hebben zich bekwaamd in de traditionele Chinese massagetechnieken en proberen klanten naar binnen te lokken. Echte massage, legt César me uit, niet *the very special one.*

César is een geval apart. Zijn ogen zijn bloeddoorlopen en zijn stem aarzelt tussen luim en blues. In Congo was hij jarenlang politiecommandant, Commandant César, zo wordt hij nog steeds het liefst genoemd. Hij diende onder Mobutu, Kabila *père* en Kabila *fils*. 'Wij kregen nog de zware opleiding. Ik heb ooit eens twee dagen in het water gestaan, tot aan mijn borst. Vies, smerig water, als je erin viel, was je dood. Of vier dagen op wacht, rechtop, zonder slaap, geen probleem. Maar in 2002 had ik er genoeg van. Heel mijn familie zwermde uit, alle zes, alleen mijn ouders bleven achter en een zus om voor hen te zorgen. Ik ben toen naar Thailand getrokken en vanuit Thailand probeerde ik Duitsland te bereiken. Een vriend die al in Duitsland was, zond me met DHL zijn paspoort op. Maar toen ik aankwam in Duitsland, zag de douane dat het niet klopte. Ik vloog een maand de gevangenis in, en toen werd ik terug op een vlucht naar Thailand gezet. Van daaruit heb ik alle landen aangedaan: Singapore, Vietnam, Maleisië, Hongkong, Korea, de Filippijnen... Om de maand moest ik verhuizen om mijn paspoort te laten verlengen. Zo ben ik in China terechtgekomen, maar mijn visum is inmiddels verstreken. Ik kan elk moment opgepakt worden.'

Hij zet zijn bier neer en schreeuwt in het Kantonees naar de waardin dat hij er nog een wil. De steeg is grauw. Naast onze plastic stoelen zit een dikke rat, die niet beweegt maar almaar op iets kauwt. 'Hier heb ik een prachtige vrouw leren kennen, een vrouw met lang zwart haar. Ze kwam uit het westen van China. Ze zag er helemaal niet Chinees uit, meer Indisch of Russisch, ik weet het niet.' Oeigoers waarschijnlijk, maar ik onderbreek hem niet. Timothée pulkt het etiket van zijn bierflesje. César begint aan zijn tweede pint. 'Het ging uitstekend. We hadden een telefoonwinkel samen en die draaide erg goed. Zij wilde kinderen, maar ik had er al acht in Kinshasa. Toen begon ze mij in het nauw te drijven. Ze wilde dat ik alle banden verbrak met mijn vrienden en mijn familie. Het was enkel nog zij en ik. *Mais je suis un africain!*' Hij roept het uit, maar de rat verroert zich nog steeds niet. 'Ik voelde me zo gevangen, ik stond op het punt om zelfmoord te plegen. Maar het was zo'n mooie vrouw, iedereen keek naar me om als ik met haar op stap ging. De *phone shop* draaide goed. Toen, na lang aarzelen, heb ik het uitgemaakt, het was vreselijk lastig. Zij behield de zaak, maar ze perste me af: als ik ooit opnieuw in de phonebusiness ging, zou ze me aangeven. En hier zit ik nu. Zonder job, zonder visum, ik kan alleen een beetje bijklussen bij Georges.'

De rat is weg en Timothée stelt voor om te gaan dansen. Misschien wil ik dancing Kama wel eens zien? Dat is iets speciaals. In de taxi erheen licht hij de bedrijfsgeschiedenis toe. 'De eigenaar van de Kama is een Chinees die met een Arabische is getrouwd, maar de deejay is een Nigeriaan.' Als we binnenkomen, blijkt het om een gitzwarte tempel te gaan, waar Aziaten en Afrikanen door elkaar lopen. Er wordt Chinese techno, Asian beat en, uiteraard, hoe kan het ook anders, het is nu eenmaal 's lands belangrijkste exportproduct naast kopererts, Congolese rumba gespeeld. We vinden een tafeltje en bestellen bier. Commandant César komt er stilaan weer helemaal bovenop. Hij swingt mee met 'Bouger bouger' van Magic System, het aanstekelijkste nummer dat Afrika al in het derde millennium heeft gebaard. Westerse muziek wordt er niet gespeeld, pop en rock zijn irrelevante genres uit de uithoeken van een oude wereld. Een band maakt zich klaar voor een optreden. De deejay maakt plaats voor een Kaapverdische reggaezangeres die zich laat begeleiden door muzikanten van het eiland Mauritius. De gogogirls zijn drie zangeressen uit de Filippijnen wier latexlaarzen viermaal langer zijn dan de rokjes.

In allerlei zijkamertjes kan je karaokeloges afhuren. César begrijpt niet waarom je nu zelf zou gaan staan kwelen, terwijl je naar zo'n, euh, interessant optreden kunt kijken. Tussen de tafeltjes door laveert een beeldschoon Chinees meisje dat bloemen verkoopt en ook een teddybeer in de aanbieding heeft die bijna even groot is als zijzelf. En ook dat begrijpt César niet. '*Les chinois*,' zucht hij.

Na een paar uur gaan we bier drinken op een terras in de Afrikaanse wijk. Nu kunnen we weer praten, onze oren zoemen nog na. Het verkeer raast voorbij in rode en gele strepen, neonreclames schreeuwen om aandacht, lichtekooien dwarrelen af en aan. Timothée die de hele avond nog niet veel heeft gezegd, komt op dreef. 'Ik ontdek een beetje alle smaken,' lacht hij, 'Russische, Chinese, Thaise, Tanzaniaanse, Rwandese... Ha, nee, geen Rwandese, ik haat ze! Maar de duurste vrouwen zijn Afrikaanse, ze zijn niet erg talrijk. Voor een Afrikaanse met goeie billen betaal je toch al snel tweehonderd RMB om één keer te mogen. Da's dertig dollar!'

'Of vierhonderd RMB!' valt César in. 'Voor één keertje!'

'Ik betaal altijd honderdvijftig RMB voor twee keer, soms maar honderd. Chinese meisjes betaal ik maar dertig RMB, nog geen vijf dollar. Wat wil je? Ze hebben niks en ze doen niks.'

'In Bangkok heb ik rare dingen gezien,' lacht César. 'Jongens die meisjes werden, echt waar! Hun... hun... hoe zeg je dat? Hun dinges is eraf, hun penis, ja, dat is het. En daarna hebben ze er een gat in geboord. *Vraiment!*' Hij schudt zich andermaal het hoofd over dat merkwaardige Azië, waar hij door een speling van het lot is beland. En dan te bedenken dat hij in Duitsland had willen wonen. Hij kijkt de meisjes op straat na en glimlacht. Zijn ogen zijn rood, zijn kop is verweerd, maar er komt iets kwetsbaars over hem. Is het de drank? Het liefdesverdriet? De heimwee van de balling? 'Ik wil geen vrouw meer. Heel, heel zelden neem ik nog eens een meisje mee, maar dat gebeurt bijna nooit. Meestal sta ik gewoon 's avonds in de badkamer en neem ik wat doucheschuim. Dat smeer ik er dan op en daarmee ontspan ik mij.'[5]

Het is niet langer het geluid van de spleettrommel die het nieuws van dorp tot dorp doorseinde, niet langer het doffe gebonk van de tamtam, niet langer het klakken van de zweep, noch het klokkengelui van de missiepost, niet het gedender van de trein noch het ratelen van de drilboor in de onderaardse mijn, nee, het is niet langer het tikken van de telegraaf, het knetteren van de radio of het joelen van het volk waarin vandaag de hartslag van een land weerklinkt. Het is niet in het stampen van maniok in de vijzel, niet in het geklots van het water tegen de prauw. Het hart van dit land klopt niet in het spervuur in het woud, niet in de tafel die bonkt tegen de wand terwijl een vrouw schreeuwt dat ze dit nooit wilde, nee.

Het is nacht, maar zo voelt het niet.

Het nieuwe Congo klinkt met een andere toon, het nieuwe Congo zingt in de aankomsthal van een luchthaven die galmt. Het is het geluid van tape, bruine rollen tape rond pakken en dozen, tape die schreeuwt als je hem ontrolt en smakt als je hem scheurt, grrrrrààààà... tsjak, tape die schraapt en krijst en tiert, tape, meters en meters tape, in de aankomsthal van de luchthaven, een zacht kermen rond de trolleys, als in een couveuse. Overal volk dat zijn spullen wikkelt in zwachtels bruin plastic. En als die eenmaal zijn aangebracht, pent men met een stift zijn naam en wijk en straat erop.

Dit gillen is geen klagen, maar de kreet van nieuw leven.

Ik had ze al bij het instappen bemerkt: twee vrouwen met platinablond haar, nee, met platinablonde pruiken in de vorm van een bobkapsel. Ze taterden vrolijk, sloegen elkaar op de rug, legden hun hoofd op elkaars schouder en gierden van de pret. Hun koffers en tassen zaten in het ruim, hun naam stond op de tape gekriebeld. Ze droegen beiden dezelfde gloednieuwe kleren, een broek en een hemd met fleurig motief. Het label hing er nog aan. Ze zouden wel eens hun entree maken in Kinshasa! Wie iets nieuws heeft, laat dat zien. Mannen snijden toch ook het label niet van de mouw van hun pak? Kinderen halen toch ook het plastic niet van de remmen van hun fiets? Nou dan.

Er heerste een uitgelaten stemming aan boord. De twee platinablonde dames keken met de koptelefoon op naar een tekenfilm en becommentarieerden wat ze zagen met luide stem. We vlogen terug naar Centraal-Afrika. Dit was nog maar de tweede rechtstreekse lijnvlucht tussen Guangzhou en Nairobi, de eerste was twee dagen eerder vertrokken. Geen tussenlanding in Bangkok of Dubai, maar gewoon, direct, in één keer de Indische Oceaan over: het voelde aan als een historische gebeurtenis.

In Nairobi zag ik twee jonge Nederlandse toeristen met roodverbrande koppen naar hun gate spurten. Ze waren in korte broek en sandalen en droegen een grote houten giraf met zich mee, een souvenir dat was gewikkeld in plaatselijk krantenpapier. Ik weet niet wat het was, maar iets ergerde me aan het tafereel. Ik had het gevoel dat me de afgelopen dagen een blik in het derde millennium was vergund en dat ik nu bruusk werd teruggesmeten in de vorige eeuw, de eeuw waarin Europeanen houten giraffen kochten in Afrika. Mijn redenering hield niet helemaal steek, maar ik was te moe om me te bekommeren om consistentie.

Het laatste stukje van de reis vlogen we dwars over Congo. De platinablonde vrouwen lagen met open mond te slapen. Door het raampje zag ik de grote, mosgroene broccoli van het evenaarswoud, af en toe doorsneden door een bruine rivier die lag te glimmen in de zon. Dat Congo's natuurlijke rijkdommen de wereldeconomie mede hebben gekleurd is genoegzaam bekend. Van de biljartbal en de rubberband over de kogelhuls en de atoombom tot het mobieltje. Maar dat puur utilitaire riedeltje leek me te beperkt en afgezaagd, alsof Congo, dit machtig mooie land, alleen maar de voorraadkamer van de wereld was, alsof het op zijn grondstoffen na niet veel had bijgedragen aan de wereldgeschiedenis. Alsof zijn ondergrond van belang was voor de hele mensheid, maar zijn eigen geschiedenis een puur interne zaak, rijkelijk doordesemd van dromen en schaduwen. Terwijl ik in mijn gesprekken en lectuur zo vaak het tegendeel heb vastgesteld. In het begin van de twintigste eeuw gaf de rubberpolitiek aanleiding tot een van de eerste grote humanitaire campagnes in de geschiedenis. In de beide wereldoorlogen droegen Congolezen bij tot cruciale overwinningen op het Afrikaanse continent. In de jaren zestig was het in Congo dat de Koude Oorlog in Afrika begon en dat de eerste grote VN-operatie ooit van start ging. Het gaat er niet om of dat verdiensten van de Congolezen zijn, het gaat erom dat de Congolese geschiedenis de wereldgeschiedenis mee heeft bepaald en vormgegeven. De oorlog van 1998 tot 2003 zorgde voor de grootste en duurste vredesoperatie ooit en het eerste militaire optreden van de Europese Unie in de geschiedenis; de afloop zorgde voor een unieke combinatie van multilaterale en bilaterale diplomatie die op intense wijze het beleid kon volgen. De verkiezingen van 2006 waren de meest complexe die de internationale gemeenschap ooit voor haar rekening heeft genomen. Het Internationaal Strafhof zal essentiële jurisprudentie opdoen met de allereerste berechting van aangeklaagden, drie mannen uit Congo. Het gaat erom dat de geschiedenis van Congo meermalen van cruciaal belang is geweest in de schuchtere definitie van een internationale wereldorde. Zo ook is het contract met China een belangrijke mijlpaal in een rusteloze wereld in volle beweging.

Ze liepen voor mij uit over het asfalt, op weg naar het gele luchthavengebouw. Er stonden enkele vliegtuigen rommelig geparkeerd. De straalmotoren van een ervan zaagden de wereld in tweeën. Te midden van dat buitenaardse geronk hing de geur van verbrande kerosine vermengd met de geur van verbrand plastic afkomstig van de sloppenwijken even verderop. De lucht zinderde van de hitte en het was nog maar voormiddag. Ik was te moe geweest om hen aan te spreken, te moe van het reizen en van de pogingen te begrijpen. Maar ik zag hen lopen, nog steeds opgewekt, zichtbaar trots op hun voorbije reis. Ik zag de blonde haren van hun pruiken opveren bij elke stap die ze zetten. Ik zag hoe de wind enkele plukjes verwoei. En terwijl ze gezwind over het verbrokkelde asfalt in de richting van hun thuiskomst stapten, zag ik de labels aan hun mouw flapperen en tollen in de ochtendlucht, dartel en speels, alsof er iets te vieren viel.

Dankbetuiging

Het idee voor dit boek ontstond op een avond in november 2003 in café Greenwich in Brussel. Ik zat alleen aan een tafeltje iets te drinken. De jaren daarvoor had ik veel in zuidelijk Afrika gereisd en daarover geschreven, nu stond ik op het punt om voor het eerst naar Congo te gaan. Ter voorbereiding van mijn trip had ik net enkele boekhandels in Brussel bezocht, maar ik had niet echt gevonden wat ik zocht. Misschien moest ik het zelf maar schrijven, bedacht ik me toen, want ik behoor kennelijk tot het slag schrijvers dat nu eenmaal de boeken schrijft die het zelf had willen lezen. Toen kon ik nog niet bevroeden dat ik met die speelse inval begon aan een project dat jaren zou vergen en talloze onvergetelijke ontmoetingen zou opleveren. Maar al in een vroeg stadium besloot ik mij te omringen met enkele mensen wier oordeel ik zeer waardeer: Geert Buelens, Jozef Deleu, Luc Huyse en Ivo Kuyl. In goede Centraal-Afrikaanse traditie noemde ik hen 'mijn nonkels': ik kon op hen een beroep doen wanneer dat nodig was en kreeg hun vertrouwen zelfs wanneer ik dat nog niet verdiend had. Het besef van hun stille betrokkenheid was me meer waard dan zij geweten hebben.

Het was voor mij van meet af aan duidelijk dat dit boek, als breed gebaar, makkelijker tot stand kon komen indien ik niet gebonden was aan een universitaire instelling. De vrijheid van het schrijverschap was me meer waard dan de zekerheid van een academische aanstelling. Voor de financiering besloot ik de regel van Amnesty International te hanteren, namelijk geen geld te aanvaarden dat rechtstreeks van overheden kwam; alleen zo kan ik mijn onafhankelijkheid bewaren. Het was dan ook een groot geluk de steun te krijgen van vijf instellingen die stuk voor stuk werken met autonome en vaak zelfs anonieme beoordelingscommissies. Ik ben het Vlaams Fonds voor de Letteren, het Nederlands Letterenfonds, het Fonds Pascal Decroos voor bijzondere journalistiek, het Fonds Bijzondere Journalistieke Projecten en het Netherlands Institute for Advanced Study oprecht dankbaar voor de middelen die ze me toevertrouwden. Op twee van mijn tien reizen naar Congo reisde ik mee in het persgevolg van een Belgisch ministerieel bezoek. Tijdens mijn langere verblijven nam ik geregeld binnenlandse vluchten met de toestellen van de VN-vredesmacht. Tot zover mijn *embeddedness*. Ik kreeg geld van geen enkele minister, werd gesponsord door geen enkel bedrijf en overnachtte bij geen enkele ngo. Aan wie mij wilde trakteren, vertelde ik plagerig dat dat op eigen risico was.

Onafhankelijkheid is het hoogste goed, maar dat betekent niet dat ik *cavalier seul* speelde. Ik wist mij zeer gevoed door de ideeën van vele anderen, om te beginnen de talloze informanten die ik in de voorgaande hoofdstukken heb opgevoerd. Zij zijn het kloppende hart van dit boek. Met een aantal van hen raakte ik onderweg zelfs bevriend. Maar ook achter de schermen hielpen velen mee. Enkele eminente Congo-kenners waren al vanaf het begin bijzonder genereus met hun informatie. Lieve Joris deed mij boeken en contacten aan de hand met een vrijgevigheid die niet meer van deze tijd is. Walter Zinzen, Filip De Boeck en Benoît Standaert vormden onuitputtelijke bronnen van eruditie en vriendschap. Guy Poppe, Katelijne Hermans, Ine Roox, Peter Verlinden, Koen Vidal, Maarten Rabaey en John Vandaele waren meer dan bereid om hun opvattingen over Congo met mij te delen. Een aantal mensen die wisten dat ik met dit boek bezig was, attendeerden mij op interessant bronnenmateriaal. Ik denk in het bijzonder aan Colette Braeckman, Raf Custers, Roger Huisman, Piet Joostens, Luc Leysen, Alphonse Muambi, Sophie de Schaepdrijver, Mark Schaevers, Vincent Stuer, Margot Vanderstraeten, Pascal Verbeken, Paule Verbruggen en Honoré Vinck.

In Kinshasa had ik veel aan de gesprekken met Zizi Kabongo, Annie Matiti, Noël Mayamba, consul Benoît Standaert en Johan en Mieke Swinnen, de toenmalige Belgische ambassadeur en diens echtgenote. Chauffeur Didier Catu, kolonel Frank Werbrouck, ambassadeur Geoffroy de Liedekerke en broeder Luc Vansina hielpen mij op diverse manieren met logistieke problemen. In Kisangani werd ik geholpen door Pionus Katuala, Faustin Linyekula en Virginie Dupray. In Bunia was het een voorrecht om radiojournalist Jean-Paul Basila te kennen. In Goma kreeg ik hulp van Sekombi Katondolo, Chrispin Mvano ya Bauma, Cléon Mufingizi en Carine Tchoma. In Bukavu was ik te gast bij Adolphine Ngoy en haar gezin. In Lubumbashi sprak ik uitvoerig met Jules Bizimana, pater Jo De Neckere en Paul Kaboba. In Rwanda trok ik op met Gady Byabagabo. In Nkamba, de heilige stad van de kimbangisten, leerde ik veel bij van de jonge journaliste Tétys Danaé Samba. In Nsioni was het bijzonder om te luisteren naar dokter Jacques Courtejoie en zijn vrienden Roger Zimuangu en Clément Nzungu. In Boma ontmoette ik de wonderlijke stadsarchivaris Placide Munanga, die me vertelde over de geschiedenis van zijn stad. In Kikwit heb ik uren zitten praten met het plaatselijke schoolhoofd Rufin Kibari Nsanga, wiens werktafel letterlijk bedolven was onder stapels boeken en documenten. Hem ontmoeten was een feest. Zijn historische kennis was verbluffend en werd enkel overtroffen door zijn historische nieuwsgierigheid en zijn stralende gastvrijheid.

Bij de MONUC had ik tijdens het Nkunda-offensief van 2008 boeiende contacten met William Elachi, Sylvie van den Wildenberg en Bernard Kalume. In China leerde ik veel bij uit de gesprekken met de Belgisch consul Frank Felix, de Vlaamse economische vertegenwoordiger Koen De Ridder, de Congolese journalist Jaffar Mulassa en de Afrikaanse zakenlui Georges Ndjeka, Dadine Musitu en Lina Garcia Mendes.

Tijdens mijn reizen ontmoette ik geregeld journalisten of onderzoekers met wie het goed praten was. Ik denk in het bijzonder aan Caty Clement, Samuel Turpin, Greg Mthembu-Salter, Kipulu Samba, Hery Mambo, Delphine Schrank en Kristien Geenen. Meestal reisde ik alleen, maar het was geweldig om een paar keer op stap te zijn met schrandere reizigers als Jan Goossens, Carl De Keyzer en Stephan Vanfleteren. Kris Berwouts, de directeur van EurAc, het Europees netwerk van ngo's actief in Centraal-Afrika, leerde ik kennen op een vlucht van Kinshasa naar Bukavu. Zelfs zonder de mislukte vliegtuigcrash bij de landing in Bukavu zouden we vrienden zijn geworden, maar toen we beiden ongedeerd uit het toestel stapten en door het hoge gras, de gutsende regen en de rode modder wegliepen van een toestel dat nog steeds kon ontploffen, beseften we dat we héél veel geluk hadden gehad en dat voortaan niet alleen de liefde voor Congo maar ook die voor het leven ons bond.

In de schrijffase van dit boek mocht ik geregeld advies vragen aan de historici Jean-Luc Vellut, Daniel Vangroenweghe, Zana Aziza Etambala, Guy Vanthemsche en Vincent Viaene, aan de antropologen Filip De Boeck, Peter Geschiere, Klaas de Jonge, David Garbin en Anne Mélice, aan de kunsthistorici Roger Pierre Turine en Sabine Cornelis, aan de archeologe Els Cornelissen, de econoom Frans Buelens en de cineaste Valérie Kanza. Walter en Alice Lumbeeck en Frans en Marja Vleeschouwers, mijn vaders vrienden uit de vroege jaren zestig, hielpen mij het Belgische perspectief op de Katangese secessie te begrijpen, terwijl Michel en Edith Lechat en Jean Cordy buitengewone informanten waren over de koloniale tijd.

Heel wat mensen die ik nooit heb ontmoet waren bereid om mijn mails en telefoons te beantwoorden. Reverend Martin M'Caw, Robert Lay, Julian Lock en Betty Layton hielpen mij met inlichtingen over de vroegste generatie protestantse missionarissen. Aldwin Roes, Fien Danniau, Nancy Hunt, Myriam Mertens, Bob White, Bodomo Adams en Bram Libotte stuurden mij ongepubliceerde manuscripten toe, terwijl Dominiek Dendooven, Didier Mumengi, Steven Spittaels en Didier Verbruggen mij verblijdden met specifieke inlichtingen of documenten waarnaar ik op zoek was. Ook Bogumil Jewsiewicki, Tom De Herdt, Stefaan Marysse en Erik Kennes losten technische vragen op waar ik mee zat. Odette Kudjabo vertelde me aan de telefoon over haar grootvader die had meegevochten in '14-'18, Michel Drachoussoff sprak over zijn vader, wiens oorlogsdagboek van '40-'45 zo boeiend was, en Dorothée Longeni Katende vertelde over haar grootvader Disasi Makulo, die ze jammer genoeg nooit had gekend.

Toen het manuscript van dit werk klaar was, liet ik alles nalezen door enkele experts. Vincent Viaene, Guy Vanthemsche en Filip Reyntjens bogen zich respectievelijk over de hoofdstukken betreffende de Vrijstaat, Belgisch Congo en het onafhankelijke Congo, terwijl Frans Buelens de economische passages dubbelcheckte. Ik ben hun allen bijzonder erkentelijk voor de nauwgezette commentaren.

Het is in de Nederlandse letterkunde ongebruikelijk om redacteurs te bedanken ('Daarvoor word ik toch betaald,' klinkt het dan meestal lichtjes gegeneerd), maar voor Wil Hansen geldt die regel niet, om de eenvoudige reden dat hij veel meer dan een redacteur was, *un honnête homme* van de zeldzaamste en nobelste soort, met wie het zéér goed samenwerken was.

Congo. Een geschiedenis schreef ik in mijn atelier in Kuregem, de veelbesproken 'probleemwijk' in de Brusselse gemeente Anderlecht, al moet ik eraan toevoegen dat ik meer hinder heb ondervonden van de politiehelikopters die in het kader van een *zero tolerance*-beleid wekenlang boven de buurt cirkelden dan van de buurt zelf, waar ik al vier jaar lang met plezier werk. Ik had mij geen betere werkplek in Europa kunnen dromen om over Congo te schrijven: mijn atelier kijkt uit op de straat waar dagelijks tientallen tweedehandsauto's worden opgekocht om verscheept te worden naar Centraal-Afrika. De straathoeken hangen vol met affiches voor optredens van Werrason of gebedsgenezers. Van buitenaf bekeken lijkt deze buurt zo slecht geïntegreerd in België, hoor ik soms, maar van hieruit bekeken lijkt België eerder slecht geïntegreerd in de wereld. Kuregem is een les in globalisering, en ook in empathie en betrokkenheid.

Voor dat soort lessen is de Koninklijke Vlaamse Schouwburg in Brussel wellicht de beste leerschool. Mijn research over Congo startte ongeveer synchroon aan het artistieke Congo-traject van de KVS, een langdurig uitwisselingsprogramma tussen Congolese en Belgische kunstenaars. Ik was betrokken bij het begin ervan, verzorgde enkele workshops voor Congolese auteurs in Kinshasa en Goma en werkte ondertussen zelf aan mijn theatermonoloog *Missie*, die in de KVS in première ging. Het schitterende werk van mensen als Jan Goossens en Paul Kerstens overtuigde mij ervan dat het grote maatschappelijke debat vaak met meer urgentie wordt gevoerd in zulke vrijplaatsen voor het kritisch denken dan aan veel universiteiten of bij de steeds commerciëlere media. Een aantal van mijn dierbaarste vrienden in Congo leerde ik langs deze weg kennen. Ik denk in het bijzonder aan de schrijvers Bibish Mumbu en Vincent Lombume, aan de theatermakers Papy Mbwiti en Jovial en Véronique Mbenga, aan de actrices Starlette Mathata en Dadine Musitu, aan de cineast Djo Munga, de choreograaf Faustin Linyekula, de beeldend kunstenaar Vitshois Mwilambwe en de beeldhouwer Freddy Tsimba. Niet alleen hebben zij mij geholpen hun land te begrijpen, maar het ook lief te hebben, want een land dat zulke intelligente en moedige kunstenaars voortbrengt is verre van verloren.

Dit boek had ik evenmin kunnen schrijven zonder de nabijheid van enkele zeer dierbare vrienden in Europa: Natalie Ariën, Geert Buelens, Emmy Deschuttere, Jan Goossens, Maaike Pereboom, Grażyna Plebanek, Stephan Vanfleteren, Francesca Vanthielen en Peter Vermeersch stonden me ieder op hun manier bij tijdens het lange schrijven aan deze tekst. Maar bovenal dank ik Bernadette De Bouvere en Tomas Van Reybrouck, mijn moeder en mijn broer, voor hun niet aflatende wijsheid en warmte.

Brussel, april 2010

Verantwoording der bronnen

Algemeen

Congo. Een geschiedenis is het resultaat van veel luisteren en lezen. Ik heb mijn bronnen zo minutieus mogelijk opgegeven in de eindnoten, maar een aantal ervan verdienen extra aandacht. Omdat ik er bijzonder schatplichtig aan ben, omdat het nieuwsgierige lezers verder op weg kan helpen of simpelweg omdat ik mijn enthousiasme erover nadrukkelijk wil delen.

Het boek dat in mijn handbagage zat toen ik voor het eerst naar Congo vloog, was *The Congo from Leopold to Kabila: A People's History* van Georges Nzongola-Ntalaja (Londen, 2002): een excellente, bevlogen inleiding tot de geschiedenis van het land, al liet ik het op die vlucht in het vak van de passagierszetel voor mij zitten. Ook mijn tweede exemplaar staat vol potloodstrepen. Datzelfde geldt ook voor het standaardwerk van Isidore Ndaywel è Nziem: *Histoire générale du Congo* (Parijs, 1998). Het is stukken academischer dan het vorige, maar het heeft mij dikwijls getroffen door zijn volledigheid, zijn rijke interpretaties en zijn talrijke kaarten. Ik had het tijdens het schrijven permanent naast me liggen. Een ander handig naslagwerk waar ik geregeld in bladerde, was de *Historical Dictionary of the Democratic Republic of the Congo* door Emizet Kisangani en F. Scott Bobb, waarvan de derde editie onlangs verscheen (Lanham, 2010). Jean-Jacques Arthur Malu-Malu schreef met *Le Congo Kinshasa* een leesbaar en persoonlijk overzichtswerk, dat veel te weinig bekend is (Parijs, 2002).

Om me te oriënteren in nieuwe tijdvakken en onderwerpen begon ik bij de gerenommeerde referentiewerken. De hoofdstukken gewijd aan Centraal-Afrika in de zevendelige *Cambridge History of Africa* blijven na twintig jaar nog steeds uitmuntend. Ik las ze naast de bijdragen in de achtdelige *Histoire générale de l'Afrique*, die vaak door Afrikaanse onderzoekers zijn geschreven. De recente A *Historical Companion to Postcolonial Literatures: Continental Europe and its Empires* (Edinburgh, 2008) van Prem Poddar et al. hielp me op weg met thematische resumés en nuttige startbibliografieën.

Enkele oudere boeken zijn nog steeds erg de moeite waard, zoals *The River Congo* van Peter Forbath (New York, 1977) voor de prekoloniale periode en *Leopold to Lumumba* van George Martelli (Londen, 1962) voor de koloniale periode. Robert Cornevin schreef *Histoire du Congo (Léopoldville)* (Parijs, 1963), een helder maar enigszins eurocentrisch werk, waarvan de schitterende kaarten veel goedmaken. De bundeling van Jean Stengers' artikelen in *Congo: mythes et réalités* (Parijs, 1989) blijft uitermate belangrijk, vooral voor wat betreft zijn analyses van de Vrijstaat.

Voor de werking van de koloniale economie beschikt de Nederlandstalige lezer sinds kort over een uitstekend naslagwerk: *Congo 1885-1960. Een financieel-economische geschiedenis* van Frans Buelens (Berchem, 2007). Naast bedrijfshistorische inlichtingen biedt het een goed overzicht van de *Werdegang* van het koloniale kapitalisme. Voor de sociale dimensie van dat kapitalisme zie onder meer de klassiekers van Pierre Joye & Rosine Lewin, *Les trusts au Congo* (Brussel, 1961) en Michel Merlier, *Le Congo: de la colonisation belge à l'indépendance* (Parijs, 1962). Specifiek over de sociale aspecten van de mijnbouw in Katanga gaat het werk van de Congolese historicus Donatien Dibwe dia Mwembu, die veelvuldig gebruikmaakt van mondelinge bronnen: *Histoire des conditions de vie des travailleurs de l'Union Minière du Haut-Katanga/Gécamines (1910-1999)* (Lubumbashi, 2001) en *Bana Shaba abandonnés par leur père: structure de l'autorité et histoire sociale de la famille ouvrière au Katanga, 1910-1997* (Parijs, 2001).

Het kolonialisme is lange tijd beschouwd als een vorm van eenrichtingsverkeer van metropool naar kolonie, van Europa naar Afrika. Sinds kort is daar verandering in gekomen en kijken onderzoekers naar de terugslag van het koloniale avontuur op Europa. In zijn belangwekkende boek *Congo. De impact van de kolonie op België* (Tielt, 2007) toonde Guy Vanthemsche overtuigend aan dat niet alleen België Congo heeft gevormd, maar Congo ook België. Hij focust in het bijzonder op de Belgische economie en de binnenlandse en buitenlandse politiek. Samen met Vincent Viaene en Bambi Ceuppens stelde ik een bundel samen die keek naar de koloniale impact op andere domeinen van de Belgische samenleving, zoals cultuur, religie en wetenschap: *Congo in België. Koloniale cultuur in de metropool* (Leuven, 2009). Behalve voor dit tweerichtingsverkeer is er ook in toenemende mate aandacht voor de diversiteit van de koloniale aanwezigheid. Naast Belgen waren er immers ook Grieken, Portugezen, Scandinaviërs en Italianen actief in Belgisch Congo. Boeken als *Pionniers méconnus du Congo Belge* (Brussel, 2007) van Georges Antipas, over de Griekse gemeenschap in Congo, en *Moïse Levy, un rabbin au Congo (1937-1991)* (Brussel, 2000) van Milantia Bourla Errera verruimen het historische blikveld.

Over diverse deelonderwerpen bestaan belangwekkende diachrone studies. Omwille van hun transversaal perspectief vermeld ik ze hier alvast. Over onderwijs en wetenschap leze men het werk van Ruben Mantels, *Geleerd in de tropen. Leuven, Congo & de wetenschap, 1885-1960* (Leuven, 2007) naast dat van Benoît Verhaegen, *L'enseignement universitaire au Zaïre: de Lovanium à l'Unaza, 1958-1978* (Parijs, 1978). Over architectuur, zie *Kuvuande Mbote. Een eeuw koloniale architectuur en stedenbouw in Kongo* van Bruno De Meulder (Antwerpen, 2000) en *Kongo zoals het is. Drie architectuurverhalen uit de Belgische kolonisatiegeschiedenis (1920-1960)* (Gent, 2002) van Johan Lagae. Voor de Congolese popmuziek (die altijd meer dan zomaar muziek is) zie Gary Stewart: *Rumba on the River* (Londen, 2000). Voor de literatuur zie Silvia Riva: *Nouvelle histoire de la littérature du Congo-Kinshasa* (Parijs, 2000). Voor film en beeldcultuur zie Guido Convents: *Images & démocratie: les Congolais face au cinéma et à l'audiovisuel* (Leuven, 2006). En voor de beeldende kunst, zie Roger Pierre Turine: *Les arts du Congo, d'hier à nos jours* (Brussel, 2007). De afbeeldingen in dit laatste boek zijn schitterend. Vaak leveren de hedendaagse kunstenaars een gelaagd commentaar op de geschiedenis van hun land. Dat geldt zeker ook voor de Congolese dichters die Antoine Tshitungu Kongolo samenbracht in de mooie bloemlezing *Poète, ton silence est crime* (Parijs, 2002).

Enkele andere boeken verbaasden, verrasten en verwarden mij louter en alleen met beelden: *Congo Belge en images* (Tielt, 2010) van Carl De Keyzer en Johan Lagae ontregelt alle bestaande clichés over Congo-Vrijstaat door een sublieme keuze uit de collectie glasplaatnegatieven van het Koninklijk Museum voor Midden-Afrika in Tervuren. Minstens zo verwarrend over het hedendaagse Congo is *Congo (Belge)* (Tielt, 2009) van diezelfde Carl De Keyzer, en *Congo Eza* (Roeselare, 2007) van Mirko Popovitch & Françoise De Moor, dat werk bundelt van contemporaine Congolese fotografen. Omdat ik fotografie te zeer waardeer als een autonome vorm van spreken, bevat het onderhavige boek geen ander beeldmateriaal dan kaarten.

Inleiding

De algemeen aardrijkskundige schets van dit inleidende hoofdstuk plukte ik bijeen uit een baaierd aan bronnen op het internet en in mijn boekenkast. Een nuttige en van talrijke kaartjes voorziene schets is *Géopolitique du Congo (RDC)* van Marie-France Cros en François Misser (Brussel, 2006).

Mijn poging om een *history from below* te schrijven aan de hand van interviews met mensen wier perspectief doorgaans niet doordringt tot de geschreven bronnen probeerde ik voor het eerst uit in een Brugs bejaardentehuis in 2007. Daar polste ik ouderen die nooit in Congo waren geweest naar hun herinneringen aan het kolonialisme, naar wat ze toen dachten en vooral naar wat ze toen deden (zilverpapier sparen, zo bleek, naast naaien voor de missies, hengelen op de missiekermis en erg veel bidden voor de '*Congoleestjes*'). Dat onderzoek, en de methodologische mogelijkheden en moeilijkheden van die werkwijze, een combinatie van *oral history* en *material culture studies*, werkte ik uit in een bundel die ik redigeerde samen met Vincent Viaene en Bambi Ceuppens: *Congo in België: koloniale cultuur in de metropool* (Leuven, 2009). Maar mijn analyse was niet meer dan een explicitering van de werkwijze die ik in mijn journalistieke en literaire werk (zoals in het theaterstuk *Missie*) al langer hanteer. En van mijn overtuiging dat de meest onderschatte archieven in Congo de mensen zijn.

Het belang dat ik hecht aan de prekoloniale periode is, behalve aan mijn achtergrond als prehistorisch archeoloog, erg schatplichtig aan de klassieker van Eric Wolf, *Europe and the People Without History* (Berkeley, 1982). De vroegste bewoning van Congo is nagenoeg onbekend, zo merkte Graham Connah op in *Forgotten Africa: An Introduction to its Archaeology* (Londen, 2004). Ook recente overzichtswerken vullen de leemte maar zeer gedeeltelijk op, zie onder meer Ann Brower (red.), *African Archaeology: A Critical Introduction* (Oxford, 2005) en vooral Lawrence Barham & Peter Mitchell, *The First Africans: African Archaeology from the Earliest Toolmakers to the Most Recent Foragers* (Cambridge, 2008). Voor de tijdsopname van het leven zo'n negentigduizend jaar geleden baseerde ik mij daarom op de opgravingen van John E. Yellen in Katanda: 'Behavioral and taphonomic patterning at Katanda 9: a Middle Stone Age site, Kivu Province, Zaïre' (*Journal of Archaeological Science*, 1996). Voor een goede synthese van het ontstaan van modern menselijk gedrag in Afrika, zie: Sally McBrearty & Alison S. Brooks, 'The revolution that wasn't: a new interpretation of the origin of modern behavior', *Journal of Human Evolution* 39 (2000). Mijn snapshot van het pygmeeënbestaan rond 2500 v.Chr. maakte dankbaar gebruik van recent onderzoek van Julio Mercader, 'Foragers of the Congo: the early settlement of the Ituri Forest', in J. Mercader (red.) *Under the Canopy: The Archaeology of Tropical Rain Forests* (New Brunswick, 2003).

De periode rond het jaar 500 en het fenomeen van de Bantoe-migratie leerde ik beter kennen door Jan Vansina's indrukwekkende *Paths in the Rainforest: Toward a History of Political Tradition in Equatorial Africa* (Madison, 1990), aangevuld met het scrupuleuze archeologische werk van Hans-Peter Wotzka, *Studien zur Archäologie des zentral-afrikanische Regenwaldes: die Keramik des inneren Zaïre-Beckens und ihre Stellung im Kontext der Bantu-Expansion* (Keulen, 1995). Over gongs en drumtalen raadplege men John Carrington, *La voix des tambours* (Kinshasa, 1974) en Olga Boone, *Les tambours du Congo-belge et du Ruanda-Urundi* (Tervuren, 1951).

Het ontstaan van de eerste staten begreep ik beter na lectuur van Jan Vansina's uitzonderlijke etnohistorische werk. Bij mijn veel te summiere schets van de lokale koninkrijken in de savanne heb ik geput uit zijn klassieker *Les anciens royaumes de la savane: les états des savanes méridionales de l'Afrique centrale des origines à l'occupation coloniale* (Léopoldville, 1965) en zijn *How Societies Are Born: Governance in West Central Africa before 1600* (Charlottesville, 2004). Voor het rijk van de Kongo anno 1560 beriep ik me tevens op Anne Hilton, *The Kingdom of Kongo* (Oxford, 1985), David Northrup, *Africa's Discovery of Europe* (New York, 2002) en Paul Serufuri Hakiza, *L'évangélisation de l'ancien royaume Kongo, 1491-1835* (Kinshasa, 2004).

Voor het stuk over 1780 en de impact van de Atlantische slavenhandel maakte ik uitvoerig gebruik van de meesterlijke studie van Robert W. Harms *River of Wealth, River of Sorrow: The Central Zaire Basin in the Era of the Slave and Ivory Trade, 1500-1891* (New Haven, 1981).

Hoofdstuk 1

Dit hoofdstuk maakte dankbaar gebruik van het in Europa niet te verkrijgen boekje van Makulo Akambu, *La vie de Disasi Makulo, ancien esclave de Tippo Tip et catéchiste de Grenfell, par son fils Makulo Akambu* (Kinshasa, 1983). Het bevat de neerslag van het levensverhaal dat de oude Disasi Makulo aan zijn zoon dicteerde. Ik kreeg het door een gelukkig toeval in handen.

Hoewel er vreselijk veel geschreven is over ontdekkingsreizigers in Afrika (zie o.a. Christopher Hibbert, *Africa Explored: Europeans in the Dark Continent, 1769-1889* (Londen, 1982)), bestaat er geen echt systematisch overzichtswerk voor de periode van 1870-1885. Tim Jeals prachtige *Stanley: The Impossible Life of Africa's Greatest Explorer* (Londen, 2007) is echter meer dan een uitzonderlijk rijk gedocumenteerde en genuanceerde biografie: het schildert het panorama van een heel tijdperk. Inzicht in het woelige midden van de negentiende eeuw verwierf ik dankzij Jan Vansina, 'L'Afrique centrale vers 1875', in *Bijdragen over de Aardrijkskundige Conferentie van 1876* (Brussel, 1976), Jean-Luc Vellut, 'Le bassin du Congo et l'Angola', in J.F. Ade Ajayi (red.), *Histoire générale de l'Afrique: VI. L'Afrique au XIXe siècle jusque vers les années 1880* (Parijs, 1996) en David Northrup, 'Slavery & forced labour in the Eastern Congo, 1850-1910', in H. Médard & S. Doyle (red.), *Slavery in the Great Lakes Region of East Africa* (Oxford, 2007). Meer inlichtingen over de islamitische slavenhandel is te vinden bij Edward A. Alpers, *Ivory & Slaves in East Central Africa* (Londen, 1975), Abdul Sheriff, *Slaves, Spices & Ivory in Zanzibar* (Londen, 1987) en Ronald Segal, *Islam's Black Slaves: The Other Black Diaspora* (New York, 2001). Voor leven en werk van de twee machtigste Afro-Arabische handelaren in Congo, zie respectievelijk François Bontinck, *L'autobiographie de Hamed ben Mohammed el-Murjebi: Tippo Tip (ca. 1840-1905)* (Brussel, 1974) en Auguste Verbeken, *Msiri, roi du Garenganze: «l'homme rouge» du Katanga* (Brussel, 1956).

Voor de inheemse reacties op Europese ontdekkingsreizigers, zie: Frank McLynn, *Hearts of Darkness: The European Exploration of Africa* (Londen, 1992). Johannes Fabian keerde de antropologische blik om en schreef een indringende etnografie over de ontdekkingsreizigers: *Out of Our Minds: Reason and Madness in the Exploration of Central Africa* (Berkeley, 2000). Over de eerste generatie missionarissen documenteerde ik me met behulp van E.M. Braekman, *Histoire du protestantisme au Congo*

(Brussel, 1961) en Ruth Slade, *English-Speaking Missions in the Congo Independent State, 1878-1908* (Brussel, 1959).

De literatuur over de deling van Afrika is omvangrijk. Thomas Pakenham schreef het vuistdikke *The Scramble for Africa, 1876-1912* (Londen, 1991), maar voor de internationale context waarin Koning Leopold manoeuvreerde had ik het meest aan de glasheldere en smakelijke analyse van H.L. Wesseling, *Verdeel en heers: de deling van Afrika, 1880-1914* (Amsterdam, 1991). Hij leunde op zijn beurt zwaar op het werk van Jean Stengers dat *incontournable* blijft: *Congo, mythes et réalités: 100 ans d'histoire* (Parijs, 1989). Stengers' artikel 'De uitbreiding van België: tussen droom en werkelijkheid' in G. Janssens & J. Stengers, *Nieuw licht op Leopold I & Leopold II: het archief Goffinet* (Brussel, 1997) biedt een update aan de hand van bijzondere archiefstukken. De Koninklijke Academie voor Overzeese Wetenschappen van België publiceerde twee belangwekkende bundels over wat er tussen 1876 en 1885 gebeurde: *Bijdragen over de Aardrijkskundige Conferentie van 1876* (Brussel, 1976) en *Bijdragen over de honderdste verjaring van de Onafhankelijke Kongostaat* (Brussel, 1988).

Hoofdstuk 2

Het debat over de Congo-Vrijstaat wordt al meer dan een decennium gedomineerd door het boek van Adam Hochschild, *De geest van koning Leopold II en de plundering van de Congo* (Amsterdam, 1998). Het had als verdienste een groot publiek in te lichten over de misstanden in Congo en academische kennis toegankelijk en spannend te maken. Helaas dreef het meer op een talent voor verontwaardiging dan voor nuance; zijn perspectief bleek meermaals erg manicheïstisch. Om de complexiteit van een figuur als Leopold te begrijpen had ik meer aan de reeds geciteerde studies van Jean Stengers, maar ook aan recentere onderzoeken die hem in de context van zijn tijd plaatsten. Jan Vandersmissen wees in zijn proefschrift op de impact van de geografische wetenschap: *Koningen van de wereld: de aardrijkskundige beweging en de ontwikkeling van de koloniale doctrine van Leopold II* (Gent, 2008). Vincent Viaene belichtte de imperiale koorts in de Belgische *high society* en vestigde mijn aandacht op de nationale en sociale agenda van de koning: 'King Leopold's imperialism and the origins of the Belgian colonial party, 1860-1905', *Journal of Modern History* 80 (2008), 741-90. Jean-Luc Vellut onderzocht onlangs de Afrikaanse context van Leopolds kolonialisme ('Contextes africains du projet colonial de Léopold II', ongepubliceerde lezing, Louvain-la-Neuve, maart 2009). Zie ook de bijdragen van Viaene, Vellut en Vandersmissen in Vincent Dujardin, Valérie Rosoux en Tanguy de Wilde d'Estmael (red.), *Leopold II: schaamteloos genie?* (Tielt, 2009). Maar op een definitieve biografie over Leopold II is het vooralsnog wachten.

Een genuanceerde kijk op de ambtenaren, handelaren en militairen van de Vrijstaat vond ik in L.H. Gann & Peter Duignan, *The Rulers of Belgian Congo, 1884-1914* (Princeton, 1979). De tentoonstellingscatalogus *Het geheugen van Congo: de koloniale tijd* (Tervuren, 2005) poogde, onder redactie van Jean-Luc Vellut, oude en nieuwe clichébeelden over de Vrijstaat te omzeilen. Enkele onderzoekers verrichtten pionierswerk over de rubberpolitiek in de zeer versnipperde archieven: Daniel Vangroenweghe met zijn *Rood rubber* (Brussel, 1985) en zijn *Voor rubber en ivoor* (Leuven, 2005), Jules Marchal met zijn *E.D. Morel tegen Leopold II en de Kongostaat* (Berchem, 1985) en *De Kongostaat van Leopold II* (Antwerpen, 1989, verschenen onder zijn pseudoniem A.M. Delathuy).

Maar de Vrijstaat behelsde natuurlijk meer dan de gruwelen van de rubberpolitiek. Een goed overzicht bood Jean Stengers & Jan Vansina, 'King Leopold's Congo, 1886-1908', in R. Oliver & G.N. Sanderson (red.), *The Cambridge History of Africa, volume 6: from 1870 to 1905* (Cambridge, 1985), 315-58. Aan hen ontleende ik de tweedeling vóór 1890 / na 1890. Analyses over de internationale diplomatie en de grensproblematiek worden behandeld in de klassieke standaardwerken (Cornevin, Stengers, Ndaywel). Over de pacificatie van het gebied en de vormen van lokale weerstand raadpleegde ik Allen Isaacman & Jan Vansina, 'Initiatives et résistances africaines en Afrique centrale de 1880 et 1914', in A. Adu Boahen (red.), *Histoire générale de l'Afrique, VII: L'Afrique sous domination coloniale* (Parijs, 1987), 191-216. Jean-Luc Vellut, hij alweer, schreef een genuanceerde analyse over de rol van geweld in de Vrijstaat: 'La violence armée dans l'Etat Indépendant du Congo' (*Cultures et développement*, 1984).

Dit hoofdstuk besteedde aandacht aan de groeiende vertrouwdheid van Afrikanen met Europeanen en hun levenswijze. Over Congolezen die naar Europa togen in het kader van een wereldtentoonstelling, zie Maarten Couttenier, *Congo tentoongesteld: een geschiedenis van de Belgische antropologie en het museum van Tervuren (1882-1925)* (Leuven, 2005) en Maurits Wynants, *Van hertogen en Kongolezen: Tervuren en de koloniale tentoon-*

stelling 1897 (Tervuren, 1997). Over de uitbouw van de staat in Boma was de cd-rom van Johan Lagae, Thomas de Keyser en Jef Vervoort een goudmijn: *Boma 1880-1920: koloniale hoofdstad of kosmopolitische handelspost* (Gent, 2006). Voor het stuk over de ontmoeting tussen kolonialen en Congolese vrouwen las ik de erg interessante studie van Amandine Lauro, *Coloniaux, ménagères et prostituées au Congo belge (1885-1930)* (Loverval, 2005).

Enkele sleutelwerken over de protestantse zendelingen werden bij hoofdstuk 1 al vermeld. Het onderscheid in werkwijze met de katholieke missies ontleende ik aan Ruth Slade, *King Leopold's Congo: Aspects of the Development of Race Relations in the Congo Independent State* (Londen, 1962). Over de figuur van Grenfell bestaat een overvloedige literatuur, veelal hagiografisch van aard. Het belangrijkste werk is de tweedelige biografie van Harry Johnston, *George Grenfell and the Congo* (Londen, 1908). Over de rol van inheemse catechisten, zie het proefschrift van Paul Serufuri Hakiza, *Les auxiliaires autochtones des missions protestantes au Congo, 1878-1960: Etude de cinq Sociétés missionaires* (Louvain-la-Neuve, 1984). Een kritische benadering van de verhouding tussen katholieke kerk en staat vindt men in de werken van A.M. Delathuy (pseudoniem van de hierboven vermelde Jules Marchal): *Jezuïeten in Kongo met zwaard en kruis* (Berchem, 1986) en zijn tweedelige *Missie en staat in Oud-Kongo* (Berchem, 1992 en 1994). Vincent Viaene leerde me veel bij over de banden tussen Laken en het Vaticaan: 'Leopold II en de Heilige Stoel' (ongepubliceerd, 2009).

De vroegste geschiedenis van de Force Publique werd met militaire precisie en onverholen trots beschreven door kapitein-commandant F. Flament in *La Force Publique de sa naissance à 1914: participation des militaires à l'histoire des premières années du Congo* (Brussel, 1952). Toch blijft het bruikbaar. Philippe Marechal schreef de omvangrijke studie *De 'Arabische' campagne in het Maniema-gebied (1892-1894)* (Tervuren, 1992). Veteranen als Oscar Michaux en Joseph Meyers schreven hun wedervaren met de muiterij op in resp. *Au Congo: carnet de campagne* (Namen, 1913) en *Le prix d'un empire* (Brussel, 1964). De opstanden van de soldaten kregen veel aandacht: Marcel Storme, *La mutinerie militaire au Kasai en 1895* (Brussel, 1970), Auguste Verbeken, *La révolte des Batetela en 1895* (Brussel, 1958) en Pierre Salmon, *La révolte des Batetela de l'expédition du Haut-Ituri (1897)* (Brussel, 1977).

De aanleg van de eerste spoorweg is uitvoerig besproken en geïllustreerd in Charles Blanchart et al., *Le rail au Congo belge, 1890-1920* (Brussel, 1993). Daarnaast blijft René J. Cornet, *La bataille du rail: la construction du chemin de fer de Matadi au Stanley Pool* (Brussel, 1947) leesbaar. Over de financiering van de spoorweg en de rest van de Vrijstaat las ik *Combien le Congo a-t-il couté à la Belgique* (Brussel, 1957) van Jean Stengers. Als institutioneel en diplomatiek historicus schreef hij ook het standaardwerk over de overdracht van de Vrijstaat van Leopold aan België: *Belgique et Congo: l'élaboration de la Charte coloniale* (Brussel, 1963). Die cruciale episode werd onlangs nog tegen het daglicht gehouden door Vincent Viaene, die er de culturele impact van bestudeerde, 'Reprise-remise: de Congolese identiteitscrisis van België rond 1908', in V. Viaene, D. Van Reybrouck & B. Ceuppens (red.), *De overname van België door Congo: aspecten van de Congolese 'aanwezigheid' in de Belgische samenleving, 1908-1958* (Leuven, 2009), 43-62.

Hoofdstuk 3

De periode 1908-1921 is ongetwijfeld het minst bekend in de hele Congolese geschiedenis. Zo uitbundig de literatuur over de Vrijstaat, zo schraal die over het prille Belgische kolonialisme. Gelukkig stonden er wel enkele recente en uitstekende deelstudies tot mijn beschikking. Over de maatschappelijke gevolgen van de bestrijding van de slaapziekte schreef Maryinez Lyons een klassieker: *The Colonial Disease: A Social History of Sleeping Sickness in Northern Zaire, 1900-1940* (Cambridge, 1992). Inlichtingen over farmaceutisch geëxperimenteer ontleende ik aan een lezing van Myriam Mertens, 'Chemical compounds in the Congo: A Belgian colony's role in the chemotherapeutic knowledge production during the 1920s', gepresenteerd op de *Third European Conference on African Studies*, Leipzig, 5 juni 2009.

Voor de ontwikkeling van de koloniale antropologie verwijs ik naar het reeds aangehaalde werk van Maarten Couttenier (zie vorige hoofdstuk). Specifiek over het ontstaan van de *Collection des Monographies ethnographiques* gaat de licentiaatsverhandeling van Fien Danniau, *'Il s'agit d'un peuple': het antropologisch onderzoek van het Bureau international d'ethnographie (1905-1913)* (Gent, 2005). Over de bredere context van de koloniale wetenschap publiceerde Mark Poncelet onlangs *L'invention des sciences coloniales belges* (Parijs, 2008).

Dit hoofdstuk stond stil bij het ontstaan van tribalisme in vroeg-koloniaal Congo. De informatie over het katholieke missieonderwijs en de ideologische representaties over de zogenaamde stammen in schoolboeken en klasliedjes distilleerde ik uit Marc Depaepe, Jan Briffaerts, Pierre Kita Kyankenge Masandi, Honoré Vinck, *Manuels et chansons scolaires au Congo Belge* (Leuven, 2003). Honoré Vincks online publicatie *Colonial Schoolbooks (Belgian Congo): Anthology* bleek een goudmijn (www.abbol.com). Over de eerste Afrikaanse priester Stefano Kaoze werd uiteraard veel geschreven vanuit katholieke hoek. De interessantste studie is echter die van Allen F. Roberts, 'History, ethnicity and change in the "Christian Kingdom" of Southeastern Zaire', in Leroy Vail (red.), *The Creation of Tribalism in Southern Africa* (Berkeley, 1989). Hij koppelt de missioneringsgeschiedenis aan Kaozes politieke idealen.

In de paragrafen over industrialisering, proto-urbanisering en proletarisering maakte ik dankbaar gebruik van de fascinerende geschriften van André Yav. De bron is online consulteerbaar, inclusief een volledige vertaling in het Engels door Johannes Fabian: 'Vocabulaire de la ville de Elisabethville', *Archives of Popular Swahili* 4 (2001), http://www2.fmg.uva.nl/lpca/aps/vol4/vocabulaireshabaswahili.html, 29.

Er bestaan enkele uitstekende Angelsaksische studies over de sociale aspecten van de vroegste mijnbouw. Voor de goudmijnen van Kilo-Moto, zie: David Northrup, *Beyond the Bend in the River: African Labor in Eastern Zaire, 1865-1940* (Athens, 1988). Voor de mijnen van Katanga, zie: John Higginson, *A Working Class in the Making: Belgian Colonial Labor Policy, Private Enterprise, and the African Mineworker, 1907-1951* (Madison, 1989) en zeker ook Charles Perrings, *Black Mineworkers in Central Africa: Industrial Strategies and the Evolution of an African Proletariat in the Copperbelt 1911-41* (Londen, 1979). Voor de sociale condities in de Equateur, buiten de mijnbouw, zie: Samuel H. Nelson, *Colonialism in the Congo Basin, 1880-1940* (Athens, 1994). Over de diverse vormen die de rekrutering van mijnwerkers aannam, stuurde Aldwin Roes mij zijn ongepubliceerde, maar erg verhelderende lezing 'Thinking with and beyond the state: the sub- and supranational perspectives on the exploitation of Congolese natural resources, 1885-1914', gepresenteerd op *The Quest for Natural Resources in Central Africa: the case of the mining sector in* DRC, Tervuren, 8-9 december 2008. Over de huisvesting van mijnwerkers in Katanga schreef Bruno De Meulder het bijzonder interessante *De kampen van Kongo: arbeid, kapitaal en rasveredeling in de koloniale planning* (Amsterdam, 1996). De arbeidsomstandigheden bij Huileries du Congo Belge van William Lever werden beschreven in een werk van de onvermoeibare Jules Marchal: *L'histoire du Congo 1910-1945, tome 3 : Travail forcé pour l'huile de palme de Lord Leverhulme* (Borgloon, 2001).

Over de Eerste Wereldoorlog raadplege men met veel genoegen Hew Strachan, *The First World War in Africa* (Oxford, 2004) en Edward Peace, *Tip and Run: The Untold Tragedy of the Great War in Africa* (Londen, 2007). Voor de bestuurlijke kant van de zaak, zie Guy Vanthemsche, *Le Congo belge pendant la Première Guerre mondiale: les rapports du ministre des Colonies Jules Renkin au roi Albert Ier, 1914-1918* (Brussel, 2009). Over de slag om het Tanganyika-meer schreef Giles Foden het succesvolle *Mimi and Toutou go forth: the Bizarre Battle of Lake Tanganyika* (Londen, 2004). Over de inname van Tabora, zie: Georges Delpierre, 'Tabora 1916 : de la symbolique d'une victoire' (*Belgisch Tijdschrift voor Nieuwste Geschiedenis*, 2002). Met betrekking tot de menselijke kant van de campagne naar Duits Oost-Afrika leerde ik veel van Jan De Waele, 'Voor vorst en vaderland: zwarte soldaten en dragers tijdens de Eerste Wereldoorlog in Congo' (*Militaria Belgica*, 2007-2008). Voor de Afrikaanse aanwezigheid op de Europese slagvelden van WO I, zie de prachtige tentoonstellingscatalogus van Dominiek Dendooven & Piet Chielens, *Wereldoorlog I: Vijf continenten in Vlaanderen* (Tielt, 2008), waarin ook een artikel staat over de etnografische geluidsopnames onder krijgsgevangenen in Berlijn. Zana Aziza Etambala besteedde er eveneens aandacht aan in zijn *In het land van de Banoko: de geschiedenis van de Kongolese/Zaïrese aanwezigheid in België van 1885 tot heden* (Leuven, 1993). De meest recente studie is van Jeannick Vangansbeke, 'Afrikaanse verdedigers van het Belgisch grondgebied, 1914-1918', *Belgische Bijdragen tot de Militaire Geschiedenis* 4 (2006), 123-34. Over Rwanda en Burundi onder Duits en Belgisch koloniaal bestuur: Helmut Strizek, *Geschenkte Kolonien: Ruanda und Burundi unter deutscher Herrschaft* (Berlijn, 2006) en Ingeborg Vijgen, *Tussen mandaat en kolonie: Rwanda, Burundi en het Belgische bestuur in opdracht van de Volkenbond (1916-1932)* (Leuven, 2005).

Hoofdstuk 4

Dat het interbellum in Afrika allesbehalve een vredige periode was, bleek onlangs nog uit de indrukwekkende synthese van Jonathan Derrick, *Africa's 'Agitators': Militant Anti-Colonialism in Africa and the West,*

1918-1939 (Londen, 2008). Uiteraard besteedt hij ook aandacht aan de gebeurtenissen in Congo. Over Simon Kimbangu verscheen erg veel, zowel van de hand van historici en antropologen als van adepten. Jules Chomé gooide in 1959 al de knuppel in het koloniale hoenderhok met zijn *La passion de Simon Kimbangu, 1921-1951* (Brussel, 1959). De beste historische studie is die van Susan Asch, *L'église du prophète Simon Kimbangu: de ses origines à son rôle actuel au Zaïre* (Parijs, 1982). Onlangs nog schreef Jean-Luc Vellut een compacte, maar zeer goede inleiding bij het eerste deel van zijn bronnenuitgave *Simon Kimbangu. 1921: de la prédication à la déportation* (Brussel, 2005). Ook de boeken van aanhangers en sympathisanten zijn vaak historisch georiënteerd. De vorige geestelijke leider, Joseph Diangienda Kuntima, schreef zelf een lijvig overzicht: *L'histoire du Kimbanguisme* (Châtenay-Malabry, 2007). Zie ook het erg invloedrijke werk van Marie-Louise Martin, *Simon Kimbangu: un prophète et son église* (Lausanne, 1981) en het veel recentere boek van Aurélien Mokoko Gampiot, *Kimbanguisme et identité noire* (Parijs, 2004). Een grondige deelstudie over de deportatie vond ik bij Munayi Muntu-Monji, 'La déportation et le séjour des Kimbanguistes dans le Kasaï-Lukenié (1921-1960)' (*Zaïre-Afrique*, 1977).

Over andere messianistische bewegingen raadpleegde ik Martial Sinda, *Le messianisme congolais et ses incidences politiques: Kimbanguisme – Matsouanisme – Autres mouvements* (Parijs, 1972), André Ryckmans, *Les mouvements prophétiques kongo en 1958* (Kinshasa, 1970) en Jacques Gérard, *Les fondements syncrétiques du Kitawala* (Brussel, 1969). Daarnaast kon ik het ongepubliceerde, maar goed gedocumenteerde typoscript van Ruffin Kibari, schoolhoofd te Kikwit, lezen: *Mouvements 'anti-sorciers' dans les Provinces de Leopolville* [sic] *et du Kasaï, à l'époque coloniale* (Kikwit, 1985). Een brede contextualisering over inheems christendom en kolonialisme is van de hand van Paul Raymaekers en Henri Desroche: *L'administration et le sacré (1921-1957)* (Brussel, 1983). Zie ook de klassieker van Wyatt MacGaffey, *Religion and Society in Central Africa* (Chicago, 1986).

De meest waardevolle studie over de doodstraf is andermaal van de hand van Jean-Luc Vellut, 'Une exécution publique à Elisabethville (20 septembre 1922): notes sur la pratique de la peine capitale dans l'histoire coloniale du Congo', in B. Jewsiewicki (red.), *Art pictural zaïrois* (Parijs, 1992). Bert Govaerts publiceerde recenter 'De strop of de kogel? Over de toepassing van de doodstraf in Kongo en Ruanda-Urundi (1885-1962)' (*Brood en Rozen*, 2009).

Over de revolte van de Pende (of Bapende) vloeide heel wat inkt, maar de zeer grondige studie van Sikitele Gize blijft onovertroffen: 'Les racines de la révolte Pende de 1931' (*Etudes d'histoire africaine*, 1973). Recenter verscheen een gedetailleerde versie van de feiten van de hand van Louis-François Vanderstraeten, *La répression de la révolte des Pende du Kwango en 1931* (Brussel, 2001). Een Russische studie uit de jaren dertig blijft, na het wegschrappen van de evidente propaganda-laag, uiterst degelijk om de dieperliggende oorzaken te begrijpen: A.T. Nzula, I.I. Potekhin & A.Z. Zusmanovich 1979: *Forced Labour in Colonial Africa* (Londen, 1979). Nergens elders werd de link tussen het opvoeren van de inkomstenbelasting en het proces van proletarisering beter aangetoond.

De financieel-economische geschiedenis van het Interbellum is helder beschreven in G. Vandewalle, *De conjuncturele evolutie in Kongo en Ruandu-Urundi van 1920 tot 1939 en van 1949 tot 1958* (Gent, 1966). Voor de sociale dimensie maakte ik opnieuw gebruik van de bij het vorige hoofdstuk al vermelde werken van Northrup, Nelson, Perrings en Higginson. Wat de industrialisering deed met de materiële cultuur en mentaliteit van de inlander, zag ik uiterst levendig beschreven in een studie uit de jaren dertig: John Merle Davis, *Modern Industry and the African: An Inquiry into the Effect of the Copper Mines of Central Africa upon Native Society and the Work of the Christian Missions* (Londen, 1933). De sociale politiek van Union Minière wordt besproken in het goed gedocumenteerde maar bedrijfsvriendelijke werk van René Brion en Jean-Louis Moreau, *Van mijnbouw tot Mars: de ontstaansgeschiedenis van Umicore* (Tielt, 2006). Men leze het echter samen met het werk van Bruce Fetter: *L'Union Minière du Haut-Katanga, 1920-1940: la naissance d'une sous-culture totalitaire* (Brussel, 1973) en diens *The Creation of Elisabethville* (Stanford, 1976). De openingshoofdstukken van Johannes Fabian, *Jamaa: A Charismatic Movement in Katanga* (Evanston, 1941) zijn eveneens erg lucide. Over het werken in de palmoliesector bracht Jacques Vanderlinden een belangrijke bronnenstudie uit: *Main d'œuvre, Eglise, capital et administration dans le Congo des années trente* (Brussel, 2007).

Om de groei van een stedelijke cultuur beter te begrijpen maakte ik dankbaar gebruik van de bundel die Jean-Luc Vellut redigeerde: *Itinéraires croisés de la modernité: Congo belge* (1920-1950) (Tervuren, 2000). Hierin vond ik boeiende hoofdstukken over scouting, voetbal, media, de *colour bar* en het dagelijkse leven in de koloniale stad. Over de uitzonderlijke rol van 'tata Raphaël' las ik, naast het hoofdstuk van Bénédicte Van Peel in die bundel, ook het artikel van Roland Renson en Christel Peeters, 'Sport als missie: Raphaël de la Kéthulle de Ryhove (1890-1956)', in M. D'hoker, R. Renson & J. Tolleneer (red.), *Voor lichaam & geest: katholieken, lichamelijke opvoeding en sport in de 19de en 20ste eeuw* (Leuven, 1994). Over het katholieke jeugdwerk vond ik meer bij Karl Catteeuw, 'Cardijn in Congo: de ontwikkeling en betekenis van de Katholieke Arbeidersjeugd in Belgisch-Congo' (*Brood en Rozen*, 1999). Sara Boel schreef een interessante licentiaatsverhandeling over hoe het bewind controle probeerde te houden op de media en de kunsten: *Censuur in Belgisch Congo (1908-1960): een onderzoek naar de controle op de pers, de film en de muziek door de koloniale overheid* (Brussel, 2005). Bruce Fetter belichtte het verenigingsleven en de pogingen tot recuperatie door de katholieke kerk in een klassiek artikel: 'African associations in Elisabethville, 1910-1935: their origins and development' (*Etudes d'Histoire africaine*, 1974). Het oudere boekje van Georges Brausch, *Belgian Administration in the Congo* (Londen, 1961) blijft lezenswaardig vanwege zijn genuanceerde hoofdstuk over de *colour bar*. Benoît Verhaegen schreef een uitstekend stuk over de overtrokken angst voor het rode gevaar: 'Communisme et anticommunisme au Congo (1920-1960)' (*Brood en Rozen*, 1999). Over *body politics*, de medicalisering van de Congolese samenleving en de lokale reacties daarop in het binnenland, schreef Nancy R. Hunt de fascinerende studie: *A Colonial Lexicon: Of Birth Ritual, Medicalization, and Mobility in the Congo* (Durham, 1999).

Aan Paul Panda Farnana en zijn Union Congolaise wijdde Zana Aziza Etambala een erg leerrijk hoofdstuk in zijn al aangehaalde *In het land van de Banoko* (Leuven, 1993). François Bontinck schreef 'Mfumu Paul Panda Farnana, 1888-1930: premier (?) nationaliste congolais', in V.Y. Mudimbe (red.), *La dépendance de l'Afrique et les moyens d'y remédier* (Parijs, 1980). In Congolese middens valt de laatste jaren een hernieuwde belangstelling voor die vroege voorvechter op te tekenen. Onlangs nog eerde Didier Mumengi hem met *Panda Farnana, premier universitaire congolais, 1888-1930* (Parijs, 2005). Antoine Tshitungu Kongolo onderzocht zijn connecties met Belgische intellectuele middens: 'Paul Panda Farnana (1888-1930), panafricaniste, nationaliste, intellectuel engagé: une contribution à l'étude de sa pensée et de son action' (*L'Africain*, 2003).

Hoofdstuk 5

Een helder overzicht over de Tweede Wereldoorlog in Afrika en de impact op het kolonialisme biedt Michael Crowders artikel 'The Second World War: Prelude to decolonization in Africa' in het achtste deel van de *The Cambridge History of Africa* (Cambridge, 1984). Een recente synthese over de toestand in Belgisch Congo is jammer genoeg niet beschikbaar. De laatste poging dateert van de jaren tachtig toen de Koninklijke Academie voor Overzeese Wetenschappen van België *Bijdragen over Belgisch-Congo tijdens de Tweede Wereldoorlog* (Brussel, 1983) publiceerde. Ik maakte vooral gebruik van de artikelen van Léon de Saint-Moulin, Jean-Luc Vellut, Benoît Verhaegen, Gustaaf Hulstaert, Jonathan Helmreich en Antoine Rubbens. De bundel liet het militaire aspect links liggen, want daarin was voorzien door Emile Janssens, *Contribution à l'histoire militaire du Congo belge pendant la Seconde Guerre mondiale, 1940-45* (Brussel, 1982-1984). De Abyssinische veldtocht is gedocumenteerd door enkele Belgische officieren die eraan deelnamen, onder meer R. Werbrouck, *La campagne des troupes coloniales belges en Abyssinie* (Léopoldville, 1945) en Philippe Brousmiche, *Bortaï: Faradje, Asosa, Gambela, Saio. Journal de campagne* (Doornik, 1987). Felix Denis plaatste het dagboek en vooral het fascinerende fotoalbum van zijn schoonvader, luitenant Carlo Blomme, online: http://force-publique-1941.skynetblogs.be/. Christine Denuit-Somerhausen en Francis Balace publiceerden 'Abyssinie 41: du mirage à la victoire', in F. Balace (red.), *Jours de lutte* (Brussel, 1992).

Over de rol van het Katangees uranium in de ontwikkeling van de atoombom schreef Jacques Vanderlinden *À propos de l'uranium congolais* (Brussel, 1991) en Jonathan E. Helmreich 'The uranium negotations of 1944', in *Bijdragen over Belgisch-Congo tijdens de Tweede Wereldoorlog* (Brussel, 1983). Zie ook diens *Gathering Rare Ores: The Diplomacy of Uranium Acquisition, 1943-1954* (Princeton, 1986) en *L'uranium, la Belgique et les puissances* van Pierre Buch & Jacques Vanderlinden (Brussel, 1995).

De sociale onrust in de mijnen is rijkelijk gedocumenteerd in het al eerder aangehaalde boek van Perrings, *Black Mineworkers in Central Africa* (Londen, 1979). Ik raadpleegde eveneens J.-L. Vellut, 'Le Katanga industriel en 1944: malaises et anxiétés dans la société coloniale', in *Bijdragen over Belgisch-Congo tijdens de Tweede Wereldoorlog* (Brussel, 1983). Nuttig was het onderzoek van Tshibangu Kabet Musas, 'La situation sociale dans le ressort administratif de Likasi (ex-Territoire de Jadotville) pendant la Guerre 1940-1945' (*Etudes d'Histoire africaine*, 1974) en dat van Bogumil Jewsiewicki, Kilola Lema, Jean-Luc Vellut, 'Documents pour servir à l'histoire sociale du Zaïre : grèves dans le Bas-Congo (Bas-Zaïre) en 1945' (*Etudes d'Histoire africaine*, 1973). Het helderste overzicht vond ik evenwel bij Bogumil Jewsiewicki, 'La contestation sociale et la naissance du prolétariat au Zaïre au cours de la première moitié du XXe siècle' (*Revue canadienne des études africaines* 1976).

Het buitengewoon interessante oorlogsdagboek van Vladimir Drachoussoff verscheen in bescheiden oplage onder diens pseudoniem Vladi Souchard, *Jours de brousse: Congo 1940-1945* (Brussel, 1983). Het was een van de interessantste boeken die ik in de voorbereiding voor deze geschiedenis mocht lezen. Gouverneur-generaal Pierre Ryckmans en pater Placide Tempels hadden een genuanceerde kijk op de koloniale werkelijkheid, zie respectievelijk: *Dominer pour servir* (Brussel, 1948) en *Bantoe-filosofie* (Antwerpen, 1946). Zie ook Jacques Vanderlinden, *Pierre Ryckmans, 1891-1959: coloniser dans l'honneur* (Brussel, 1994). Nog over die naoorlogse periode schreef Nestor Delval het zeer lezenswaardige essay *Schuld in Kongo?* (Leuven, 1966).

Voor de naoorlogse jaren blijft het werkje van Antoine Rubbens, *Dettes de guerre* (Elisabethville, 1945) nog steeds erg lezenswaardig. Het bundelt een aantal kritische stukken die in de krant *L'Essor du Congo* waren verschenen. Daarnaast zijn de verslagen van de Commission Permanente pour la Protection des Indigènes verplichte lectuur, omdat ze naast nuttige sociale informatie zo tekenend zijn voor het koloniale paradigma: zie L. Guebels, *Relation complète des travaux de la Commission Permanente pour la Protection des Indigènes, 1911-1951* (Brussel, 1952). Een uitstekende inleiding in de kwestie van de vakbonden en het sociaal protest biedt het themanummer van *Brood en Rozen* uit 1999: *Sociale bewegingen in Belgisch-Congo*. Ik raadpleegde tevens André Corneille, *Le syndicalisme au Katanga* (Elisabethville, 1945), Arthur Doucy & Pierre Feldheim, *Problèmes du travail et politique sociale au Congo belge* (Brussel, 1952) en R. Poupart, *Première esquisse de l'évolution du syndicalisme au Congo* (Brussel, 1960).

Beter begrip over het leven in de koloniale stad deed ik op bij Filip De Boeck en Marie-Françoise Plissart, *Kinshasa: Tales of the Invisible City* (Gent, 2004) en Johan Lagae, *Kongo zoals het is: drie architectuurverhalen uit de Belgische kolonisatiegeschiedenis (1920-1960)* (Gent, 2002). Het werk van Suzanne Comhaire-Sylvian, *Femmes de Kinshasa: hier et aujourd'hui* (Parijs, 1968), Valdo Pons, *Stanleyville: An African Urban Community under Belgian*

Administration (Oxford, 1969) en W.C. Klein, *De Congolese elite* (Amsterdam, 1957) gaven me een levendig beeld over de nieuwe stedelijke cultuur. De werking en de impact van de radiouitzendingen voor Congolezen werden besproken bij Greta Pauwels-Boon, *L'origine, l'évolution et le fonctionnement de la radiodiffusion au Zaire de 1937 à 1960* (Tervuren, 1979) en Sara Boel, *Censuur in Belgisch Congo (1908-1960): een onderzoek naar de controle op de pers, de film en de muziek door de koloniale overheid* (Brussel, 2005). Over de oud-leerlingenvereniging van Raphaël de la Kéthulle schreef Charles Tshimanga 'L'ADAPES et la formation d'une élite au Congo (1925-1945)' in J.-L. Vellut (red.), *Itinéraires croisés de la modernité: Congo belge* (1920-1950) (Tervuren, 2000).

Het lot van de *évolués* is op vele plekken besproken, bij zeer uiteenlopende auteurs als Stengers, Young en Ndaywel. Het standaardwerk is dat van Jean-Marie Mutamba Makombo: *Du Congo Belge au Congo indépendant 1940-1960* (Kinshasa, 1998). Een erg interessante studie is die van Mukala Kadima-Nzuji, die de band legt tussen maatschappelijk ressentiment, pers en literatuur in *La littérature zaïroise de langue française (1945-1965)* (Parijs, 1984). Over het ontstaan van de eerste Congolese universiteit schreef Ruben Mantels het boeiende *Geleerd in de tropen: Leuven, Congo & de wetenschap, 1885-1960* (Leuven, 2007). De reis van koning Boudewijn werd kleurrijk verteld door Erik Raspoet: *Bwana Kitoko en de koning van de Bakuba: een vorstelijke ontmoeting op de evenaar* (Antwerpen, 2005).

De verzen waarmee dit hoofdstuk eindigt komen uit de bundel *Esanzo* van Antoine-Roger Bolamba, een van de mooiste dichtwerken uit de Congolese poëzie.

Hoofdstuk 6

De literatuur over de dekolonisatie van Congo is overvloedig, maar vaak ongelijk van kwaliteit, gedateerd en overdreven 'blank' qua blik. Het allerbeste boek over de periode blijft *Politics in the Congo* van Crawford Young (Princeton, 1965). Bijna een halve eeuw na verschijning blijft het verbazen hoe iemand zo kort na de gebeurtenissen de grote processen dermate lucide kon analyseren en opschrijven. Daarbij werd hij ongetwijfeld geholpen door het schitterende voorwerk van het CRISP, het Centre de Recherche et d'Information Socio-Politiques in Brussel, een bevlogen en oerdegelijk documentatiecentrum waar figuren als Jean Van Lierde, Benoît Verhaegen en Jules Gérard-Libois pionierswerk verrichtten. Hun jaarboeken en studies over politieke bewegingen blijven tot vandaag een onmisbare bron voor historisch onderzoek naar de jaren vijftig en zestig in Congo. Zij brachten het standaardwerk van Young uit in het Frans.

Een andere oude, maar nog steeds erg waardevolle studie is die van Paule Bouvier, *L'accession du Congo belge à l'indépendance* (Brussel, 1965). Recenter bracht Zana Aziza Etambala veel nieuw archiefmateriaal samen in twee lezenswaardige boekwerken: *Congo 55/65: van Koning Boudewijn tot president Mobutu* (Tielt, 1999) en *De teloorgang van een modelkolonie: Belgisch Congo (1958-1960)* (Leuven, 2008). Van de vele memoires die verschenen over de woelige dekolonisatie zijn die van Jef Van Bilsen, sleutelfiguur in het hele proces, zeer de moeite waard: *Kongo 1945-1965: het einde van een kolonie* (Leuven, 1993).

Voor de internationale context van de Congolese onafhankelijkheidsstrijd heb ik veel gehad aan Pierre Queuille, *Histoire de l'afro-asiatisme jusqu'à Bandoung: la naissance du tiers-monde* (Parijs, 1965) en Colin Legum, *Pan-Africanism: A Short Political Guide* (New York, 1965).

De jeugdculturen van Kinshasa staan beschreven bij Didier Gondola: *Villes miroirs: migrations et identités urbaines à Kinshasa et Brazzaville, 1930-1970* (Parijs, 1997). Het al eerder aangehaalde werk van Filip De Boeck had eveneens aandacht voor het fenomeen van de *bills* en de *moziki*. Over de politieke dimensie van het Congolese voetbal maakten Jan Antonissen en Joeri Weyn de uitstekende documentaire *F.C. Indépendance* (2007). De ernstige rellen van januari 1959 in de hoofdstad hebben heel wat inkt doen vloeien. Jacques Marras en Pierre De Vos schreven het toegankelijke *L'équinoxe de janvier: les émeutes de Léopoldville* (Brussel, 1959), maar ook het verslag van generaal Janssens, die de Force Publique commandeerde en daardoor verre van onpartijdig was, is de moeite van het lezen waard: *J'étais le général Janssens* (Brussel, 1961).

Over de eerste generatie politieke figuren is erg veel verschenen. Omtrent de figuur van Kasavubu, zie: Benoît Verhaegen en Charles Tshimanga, *L'Abako et l'indépendance du Congo belge: dix ans de nationalisme kongo (1950-1960)* (Tervuren, 2003). Omtrent Lumumba, zie: Jean Omasombo Tshonda & Benoît Verhaegen, *Patrice Lumumba: jeunesse et apprentissage politique, 1925-1956* (Tervuren, 1998) en hun vervolg: *Patrice Lumumba: de la prison aux portes du pouvoir, juillet 1956-février 1960* (Tervuren,

2005). Andere werken danken we meestal aan uitgesproken partizanen, met alle voor- en nadelen van dien: wat we winnen aan *histoire vécue* verliezen we dikwijls aan nuance en perspectief. Pierre De Vos schreef een goed leesbare, maar niet altijd even accurate *Vie et mort de Lumumba* (Parijs, 1961); Francis Monheim leek wel verliefd toen hij *Mobutu, l'homme seul* (Brussel, 1962) uitbracht, en Jules Chomé léék niet woest maar was het gewoon toen hij *Moïse Tshombe et l'escroquerie katangaise* publiceerde (Brussel, 1966). In *La pensée politique de Patrice Lumumba* (Parijs, 1963) bracht Jean Van Lierde de belangrijkste speeches, artikelen en brieven van Lumumba bijeen. Het voorwoord van Sartre is, naast voorspelbaar, nog steeds indrukwekkend.

Studies die het partijpolitieke geharrewar van een grotere afstand bekijken zijn evenwel zeldzaam. P. Caprasse bood echter met *Leaders africains en milieu urbain (Elisabethville)* (Brussel, 1959) een schitterende sociologische benadering die de lokale focus van zijn Katangese veldwerk ver oversteeg. Hij had in het bijzonder aandacht voor de retoriek waarmee het tribale element werd uitgespeeld. Luc Fierlafyn ging daarop door en onderwierp de politieke teksten van toen aan een interessante discoursanalyse: *Le discours nationaliste au Congo belge durant la période 1955-1960* (Brussel, 1990).

Hoofdstuk 8

De wervelwind aan gebeurtenissen die samen de Eerste Republiek vormen heeft geleid tot een volle boekenkast. Een recent overzichtswerk ontbreekt, maar over alle deelaspecten zagen degelijke studies het licht. Walter Geerts' *Binza 10: de eerste tien onafhankelijkheidsjaren van de Democratische Republiek Congo* (Gent, 1970) biedt nog steeds een heldere inleiding. Zana Aziza Etambala's *Congo 55/65: van koning Boudewijn tot president Mobutu* (Leuven, 1999) en Jef Van Bilsens uiterst belangrijke *Kongo 1945-1965: het einde van een kolonie* (Leuven, 1993) bieden eveneens toegankelijke vertrekpunten. Daarnaast zijn de reeds hierboven vermelde jaarboeken van het CRISP van groot belang.

Over de muiterij van het leger schreef Louis-François Vanderstraeten de definitieve studie: *Histoire d'une mutinerie, juillet 1960: de la Force Publique à l'Armée nationale congolaise* (Parijs, 1985). Hij besteedde ruim aandacht aan de paniekstemming, de plotse exodus van de achtergebleven Belgen en het Belgische militaire optreden. Voor een levendig beeld van die dagen, zie twee boeken van Peter Verlinden: *Weg uit Congo: het drama van de kolonialen* (Leuven, 2002) en *Achterblijven in Congo: een drama voor de Congolezen?* (Leuven, 2008). Marie-Bénédicte Dembour schreef een belangwekkende antropologische studie over het perspectief van de oud-kolonialen: *Recalling the Belgian Congo* (New York, 2000).

De manier waarop de Congo-crisis Afrika in de Koude Oorlog betrok, is werkelijk schitterend geanalyseerd in de epische documentaire van Jihan El Tahri, *Cuba, une odyssée africaine* (Arte, 2007). De film laat niet alleen Cubaanse veteranen aan het woord, maar ook Congolese, Russische en Amerikaanse prominenten uit die tijd: een verbluffend portret van de machinaties van de Koude Oorlog op Afrikaanse bodem. Voor het Amerikaanse perspectief, zie: Stephen R. Weissman, *American Foreign Policy in the Congo 1960-1964* (Ithaca, 1974) en Romain Yakemtchouk, *Les relations entre les Etats-Unis et le Zaïre* (Brussel, 1986). Voor het communistische perspectief, zie: Arthur Wauters (red.), *Le monde communiste et la crise du Congo belge* (Brussel, 1961) en Edouard Mendiaux, *Moscou Accra et le Congo* (Brussel, 1960). Onlangs publiceerde CIA-topman Larry Devlin zijn opvallend openhartige memoires: *Chief of Station, Congo: A Memoir of 1960-67* (New York, 2007). Nog recenter besteedde Frank R. Villafaña aandacht aan de confrontatie tussen linkse en rechtse Cubanen in Congo: *Cold War in the Congo: The Confrontation of Cuban Military Forces, 1960-1967* (New Brunswick, 2009).

Het optreden van de VN werd becommentarieerd door diverse auteurs. Georges Abi-Saab analyseerde de implicaties voor het internationale recht in *The United Nations Operation in the Congo 1960-1964* (Oxford, 1978). Claude Leclercq had veel aandacht voor de situatie op het terrein: *L'ONU et l'affaire du Congo* (Parijs, 1964). Georges Martelli velde een zeer negatief oordeel: *Experiment in World Government: An Account of the United Nations Operation in the Congo 1960-1964* (Londen, 1966). De rol van de VN was dermate groot dat andere vormen van multilateralisme wat in de schaduw kwamen te staan. Voor het ontstaan en de bijdrage van de Organisatie van Afrikaanse Eenheid aan het conflict, zie: Catherine Hoskyns, *The Organization of African Unity and the Congo Crisis* (Dar es Salaam, 1969).

De moord op Lumumba is het best van al bekend door de vaak vertaalde klassieker van Ludo De Witte: *De moord op Lumumba* (Leuven, 1999). In België gaf het boek aanleiding tot een parlementaire onderzoekscommissie bestaande uit vier historici die de opdracht kregen om de beschikbare archieven uit te pluizen, met het oog op de vaststelling van de Belgische verantwoordelijkheid in de moord. Hun verslag was droog, maar scrupuleus: Luc De Vos et al., *Lumumba: De complotten? De moord* (Leuven, 2004). Voor het Amerikaanse aandeel in de zaak, zie: Madeleine Kalb, *The Congo Cables: The Cold War in Africa, from Eisenhower to Kennedy* (New York, 1982). Voor het perspectief van twee Congolese politici die ooit aan de zijde van Lumumba stonden, zie: Cléophas Kamitatu, *La grande mystification du Congo-Kinshasa: les crimes de Mobutu* (Parijs, 1971) en Thomas Kanza, *Conflict in the Congo: The Rise and Fall of Lumumba* (Baltimore, 1972).

Aan de Katangese afscheuring werd al bijzonder vroeg een degelijke studie gewijd: Jules Gérard-Libois, *Sécession au Katanga* (Brussel, 1963). Voor de historische wortels ervan, zie: Romain Yakemtchouk, *Aux origines du séparatisme katangais* (Brussel, 1988).

De opstanden in Kwilu en in het oosten van het land werden uitputtend behandeld in de studies van Benoît Verhaegen, *Rébellions au Congo* (Brussel, 1966-1969) en de dubbele congresbundel van Catherine Coquery-Vidrovitch et al. (red.), *Rébellions-révolution au Zaïre 1963-1965* (Parijs, 1987). Herbert Weiss en Benoît Verhaegen verzorgden in 1986 een belangrijk themanummer van *Les Cahiers du Cedaf* (periodiek van het Centre d'Etude et de Documentation Africaines), onder de titel *Les rébellions dans l'est du Zaïre (1964-1967)*. Ludo Martens schreef twee sympathiserende biografieën over Pierre Mulele en zijn vrouw Léonie Abo: *Pierre Mulele ou la seconde vie de Patrice Lumumba* (Berchem, 1985) en *Une femme du Congo* (Berchem, 1991). Een uitstekend journalistiek verslag over de Congolese rebellie is van de hand van Jean Kestergat: *Congo Congo: de l'indépendance à la guerre civile* (Parijs, 1965).

De sociale en economische toestanden van de Eerste Republiek kregen veel minder aandacht dan het politieke en militaire geharrewar, maar van het leven in de grootstad krijgen we een bijzonder accuraat beeld dankzij J.S. Lafontaine, *City Politics: A Study of Léopoldville, 1962-63* (Cambridge, 1970). Over de complexe kwestie van de koloniale aandelenportefeuille en de onderhandeling over de teruggave ervan aan Congo, zie: Jean-Claude Willame, *Eléments pour une lecture du contentieux belgo-zaïrois* (Brussel, 1988).

Hoofdstuk 9

Een voortreffelijke en zelfs formidabele inleiding op leven en werken van Mobutu is de documentaire van Thierry Michel: *Mobutu, roi du Zaïre* (Brussel, 1999). Wie zich dieper wil ingraven in de periode, kan het best beginnen bij het zeer verhelderende hoofdstuk over de Tweede Republiek dat Jacques Vanderlinden schreef in A. Huybrechts et al., *Du Congo au Zaïre, 1960-1980* (Brussel, 1980). Over de manier waarop een politieke elite de nationale economie plunderde, raadplege men: Fernard Bézy et al., *Accumulation et sous-développement au Zaïre 1960-1980* (Louvain-la-Neuve, 1981) en David J. Gould, *Bureaucratic Corruption and Underdevelopment in the Third World: The Case of Zaire* (New York, 1980). Maar eenieder die zich serieus wil verdiepen in het tijdperk kan onmogelijk om de vuistdikke studie van Crawford Young en Thomas Turner heen: *The Rise and Decline of the Zairean State* (Madison, 1985). Het boek focust op de eerste helft van Mobutu's bewind, de periode 1965-1980, en toont zeer overtuigend aan hoe de staat eerst allesomvattend werd en vervolgens helemaal vermolmd raakte. Het is sober geschreven maar uitzonderlijk rijk aan documentatie. Zonder meer het belangrijkste boek over deze periode.

Oorspronkelijke Zaïrese bronnen over de periode zijn talrijk, maar gingen steevast gebukt onder de angst voor het regime. Propaganda in overvloed, kritische analyse nihil. Alleen buiten de grenzen van het nationaal territorium kon er hardop gevloekt worden. In Parijs schreef Cléophas Kamitatu, mede-oprichter van de *Parti solidaire africain*, twee goed gedocumenteerde werken die tevens een virulente kritiek waren op het regime: *La grande mystification du Congo-Kinshasa: les crimes de Mobutu* (Parijs, 1971) en *Zaïre: le pouvoir à la portée du peuple* (Parijs, 1977).

Onlangs gunden twee Amerikaanse boeken een blik achter de schermen. Mobutu's lijfarts, de Amerikaan William Close, vader van de actrice Glenn, publiceerde zijn herinneringen aan een dolle tijd: *Beyond the Storm* (Marbleton, 2007). Al is de analyse niet altijd even diepgaand, de anekdotiek is vaak erg onthullend. Voor een begrip over de Amerikaans-Zaïrese vriendschapsbanden leest men het best naast het eerder aangehaalde werk van Romain Yakemtchouk, *Les relations entre les Etats-Unis et le Zaïre* (Brussel, 1986) de ook al besproken memoires van CIA-agent Larry Devlin, *Chief of Station* (New York, 2007).

De onwaarschijnlijke explosie van Kinshasa als stad staat goed beschreven bij Marc Pain, *Kinshasa, la ville et la cité* (Parijs, 1984) en René de

Maximy, *Kinshasa, ville en suspens* (Parijs, 1984). Beide boeken hebben niet alleen aandacht voor urbanistieke en demografische processen, maar ook voor de sociale en culturele gevolgen.

In deze uitdijende en jeugdige stad speelde muziek een belangrijke rol. De Congolese muziekscene was waarschijnlijk nooit zo vitaal als in de vroege jaren zeventig, mede door de *authenticité*-campagne van Mobutu. Gary Stewarts uitputtende *Rumba on the River* (Londen, 2000) besteedde er uiteraard ruime aandacht aan. Eveneens zeer de moeite waard is het onlangs verschenen *Rumba Rules: The Politics of Dance Music in Mobutu's Zaire* (Durham, 2008) dat de verwevenheid van politiek en popmuziek als hoofdthema heeft.

Voor de beschrijvingen van de boksmatch tussen Mohammed Ali en George Foreman maakte ik, naast de filmpjes op YouTube, dankbaar gebruik van Norman Mailers klassieker *The Fight*, onlangs verschenen in het Nederlands als *Het gevecht* (Amsterdam, 2007), een van de beste sportboeken ooit. Daarnaast genoot ik zeer van de Oscar-winnende documentaire *When We Were Kings* van Leon Gast (1996), die veel aandacht heeft voor de muzikale aspecten van *the rumble in the jungle*. Over de vervlochtenheid van zwarte ontvoogdingsstrijd en bokssport las ik enkele voortreffelijke essays in Gerard Early, *Speech and Power* (Hopewell, 1992).

Hoofdstuk 10

Over de waanzin die het Mobutu-regime vanaf 1975 kenmerkte bestaan in diverse talen toegankelijke en goed gedocumenteerde werken. Jean-Claude Willame schreef het serene, maar schrandere *L'automne d'un despotisme* (Parijs, 1992) en Colette Braeckman, journaliste bij *Le Soir*, het leesbare en in Congo erg invloedrijke *Le dinosaure* (Parijs, 1991), dat een jaar later ook in het Nederlands verscheen onder de titel *De dinosaurus* (Berchem, 1992). In Vlaanderen schreven twee journalisten van de openbare omroep hun ervaringen en analyses neer: *Mobutu, de man van Kamanyola* van Walter Geerts (Leuven, 2005) en vooral *Mobutu, van mirakel tot malaise* van Walter Zinzen (Antwerpen, 1995). Alleen al voor het hoofdstuk over de Shaba-oorlogen loont dat laatste de moeite. De Amerikaanse historicus Thomas Callaghy zag een parallel tussen het Mobutu-bewind in het Ancien Régime in Frankrijk: *The State-Society Struggle: Zaire in Comparative Perspective* (New York, 1984). De Britse journaliste

Michela Wrong schreef met *In the Footsteps of Mr Kurtz: Living on the Brink of Disaster in the Congo* een heerlijke pageturner, die ook ruim over de jaren negentig bericht. En meer dan twintig jaar na verschijning blijft het vaak vertaalde *Terug naar Congo* van Lieve Joris (Amsterdam, 1987) een heel tastbaar en meeslepend beeld bieden van het leven onder de dictatuur.

Over de zogenaamde 'witte olifanten', de zinloze bouwwerken van Mobutu, schreef Jean-Claude Willame *Zaïre, l'épopée d'Inga: chronique d'une prédation industrielle* (Parijs, 1986). Anders dan de titel doet vermoeden heeft hij niet alleen aandacht voor de fameuze waterkrachtcentrale. Informatie over het Duitse rakettenprogramma puzzelde ik bijeen uit de documentaire *Mobutu, roi du Zaïre* van Thierry Michel, het bovenvermelde boek van Walter Geerts, maar bovenal uit *Otrag Rakete*, de website van Bernd Leitenberger, http://www.bernd-leitenberger.de/otrag.shtml.

Het standaardwerk over de Shaba-oorlogen is van de hand van Romain Yakemtchouk: *Les deux guerres du Shaba* (Brussel, 1988). Hij besteedde veel aandacht aan de banden die België, Frankrijk en de VS met het Zaïre van Mobutu onderhielden. Voor ik aan zijn *Les relations entre les Etats-Unis et le Zaïre* (Brussel, 1986) begon, las ik eerst het minder technische werk van Sean Kelly waarvan de titel al een synopsis was: *America's Tyrant: the CIA and Mobutu of Zaire: How the United States put Mobutu in power, protected him from his enemies, helped him become one of the richest men in the world, and lived to regret it* (Washington DC, 1993).

De economische en monetaire politiek tussen 1975 en 1990 is bepaald pittig, temeer daar een goed overzichtswerk over de rol van het IMF, de Wereldbank en de Club van Parijs ontbreekt. Winsome J. Leslie belichtte een van de cruciale spelers in *The World Bank and Structural Adjustment in Developing Countries: The Case of Zaire* (Boulder, 1987). Het werk van Jean-Philippe Peemans, 'Zaïre onder het Mobutu-regime' (1988), was helder en boeiend om te lezen, niet in het minst omdat hij al in een zeer vroeg stadium waarschuwde voor de ongewenste gevolgen van de IMF-maatregelen. Kisangani Emizet verfijnde de redenering en leverde belangrijke en overtuigende grafieken in de eerste hoofdstukken van zijn *Zaire after Mobutu* (Helsinki, 1997). In mijn oordeel over de werking van het IMF ben ik schatplichtig aan de bestseller *Globalization and its Discontents* van Nobelprijswinnaar Joseph Stiglitz (Londen, 2002).

De dramatische gevolgen van de crisis en het ontstaan van een 'tweede', informele economie werden bestudeerd door Janet MacGaffey en haar team: *The Real Economy of Zaire* (Londen, 1991). Over de plaats van de vrouw in die nieuwe economie, zie: Benoît Verhaegen, *Femmes zaïroises de Kisangani: combats pour la survie* (Parijs, 1990). Treffende getuigenissen las ik eveneens bij De Villers et al. (red.), *Manières de vivre: économie de la "débrouille" dans les villes du Congo/Zaïre* (Tervuren, 2002).

Om het repressieve staatsapparaat te begrijpen leze men de deprimerende rapporten van Amnesty International en het door Abdoulaye Yerodia heruitgegeven *Rapport sur les assassinats* van de Nationale Soevereine Conferentie (Kinshasa, 2004). Een meer academische benadering vindt men bij Michael Schatzberg, *The Dialectics of Oppression in Zaire* (Bloomington, 1988). Stadslegendes, geruchten en nieuwtjes afkomstig van *radio-trottoir* werden gebundeld door Cornelis Nlandu-Tsasa, *La rumeur au Zaire de Mobutu: Radio-trottoir à Kinshasa* (Parijs, 1997). Over de populaire schilderkunst, zie: Bogumil Jewsiewicki (red.), *Art pictural zaïrois* (Parijs, 1992) en Johannes Fabian, *Remembering the Present: Painting and Popular History in Zaire* (Berkeley, 1996).

De zesduizend rapporten van de volksraadpleging van 1990 werden nooit vrijgegeven, maar het beste werk over het begin van het democratiseringsproces is dat van A. Gbabendu Engunduka en E. Efolo Ngobaasu: *Volonté de changement au Zaïre: de la consultation populaire vers la conférence nationale* (Parijs, 1992).

Hoofdstuk 11

Een bondige, maar erg lucide inleiding tot de woelige overgangsperiode tussen de Tweede en Derde Republiek bood de Vlaamse radiojournalist Guy Poppe met *De tranen van de dictator: van Mobutu tot Kabila* (Antwerpen, 1998). Over de politieke strijd hebben vele actief betrokkenen hun versie neergeschreven en uitgebracht bij l'Harmattan in Parijs. Die uitgeverij fungeert al jaren als het belangrijkste uitstalraam van intellectueel, Franstalig Afrika in de diaspora, maar door haar kritiekloze uitgavepolitiek heeft ze soms meer weg van een veredelde copyrette dan van een systematische verspreider van kennis. Een van de evenwichtiger werken is dat van Dieudonné Ilunga Mpunga: *Etienne Tshisekedi: le sens d'un combat* (Parijs, 2007), dat vooral naar de rol van de UDPS kijkt. Loka-ne-Kongo schreef een kritische terugblik op die warrige periode van democratisering: *Lutte de libération et piège de l'illusion: multipartisme intégral et dérive de l'opposition au Zaïre (1990-1997)* (Kinshasa, 2001). Axel Buyse somde de belangrijkste gebeurtenissen van de eerste jaren op in *Democratie voor Zaïre: de bittere nasmaak van een troebel experiment* (Groot-Bijgaarden, 1994). Het meest gedetailleerde werk is dat van Gauthier de Villers, *Zaïre: la transition manquée (1990-1997)* (Parijs, 1997), het eerste deel van een zeer waardevolle trilogie over de democratische transitie.

De uitvoerigste studie over het neerslaan van het studentenprotest in Lubumbashi is van de hand van Muela Ngalamulume Nkongolo, *Le campus martyr: Lubumbashi, 11-12 mai 1990* (Parijs, 2000). Over het neerslaan van de grote vredesmars in Kinshasa, zie Philippe de Dorlodot (red.), *Marche d'espoir, Kinshasa 16 février 1992: non-violence pour la démocratie au Zaïre* (Parijs, 1994). Een standaardwerk over de Nationale Soevereine Conferentie is bij mijn weten niet voorhanden, maar ik vulde mijn getuigenis van Régine Mutijima aan met gegevens ontleend aan de overzichtsgeschiedenis van Georges Nzongola-Ntalaja, die tevens een van de deelnemers was: *The Congo from Leopold to Kabila* (Londen, 2002).

Ik had het voorrecht meermalen met Baudouin Hamuli te spreken, zowat de *godfather* van de *société civile* in Congo. Hij was de eerste voorzitter van de nationale raad voor ngo's en schreef zijn analyses neer in twee interessante studies: *Donner sa chance au peuple congolais: expériences de développement participatif (1985-2001)* (Parijs, 2002) en, samen met twee coauteurs, *La société civile congolaise: état des lieux et perspectives* (Brussel, 2003).

De uiterst penibele leefsituatie van het gewone volk kwam aan bod in de verzamelbundels van De Villers et al. (red.), *Manières de vivre: économie de la 'débrouille' dans les villes du Congo/Zaïre* (Tervuren, 2002) en van Monnier et al. (red.), *Chasse au diamant au Congo/Zaïre* (Tervuren, 2001). Deze boeken belichten het ontstaan van fenomenen als de *cambistes* in Kinshasa, de fietstaxi's in Kisangani en de diamantsmokkel in de Kasai. Over de opulente weelde waaraan Mobutu zich in de jaren negentig nog steeds kon laven, leert men een en ander uit de verhalen van zijn Belgische schoonzoon Pierre Janssen, *Aan het hof van Mobutu* (Parijs, 1997). Over het begin van een nieuwe religiositeit, zie Isidore Ndaywel è Nziem, *La transition politique au Zaïre et son prophète Dominique Sakombi Inongo* (Québec, 1995). Antropoloog René Devisch schreef een belangrijk artikel over morele en sociale zingeving in tijden van crisis: 'Frenzy, violence, and renewal in Kinshasa' (*Public Culture*, 1995). Lieve Joris' *Dans van de luipaard* (Amsterdam, 2001) is wel het bekendste literair-journalistieke werk over het einde van het Mobutu-tijdperk.

Over de Rwandese genocide is een boekenkast volgeschreven. Het standaardwerk is en blijft *Leave None to Tell the Story* van de veel te jong gestorven Human Rights Watch-onderzoekster Alison Des Forges (New York, 1999). Daarnaast leze men beslist de klassieker van Gérard Prunier: *The Rwanda Crisis* (Londen, 1995). Recent verschenen enkele omvangrijke boeken over het conflict in de Grote Meren: Thomas Turner, *The Congo Wars: Conflict, Myth and Reality* (Londen, 2007), René Lemarchand, *The Dynamics of Violence in Central-Africa* (Philadelphia, 2008), Filip Reyntjens, *De Grote Afrikaanse Oorlog: Congo in de regionale geopolitiek, 1996-2006* (Antwerpen, 2009) en Gérard Prunier, *Africa's World War: Congo, the Rwandan Genocide, and the Making of a Continental Catastrophe* (Oxford, 2009). Terwijl Turner nogal warrig is, vertelt Lemarchand een boeiend, overkoepelend verhaal, biedt Reyntjens een knappe synthese en Prunier een gedetailleerde analyse.

Specifiek over de opmars van de AFDL gaat de uitstekende bundel onder redactie van Colette Braeckman et al., *Kabila prend le pouvoir* (Brussel, 1998). Erik Kennes schreef een forse biografie over Kabila's leven voorafgaand aan zijn greep naar de macht: *Essai biographique sur Laurent Désiré Kabila* (Tervuren, 2003). Onvolprezen in zijn aanschouwelijkheid is opnieuw een documentaire van de Egyptische filmmaakster Jihan El-Tahri, *L'Afrique en morceaux: la tragédie des Grands Lacs* (2000), die integraal online staat.

Hoofdstuk 12

De aanloop en het verloop van de Tweede Congo-oorlog komen uiteraard ruim aan bod in de hierboven geciteerde overzichtswerken van Prunier en Reyntjens. Een voortreffelijke inleiding tot het conflict leverde Olivier Lanotte met zijn *Guerres sans frontières en République Démocratique du Congo* (Brussel, 2003). Analytischer, maar erg rijk is het werk van Gauthier de Villers: *Guerre et politique: les trente derniers mois de L.D. Kabila* (Tervuren, 2001). Over Kabila's bewind voor en tijdens de inval, zie het kritische werk van Wamu Oyatambwe, *De Mobutu à Kabila: avatars d'une passation inopinée* (Parijs, 1999). Heel wat hagiografischer, op het burleske af zelfs nu en dan, is de bundel die Eddie Tambwe en Jean-Marie Dikanga Kazadi redigeerden: *Laurent-Désiré Kabila: l'actualité d'un combat* (Parijs, 2008). Over de motieven van de deelnemende landen verscheen vrij vroeg al *The African Stakes of the Congo War* van John F. Clark (New York, 2002). De moeizame vredesonderhandelingen die leidden tot het akkoord van Lusaka (1999) en Pretoria (2002) werden besproken door Jean-Claude Willame: *Les 'faiseurs de paix' au Congo* (Brussel, 2007). Het boek besteedt eveneens veel aandacht aan de motieven van de binnenlandse en buitenlandse strijdende partijen en de rol van de internationale VN-vredesmacht MONUC. De definitieve studie over de MONUC moet nog geschreven worden, maar Xavier Zeebroek schreef onlangs een nuttig rapport, *La Mission des Nations Unies au Congo: Le laboratoire de la paix introuvable* (Brussel, 2008) en Julie Reynaert een overzichtelijke master-thesis, *De balans na tien jaar Monuc in Congo* (Leuven, 2009).

De massale grondstoffenroof werd onomstotelijk aangetoond door de opeenvolgende rapporten van de *panel of experts* van de VN (www.un.org/News/dh/latest/drcongo.htm). Een overkoepelende, kwantitatieve analyse ontbreekt, maar Stefaan Marysse en Catherine André deden baanbrekende berekeningen voor de jaren 1999 en 2000 in 'Guerre et pillage en République Démocratique du Congo' (*L'Afrique des Grands Lacs*, 2001). De jaarboeken *L'Afrique des Grands Lacs*, momenteel onder redactie van Stefaan Marysse, Filip Reyntjens en Stef Vandeginste, bieden trouwens een schat van informatie voor eenieder die zich in de recentere periodes van de Congolese (maar ook Rwandese en Burundese) geschiedenis wil verdiepen. De oudere jaargangen zijn integraal te downloaden op de website van de Universiteit Antwerpen.

Enkele onafhankelijke ngo's leverden eveneens schitterend werk. Human Rights Watch documenteerde de goudsmokkel door Oeganda in twee rapporten: *Uganda in Eastern DRC* (2001) en vooral *The Curse of Gold* (2005). Global Witness onderzocht Rwanda's rol in de tinsmokkel: *Under-Mining Peace: Tin, The Explosive Trade in Cassiterite in Eastern DRC* (2005). IPIS keek in een tweedelige studie naar de afzetmarkten voor coltan: *Supporting the War Economy in the DRC: European Companies and the Coltan Trade* (2002). Pole Institute, een Congolees onderzoeksinstituut in Goma, bracht *The Coltan Phenomenon* (2002) uit, met uitvoerige interviews van mijnwerkers. Ook al deze rapporten zijn online beschikbaar.

Twee studies maakten me duidelijk dat het niet volstaat om enkel naar de regimes van Rwanda en Oeganda te kijken wanneer het om de grondstoffenroof in Oost-Congo gaat. Er zitten zowel spelers 'boven' als 'onder' hen. *Network War: An Introduction to Congo's Privatised War Economy* van Tim Raeymaekers (IPIS, 2002) wees op de cruciale rol van private, 'non-state actors' in de geglobaliseerde wereld vandaag, terwijl Koen Vlassenroot en Hans Romkema aantoonden hoe ook gewone Congolezen een graantje meepikten: 'The emergence of a New order? Resources and war in Eastern Congo' (*Journal of Humanitarian Assistance*, 2002).

Over deze andere en sociale gevolgen van de oorlog op het lokale niveau stelden Koen Vlassenroot en Tim Raeymaekers een interessante bundel samen: *Conflict and Social Transformation in Eastern* (Gent, 2004). Ik las er onder meer met veel belangstelling het antropologische hoofdstuk van Luca Jourdan in, 'Being at war, being young: violence and youth in North Kivu'. Human Rights Watch publiceerde in juni 2002 al een rapport over seksueel geweld: *The War within the War*. Voor de ecologische gevolgen van het conflict heb ik naast het Unesco-rapport *Promoting and Preserving Congolese Heritage: Linking Biological and Cultural Diversity* (2005) het grootschalige overzichtswerk van Debroux et al. (red.), *Forests in Post-Conflict Democratic Republic of Congo* (2007) geraadpleegd.

Hoofdstuk 13

De politieke en militaire dimensie van de transitieperiode is goed beschreven in de eerder genoemde werken van Reyntjens en Prunier. De meest gedetailleerde studie is andermaal van de hand van Gauthier de Villers: *De la guerre aux élections* (Tervuren, 2009), die daarmee zijn drieluik afsluit over Zaïre/Congo tijdens de lange transitie van de Tweede naar de Derde Republiek (De Villers, 1997, 2001, 2009). Het inventariserende karakter van die studies maakt ze tot naslagwerken voor de periode 1990-2008, zoals de jaarboeken van het CRISP dat waren voor de periode 1959-1967.

Dit hoofdstuk besteedde veel aandacht aan het samenspel tussen multinationale ondernemingen, popmuziek, pinksterkerken en massamedia in de stedelijke cultuur van Congo. Omdat het om recente fenomenen gaat, ontbreken vooralsnog geïntegreerde studies. De door Theodore Trefon samengestelde bundel *Reinventing Order in the Congo: How People Respond to State Failure in Kinshasa* (Londen, 2004) bevat enkele goede bijdragen. Hét standaardwerk over het leven in de hoofdstad echter is de machtige antropologische studie van Filip De Boeck, *Kinshasa, Tales of the Invisible City* (Gent, 2004), geïllustreerd met foto's van Marie-Françoise Plissart. Twee van zijn doctoraatsstudenten, Kristien Geenen en Katrien Pype, publiceerden de afgelopen jaren knap onderzoek naar straatkinderen, jongerenbendes en religieuze soaps in Kinshasa. De Boeck zelf bracht in 2010 de documentaire *Cemetery State* uit, over jeugd en dood in een ongrijpbare stad.

Inlichtingen over popmuziek plukte ik van het internet en uit talloze gesprekken met Congolezen. Daarnaast waren *Rumba on the River* van Gary Stewart (Londen, 2000) en *Rumba Rules* van Bob White (Durham, 2008) mijn belangrijkste bronnen. Over de activiteiten van Heineken in Afrika is bij mijn weten geen systematisch onderzoek verricht. De Nederlandse televisiezender RTL maakte in 2008 de nogal oppervlakkige en vaderlandslievende documentaire *Een Hollands biertje in Afrika*. De uitzending ging echter integraal over Bralima in Kinshasa, met Dolf van den Brink in een hoofdrol, en is op de website van de zender te bekijken.

Inzichten over de werking van de Congolese media ontleende ik, behalve aan het werk van Katrien Pype over religieuze zenders, aan Marie-Soleil Frère, *Afrique centrale, médias et conflits: vecteurs de guerre ou acteurs de paix* (Brussel, 2005) en haar latere artikelen. Voor de impact van de mobiele telefonie in Afrika, zie Mirjam de Bruijn et al., *Mobile Africa: Changing Patterns of Movement in Africa and Beyond* (Leiden, 2001).

Over de opkomst van het charismatische christendom raadpleegde ik onder meer Gerrie Ter Haar, *How God became African: African Spirituality and Western Secular Thought* (Philadelphia, 2009). De wisselwerking met de recente migratiegeschiedenis staat beschreven bij Emma Wild-Wood, *Migration and Christian Identity in Congo* (Leiden, 2008). Over het ontstaan van de Congolese diaspora in Europa, zie Zana Etambala's *In het land van de Banoko* (Leuven, 1993) voor België, en Marc Tardieu's *Les Africains en France* (Monaco, 2006) voor Frankrijk. Voor de veel jongere gemeenschap in Londen, zie de interviews verzameld door David Garbin en Wa Gamoka Pambu in *Roots and Routes: Congolese Diaspora in Multicultural Britain* (Londen, 2009).

Enkele journalistieke artikelen beschreven de wisselwerking tussen populaire cultuur en politiek. Luc Olinga onderzocht in 'La victoire en chantant' de impact van Congolese popmuziek op de verkiezingen van 2006 (*Jeune Afrique*, 2006). Marie-Soleil Frère keek in 'Quand le pluralisme déraille' naar de rol van commerciële en religieuze televisie op de verkiezingscampagne (*Africultures*, 2007).

Op cinematografisch vlak verwijs ik naar *Congo River* van Thierry Michel (2005) voor een levendige montage over Congo tijdens de transitiejaren, en naar *Congo na biso* van Chuck de Liedekerke en Yannick Muller (2006) voor een heldere, politieke benadering. Lieve Joris schreef met *Het uur van de rebellen* (Amsterdam, 2006) een moedig boek over de moeizame hervorming van het Congolese leger.

Hoofdstuk 14

Over de recentste fase van de Congolese geschiedenis zijn natuurlijk nog maar weinig boekwerken verschenen. Een erg leesbaar verslag over het verloop van de eerste vrije verkiezingen in decennia is van de hand van de Nederlandse Congolees Alphonse Muambi, die als internationaal waarnemer even terug was in zijn vroegere vaderland: *Democratie kun je niet eten* (Amsterdam, 2009).

Het begin van de Derde Republiek staat beschreven in twee erg uiteenlopende werken: *Le Soir*-journaliste Colette Braeckman hangt in *Vers la deuxième indépendance du Congo* (Brussel, 2009) een voorzichtig optimistisch beeld op, terwijl de verzamelbundel onder redactie van Theodore Trefon een veel somberder geluid laat horen: *Réforme au Congo* (RDC)*: attentes et désillusions* (Tervuren, 2009). Over Nkunda schreef ene Stewart Andrew Scott *Laurent Nkunda et la rébellion du Kivu* (Parijs, 2008). Naast de reguliere pers documenteerde ik me verder via *Mo-magazine*, *Le monde diplomatique* en *Jeune Afrique*. De blogs van Colette Braeckman (op lesoir.be) en Jason Stearns (congosiasa.blogspot.com) waren erg nuttig voor duiding van de recente ontwikkelingen. Ik had tevens bijzonder veel aan de messcherpe analyses die Kris Berwouts als directeur van EurAc, de overkoepelende organisatie van Europese ngo's, actief in Centraal-Afrika, rondstuurde.

De websites van International Crisis Group (crisisgroup.org) en Human Rights Watch (hrw.org) zijn onovertroffen inzake conflictanalyse en veldonderzoek naar mensenrechtenschendingen. Wat de een aan macroperspectief biedt, biedt de ander aan gedetailleerde terreinobservaties. Beide ngo's leveren jaar na jaar schitterend werk dat niet alleen historici verblijdt, maar vooral mensenlevens wil redden.

De websites van *Le Potentiel* en Radio Okapi, respectievelijk de beste krant en de beste radio van Congo, stonden me toe om ook op een afstand de dagelijkse actualiteit in het land te blijven volgen. Rapper Alesh, die ik in Kisangani interviewde, valt eveneens te beluisteren op de website van Radio Okapi. Een aantal moedige Congolese ngo's verspreidt sinds kort rapporten via het internet: ik denk in het bijzonder aan Asadho (Association africaine de défense de droits de l'homme), Rodhecic (Réseau d'organisations des droits humains et d'éducation civique d'inspiration chrétienne) en Journaliste en Danger.

Over de woelige verwikkelingen in de Katangese mijnbouw maakte Thierry Michel de interessante documentaire *Katanga Business*. Ik had veel aan de rapporten van IPIS, RAID, Global Witness en Resource Consulting Services.

Over de groeiende Chinese aanwezigheid in Afrika verschenen er de laatste jaren enkele goede studies: zie Chris Alden, *China in Africa* (Londen, 2007), voor een analytische benadering, en Serge Michel & Michel Beuret, *La Chinafrique* (Parijs, 2009), voor een zeer levendig, journalistiek verslag. Erg evenwichtig vond ik de studie van Martine Dahle Huse & Stephen L. Muyakwa: *China in Africa: Lending, Policy Space and Governance* (online, 2008). Een goede analyse van het contract dat Congo met China afsloot, vond ik bij Stefaan Marysse & Sara Geenen, 'Les contrats chinois en RCD: l'impérialisme rouge en marche?' (*L'Afrique des Grands Lacs*, 2007-2008).

Hoofdstuk 15

Naar de Afrikaanse gemeenschap in Guangzhou is nog maar weinig onderzoek verricht. De eerste academische artikelen zien het licht, maar deze zijn doorgaans nog erg descriptief van aard, zie Brigitte Bertoncelo & Sylvie Bredeloup, 'The Emergence of New African "Trading Posts" in Hong Kong and Guangzhou' (*China Perspectives*, 2007) en Li Zhang, 'Ethnic Congregation in a Globalizing City: The Case of Guangzhou, China' (*www.sciencedirect.com*, 2008). Zhigang Li, Desheng Xue, Michael Lyons & Alison Brown schreven 'Ethnic Enclave of Transnational Migrants in Guangzhou' (asiandrivers.open.ac.uk, 2007) en van Adams Bodomo, een Ghanese hoogleraar in Hongkong, verscheen 'The African Trading Community in Guangzhou' (in *China Quarterly*, 2010). Veel leerde ik bij uit gesprekken met de Belgische consul Frank Felix, de Vlaamse economische vertegenwoordiger en sinoloog Koen De Ridder en de Congolese journalist in China Jaffar Mulassa, maar zoals steeds stak ik het meest op van de gesprekken met de direct betrokkenen zelf.

Bibliografie

Abi-Saab, G. 1978: *The United Nations Operation in the Congo 1960-1964*. Oxford.

Alden, C. 2007: *China in Africa*. Londen.

Alpers, E.A. 1975: *Ivory & Slaves in East Central Africa*. Londen.

Amnesty International 1980: *Les violations des droits de l'homme au Zaïre*. Brussel.

Amnesty International 1983: *Zaïre: dossier sur l'emprisonnement politique et commentaires des autorités*. Parijs.

Amnesty International 2006: Democratic Republic of Congo: Acts of political repression on the increase. *AI Index*: AFR 62/014/2006, 4 juli.

Amnesty International 2010: *Human Rights Defenders under Attack in the Democratic Republic of Congo*. Februari 2010, www.amnesty.org.

Antipas, G. 2007: *Pionniers méconnus du Congo Belge*. Brussel.

Antonissen, J. & J. Weyn 2007: F.C. *Indépendance*. Canvas-documentaire.

Archer, J. 1971: *Congo: The Birth of a New Nation*. Folkestone.

ASADHO 2010: *Les conditions de travail des congolais au sein de l'entreprise chinoise* CREC *sont inacceptables!* Jan 2010, www.asadho-rdc.org.

Asch, S. 1982: *L'église du prophète Simon Kimbangu: de ses origines à son rôle actuel au Zaïre*. Parijs.

Ayad, C. 2001: Les sectes, sauve-qui-peut au Congo-Kinshasa. *Libération*, 31 januari.

Bailey, H. 1894: *Travel and Adventures in the Congo Free State and its Big Game Shooting*. Londen.

Banque Centrale du Congo 2007: *La Banque Centrale du Congo: une rétrospective historique*. Kinshasa.

Barham, L. & P. Mitchell 2008: *The First Africans: African Archaeology from the Earliest Toolmakers to the Most Recent Foragers*. Cambridge.

Batumike, C. 1986: *Une liberté de moins: témoignage de prison et autres rubriques*. Langenthal.

Beaugrand, P. 1997: Zaïre's hyperinflation, 1990-96. IMF *Working Paper* 97/50.

Beaugrand, P. 2003: Overshooting and dollarization in the Democratic Republic of the Congo. IMF *Working Paper* 03/105.

Bender, K.W. 2006: *Moneymakers: The Secret World of Banknote Printing*. Weinheim.

Bentley, W.H. 1900: *Pioneering on the Congo*. Londen.

Bertoncelo, B. & S. Bredeloup 2007: The emergence of new African "trading posts" in Hong Kong and Guangzhou. *China Perspectives* 1, chinaperspectives.revues.org.

Berwouts, K. 2010: *Un semblant d'état en état de ruine.* Intern document EurAc, 27 januari 2010.

Bézy, F., J.-P. Peemans & J.-M. Wautelet 1981: *Accumulation et sous-développement au Zaïre 1960-1980.* Louvain-la-Neuve.

Blanchart, C., J. de Deurwaerder, G. Nève, M. Robeyns & P. van Bost 1993: *Le rail au Congo Belge, tome I: 1890-1920.* Brussel.

Blanchart, C., J. de Deurwaerder, G. Nève, M. Robeyns & P. van Bost 1999: *Le rail au Congo Belge, tome II: 1920-1945.* Brussel.

Blumenthal, E. 1982: Zaïre: rapport over zijn internationale financiële credibiliteit. *Info Zaïre* 36, 3-15.

Bodomo, A. 2010: The African trading community in Guangzhou: an emerging bridge for Africa-China relations. *China Quarterly*, in press.

Boehme, O. 2005: The involvement of the Belgian Central Bank in the Katanga secession, 1960-1963. *African Economic History* 33, 1-29.

Boel, S. 2005: *Censuur in Belgisch Congo (1908-1960): een onderzoek naar de controle op de pers, de film en de muziek door de koloniale overheid.* Ongepubliceerde licentiaatsverhandeling, Vrije Universiteit Brussel.

Boelaert, E., H. Vinck & C. Lonkama 1995: Témoignages africains de l'arrivée des premiers blancs aux bords des rivières de l'Equateur, *Annales Aequatoria* 16, 36-117.

Bontinck, F. 1974: *L'autobiographie de Hamed ben Mohammed el-Murjebi: Tippo Tip (ca. 1840-1905).* Brussel.

Bontinck, F. 1980: Mfumu Paul Panda Farnana, 1888-1930: premier (?) nationaliste congolais. In: V.Y. Mudimbe (red.), *La dépendance de l'Afrique et les moyens d'y remédier.* Parijs, 591-610.

Boone, O. 1951: *Les tambours du Congo-belge et du Ruanda-Urundi.* Tervuren.

Booven, H. van 1913: *Tropenwee.* Amsterdam (oorspronkelijk 1904).

Bosschaerts, D. 2007: *Herinneringen aan Congo: ambtenaar in Boma (1904-1907).* Antwerpen.

Bourla Errera, M. 2000: *Moïse Levy: un rabbin au Congo (1937-1991).* Brussel.

Bouvier, P. 1965: *L'accesion du Congo belge à l'indépendance: essai d'analyse sociologique.* Brussel.

Braeckman, C. 1992: *De dinosaurus: het Zaïre van Mobutu.* Berchem.

Braeckman, C. 2003: *Les nouveaux prédateurs: politique des puissances en Afrique.* Paris.

Braeckman, C. 2009: *Vers la deuxième indépendance du Congo.* Brussel.

Braeckman, C. 2010: Les amis chinois du Congo. *Manière de voir*, december 2009-januari 2010, 52-4.

Braeckman, C., M.-F. Cros, G. de Villers, F. François, F. Reyntjens, F. Ryckmans & J.-C. Willame 1998: *Kabila prend le pouvoir.* Brussel.

Braekman, E.M. 1961: *Histoire du protestantisme au Congo.* Brussel.

Brausch, G. 1961: *Belgian Administration in the Congo.* Londen.

Brion, E. 1986: L'Eglise catholique et la rébellion au Zaïre (1964-1967). *Les cahiers du* CEDAF 7-8, 61-78.

Brion, R. & J.-L. Moreau 2006: *Van mijnbouw tot Mars: de ontstaansgeschiedenis van Umicore.* Tielt.

Brousmiche, P. 1987: *Bortaï: Faradje, Asosa, Gambela, Saio. Journal de campagne.* Doornik.

Brower, A. (red.) 2005: *African Archaeology: A Critical Introduction*. Oxford.
Bruijn, M. de, R. van Dijk & D. Foeken (red.) 2001: *Mobile Africa: Changing Patterns of Movement in Africa and Beyond*. Leiden.
Buana Kabue 1975: *L'expérience zaïroise: du casque colonial à la toque de léopard*. Parijs.
Buch, P. & J. Vanderlinden 1995: *L'uranium, la Belgique et les puissances*. Brussel.
Buelens, F. 2007: *Congo 1885-1960: Een financieel-economische geschiedenis*. Berchem.
Bureau du Président de la République [1972]: *Profils du Zaïre*. Kinshasa.
Buyse, A. 1994: *Democratie voor Zaïre: de bittere nasmaak van een troebel experiment*. Groot-Bijgaarden.
Cabinet du Département de la Défense Nationale 1974: *Forces Armées Zaïroises: Mémorandum de Réflexion, d'Action et d'Information*. Kinshasa.
Callaghy, T. 1984: *The State-Society Struggle: Zaire in Comparative Perspective*. New York.
Campbell, K. 2007: 800 Chinese state-owned enterprises active in Africa, covering every country. *Mining Weekly*, 28 september 2007.
Caprasse, P. 1959: *Leaders africains en milieu urbain (Elisabethville)*. Brussel.
Carrington, J.F. 1974: *La voix des tambours*. Kinshasa.
Carton de Wiart, H. 1923: *Mes vacances au Congo*. Brussel.
Catherine, L. 1994: *Manyiema, de enige oorlog die België won*. Antwerpen.
Catteeuw, K. 1999: 'Cardijn in Congo: de ontwikkeling en betekenis van de Katholieke Arbeidersjeugd in Belgisch-Congo'. *Brood en Rozen* 4, 2, 153-69.
Cattier, F. 1906: *Etude sur la situation de l'Etat Indépendent du Congo*. Brussel.
Cayen, A. 1938: *Au service de la colonie*. Brussel.
Ceuppens, B. 2003: *Congo Made in Flanders? Koloniale Vlaamse visies op 'blank' en 'zwart' in Belgisch-Congo*. Gent.
Ceuppens, B. 2009: Een Congolese kolonie in Brussel. In: V. Viaene, D. Van Reybrouck en B. Ceuppens (red.) *Congo in België: koloniale cultuur in de metropool*. Leuven, 231-50.
Chalux 1925: *Un an au Congo Belge*. Brussel.
Chomé, J. 1959: *La passion de Simon Kimbangu, 1921-1951*. Brussel.
Chomé, J. 1966: *Moïse Tshombe et l'escroquerie katangaise*. Brussel.
Chomé J. 1975: *Mobutu, guide suprême*. Brussel.
Chomé, J. 1978: *Mobutu of de opgang van een sergeant-hulpboekhouder tot Opperste Leider van Zaïre*. Antwerpen.
Clark, J.F. 2002: *The African Stakes of the Congo War*. New York.
Close, W.T. 2007: *Beyond the Storm: Treating the Powerless and the Powerful in Mobutu's Congo/Zaire*. Marbleton.
Comhaire-Sylvain, S. 1968: *Femmes de Kinshasa: hier et aujourd'hui*. Parijs.
Connah, G. 2004: *Forgotten Africa: An Introduction to its Archaeology*. Londen.
Convents, G. 2006: *Images & démocratie: les Congolais face au cinéma et à l'audiovisuel*. Leuven.
Coquery-Vidrovitch, C., A. Forest, H. Weiss (red.) 1987: *Rébellions-révolution au Zaïre 1963-1965* (2 vols). Parijs.
Corneille, A. 1945: *Le syndicalisme au Katanga*. Elisabethville.
Cornet, R.J. 1944: *Katanga : le Katanga avant les Belges*. Brussel.
Cornet, R.J. 1947: *La bataille du rail: la construction du chemin de fer de Matadi au Stanley Pool*. Brussel.

Cornevin, R. 1963: *Histoire du Congo (Léopoldville)*. Parijs.
Couttenier, M. 2005: *Congo tentoongesteld: een geschiedenis van de Belgische antropologie en het museum van Tervuren (1882-1925)*. Leuven.
CRISP 1960: *Congo 1959 : documents belges et africains*. Brussel.
CRISP 1961: *Congo 1960* (2 vols + annex). Brussel.
CRISP 1962: *Abako 1950-1960 : documents*. Brussel.
CRISP 1963: *Congo 1962*. Brussel.
CRISP 1964: *Congo 1963*. Brussel.
CRISP 1965: *Congo 1964*. Brussel.
CRISP 1966: *Congo 1965*. Brussel.
CRISP 1967: *Congo 1966*. Brussel.
CRISP 1969: *Congo 1967*. Brussel.
Cros, M.-F. en F. Misser 2006: *Géopolitique du Congo (RDC)*. Brussel.
Crowder, M. 1984: 'The Second World War: Prelude to decolonization in Africa'. In: M. Crowder (red.) *The Cambridge History of Africa, vol 8: from c. 1940 to c. 1975*. Cambridge, 8-51.
Dahle Huse, M. & S. L. Muyakwa 2008: *China in Africa: Lending, Policy Space and Governance*. www.afrika.no.
Danniau, F. 2005: *'Il s'agit d'un peuple': het antropologisch onderzoek van het Bureau international d'ethnographie (1905-1913)*. Ongepubliceerde scriptie, Universiteit Gent.
Davidson, A.B., A.F. Isaacman & R. Pélissier 1987: La politique et le nationalisme en Afrique centrale et méridionale, 1919-1935. In: A. Adu Boahen (red.), *Histoire générale de l'Afrique, VII: L'Afrique sous la domination coloniale*. Paris, 721-760.
Davis, J.M. 1933: *Modern Industry and the African: An Inquiry into the Effect of the Copper Mines of Central Africa upon Native Society and the Work of the Christian Missions*. Londen.
Daye, P. 1929: *Congo et Angola*. Brussel.
De Backer, M.C.C. 1959: *Notes pour servir à l'étude des 'groupements politiques' à Léopoldville*. Brussel (3 delen, typoscript).
De Boeck, F. & M.-F. Plissart 2004: *Kinshasa: Tales of the Invisible City*. Gent.
De Boeck, F. 2004: On being shege in Kinshasa: children, the occult and the street. In: T. Trefon (red.), *Reinventing Order in the Congo: How People Respond to State Failure in Kinshasa*. Londen, 155-73.
De Boeck, F. 2005 : The apocalyptic interlude: revealing death in Kinshasa. *African Studies Review* 48, 2: 11-32.
Debroux, L., T. Hart, D. Kalmowitz, A. Karsenty, G. Topa (red.) 2007: *Forests in Post-Conflict Democratic Republic of Congo: Analysis of a Priority Agenda*. www.cifor.cgiar.org.
De Craemer, W. & R.C. Fox 1968: *The Emerging Physician: A Sociological Approach to the Development of a Congolese Medical Profession*. Stanford.
De Dorlodot, P. 1994: *Marche d'espoir, Kinshasa 16 février 1992: non-violence pour la démocratie au Zaïre*. Parijs.
De Herdt, T. & S. Marysse 2002: La réinvention du marché par le bas: circuits monétaires et personnes de confiance dans les rues de Kinshasa. In: G. de Villers, B. Jewsiewicki & L. Monnier (red.) 2002: *Manières de vivre: économie de la "débrouille" dans les villes du Congo/Zaïre*. Tervuren.

Dehoux, E. 1950: *L'Afrique centrale à la croisée des chemins: un reportage critique* (2 vols). Brussel.

De Jonghe, E. 1908: L'activité ethnographique des Belges au Congo. *Bulletin de la Société d'Etudes coloniales* 15, 4, 283-308.

De Keyzer, C. 2009: *Congo (Belge)*. Tielt.

De Keyzer, C. & J. Lagae 2010: *Congo Belge en images*. Tielt.

Delannoo, E. 2006: Het kortstondige verhaal van het Kongolese Vrijwilligerskorps. *Shrapnel*, juni, 49-52.

Delathuy A.M. 1986: *Jezuïeten in Kongo met zwaard en kruis*. Berchem.

Delathuy A.M. 1989: *De Kongostaat van Leopold II*. Antwerpen.

Delathuy A.M. 1992-1994: *Missie en staat in Oud-Kongo* (2 vols). Berchem.

Delcommune, A. 1920: *Le Congo, la plus belle colonie du monde*. Brussel.

de Liedekerke, C. & Y. Muller 2006: *Congo na biso*. Documentaire, Parijs.

Delpierre, G. 2002: 'Tabora 1916: de la symbolique d'une victoire. *Belgisch Tijdschrift voor Nieuwste Geschiedenis* 32, 3-4, 351-81.

Delval, N. 1966: *Schuld in Kongo?* Leuven.

De Meulder, B. 1996: *De kampen van Kongo: arbeid, kapitaal en rasveredeling in de koloniale planning*. Amsterdam.

De Meulder, B. 2000: *Kuvuande Mbote: een eeuw koloniale architectuur en stedenbouw in Kongo*. Antwerpen.

Dembour, M.-B. 2000: *Recalling the Belgian Congo*. New York.

de Monstelle, A. 1965: *La débâcle du Congo Belge*. Brussel.

Demunter, P. 1975: *Luttes politiques au Zaïre: le processus de politisation des masses rurales du Bas-Zaïre*. Parijs.

Dendooven, D. & P. Chielens 2008: *Wereldoorlog I: Vijf continenten in Vlaanderen*. Tielt.

Denuit-Somerhausen, C. 1988: 'Les traités de Stanley et de ses collaborateurs avec les chefs africains, 1880-1885'. In: Koninklijke Academie voor Overzeese Wetenschappen, *Bijdragen over de honderdste verjaring van de Onafhankelijke Kongostaat*. Brussel, 77-146.

Denuit-Somerhausen, C. & F. Balace 1992: Abyssinie 41: du mirage à la victoire. In: F. Balace (red.), *Jours de lutte*. Brussel, 15-49.

Depaepe, M., J. Briffaerts, P. Kita Kyankenge Masandi & H. Vinck 2003: *Manuels et chansons scolaires au Congo Belge*. Leuven.

Derrick, J. 2008: *Africa's 'Agitators': Militant Anti-Colonialism in Africa and the West, 1918-1939*. Londen.

de Saint Moulin, L. 1983: La population du Congo pendant la Seconde Guerre Mondiale. In: *Le Congo belge durant la Seconde Guerre Mondiale*. Brussel, 15-49.

de Saint Moulin, L. 2007: Croissance de Kinshasa et transformations du réseau urbain de la République du Congo depuis l'indépendance. In: J.-L. Vellut (red.), *Villes d'Afrique : explorations en histoire urbaine*. Parijs, 41-65.

de Saint Moulin, L. 2009: Analyse du paysage sociopolitique à partir du résultat des élections de 2006. In: T. Trefon (red.), *Réforme au Congo (RDC): attentes et désillusions*. Tervuren, 49-65.

de Valon, A. 2006: *Mission de renforcement des capacités du Commissariat de District de l'Ituri*. Ongepubliceerd typoscript, Bunia.

Devisch, R. 1995: Frenzy, violence, and ethical renewal in Kinshasa. *Public Culture* 7, 593-629.

de Villers, G. 1997: *Zaïre: la transition manquée (1990-1997)*. Parijs.

de Villers, G., B. Jewsiewicki & L. Monnier (red.) 2002: *Manières de vivre: économie de la "débrouille" dans les villes du Congo/Zaïre*. Tervuren.

de Villers, G. 2001: *Guerre et politique: les trente derniers mois de L.D. Kabila* (août 1998-janvier 2001). Tervuren.

de Villers, G. 2009: *De la guerre aux élections: l'ascension de Joseph Kabila et la naissance de la Troisième République (janvier 2001-août 2008)*. Tervuren.

de Villers, G. & J. Omasombo Tshonda 2002: An intransitive transition. *Review of African Political Economy* 93-4, 399-410.

Devlin, L. 2007: *Chief of Station, Congo: A Memoir of 1960-67*. New York.

De Vos, L., E. Gerard, P. Raxhon, J. Gérard-Libois 2004: *Lumumba: De complotten? De moord*. Leuven.

De Vos, P. 1961: *Vie et mort de Lumumba*. Parijs.

De Waele, J. 2007-2008: Voor vorst en vaderland: zwarte soldaten en dragers tijdens de Eerste Wereldoorlog in Congo. *Militaria Belgica*, 107-26.

De Witte, L. 1999: *De moord op Lumumba*. Leuven.

Diallo, S. 1977: *Zaire Today*. Parijs.

Diangienda Kuntima, J. 2007: *L'histoire du Kimbanguisme*. Châtenay-Malabry.

Dibwe dia Mwembu, D. 1999: De la surpolitisation à l'antipolitique, quelques remarques en marge de l'histoire du mouvement ouvrier à l'Unoin minière du Haut-Katanga (UMHK) et à la Gécamines, 1920-1960. *Brood en Rozen* 4, 2, 184-199.

Dibwe dia Mwembu, D. 2001a: *Histoire des conditions de vie des travailleurs de l'Union Minière du Haut-Katanga/Gécamines (1910-1999)*. Lubumbashi.

Dibwe dia Mwembu, D. 2001b: *Bana Shaba abandonnés par leur père: structure de l'autorité et histoire sociale de la famille ouvrière au Katanga, 1910-1997*. Parijs.

Dibwe dia Mwembu, D. 2004: *Le travail hier et aujourd'hui: mémoires de Lubumbashi*. Parijs.

Doucy, A. & P. Feldheim 1952: *Problèmes du travail et politique sociale au Congo belge*. Brussel.

Drachoussoff, V. 1954: *L'évolution de l'agriculture indigène dans la zone de Léopoldville*. Brussel.

Dujardin, V., V. Rosoux & T. de Wilde d'Estmael (red.) 2009: *Leopold II: schaamteloos genie?* Tielt.

Early, G. (ed.) 1992: *Speech and Power: The African-American Essay and its Cultural Content from Polemics to Pulpit* (2 vols). Hopewell.

Efinda, E. 2009: *Grand Lacs: sur les routes malgré nous!* Parijs.

Ekanga Botombele, B. 1975: *La politique culturelle en République du Zaïre*. Paris.

El-Tahri, J. 2000: *L'Afrique en morceaux: la tragédie des Grands Lacs*. Canal plus-documentaire.

El-Tahri, J. 2007: *Cuba, une odyssée africaine*. ARTE-documentaire.

Emizet, K.N.F. 1997: *Zaire after Mobutu: A Case of Humanitarian Emergency*. Helsinki.

Emongo Lomomba 1985: Le "Blanc-belge" au Congo: entretien avec Lomami Tshibamba. In: *Zaïre 1885-1985: cent ans de regards croisés*. Brussel, 135-47.

Ergo, A.-B. 2008: *Congo belge: la colonie assassinée*. Parijs.

Esgain, N. 2000: Scènes de la vie quotidienne à Elisabethville dans les années vingt. In: J.-L. Vellut (red.), *Itinéraires croisés de la modernité: Congo belge (1920-1950)*. Tervuren, 57-60.

Esposito, R.F. 1978: *Anuarite, vierge et martyre zaïroise*. Kinshasa.
Etambala, Zana Aziza 1987: Congolese children at the Congo House in Colwyn Bay (North Wales, Great-Britain), at the end of the 19th century. *Afrika Focus* 3, 237-85.
Etambala, Zana Aziza 1993: *In het land van de Banoko: de geschiedenis van de Kongolese/Zaïrese aanwezigheid in België van 1885 tot heden*. Leuven.
Etambala, Zana Aziza 1999a: Arbeidersopstanden en het ontstaan van inlandse syndicaten: de houding van de Katholiek Kerk (1940-1947). *Brood en Rozen* 4, 2, 67-111.
Etambala, Zana Aziza 1999b: *Congo 55|65: van koning Boudewijn tot president Mobutu*. Tielt.
Etambala, Zana Aziza 2008: *De teloorgang van een modelkolonie: Belgisch Congo (1958-1960)*. Leuven.
Eyskens, G. 1994: *De memoires*. Tielt.
Fabian, J. 1971: *Jamaa: A Charismatic Movement in Katanga*. Evanston.
Fabian, J. 1986: *Language and Colonial Power: The Appropriation of Swahili in the Former Belgian Congo, 1880-1938*. Cambridge.
Fabian, J. 1996: *Remembering the Present: Painting and Popular History in Zaire*. Berkeley.
Fabian, J. 2000: *Out of Our Minds: Reason and Madness in the Exploration of Central Africa*. Berkeley.
Fetter, B. 1973: *L'Union Minière du Haut-Katanga, 1920-1940: la naissance d'une sous-culture totalitaire*. Brussel.
Fetter, B. 1974: African associations in Elisabethville, 1910-1935: their origins and development. *Etudes d'Histoire africaine* 6, 205-23.
Fetter, B. 1976: *The Creation of Elisabethville, 1910-1940*. Stanford.
Feuchaux, L. 2000: Vie coloniale et faits divers à Léopoldville (1920-1940). In: J.-L. Vellut (red.), *Itinéraires croisés de la modernité: Congo belge (1920-1950)*. Tervuren, 71-101.
Fierlafyn, L. 1990: *Le discours nationaliste au Congo belge durant la période 1955-1960*. Brussel.
Flament, F. 1952: *La Force Publique de sa naissance à 1914: participation des militaires à l'histoire des premières années du Congo*. Brussel.
Foden, G. 2004: *Mimi and Toutou go forth: the Bizarre Battle of Lake Tanganyika*. Londen.
Foire Internationale d'Elisabethville 1962: *Elisabethville 1911-1961*. Brussel.
Forbath, P. 1977: *The River Congo: The Discovery, Exploration and Exploitation of het World's Most Dramatic River*. New York.
Fox, R.C., W. De Craemer & J.-M. Ribeaucourt 1965: La deuxième indépendance: étude d'un cas, la rébellion au Kwilu. *Etudes congolaises* 8, 1, 1-35.
Frère, M.-S. 2005: *Afrique centrale, médias et conflits: vecteurs de guerre ou acteurs de paix*. Brussel.
Frère, M.-S. 2007: Quand le pluralisme déraille: images et manipulations télévisuelles à Kinshasa. *Africultures*, 20 november 2007, www.africultures.com.
Frère, M.-S. 2009: Appui au secteur des médias: quel bilan pour quel avenir? In: T. Trefon (red.), *Réforme au Congo (RDC): attentes et désillusions*. Tervuren: 191-210.
Frères Maristes 1927: *Buku na kutanga o lingala (Livre de lecture en lingala)*. Luik, www.abbol.com.
Gann, L.H. & P. Duignan 1979: *The Rulers of Belgian Congo, 1884-1914*. Princeton.

Ganshof van der Meersch 1958: *Le droit électoral au Congo belge: status des villes et des communes*. Brussel.

Ganshof van der Meersch 1960: *Congo, mei-juni 1960*. s.l.

Garbin, D. & Wa Gamoka Pandu 2009: *Roots and Routes: Congolese Diaspora in Multicultural Britain*. Londen.

Gast, L. 1996: *When we were kings*. Documentaire, Los Angeles.

Gbabendu Engunduka, A. & E. Efolo Ngobaasu 1991: *Volonté de changement au Zaïre: de la consultation populaire vers la conférence nationale* (2 vols). Parijs.

Geenen, K. 2009: 'Sleep occupies no space': the use of public space by street gangs in Kinshasa. *Journal of the African International Institute* 79, 3: 347-68.

Geernaert, J. s.d.: *Congophilie: solution de la question coloniale belge*. Brussel.

Geerts, W. 1970: *Binza 10: De eerste tien onafhankelijkheidsjaren van de Democratische Republiek Congo*. Gent.

Geerts, W. 2005: *Mobutu: de man van Kamanyola*. Leuven.

Geldof, J. 1937: *Belgisch-Congo*. Brugge (2de editie).

Gérard, J.E. 1969: *Les fondements syncrétiques du Kitawala*. Brussel.

Gérard-Libois, J. 1963: *Sécession au Katanga*. Brussel.

Ghilain, J. 1963: *Le revenu des populations indigènes du Congo-Léopoldville*. Brussel.

Giovannoni, M., T. Trefon, J. Kasongo Banga & C. Mwema 2004: Acting on behalf (and in spite) of the state: NGOs and civil society associations in Kinshasa. In: T. Trefon (red.), *Reinventing Order in the Congo: How People Respond to State Failure in Kinshasa*. Londen, 99-115.

Global Witness 2005: *Under-Mining Peace: Tin, The Explosive Trade in Cassiterite in Eastern DRC*. Juni 2005, www.globalwitness.org.

Goffin, L. 1907: *Le chemin de fer du Congo (Matadi – Stanley-Pool)*. Brussel.

Gondola, C.D. 1997a: Unies pour le meilleur et le pire. Femmes africaines et villes coloniales: une histoire du métissage. *Clio. Histoire, femmes et sociétés* 6, http://clio.revues.org/index377.html

Gondola, C.D. 1997b: *Villes miroirs: migrations et identités urbaines à Kinshasa et Brazzaville, 1930-1970*. Parijs.

Gondola, C.D. 1999: La contestation politique des jeunes à Kinshasa à travers l'exemple du mouvement 'kindoubill' (1950-1959). *Brood en Rozen* 4, 2, 171-83.

Gould, D.J. 1980: *Bureaucratic Corruption and Underdevelopment in the Third World: The Case of Zaire*. New York.

Gourou, P. 1955: *La densité de la population rurale au Congo belge*. Brussel.

Govaerts, B. 2009: De strop of de kogel? Over de toepassing van de doodstraf in Kongo en Ruanda-Urundi (1885-1962). *Brood en Rozen* 1, 59-77.

Grévisse, F. 1951: *Le centre extra-coutumier d'Elisabethville: quelques aspects de la politique indigène du Haut-Katanga industriel*. Brussel.

Guebels, L. 1952: *Relation complète des travaux de la Commission Permanente pour la Protection des Indigènes, 1911-1951*. Gembloux.

Guevara, E. 2001: *De Afrikaanse droom: de revolutionaire dagboeken uit de Kongo 1965-1966*. Amsterdam.

Habran, L. 1925: *Coup d'œil sur le problème politique et militaire du Congo Belge*. Brussel.

Hammarskjöld, D. 1964: *Markings*. Londen.

Hamuli Kabarhuza, B. 2002: *Donner sa chance au peuple congolais: expériences de développement participatif (1985-2001)*. Parijs.

Hamuli Kabarhuza, B., F. Mushi Mugumo & N. Yambayamba Shuku 2003: *La société civile congolaise: état des lieux et perspectives*. Brussel.

Harden, B. 2001: A black mud from Africa helps power the new economy. *New York Times*, 12 augustus 2001.

Harms, R.W. 1981: *River of Wealth, River of Sorrow: The Central Zaire Basin in the Era of the Slave and Ivory Trade, 1500-1891*. New Haven.

Hawker, G. 1909: *The Life of George Grenfell: Congo Missionary and Explorer*. Londen.

Helmreich, J.E. 1983: The uranium negotations of 1944. In: *Le Congo belge durant la Seconde Guerre Mondiale*. Brussel, 253-84.

Helmreich, J.E. 1986: *Gathering Rare Ores: The Diplomacy of Uranium Acquisition, 1943-1954*. Princeton.

Hemmens, H.L. 1949: *George Grenfell, Master Builder of Foundations*. Londen.

Hibbert, C. 1982: *Africa Explored: Europeans in the Dark Continent, 1769-1889*. Londen.

Higginson, J. 1989: *A Working Class in the Making: Belgian Colonial Labor Policy, Private Enterprise, and the African Mineworker, 1907-1951*. Madison.

Hilton, A. 1985: *The Kingdom of Kongo*. Oxford.

Hochschild, A. 1998: *De geest van koning Leopold II en de plundering van de Congo*. Amsterdam.

Hoebeke, H., H. Boshoff & K. Vlassenroot 2009: « Monsieur le Président, vous n'avez pas d'armée... »: La réforme du secteur de sécurité vue du Kivu. In: T. Trefon (red.), *Réforme au Congo (RDC): attentes et désillusions*. Tervuren, 119-37.

Hoskyns, C. 1969: *The Organization of African Unity and the Congo Crisis* (Case Studies in African Diplomacy 1). Dar es Salaam.

Houyoux, J. 1972: *Budgets menagers à Kisangani, juin-juillet-août 1972*. s.l.

Houyoux, J. 1973: *Budgets menagers, nutrition et mode de vie à Kinshasa*. Kinshasa.

Hulstaert, G. 1983: Herinneringen aan de oorlog. In: *Le Congo belge durant la Seconde Guerre Mondiale*. Brussel, 587-95.

Hulstaert, G. 1990: Marie aux Léopards: quelques souvenirs historiques. *Annales Aequatoria* 11, 433-5.

Human Rights Watch 1997a: *What Kabila is Hiding: Civilian Killings and Impunity in Congo*. Oktober 1997, www.hrw.org.

Human Rights Watch 1997b: *Uncertain Course: Transition and Human Rights Violations in the Congo*. December 1997, www.hrw.org.

Human Rights Watch 2000: *Eastern Congo Ravaged: Killing Civilians and Silencing Protest*. Mei 2000, www.hrw.org.

Human Rights Watch 2001: *Uganda in Eastern DRC: Fuelling Political and Ethnic Strife*. Maart 2001, www.hrw.org.

Human Rights Watch 2002a: *The War within the War: Sexual Violence against Women and Girls in Eastern Congo*. Juni 2002, www.hrw.org.

Human Rights Watch 2002b: *War Crimes in Kisangani: The Response of Rwandan-backed Rebels to the May 2002 Mutiny*. Augustus 2002, www.hrw.org.

Human Rights Watch 2003: *Ituri 'covered in blood': ethnically targeted violence in northeastern DR Congo*. Juli 2003, www.hrw.org.

Human Rights Watch 2004: *D.R. Congo: war crimes in Bukavu*. Juni 2004, www.hrw.org.

Human Rights Watch 2005: *The Curse of Gold*. Juni 2005, www.hrw.org.

Human Rights Watch 2008a: *'We will crush you': The Restriction of Political Space in the Democratic Republic of Congo*. November 2008, www.hrw.org.

Human Rights Watch 2008b: Killings in Kiwanja. December 2008, www.hrw.org.

Hunt, N.R. 1999: *A Colonial Lexicon: Of Birth Ritual, Medicalization, and Mobility in the Congo*. Durham.

Huybrechts, A., V.Y. Mudimbe, L. Peeters, J. Vanderlinden, D. Van Der Steen & B. Verhaegen [1980]: *Du Congo au Zaïre, 1960-1980: essai de bilan*. Brussel.

Ikembana, P. 2007: *Mobutu's totalitarian political system: an Afrocentric analysis*. Londen.

Ilosono Bekili B'Inkonkoy 1985: *L'épopée du 24 novembre: témoignage*. Kinshasa.

Ilunga Mpunga, D. 2007: *Etienne Tshisekedi: le sens d'un combat*. Parijs.

Inforcongo 1958: *Belgisch-Congo en Ruandi-Urundi: reisgids*. Brussel.

International Crisis Group 2007: *Congo: Consolidating the Peace*. Juli 2007, www.crisisgroup.org.

International Crisis Group 2009a: *Congo: Five Priorities for a Peacebuilding Strategy*. Mei 2009, www.crisisgroup.org.

International Crisis Group 2009b: *A Comprehensive Strategy to Disarm the FDLR*. Juli 2009, www.crisisgroup.org.

International Rescue Committee 2007: *Mortality in the Democratic Republic of Congo: An Ongoing Crisis*. Januari 2007, www.theirc.org.

IPIS 2002: *Supporting the War Economy in the DRC: European Companies and the Coltan Trade*. www.ipisrearch.be.

IPIS 2002: *European Companies and the Coltan Trade: an update*. www.ipisrearch.be.

IPIS 2002: *Network War: An Introduction to Congo's Privatised War Economy*. www.ipisrearch.be.

IPIS 2008a: *The Congo wants to raise the profits of its mining sector*. www.ipisresearch.be.

IPIS 2008b: *Mapping Conflict Motives: eastern DRC*. www.ipisresearch.be.

IPIS 2009: *The Impact of the Global Financial Crisis in Katanga*. www.ipisresearch.be.

Isaacman, A. & J. Vansina 1987: Initiatives et résistances africaines en Afrique centrale de 1880 et 1914. In: A. Adu Boahen (red.), *Histoire générale de l'Afrique*, VII: *L'Afrique sous domination coloniale*. Paris, 191-216.

Jadin, L. 1968: Les sectes réligieuses sécrètes des Antoniens au Congo, 1703-1709. *Cahiers des religions africaines* 2, 113-20.

Janssen, P. 1997: *Aan het hof van Mobutu*. Parijs.

Janssens, E. 1905: Rapport de la Commission d'Enquête. *Bulletin officiel de l'Etat Indépendent du Congo* 21, 9-10, 135-287.

Janssens, E. 1961: *J'étais le général Janssens*. Brussel.

Janssens, E. 1979: *Histoire de la Force Publique*. Brussel.

Janssens, E. 1982-1984: *Contribution à l'histoire militaire du Congo belge pendant la Seconde Guerre mondiale, 1940-45*. Brussel.

Jeal, T. 2007: *The Impossible Life of Africa's Greatest Explorer*. Londen.

Jewsiewicki, B. 1976: La contestation sociale et la naissance du prolétariat au Zaïre au cours de la première moitié du XXe siècle. *Revue canadienne des études africaines* 10, 1, 47-71.

Jewsiewicki, B. 1980: Political consciousness among African peasants in the Belgian Congo. *Review of African Political Economy* 7, 19, 23-32.

Jewsiewicki, B. 1988: Mémoire collective et passé récent dans les discours historiques populaires zaïrois. In: B. Jewsiewicki & H. Moniot (red.), *Dialoguer avec le léopard*. Parijs, 218-68.

Jewsiewicki, B. (red.) 1992: *Art pictural zaïrois*. Parijs.

Jewsiewicki, B., Kilola Lema, J.-L. Vellut 1973: Documents pour servir à l'histoire sociale du Zaïre: grèves dans le Bas-Congo (Bas-Zaïre) en 1945. *Etudes d'Histoire africaine* 5, 155-88.

Johnston, H. 1908: *George Grenfell and the Congo*. Londen.

Joris, L. 1987: *Terug naar Congo*. Amsterdam.

Joris, L. 2001: *Dans van de luipaard*. Amsterdam.

Joris, L. 2006: *Het uur van de rebellen*. Amsterdam.

Jorissen, F. 2005: *Dagboek van een koloniaal: herinneringen van Belgisch Kongo 1953-1960*. Hasselt.

Jourdan, L. 2004: Being at war, being young: violence and youth in North Kivu. In: K. Vlassenroot & T. Raeymaekers (red.): *Conflict and Social Transformation in Eastern* DRC. Gent, 157-76.

Joye, P. & R. Lewin 1961: *Les trusts au Congo*. Brussel.

Julien, P. 1953: *Pygmeeën: vijfentwintig jaar dwergen-onderzoek in Equatoriaal Afrika*.

Kabuya Kalala, Kalonji Nsenga & Itimelongo Titi 1980: Les mésures de démonétisation du 25 décembre 1979 au Zaïre: impacts et conséquences probables. *Zaïre-Afrique* 20, 144, 197-214.

Kabuya Kalala F. & Matata Ponyo 1999: *L'espace monétarie kasaïen: crise de légitimité et de souveraineté monétaire en période d'hyperinflation au Congo (1993-1997)*. Parijs.

Kadima-Nzuji, M. 1984: *La littérature zaïroise de langue française (1945-1965)*. Parijs.

Kalb, M. 1982: *The Congo Cables: The Cold War in Africa, from Eisenhower to Kennedy*. New York.

Kalonga, A. 1978: *Le mal zaïrois*. Brussel.

Kalulambi Pongo, M. 2004: Le ndombolo du Seigneur: itinéraires et logiques des musiques religieuses en Afrique centrale. Rupture-Solidarité 5, 17-67.

Kamitatu, C. 1971: *La grande mystification du Congo-Kinshasa: les crimes de Mobutu*. Parijs.

Kamitatu-Massamba, C. 1977: *Zaïre: le pouvoir à la portée du peuple*. Parijs.

Kanza, T.R. 1959: *Propos d'un congolais naïf*. Brussel.

Kanza, T. 1972: *Conflict in the Congo: The Rise and Fall of Lumumba*. Baltimore.

Kaoze, S. 1910: La psychologie des Bantu. *La revue Congolaise* 1, 406-37.

Kelly, S. 1993: *America's Tyrant: the CIA and Mobutu of Zaire: How the United States put Mobutu in power, protected him from his enemies, helped him become one of the richest men in the world, and lived to regret it*. Washington DC.

Kennes, E. 2003: *Essai biographique sur Laurent Désiré Kabila*. Tervuren.

Kestergat, J. 1961: *André Ryckmans*. Brussel.

Kestergat, J. 1965: *Congo Congo: de l'indépendance à la guerre civile*. 1965.

Kibari Nsanga, R. 1985: *Mouvements "anti-sorciers" dans les Provinces de Leopolville [sic] et du Kasaï, à l'époque coloniale*. Ongepubliceerd typoscript, Kikwit.

Kimoni Iyay 1990: Kikwit et son destin: aperçu historique et sociologique. *Pistes et Recherches: revue scientifique* 5, 155-82.

Kisangani, E.F. & F.S. Bobb 2010: *Historical Dictionary of the Democratic Republic of the Congo*. Lanham.

Kisobele Ndontoni, N. 2008: Mot de Circonstance des Anciens Combattants 40-45. Ongepubliceerde speech, Kinshasa, 11 november 2008.
Klein, W.C. 1957: *De Congolese elite*. Amsterdam.
Koninklijke Academie voor Overzeese Wetenschappen 1976: *Bijdragen over de Aardrijkskundige Conferentie van 1876*. Brussel.
Koninklijke Academie voor Overzeese Wetenschappen 1988: *Bijdragen over de honderdste verjaring van de Onafhankelijke Kongostaat*. Brussel.
Labrique, J. 1957: *Congo politique*. Léopoldville.
La Fontaine, J.S. 1970: *City Politics: A Study of Léopoldville, 1962-63*. Cambridge.
Lagae, J. 2002: *Kongo zoals het is: drie architectuurverhalen uit de Belgische kolonisatiegeschiedenis (1920-1960)*. Gent.
Lagae, J., T. de Keyser & J. Vervoort 2006: *Boma 1880-1920: koloniale hoofdstad of kosmopolitische handelspost*. CD-ROM, Gent.
Lanotte, O. 2003: *Guerres sans frontières en République Démocratique du Congo*. Brussel.
Laude, N. 1956: *La délinquance juvénile au Congo belge et au Ruanda-Urundi*. Brussel.
Lauro, A. 2005: *Coloniaux, ménagères et prostituées au Congo belge (1885-1930)*. Loverval.
Lemarchand, R. 2008: *The Dynamics of Violence in Central-Africa*. Philadelphia.
Leclercq, C. 1964: *L'ONU et l'affaire du Congo*. Parijs.
Leclercq, H. 2003: Le rôle économique du diamant dans le conflit congolais. In: Monnier, L., B. Jewsiewicki & G. de Villers (red.), *Chasse au diamant au Congo/Zaïre*. Tervuren, 47-78.
Lefebvre, V. 1952: *La Belgique et le Congo au milieu du XXe siècle*. Charleroi.
Legum, C. 1965: *Pan-Africanism: A Short Political Guide*. New York.
Leslie, W.J. 1987: *The World Bank and Structural Adjustment in Developing Countries: The Case of Zaire*. Boulder.
Leysen, L. 1982: *Heimweh nach den Tropen*. ARD-documentaire.
Libotte, B. s.d.: Droeven J.: de eerste kleurling in het Belgische leger, http:/users.telenet.be/ABL1914/Droeven.htm
Li, Z., D. Xue, M. Lyons & A. Brown 2007: Ethnic enclave of transnational migrants in Guangzhou: a case study of Xiaobei. asiandrivers.open.ac.uk
Loka-ne-Kongo 2001: *Lutte de libération et piège de l'illusion: multipartisme intégral et dérive de l'opposition au Zaïre (1990-1997)*. Kinshasa.
Lubabu Mpasi-A-Mbongo & Musangi Ntemo 1987: Histoire du MPR. In: Sakombi Inongo (red.): *Mélanges pour une révolution*. Kinshasa, 35-126.
Lumenganeso, A. 2005: Stedelijk vervoer in Leopoldstad: de gyrobus. In: J.-L. Vellut (red.), *Het geheugen van Congo: de koloniale tijd*. Tervuren, 108-9.
Lyons, M. 1992: *The Colonial Disease: A Social History of Sleeping Sickness in Northern Zaire, 1900-1940*. Cambridge.
MacGaffey, W. 1986: *Religion and Society in Central Africa*. 1986.
MacGaffey, J. 1991: *The Real Economy of Zaire: The Contribution of Smuggling and Other Unofficial Activities to National Wealth*. Londen.
Mailer, N. 2007: *Het gevecht*. Amsterdam.
Makulo Akambu 1983: *La vie de Disasi Makulo, ancien esclave de Tippo Tip et catéchiste de Grenfell, par son fils Makulo Akambu*. Kinshasa.
Malu-Malu, J.-J. 2002: *Le Congo Kinshasa*. Parijs.
Mamdani, M. 2001: *When Victims Become Killers: Colonialism, Nativism and the Genocide in Rwanda*. Princeton.

Mantels, R. 2007: *Geleerd in de tropen: Leuven, Congo & de wetenschap, 1885-1960*. Leuven.

Manya K'Omalowete 1986: Utilisation des procédés d'initiation et d'immunisation à caractère magique par le mouvement Simba. *Les cahiers dus* CEDAF 7-8, 87-112.

Maquet-Tombu, J.1952: *Le Siècle marche... Vie du chef congolais Lutunu*. Brussel.

Marchal, J. 1985: *E.D. Morel tegen Leopold II en de Kongostaat*. Berchem.

Marchal, J. 2001: *L'histoire du Congo 1910-1945, tome 3: travail forcé pour l'huile de palme de Lord Leverhulme*. Borgloon.

Marechal, P. 1992: *De 'Arabische' campagne in het Maniema-gebied (1892-1894)*. Tervuren, 1992.

Marechal, P. 2005: Kritische bedenkingen bij de controverses over Leopold II en Congo in de literatuur en de media. In: J.-L. Vellut (red.), *Het geheugen van Congo: de koloniale tijd*. Tervuren, 45-6.

Marres, J. & P. De Vos 1959: *L'équinoxe de janvier: les émeutes de Léopoldville*. Brussel.

Martelli, G. 1962: *Leopold to Lumumba: A History of the Belgian Congo 1877-1960*. Londen.

Martelli, G. 1966: *Experiment in World Government: An Account of the United Nations Operation in the Congo 1960-1964*. Londen.

Martens, G. 1999: Congolese trade unionism: the colonial heritage. *Brood en Rozen* 4, 2, 129-49.

Martens, L. 1985: *Pierre Mulele ou la seconde vie de Patrice Lumumba*. Berchem.

Martens, L. 1991: *Une femme du Congo*. Berchem.

Martin, M.-L. 1981: *Simon Kimbangu: un prophète et son église*. Lausanne.

Marysse, S. & C. André 2001: Guerre et pillage en République Démocratique du Congo. *L'Afrique des Grands Lacs, annuaire 2000-2001*, 307-32.

Marysse, S. & S. Geenen 2008: Les contrats chinois en RDC: l'impérialisme rouge en marche? *L'Afrique des Grands Lacs*, 2007-2008, 287-313.

de Maximy, R. 1984: *Kinshasa, ville en suspens: dynamique de la croissance et problèmes d'urbanisme: étude socio-politique*. Parijs.

McBrearty, S. & A.S. Brooks 2000: The revolution that wasn't: a new interpretation of the origin of modern behavior, *Journal of Human Evolution* 39, 453-563.

McCrummen, S. 2009: Nearly forgotten forces of WW II. *Washington Post*, 4 augustus 2009.

McLynn, F. 1992: *Hearts of Darkness: The European Exploration of Africa*. Londen.

Meeuwis, M. 1999: Buntungu's 'Mokingi mwa Mputu': a Boloki perception of Europe at the end of the 19th century, *LPCA Text Archives* 1, www2.fmg.uva.nl/lpca/textarchives/buntungu.html

Mende Omalanga, L. & Tshilenge wa Kabamb 1992: *Rapport sur les Biens Mal Acquis*. Kinshasa.

Mendiaux, E. 1960: *Moscou Accra et le Congo*. Brussel.

Mercader, J. 2003: Foragers of the Congo: the early settlement of the Ituri Forest. In: J. Mercader (red.), *Under the Canopy: The Archaeology of Tropical Rain Forests*. New Brunswick, 93-116.

Meredith, M. 2005: *The State of Africa: A History of Fifty Years of Independence*. Londen.

Merlier, M. 1962: *Le Congo: de la colonisation belge à l'indépendance*. Parijs.

Mertens, M. 2009: Chemical compounds in the Congo: A Belgian colony's role in

the chemotherapeutic knowledge production during the 1920s. Ongepubliceerde lezing, Leipzig.
Meyers, J. 1964: *Le prix d'un empire*. Brussel.
Michaux, O. 1913: *Au Congo: carnet de campagne*. Namen.
Michel, S. 1962: *Uhuru Lumumba*. Parijs.
Michel, S. & M. Beuret 2009: *La Chinafrique: Pékin à la conquête du continent noir*. Parijs.
Michel, T. 1992: *Zaïre, le cycle du serpent*. Documentaire, Brussel.
Michel, T. 1999: *Mobutu, roi du Zaïre*. Documentaire, Brussel.
Michel, T. 2005: *Congo River*. Documentaire, Brussel.
Michel, T. 2009: *Katanga Business*. Documentaire, Brussel.
Minani, R. 2010: *2010, année charnière: bref aperçu de la situation sociopolitique*. 19 februari 2010, www.rodhecic.org.
Mobutu Sese Seko 1973: Discours du 30 novembre 1973 devant le Conseil Législatif National. In: Cabinet du Département de la Défense Nationale: *Forces Armées Zaïroises: Mémorandum de Réflexion, d'Action et d'Information*. Kinshasa, 229-69.
Mokoko Grampiot, A. 2004: *Kimbanguisme et identité noire*. Parijs.
Monheim, F. 1961: *Réponse à Pierre De Vos au sujet de 'Vie et mort de Lumumba'*. Antwerpen.
Monheim, F. 1962: *Mobutu, l'homme seul*. Brussel.
Monnier, L., B. Jewsiewicki & G. de Villers (red.) 2001: *Chasse au diamant au Congo/Zaïre*. Tervuren.
Muambi, A. 2009: *Democratie kan je niet eten: reisverslag van een verkiezingswaarnemer*. Amsterdam.
Mumengi, D. 2005: *Panda Farnana, premier universitaire congolais, 1888-1930*. Parijs.
Munayi Muntu-Monji 1977: La déportation et le séjour des Kimbanguistes dans le Kasaï-Lukenié (1921-1960). *Zaïre-Afrique* 119, 555-73.
Mutamba Makombo Kitashima, J.-M. 1998: *Du Congo Belge au Congo indépendant 1940-1960*. Kinshasa.
Muzito, A. 2010: *Les années des nationalistes au pouvoir en chiffres*. Ongepubliceerde powerpointpresentatie van de premier, Kinshasa.
Mvumbi Ngolu Tsasa 1986: "Révolution" sexuelle, intention éthique et ordre politique. In: Association des Moralistes Zaïrois (red.), *Crise morale et vie économique au Zaïre*. Kinshasa, 65-72.
Mwabila Malela 1979: *Travail et travailleurs au Zaïre: essai sur la conscience ouvrière du prolétariat urbain de Lubumbashi*. Kinshasa.
Ndaywel è Nziem, I. 1995: *La transition politique au Zaïre et son prophète Dominique Sakombi Inongo*. Québec.
Ndaywel è Nziem, I. 1998: *L'histoire générale du Congo: de l'héritage ancien à la République Démocratique*. Parijs.
Ndaywel è Nziem, I. 2002: Identité congolaise contemporaine du prénom écrit au prénom oral. In: M. Quaghebeur (red.), *Figures et paradoxes de l'histoire au Burundi, au Congo et au Rwanda* (2 vols). Parijs, 766-79.
Nelson, S. 1994: *Colonialism in the Congo Bassin, 1880-1940*. Athens (OH).
Newbury, M.C. 1984: Ebutumwa Bw'Emiogo, the tyranny of cassava: a women's tax revolt in Eastern Zaïre. *Canadian Journal of African Studies* 18, 1, 35-54.
Ngalamulume Nkongolo, M. 2000: *Le campus martyr: Lubumbashi, 11-12 mai 1990*. Parijs.

Ngbanda Nzambo, H. 2004: *Crimes organisés en Afrique Centrale: Révélations sur les réseaux rwandais et occidentaux*. Parijs.

Nguza Karl I Bond 1982: *Mobutu ou l'incarnation du Mal Zaïrois*. Londen.

NIZA 2006: *The State vs. the People: Governance, Mining and the Transitional Regime in the Democratic Republic of Congo*. Amsterdam.

Nlandu-Tsasa, C. 1997: *La rumeur au Zaire de Mobutu : Radio-trottoir à Kinshasa*. Parijs.

Northrup, D. 1988: *Beyond the Bend in the River: African Labor in Eastern Zaire, 1865-1940*. Athens (OH).

Northrup, D. 2002: *Africa's Discovery of Europe*. New York.

Northrup, D. 2007: Slavery & forced labour in the Eastern Congo, 1850-1910. In: H. Médard & S. Doyle (red.), *Slavery in the Great Lakes Region of East Africa*. Oxford, 111-23.

Nzeza Bilakila, A. 2004: The Kinshasa bargain. In: T. Trefon (red.), *Reinventing Order in the Congo: How People Respond to State Failure in Kinshasa*. Londen, 20-32.

Nzongola-Ntalaja, G (red.) 1986: *The Crisis in Zaire: Myths and realities*. Trenton.

Nzongola-Ntalaja, G. 2002: *The Congo from Leopold to Kabila: A People's History*. Londen.

Nzula, A.T., I.I. Potekhin & A.Z. Zusmanovich 1979: *Forced Labour in Colonial Africa*. Londen (oorspronkelijke Russische uitgave, 1933).

Olinga, L. 2006: La victoire en chantant. *Jeune Afrique*, 7 maart 2006, www.jeuneafrique.com

Omasombo Tshonda, J. & Benoît Verhaegen 1998: *Patrice Lumumba: jeunesse et apprentissage politique, 1925-1956*. Tervuren.

Omasombo Tshonda, J. & Benoît Verhaegen 2005: *Patrice Lumumba: de la prison aux portes du pouvoir, juillet 1956-février 1960*. Tervuren.

Paice, E. 2007: *Tip & Run: The Untold Tragedy of the Great War in Africa*. Londen.

Pain, M. 1984: *Kinshasa, la ville et la cité*. Parijs.

Pakenham, T. 1991: *The Scramble for Africa, 1876-1912*. Londen.

Pardigon, V. 1961: L'U.R.S.S. In: A. Wauters (red.), *Le monde communiste et la crise du Congo belge*. Brussel, 59-92.

Paulus, J.-P. 1962: *Congo 1956-1960*. Brussel.

Pauwels-Boon, G. 1979: *L'origine, l'évolution et le fonctionnement de la radiodiffusion au Zaire de 1937 à 1960*. Tervuren.

Peace, E. 2007: *Tip and Run: The Untold Tragedy of the Great War in Africa*. Londen.

Peemans, J.-P. 1988: Zaïre onder het Mobutu-regime: grote stappen in de ekonomische en sociale ontwikkeling. In: J. Devos, J.-P. Peemans, R. Renard, E. Vervliet, J-C. Willame (red.), *Wederzijds: de toekomst van de Belgisch-Zaïrese samenwerking*. Brussel, 16-49.

Perrings, C. 1979: *Black Mineworkers in Central Africa: Industrial Strategies and the Evolution of an African Proletariat in the Copperbelt 1911-41*. Londen.

Pétillon, L.A. 1985. *Récit: Congo 1929-1958*. Brussel

Picard, E. 1896: *En Congolie*. Brussel.

Poddar, P., R.S. Patke & L. Jensen (red.) 2008: *A Historical Companion to Postcolonial Literatures: Continental Europe and its Empires*. Edinburgh.

Poel, I. van der 2006: *Congo-Océan: un chemin de fer colonial controversé* (2 vols). Parijs.

Pole Institute 2002: *The Coltan Phenomenon*. Goma.

Poncelet, M. 2008: *L'invention des sciences coloniales belges*. Parijs.

Pons, V. 1969: *Stanleyville: An African Urban Community under Belgian Administration.* Oxford.

Popovitch, M.D. & F. De Moor 2007: *Eza Congo: photographes de RDC*. Roeselare.

Poppe, G. 1998: *De tranen van de dictator: van Mobutu tot Kabila.* Antwerpen.

Poupart, R. 1960: *Première esquisse de l'évolution du syndicalisme au Congo.* Brussel.

Prunier, G. 1995: *The Rwanda Crisis: History of a Genocide.* Londen.

Prunier, G. 2009: *Africa's World War: Congo, the Rwandan Genocide, and the Making of a Continental Catastrophe.* Oxford.

Pype, K. 2006: Dancing for God or the Devil: pentecostal discourse on popular dance in Kinshasa. *Journal of Religion in Africa* 36, 3-4, 296-318.

Pype, K. 2007: Fighting boys, strong men and gorillas: notes on the imagination of masculinities in Kinshasa. *Journal of the International African Institute* 77, 2: 250-71.

Pype, K. 2009a: 'We need to open up the country': development and the Christian key scenario in the social space of Kinshasa's teleserials. *Journal of African Media Studies* 1, 1: 101-16.

Pype, K. 2009b: Media celebrity, charisma and morality in post-Mobutu Kinshasa. *Journal of Southern African Studies* 35, 3: 541-55.

Pype, K. 2009c: A historical analysis of Christian visual media in postcolonial Kinshasa. *Studies in World Christianity* 15, 2 : 131-48.

Queuille, P. 1965: *Histoire de l'afro-asiatisme jusqu'à Bandoung: la naissance du tiers-monde.* Parijs.

RAID 2009 : *Chinese Mining Operations in Katanga.* September 2009, www.raid-uk.org.

Raspoet, E. 2005: *Bwana Kitoko en de koning van de Bakuba: een vorstelijke ontmoeting op de evenaar.* Antwerpen.

Raymaekers, P. & H. Desroche 1983: *L'administration et le sacré (1921-1957).* Brussel.

Remilleux, J.-L. 1989: *Mobutu: Dignité pour l'Afrique.* Parijs.

Renson, R. & C. Peeters 1994: Sport als missie: Raphaël de la Kéthulle de Ryhove (1890-1956). In: M. D'hoker, R. Renson & J. Tolleneer (red.), *Voor lichaam & geest: katholieken, lichamelijke opvoeding en sport in de 19de en 20ste eeuw.* Leuven, 200-15.

Renton, D., D. Seddon & L. Zeilig 2007: *The Congo: Plunder and Resistance.* Londen.

Reynaert, J. 2009: *De balans na tien jaar Monuc in Congo: hoe effectief is de VN-vredesmissie op het terrein?* Leuven.

Reyntjens, F. 2009: *De grote Afrikaanse oorlog: Congo in de regionale geopolitiek, 1996-2006.* Antwerpen.

Riva, S. 2000: *Nouvelle histoire de la littérature du Congo-Kinshasa.* Parijs.

Roberts, A.F. 1989: History, ethnicity and change in the 'Christian Kingdom' of Southeastern Zaire. In: L. Vail (red.), *The Creation of Tribalism in Southern Africa.* Berkeley, 176-207.

Roes, A. 2008: Thinking with and beyond the state: the sub- and supranational perspectives on the exploitation of Congolese natural resources, 1885-1914. Ongepubliceerde lezing, Tervuren.

Roussel, J. 1949: *Déontologie coloniale: consignes de vie et d'action coloniales pour l'élite des blancs et l'élite des noirs.* Leuven.

Rubbens, A. 1945: *Dettes de guerre.* Elisabethville.

Rubbens, A. 1983: De naweeën van de oorlogsinspanning. In: *Le Congo belge durant la Seconde Guerre Mondiale.* Brussel, 579-85.

Ryckmans, A. 1970: *Les mouvements prophétiques kongo en 1958: contribution à l'étude de l'Histoire du Congo*. Kinshasa.
Ryckmans, P. 1948: *Dominer pour servir*. Brussel.
Sadin, F. 1918: *La mission des jésuites au Kwango: notice historique*. Kisantu.
Sakombi Inongo 1974a: L'authenticité à Dakar. In: Cabinet du Département de la Défense Nationale: *Forces Armées Zaïroises: Mémorandum de Réflexion, d'Action et d'Information*. Kinshasa, 339-63.
Sakombi Inongo 1974b: L'authenticité à Paris. In: Cabinet du Département de la Défense Nationale: *Forces Armées Zaïroises: Mémorandum de Réflexion, d'Action et d'Information*. Kinshasa, 365-93.
Sakombi Inongo 1987: *Mélanges pour une révolution*. Kinshasa.
Salmon, P. 1977: *La révolte des Batetela de l'expédition du Haut-Ituri (1897)*. Brussel.
Schatzberg, M.G. 1988: *The Dialectics of Oppression in Zaire*. Bloomington.
Schöller, A. 1982: *Congo 1959-1960: mission au Katanga, intérim à Léopoldville*. Parijs.
Scholl-Latour, P. 1986: *Mort sur le grand fleuve: du Congo au Zaïre, chronique d'une indépendance*. Parijs.
Scott, I. 1969: *Tumbled House: The Congo at Independence*. Londen.
Scott, S.A. 2008: *Laurent Nkunda et la rébellion du Kivu: au cœur de la guerre congolaise*. Parijs.
Segal, R. 2001: *Islam's Black Slaves: The Other Black Diaspora*. New York.
Serufuri Hakiza, P. 1984: *Les auxiliaires autochtones des missions protestantes au Congo, 1878-1960: Etude de cinq Sociétés missionaires*. Louvain-la-Neuve.
Serufuri Hakiza, P. 2004: *L'évangélisation de l'ancien royaume Kongo, 1491-1835*. Kinshasa.
Sheriff, A. 1987: *Slaves, Spices & Ivory in Zanzibar*. Londen.
Sikitele Gize 1973: Les racines de la révolte Pende de 1931. *Etudes d'Histoire africaine* 5, 99-153.
Sinatu Bolya, C. 2003: Des sociétés d'élégance aux mouvements d'émancipation féministes. http://www.mvca.be/_realisations/realisations_11.html.
Sinda, M. 1972: *Le messianisme congolais et ses incidences politiques: Kimbanguisme – Matsouanisme – Autres mouvements*. Parijs.
Singleton-Gates, P. & M. Girodias 1959: *The Black Diaries: An Account of Roger Casement's Life and Times with a Collection of his Diaries and Public Writings*, s.l.
Slade, R. 1959: *English-Speaking Missions in the Congo Independent State, 1878-1908*, Brussel.
Slade, R. 1962: *King Leopold's Congo: Aspects of the Development of Race Relations in the Congo Independent State*. Londen.
Smith, J. 2005: *Dinner with Mobutu: A Chronicle of my Life and Times*. s.l.
Soete, G. 1993: *Het einde van de grijshemden: onze koloniale politie*. Zedelgem.
Sohier, J. 1959: *Essai sur la criminalité dans la province de Léopoldville: meurtres et infractions apparentées*. Brussel.
Souchard, V. 1983: *Jours de brousse: Congo 1940-1945*. Brussel.
Soudan, F. 2007: Kabila, l'heure des choix. *Jeune Afrique*, 16 december 2007, 26-9.
Stanley, H.M. 1886: *Zes jaren aan den Congo en de stichting van een nieuwen vrijen staat* (2 vols). Amsterdam.
Stanley, H.M. 1899: *Through the Dark Continent* (2 vols). Londen (oorspronkelijk 1878).

Stearns, J. 2010: What is Obama doing for Congo? *congosiasa.blogspot.com*, 10 januari 2010.
Stengers, J. 1957: *Combien le Congo a-t-il couté à la Belgique*. Brussel.
Stengers, J. 1963 : *Belgique et Congo: l'élaboration de la Charte coloniale* (Brussel).
Stengers, J. 1989: *Congo: mythes et réalités. Cent ans d'histoire*. Parijs.
Stengers, J. 1997: De uitbreiding van België: tussen droom en werkelijkheid. In: G. Janssens & J. Stengers (red.), *Nieuw licht op Leopold I & Leopold II: het archief Goffinet*. Brussel, 237-85.
Stengers J. & J. Vansina 1985: King Leopold's Congo, 1886-1908. In: R. Oliver & G.N. Sanderson (red.), *The Cambridge History of Africa, volume 6: from 1870 to 1905*. Cambridge, 315-58.
Stewart, G. 2000: *Rumba on the River: A History of the Popular Music of the two Congos*. Londen.
Stiglitz, J.E. 2002: *Globalization and its Discontents*. Londen.
Storme, M. 1970: *La mutinerie militaire au Kasai en 1895*. Brussel.
Strachan, H. 2004: *The First World War in Africa*. Oxford.
Strizek, H. 2006: *Geschenkte Kolonien: Ruanda und Burundi unter deutscher Herrschaft*. Berlijn.
Takizala, H.D. 1964: Situation de l'enseignement durant la première législature. *Etudes congolaises* 7, 8, 61-79.
Tambwe, E. & J.-M. Dikanga Kazadi (red.) 2008: *Laurent-Désiré Kabila: l'actualité d'un combat*. Parijs.
Tardieu, M. 2006: *Les Africains en France: de 1914 à nos jours*. Monaco.
Tempels, P. 1944: La philosophie de la rébellion. *L'Essor du Congo*, 31 augustus 1944. (hernomen in A. Rubbens 1945: *Dettes de guerre*. Elisabethville, 17-23).
Tempels, P. 1946 [1945]: *Bantoe-Filosofie*. Antwerpen.
Ter Haar, G. 2009: *How God became African: African Spirituality and Western Secular Thought*. Philadelphia.
Thieffry, E. 1926: *En avion de Bruxelles au Congo Belge: histoire de la première liaison aérienne entre la Belgique et sa colonie*. Brussel.
Thiel, H. van 1982: *Wij Ngombe: volk in Zaïre*. Deurne.
Tielemans, H. 1966: *Gijzelaars in Congo: overzicht van de dramatische gebeurtenissen in het missiegebied Isangi tijdens de Congolese rebellie, 4 augustus 1964 – 27 februari 1965*. s.l.
Tilman, S. 2000: L'implantation du scoutisme au Congo belge. In: J.-L. Vellut (red.), *Itinéraires croisés de la modernité: Congo belge (1920-1950)*. Tervuren, 103-40.
Tokwaula Aena, B. s.d.: *Tant que je vivrai, tu vivras*. Kinshasa.
Travaux du Groupe d'Etudes coloniales 1912: Les fermes-chapelles au point de vue économique et civilisateur. *Bulletin de la Société belge d'Etudes Coloniales* 5.
Trefon, T. (red.) 2004: *Reinventing Order in the Congo: How People Respond to State Failure in Kinshasa*. Londen.
Trefon, T. (red.) 2009: *Réforme au Congo (RDC): attentes et désillusions*. Tervuren.
Tshibangu Kabet Musas 1974: La situation sociale dans le ressort administratif de Likasi (ex-Territoire de Jadotville) pendant la Guerre 1940-1945. *Etudes d'Histoire africaine* 6, 275-311.
Tshimanga, C. 2000: L'ADAPES et la formation d'une élite au Congo (1925-1945). In: J.-L. Vellut (red.), *Itinéraires croisés de la modernité: Congo belge* (1920-1950). Tervuren, 189-204.

Tshitungu Kongolo, A. 2002: *Poète, ton silence est crime: panorama de la poésie congolaise de langue française*. Parijs.
Tshitungu Kongolo, A. 2003a: Paul Panda Farnana (1888-1930), panafricaniste, nationaliste, intellectuel engagé: une contribution à l'étude de sa pensée et de son action', *L'Africain* 211 (oktober-november 2003), 1-7.
Tshitungu Kongolo, A. 2003b: *Poète ton silence est crime*. Parijs.
Turine, Roger Pierre 2007: *Les arts du Congo, d'hier à nos jours*. Brussel.
Turner, T. 2007: *The Congo War: Conflict, Myth and Reality*. Londen.
UNESCO 2005: *Promoting and preserving Congolese heritage: Linking Biological and Cultural Diversity*. Parijs.
UN Security Council 2008: *Final report of the Group of Experts on the Democratic Republic of the Congo*, S/2008/773.
Van Acker, G. 1924: Een Vlaamsch geloofszendeling bij de Baloeba's in Congoland. s.l.
Van Bilsen, J. 1958: *Vers l'indépendance du Congo et du Ruanda-Urundi*. Kraainem.
Van Bilsen, A.A.J. 1962: *L'indépendance du Congo*. Doornik.
Van Bilsen, J. 1993: *Kongo 1945-1965: het einde van een kolonie*. Leuven.
Vandaele, J. 2005: *Het recht van de rijkste: Hebben andersglobalisten gelijk?* Antwerpen.
Vandaele, J. 2008: Het roofdier, Mozes en de Chinezen. *Mo*, februari 2008, 28-33.
Van den Bosch, J. 1986: *Pré-Zaïre: le cordon mal coupé*. Brussel.
Van den Bosch, P. 1992: *Vijf en twintig jaren in de branding: Congo-Zaïre, november 1949-januari 1975*. s.l.
Vanderkerken, G. 1920: *Les sociétés bantoues du Congo Belge et les problèmes de la politique indigène*. Brussel.
Vanderlinden, J. 1991: *À propos de l'uranium congolais*. Brussel.
Vanderlinden, J. 1994: *Pierre Ryckmans, 1891-1959: coloniser dans l'honneur*. Brussel.
Van der Smissen, E. 1920: *Léopold II et Beernaert, d'après leur correspondance inédite de 1884 à 1894* (2 vols). Brussel.
Vandersmissen, J. 2008: *Koningen van de wereld: de aardrijkskundige beweging en de ontwikkeling van de koloniale doctrine van Leopold II*. Gent.
Vanderstraeten, L.-F. 1985: *Histoire d'une mutinerie, juillet 1960: de la Force Publique à l'Armée nationale congolaise*. Parijs.
Vanderstraeten, L.-F. 2001: *La répression de la révolte des Pende du Kwango en 1931*. Brussel.
Vandewalle, G. 1966: *De conjuncturele evolutie in Kongo en Ruanda-Urundi van 1920 tot 1939 en van 1949 tot 1958*. Gent.
Van Dijck, H. 1997: *Rapport sur les violations des Droits de l'Homme dans le Sud-Equateur du 15 Mars 1997 au 15 Septembre 1997*. Ongepubliceerd verslag.
Vandommele, M. 1983: *Zaïre: buitenlandse belangen, binnenlandse pijnbank*. Brussel.
Vangansbeke, J. 2006: Afrikaanse verdedigers van het Belgisch grondgebied, 1914-1918. *Belgische Bijdragen tot de Militaire Geschiedenis* 4, 123-34.
Vangroenweghe, D. 1985: *Rood rubber: Leopold II en zijn Kongo*. Brussel.
Vangroenweghe, D. 2005: *Voor rubber en ivoor: Leopold II en de ophanging van Stokes*. Leuven.
Van Lierde, J. 1963: *La pensée politique de Patrice Lumumba*. Parijs.
Van Overbergh, C. 1913: *Les nègres d'Afrique*. Brussel.

Van Peel, B. 2000: Aux débuts du football congolais. In: J.-L. Vellut (red.), *Itinéraires croisés de la modernité: Congo belge (1920-1950)*. Tervuren, 141-87.
Van Reybrouck, D. 2009: Congo in de populaire cultuur. In: V. Viaene, D. Van Reybrouck en B. Ceuppens (red.), *Congo in België: koloniale cultuur in de metropool*. Leuven, 169-81.
Vansina, J. 1965: *Les anciens royaumes de la savane: les états des savanes méridionales de l'Afrique centrale des origines à l'occupation coloniale*. Léopoldville.
Vansina, J. 1976: L'Afrique centrale vers 1875. In: Koninklijke Academie voor Overzeese Wetenschappen, *Bijdragen over de Aardrijkskundige Conferentie van 1876*. Brussel, 1-31.
Vansina, J. 1990: *Paths in the Rainforest: Toward a History of Political Tradition in Equatorial Africa*. Madison.
Vansina, J. 2004: *How Societies Are Born: Governance in West Central Africa before 1600*. Charlottesville.
Vanthemsche, G. 1999: Radioscopie van een kolonie: Belgisch-Congo 1908-1960. *Brood en Rozen* 4, 2, 9-29.
Vanthemsche, G. 2007: *Congo: de impact van de kolonie op België*. Tielt.
Vanthemsche, G. 2009: *Le Congo belge pendant la Première Guerre mondiale: les rapports du ministre des Colonies Jules Renkin au roi Albert 1er, 1914-1918*. Brussel.
Vanthemsche G. 2010: Belgian Congo during the First World War, as seen through the reports of Jules Renkin, minister of Colonies, to King Albert I, 1914-1918. *Mededelingen der zittingen van de Koninklijke Academie voor Overzeese Wetenschappen.*
Van Wing, J. 1959: *Etudes Bakongo: sociologie, réligion et magie*. Brugge.
Vellut, J.-L. 1981: *Les bassins miniers de l'ancien Congo Belge: essai d'histoire économique et sociale (1900-1960)*. Brussel.
Vellut, J.-L. 1983: Le Katanga industriel en 1944: malaises et anxiétés dans la société coloniale. In: *Le Congo belge durant la Seconde Guerre Mondiale*. Brussel, 495-523.
Vellut, J.-L. 1984: La violence armée dans l'Etat Indépendant du Congo. *Cultures et développement* 16, 3-4, 671-707.
Vellut, J.-L. 1992: Une exécution publique à Elisabethville (20 septembre 1922): notes sur la pratique de la peine capitale dans l'histoire coloniale du Congo. In: B. Jewsiewicki (red.), *Art pictural zaïrois*. Parijs, 171-222.
Vellut, J.-L. 1996: Le bassin du Congo et l'Angola. In: J.F. Ade Ajayi (red.), *Histoire générale de l'Afrique: VI. L'Afrique au XIXe siècle jusque vers les années 1880*. Paris, 331-61.
Vellut, J.-L. (red.) 2000: *Itinéraires croisés de la modernité: Congo belge (1920-1950)*. Tervuren.
Vellut, J.-L. 2005a: *Simon Kimbangu. 1921: de la prédication à la déportation. Les sources. Vol. I: Fonds missionaires protestants (1). Alliance missionnaire suédoise*. Brussel.
Vellut, J.-L. (red.) 2005b: *Het geheugen van Congo: de koloniale tijd*. Tervuren.
Vellut, J.-L. 2009: Contextes africains du projet colonial de Léopold II. Ongepubliceerde lezing, Louvain-la-Neuve.
Verbeken, A. 1956: *Msiri, roi du Garenganze: «l'homme rouge» du Katanga*. Brussel.
Verbeken, A. 1958: *La révolte des Batetela en 1895*. Brussel.
Verbeken, P. 2005: 'Ik zeg het eerlijk: het was een prachtjob'. *Humo*, 26 juli, 32-7.
Verhaegen, B. 1966-1969: *Rébellions au Congo* (2 vols). Brussel.
Verhaegen, B. 1970: Dix ans d'indépendance. *Revue française d'études politiques africaines* 57: 17-25.

Verhaegen, B. 1971: Etude sur la rébellion. In: *Mouvements nationaux d'indépendance et classes populaires*. Parijs, 418-43.

Verhaegen, B. 1978: *L'enseignement universitaire au Zaïre: de Lovanium à l'Unaza 1958-1978*. Parijs.

Verhaegen, B. 1983: La guerre vécue au Centre Extra-Coutumier de Stanleyville. In: *Le Congo belge durant la Seconde Guerre Mondiale*. Brussel, 439-93.

Verhaegen, B. 1986: Conditions politiques et participation sociale à la rébellion dans l'Est du Zaïre. *Les cahiers dus* CEDAF 7-8, 1-14.

Verhaegen, B. 1990: *Femmes zaïroises de Kisangani: combats pour la survie*. Parijs.

Verhaegen, B. 1999: Communisme et anticommunisme au Congo (1920-1960), *Brood en Rozen* 4, 2, 113-27.

Verhaegen B. & C. Tshimanga 2003: *L'Abako et l'indépendance du Congo belge: dix ans de nationalisme kongo (1950-1960)*. Tervuren.

Verlinden, P. 2002: *Weg uit Congo: het drama van de kolonialen*. Leuven.

Verlinden, P. 2008: *Achterblijven in Congo: een drama voor de Congolezen?* Leuven.

Vesse, A. 1961: *Note sur l'évolution de l'économie congolaise après l'indépendance du pays*. s.l.

Viaene, V. 2008: King Leopold's imperialism and the origins of the Belgian colonial party, 1860-1905, *Journal of Modern History* 80, 741-90.

Viaene, V. 2009: Reprise-remise: de Congolese identiteitscrisis van België rond 1908. In: V. Viaene, D. Van Reybrouck & B. Ceuppens (red.), *De overname van België door Congo: aspecten van de Congolese 'aanwezigheid' in de Belgische samenleving, 1908-1958*. Leuven, 43-62.

Viaene, V. 2009: De religie van de prins: Leopold II, de Heilige Stoel, België en Congo (1855-1909). In: V. Dujardin, V. Rosoux & T. de Wilde (red.), *Leopold II, ongegeneerd genie? Buitenlandse politiek en kolonisatie*. Tielt, 143-64.

Viaene, V., D. Van Reybrouck en B. Ceuppens (red.) 2009: *Congo in België: koloniale cultuur in de metropool*. Leuven.

Vijgen, I. 2005: *Tussen mandaat en kolonie: Rwanda, Burundi en het Belgische bestuur in opdracht van de Volkenbond (1916-1932)*. Leuven.

Villafana, F.R. 2009: *Cold War in the Congo: The Confrontation of Cuban Military Forces, 1960-1967*. New Brunswick.

Vinck, H. 2002: *Colonial Schoolbooks (Belgian Congo): Anthology*, www.abbol.com.

Vlassenroot, K. 2000: The promise of ethnic conflict: militarisation and enclave-formation in South Kivu. In: D. Goyvaerts (red.), *Conflict and Ethnicity in Central Africa*. Tokyo, 59-104.

Vlassenroot, K. & H. Romkema 2002: The emergence of a new order? Resources and War in Eastern Congo. *Journal of Humanitarian Assistance*, http://www.jha.ac/articles/a111.htm.

Vlassenroot, K. & T. Raeymaekers (red.) 2004: *Conflict and Social Transformation in Eastern DRC*. Gent.

Vlassenroot, K. & T. Raeymaekers 2004: Le conflit en Ituri. *L'Afrique des Grands Lacs, annuaire 2003-2004*, 207-33.

Wamu Oyatambwe 1999: *De Mobutu à Kabila: Avatars d'une passation inopinée*. Parijs.

Wauters, A. 1929: *D'Anvers à Bruxelles via le Lac Kivu: Le Congo vu par un socialiste*. Brussel.

Wauters, A. (red.) 1961: *Le monde communiste et la crise du Congo belge*. Brussel.
Weiss, H. 1965: L'évolution des élites. *Etudes congolaises* 8, 5, 1-14.
Weiss, H. & B. Verhaegen (red.) 1986: *Les rébellions dans l'est du Zaïre (1964-1967)*. Themanummer *Les Cahiers du Cedaf*, 7-8.
Weissman, S.R. 1974: *American Foreign Policy in the Congo 1960-1964*. Ithaca.
Werbrouck, R. 1945: *La campagne des troupes coloniales belges en Abyssinie*. Léopoldville.
Wesseling, H.L. 1991: *Verdeel en heers: de deling van Afrika, 1880-1914*. Amsterdam.
White, B.W. 2008: *Rumba Rules: The Politics of Dance Music in Mobutu's Zaire*. Durham.
Wild-Wood, E. 2008: *Migration and Christian Identity in Congo*. Leiden.
Willame, J.-C. 1986: *Zaïre, l'épopée d'Inga: chronique d'une prédation industrielle*. Parijs.
Willame, J.-C. 1988: *Eléments pour une lecture du contentieux belgo-zaïrois*. Brussel.
Willame, J.-C. 1992: *L'automne d'un despotisme: pouvoir et argent et obéissance dans le Zaïre des années quatre-vingt*. Parijs.
Willame, J.-C. 1998: La 'nouvelle' politique américaine en Afrique centrale. In: C. Braeckman, M.-F. Cros, G. de Villers, F. François, F. Reyntjens, F. Ryckmans & J.-C. Willame, *Kabila prend le pouvoir*. Brussel, 134-44.
Willame, J.-C. 2007: *Les "faiseurs de paix" au Congo: gestion d'une crise internationale dans un Etat sous tutelle*. Brussel.
Wolf, E. 1982: *Europe and the People Without History*. Berkeley.
Wolter, R., L. Davreux, R. Regnier 1957: *Le chômage au Congo belge*. Brussel.
Wotzka, H.-P. 1995: *Studien zur Archäologie des zentral-afrikanische Regenwaldes: die Keramik des inneren Zaïre-Beckens und ihre Stellung im Kontext der Bantu-Expansion*. Keulen.
Wrong, M. 2000: *In the Footsteps of Mr Kurtz: Living on the Brink of Disaster in the Congo*. Londen.
Wynants, M. 1997: *Van hertogen en Kongolezen: Tervuren en de koloniale tentoonstelling 1897*. Tervuren.
Yakemtchouk, R. 1986: Les relations entre les Etats-Unis et le Zaïre. *Studia Diplomatica*, 39, 1, 5-127.
Yakemtchouk, R. 1988a: *Aux origines du séparatisme katangais*. Brussel.
Yakemtchouk, R. 1988b: Les deux guerres du Shaba: les relations entre la Belgique, la France et le Zaïre. *Studia Diplomatica* 41, 4-6, 375-742.
Yambuya, P. 1991: *Zaïre, het abattoir: over gruweldaden van het leger van Mobutu*. Antwerpen.
Yav, A. 1965 : Vocabulaire de la ville de Elisabethville: a history of Elisabethville from its beginnings to 1965, compiled and written by André Yav, edited, translated, and commented by Johannes Fabian with assistance from Kalundi Mango, *Archives of Popular Swahili* 4 (2001), http://www2.fmg.uva.nl/lpca/aps/vol4/vocabulaireshabaswahili.html
Yellen, J.E. 1996: Behavioral and taphonomic patterning at Katanda 9: a Middle Stone Age site, Kivu Province, Zaïre, *Journal of Archaeological Science* 23, 915-32.
Yerodia, A. 2004: *Rapport sur les assassinats et violations des droits de l'homme*. Kinshasa, 2004.
Yoka, L.M. 2005: *Kinshasa, carnets de guerre*. Kinshasa.
Young, C.M. 1968: *Introduction à la politique congolaise*. Brussel.

Young, C.M. 1984: Zaire, Rwanda and Burundi. In: M. Crowder (red.), *The Cambridge History of Africa, vol 8: from c. 1940 to c. 1975*. Cambridge, 698-754.
Young, C. & T. Turner 1985: *The Rise and Decline of the Zairean State*. Madison.
Zeebroek, X. 2008: *La Mission des Nations Unies au Congo: Le laboratoire de la paix introuvable*. Brussel.
Zhang, L. 2008: Ethnic congregation in a globalizing city: the case of Guangzhou, China. *www.sciencedirect.com*.
Ziégler, J. 1963: *La contre-révolution en Afrique*. Parijs.
Zinzen, W. 1995: *Mobutu: Van mirakel tot malaise*. Antwerpen.
Zinzen, W. 2004: *Kisangani, verloren stad*. Leuven.

Noten

Inleiding

1 Van Booven 1913: 23-4.
2 http://www-odp.tamu.edu/publications/175_SR/chap_11/c11_3.htm
3 Julien 1953: 10.
4 Northrup 2002: 18-21; McLynn 1992: 321-2; Hilton 1985: 50.
5 Hilton 1985: 80.
6 Jadin 1968.
7 Hilton 1985: 69-84.
8 Vansina 1990: 86.
9 Harms 1981: 3-5.
10 Harms 1981: 21-9.
11 Harms 1981: 3.
12 Northrup 2002: 113-4.
13 Harms 1981: 54.
14 Vansina 1965: 146-52.

Hoofdstuk 1

1 Makulo Akambu 1983: 15.
2 Makulo Akambu 1983: 15-6.
3 Bontinck 1974: 250.
4 Stanley 1899: 210, 212.
5 Jeal 2007: 199.
6 Jeal 2007: 469.
7 Vansina 1976: 30.
8 Wesseling 1991: 119.
9 Stengers 1997: 275.
10 Makulo Akambu 1983: 18.
11 Makulo Akambu 1983: 20-30.
12 Bontinck 1974: 269-71.
13 Jeal 2007: 274-6.
14 Stanley 1886: II, 147, 151-2.
15 Jeal 2007: 276.
16 Harms 1981: 33.
17 Makulo Akambu 1983: 32-4.
18 Fabian 2000: 103.
19 McLynn 1992: 322.
20 Johnston 1908: 222-4.
21 Bentley 1900: 81.
22 Bentley 1900: 126.
23 Johnston 1908: 328.
24 *Alexander L. Bain*, registry card, archival collection, Board of International Ministries (BIM), American Baptist Historical Society, Atlanta (Georgia).
25 Slade 1959: 154; Braekman 1961: 129-36, 351.
26 Etambala 1987: 237-85.
27 *Ernest T. Welles*, registry card, archival collection, Board of International Ministries (BIM), American Baptist Historical Society, Atlanta (Georgia).
28 Jeal 2007: 464-75.
29 Makulo Akambu 1983: 36.
30 Bailey 1894: 161-3.
31 Denuit-Somerhausen 1988: 77-146.
32 Wesseling 1991: 126.
33 Jeal 2007: 277-8.
34 Stengers 1989: 58-9.
35 Maquet-Tombu 1952: 56.

Hoofdstuk 2

1 Stengers & Vansina 1985: 351.
2 Ndaywel è Nziem 1998: 289-92.
3 Van der Smissen 1920: 425.
4 Vellut 2005b: 247.
5 Jeal 2007: 281.
6 Vansina & Stengers 1985: 351.
7 Jeal 2007: 294.
8 Makulo Akambu 1983: 36-7.
9 Etambala 1987.
10 Etambala 1993.
11 Maquet-Tombu 1952.
12 Meeuwis 1999.
13 Hawker 1909: 244.
14 Picard 1896: 161.
15 Bailey 1894: 246.
16 *New York Times*, 16 april 1899.
17 Lauro 2005: 78.
18 Makulo Akambu 1983: 38.
19 Makulo Akambu 1983: 38-9.
20 Makulo Akambu 1983: 45.
21 Hemmens 1949: 27.
22 Johnston 1908: 328.
23 Makulo Akambu 1983: 58.
24 Makulo Akambu 1983: 68-9.
25 Makulo Akambu 1983: 70.
26 Makulo Akambu 1983: 71.
27 Makulo Akambu 1983: 80-1.
28 Interview Etienne Nkasi, Kinshasa, 6 december 2008.
29 Sadin 1918.
30 Sadin 1918: 16-7.
31 Sadin 1918: 20.
32 Travaux du Groupe d'Etudes coloniales 1912: 7.
33 Travaux du Groupe d'Etudes coloniales 1912: 7.
34 Sadin 1918
35 Sadin 1918: 68.
36 Van Acker 1924: 164.
37 Interview Victor Masunda Kukana, Boma, 8 oktober 2008.
38 Interview Camille Mananga Nkanu, Boma, 9 oktober 2008.
39 Makulo Akambu 1983: 40-4.
40 Michaux 1913: 46, 52.
41 Flament 1952 : 509, 516.
42 Flament 1952: 81-2.
43 Interview Eugène Yoka Kinene, Kinshasa, 11 november 2008.
44 Joye & Lewin 1961: 18.
45 Stengers 1957: 32.
46 Stengers 1997: 277.
47 Stengers 1997: 240.
48 Catherine 1994: 126-30.
49 Interview Martin Kabuya, Kinshasa, 16 oktober 2008.
50 Gann & Duignan 1979: 97; Van der Poel 2006: 26.
51 Van der Poel 2006: 1, 8-30.
52 Interview Etienne Nkasi, Kinshasa, 6 en 10 november 2008.
53 Goffin 1907: 79.
54 Interview Etienne Nkasi, Kinshasa, 10 november 2008.
55 Vangroenweghe 2005: 376; Stengers 1989: 102 .
56 Makulo Akambu 1983: 79-80.
57 FOD Buitenlandse Zaken, Afrika-archief, papiers E. Janssens, D1366, 27/12/1904.
58 FOD Buitenlandse Zaken, Afrika-archief, papiers E. Janssens, D1366, 12/12/1904.
59 FOD Buitenlandse Zaken, Afrika-archief, papiers E. Janssens, D1366, 2/1/1905.
60 FOD Buitenlandse Zaken, Afrika-archief, papiers E. Janssens, D1366, 12/12/1904.
61 FOD Buitenlandse Zaken, Afrika-archief, papiers E. Janssens, D1366, 3/1/1905.
62 FOD Buitenlandse Zaken, Afrika-archief, papiers E. Janssens, D1366, 22/11/1904.
63 FOD Buitenlandse Zaken, Afrika-archief, papiers E. Janssens, D1366, 12/12/1904.
64 Bosschaerts 2007: 216.
65 FOD Buitenlandse Zaken, Afrika-archief, papiers E. Janssens, D1366, 5/1/1905.

66 Vangroenweghe 1985: 64.
67 Vangroenweghe 1985: 62.
68 Marechal 2005: 45-6.
69 Johnston 1908: 378-9.
70 Stengers 1989: 109.
71 Johnston 1908: 380.
72 Singleton-Gates & Girodias 1959: 120-2.
73 Singleton-Gates & Girodias 1959: 114.
74 Janssens 1905: 197.
75 Cattier 1906: 341.
76 Cornevin 1963: 129; Gann & Duignan 1979: 79; Stengers & Vansina 1985: 346, 354.
77 Makulo Akambu 1983: 85.

Hoofdstuk 3

1 Van Thiel 1982: 20; Boelaert et al. 1995: 36-117.
2 Stanley 1886: 11, 214.
3 Maquet-Tombu 1952.
4 Cornevin 1963: 173-228; Stengers 1989.
5 Young 1968: 23.
6 De Meulder 2000: 50.
7 Cornevin 1963: 187.
8 Vanderkerken 1920: 235.
9 Vanderkerken 1920: 234.
10 Van Wing 1959: 128-9.
11 Carton de Wiart 1923: 70-1.
12 Cattier 1906: 321.
13 Cattier 1906: 322.
14 Couttenier 2005: 225.
15 Van Overbergh 1913: viii.
16 De Jonghe 1908: 304.
17 Van Overbergh 1913: 181.
18 Van Overbergh 1913: 183.
19 Depaepe et al. 2003: 233, 236.
20 Vinck 2002.
21 Depaepe et al. 2003: 191.
22 Frères Maristes 1927: 30-1.
23 Vinck 2002.
24 Kalundi Mango, geïnterviewd door Johannes Fabian, Lubumbashi, juni 1986, http://www2.fmg.uva.nl/lpca/aps/vol4/vocabulairekalundicomments.html
25 Kaoze 1910.
26 Chalux 1925: 125.
27 Interview Etienne Nkasi, Kinshasa, 6 november 2008.
28 Chalux 1925: 111-4.
29 Chalux 1925: 122-5.
30 Interview Etienne Nkasi, Kinshasa, 10 november 2008.
31 Stengers 1989: 213-4.
32 Cornet 1944: 261.
33 Stengers 1989: 215.
34 Carton de Wiart 1923: 93.
35 Carton de Wiart 1923: 5.
36 Chalux 1925: 204.
37 Buelens 2007: 405.
38 Carton de Wiart 1923: 83.
39 Merlier 1962: 130.
40 Jewsiewicki 1988: 231-2.
41 Foire Internationale d'Elisabethville 1962: 71-3.
42 Yav 1965: 29.
43 Yav 1965: 5.
44 Brausch 1961: 21-2.
45 Higginson 1989: 33.
46 Higginson 1989: 35.
47 Chalux 1925 : 79.
48 Yav 1965: 7.
49 Northrup 1988: 97-9.
50 Chalux 1925: 209.
51 Joye & Lewin 1961: 184.
52 Kimoni Iyay 1990: 155-82.
53 Vandewalle 1966: 45.
54 Banque Centrale du Congo 2007.
55 Chalux 1925 : 147.
56 Boelaert et al. 1995.
57 Delcommune 1920: 26.
58 Cayen 1938: 58.
59 Cayen 1938: 47-54.
60 Cornevin 1963: 176-7.
61 Geernaert s.d.
62 Depaepe et al. 2003: 220.
63 Interview Martin Kabuya, Kinshasa, 16 oktober 2008.
64 Kisobele Ndontoni 2008.

65 Interview Hélène Nzimbu Diluzeyi en Leon Wasolua, Kinshasa, 11 november 2008.
66 Interview Eugène Yoka Kinene, Kinshasa, 11 november 2008.
67 Vanthemsche 2010.
68 Brion & Moreau 2006: 95.
69 Jewsiewicki 1980.
70 Hulstaert 1990.
71 Ndaywel è Nziem 1998: 411.
72 Libotte s.d.
73 Delannoo 2006.
74 Etambala 1993: 33-7; Odette Kudjabo, pers.comm.
75 Dominiek Dendooven, pers. comm.
76 Habran 1925: 52-3.

Hoofdstuk 4

1 Geldof 1937: 131.
2 Interview Marcel Wanzungasa, Nkamba, 4 november 2008.
3 Geciteerd in Vellut 2005: 10.
4 Mokoko Gampiot 2004: 60-3.
5 Sinda 1972: 73.
6 Munayi 1977.
7 Gérard 1969: 9-13.
8 Nelson 1994: 176-7.
9 Ndaywel è Nziem 1998: 411-2.
10 Kibari 1985.
11 Maquet-Tombu 1952: 135-6.
12 Thieffry 1926: 267.
13 Blanchart et al. 1999.
14 Guebels 1952: 262.
15 Vandewalle 1966: 13.
16 Nzula et al. 1979: 64.
17 Vanthemsche 1999: 17.
18 Vandewalle 1966: 45.
19 Davidson et al. 1987: 739.
20 FOD Buitenlandse Zaken, Afrika-archief, personeelsdossier Firmin Joseph Arthur Peigneux.
21 Interview Pierre Diakanua, Kinshasa, 8 december 2008.
22 Interview Etienne Nkasi, Kinshasa, 10 november 2008.
23 Vellut 1992: 201.
24 Vellut 1992: 175.
25 Nelson 1994: 155.
26 Sikitele 1973: 117-8.
27 Sikitele 1973: 109.
28 Geciteerd in Nzula et al. 1979: 110.
29 de Saint Moulin 2007: 42.
30 Fetter 1976: 74.
31 Brion & Moreau 2006 : 115, 134.
32 Nelson 1994: 151; Northrup 1988: 206-9.
33 Fetter 1973: 23.
34 Higginson 1989: 56.
35 Northrup 1988: 208.
36 Joye & Lewin 1961: 160.
37 Joye & Lewin 1961: 159.
38 Fetter 1974: 216.
39 Grévisse 1951: 98.
40 Esgain 2000: 61.
41 Verhaegen 1999: 126.
42 Daye 1929: 207.
43 Davis 1933: 287-90.
44 Van Peel 2000: 152.
45 Daye 1929: 239.
46 Chalux 1925: 213.
47 Chalux 1925: 157-8.
48 Stewart 2000: 16.
49 Fetter 1973: 38.
50 Chalux 1925: 126.
51 Fabian 1986.
52 Geciteerd in Depaepe et al. 2003: 164-5.
53 Boel 2005: 77, 83.
54 Boel 2005: 111, 139.
55 Boel 2005: 88.
56 Emongo Lomomba 1985: 136.
57 Fabian 1971: 60.
58 Young 1984: 700.
59 Emongo Lomomba 1985: 137-8.
60 Joye & Lewin 1961: 161-3; Fabian 1971: 55-60; Fetter 1973: 38.
61 Geciteerd in Brion & Moreau 2006: 137.
62 Tilman 2003.
63 Van Peel 2000: 180.
64 Renson & Peeters 1994: 204.

65 Van Peel 2000: 181.
66 Interview Henri de la Kéthulle, Kinshasa, 26 mei 2007, Kikwit, 2 juni 2007 en 20 september 2008.
67 Fetter 1974.
68 Perrings 1979: 216.
69 Kalundi Mango, geïnterviewd door Johannes Fabian, Lubumbashi, juni 1986, http://www2.fmg.uva.nl/lpca/aps/vol4/vocabulairekalundicomments.html
70 Yav 1965: 22.
71 Fetter 1974: 212-213.
72 Brausch 1961: 20.
73 Brausch 1961: 19-39.
74 Souchard 1983: 47.
75 Geciteerd in Feuchaux 2000: 88-90.
76 Geciteerd in Etambala 1993: 40.
77 Geciteerd in Etambala 1993: 40.
78 Geciteerd in Bontinck 1980: 608.

Hoofdstuk 5

1 Interview André Kitadi, Kinshasa, 16 oktober 2008.
2 Bourla Errera 2000: 59.
3 McCrummen 2009.
4 Interview André Kitadi, Kinshasa, 11 november 2008.
5 Interview André Kitadi, Kinshasa, 16 oktober 2008.
6 Interview Martin Kabuya, Kinshasa, 16 oktober 2008.
7 Ergo 2008: 132-4.
8 Interview Libert Otenga, 11 november 2008.
9 Wrong 2000: 136-44.
10 Buelens 2007: 282.
11 Buelens 2007: 288.
12 Jewsiewicki et al. 1973: 160.
13 Tshibangu Kabet 1974: 297.
14 Etambala 1999a: 77-8.
15 Dibwe dia Mwembu 1999: 195.
16 Perrings 1979: 226.
17 Yav 1965: 24.
18 Emongo Lomomba 1985: 140.
19 Vellut 1983: 506-14.
20 Jewsiewicki et al. 1973.
21 Young 1984: 703.
22 Souchard 1983: 176.
23 Souchard 1983: 59.
24 Souchard 1983: 58.
25 Souchard 1983: 59-60.
26 Souchard 1983: 146-8.
27 Souchard 1983: 155.
28 Hulstaert 1983: 590.
29 Souchard 1983: 234.
30 Souchard 1983: 84-7.
31 Souchard 1983: 235.
32 Interview Libert Otenga, 11 november 2008.
33 Vellut 1983: 505.
34 Interview André Kitadi, Kinshasa, 16 oktober 2008.
35 Vanderlinden 1994: 604.
36 Van Bilsen 1993: 55.
37 Guebels 1952: 640.
38 Roussel 1949:49.
39 Wauters 1929: 142.
40 Dehoux 1950: I, 155.
41 Lefebvre 1952: 519.
42 Ceuppens 2009.
43 Young 1984: 704-7.
44 Stengers 1989: 226.
45 Drachoussoff 1954: 115-6.
46 Guebels 1952: 738.
47 Tempels 1944: 22.
48 Tempels 1945: 105.
49 Guebels 1952: 659.
50 De Saint Moulin 2007: 42.
51 Gourou 1955: 33.
52 Guebels 1952: 642.
53 Interviews Longin Ngwadi, Kikwit, 19-20 september 2008.
54 Comhaire-Sylvain 1968: 54-6.
55 Interview zuster Apolline Lemole Daringi, Kinshasa, 29 september 2008.
56 Interview Victorine Ndjoli, Kinshasa, 7 november 2008.
57 Interview François Ngombe, Kin-

shasa, 9 november 2009.
58 Comhaire-Sylvain 1968: 23.
59 Gondola 1997a.
60 Pauwels-Boon 1979: 137.
61 Jewsiewicki 1976: 69.
62 Guebels 1952: 664.
63 Martens 1999: 141.
64 Young 1968: 24-5.
65 Pons 1969: 147-50.
66 Young 1968: 150-3.
67 Pons 1969: 214.
68 Interview Kipulu Sambo en Hery Mambo, Kinshasa, 17 september 2008.
69 Emongo Lomomba 1985: 139.
70 Leysen 1982: 35'04'.
71 Jewsiewicki 1976: 69.
72 Geciteerd in Rubbens 1945: 128-9.
73 Mantels 2007: 206.
74 Kadima-Nzuji 1984: 55.
75 Interview Camille Mananga Nkanu, Boma, 9 oktober 2008.
76 Interview Victor Masunda Kukana, Boma, 8 oktober 2008.
77 Ndaywel è Nziem 1998: 462.
78 Interviews Jean Lema, alias Jamais Kolonga, Kinshasa, 3 en 14 oktober en 6 november 2008.
79 Interview Paul Kasenge, Lubumbashi, 29 juni 2007.
80 Interview Zizi Kabongo, Kinshasa, 21 april 2008.
81 Tshitungu Kongolo 2003b: 62.

Hoofdstuk 6

1 Interview Michel Lechat, Brussel, 19 september 2007.
2 De Backer 1959: 1, 7.
3 Van Bilsen 1958: 164-202.
4 Labrique 1957: 253, 256.
5 Labrique 1957: 261.
6 Labrique 1957: 254.
7 Young 1965: 114-7.
8 Labrique 1957: 271.
9 Labrique 1957: 107-10.
10 Queuillle 1965: 315.
11 Klein 1957: 84; Pétillon 1985: 448.
12 Interview Jean Cordy, Louvain-la-Neuve, 5 september 2009.
13 Verhaegen 1971: 419-21; Bouvier 1965: 39-56.
14 Ghilain 1963: 90-1.
15 Archer 1971: 67.
16 Wolter et al. 1957: 55-8.
17 Sinatu Bolya 2003.
18 Interview Victorine Ndjoli, Kinshasa, 7 november 2008.
19 Michel 1962: 72.
20 Verhaegen 1971: 419.
21 Gondola 1999.
22 Laude 1956: 29.
23 Sohier 1959: 236.
24 Etambala 1999b: 50.
25 Ganshof van der Meersch 1958: 40-54.
26 CRISP 1962: 136.
27 Interviews met Jean Lema alias Jamais Kolonga, Kinshasa, 3 en 14 oktober en 6 november 2008.
28 de Monstelle 1962: 119.
29 Interviews met Longin Ngwadi, Kikwit, 19-20 september 2008.
30 Pétillon 1985: 446.
31 Pétillon 1985: 517.
32 De Backer 1959: 1, 32.
33 Etambala 2008: 79-80.
34 Scott 1969: 21-2.
35 Etambala 2008: 82, 84.
36 De Vos 1961: 52.
37 De Backer 1959: 1, 32.
38 Interview Albert Tukeke Talulue, Kisangani, 18 november 2008.
39 Interview Jean Mayani, Kisangani, 19 november 2008.
40 Interview Raphaël Maindo, Kisangani, 17 november 2008.
41 Van Bilsen 1993: 124.
42 Interview Jean Cordy, Louvain-la-Neuve, 5 september 2009.
43 Monheim 1961: 22-4.
44 Janssens 1961: 60.
45 Lumenganeso 2005: 108-9.

46 Janssens 1961: 59-61.
47 Interview Jean Cordy, Louvain-la-Neuve, 5 september 2009.
48 Interview Jean Cordy, Louvain-la-Neuve, 5 september 2009.
49 Interview Jean Cordy, Louvain-la-Neuve, 5 september 2009.
50 CRISP 1960: 10.
51 Demunter 1975: 266.
52 Interview Jean Cordy, Louvain-la-Neuve, 5 september 2009.
53 Young 1968: 159-60.
54 Caprasse 1959: 137-41.
55 CRISP 1960: 51-3.
56 De Backer 1959: III, 64.
57 Interview Jean Mayani, Kisangani, 19 november 2008.
58 De Backer 1959: II, 20.
59 De Backer 1959: III, 158.
60 De Backer 1959: II, 83.
61 Interview Jean Mayani, Kisangani, 19 november 2008.
62 Interview Jean Mayani, Kisangani, 19 november 2008.
63 Ndaywel è Nziem 1998: 546.
64 Schöller 1982: 114.
65 Interview Charly Henault, Méhaigne, 28 augustus 2008.
66 Ganshof van der Meersch 1960: 25; Scott 1969:25.
67 Fierlafyn 1990: 200.
68 Demunter 1975: 276-7.
69 Archer 1971: 84.
70 Interview Mario Cardoso, Kinshasa, 1 oktober 2008.
71 Buelens 2007: 327.
72 Merlier 1962: 292.
73 Eyskens 1994: 567.
74 Remilleux 1989: 46.
75 Joye & Lewin 1961: 290-5.
76 Young 1984: 712-3.
77 Weiss 1965: 2.
78 Inforcongo 1958; Verhaegen 1971: 421.
79 Kanza 1959: 39.

Hoofdstuk 7

1 Interviews met Jean Lema alias Jamais Kolonga, Kinshasa, 3 en 14 oktober en 6 november 2008.
2 Interview Victorine Ndjoli, Kinshasa, 7 november 2008.
3 Archer 1971: 11.
4 Etambala 1999: 147.
5 Etambala 2008: 432-3.
6 CRISP 1961: 318-20.
7 Verlinden 2008: 140.
8 Interview Jean Cordy, Louvain-la-Neuve, 18 september 2009.
9 De Vos 1961: 193-4.
10 CRISP 1961: 323.
11 Interview Victor Masunda Kukana, Boma, 8 oktober 2008.
12 Interview Camille Mananga Nkanu, Boma, 9 oktober 2008.
13 Interview Mario Cardoso, Kinshasa, 1 oktober 2008.
14 Schöller 1982: 178-83.
15 Ganshof van der Meersch 1958: 284.
16 Paulus 1962: 224.

Hoofdstuk 8

1 Janssens 1961: 12.
2 CRISP 1961: 353-4.
3 De Vos 1961: 202.
4 CRISP 1961: 381, 388; Geerts 1970: 79.
5 Verlinden 2002: 154.
6 CRISP 1961: 375.
7 Janssens 1961: 216.
8 Jorissen 2005: 115.
9 Verlinden 2002: 148-51.
10 De Craemer & Fox 1968: 3.
11 Interview Jacques Courtejoie, Nsioni, 5 oktober 2008.
12 Souchard 1983: 254.
13 Kanza 1959: 40.
14 Souchard 1983: 248-9.
15 Geerts 1970: 11.
16 Interview Bonyololo Lokombe,

alias Papa Rovinscky, Kisangani, 17 november 2008.
17 Vesse 1961: 16.
18 Van den Bosch 1986: 57.
19 De Vos et al. 2004: 41.
20 De Vos et al. 2004: 40.
21 Boehme 2005.
22 De Vos et al. 2004: 521.
23 http://www.congo-1960.be/WilfriedDeBrouwerFAF-_Piloot.html
24 Kestergat 1961.
25 Interview Camille Mananga Nkanu, Boma, 9 oktober 2008.
26 Verlinden 2002: 151.
27 CRISP 1961: 544.
28 Abi-Saab 1978: 14.
29 CRISP 1961: 555.
30 Devlin 2007: 48.
31 Pardigon 1961: 89.
32 CRISP 1961: 555-6.
33 Devlin 2007.
34 El-Tahri 2007.
35 Interview Jean Lema alias Jamais Kolonga, Kinshasa, 3 oktober 2008.
36 Brian Urquhart, geciteerd in Meredith 2005: 104.
37 Meredith 2005: 104-5.
38 Eyskens 1994: 584.
39 CRISP 1961: 806
40 CRISP 1961: 110.
41 Geerts 1970: 90-1.
42 Interview Mario Cardoso, Kinshasa, 1 oktober 2008.
43 De Vos et al. 2004: 581.
44 Devlin 2007: 94-7.
45 Young 1984: 721.
46 De Vos et al. 2004: 255.
47 Interview Mario Cardoso, Kinshasa, 1 oktober 2008.
48 Meredith 2005: 109.
49 De Vos et al. 2004: 363-422.
50 De Vos et al. 2004: 395.
51 Soete 1993: 98-101.
52 Walter Zinzen, pers. mededeling, 4 november 2009.
53 Van Bilsen 1993: 161.
54 Interview Anne Mutosh Amuteb, Lubumbashi, 23 april 2008.
55 Ziégler 1963.
56 Yakemthouck 1988a: 177.
57 Scholl-Latour 1986: 216.
58 Gérard-Libois 1963: 186-7.
59 Ziégler 1963: 38.
60 Interview Walter en Alice Lumbeeck, Oostkamp, 25 juli 2009.
61 Interview Frans en Marja Vleeschouwers, Berchem, 25 juli 2009.
62 Hammarskjöld 1964: 93.
63 Martelli 1966: 198.
64 http://www.congo-1960.be/huurlingencongo.htm
65 Interview Walter en Alice Lumbeeck, Oostkamp, 25 juli 2009.
66 Interview Frans en Marja Vleeschouwers, Berchem, 25 juli 2009.
67 Interview Walter en Alice Lumbeeck, Oostkamp, 25 juli 2009.
68 CRISP 1964: 99.
69 Kamitatu 1971: 97.
70 Young 1968: 319-48.
71 CRISP 1965: 104.
72 CRISP 1964: 105-7.
73 Verhaegen 1966: I, 122.
74 Fox et al. 1965: 22.
75 Makulo Akambu 1983: 91-4.
76 Manya K'Omalowete 1986.
77 Verhaegen 1986: 7, 12.
78 Takizala 1964: 69.
79 Manya K'Omalowete 1986: 102.
80 Zinzen 2004: 101.
81 Geerts 1970: 189.
82 Etambala 1999b: 266.
83 Etambala 1999b: 258.
84 Tielemans 1966; Esposito 1978.
85 Ndaywel è Nziem 1998: 638-9.
86 CRISP 1965: 141.
87 Ndaywel è Nziem 1998: 639
88 Verbeken 2005: 36.
89 Devlin 2007: 225.
90 Ndaywel è Nziem 1998: 623.
91 Brion 1986: 63.
92 Makulo Akambu 1983: 92.
93 Makulo Akambu 1983: 93-4.

94 El-Tahri 2007.
95 Guevara 2001: 298.
96 Guevara 2001: 83.
97 Guevara 2001: 313.
98 Guevara 2001: 281.
99 Zinzen 1995: 19-20.
100 CRISP 1966: 441.
101 CRISP 1966: 257.
102 Houyoux 1973: 30.
103 La Fontaine 1970: 64.
104 Close 2007: 164.
105 CRISP 1966: 6.
106 Interview Jean Lema alias Jamais Kolonga, Kinshasa, 3 oktober 2008.
107 Ilosono 1985: 67-72.

Hoofdstuk 9

1 Interviews met Zizi Kabongo, Kinshasa, 31 mei, 14 en 16 november 2007; 21 april en 16 september 2008.
2 Buana Kabue 1975: 105.
3 CRISP 1966: 438-44.
4 Joris 2001: 33.
5 Interview Vincent Lombume Kalimasi, Kinshasa, 14 juni 2007.
6 Diallo 1977: 88.
7 CRISP 1967: 441.
8 CRISP 1967: 442-3.
9 de Saint Moulin 2007: 42.
10 Houyoux 1973: 30-1.
11 Geerts 1970: 358.
12 CRISP 1966: 415-6.
13 CRISP 1967: 102.
14 Geerts 1970: 286-95.
15 CRISP 1967: 120.
16 CRISP 1967: 179.
17 Geerts 1970: 274.
18 Interview Alphonsine Mosolo Mpiaka, Kinshasa, 7 november 2008.
19 Zinzen 1995: 29-31.
20 Verhaegen 1970: 23.
21 Braeckman 1992: 38-40.
22 Geerts 1970: 255.
23 Huybrechts et al. 1980: 152-63.
24 Ikembana 2007: 31.
25 Bureau du Président de la République 1972: 384-5.
26 Sakombi Inongo 1974b: 409.
27 Close 2007: 235.
28 Close 2007: 190.
29 Close 2007: 251.
30 Interview François Ngombe, alias Maître Taureau, Kinshasa, 9 november 2009.
31 Lubabu Mpasi-A-Mbongo & Musangi Ntemo 1987: 56.
32 Mwabila Malela 1979: 128.
33 Huybrechts et al. 1980: 239.
34 Interview Paul Kasenge, Lubumbashi, 29 juni 2007.
35 Huybrechts et al. 1980: 170.
36 Interview André Kitadi, Kinshasa, 16 oktober 2008.
37 Gast 1996.
38 Lubabu Mpasi-A-Mbongo & Musangi Ntemo 1987: 76.
39 Verhaegen 1978: 126-30.
40 Interview Adolphine Ngoy, Bukavu, 19 juni 2007.
41 Interview Bertrand Bisengimana, Kivu-meer, 25 april 2008.
42 Young & Turner 1985: 167-8.
43 Ndaywel è Nziem, I. 1995.
44 Sakombi Inongo 1974b: 409.
45 Sakombi Inongo 1974a: 334.
46 Ekanga Botombele 1975.
47 Sakombi Inongo 1974b: 318.
48 Interview Joseph Ibongo, Kinshasa, 1 juni 2007.
49 Interview Jean-Pierre Mukoko, Kinshasa, 19 maart 2005.
50 White 2008: 73-9.
51 Huybrechts et al. 1980: 155.
52 Schatzberg 1988: 122-5.
53 Nzongola-Ntalaja 2002: 148.
54 Bézy et al. 1981: 57-68.
55 Van den Bosch 1992: 90.
56 Bézy et al. 1981: 61.
57 Mobutu 1973: 233, 243.
58 Chomé 1975: 28.
59 Chomé 1978: 142-3.
60 Stewart 2000: 199.

61 Mailer 2007: 40.
62 Young & Turner 1985: 326-62.
63 Houyoux 1972, 1973.
64 Pain 1984: 114.

Hoofdstuk 10

1 Braeckman 1992: 298.
2 Remilleux 1989: 91.
3 Remilleux 1989: 92.
4 http://www.bernd-leitenberger.de/otrag.shtml
5 Kalonga 1978: 32-47.
6 Mende Omalanga & Tshilenge wa Kabamb 1992: 75-7.
7 Willame 1986.
8 Ndaywiel è Nziem 1998: 737.
9 Willame 1986: 132.
10 Willame 1986: 80-1.
11 Interviews met Zizi Kabongo, Kinshasa, 31 mei, 14 en 16 november 2007; 21 april en 16 september 2008.
12 Geerts 2005: 173-6.
13 Yambuya 1991: 34-6.
14 Yambuya 1991: 33.
15 Yambuya 1991: 28.
16 Cabinet du Département de la Défense Nationale 1974: 40.
17 Kamitatu-Massamba 1977: 103.
18 Yambuya 1991: 69.
19 Yakemtchouk 1988b: 399-402.
20 Young & Turner 1985: 375.
21 Wrong 2000: 190.
22 Interview Eugène Yoka Kinene, Kinshasa, 11 november 2008.
23 Interview Alphonsine Mosolo Mpiaka, Kinshasa, 7 november 2008.
24 Young & Turner 1985: 324.
25 Ndaywel è Nziem 1998: 732.
26 Young & Turner 1985: 324.
27 Ndaywel è Nziem 1998: 732.
28 Willame 1992: 96.
29 Peemans 1988: 23.
30 Young & Turner 1985: 379.
31 Mende Omalanga & Tshilenge wa Kabamb 1992: 28-9.
32 Blumenthal 1982: 8.
33 Blumenthal 1982: 15.
34 Nguza Karl I Bond 1982.
35 Vrijgegeven CIA-document, *Zaire's IMF Problem*, 15 september 1986, http://www.foia.cia.gov/
36 Stiglitz 2002: 12.
37 Kabuya Kalala et al. 1980.
38 Interview Didace Kawang, Kinshasa, 30 september 2008.
39 Stiglitz 2002: 18.
40 Young & Turner 1985: 323.
41 Emizet 1997: 22, 26.
42 Nzongola-Ntalaja 1986: 4.
43 Peemans 1988: 39.
44 Emizet 1997: 25.
45 Young & Turner 1985: 311.
46 Janssen 1997: 78-83.
47 Janssen 1997: 73-8.
48 Interview Kibambi Shintwa, Kinshasa, 25 september 2008.
49 Interviews met Jean Lema alias Jamais Kolonga, Kinshasa, 3 en 14 oktober en 6 november 2008.
50 Bender 2006: 304.
51 Interview Alfons Mertens, Puurs, 5 november 2007.
52 Willame 1992: 132.
53 Interview Raymond Mukoka, Kinshasa, 29 september 2008.
54 Wrong 2000: 97.
55 Braeckman 1992: 72.
56 Interview mevrouw A., Kinshasa, 17 maart 2005; cf. Nlandu-Tsasa 1997: 16.
57 Vandommele 1983: 78-9; Batumike 1986: 52-3.
58 Amnesty International 1980; 1983.
59 Yambuya 1991: 91.
60 Nlandu-Tsasa 1997: 98.
61 Mvumbi Ngolu Tsasa 1986: 68-9.
62 Interview Papy Mbwiti, Kinshasa, 30 september 2008.
63 MacGaffey 1991: 17-9.
64 Nlandu-Tsasa 1997: 64.
65 Renton et al. 2007: 136.
66 Interview Papy Mbwiti, Kinshasa,

30 september 2008.
67 Interview Ruffin Kibarin Nsanga, Kikwit, 21 september 2008.
68 Newbury 1984.
69 Interview Régine Mutijima, Kinshasa, 10 december 2008.
70 Interview Thérèse Pakasa, Kinshasa, 8 november 2008.
71 Michel 1999.
72 Braeckman 1992: 303.

Hoofdstuk 11

1 Interview Régine Mutijima, Kinshasa, 10 december 2008.
2 Interview Modeste Mutinga, Kinshasa, 3 oktober 2008.
3 Interview Baudouin Hamuli, Kinshasa, 16 en 24 september 2008.
4 Hamuli Kabarhuza et al. 2003: 27.
5 Braeckman 1992: 205.
6 Interview Baudouin Hamuli, Kinshasa, 16 en 24 september 2008.
7 Mende Omalanga & Tshilenge wa Kabamb 1992: 45-7.
8 Buyse 1994: 29.
9 Interview Kibambi Shintwa, Kinshasa, 25 september 2008.
10 Interview Baudouin Hamuli, Kinshasa, 16 en 24 september 2008.
11 Interview José Mpundu, Kinshasa, 23 september 2008.
12 de Dorlodot 1994: 90-94.
13 Interviews met Zizi Kabongo, Kinshasa, 31 mei, 14 en 16 november 2007; 21 april en 16 september 2008.
14 Nzongola-Ntalaja 2002: 193.
15 Nzongola-Ntalaja 2002: 199.
16 de Villers & Omasomba 2002: 403.
17 Nzongola-Ntalaja 2002: 196-8.
18 De Herdt & Marysse 2002: 175.
19 Banque Centrale du Congo 2007: 92.
20 Michel 1992.
21 Smith 2005: 234.
22 Devisch 1995: 608.
23 Hamuli Kabarhuza et al. 2003: 18.
24 Devisch 1995.
25 Ndaywel è Nziem 1995: 78, 116.
26 Ndaywel è Nziem 1995: 65-6.
27 Banque Centrale du Congo 2007: 117.
28 Beaugrand 1997: 9.
29 Banque Centrale du Congo 2007: 119; De Boeck & Plissart 2004: 187.
30 Beaugrand 2003.
31 Interview Alexandre Kasumba Dunia, zoodirecteur, Kinshasa, 29 december 2003.
32 Kabuya Kalala & Matata Ponyo 1999.
33 Interview Sekombi Katondolo, Goma, 26 november 2008.
34 Mamdani 2001: 253.
35 Interview anonieme Mai-mai, Goma, 4 december 2008.
36 Interview Pierrot Bushala, Goma, 26 november 2008.
37 Vlassenroot 2000.
38 Prunier 2009: 25.
39 Interview Ruffin Luliba, Kinshasa, 1 oktober 2008.
40 Reyntjens 2009: 88.
41 Prunier 2009: 122.
42 Interview Katelijne Hermans, Brussel, 12 september 2007.
43 Interview Dr. Soki, Kisangani, 16 november 2008.
44 Interview Sekombi Katondolo, Goma, 26 november 2008.
45 Efinda 2009: 49.
46 Efinda 2009: 73.
47 Human Rights Watch 1997a: 23.
48 Interview Papy Bulaya, Kinshasa, 11 december 2008.
49 Van Dijck 1997: 9.
50 Prunier 2009: 148.
51 Interview Rufin Kibari Nsanga, Kikwit, 21 september 2008.
52 Interview Katelijne Hermans, Brussel, 12 september 2007.
53 Interview Rufin Kibari Nsanga, Kikwit, 21 september 2008.

54 Interview Rufin Kibari Nsanga, Kikwit, 21 september 2008.
55 Willame 1998.
56 Reyntjens 2009: 67-77.
57 Prunier 2009: 137-43.
58 El Tahri 2000.
59 Tokwaulu Aena s.d.: 187.
60 El Tahri 2000.

Hoofdstuk 12

1 Reyntjens 2009: 152.
2 Reyntjens 2009: 152.
3 Banque Centrale du Congo 2007: 95.
4 Human Rights Watch 1997b: 16.
5 Human Rights Watch 1997b: 48.
6 Reyntjens 2009: 152.
7 Interview Bertin Punga, Kinshasa, 29 september 2008.
8 Frère 2005: 100.
9 Interview Zizi Kabongo, Kinshasa, 14 november 2007.
10 Reyntjens 2009: 154.
11 Prunier 2009: 150.
12 Reyntjens 2009: 57.
13 Ngbanda 2004: 41.
14 Braeckman et al. 1998: 132.
15 Prunier 2009: 178.
16 International Rescue Committee 2007.
17 Interview Simba Regis, Kigali, 25 juni 2007.
18 Interview Ruffin Luliba, Kinshasa, 11 december 2008.
19 Interview Rufin Kibari Nsanga, Kikwit, 21 september 2008.
20 Reyntjens 2009: 186.
21 Lanotte 2003: 109.
22 Interview Jeanine Mukanirwa, Kinshasa, 12 november 2007.
23 Interview Tharcisse Kayira, Bukavu, 20 juni 2007.
24 Interview Pierrot Bushala, Goma, 26 november 2008.
25 Human Rights Watch 2000.
26 Interview Muhindo, Goma, 4 december 2008.
27 *De Morgen*, 23 juni 2007.
28 Interview Yves Van Winden, Goma, 4 december 2008.
29 de Villers 2001: 12.
30 Zinzen 2004: 180-5.
31 Interview Agustin Utshudi, Goma, 1 december 2008.
32 Lanotte 2003: 111-5.
33 Interview Dr. Soki, Kisangani, 16 november 2008.
34 Prunier 2009: 229.
35 Lanotte 2003: 122.
36 de Villers 2001: 159-60.
37 Human Rights Watch 2005: 18.
38 Marysse & André 2001.
39 Leclercq 2001: 69.
40 Marysse & André 2001.
41 Global Witness 2005: 30.
42 Wanu Oyatambwe 1999: 122.
43 Harden 2001.
44 Marysse & André 2001.
45 UNESCO 2005: 34.
46 Debroux et al. 2007: 7, 10.
47 Interview Papy Bulaya, Kinshasa, 11 december 2008.
48 Pole Institute 2002: 11, 13.
49 Vlassenroot & Romkema 2002.
50 Human Rights Watch 2001.
51 Human Rights Watch 2005: 27, 29, 45.
52 Interview UPC-veteraan, Kasenyi, 23 november 2008.
53 Jourdan 2004.
54 Interview Baptiste Uzele-Uparpiu, Kasenyi, 23 november 2008.
55 Interview Masika Katsuva, Goma, 2 december 2008.

Hoofdstuk 13

1 Prunier 2009: 252.
2 Braeckman 2003: 97-125.
3 de Villers 2009: 15-20.
4 Interview Antoine Vumilia, Kin-

shasa, 12 december 2008.
5 Zeebroek 2008: 8-9.
6 de Villers 2009: 222.
7 Interview Johan Swinnen, Kinshasa, 17 november 2007.
8 Reyntjens 2009: 239.
9 Reyntjens 2009: 243-4.
10 NIZA 2006: 20.
11 Interview Rufin Kibari Nsanga, Kikwit, 21 september 2008.
12 Nzeza 2004: 29.
13 NIZA 2006: 20-1.
14 NIZA 2006: 9.
15 Prunier 2009: 306.
16 Reyntjens 2009: 243.
17 Interview Frank Werbrouck, Kinshasa, 11 november 2008.
18 Vlassenroot & Raeymaekers 2004b.
19 Prunier 2009: 325-6.
20 Interviews met Marie Djoza, Bunia, 21 november 2008, en Marie Pacuriema en Jacqueline Dz'ju Malosi, Bunia, 22 november 2008.
21 Human Rights Watch 2003: 6.
22 Interview Johan Swinnen, Kinshasa, 17 november 2007.
23 Human Rights Watch 2004: 5.
24 *Market Volume* DRC, intern document Bralima, september 2008.
25 Interview Jo De Neckere, Brussel, 23 januari 2010.
26 De Bruijn et al. 2001.
27 Giovannoni et al. 2004: 102-5.
28 Interview Riza Labwe, Kikwit, 21 september 2008.
29 Interview Justine Masika, Goma, 1 december 2008.
30 Interview Dolf van den Brink, 17 september 2008.
31 Yoka 2005: 60.
32 Interview Papy Mbwiti, Kinshasa, 16 september 2008.
33 De Boeck & Plissart 2004: 41.
34 'Werrason', *Wikipedia*, 30 januari 2010.
35 Interviews met zeven Werrason-fans, Kikwit, 21 september 2008.
36 'Werrason', *Wikipedia*, 30 januari 2010.
37 Interview Flamme Kapaya, Kisangani, 13 en 16 november 2008.
38 Interview Dolf van den Brink, 4 oktober 2008.
39 *Le Potentiel*, 25 september 2008.
40 Interview Beko, 28 mei 2007.
41 Frère 2005: 124.
42 *Tigo Annual Report and Accounts* 2007: 25.
43 Frère 2009: 210.
44 Frère 2009: 209.
45 Pype 2009a: 103.
46 Pype 2009a: 103.
47 Ayad 2001.
48 Pype 2007.
49 Kalulambi Pongo 2004: 59.
50 Pype, 2009c.
51 *Le Potentiel*, 4 februari 2006.
52 Muambi 2009: 96.
53 Interview Martin Kayembe, Kinshasa, 22 april 2008.
54 *Le Potentiel*, 31 mei 2007.
55 De Boeck 2004: 162-4.
56 Ndaywel è Nziem 2002.
57 Interview Dominique Khonde Mpolo, Kinshasa, 10 november 2008.
58 Interview José Mpundu, Kinshasa, 23 september 2008.
59 Kennes 2003: 298.
60 Amnesty International 2006.
61 Olinga 2006.
62 Reyntjens 2009: 237.
63 White 2008: 184, 187.
64 White 2008: 173; Olinga 2006.
65 Interview Israël Tshipamba, Kinshasa, 29 mei 2007.
66 Frère 2007.
67 de Villers 2009: 372.
68 www.deboutcongolais.info/actualite5/art_330.htm.

Hoofdstuk 14

1 Interview Pascal Rukengwa, Kinshasa, 26 september 2008.
2 Muambi 2009: 78.
3 de Villers 2009: 366.
4 Braeckman 2009: 123.
5 de Villers 2009: 369.
6 de Saint Moulin 2009: 54.
7 Telefonisch interview Pascal Rukengwa, Brussel-Kinshasa, 9 februari 2010.
8 Vandaele 2008: 30.
9 de Valon 2006: 23.
10 Interview Carl De Keyzer, Kinshasa, 27 mei 2007.
11 Braeckman 2009: 132.
12 International Crisis Group 2007: 10.
13 Human Rights Watch 2008a: 16-65.
14 Soudan 2007: 28.
15 *Quiproquo*, 20 juni 2007.
16 Interview Baudouin Waterkeyn, ziekenhuisaalmoezenier, Lubumbashi, 29 juni 2007.
17 de Villers 2009: 430.
18 *The Africa Report*, december 2009: 197.
19 Muzito 2010: 4-8.
20 hrd.undp.org
21 www.foreignpolicy.com
22 www.doingbusiness.org
23 www.unicef.org/infobycountry/drcongo_statistics.html
24 de Villers 2009: 426.
25 IPIS 2008a.
26 *Africa Confidential*, 8 oktober 2009.
27 Interview Alain Chirwisa, alias Alesh, Kisangani, 16 november 2008.
28 Stiglitz 2002: 18.
29 Radio France International, 22 september 2009.
30 Amnesty International 2010.
31 *Christian Science Monitor*, 14 november 2008.
32 Scott 2008: 170.
33 Lemarchand 2009: 270.
34 IPIS 2008b.
35 *De Morgen*, 6 mei 2008.
36 Human Rights Watch 2008b.
37 Interview majoor Antoine, Rwanguba, 27 november 2008.
38 Human Rights Watch 2002b: 18-20.
39 Interview Laurent Nkunda, Rwanguba, 27 november 2008.
40 UN Security Council 2008; Human Rights Watch 2008b.
41 Interview Grâce Nirahabimana, Mugunga, 2 december 2008.
42 International Crisis Group 2009a, b.
43 Hoebeke et al. 2009: 136.
44 Berwouts 2010.
45 De Keyzer 2009: 14-5.
46 Campbell 2007.
47 Braeckman 2009: 158-9.
48 RAID 2009: 8-26.
49 IPIS 2009.
50 Braeckman 2010: 52.
51 Braeckman 2009: 175.
52 Soudan 2007: 28.
53 Braeckman 2009: 177.
54 IMF, 11 december 2009: Press Release 09/445.
55 Minani 2010.
56 Vandaele 2005: 166; www.imf.org
57 Reuters, 12 december 2009.
58 ASADHO 2010.
59 Stearns 2010.
60 Interview Dadine Musitu, Kinshasa, 16 september 2008.
61 Interview Rosemonde N., Kinshasa, 25 september 2008.

Hoofdstuk 15

1 *China Daily*, 28 oktober 2008.
2 Interview Jules Bitulu, Guangzhou, 27 oktober 2008.
3 Interview Lukisu Fule, Guangzhou, 25 oktober 2008.
4 Interview Patou Lelo, Guangzhou, 26 oktober 2008.
5 Interviews Commandant 'César' en 'Timothée', Guangzhou, 26 oktober 2008.

Namen- en zakenregister